Checklisten Handbuch
IT-Grundschutz

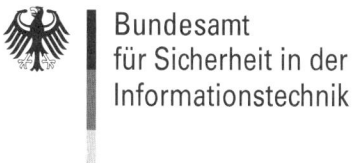

Checklisten Handbuch IT-Grundschutz

Prüffragen zum
IT-Grundschutz-Kompendium

Stand 1. Edition

Bundesanzeiger Verlag

Bibliografische Information der Deutschen Nationalbibliothek
Die Deutsche Nationalbibliothek verzeichnet diese Publikation in der Deutschen Nationalbibliografie; detaillierte bibliografische Daten sind im Internet über http://dnb.d-nb.de abrufbar.

Reguvis-Bundesanzeiger Verlag GmbH
Amsterdamer Straße 192
50735 Köln

Internet: www.reguvis.de

Weitere Informationen finden Sie auch in unserem Themenportal unter www.betrifft-unternehmen.de
E-Mail: wirtschaft@bundesanzeiger.de

ISBN (Print): 978-3-8462-1025-3
Bestellnummer Sonderausgabe: 501006018

© 2019 Bundesanzeiger Verlag GmbH, Köln
3. aktualisierte Auflage
Stand: 1. Edition IT-Grundschutz-Kompendium 2018

Alle Rechte vorbehalten. Das Werk einschließlich seiner Teile ist urheberrechtlich geschützt. Jede Verwertung außerhalb der Grenzen des Urheberrechtsgesetzes bedarf der vorherigen Zustimmung des Verlags. Dies gilt auch für die fotomechanische Vervielfältigung (Fotokopie/Mikrokopie) und die Einspeicherung und Verarbeitung in elektronischen Systemen. Hinsichtlich der in diesem Werk ggf. enthaltenen Texte von Normen weisen wir darauf hin, dass rechtsverbindlich allein die amtlich verkündeten Texte sind.

Herstellung: Günter Fabritius
Produktmanagement: Jörg Schick; Stefan Karg
Satz: Cicero Computer GmbH, Bonn
Druck und buchbinderische Verarbeitung: Medienhaus Plump GmbH, Rheinbreitbach

Titelabbildung: © Bundesamt für Sicherheit in der Informationstechnik

Printed in Germany

Vorwort

Mit dem IT-Grundschutz bietet das BSI eine praxiserprobte, flexible Methodik zur Erhöhung der Informationssicherheit in einer Institution. Die Anwender können dieses Angebot – individuell auf ihre Sicherheitsanforderungen angepasst – nutzen, um das Niveau der Informationssicherheit auf einem stabilen Level zu halten.

Das Checklisten Handbuch basiert auf den Anforderungen, die in den IT-Grundschutz-Bausteinen im IT-Grundschutz-Kompendium beschrieben sind. Die Checklisten sind eine hilfreiche Ergänzung für alle Anwender, die sich mit dem IT-Grundschutz ein realistisches Bild über den Status quo der Informationssicherheit in ihrer Institution verschaffen möchten. Mit den Prüffragen kann konkret nachvollzogen werden, wie hoch das Niveau der Informationssicherheit in einzelnen Prozessen oder Systemen ist, oder wo Handlungsbedarf besteht. Auch eine Einschätzung über die Informationssicherheit einer ganzen Institution lässt sich anhand der Fragen ermitteln.

Das Checklisten Handbuch kann zudem bei geplanten Zertifizierungsvorhaben unterstützen, indem überprüft werden kann, ob alle relevanten Anforderungen aus dem IT-Grundschutz erfüllt wurden. Zugleich ist es eine praktische Hilfe, wenn überprüft werden soll, welche Ziele aus einzelnen IT-Grundschutz-Bausteinen umgesetzt worden sind.

Neben den Informationssicherheitsbeauftragten (ISB) in Behörden und Unternehmen, können auch Revisoren und Auditoren, die die Umsetzung der Sicherheitsmaßnahmen auf Basis von IT-Grundschutz durchführen, mit den Prüffragen arbeiten.

Holger Schildt
Referatsleiter IT-Grundschutz, Bundesamt für Sicherheit in der Informationstechnik

Inhaltsverzeichnis

	Seite
Vorwort	V
Einführung	1
Teil I. Checklisten für Prozessbausteine	3
ISMS Informationssicherheitsmanagement	3
ISMS.1 Sicherheitsmanagement	3
ORP Organisation und Personal	9
ORP.1 Organisation	9
ORP.2 Personal	13
ORP.3 Sensibilisierung und Schulung	17
ORP.4 Identitäts- und Berechtigungsmanagement	19
ORP.5 Compliance Management (Anforderungsmanagement)	25
CON Konzepte und Vorgehensweisen	29
CON.1 Kryptokonzept	29
CON.2 Datenschutz	34
CON.3 Datensicherungskonzept	34
CON.4 Auswahl und Einsatz von Standardsoftware	38
CON.5 Entwicklung und Einsatz von Allgemeinen Anwendungen	42
CON.6 Löschen und Vernichten	45
CON.7 Informationssicherheit auf Auslandsreisen	48
OPS Betrieb	55
OPS.1 Eigener Betrieb	55
OPS.1.1.2 Ordnungsgemäße IT-Administration	55
OPS.1.1.3 Patch- und Änderungsmanagement	61
OPS.1.1.4 Schutz vor Schadprogrammen	64
OPS.1.1.5 Protokollierung	69
OPS.1.1.6 Software-Tests und -Freigaben	73
OPS.1.2.2 Archivierung	76
OPS.1.2.3 Informations- und Datenträgeraustausch	82
OPS.1.2.4 Telearbeit	86
OPS.2 Betrieb von Dritten	89
OPS.2.1 Outsourcing für Kunden	89
OPS.2.4 Fernwartung	95
OPS.3 Betrieb für Dritte	101
OPS.3.1 Outsourcing für Dienstleister	101
DER Detektion und Reaktion	107
DER.1 Detektion von sicherheitsrelevanten Ereignissen	107
DER.2 Security Incident Management	112
DER.2.1 Behandlung von Sicherheitsvorfällen	112
DER.2.2 Vorsorge für die IT-Forensik	121
DER.2.3 Bereinigung weitreichender Sicherheitsvorfälle	125
DER.3 Sicherheitsprüfungen	128
DER.3.1 Audits und Revisionen	128
DER.3.2 Revisionen auf Basis des Leitfadens IS-Revision	135
DER.4 Notfallmanagement	142
Teil II. Checklisten für Systembausteine	149
APP Anwendungen	149
APP.1 Client-Anwendungen	149
APP.1.1 Office-Produkte	149
APP.1.2 Web-Browser	154
APP.2 Verzeichnisdienst	158
APP.2.1 Allgemeiner Verzeichnisdienst	158
APP.2.2 Active Directory	163
APP.3 Netzbasierte Dienste	168
APP.3.1 Webanwendungen	168
APP.3.2 Webserver	177

Inhaltsverzeichnis

	Seite
APP.3.3 Fileserver	182
APP.3.4 Samba	187
APP.3.6 DNS-Server	191
APP.4 Business-Anwendungen	197
APP.4.3 Relationale Datenbanksysteme	197
APP.5 E-Mail/Groupware/Kommunikation	205
APP.5.1 Allgemeine Groupware	205
APP.5.2 Microsoft Exchange und Outlook	213

SYS IT-Systeme 219
- SYS.1 Server 219
  - SYS.1.1 Allgemeiner Server 219
  - SYS.1.2.2 Windows Server 2012 229
  - SYS.1.3 Server unter Unix 232
  - SYS.1.5 Virtualisierung 236
  - SYS.1.8 Speicherlösungen 243
- SYS.2 Desktop-Systeme 251
  - SYS.2.1 Allgemeiner Client 251
  - SYS.2.2 Windows-Clients 264
  - SYS.2.2.2 Clients unter Windows 8.1 264
  - SYS.2.2.3 Clients unter Windows 10 270
  - SYS.2.3 Clients unter Unix 277
- SYS.3 Mobile Devices 282
  - SYS.3.1 Laptops 282
  - SYS.3.2 Tablet und Smartphone 287
  - SYS.3.2.1 Allgemeine Smartphones und Tablets 287
  - SYS.3.2.2 Mobile Device Management (MDM) 294
  - SYS.3.2.3 iOS (for Enterprise) 300
  - SYS.3.2.4 Android 304
  - SYS.3.4 Mobile Datenträger 305
- SYS.4 Sonstige Systeme 308
  - SYS.4.1 Drucker, Kopierer und Multifunktionsgeräte 308
  - SYS.4.4 Allgemeines IoT-Gerät 313

IND Industrielle IT 320
- IND.1 Betriebs- und Steuerungstechnik 320
- IND.2 ICS-Komponenten 327
  - IND.2.1 Allgemeine ICS-Komponente 327
  - IND.2.2 Speicherprogrammierbare Steuerung (SPS) 331
  - IND.2.3 Sensoren und Aktoren 332
  - IND.2.4 Maschine 333

NET Netze und Kommunikation 334
- NET.1 Netze 334
  - NET.1.1 Netzarchitektur und -design 334
  - NET.1.2 Netzmanagement 345
- NET.2 Funknetze 355
  - NET.2.1 WLAN-Betrieb 355
  - NET.2.2 WLAN-Nutzung 359
- NET.3 Netzkomponenten 361
  - NET.3.1 Router und Switches 361
  - NET.3.2 Firewall 368
  - NET.3.3 VPN 377

INF Infrastruktur 381
- INF.1 Allgemeines Gebäude 381
- INF.2 Rechenzentrum sowie Serverraum 390
- INF.3 Elektrotechnische Verkabelung 399
- INF.4 IT-Verkabelung 404
- INF.7 Büroarbeitsplatz 408
- INF.8 Häuslicher Arbeitsplatz 410
- INF.9 Mobiler Arbeitsplatz 412
- INF.10 Besprechungs-, Veranstaltungs- und Schulungsräume 416

Einführung

Mit der im letzten Jahr erfolgreich umgesetzten Erneuerung des IT-Grundschutzes sind weitreichende konzeptionelle Neuerungen eingeführt worden.

So setzt der Grundschutz nun konsequent auf die Vorgabe von Anforderungen für die einzelnen Themengebiete und lässt dem Anwender die Wahl geeigneter Maßnahmen zu deren Umsetzung frei. Als Resultat daraus sind auch die bisher zu jeder Maßnahme des Grundschutzkatalogs veröffentlichten Prüffragen des BSI entfallen, die viele Anwender als Prüfsteine für eine angemessene Umsetzung oder zur Vorbereitung und Vollständigkeitsprüfung im Rahmen einer Zertifizierung eingesetzt haben.

Allerdings muss man auch in Zukunft nicht auf eine entsprechend praktische Hilfestellung verzichten:

Die ca. 1.400 Anforderungen der 80 Bausteine der Edition 2018 sind inhaltlich bereits so aufgebaut, dass sie eine einfache Prüfung der Umsetzung ermöglichen. So sind die Anforderungen nicht monolithisch, sondern teilen sich im Durchschnitt auf drei bis vier Prüfaspekte auf, welche die Hauptanforderung konkretisieren. Diese Prüfaspekte sind durchgängig durch die Verwendung von Schlüsselwörtern in MUSS- und SOLL-Bedingungen eingeteilt – während MUSS-Anforderungen verpflichtend umzusetzen sind, kann auf SOLL-Anforderungen bei Vorliegen einer geeigneten Ersatzmaßnahme oder einer entsprechenden Risikoeinschätzung im Einzelfall auch verzichtet werden.

Das vorliegende Checklisten Handbuch soll dem Anwender die Arbeit mit dem IT-Grundschutz-Kompendium erleichtern und ihm ermöglichen, sich einen schnellen Überblick über die Zuordnung und Wirksamkeit der Maßnahmen und den Umsetzungsgrad der Anforderungen zu schaffen.

Neben der Vorbereitung auf eine Zertifizierung oder zu einer internen Prüfung kann es auch gezielt zur Umsetzung einzelner Bausteine herangezogen werden. Verbesserungspotentiale und Umsetzungslücken lassen sich leicht feststellen und – aufgrund der Aufteilung in Teilanforderungen – in kleinen und überschaubaren Aufträgen den Umsetzungsverantwortlichen zuteilen.

Das Handbuch kann somit sowohl in der Planungsphase einer IT-Grundschutz-Implementierung, als auch zur gezielten Vorbereitung auf ein Audit eingesetzt werden; durch die Verwendung der Originalanforderungen bilden die Checklisten einen verlässlichen und vollständigen Rahmen.

Die Checklisten basieren auf dem vollständigen Umfang der 1. Edition 2018, sind aber bereits mit den laufend eingepflegten Korrekturen und Anpassungen zum Stand der Drucklegung versehen und somit optimal auf die kommenden Editionen vorbereitet. Diese Anpassungen umfassen teilweise auch neu hinzukommende oder neu sortierte Anforderungen. Diese werden entsprechend ihrer jeweiligen Kategorie und thematisch passend in den Baustein einsortiert, jedoch – um eine konsistente und eindeutige Referenz zu ermöglichen – jeweils mit der nächsten freien Ordnungsnummer versehen. Entfallende Anforderungen werden gestrichen, ohne dass die Ordnungsnummer für eine andere Anforderung erneut vergeben wird. Somit ist die fortlaufende Nummerierung der Anforderungen aus der Ursprungsfassung an manchen Stellen unterbrochen (z.B folgt A21 auf A08).

Aufbau des Handbuchs

Der Aufbau des Handbuches folgt der Einteilung der Bausteine in Prozess- und Systembausteine.

Die thematischen Bausteingruppen sind dann entsprechend der Ordnungsnummern aus der Gliederung des BSI unterteilt. In der Nummernfolge fehlende Bausteine (wie beispielsweise OPS.2.2 und OPS.2.3) sind im Umfang der 1. Edition 2018 nicht enthalten und werden in einer der kommenden Editionen ergänzt.

Innerhalb der einzelnen Bausteine sind die Anforderungen jeweils nach folgendem Muster aufgebaut:

		Kategorie		
A.1	**Eine Beispielanforderung**	**C**	**I**	**A**
	Verantwortliche Rolle: entsprechend den Vorschlägen des BSI			
M	Diese Bedingung DARF NICHT fehlen.	ja	tw	n
S	Wenn möglich SOLLTE diese Teilforderung umgesetzt werden.	ja	tw	n
K	Diese Forderung ist fakultativ.	ja	tw	n

Durch das Feld „Kategorie" erfolgt die Zuordnung der Anforderung zu den drei Kategorien Basis-Anforderungen („Basis"), Standard-Anforderungen („Standard") und Anforderungen für erhöhten Schutzbedarf („Hoch"). Darunter sind – zumeist nur bei Kategorie „Hoch" – die Grundwerte angegeben, welche durch die Umsetzung der Anforderungen vorrangig geschützt werden.

Die einzelnen Prüfaspekte sind entsprechend der vom BSI verwendeten Signalwörter mit MUSS, SOLL und KANN ausgezeichnet (wobei in der 1. Edition 2018 nur genau eine „KANN" Anforderung enthalten ist).

Mittels der Checkboxen (erfüllt (ja) – teilweise (tw) – nicht erfüllt (n)) kann der Umsetzungsstatus jedes Prüfaspekts einfach erfasst werden.

Einführung

Hinweis zum Autor

Stefan Karg studierte Informationstechnik an der TU-München und ist heute als Sachverständiger für Systeme und Anwendungen der Informationstechnik tätig. Seit 2003 beschäftigt er sich schwerpunktmäßig mit Fragen des technischen Datenschutzes und der Informationssicherheit. Als freiberuflicher Berater und Auditor im Auftrag mittlerer und großer Unternehmen kennt er die Anwendung der relevanten Standards und auch die praktischen Herausforderungen im Informationssicherheitsmanagment aus erster Hand.

Sie erreichen ihn unter infosec@itk-experts.de

Teil I. Checklisten für Prozessbausteine

ISMS Informationssicherheitsmanagement

ISMS.1 Sicherheitsmanagement

	A1	**Übernahme der Gesamtverantwortung für Informationssicherheit durch die Leitungsebene**				*Basis*
		Verantwortliche Rolle: Institutionsleitung				
M		Die Leitungsebene MUSS die Gesamtverantwortung für Informationssicherheit in der Institution übernehmen, sodass dies für alle Beteiligten deutlich erkennbar ist.	ja	tw	n	
M		Die Leitungsebene der Institution MUSS den Sicherheitsprozess initiieren, steuern und kontrollieren.	ja	tw	n	
M		Die Leitungsebene MUSS Informationssicherheit vorleben.	ja	tw	n	
M		Die Behörden- bzw. Unternehmensleitung MUSS die Zuständigkeiten für Informationssicherheit festlegen und die zuständigen Mitarbeiter mit den erforderlichen Kompetenzen und Ressourcen ausstatten.	ja	tw	n	
M		Die Leitungsebene MUSS sich regelmäßig über den Status der Informationssicherheit informieren lassen, insbesondere MUSS sie sich über mögliche Risiken und Konsequenzen aufgrund fehlender Sicherheitsmaßnahmen informieren lassen.	ja	tw	n	

Notizen:

	A2	**Festlegung der Sicherheitsziele und -strategie**				*Basis*
		Verantwortliche Rolle: Institutionsleitung				
M		Der Sicherheitsprozess MUSS durch die Leitungsebene initiiert und etabliert werden.	ja	tw	n	
M		Dafür MÜSSEN angemessene Sicherheitsziele sowie eine Strategie für Informationssicherheit festgelegt und dokumentiert werden.	ja	tw	n	
M		Es MÜSSEN konzeptionelle Vorgaben erarbeitet und organisatorische Rahmenbedingungen geschaffen werden, um den ordnungsgemäßen und sicheren Umgang mit Informationen innerhalb aller Geschäftsprozesse des Unternehmens oder der Behörde zu ermöglichen.	ja	tw	n	
M		Die Sicherheitsstrategie und -ziele MÜSSEN von der Institutionsleitung getragen und verantwortet werden.	ja	tw	n	
M		Sicherheitsziele und -strategie MÜSSEN regelmäßig daraufhin überprüft werden, ob sie noch aktuell und angemessen sind sowie wirksam umgesetzt werden können.	ja	tw	n	

Notizen:

ISMS Informationssicherheitsmanagement

A3 Erstellung einer Leitlinie zur Informationssicherheit   *Basis*
Verantwortliche Rolle: Institutionsleitung

M	Die Leitungsebene MUSS eine übergeordnete Leitlinie zur Informationssicherheit verabschieden, die den Stellenwert der Informationssicherheit, die Sicherheitsziele, die wichtigsten Aspekte der Sicherheitsstrategie sowie die Organisationsstruktur für Informationssicherheit beschreibt.	ja	tw	n
M	Für die Sicherheitsleitlinie MUSS ein klarer Geltungsbereich festgelegt sein.	ja	tw	n
M	In der Leitlinie zur Informationssicherheit MÜSSEN die Sicherheitsziele und der Bezug der Sicherheitsziele zu den Geschäftszielen und Aufgaben der Institution erläutert werden.	ja	tw	n
M	Die Leitlinie zur Informationssicherheit MUSS allen Mitarbeitern und sonstigen Mitgliedern der Institution bekannt gegeben werden.	ja	tw	n
S	Sie SOLLTE regelmäßig aktualisiert werden.	ja	tw	n

Notizen:

A4 Benennung eines Informationssicherheitsbeauftragten   *Basis*
Verantwortliche Rolle: Institutionsleitung

M	Die Leitungsebene MUSS einen Informationssicherheitsbeauftragten benennen, der die Informationssicherheit in der Institution fördert und den Sicherheitsprozess steuert und koordiniert.	ja	tw	n
M	Der Informationssicherheitsbeauftragte MUSS mit angemessenen Ressourcen ausgestattet werden.	ja	tw	n
M	Er MUSS die Möglichkeit haben, bei Bedarf direkt an die Leitungsebene zu berichten.	ja	tw	n
M	Der Informationssicherheitsbeauftragte MUSS ausreichend qualifiziert sein und ausreichend Gelegenheit haben, sich fortzubilden.	ja	tw	n
M	Der Informationssicherheitsbeauftragte MUSS bei allen größeren Projekten sowie bei der Einführung neuer Anwendungen und IT-Systeme frühzeitig beteiligt werden.	ja	tw	n

Notizen:

A5 Vertragsgestaltung bei Bestellung eines externen Informationssicherheitsbeauftragten   *Basis*
Verantwortliche Rolle: Institutionsleitung

M	Wenn die Rolle des Informationssicherheitsbeauftragten nicht durch einen internen Mitarbeiter besetzt werden kann, MUSS ein externer Informationssicherheitsbeauftragter bestellt werden.	ja	tw	n
M	Der hierzu geschlossene Dienstleistungsvertrag MUSS alle Aufgaben des Informationssicherheitsbeauftragten sowie die damit verbundenen Rechte und Pflichten umfassen.	ja	tw	n
M	Der Vertrag MUSS eine geeignete Vertraulichkeitsvereinbarung umfassen.	ja	tw	n
M	Der externe Informationssicherheitsbeauftragte MUSS über die notwendigen Qualifikationen verfügen.	ja	tw	n
M	Der Vertrag MUSS eine kontrollierte Beendigung des Vertragsverhältnisses einschließlich Übergabe der Aufgaben an den Auftraggeber gewährleisten.	ja	tw	n

Notizen:

ISMS.1 Sicherheitsmanagement

A6 Aufbau einer geeigneten Organisationsstruktur für Informationssicherheit *Basis*
Verantwortliche Rolle: Institutionsleitung

M	Es MUSS eine geeignete übergreifende Organisationsstruktur für Informationssicherheit vorhanden sein.	ja	tw	n
M	Dafür MÜSSEN Rollen definiert sein, die die verschiedenen Aufgaben für die Erreichung der Sicherheitsziele wahrnehmen.	ja	tw	n
M	Außerdem MÜSSEN Personen benannt sein, die qualifiziert sind und denen ausreichend Ressourcen zur Verfügung stehen, um diese Rollen auszufüllen.	ja	tw	n
M	Die Aufgaben, Verantwortungen und Kompetenzen im Sicherheitsmanagement MÜSSEN nachvollziehbar definiert und zugewiesen sein.	ja	tw	n
M	Für alle wichtigen Funktionen der IS-Organisation MUSS es wirksame Vertretungsregelungen geben.	ja	tw	n
M	Kommunikationswege MÜSSEN geplant, beschrieben, eingerichtet und bekannt gemacht werden.	ja	tw	n
M	Es MUSS für alle Aufgaben und Rollen festgelegt sein, wer wen informiert und wer bei welchen Aktionen in welchem Umfang informiert werden muss.	ja	tw	n
M	Es MUSS regelmäßig geprüft werden, ob die Organisationsstruktur für Informationssicherheit noch angemessen ist oder an neue Rahmenbedingungen angepasst werden muss.	ja	tw	n

Notizen:

A7 Festlegung von Sicherheitsmaßnahmen *Basis*
Verantwortliche Rolle: Informationssicherheitsbeauftragter (ISB)

M	Im Rahmen des Sicherheitsprozesses MÜSSEN für die gesamte Informationsverarbeitung ausführliche und angemessene Sicherheitsmaßnahmen festgelegt werden.	ja	tw	n
S	Alle Sicherheitsmaßnahmen SOLLTEN systematisch in Sicherheitskonzepten dokumentiert und regelmäßig aktualisiert werden.	ja	tw	n

Notizen:

A8 Integration der Mitarbeiter in den Sicherheitsprozess *Basis*
Verantwortliche Rolle: Vorgesetzte

M	Alle Mitarbeiter MÜSSEN in den Sicherheitsprozess integriert sein, das heißt, sie müssen über Hintergründe und Gefährdungen informiert sein und Sicherheitsmaßnahmen kennen und umsetzen, die ihren Arbeitsplatz betreffen.	ja	tw	n
M	Sie MÜSSEN in die Lage versetzt werden, Sicherheit aktiv mitzugestalten, also in ihre Geschäftsprozesse mit einzubringen.	ja	tw	n
S	Daher SOLLTEN die Mitarbeiter frühzeitig bei der Planung von Sicherheitsmaßnahmen oder der Gestaltung organisatorischer Regelungen beteiligt werden.	ja	tw	n
M	Bei der Einführung von Sicherheitsrichtlinien und Sicherheitswerkzeugen MÜSSEN die Mitarbeiter ausreichend informiert sein, wie diese anzuwenden sind.	ja	tw	n

Notizen:

ISMS Informationssicherheitsmanagement

A9 Integration der Informationssicherheit in organisationsweite Abläufe und Prozesse *Basis*
Verantwortliche Rolle: Institutionsleitung

M	Informationssicherheit MUSS in alle Geschäftsprozesse integriert werden.	ja	tw	n
M	Es MUSS dabei gewährleistet sein, dass nicht nur bei neuen Prozessen und Projekten, sondern auch bei laufenden Aktivitäten alle erforderlichen Sicherheitsaspekte berücksichtigt werden.	ja	tw	n
S	Informationssicherheit SOLLTE außerdem mit anderen Bereichen in der Institution, die sich mit Sicherheit und Risikomanagement beschäftigen, abgestimmt werden.	ja	tw	n
M	Der Informationssicherheitsbeauftragte MUSS an sicherheitsrelevanten Entscheidungen ausreichend beteiligt werden.	ja	tw	n

Notizen:

A10 Erstellung eines Sicherheitskonzepts *Standard*
Verantwortliche Rolle: Informationssicherheitsbeauftragter (ISB)

S	Für den festgelegten Geltungsbereich (Informationsverbund) SOLLTE ein angemessenes Sicherheitskonzept als das zentrale Dokument im Sicherheitsprozess erstellt werden. Das Sicherheitskonzept kann auch aus mehreren Teilkonzepten bestehen, die sukzessive erstellt werden, um zunächst in ausgewählten Bereichen das erforderliche Sicherheitsniveau herzustellen.	ja	tw	n
M	Im Sicherheitskonzept MÜSSEN aus den Sicherheitszielen der Institution, dem identifizierten Schutzbedarf und der Risikobewertung konkrete Sicherheitsmaßnahmen passend zum betrachteten Informationsverbund abgeleitet werden.	ja	tw	n
M	Sicherheitsprozess und Sicherheitskonzept MÜSSEN die individuell geltenden Vorschriften und Regelungen berücksichtigen.	ja	tw	n
M	Die im Sicherheitskonzept vorgesehenen Maßnahmen MÜSSEN zeitnah in die Praxis umgesetzt werden.	ja	tw	n
M	Dies MUSS geplant und die Umsetzung MUSS kontrolliert werden.	ja	tw	n
S	Es SOLLTE regelmäßig überprüft werden, ob die ausgewählten Maßnahmen geeignet, angemessen, umsetzbar und effizient sind, um die Sicherheitsziele und -anforderungen zu erreichen.	ja	tw	n
S	Jeder Mitarbeiter SOLLTE zumindest über die ihn unmittelbar betreffenden Teile des Sicherheitskonzeptes informiert sein.	ja	tw	n

Notizen:

A11 Aufrechterhaltung der Informationssicherheit *Standard*
Verantwortliche Rolle: Informationssicherheitsbeauftragter (ISB)

S	Der Sicherheitsprozess, die Sicherheitskonzepte, die Leitlinie zur Informationssicherheit und die Organisationsstruktur für Informationssicherheit SOLLTEN regelmäßig auf Wirksamkeit und Angemessenheit überprüft und aktualisiert werden.	ja	tw	n
S	Hierzu SOLLTEN regelmäßig Vollständigkeits- bzw. Aktualisierungsprüfungen des Sicherheitskonzeptes durchgeführt werden.	ja	tw	n
S	Ebenso SOLLTEN regelmäßig Sicherheitsrevisionen durchgeführt werden.	ja	tw	n
S	Dazu SOLLTE geregelt sein, welche Bereiche und Sicherheitsmaßnahmen wann und von wem zu überprüfen sind.	ja	tw	n
S	Überprüfungen des Sicherheitsniveaus SOLLTEN regelmäßig (mindestens jährlich) sowie anlassbezogen durchgeführt werden.	ja	tw	n
S	Die Prüfungen SOLLTEN von qualifizierten und unabhängigen Personen durchgeführt werden.	ja	tw	n
S	Die ermittelten Ergebnisse der Überprüfungen SOLLTEN nachvollziehbar dokumentiert sein.	ja	tw	n
S	Darauf aufbauend SOLLTEN Mängel abgestellt und Korrekturmaßnahmen ergriffen werden.	ja	tw	n

Notizen:

A12 Management-Berichte zur Informationssicherheit *Standard*
Verantwortliche Rolle: Institutionsleitung

S	Die Leitungsebene SOLLTE regelmäßig über den Stand der Informationssicherheit informiert werden, vor allem über die aktuelle Gefährdungslage und Wirksamkeit und Effizienz des Sicherheitsprozesses, um das weitere Vorgehen im Sicherheitsprozess steuern zu können.	ja	tw	n
S	Die Management-Berichte SOLLTEN die wesentlichen relevanten Informationen über den Sicherheitsprozess enthalten, insbesondere über Probleme, Erfolge und Verbesserungsmöglichkeiten.	ja	tw	n
S	Sie SOLLTEN klar priorisierte und mit realistischen Abschätzungen des zu erwartenden Umsetzungsaufwands versehene Maßnahmenvorschläge enthalten.	ja	tw	n
S	Die Management-Entscheidungen über erforderliche Aktionen, Umgang mit Restrisiken und mit Veränderungen von sicherheitsrelevanten Prozessen SOLLTEN dokumentiert sein.	ja	tw	n
S	Die Management-Berichte und Management-Entscheidungen SOLLTEN revisionssicher archiviert werden.	ja	tw	n

Notizen:

A13 Dokumentation des Sicherheitsprozesses *Standard*
Verantwortliche Rolle: Informationssicherheitsbeauftragter (ISB)

S	Der Ablauf des Sicherheitsprozesses, wichtige Entscheidungen und die Arbeitsergebnisse der einzelnen Phasen wie Sicherheitskonzept, Richtlinien oder Untersuchungsergebnisse von Sicherheitsvorfällen SOLLTEN ausreichend dokumentiert werden.	ja	tw	n
S	Es SOLLTE eine geregelte Vorgehensweise für die Erstellung und Archivierung von Dokumentationen im Rahmen des Sicherheitsprozesses geben.	ja	tw	n
S	Es SOLLTEN Regelungen existieren, um die Aktualität und Vertraulichkeit der Dokumentationen zu wahren.	ja	tw	n
S	Von den vorhandenen Dokumenten SOLLTE die jeweils aktuelle Version kurzfristig zugänglich sein.	ja	tw	n
S	Außerdem SOLLTEN alle Vorgängerversionen zentral archiviert werden.	ja	tw	n

Notizen:

ISMS Informationssicherheitsmanagement

A14 Sensibilisierung zur Informationssicherheit *Standard*
Verantwortliche Rolle: Informationssicherheitsbeauftragter (ISB)

- S Alle Mitarbeiter der Institution und sonstige relevante Personen (wie extern Beschäftigte oder Projektmitarbeiter) SOLLTEN systematisch und zielgruppengerecht zu Sicherheitsrisiken sensibilisiert und zu Fragen der Informationssicherheit geschult werden (siehe ORP.3 Sensibilisierung und Schulung). ja tw n

Notizen:

A15 Wirtschaftlicher Einsatz von Ressourcen für Informationssicherheit *Standard*
Verantwortliche Rolle: Informationssicherheitsbeauftragter (ISB)

- S Informationssicherheit erfordert ausreichende finanzielle und personelle Ressourcen sowie eine geeignete Ausstattung. Der Bedarf SOLLTE vom ISB der Leitungsebene kommuniziert werden, diese SOLLTE die erforderlichen Ressourcen bereitstellen. ja tw n
- S Die Sicherheitsstrategie SOLLTE wirtschaftliche Aspekte berücksichtigen. ja tw n
- S Bei der Festlegung von Sicherheitsmaßnahmen SOLLTEN die für die Umsetzung erforderlichen Ressourcen beziffert werden. ja tw n
- S Die für Informationssicherheit eingeplanten Ressourcen SOLLTEN termingerecht bereitgestellt werden. ja tw n
- M Der Informationssicherheitsbeauftragte bzw. das Informationssicherheitsmanagement-Team MÜSSEN genügend Zeit für ihre Sicherheitsaufgaben haben. ja tw n
- S Bei Arbeitsspitzen oder besonderen Aufgaben SOLLTEN zusätzliche interne Mitarbeiter eingesetzt oder externe Experten beigezogen werden. ja tw n

Notizen:

A16 Erstellung von zielgruppengerechten Sicherheitsrichtlinien *Hoch*
Verantwortliche Rolle: Informationssicherheitsbeauftragter (ISB) **C I A**

- S Alle Mitarbeiter SOLLTEN die ihren Arbeitsbereich betreffenden Sicherheitsaspekte kennen und beachten. ja tw n
- S Um Sicherheitsthemen zielgruppengerecht zu vermitteln, SOLLTE es neben den allgemeinen auch zielgruppenorientierte Sicherheitsrichtlinien geben, die bedarfsgerecht die relevanten Sicherheitsthemen abbilden. ja tw n

Notizen:

A17 Abschließen von Versicherungen *Hoch*
Verantwortliche Rolle: Informationssicherheitsbeauftragter (ISB) **A**

- S Es SOLLTE geprüft werden, ob für Restrisiken Versicherungen abgeschlossen werden sollen, um eventuelle Schäden abzudecken. ja tw n
- S Es SOLLTE regelmäßig überprüft werden, ob die bestehenden Versicherungen der aktuellen Lage entsprechen. ja tw n

Notizen:

ORP Organisation und Personal

ORP.1 Organisation

A1   **Festlegung von Verantwortlichkeiten und Regelungen**   *Basis*

Verantwortliche Rolle: Institutionsleitung

M	Für alle sicherheitsrelevanten Aufgaben MÜSSEN sowohl Verantwortlichkeiten als auch Befugnisse festgelegt sein.	ja	tw	n
M	Es MÜSSEN verbindliche Regelungen zur Informationssicherheit für die verschiedenen betrieblichen Aspekte übergreifend festgelegt werden.	ja	tw	n
M	Es MUSS auch klar geregelt sein, welche Informationen mit wem ausgetauscht werden dürfen und wie diese dabei zu schützen sind.	ja	tw	n
M	Die Regelungen MÜSSEN regelmäßig überarbeitet werden.	ja	tw	n
M	Sie MÜSSEN allen Mitarbeitern bekannt gegeben werden.	ja	tw	n

Notizen:

A2   **Zuweisung der Verantwortung für Informationen, Anwendungen und IT-Komponenten**   *Basis*

Verantwortliche Rolle: Leiter IT, Informationssicherheitsbeauftragter (ISB), Institutionsleitung

M	Für alle Informationen, Geschäftsprozesse, Anwendungen und IT-Komponenten MUSS festgelegt werden, wer für diese und deren Sicherheit verantwortlich ist.	ja	tw	n
M	Alle Mitarbeiter MÜSSEN darüber informiert sein, insbesondere wofür sie in welcher Weise verantwortlich sind.	ja	tw	n

Notizen:

A3   **Beaufsichtigung oder Begleitung von Fremdpersonen**   *Basis*

Verantwortliche Rolle: Mitarbeiter

M	Die Mitarbeiter MÜSSEN dazu angehalten werden, betriebsfremde Personen nicht unbeaufsichtigt zu lassen.	ja	tw	n

Notizen:

ORP Organisation und Personal

A4 Funktionstrennung zwischen operativen und kontrollierenden Aufgaben *Basis*
Verantwortliche Rolle: Leiter Organisation

S	Innerhalb einer Institution SOLLTEN alle relevanten Aufgaben und Funktionen definiert und klar voneinander abgegrenzt sein.	ja	tw	n
M	Die Aufgaben und die hierfür erforderlichen Rollen und Funktionen MÜSSEN so strukturiert sein, dass operative und kontrollierende Funktionen auf verschiedene Personen verteilt werden.	ja	tw	n
M	Für unvereinbare Funktionen MUSS eine Funktionstrennung festgelegt und dokumentiert sein.	ja	tw	n
M	Auch Vertreter MÜSSEN der Funktionstrennung unterliegen.	ja	tw	n

Notizen:

A5 Vergabe von Berechtigungen *Basis*
Verantwortliche Rolle: Leiter IT

M	Es MUSS festgelegt werden, welche Zutritts-, Zugangs- und Zugriffsrechte an welche Personen im Rahmen ihrer Aufgaben und Funktionen vergeben werden.	ja	tw	n
M	Es DÜRFEN immer nur so viele Rechte vergeben werden, wie für die Aufgabenwahrnehmung notwendig ist.	ja	tw	n
M	Es MUSS ein geregeltes Verfahren für die Vergabe, die Verwaltung und den Entzug von Berechtigungen geben (siehe auch ORP.4 Identitäts- und Berechtigungsmanagement).	ja	tw	n
M	Die Dokumentation der Berechtigungen MUSS aktuell und vollständig sein.	ja	tw	n

Notizen:

A6 Der aufgeräumte Arbeitsplatz *Standard*
Verantwortliche Rolle: Mitarbeiter

S	Alle Mitarbeiter SOLLTEN darauf hingewiesen werden, dass an unbeaufsichtigten Arbeitsplätzen weder sensible Informationen noch IT-Systeme frei zugänglich sein dürfen.	ja	tw	n
S	Arbeitsplätze SOLLTEN stichprobenartig kontrolliert werden, ob auf schutzbedürftige Informationen offen zugegriffen werden kann.	ja	tw	n

Notizen:

A7 Geräteverwaltung *Standard*
Verantwortliche Rolle: Leiter IT, Leiter Produktion und Fertigung, Leiter Haustechnik

S	Es SOLLTE eine Übersicht vorhanden sein über alle Geräte, die in der Institution genutzt werden und die Einfluss auf die Informationssicherheit haben können.	ja	tw	n
S	Dazu gehören neben IT-Systemen und ICS-Komponenten auch solche aus dem Bereich Internet of Things. Es SOLLTE geeignete Prüf- und Genehmigungsverfahren vor Einsatz der Geräte geben.	ja	tw	n

Notizen:

A8 Betriebsmittelverwaltung *Standard*

Verantwortliche Rolle: Leiter IT

S	Die Betriebsmittel, die zur Aufgabenerfüllung und zur Einhaltung der Sicherheitsanforderungen erforderlich sind, SOLLTEN in ausreichender Menge vorhanden sein.	ja	tw	n
S	Es SOLLTE geeignete Prüfverfahren vor Einsatz der Betriebsmittel geben.	ja	tw	n
S	Für die Bestandsführung SOLLTEN die Betriebsmittel in Bestandsverzeichnissen aufgelistet werden.	ja	tw	n
S	Um den Missbrauch von Daten zu verhindern, SOLLTE die zuverlässige Löschung oder Vernichtung von Betriebsmitteln geregelt sein.	ja	tw	n

Notizen:

A9 Ordnungsgemäße Entsorgung von schützenswerten Betriebsmitteln *Standard*

Verantwortliche Rolle: Mitarbeiter, Informationssicherheitsbeauftragter (ISB)

S	Betriebs- und Sachmittel SOLLTEN so entsorgt werden, dass keine Rückschlüsse auf ihre Verwendung oder Inhalte gezogen werden können.	ja	tw	n
S	Die Entsorgung von schutzbedürftigen Materialien SOLLTE geregelt sein.	ja	tw	n
S	Alle Mitarbeiter SOLLTEN diese Regelungen kennen.	ja	tw	n
S	Zur Entsorgung von schutzbedürftigem Material SOLLTEN geeignete Entsorgungseinrichtungen wie z.B. Aktenvernichter vorhanden sein.	ja	tw	n
S	Zur Entsorgung gesammeltes schutzbedürftiges Material SOLLTE vor unberechtigtem Zugriff geschützt sein.	ja	tw	n

Notizen:

A10 Reaktion auf Verletzungen der Sicherheitsvorgaben *Standard*

Verantwortliche Rolle: Informationssicherheitsbeauftragter (ISB)

S	Es SOLLTE geregelt sein, welche Reaktionen bei Verdacht auf Verletzungen der Sicherheitsvorgaben erfolgen.	ja	tw	n

Notizen:

A11 Rechtzeitige Beteiligung der Personalvertretung *Standard*

Verantwortliche Rolle: Leiter IT

S	Die Personalvertretung (Arbeitnehmer-, Mitarbeitervertretung) SOLLTE bei sie betreffenden Verfahren und Projekten rechtzeitig informiert werden.	ja	tw	n

Notizen:

ORP Organisation und Personal

A12 Regelungen für Wartungs- und Reparaturarbeiten *Standard*

Verantwortliche Rolle: IT-Betrieb, Haustechnik, ICS-Informationssicherheitsbeauftragter

S	Technische Geräte SOLLTEN regelmäßig gewartet werden.	ja	tw	n
S	Es SOLLTE geregelt sein, welche Sicherheitsaspekte bei Wartungs- und Reparaturarbeiten zu beachten sind und wer für die Wartung oder Reparatur von Geräten verantwortlich ist.	ja	tw	n
S	Mitarbeiter SOLLTEN wissen, dass Wartungspersonal bei Arbeiten im Haus beaufsichtigt werden muss.	ja	tw	n
S	Durchgeführte Wartungsarbeiten SOLLTEN dokumentiert werden.	ja	tw	n

Notizen:

A13 Sicherheit bei Umzügen *Standard*

Verantwortliche Rolle: Leiter IT, Leiter Haustechnik, Informationssicherheitsbeauftragter (ISB)

S	Vor einem geplanten Umzug SOLLTEN rechtzeitig Sicherheitsrichtlinien für diesen Zweck erarbeitet bzw. aktualisiert werden.	ja	tw	n
S	Alle Mitarbeiter SOLLTEN über die vor, während und nach dem Umzug zu beachtenden Sicherheitsmaßnahmen informiert werden.	ja	tw	n
S	Während des Umzugs SOLLTE ein Mindestmaß an Zutritts- und Zugangskontrolle vorhanden sein.	ja	tw	n
S	Es SOLLTE nach dem Umzug überprüft werden, dass das zu transportierende Umzugsgut vollständig und unbeschädigt bzw. unverändert angekommen ist.	ja	tw	n

Notizen:

A14 Kontrollgänge *Hoch*

Verantwortliche Rolle: Haustechnik, Informationssicherheitsbeauftragter (ISB) **C I A**

S	Es SOLLTEN Kontrollgänge durchgeführt werden, um zu überprüfen, inwieweit Sicherheitsvorgaben umgesetzt werden.	ja	tw	n
S	Einfach zu behebende Nachlässigkeiten SOLLTEN sofort behoben werden (z.B. Fenster schließen).	ja	tw	n
S	Darüber hinaus SOLLTEN Ursachen hinterfragt und beseitigt werden.	ja	tw	n

Notizen:

ORP.2 Personal

A1 Geregelte Einarbeitung neuer Mitarbeiter *Basis*
Verantwortliche Rolle: Vorgesetzte

M	Die Personalabteilung sowie die Vorgesetzten MÜSSEN dafür sorgen, dass neue Mitarbeiter zu Beginn ihrer Beschäftigung in ihre neuen Aufgaben eingearbeitet und über bestehende Regelungen, Gepflogenheiten und Verfahrensweisen informiert werden.	ja	tw	n
S	Hierbei SOLLTE eine Checkliste unterstützend wirken.	ja	tw	n
M	Zur geregelten Einarbeitung neuer Mitarbeiter MÜSSEN diese auf bestehende Regelungen und Handlungsanweisungen zur Informationssicherheit hingewiesen werden.	ja	tw	n
M	Alle Mitarbeiter MÜSSEN über Regelungen zur Informationssicherheit, deren Veränderungen und ihre spezifischen Auswirkungen auf einen Geschäftsprozess oder auf das jeweilige Arbeitsumfeld unterrichtet werden.	ja	tw	n
M	Alle Mitarbeiter MÜSSEN explizit darauf verpflichtet werden, einschlägige Gesetze, Vorschriften und interne Regelungen einzuhalten.	ja	tw	n
M	Außerdem MÜSSEN alle Mitarbeiter darauf hingewiesen werden, dass alle während der Arbeit erhaltenen Informationen ausschließlich zum internen Gebrauch bestimmt sind, solange sie nicht anders gekennzeichnet sind.	ja	tw	n

Notizen:

A2 Geregelte Verfahrensweise beim Weggang von Mitarbeitern *Basis*
Verantwortliche Rolle: Vorgesetzte, IT-Betrieb

M	Vor dem Weggang eines Mitarbeiters MUSS eine rechtzeitige Einweisung des Nachfolgers, idealerweise durch den ausscheidenden Mitarbeiter, durchgeführt werden.	ja	tw	n
M	Ist eine direkte Übergabe nicht möglich, MUSS vom ausscheidenden Mitarbeiter eine ausführliche Dokumentation angefertigt werden.	ja	tw	n
M	Außerdem MÜSSEN von ausscheidenden Mitarbeitern alle im Rahmen ihrer Tätigkeit erhaltenen Unterlagen, Schlüssel und Geräte sowie Ausweise und Zutrittsberechtigungen eingezogen werden.	ja	tw	n
M	Die IT-Administration MUSS außerdem dafür Sorge tragen, dass ehemaligen Mitarbeitern sämtliche Zugriffsberechtigungen auf IT-Systeme entzogen bzw. diese bei Aufgabenwechseln angepasst werden.	ja	tw	n
M	Vor der Verabschiedung MUSS noch einmal explizit auf Verschwiegenheitsverpflichtungen hingewiesen werden.	ja	tw	n
M	Weiterhin MÜSSEN Notfall- und andere Ablaufpläne aktualisiert werden.	ja	tw	n
M	Alle betroffenen Stellen innerhalb der Institution, wie z.B. das Sicherheitspersonal, MÜSSEN ebenfalls über das Ausscheiden des Mitarbeiters informiert werden.	ja	tw	n
S	Um alle Aktivitäten, die mit dem Weggang von Mitarbeitern einhergehen, geregelt abarbeiten zu können, SOLLTEN ähnlich wie bei der Einstellung auch hier die Erstellung und die Abarbeitung einer Checkliste hilfreich sein.	ja	tw	n

Notizen:

ORP Organisation und Personal

A3 Vertretungsregelungen *Basis*
Verantwortliche Rolle: Vorgesetzte

M	Die Vorgesetzten MÜSSEN für die Einführung und Aufrechterhaltung von Vertretungsregelungen Sorge tragen.	ja	tw	n
M	Dabei MUSS sichergestellt werden, dass für alle wesentlichen Geschäftsprozesse und Aufgaben entsprechende und praktikable Vertretungsregelungen vorhanden sind.	ja	tw	n
M	Bei diesen Regelungen MUSS der Aufgabenumfang der Vertretung im Vorfeld klar definiert werden.	ja	tw	n
M	Hierbei reicht das einfache Benennen eines Vertreters nicht aus, sondern es MUSS sichergestellt werden, dass dieser über das für die Vertretung benötigte Wissen verfügt.	ja	tw	n
M	Ist dies nicht der Fall, MUSS überprüft werden, wie der Vertreter zu schulen ist oder ob es ausreicht, den aktuellen Verfahrens- oder Projektstand ausreichend zu dokumentieren.	ja	tw	n
M	Ist es im Ausnahmefall nicht möglich, für einzelne Mitarbeiter einen kompetenten Vertreter zu benennen oder zu schulen, MUSS frühzeitig überlegt werden, ob und, wenn ja, welche externen Kräfte für den Vertretungsfall eingesetzt werden können.	ja	tw	n

Notizen:

A4 Regelungen für den Einsatz von Fremdpersonal *Basis*
Verantwortliche Rolle: Personalabteilung

M	Bei der Beschäftigung von externem Personal MUSS dieses grundsätzlich wie alle eigenen Mitarbeiter auf die Einhaltung der geltenden Gesetze, Vorschriften und internen Regelungen verpflichtet werden.	ja	tw	n
M	Kurzfristig oder einmalig zum Einsatz kommendes Fremdpersonal kann wie Besucher behandelt und MUSS in sicherheitsrelevanten Bereichen beaufsichtigt werden.	ja	tw	n
M	Bei längerfristig beschäftigtem Fremdpersonal wiederum MUSS dieses ähnlich der eigenen Mitarbeiter in seine Aufgaben eingewiesen werden.	ja	tw	n
M	Für solche Mitarbeiter MUSS außerdem eine Vertretungsregelung eingeführt werden.	ja	tw	n
M	Bei ihrem Weggang MUSS analog zu eigenem Personal eine geregelte Über- und Rückgabe der Arbeitsergebnisse und eventuell ausgehändigter Zugangsberechtigungen erfolgen.	ja	tw	n

Notizen:

A5 Vertraulichkeitsvereinbarungen für den Einsatz von Fremdpersonal *Basis*
Verantwortliche Rolle: Personalabteilung

M	Bevor Externe Zugang und Zugriff zu vertraulichen Informationen erhalten, MÜSSEN mit ihnen Vertraulichkeitsvereinbarungen abgeschlossen werden.	ja	tw	n
M	Durch die verwendeten Vertraulichkeitsvereinbarungen MÜSSEN alle wichtigen Aspekte zum Schutz von organisationsinternen Informationen berücksichtigt werden.	ja	tw	n

Notizen:

	A6	**Überprüfung von Kandidaten bei der Auswahl von Personal**			*Standard*
		Verantwortliche Rolle: Personalabteilung			
S		Bei der Auswahl von neuen Mitarbeitern SOLLTEN die erforderlichen Qualifikationen und Fähigkeiten genau formuliert sein.	ja	tw	n
S		Anschließend SOLLTE anhand der Unterlagen und im Bewerbungsgespräch geprüft werden, ob diese bei den Bewerbern tatsächlich vorhanden sind.	ja	tw	n
S		Besonders SOLLTE darauf geachtet werden, dass keine Interessenkonflikte auftreten.	ja	tw	n
S		Um nach einem Stellenwechsel Interessenkonflikte zu vermeiden, SOLLTEN Konkurrenzverbote und Karenzzeiten vereinbart werden.	ja	tw	n

Notizen:

	A7	**Überprüfung der Vertrauenswürdigkeit von Mitarbeitern**			*Standard*
		Verantwortliche Rolle: Personalabteilung			
S		Neue Mitarbeiter SOLLTEN vor ihrer Einstellung auf ihre Vertrauenswürdigkeit hin überprüft werden.	ja	tw	n
S		Deshalb SOLLTEN alle Beteiligten bei der Personalauswahl mit der gebotenen Sorgfalt bemüht sein, Angaben der Bewerber/-innen, die relevant sind für die Einschätzung ihrer Vertrauenswürdigkeit, auf ihre Glaubhaftigkeit hin zu überprüfen, soweit dies möglich ist.	ja	tw	n
S		Insbesondere SOLLTE der vorgelegte Lebenslauf auf Vollständigkeit, Plausibilität und Korrektheit kritisch geprüft werden.	ja	tw	n
S		Dabei SOLLTEN kritisch erscheinende Daten durch dezidierte Nachfrage und das Verlangen weiterer Nachweise geprüft werden.	ja	tw	n

Notizen:

	A8	**Aufgaben und Zuständigkeiten von Mitarbeitern**			*Standard*
		Verantwortliche Rolle: Informationssicherheitsbeauftragter (ISB)			
S		Die Aufgaben und Zuständigkeiten von Mitarbeitern SOLLTEN in geeigneter Weise dokumentiert sein, beispielsweise durch Arbeitsverträge oder Vereinbarungen.	ja	tw	n
S		Der IT-Sicherheitsbeauftragte SOLLTE dafür sorgen, dass alle Mitarbeiter ihre Aufgaben und Zuständigkeiten im Sicherheitsprozess kennen.	ja	tw	n
S		Insbesondere SOLLTE vereinbart sein, dass jeder Mitarbeiter auch außerhalb der Arbeitszeit und außerhalb des Betriebsgeländes eine Verantwortlichkeit für Informationssicherheit hat.	ja	tw	n

Notizen:

ORP Organisation und Personal

A9 Schulung von Mitarbeitern *Standard*

Verantwortliche Rolle: Personalabteilung

S	Die Mitarbeiter SOLLTEN entsprechend ihrer Tätigkeit regelmäßig geschult werden, damit sie in Bezug auf die ihnen übertragenen Tätigkeiten immer auf dem aktuellen Stand sind.	ja	tw	n
S	In allen Bereichen SOLLTE sichergestellt werden, dass kein Mitarbeiter basierend auf einem veralteten Wissensstand seiner Arbeit nachgeht.	ja	tw	n
S	Weiterhin SOLLTE den Mitarbeitern während ihrer Beschäftigung die Möglichkeit gegeben werden, sich im Rahmen ihres Tätigkeitsfeldes weiterzubilden.	ja	tw	n
S	Alle Mitarbeiter SOLLTEN in die Geräte, Anwendungen und Aktivitäten eingewiesen sein, die zur sicheren Verarbeitung von Informationen dienen.	ja	tw	n
S	Darüber hinaus SOLLTEN alle Mitarbeiter regelmäßig im Bereich der Informationssicherheit geschult und über alltägliche Risiken und mögliche Gegenmaßnahmen unterrichtet werden.	ja	tw	n
S	Die Mitarbeiter SOLLTEN darüber hinaus angehalten werden, Regelungen zur Informationssicherheit eigenverantwortlich umzusetzen.	ja	tw	n
S	Bei größerem Schulungsbedarf SOLLTEN einzelne Mitarbeiter gesondert geschult und innerhalb des Tätigkeitsbereichs als Multiplikatoren für die restlichen Mitarbeiter eingesetzt werden.	ja	tw	n

Notizen:

A10 Vermeidung von Störungen des Betriebsklimas *Standard*

Verantwortliche Rolle: Personalabteilung

S	Es SOLLTEN, auch aus Sicht der Informationssicherheit, Maßnahmen ergriffen werden, um für ein positives Betriebsklima zu sorgen.	ja	tw	n

Notizen:

A11 Analyse der Sicherheitskultur *Hoch*

Verantwortliche Rolle: Personalabteilung **C I A**

S	Die für die Institution ausgewählten Sicherheitsmaßnahmen SOLLTEN sich immer an der Institution und ihren Mitarbeitern orientieren.	ja	tw	n
S	Dabei SOLLTE, unter Beibehaltung der rechtlichen Rahmenbedingungen, analysiert werden, wie genau sich die Mitarbeiter aus Sicherheitssicht verhalten.	ja	tw	n
S	Darauf aufbauend SOLLTE untersucht werden, an welcher Stelle die personelle und organisatorische Sicherheit noch verbessert werden kann.	ja	tw	n

Notizen:

A12 Benennung separater Ansprechpartner *Hoch*

Verantwortliche Rolle: Personalabteilung **C I A**

S	Zur Zufriedenheit der Mitarbeiter SOLLTE ein Verantwortlicher als vertrauenswürdiger Ansprechpartner benannt werden.	ja	tw	n
S	Im Fall von größeren organisatorischen oder technischen Veränderungen SOLLTE die Benennung eines solchen Ansprechpartners geprüft werden.	ja	tw	n

Notizen:

A13 Sicherheitsüberprüfung *Hoch*

Verantwortliche Rolle: Personalabteilung C I A

S Im Hochsicherheitsbereich SOLLTE eine zusätzliche Sicherheitsüberprüfung zur grundlegenden Überprüfung der Vertrauenswürdigkeit von Mitarbeitern durchgeführt werden. | ja | tw | n

Notizen:

ORP.3 Sensibilisierung und Schulung

A1 Sensibilisierung des Managements für Informationssicherheit *Basis*

Verantwortliche Rolle: Vorgesetzte, Institutionsleitung

M Die Institutionsleitung MUSS die Sicherheitskampagnen und Schulungsmaßnahmen für die Mitarbeiter nachdrücklich und aktiv unterstützen. | ja | tw | n

M Daher MUSS vor dem Beginn eines Sensibilisierungs- und Schulungsprogramms zur Informationssicherheit die Unterstützung des Managements eingeholt werden. | ja | tw | n

M Das Management MUSS ausreichend für Sicherheitsfragen sensibilisiert werden. | ja | tw | n

M Alle Vorgesetzten MÜSSEN die Informationssicherheit unterstützen, indem sie mit gutem Beispiel vorangehen. | ja | tw | n

M Führungskräfte MÜSSEN die Sicherheitsvorgaben umsetzen und ihre Mitarbeiter auf deren Einhaltung hinweisen. | ja | tw | n

Notizen:

A2 Ansprechpartner zu Sicherheitsfragen *Basis*

Verantwortliche Rolle: Informationssicherheitsbeauftragter (ISB)

M In jeder Institution MUSS es Ansprechpartner für Sicherheitsfragen geben, die sowohl scheinbar einfache wie auch komplexe oder technische Fragen beantworten können. | ja | tw | n

M Die Ansprechpartner MÜSSEN allen Mitarbeitern der Institution bekannt sein. | ja | tw | n

M Diesbezügliche Informationen MÜSSEN in der Institution für alle leicht zugänglich sein und verfügbar sein. | ja | tw | n

Notizen:

A3 Einweisung des Personals in den sicheren Umgang mit IT *Basis*

Verantwortliche Rolle: Vorgesetzte, Personalabteilung, IT-Betrieb

M Alle Mitarbeiter und externen Benutzer MÜSSEN in den sicheren Umgang mit IT-, ICS- und IoT-Komponenten eingewiesen und sensibilisiert werden, soweit dies für ihre Arbeitszusammenhänge relevant ist. | ja | tw | n

M Dafür MÜSSEN verbindliche, verständliche, aktuelle und verfügbare Richtlinien zur Nutzung der jeweiligen Komponenten zur Verfügung stehen. | ja | tw | n

M Werden IT-, ICS- oder IoT-Systeme oder Dienste in einer Weise benutzt, die den Interessen der Institution widersprechen, MUSS dies kommuniziert werden. | ja | tw | n

Notizen:

ORP Organisation und Personal

A4 Konzeption eines Sensibilisierungs- und Schulungsprogramms zur Informationssicherheit *Standard*

Verantwortliche Rolle: Informationssicherheitsbeauftragter (ISB)

S	Um die Mitarbeiter zu sensibilisieren, SOLLTE ein zielgruppenorientiertes Sensibilisierungs- und Schulungsprogramm erstellt werden.	ja	tw	n
S	Es SOLLTE regelmäßig überprüft und aktualisiert werden.	ja	tw	n

Notizen:

A5 Analyse der Zielgruppen für Sensibilisierungs- und Schulungsprogramme *Standard*

Verantwortliche Rolle: Informationssicherheitsbeauftragter (ISB)

S	Sensibilisierungs- und Schulungsprogramme SOLLTEN sich an den jeweiligen Zielgruppen orientieren.	ja	tw	n
S	Dazu SOLLTE eine Zielgruppenanalyse durchgeführt werden, sodass Maßnahmen auf spezielle Anforderungen und unterschiedliche Hintergründe fokussiert werden können.	ja	tw	n

Notizen:

A6 Planung und Durchführung von Sensibilisierungen und Schulungen zur Informationssicherheit *Standard*

Verantwortliche Rolle: Informationssicherheitsbeauftragter (ISB)

S	Alle Mitarbeiter SOLLTEN entsprechend ihren Aufgaben und Verantwortlichkeiten zu Informationssicherheitsthemen geschult werden.	ja	tw	n
S	Es SOLLTE daher Sensibilisierungs- und Schulungsmaßnahmen geben, die den Mitarbeitern alle Informationen und Fähigkeiten vermitteln, die erforderlich sind, um in der Institution geltende Sicherheitsregelungen und -maßnahmen umsetzen zu können.	ja	tw	n
S	Aus diesem Grund SOLLTEN die Sensibilisierungs- und Schulungsinhalte entsprechend den Zielgruppen, Aufgaben und Verantwortlichkeiten der Mitarbeiter strukturiert und geplant werden.	ja	tw	n
S	Die geplanten Sensibilisierungs- und Schulungsmaßnahmen SOLLTEN gemäß dieser Planung in adäquater Form umgesetzt werden.	ja	tw	n
S	Sensibilisierungs- und Schulungsprogramme SOLLTEN regelmäßig auf Aktualität überprüft und bei geändertem Bedarf angepasst bzw. weiterentwickelt werden.	ja	tw	n

Notizen:

A7 Schulung zur Vorgehensweise nach IT-Grundschutz *Standard*

Verantwortliche Rolle: Informationssicherheitsbeauftragter (ISB)

S	Sicherheitsverantwortliche SOLLTEN mit der IT-Grundschutz-Methodik vertraut sein.	ja	tw	n
S	Wurde ein Schulungsbedarf verifiziert, SOLLTE eine entsprechende IT-Grundschutz-Schulung geplant und deren Inhalt vorher festgelegt werden.	ja	tw	n
S	Innerhalb der Schulung SOLLTE die Vorgehensweise anhand praxisnaher Beispiele geübt werden.	ja	tw	n

Notizen:

ORP.4 Identitäts- und Berechtigungsmanagement

A8   Messung und Auswertung des Lernerfolgs   *Standard*

Verantwortliche Rolle: Personalabteilung

S   Die Lernerfolge im Bereich Informationssicherheit SOLLTEN zielgruppenbezogen gemessen   ja   tw   n
und ausgewertet werden, um festzustellen, inwieweit die in den Sensibilisierungs- und
Schulungsprogrammen beschriebenen Ziele erreicht sind.

S   Die Messungen SOLLTEN sowohl quantitative als auch qualitative Aspekte der Sensibilisie-   ja   tw   n
rungs- und Schulungsprogramme berücksichtigen.

S   Die Ergebnisse SOLLTEN bei der Verbesserung des Sensibilisierungs- und Schulungsangebots   ja   tw   n
in geeigneter Weise einfließen.

Notizen:

A9   Spezielle Schulung von exponierten Personen und Institutionen   *Hoch*

Verantwortliche Rolle: Informationssicherheitsbeauftragter (ISB)   **C I A**

S   Besonders exponierte Personen wie Funktionsträger sowie die Mitarbeiter in besonders   ja   tw   n
exponierten Institutionen oder Organisationsbereichen SOLLTEN vertiefende Schulungen in
Hinblick auf mögliche Gefährdungen sowie geeignete Verhaltensweisen und Vorsichtsmaß-
nahmen erhalten.

Notizen:

ORP.4 Identitäts- und Berechtigungsmanagement

A1   Regelung für die Einrichtung von Benutzern und Benutzergruppen   *Basis*

Verantwortliche Rolle: Administrator, Leiter IT

M   Es MUSS geregelt werden, wie Benutzer und Benutzergruppen einzurichten sind.   ja   tw   n

M   Alle Benutzer und Benutzergruppen DÜRFEN NUR über separate administrative Rollen ein-   ja   tw   n
gerichtet werden.

Notizen:

A2   Regelung für Einrichtung, Änderung und Entzug von Berechtigungen   *Basis*

Verantwortliche Rolle: Administrator, Leiter IT

M   Benutzerkennungen und Berechtigungen DÜRFEN NUR aufgrund des tatsächlichen Bedarfs   ja   tw   n
vergeben werden.

M   Bei personellen Veränderungen MÜSSEN die nicht mehr benötigten Benutzerkennungen   ja   tw   n
und Berechtigungen entfernt werden.

M   Beantragen Mitarbeiter Berechtigungen, die über den Standard hinausgehen, DÜRFEN diese   ja   tw   n
NUR nach zusätzlicher Begründung vergeben werden.

M   Alle Berechtigungen MÜSSEN über separate administrative Rollen eingerichtet werden.   ja   tw   n

Notizen:

ORP Organisation und Personal

A3 Dokumentation der zugelassenen Benutzer und Rechteprofile *Basis*
Verantwortliche Rolle: Administrator, Leiter IT

M	Es MUSS eine Dokumentation der zugelassenen Benutzer, angelegten Benutzergruppen und Rechteprofile erfolgen.	ja	tw	n
M	Die Dokumentation der zugelassenen Benutzer, angelegten Benutzergruppen und Rechteprofile MUSS regelmäßig auf Aktualität überprüft werden.	ja	tw	n
M	Die Dokumentation MUSS vor unberechtigtem Zugriff geschützt werden.	ja	tw	n
S	Sofern sie in elektronischer Form erfolgt, SOLLTE sie in das Datensicherungsverfahren einbezogen werden.	ja	tw	n

Notizen:

A4 Aufgabenverteilung und Funktionstrennung *Basis*
Verantwortliche Rolle: Leiter IT

M	Es MÜSSEN die für den IT-Einsatz relevanten Aufgaben und Funktionen definiert werden.	ja	tw	n
M	Auch MUSS festgelegt werden, welche Aufgaben und Funktionen nicht miteinander vereinbar sind.	ja	tw	n
M	Diese Trennungen MÜSSEN umgesetzt werden.	ja	tw	n
S	Sie SOLLTEN dokumentiert werden.	ja	tw	n

Notizen:

A5 Vergabe von Zutrittsberechtigungen *Basis*
Verantwortliche Rolle: Leiter IT

M	Es MUSS festgelegt werden, welche Zutrittsberechtigungen an welche Personen im Rahmen ihrer Funktion vergeben werden.	ja	tw	n
M	Werden Zutrittsmittel wie Chipkarten verwendet, so MUSS die Ausgabe bzw. der Entzug dokumentiert werden.	ja	tw	n
S	Die Zutrittsberechtigten SOLLTEN auf den korrekten Umgang mit den Zutrittsmitteln geschult werden.	ja	tw	n
S	Bei längeren Abwesenheiten SOLLTEN berechtigte Personen vorübergehend gesperrt werden.	ja	tw	n

Notizen:

A6 Vergabe von Zugangsberechtigungen *Basis*
Verantwortliche Rolle: Leiter IT

M	Es MUSS festgelegt werden, welche Zugangsberechtigungen an welche Personen im Rahmen ihrer Funktion vergeben bzw. ihnen entzogen werden.	ja	tw	n
M	Werden Zugangsmittel wie Chipkarten verwendet, so MUSS die Ausgabe bzw. der Entzug dokumentiert werden.	ja	tw	n
S	Die Zugangsberechtigten SOLLTEN auf den korrekten Umgang mit den Zugangsmitteln geschult werden.	ja	tw	n
S	Bei längeren Abwesenheiten SOLLTEN berechtigte Personen vorübergehend gesperrt werden.	ja	tw	n

Notizen:

ORP.4 Identitäts- und Berechtigungsmanagement

A7 Vergabe von Zugriffsrechten *Basis*
Verantwortliche Rolle: Leiter IT

M	Es MUSS festgelegt werden, welche Zugriffsrechte an welche Personen im Rahmen ihrer Funktion vergeben bzw. entzogen werden.	ja	tw	n
M	Werden Zugangsmittel wie Chipkarten verwendet, so MUSS die Ausgabe bzw. der Entzug dokumentiert werden.	ja	tw	n
S	Die Zugriffsrechte SOLLTEN auf den korrekten Umgang mit den Zugangsmitteln geschult werden.	ja	tw	n
S	Bei längeren Abwesenheiten SOLLTEN berechtigte Personen vorübergehend gesperrt werden.	ja	tw	n

Notizen:

A8 Regelung des Passwortgebrauchs *Basis*
Verantwortliche Rolle: Benutzer, Leiter IT

M	Die Institution MUSS den Passwortgebrauch verbindlich regeln.	ja	tw	n
M	Dabei MUSS festgelegt werden, dass nur Passwörter mit ausreichender Länge und Komplexität verwendet werden.	ja	tw	n
S	Die Passwörter SOLLTEN in angemessenen Zeitabständen geändert werden.	ja	tw	n
M	Die Passwörter MÜSSEN sofort gewechselt, sobald sie unautorisierten Personen bekannt geworden sind oder der Verdacht darauf besteht.	ja	tw	n
M	Passwörter MÜSSEN geheim gehalten werden.	ja	tw	n
M	Standardpasswörter MÜSSEN durch ausreichend starke Passwörter ersetzt und vordefinierte Logins geändert werden.	ja	tw	n
S	Es SOLLTE überprüft werden, dass die mögliche Passwortlänge auch im vollen Umfang von dem IT-System geprüft wird.	ja	tw	n
S	Bei erfolglosen Anmeldeversuchen SOLLTE das System keinen Hinweis darauf geben, ob Passwort oder Benutzerkennung falsch sind.	ja	tw	n

Notizen:

A9 Identifikation und Authentisierung *Basis*
Verantwortliche Rolle: Leiter IT

M	Der Zugang zu allen IT-Systemen und Diensten MUSS durch eine angemessene Identifikation und Authentisierung der zugreifenden Benutzer, Dienste oder IT-Systeme abgesichert sein.	ja	tw	n
M	Vorkonfigurierte Zugangsmittel MÜSSEN vor dem produktiven Einsatz geändert werden.	ja	tw	n

Notizen:

A10 Schutz von Benutzerkonten mit weitreichenden Berechtigungen *Standard*
Verantwortliche Rolle: Leiter IT

S	Benutzerkonten mit weitreichenden Berechtigungen SOLLTEN mit mindestens zwei Authentisierungsmerkmalen geschützt werden.	ja	tw	n

Notizen:

ORP Organisation und Personal

A11 Zurücksetzen von Passwörtern *Standard*
Verantwortliche Rolle: Leiter IT

- S Für das Zurücksetzen von Passwörtern SOLLTE ein angemessenes sicheres Verfahren definiert und umgesetzt werden. — ja tw n
- S Die Support-Mitarbeiter, die Passwörter zurücksetzen können, SOLLTEN entsprechend geschult werden. — ja tw n
- S Bei höherem Schutzbedarf des Passwortes SOLLTE eine Strategie definiert werden, falls der Support-Mitarbeiter aufgrund fehlender sicherer Möglichkeiten der Übermittlung des Passwortes die Verantwortung nicht übernehmen kann. — ja tw n

Notizen:

A12 Entwicklung eines Authentisierungskonzeptes für IT-Systeme und Anwendungen *Standard*
Verantwortliche Rolle: Leiter IT

- S Es SOLLTE ein Authentisierungskonzept erstellt werden. — ja tw n
- S Darin SOLLTE für jedes IT-System und jede Anwendung definiert werden, welche Funktions- und Sicherheitsanforderungen an die Authentisierung gestellt werden. — ja tw n
- S Authentisierungsinformationen SOLLTEN kryptografisch sicher geschützt übertragen und gespeichert werden. — ja tw n

Notizen:

A13 Geeignete Auswahl von Authentisierungsmechanismen *Standard*
Verantwortliche Rolle: Leiter IT

- S Es SOLLTEN dem Schutzbedarf angemessene Identifikations- und Authentisierungsmechanismen verwendet werden. — ja tw n
- S Authentisierungsdaten SOLLTEN durch das IT-System bzw. die IT-Anwendungen bei der Verarbeitung jederzeit gegen Ausspähung, Veränderung und Zerstörung geschützt werden. — ja tw n

Notizen:

A14 Kontrolle der Wirksamkeit der Benutzertrennung am IT-System *Standard*
Verantwortliche Rolle: Administrator

- S In angemessenen Zeitabständen SOLLTE überprüft werden, ob die Benutzer von IT-Systemen sich regelmäßig nach Aufgabenerfüllung abmelden und nicht mehrere Benutzer unter der gleichen Kennung arbeiten. — ja tw n

Notizen:

A15 Vorgehensweise und Konzeption der Prozesse beim Identitäts- und Berechtigungsmanagement *Standard*

Verantwortliche Rolle: Leiter IT

S Für das Identitäts- und Berechtigungsmanagement SOLLTEN folgenden Prozesse definiert und umgesetzt werden: ja   tw   n
- Richtlinien verwalten,
- Identitätsprofile verwalten,
- Benutzerkennungen verwalten,
- Berechtigungsprofile verwalten,
- Rollen verwalten.

Notizen:

A16 Richtlinien für die Zugriffs- und Zugangskontrolle *Standard*

Verantwortliche Rolle: Administrator

S Es SOLLTE eine Richtlinie für die Zugriffs- und Zugangskontrolle von IT-Systemen, IT-Komponenten und Netzen erstellt werden.   ja   tw   n

S Es SOLLTEN Standard-Rechteprofile benutzt werden, die den Funktionen und Aufgaben der Mitarbeiter entsprechen.   ja   tw   n

S Für jedes IT-System und jede IT-Anwendung SOLLTE eine schriftliche Zugriffsregelung existieren.   ja   tw   n

S Außerdem SOLLTEN alle eingerichteten Benutzer und vergebenen Rechte dokumentiert sein.   ja   tw   n

S Es SOLLTE geregelt sein, dass Benutzer nur auf IT-Systeme und Dienste zugreifen können, wenn sie vorher angemessen identifiziert und authentisiert wurden.   ja   tw   n

Notizen:

A17 Geeignete Auswahl von Identitäts- und Berechtigungsmanagement-Systemen *Standard*

Verantwortliche Rolle: Leiter IT

S Beim Einsatz eines Identitäts- und Berechtigungsmanagement-Systems SOLLTE es für die Institution und deren jeweilige Geschäftsprozesse, Organisationsstrukturen und Abläufe sowie deren Schutzbedarf passen.   ja   tw   n

S Das Identitäts- und Berechtigungsmanagement-System SOLLTE die in der Institution vorhandenen Vorgaben zum Umgang mit Identitäten und Berechtigungen abbilden können.   ja   tw   n

S Das ausgewählte Identitäts- und Berechtigungsmanagement-System SOLLTE den Grundsatz der Funktionstrennung realisieren können.   ja   tw   n

S Das Identitäts- und Berechtigungsmanagement-System SOLLTE angemessen vor Angriffen geschützt werden.   ja   tw   n

Notizen:

ORP Organisation und Personal

A18 Einsatz eines zentralen Authentifizierungsdienstes *Standard*
Verantwortliche Rolle: Leiter IT

- S Um ein zentrales Identitäts- und Berechtigungsmanagement aufzubauen, SOLLTE ein zentraler netzbasierter Authentisierungsdienst eingesetzt werden. — ja tw n
- S Der Einsatz eines zentralen netzbasierten Authentisierungsdienstes SOLLTE sorgfältig geplant werden. — ja tw n
- S Dazu SOLLTEN die Sicherheitsanforderungen dokumentiert werden, die für die Auswahl eines solchen Dienstes relevant sind. — ja tw n

Notizen:

A19 Einweisung aller Mitarbeiter in den Umgang mit Authentisierungsverfahren und -mechanismen *Standard*
Verantwortliche Rolle: Benutzer, Leiter IT

- S Alle Mitarbeiter SOLLTEN in den korrekten Umgang mit den Authentisierungsverfahren eingewiesen werden. — ja tw n
- S Es SOLLTE verständliche Richtlinien für den Umgang mit Authentisierungsverfahren geben. — ja tw n
- S Die Mitarbeiter SOLLTEN über relevante Regelungen informiert werden. — ja tw n

Notizen:

A20 Notfallvorsorge für das Identitäts- und Berechtigungsmanagement-System *Hoch*
Verantwortliche Rolle: Leiter IT — **C I A**

- S Es SOLLTE geprüft werden, inwieweit ein ausgefallenes Identitäts- und Berechtigungsmanagement-System sicherheitskritisch für die Geschäftsprozesse ist. — ja tw n
- S Für Notfälle SOLLTE ein Berechtigungskonzept vorhanden sein und es SOLLTEN Notfallberechtigungen existieren. — ja tw n

Notizen:

A21 Mehr-Faktor-Authentisierung *Hoch*
Verantwortliche Rolle: Leiter IT — **C**

- S Bei höherem Schutzbedarf SOLLTE eine sichere Zwei- oder Mehr-Faktor-Authentisierung, z.B. mit kryptografischen Zertifikaten, Chipkarten oder Token, zur Authentisierung verwendet werden. — ja tw n

Notizen:

ORP.5 Compliance Management (Anforderungsmanagement)

A1 Identifikation der rechtlichen Rahmenbedingungen *Basis*

Verantwortliche Rolle: Leiter Organisation, Institutionsleitung

M	In der Institution MUSS ein Prozess aufgebaut sein, um alle relevanten gesetzlichen, vertraglichen und sonstigen Vorgaben zu identifizieren.	ja	tw	n
M	Alle rechtlichen Rahmenbedingungen mit Auswirkungen auf das Sicherheitsmanagement MÜSSEN identifiziert und dokumentiert werden.	ja	tw	n
S	Die für die einzelnen Bereiche der Institution relevanten gesetzlichen und vertraglichen Vorgaben SOLLTEN in einer strukturierten Übersicht herausgearbeitet werden.	ja	tw	n
M	Die Dokumentation MUSS auf dem aktuellen Stand gehalten werden.	ja	tw	n
M	Die als sicherheitsrelevant identifizierten Anforderungen MÜSSEN bei der Planung und Konzeption von Geschäftsprozessen, Anwendungen und IT-Systemen oder bei der Beschaffung neuer Komponenten einfließen.	ja	tw	n

Notizen:

A2 Beachtung rechtlicher Rahmenbedingungen *Basis*

Verantwortliche Rolle: Vorgesetzte, Leiter Organisation, Institutionsleitung

M	Führungskräfte, welche die rechtliche Verantwortung für die Institution vor Ort tragen, MÜSSEN für die Einhaltung der rechtlichen Vorgaben sorgen.	ja	tw	n
M	Die Verantwortlichkeiten und Zuständigkeiten für die Einhaltung rechtlicher Vorgaben MÜSSEN festgelegt sein.	ja	tw	n
M	Es MÜSSEN geeignete Maßnahmen identifiziert und umgesetzt werden, um Verstöße gegen relevante Anforderungen zu vermeiden.	ja	tw	n
M	Wenn Verstöße gegen relevante Anforderungen erkannt werden, MÜSSEN sachgerechte Korrekturmaßnahmen ergriffen werden, um die Abweichungen zu beheben.	ja	tw	n

Notizen:

A3 Verpflichtung der Mitarbeiter auf Einhaltung einschlägiger Gesetze, Vorschriften und Regelungen *Basis*

Verantwortliche Rolle: Vorgesetzte, Personalabteilung

M	Alle Mitarbeiter MÜSSEN in einschlägige Gesetze (z.B. zum Datenschutz), Vorschriften und interne Regelungen eingewiesen und verpflichtet werden, diese einzuhalten.	ja	tw	n
M	Den Mitarbeitern MUSS bekannt sein, welcher rechtliche Rahmen ihre Tätigkeit bestimmt.	ja	tw	n
S	Gemeinsam mit den Basisanforderungen entsprechen die folgenden Anforderungen dem Stand der Technik im Bereich Compliance Management. Sie SOLLTEN grundsätzlich umgesetzt werden.	ja	tw	n

Notizen:

ORP Organisation und Personal

A4 Konzeption und Organisation des Compliance Managements *Standard*

Verantwortliche Rolle: Institutionsleitung

S	Es SOLLTEN geeignete Prozesse und Organisationsstrukturen aufgebaut werden, um den Überblick über die verschiedenen rechtlichen Anforderungen an die einzelnen Bereiche der Institution zu gewährleisten.	ja	tw	n
S	Dafür SOLLTEN Verantwortliche benannt und deren Aufgaben in Bezug auf das Compliance Management festgelegt werden.	ja	tw	n
S	Compliance Manager und ISB SOLLTEN regelmäßig zusammenarbeiten.	ja	tw	n
S	Sie SOLLTEN gemeinsam Sicherheitsanforderungen ins Compliance Management integrieren, sicherheitsrelevante Anforderungen in Sicherheitsmaßnahmen überführen und deren Umsetzung kontrollieren.	ja	tw	n

Notizen:

A5 Ausnahmegenehmigungen *Standard*

Verantwortliche Rolle: Vorgesetzte, Informationssicherheitsbeauftragter (ISB)

S	In Einzelfällen kann es erforderlich sein, von getroffenen Regelungen abzuweichen. Begründete Ausnahmen SOLLTEN aber in jedem Fall durch eine autorisierte Stelle nach einer Risikoabschätzung genehmigt werden.	ja	tw	n
S	Es SOLLTE ein Genehmigungsverfahren für Ausnahmegenehmigungen geben.	ja	tw	n
S	Es SOLLTE eine Übersicht über alle erteilten Ausnahmegenehmigungen geben.	ja	tw	n
S	Ein entsprechendes Verfahren für die Dokumentation und ein Überprüfungsprozess SOLLTE etabliert werden.	ja	tw	n
S	Alle Ausnahmegenehmigungen SOLLTEN befristet sein.	ja	tw	n

Notizen:

A6 Einweisung des Personals in den sicheren Umgang mit IT *Standard*

Verantwortliche Rolle: Vorgesetzte, Personalabteilung

S	Alle Mitarbeiter und alle externen IT-Benutzer SOLLTEN in den sicheren Umgang mit der IT der Institution eingewiesen werden.	ja	tw	n
S	Dazu SOLLTE ihnen eine verbindliche, verständliche, aktuelle und verfügbare Richtlinie zur IT-Nutzung an die Hand gegeben werden.	ja	tw	n
S	Diese Richtlinie SOLLTE beschreiben, welche Rechte und Pflichten sie bei der IT-Nutzung haben und welche Sicherheitsmaßnahmen zu ergreifen sind.	ja	tw	n
S	Veränderungen SOLLTEN den Mitarbeitern rechtzeitig bekannt gegeben werden.	ja	tw	n

Notizen:

A7 Aufrechterhaltung der Informationssicherheit *Standard*

Verantwortliche Rolle: Informationssicherheitsbeauftragter (ISB)

S	Um das bestehende Sicherheitsniveau aufrechtzuerhalten und fortlaufend zu verbessern, SOLLTEN alle Sicherheitsmaßnahmen des Sicherheitskonzeptes regelmäßig auf Einhaltung und Verbesserungsbedarf überprüft werden.	ja	tw	n
S	Die Prüfungen SOLLTEN durch unabhängige, fachlich qualifizierte, interne oder externe Personen durchgeführt werden.	ja	tw	n
S	Die Ergebnisse der Überprüfungen SOLLTEN nachvollziehbar dokumentiert und der Leitung bekannt gegeben werden.	ja	tw	n
S	Gefundene Mängel SOLLTEN zeitnah behoben werden.	ja	tw	n

Notizen:

A8 Regelmäßige Überprüfungen des Compliance Managements *Standard*

Verantwortliche Rolle: Anforderungsmanager (Compliance Manager)

S	Es SOLLTE ein Verfahren etabliert sein, wie das Compliance Management und die sich aus diesem ergebenden Anforderungen und Maßnahmen regelmäßig auf Effizienz und Effektivität überprüft werden (siehe auch DER.1.3 Audits und Revisionen).	ja	tw	n
S	Es SOLLTE regelmäßig geprüft werden, ob die Organisationsstruktur und die Prozesse des Compliance Managements noch angemessen sind.	ja	tw	n

Notizen:

A9 Schutz gegen nachträgliche Veränderungen von Informationen *Hoch*

Verantwortliche Rolle: Informationssicherheitsbeauftragter (ISB), Benutzer

S	Damit Dateien nicht unbemerkt verändert werden können, SOLLTEN ausreichende Sicherheitsmaßnahmen ergriffen werden.	ja	tw	n
S	Je nach Datenformat und Schutzbedarf SOLLTEN dafür geeignete Methoden ausgewählt werden.	ja	tw	n
S	Dazu gehören beispielsweise digitale Signaturen und andere kryptografische Verfahren, Copyright-Vermerke oder die Verwendung von Dateiformaten, die nachträgliche Änderungen bzw. auszugsweise Weiterverarbeitung erschweren. Die Mitarbeiter SOLLTEN informiert werden, welche Sicherheitsmechanismen hierfür eingesetzt werden sollen und wie diese zu benutzen sind.	ja	tw	n

Notizen:

ORP Organisation und Personal

	A10	Klassifizierung von Informationen	Hoch		
		Verantwortliche Rolle: Anforderungsmanager (Compliance Manager)	**C I A**		
S		Es gibt in vielen Bereichen einer Institution Informationen, die einen höheren Schutzbedarf haben oder besonderen Restriktionen unterliegen, z.B. personenbezogene, finanzrelevante, vertrauliche oder durch Copyright geschützte Daten. Für diese gelten je nach ihrer Kategorisierung unterschiedliche Beschränkungen im Umgang mit ihnen. Daher SOLLTEN möglichst alle Informationen entsprechend ihrem Schutzbedarf klassifiziert und, falls möglich, gekennzeichnet werden.	ja	tw	n
S		Die Mitarbeiter SOLLTEN regelmäßig auf den sorgfältigen Umgang mit Informationen hingewiesen sowie über die Restriktionen beim Umgang mit klassifizierten Daten informiert werden.	ja	tw	n

Notizen:

	A11	Erhebung der rechtlichen Rahmenbedingungen für kryptografische Verfahren und Produkte	Hoch		
		Verantwortliche Rolle: IT-Betrieb, Verantwortliche der einzelnen Anwendungen	**C I**		
S		Beim Einsatz kryptografischer Produkte sind diverse gesetzliche Rahmenbedingungen zu beachten. Die rechtlichen Rahmenbedingungen für den Einsatz kryptografischer Verfahren und Produkte SOLLTEN für alle Länder ermittelt und dokumentiert werden, in denen diese genutzt werden sollen.	ja	tw	n

Notizen:

CON Konzepte und Vorgehensweisen

CON.1 Kryptokonzept

	A1	**Auswahl geeigneter kryptografischer Verfahren**			*Basis*
		Verantwortliche Rolle: Fachverantwortliche			
M		Es MÜSSEN geeignete kryptografische Verfahren ausgewählt werden.	ja	tw	n
M		Dabei MUSS sichergestellt sein, dass etablierte Algorithmen verwendet werden, die von der Fachwelt intensiv untersucht wurden und von denen keine Sicherheitslücken bekannt sind.	ja	tw	n
M		Ebenso MÜSSEN aktuell empfohlene Schlüssellängen eingesetzt werden.	ja	tw	n

Notizen:

	A2	**Datensicherung bei Einsatz kryptografischer Verfahren**			*Basis*
		Verantwortliche Rolle: IT-Betrieb			
M		In Datensicherungen MÜSSEN kryptografische Schlüssel derart gespeichert bzw. aufbewahrt werden, dass Unbefugte nicht darauf zugreifen können.	ja	tw	n
M		Langlebige kryptografische Schlüssel MÜSSEN außerhalb der eingesetzten IT-Systeme aufbewahrt werden.	ja	tw	n
S		Bei einer Langzeitspeicherung verschlüsselter Daten SOLLTE regelmäßig geprüft werden, ob die verwendeten kryptografischen Algorithmen und die Schlüssellängen noch dem Stand der Technik entsprechen.	ja	tw	n
M		Es MUSS sichergestellt sein, dass auf verschlüsselt gespeicherte Daten auch nach längeren Zeiträumen noch zugegriffen werden kann.	ja	tw	n
S		Verwendete Kryptoprodukte SOLLTEN archiviert werden.	ja	tw	n
S		Die Konfigurationsdaten von Kryptoprodukten SOLLTEN gesichert werden.	ja	tw	n

Notizen:

	A3	**Verschlüsselung der Kommunikationsverbindungen**			*Standard*
		Verantwortliche Rolle: Informationssicherheitsbeauftragter (ISB)			
S		Es SOLLTE geprüft werden, ob mit vertretbarem Aufwand eine Verschlüsselung der Kommunikationsverbindungen möglich und praktikabel ist.	ja	tw	n
S		Ist dies der Fall, SOLLTEN Kommunikationsverbindungen geeignet verschlüsselt werden.	ja	tw	n

Notizen:

CON Konzepte und Vorgehensweisen

A4 Geeignetes Schlüsselmanagement *Standard*

Verantwortliche Rolle: IT-Betrieb, Fachverantwortliche

S	Kryptografische Schlüssel SOLLTEN immer mit geeigneten Schlüsselgeneratoren und in einer sicheren Umgebung erzeugt werden.	ja	tw	n
S	Ein Schlüssel SOLLTE möglichst nur einem Einsatzzweck dienen.	ja	tw	n
S	Insbesondere SOLLTEN für die Verschlüsselung und Signaturbildung unterschiedliche Schlüssel benutzt werden.	ja	tw	n
S	Wenn Schlüssel verwendet werden, SOLLTE die authentische Herkunft und die Integrität der Schlüsseldaten überprüft werden.	ja	tw	n
S	Alle kryptografischen Schlüssel SOLLTEN hinreichend häufig gewechselt werden.	ja	tw	n
S	Es SOLLTE eine festgelegte Vorgehensweise für den Fall geben, dass ein Schlüssel offengelegt wurde.	ja	tw	n
S	Alle erzeugten kryptografischen Schlüssel SOLLTEN sicher aufbewahrt und verwaltet werden.	ja	tw	n

Notizen:

A5 Sicheres Löschen und Vernichten von kryptografischen Schlüsseln *Standard*

Verantwortliche Rolle: IT-Betrieb

S	Nicht mehr benötigte Schlüssel und Zertifikate SOLLTEN sicher gelöscht bzw. vernichtet werden.	ja	tw	n
S	Auf Produkte mit unkontrollierbarer Schlüsselablage SOLLTE generell verzichtet werden.	ja	tw	n

Notizen:

A6 Bedarfserhebung für kryptografische Verfahren und Produkte *Standard*

Verantwortliche Rolle: IT-Betrieb, Fachverantwortliche

S	Es SOLLTE festgelegt werden, für welche Aufgaben kryptografische Verfahren eingesetzt werden sollen.	ja	tw	n
S	Danach SOLLTEN die Anwendungen, IT-Systeme und Kommunikationsverbindungen identifiziert werden, die notwendig sind, um die Aufgaben zu erfüllen.	ja	tw	n
S	Diese SOLLTEN kryptografisch abgesichert werden.	ja	tw	n

Notizen:

A7 Erstellung einer Sicherheitsrichtlinie für den Einsatz kryptografischer Verfahren und Produkte

Hoch

Verantwortliche Rolle: Informationssicherheitsbeauftragter (ISB)

C I A

S	Ausgehend von der allgemeinen Sicherheitsrichtlinie der Institution SOLLTE eine spezifische Richtlinie für den Einsatz von Kryptoprodukten erstellt werden.	ja	tw	n
S	In der Sicherheitsrichtlinie SOLLTE geregelt werden, wer für den sicheren Betrieb der kryptografischen Produkte verantwortlich ist.	ja	tw	n
S	Für die benutzten Kryptoprodukte SOLLTE es Vertretungsregelungen geben.	ja	tw	n
S	Auch SOLLTEN notwendige Schulungs- und Sensibilisierungsmaßnahmen für Benutzer sowie Verhaltensregeln und Meldewege bei Problemen oder Sicherheitsvorfällen festgelegt werden.	ja	tw	n
S	Weiter SOLLTE die Richtlinie definieren, wie sichergestellt wird, dass Kryptomodule sicher konfiguriert, korrekt eingesetzt und regelmäßig gewartet werden.	ja	tw	n
S	Die Richtlinie SOLLTE allen relevanten Mitarbeitern bekannt und grundlegend für ihre Arbeit sein.	ja	tw	n
S	Wird die Richtlinie verändert oder wird von ihr abgewichen, SOLLTE dies mit dem ISB abgestimmt und dokumentiert werden.	ja	tw	n
S	Es SOLLTE regelmäßig überprüft werden, ob die Richtlinie noch korrekt umgesetzt ist.	ja	tw	n
S	Die Ergebnisse SOLLTEN sinnvoll dokumentiert werden.	ja	tw	n

Notizen:

A8 Erhebung der Einflussfaktoren für kryptografische Verfahren und Produkte

Hoch

Verantwortliche Rolle: Informationssicherheitsbeauftragter (ISB)

C I A

S	Bevor eine Entscheidung getroffen werden kann, welche kryptografischen Verfahren und Produkte bei erhöhtem Schutzbedarf eingesetzt werden, SOLLTEN unter anderem folgende Einflussfaktoren ermittelt werden: • Sicherheitsaspekte (siehe CON1A6 Bedarfserhebung für kryptografische Verfahren und Produkte), • technische Aspekte, • personelle und organisatorische Aspekte, • wirtschaftliche Aspekte, • Lebensdauer von kryptografischen Verfahren und der eingesetzten Schlüssellängen, • Zulassung von kryptografischen Produkten und • gesetzliche Rahmenbedingungen.	ja	tw	n

Notizen:

A9 Auswahl eines geeigneten kryptografischen Produkts

Hoch

Verantwortliche Rolle: IT-Betrieb, Fachverantwortliche

C I

S	Bevor ein kryptografisches Produkt ausgewählt wird, SOLLTE die Institution festlegen, welche Anforderungen das Produkt erfüllen muss.	ja	tw	n
S	Dabei SOLLTEN Aspekte wie Funktionsumfang, Interoperabilität, Wirtschaftlichkeit sowie Fehlbedienungs- und Fehlfunktionssicherheit betrachtet werden.	ja	tw	n
S	Es SOLLTE geprüft werden, ob zertifizierte Produkte vorrangig eingesetzt werden sollen.	ja	tw	n
S	Auch die zukünftigen Einsatzorte SOLLTEN bei der Auswahl beachtet werden, da es z.B. Export- und Importbeschränkungen für kryptografische Produkte gibt.	ja	tw	n

Notizen:

CON Konzepte und Vorgehensweisen

A10 Entwicklung eines Kryptokonzepts *Hoch*
Verantwortliche Rolle: Informationssicherheitsbeauftragter (ISB) **C I**

S	Es SOLLTE ein Kryptokonzept entwickelt werden, das in das Sicherheitskonzept der Institution integriert wird.	ja	tw	n
S	Im Konzept SOLLTEN alle technischen und organisatorischen Vorgaben für die eingesetzten kryptografischen Produkte beschrieben werden.	ja	tw	n
S	Auch SOLLTEN alle relevanten Anwendungen, IT-Systeme und Kommunikationsverbindungen aufgeführt sein.	ja	tw	n
S	Das erstellte Kryptokonzept SOLLTE regelmäßig aktualisiert werden.	ja	tw	n

Notizen:

A11 Sichere Konfiguration der Kryptomodule *Hoch*
Verantwortliche Rolle: IT-Betrieb **C I**

S	Kryptomodule SOLLTEN sicher installiert und konfiguriert werden.	ja	tw	n
S	Es SOLLTEN alle voreingestellten Schlüssel geändert werden.	ja	tw	n
S	Anschließend SOLLTE getestet werden, ob die Kryptomodule korrekt funktionieren und vom Benutzer auch bedient werden können.	ja	tw	n
S	Weiterhin SOLLTEN die Anforderungen an die Einsatzumgebung festgelegt werden.	ja	tw	n
S	Wenn ein IT-System geändert wird, SOLLTE getestet werden, ob die eingesetzten kryptografischen Verfahren noch greifen.	ja	tw	n
S	Die Konfiguration der Kryptomodule SOLLTE dokumentiert und regelmäßig überprüft werden.	ja	tw	n

Notizen:

A12 Sichere Rollenteilung beim Einsatz von Kryptomodulen *Hoch*
Verantwortliche Rolle: IT-Betrieb **C I**

S	Bei der Konfiguration eines Kryptomoduls SOLLTEN Benutzerrollen festgelegt werden.	ja	tw	n
S	Es SOLLTE mit Zugriffskontroll- und Authentisierungsmechanismen verifiziert werden, ob ein Mitarbeiter den gewünschten Dienst auch tatsächlich benutzen darf.	ja	tw	n
S	Das Kryptomodul SOLLTE so konfiguriert sein, dass bei jedem Rollenwechsel oder bei Inaktivität nach einer bestimmten Zeitdauer die Authentisierungsinformationen erneut eingegeben werden müssen.	ja	tw	n

Notizen:

A13 Anforderungen an die Betriebssystem-Sicherheit beim Einsatz von Kryptomodulen

Verantwortliche Rolle: Informationssicherheitsbeauftragter (ISB)

Hoch
C I

S   Das Zusammenwirken von Betriebssystem und Kryptomodulen SOLLTE gewährleisten, dass   ja   tw   n
- die installierten Kryptomodule nicht unbemerkt abgeschaltet oder umgangen werden können,
- die angewendeten oder gespeicherten Schlüssel nicht kompromittiert werden können,
- die zu schützenden Daten nur mit Wissen und unter Kontrolle des Benutzers auch unverschlüsselt auf Datenträgern abgespeichert werden bzw. das informationsverarbeitende System verlassen können und
- Manipulationsversuche am Kryptomodul erkannt werden.

Notizen:

A14 Schulung von Benutzern und Administratoren

Verantwortliche Rolle: Vorgesetzte, Fachverantwortliche, Leiter IT

Hoch
C I A

S   Es SOLLTEN Schulungen durchgeführt werden, in denen Benutzern und Administratoren der Umgang mit den von ihnen zu bedienenden Kryptomodulen vermittelt wird.   ja   tw   n

S   Den Benutzern SOLLTE genau erläutert werden, was die spezifischen Sicherheitseinstellungen von Kryptomodulen bedeuten und warum sie wichtig sind.   ja   tw   n

S   Außerdem SOLLTEN sie auf die Gefahren hingewiesen werden, wenn diese Sicherheitseinstellungen aus Bequemlichkeit umgangen oder deaktiviert werden.   ja   tw   n

S   Die Schulungsinhalte SOLLTEN immer den jeweiligen Einsatzszenarien entsprechend angepasst werden.   ja   tw   n

S   Administratoren SOLLTEN zudem lernen, wie sie mit Hilfsmitteln zur Untersuchung kryptografischer Einstellungen umgehen müssen.   ja   tw   n

S   Auch SOLLTEN sie einen Überblick über kryptografische Grundbegriffe erhalten.   ja   tw   n

Notizen:

A15 Reaktion auf praktische Schwächung eines Kryptoverfahrens

Verantwortliche Rolle: Informationssicherheitsbeauftragter (ISB)

Hoch
C I

S   Es SOLLTE ein Prozess etabliert werden, der im Falle eines geschwächten kryptografischen Verfahrens herangezogen werden kann, um die Informationssicherheit der Institution zu gewährleisten.   ja   tw   n

S   Dabei SOLLTE sichergestellt werden, dass das geschwächte kryptografische Verfahren abgesichert werden kann oder durch eine geeignete Alternative abgelöst wird.   ja   tw   n

Notizen:

A16 Physische Absicherung von Kryptomodulen

Verantwortliche Rolle: Leiter IT

Hoch
C I

S   Es SOLLTE verhindert werden, dass unautorisiert physisch auf Modulinhalte des Kryptomoduls zugegriffen wird.   ja   tw   n

S   Hard- und Softwareprodukte, die als Kryptomodule eingesetzt werden, SOLLTEN einen Selbsttest durchführen können.   ja   tw   n

Notizen:

CON Konzepte und Vorgehensweisen

A17 Abstrahlsicherheit *Hoch*
Verantwortliche Rolle: Leiter IT **C**

S	Es SOLLTE untersucht werden, ob zusätzliche Maßnahmen hinsichtlich der Abstrahlsicherheit notwendig sind.	ja	tw	n
S	Dies SOLLTE insbesondere gemacht werden, wenn staatliche Verschlusssachen (VS) der Geheimhaltungsgrade VS-VERTRAULICH und höher verarbeitet werden.	ja	tw	n

Notizen:

A18 Kryptografische Ersatzmodule *Hoch*
Verantwortliche Rolle: Leiter IT **C I A**

S	Es SOLLTEN Ersatzkryptomodule vorrätig gehalten werden.	ja	tw	n

Notizen:

CON.2 Datenschutz

A1 Umsetzung Standard-Datenschutzmodell *Basis*
Verantwortliche Rolle: Datenschutzbeauftragter

M	Es MUSS geprüft werden, ob das Standard-Datenschutzmodell angewendet wird.	ja	tw	n
M	Eine etwaige Nichtberücksichtigung des vollständigen Schutzziele-Katalogs und eine Nichtanwendung der SDM-Methodik sowie der Referenzmaßnahmen MÜSSEN begründet werden.	ja	tw	n

Notizen:

CON.3 Datensicherungskonzept

A1 Erhebung der Einflussfaktoren der Datensicherung *Basis*
Verantwortliche Rolle: Fachverantwortliche, IT-Betrieb

M	Für jedes IT-System und eventuell für einzelne besonders wichtige IT-Anwendung MÜSSEN die relevanten Einflussfaktoren ermittelt werden, wie z.B. Änderungsvolumen, Änderungszeitpunkte, Verfügbarkeitsanforderungen, Integritätsbedarf.	ja	tw	n
S	Dazu SOLLTEN die Administratoren und die Verantwortlichen der einzelnen IT-Anwendungen befragt werden.	ja	tw	n
M	Die Ergebnisse MÜSSEN nachvollziehbar und auf geeignete Weise festgehalten werden.	ja	tw	n
M	Neue Anforderungen MÜSSEN zeitnah in einem aktualisierten Datensicherungskonzept berücksichtigt werden.	ja	tw	n

Notizen:

A2 Festlegung der Verfahrensweise für die Datensicherung *Basis*

Verantwortliche Rolle: Fachverantwortliche, IT-Betrieb

M	Für jedes IT-System und für jede Datenart MUSS ein Verfahren festgelegt werden, wie die Daten zu sichern sind.	ja	tw	n
M	Dazu MÜSSEN Art, Häufigkeit und Zeitpunkte der Datensicherungen bestimmt werden.	ja	tw	n
M	Weiterhin MÜSSEN die Verantwortlichkeiten für die Datensicherungen festgelegt werden.	ja	tw	n
M	Auch MUSS definiert sein, welche Speichermedien benutzt werden und wie die Transport- und Aufbewahrungsmodalitäten auszusehen haben.	ja	tw	n

Notizen:

A3 Ermittlung von rechtlichen Einflussfaktoren auf die Datensicherung *Basis*

Verantwortliche Rolle: Informationssicherheitsbeauftragter (ISB)

M	Die rechtlichen Anforderungen an die Datensicherung MÜSSEN ermittelt und in das Minimal- bzw. in das Datensicherungskonzept einfließen.	ja	tw	n

Notizen:

A4 Erstellung eines Minimaldatensicherungskonzeptes *Basis*

Verantwortliche Rolle: Informationssicherheitsbeauftragter (ISB)

M	Es MUSS ein Minimaldatensicherungskonzept erstellt werden, das festgelegt, welche Anforderungen für die Datensicherung mindestens einzuhalten sind.	ja	tw	n

Notizen:

A5 Regelmäßige Datensicherung *Basis*

Verantwortliche Rolle: IT-Betrieb

M	Es MÜSSEN regelmäßige Datensicherungen durchgeführt werden.	ja	tw	n
M	Dabei MÜSSEN mindestens die Daten regelmäßig gesichert werden, die nicht aus anderen Informationen ableitbar sind.	ja	tw	n
M	Die erstellten Datensicherungen MÜSSEN in geeigneter Weise vor dem Zugriff Dritter geschützt werden.	ja	tw	n
M	Es MUSS regelmäßig getestet werden, ob die Datensicherung auch wie gewünscht funktioniert, vor allem, ob gesicherte Daten problemlos zurückgespielt werden können.	ja	tw	n

Notizen:

CON Konzepte und Vorgehensweisen

A6 Entwicklung eines Datensicherungskonzepts *Standard*

Verantwortliche Rolle: Fachverantwortliche, Leiter IT

S	Es SOLLTE ein Datensicherungskonzept erstellt werden.	ja	tw	n
S	Dieses SOLLTE mit allen Verantwortlichen abgestimmt werden.	ja	tw	n
S	Darin SOLLTEN sämtliche zu berücksichtigenden IT-Systeme aufgeführt werden.	ja	tw	n
S	Die Mitarbeiter SOLLTEN über den sie betreffenden Teil des Datensicherungskonzepts unterrichtet werden.	ja	tw	n
S	Es SOLLTE regelmäßig kontrolliert werden, ob das Datensicherungskonzept korrekt umgesetzt wird.	ja	tw	n

Notizen:

A7 Beschaffung eines geeigneten Datensicherungssystems *Standard*

Verantwortliche Rolle: IT-Betrieb, Leiter IT

S	Bevor ein Datensicherungssystem beschafft wird, SOLLTE eine Anforderungsliste erstellt werden, nach der die am Markt erhältlichen Produkte bewertet werden.	ja	tw	n
S	Die angeschafften Datensicherungssysteme SOLLTEN die Anforderungen des Sicherheits- und des Datensicherungskonzepts erfüllen.	ja	tw	n

Notizen:

A8 Funktionstests und Überprüfung der Wiederherstellbarkeit *Standard*

Verantwortliche Rolle: IT-Betrieb

S	Es SOLLTE regelmäßig getestet werden, ob die Datensicherung auch wie gewünscht funktioniert, und vor allem, ob gesicherte Daten problemlos und in angemessener Zeit zurückgespielt werden können.	ja	tw	n

Notizen:

A9 Voraussetzungen für die Online-Datensicherung *Standard*

Verantwortliche Rolle: IT-Betrieb, Leiter IT

S	Wenn für die Datensicherung ein Online-Speicher genutzt werden soll, SOLLTEN mindestens folgende Punkte geregelt werden: • Gestaltung des Vertrages, • Ort der Datenspeicherung, • Vereinbarungen zur Dienstgüte (SLA), • geeignete Authentisierungsmethoden, • Verschlüsselung der Daten und • Verschlüsselung auf dem Transportweg.	ja	tw	n

Notizen:

A10 Verpflichtung der Mitarbeiter zur Datensicherung   *Standard*

Verantwortliche Rolle: Informationssicherheitsbeauftragter (ISB)

S	Alle Mitarbeiter SOLLTEN über die Regelungen zur Datensicherung informiert sein.	ja	tw	n
S	Auch SOLLTEN sie darüber informiert werden, welche Aufgaben sie bei der Erstellung von Datensicherungen haben, und zu ihrer Durchführung verpflichtet werden.	ja	tw	n

Notizen:

A11 Sicherungskopie der eingesetzten Software   *Standard*

Verantwortliche Rolle: IT-Betrieb

S	Von eingesetzten Softwareprogrammen SOLLTEN Sicherungskopien angefertigt werden, sofern das rechtlich erlaubt und technisch möglich ist.	ja	tw	n
S	Dabei SOLLTEN alle notwendigen Pakete und Informationen vorhanden sein, um die Software im Notfall wieder installieren zu können.	ja	tw	n
S	Auch SOLLTEN die originalen Installationsquellen sowie die Lizenznummern an einem geeigneten Ort sicher aufbewahrt werden.	ja	tw	n

Notizen:

A12 Geeignete Aufbewahrung der Backup-Datenträger   *Standard*

Verantwortliche Rolle: IT-Betrieb

S	Die Backup-Datenträger SOLLTEN vor unbefugtem Zugriff geschützt werden.	ja	tw	n
S	Sie SOLLTEN räumlich von den Quellsystemen getrennt werden.	ja	tw	n
S	Der Aufbewahrungsort SOLLTE so klimatisiert sein, dass die Datenträger längerfristig aufbewahrt werden können.	ja	tw	n

Notizen:

A13 Einsatz kryptografischer Verfahren bei der Datensicherung   *Hoch*
C I A

Verantwortliche Rolle: IT-Betrieb

S	Um die Vertraulichkeit und Integrität der gesicherten Daten zu gewährleisten, SOLLTEN alle Daten verschlüsselt werden.	ja	tw	n
S	Es SOLLTE sichergestellt werden, dass sich die verschlüsselten Daten auch nach längerer Zeit wieder einspielen lassen.	ja	tw	n
S	Verwendete kryptografische Schlüssel SOLLTEN mit einer getrennten Datensicherung geschützt werden.	ja	tw	n

Notizen:

CON.4 Auswahl und Einsatz von Standardsoftware

A1 Sicherstellen der Integrität von Standardsoftware *Basis*
Verantwortliche Rolle: IT-Betrieb

M	Bei der Installation von Standardsoftware MUSS sichergestellt werden, dass es sich dabei um ein originales unverändertes Softwareprogramm handelt.	ja	tw	n
M	Dazu MUSS es entweder von Originaldatenträgern oder von geprüften identischen Kopien des originalen Installationsprogramms installiert werden.	ja	tw	n
M	Der Zugriff auf die Installationsroutinen MUSS auf berechtigte Mitarbeiter eingeschränkt werden.	ja	tw	n
M	Die Originaldatenträger oder das Installationsprogramm MÜSSEN auf Schadsoftware überprüft werden.	ja	tw	n
S	Von den Installationsdateien SOLLTEN Sicherungskopien angelegt und geprüft werden.	ja	tw	n

Notizen:

A2 Entwicklung der Installationsanweisung für Standardsoftware *Basis*
Verantwortliche Rolle: IT-Betrieb

M	Für die ausgewählte Standardsoftware MUSS eine Installationsanweisung erstellt werden.	ja	tw	n
M	Auch MÜSSEN geeignete Parameter für die Konfiguration sowie organisatorische Rahmenbedingungen für die Installation der Software vorgegeben werden.	ja	tw	n

Notizen:

A3 Sichere Installation und Konfiguration von Standardsoftware *Basis*
Verantwortliche Rolle: IT-Betrieb

M	Freigegebene Standardsoftware MUSS so installiert und konfiguriert werden, dass dabei die entsprechenden Installationsanweisungen (siehe CON.4.A2 Entwicklung der Installationsanweisungen für Standardsoftware) eingehalten werden.	ja	tw	n
M	Wird von diesen Anweisungen abgewichen, MUSS das durch den Vorgesetzten genehmigt werden.	ja	tw	n
M	Alle Installationen MÜSSEN vom IT-Betrieb durchgeführt werden.	ja	tw	n
M	Dabei MUSS sichergestellt sein, dass lediglich die benötigten Programmfunktionen installiert werden.	ja	tw	n
M	Die Software MUSS so konfiguriert werden, dass sie die Sicherheitsrichtlinien der Institution erfüllt.	ja	tw	n
M	Nicht benötigte Dienste und Funktionen MÜSSEN deinstalliert werden.	ja	tw	n
M	Falls dies nicht möglich ist, MÜSSEN sie abgeschaltet werden.	ja	tw	n
S	Bevor und nachdem Standardsoftware installiert wurde, SOLLTEN von allen beteiligten IT-Systemen Datensicherungen durchgeführt werden.	ja	tw	n

Notizen:

A4	Festlegung der Verantwortlichkeiten im Bereich Standardsoftware			*Standard*
	Verantwortliche Rolle: Fachabteilung			
S	Für die Einführung einer Standardsoftware SOLLTEN Verantwortliche benannt werden.	ja	tw	n
S	Dabei SOLLTE mindestens festgelegt werden, wer einen Anforderungskatalog erstellt, das Produkt auswählt, es testet und freigibt und wer letztlich für die Installation verantwortlich ist.	ja	tw	n
S	Zusätzlich SOLLTE ein Einführungs- und Freigabeprozess definiert werden.	ja	tw	n
S	Für den Betrieb von Standardsoftware SOLLTEN technische und fachliche Produktverantwortliche benannt werden.	ja	tw	n

Notizen:

A5	Erstellung eines Anforderungskatalogs für Standardsoftware			*Standard*
	Verantwortliche Rolle: Fachabteilung			
S	Vor der Beschaffung einer Standardsoftware SOLLTE ein Anforderungskatalog erstellt werden, der neben funktionalen auch Sicherheitsanforderungen umfasst.	ja	tw	n
S	Dazu SOLLTEN auch die Programmanforderungen der Fach- und IT-Abteilungen erhoben werden.	ja	tw	n
S	Der fertige Anforderungskatalog SOLLTE mit allen betroffenen Fachabteilungen abgestimmt werden.	ja	tw	n

Notizen:

A6	Auswahl einer geeigneten Standardsoftware			*Standard*
	Verantwortliche Rolle: Fachabteilung, Beschaffungsstelle			
S	Anhand des Anforderungskatalogs (siehe CON4.A5 Erstellung eines Anforderungskatalogs für Standardsoftware) SOLLTEN die am Markt erhältlichen Produkte gesichtet und mithilfe einer Bewertungsskala miteinander verglichen werden.	ja	tw	n
S	Danach SOLLTE untersucht werden, ob die Produkte aus der engeren Wahl die Anforderungen der Institution auch wirklich erfüllen.	ja	tw	n
S	Gibt es mehrere Produktalternativen, SOLLTEN auch zusätzliche Aufwände berücksichtigt werden, z.B. für Schulungen oder für die Migration.	ja	tw	n
S	Letztlich SOLLTE die Beschaffungsstelle gemeinsam mit dem Leiter der anfordernden Fachabteilung und des IT-Betriebs anhand der Bewertungen und Testergebnissen ein geeignetes Softwareprodukt auswählen.	ja	tw	n

Notizen:

CON Konzepte und Vorgehensweisen

A7 **Überprüfung der Lieferung von Standardsoftware** *Standard*
Verantwortliche Rolle: Fachabteilung

S	Es SOLLTE überprüft werden, ob neue Softwareprodukte vollständig und korrekt geliefert wurden.	ja	tw	n
S	Dabei SOLLTE mindestens kontrolliert werden, ob die Lieferung bestellt wurde, für wen sie bestimmt ist und ob alle notwendigen Komponenten vorhanden sind.	ja	tw	n
S	Auch reine Download-Software inklusive zugehöriger Lizenzdateien oder -schlüsseln SOLLTE entsprechend geprüft werden.	ja	tw	n
S	Die Ergebnisse der Überprüfung SOLLTEN dokumentiert werden.	ja	tw	n
S	Danach SOLLTEN alle gelieferten Produkte und Lizenzinformationen mit eindeutigen Identifizierungsmerkmalen versehen und in ein Bestandsverzeichnis übernommen werden.	ja	tw	n

Notizen:

A8 **Lizenzverwaltung und Versionskontrolle von Standardsoftware** *Standard*
Verantwortliche Rolle: IT-Betrieb

S	Lizenzpflichtige Standardsoftware-Produkte, die auf IT-Systemen der Institution eingesetzt werden, SOLLTEN lizenziert sein.	ja	tw	n
S	Um das sicherzustellen, SOLLTEN die installierten Programmversionen und die Lizenzen regelmäßig kontrolliert werden.	ja	tw	n
S	Dafür SOLLTEN entsprechende Listen, Datenbanken oder spezielle Lizenzverwaltungsprogramme verwendet werden.	ja	tw	n
S	Die Bestandslisten für die Lizenzen SOLLTEN immer auf dem aktuellen Stand sein.	ja	tw	n
S	Darüber hinaus SOLLTEN die verschiedenen Konfigurationen der installierten Standardsoftware dokumentiert werden.	ja	tw	n

Notizen:

A9 **Deinstallation von Standardsoftware** *Standard*
Verantwortliche Rolle: IT-Betrieb

S	Bei der Deinstallation von Standardsoftware SOLLTEN alle Dateien entfernt werden, die für den Betrieb der Software auf dem IT-System angelegt worden sind.	ja	tw	n
S	Auch SOLLTEN alle Einträge in Systemdateien, die für das Produkt vorgenommen wurden, gelöscht werden.	ja	tw	n
S	Um Standardsoftware wieder vollständig deinstallieren zu können, SOLLTEN die während der Installation durchgeführten Systemänderungen entweder manuell oder mit entsprechenden Programmen dokumentiert werden.	ja	tw	n

Notizen:

				Hoch		
A10	**Implementierung zusätzlicher Sicherheitsfunktionen**			**C I A**		
	Verantwortliche Rolle: IT-Betrieb					
S	Es SOLLTE geprüft werden, ob sich die Sicherheitsfunktionen der betriebenen Standardsoftware für einen erhöhten Schutzbedarf eignen.		ja	tw		n
S	Ist das nicht der Fall, SOLLTEN geeignete Funktionen implementiert werden, um den Betrieb abzusichern.		ja	tw		n
S	Grundsätzlich SOLLTE ein erhöhter Schutzbedarf jedoch bereits bedacht werden, wenn die Anforderungen definiert werden und das Produkt ausgewählt wird.		ja	tw		n

Notizen:

				Hoch		
A11	**Nutzung zertifizierter Standardsoftware**			**C I A**		
	Verantwortliche Rolle: IT-Betrieb					
S	Bei der Beschaffung von Standardsoftware SOLLTE festgelegt werden, ob eine Zusicherung des Herstellers, Vertreibers oder Anbieters über implementierte Sicherheitsfunktionen als ausreichend vertrauenswürdig anerkannt werden kann.		ja	tw		n
S	Ist dies nicht der Fall, SOLLTE eine Zertifizierung der Anwendung nach Common Criteria als Entscheidungskriterium in Betracht gezogen werden.		ja	tw		n
S	Stehen mehrere Produkte zur Auswahl, SOLLTEN Sicherheitszertifikate insbesondere dann berücksichtigt werden, wenn der evaluierte Funktionsumfang die Mindestfunktionalität (weitestgehend) umfasst und die Mechanismenstärke dem Schutzbedarf entspricht.		ja	tw		n
S	Gibt es auf dem Markt kein geeignetes und zertifiziertes Produkt, SOLLTE die Einsatzumgebung der Standardsoftware entsprechend einem hohen Schutzbedarf abgesichert sein.		ja	tw		n

Notizen:

				Hoch		
A12	**Einsatz von Verschlüsselung, Checksummen oder digitalen Signaturen**			**C I**		
	Verantwortliche Rolle: IT-Betrieb					
S	Wenn Daten mit erhöhtem Schutzbedarf übertragen oder gespeichert werden, SOLLTEN sie vorher verschlüsselt werden.		ja	tw		n
S	Gibt es in einer Standardsoftware eine integrierte Verschlüsselungsfunktion, SOLLTE geprüft werden, ob diese ausreichend sicher ist.		ja	tw		n
S	Das SOLLTE besonders bei älteren Produktversionen überprüft werden.		ja	tw		n
S	Benutzer SOLLTEN im Umgang mit den Verschlüsselungsfunktionen geschult und sensibilisiert werden.		ja	tw		n

Notizen:

CON.5 Entwicklung und Einsatz von Allgemeinen Anwendungen

	A1	**Festlegung benötigter Sicherheitsfunktionen der Fachanwendung**			*Basis*
		Verantwortliche Rolle: IT-Betrieb			
	M	Für die Fachanwendung MÜSSEN die notwendigen Sicherheitsfunktionen bei der fachlichen Auswahl und der Integration in die IT-betrieblichen Infrastrukturen und Betriebsprozesse berücksichtigt werden.	ja	tw	n
	M	Die Auswahl und Umsetzung geeigneter Sicherheitsfunktionen in der Fachanwendung MUSS auf Grundlage der Daten, die in der Anwendung verarbeitet werden, und gegebenenfalls einer ergänzenden Risikoanalyse erfolgen.	ja	tw	n
	M	Die Sicherheitsfunktionen MÜSSEN geeignet dokumentiert werden.	ja	tw	n

Notizen:

	A2	**Test und Freigabe von Fachanwendungen**			*Basis*
		Verantwortliche Rolle: Leiter IT, Datenschutzbeauftragter			
	M	Für einen geordneten Betriebsübergang einer Anwendung sowie bei wesentlichen Änderungen MUSS ein geeignetes Vorgehen bei Test und Freigabe entwickelt werden.	ja	tw	n
	M	Dabei MÜSSEN berücksichtigt werden: • die fachliche Ebene (vertreten durch die Fachverantwortlichen), • die Ebene des IT-Betriebes (vertreten durch den IT-Leiter), • die Ebene der Informationssicherheit (vertreten durch den Informationssicherheitsbeauftragten), • die Ebene des Datenschutzes (vertreten durch den Datenschutzbeauftragten) sowie • je nach Art und Komplexität einer Anwendung weitere Funktionsträger wie z.B. die Personalvertretung.	ja	tw	n

Notizen:

	A3	**Sichere Installation einer Fachanwendung**			*Basis*
		Verantwortliche Rolle: IT-Betrieb			
	M	Es MUSS eine Installationsanweisung erstellt werden, die alle benötigten Anwendungsmodule (Bibliotheken), die Installationsreihenfolge und die Konfiguration der Anwendungsmodule beinhaltet.	ja	tw	n
	S	Die Installationsanweisung SOLLTE die notwendigen Aspekte bezüglich der Installationsumgebung berücksichtigen.	ja	tw	n
	M	Die Fachanwendung MUSS gemäß der Installationsanweisung installiert werden.	ja	tw	n
	M	Bei Änderungen in der Anwendung und funktionalen Updates MUSS die Installationsanweisung aktualisiert werden.	ja	tw	n

Notizen:

A4	**Heranführen von Nutzerinnen und Nutzern an die Anwendung**			*Basis*	
	Verantwortliche Rolle: Fachverantwortliche				
M	Benutzer und Administratoren MÜSSEN an die korrekte Nutzung und Administration der Anwendung einschließlich der Sicherheitsfunktionen herangeführt werden.	ja	tw	n	
S	Hierzu SOLLTEN Richtlinien und Arbeitsanweisungen zur Nutzung und Administration der Anwendung, Schulungen und Einweisungen, Handbücher und Online-Hilfen sowie eine Benutzerunterstützung durch Schlüsselanwender angeboten werden.	ja	tw	n	

Notizen:

A5	**Sicherer Betrieb einer Fachanwendung**			*Basis*	
	Verantwortliche Rolle: IT-Betrieb				
M	Berechtigungen zur Nutzung und Administration einer Fachanwendung MÜSSEN korrekt vergeben und regelmäßig auf Korrektheit hin überprüft werden.	ja	tw	n	
M	Nicht mehr benötigte Berechtigungen MÜSSEN wieder entzogen werden.	ja	tw	n	
M	Es MUSS sichergestellt werden, dass Protokolldaten regelmäßig ausgewertet und gesetzlich vorgegebene Speicherfristen für Protokolldaten eingehalten werden.	ja	tw	n	
M	Sicherheitskritische Patches und Updates MÜSSEN durch den Hersteller der Anwendung auf Grundlage geeigneter vertraglicher Vereinbarungen bereitgestellt und zeitnah eingespielt werden.	ja	tw	n	
M	Dabei MUSS sichergestellt werden, dass Patches und Updates zuvor in geeigneter Weise getestet und freigegeben wurden.	ja	tw	n	
M	Es MÜSSEN regelmäßig Datensicherungen und Rücksicherungsübungen durchgeführt werden.	ja	tw	n	

Notizen:

A6	**Umfassende Dokumentation der Anforderungen an die Anwendung**			*Standard*	
	Verantwortliche Rolle: Fachverantwortliche				
S	Die relevanten Anforderungen an die Anwendung SOLLTEN dokumentiert werden.	ja	tw	n	
S	Diese Dokumentation SOLLTE bei Änderungen an der Anwendung sowie funktionalen Updates fortgeschrieben werden.	ja	tw	n	

Notizen:

A7	**Erstellung eines Mandantenkonzeptes**			*Standard*	
	Verantwortliche Rolle: Leiter IT				
S	Es SOLLTE mit einem Mandantenkonzept sichergestellt werden, dass Anwendungen und Daten verschiedener Kunden sauber getrennt betrieben werden.	ja	tw	n	
S	Dieses SOLLTE durch den Betreiber der mandantenfähigen Anwendung erstellt und den nutzenden Institutionen zur Verfügung gestellt werden.	ja	tw	n	
S	Die benötigten Mechanismen zur Mandantentrennung beim Dienstleister SOLLTEN ausreichend umgesetzt sein.	ja	tw	n	

Notizen:

A8 Geeignete Steuerung der Anwendungsentwicklung *Standard*

Verantwortliche Rolle: Leiter IT

S	Bei einer Entwicklung einer individuellen Anwendung SOLLTE ein geeignetes Steuerungs- und Projektmanagementmodell verwendet werden.	ja	tw	n
S	Dabei SOLLTEN insbesondere die benötigten Qualifikationen beim Personal, die Abdeckung aller relevanten Phasen während des Lebenszyklus der Software, ein geeignetes Entwicklungsmodell, Risikomanagement und Qualitätsziele berücksichtigt werden.	ja	tw	n

Notizen:

A9 Außerbetriebnahme von Anwendungen *Standard*

Verantwortliche Rolle: Leiter IT

S	Die Außerbetriebnahme von Anwendungen SOLLTE geplant werden.	ja	tw	n
S	Es SOLLTE für alle Daten geklärt sein, welche Daten migriert, archiviert oder gelöscht werden.	ja	tw	n
S	Nicht mehr benötigte Daten SOLLTEN sicher gelöscht werden.	ja	tw	n
S	Die Außerbetriebnahme von Anwendungen sowie der zugehörigen IT-Systeme und Datenträger SOLLTE nachvollziehbar dokumentiert werden.	ja	tw	n

Notizen:

A10 Notfallvorsorge für Anwendungen *Standard*

Verantwortliche Rolle: Leiter IT

S	Die Fachanwendungen SOLLTEN in die Planung zur Notfallvorsorge aufgenommen werden.	ja	tw	n

Notizen:

A11 Geeignete und rechtskonforme Beschaffung *Hoch*

Verantwortliche Rolle: Fachverantwortliche   **C I A**

S	Bei der Beschaffung einer Fachanwendung SOLLTEN die bestehenden rechtlichen und organisatorischen Vorgaben umgesetzt werden.	ja	tw	n
S	Werden bei der Beschaffung, Entwicklung oder dem Betrieb einer Anwendung Dienstleister einbezogen, SOLLTEN in den Verträgen die relevanten Sicherheitsaspekte berücksichtigt werden.	ja	tw	n
S	In der Institution SOLLTEN definierte Prozesse und festgelegte Ansprechpartner existieren, die die Berücksichtigung der jeweiligen Rahmenbedingungen sicherstellen.	ja	tw	n
S	Es SOLLTE geklärt werden, welche Rolle Zertifizierungen bei der Vergabeentscheidung spielen.	ja	tw	n

Notizen:

			Hoch		
A12	**Treuhänderische Hinterlegung**		**C A**		
	Verantwortliche Rolle: Fachverantwortliche				
S	Für geschäftskritische Anwendungen SOLLTE geprüft werden, ob es notwendig ist, diese gegen Ausfall des Herstellers der Anwendung abzusichern.	ja	tw	n	
S	Dabei SOLLTE die treuhänderische Hinterlegung von nicht zum Lieferumfang der Anwendung gehörenden Materialien bei einer Escrow-Agentur erwogen werden, wie z.B. dokumentiertem Code, Konstruktionsplänen, Schlüssel, Passwörter.	ja	tw	n	
S	In diesem Falle SOLLTEN die Pflichten der Escrow-Agentur bei der Lagerung und Herausgabe (wann darf das Hinterlegungsgut an wen herausgegeben werden?) vertraglich geregelt werden.	ja	tw	n	

Notizen:

			Hoch		
A13	**Entwicklung eines Redundanzkonzeptes für Anwendungen**		**A**		
	Verantwortliche Rolle: Leiter IT				
S	Besteht hinsichtlich der Verfügbarkeit einer Anwendung ein hoher oder sehr hoher Schutzbedarf, so SOLLTE ein Redundanzkonzept erstellt werden.	ja	tw	n	
S	Dieses SOLLTE folgende Aspekte beinhalten: • Planung eines eingeschränkten IT-Betriebs sowie der Wiederherstellung im Notfall (Notfallvorsorgekonzeption), • Redundanz auf Anwendungsebene mittels Loadbalancing oder Anwendungsclustern/Cloud-Services, • Möglichkeiten zum Schwenken der Anwendungen auf andere Systeme.	ja	tw	n	
S	Ergänzend SOLLTE sichergestellt werden, dass das Redundanzkonzept auch die für den Anwendungsbetrieb benötigten Gebäude und Räume, Systeme und Kommunikationsverbindungen einbezieht.	ja	tw	n	
S	Das Redundanzkonzept SOLLTE mit dem Notfallkonzept abgestimmt sein.	ja	tw	n	
S	Die Maßnahmen aus dem Redundanzkonzept SOLLTEN regelmäßig getestet und geübt werden.	ja	tw	n	

Notizen:

CON.6 Löschen und Vernichten

			Basis		
A1	**Regelung der Vorgehensweise für die Löschung und Vernichtung von Informationen**				
	Verantwortliche Rolle: Leiter IT, Leiter Organisation				
M	Die Institution MUSS das Löschen und Vernichten von Informationen regeln.	ja	tw	n	
M	Dabei MUSS je nach Organisationseinheit geregelt werden, welche Informationen und Betriebsmittel unter welchen Voraussetzungen gelöscht und entsorgt werden dürfen.	ja	tw	n	
M	Ebenso MUSS festgelegt werden, in welchen räumlichen Bereichen Entsorgungs- und Vernichtungseinrichtungen aufgebaut werden sollen.	ja	tw	n	
M	Außerdem MUSS schon in der Planungsphase festgelegt sein, wer für das Löschen und Vernichten von Informationen und Betriebsmitteln zuständig ist und welche Schnittstellen es zwischen den Organisationseinheiten gibt.	ja	tw	n	
M	Ebenso MUSS der Informationsfluss intern und zwischen den Zuständigen der Institution mit möglichen Outsourcing-Dienstleistern geregelt werden.	ja	tw	n	

Notizen:

CON Konzepte und Vorgehensweisen

A2 Ordnungsgemäße Entsorgung von schützenswerten Betriebsmitteln und Informationen *Basis*

Verantwortliche Rolle: Mitarbeiter, Leiter Haustechnik, Leiter IT

M	Alle schutzbedürftigen Informationen und Betriebsmittel MÜSSEN sicher entsorgt werden.	ja	tw	n
M	Zu diesem Zweck MÜSSEN abgesicherte und geeignete Entsorgungseinrichtungen auf dem Gelände der Institution verfügbar sein.	ja	tw	n
M	Dabei MUSS auch berücksichtigt werden, dass Informationen und Betriebsmittel eventuell erst gesammelt und dann später entsorgt werden.	ja	tw	n
M	Eine solche zentrale Sammelstelle MUSS vor unbefugten Zugriffen abgesichert werden.	ja	tw	n
M	Wenn externe Dienstleister beauftragt werden, MUSS der Entsorgungsvorgang ausreichend sicher und nachvollziehbar sein.	ja	tw	n
S	Die mit der Entsorgung beauftragten Unternehmen SOLLTEN regelmäßig daraufhin überprüft werden, ob der Entsorgungsvorgang noch dem Sollzustand entspricht.	ja	tw	n

Notizen:

A3 Löschen der Datenträger vor und nach dem Austausch *Standard*

Verantwortliche Rolle: Fachverantwortliche

S	Bevor bereits benutzte Datenträger weitergegeben oder noch einmal eingesetzt werden, SOLLTEN alle darauf befindlichen Daten sicher gelöscht werden.	ja	tw	n
S	Dazu SOLLTEN den Mitarbeitern geeignete Verfahren (siehe CON.6.A4 Auswahl geeigneter Verfahren zur Löschung oder Vernichtung von Datenträgern) zur Verfügung stehen.	ja	tw	n

Notizen:

A4 Auswahl geeigneter Verfahren zur Löschung oder Vernichtung von Datenträgern *Standard*

Verantwortliche Rolle: Leiter IT, Leiter Organisation

S	Für das Löschen und Vernichten SOLLTEN geeignete Verfahren ausgewählt werden.	ja	tw	n
S	So SOLLTE es für verschiedene Datenträgerarten immer geeignete Geräte und Werkzeuge geben, mit denen der verantwortliche Mitarbeiter die gespeicherten Informationen löschen oder vernichten kann.	ja	tw	n
S	Es SOLLTE regelmäßig kontrolliert werden, ob die gewählten Verfahren noch dem Stand der Technik entsprechen und für die Institution noch ausreichend sicher sind.	ja	tw	n
S	Die ausgewählten Verfahrensweisen SOLLTEN allen Mitarbeitern bekannt sein.	ja	tw	n

Notizen:

A5 Geregelte Außerbetriebnahme von IT-Systemen und Datenträgern *Standard*

Verantwortliche Rolle: IT-Betrieb, Mitarbeiter, Fachverantwortliche, Leiter IT

S	Es SOLLTE geregelt und dokumentiert werden, wie IT-Systeme und Datenträger außer Betrieb zu nehmen sind.	ja	tw	n
S	Dabei SOLLTE sichergestellt sein, dass vor der Aussonderung alle auf einem IT-System oder Datenträger gespeicherten Informationen sicher gelöscht sind.	ja	tw	n
S	Bei der Aussonderung SOLLTEN neben klassischen IT-Systemen auch alle IT-Systeme berücksichtigt werden, die dauerhafte Speicherelemente enthalten.	ja	tw	n

Notizen:

A6 Einweisung aller Mitarbeiter in die Methoden zur Löschung oder Vernichtung von Informationen

Standard

Verantwortliche Rolle: Leiter IT

S	Alle Mitarbeiter SOLLTEN in die Methoden und Verfahrensweisen zum Löschen und Vernichten von Informationen eingewiesen werden.	ja	tw	n
S	Dabei SOLLTE nach den Anforderungen des Bausteins ORP.3 Sensibilisierung und Schulung vorgegangen werden.	ja	tw	n

Notizen:

A7 Beseitigung von Restinformationen

Standard

Verantwortliche Rolle: IT-Betrieb, Mitarbeiter

S	Wenn Datenträger und Dateien weitergegeben werden, SOLLTE sichergestellt sein, dass sie keine sogenannten Restinformationen enthalten.	ja	tw	n
S	Dazu SOLLTE ein Prozess in der Institution etabliert und dokumentiert werden.	ja	tw	n
S	Damit die Mitarbeiter ihn auch ausreichend umsetzen, SOLLTEN sie über die Gefahren von Rest- und Zusatzinformationen in Dateien informiert werden.	ja	tw	n
S	Es SOLLTE stichprobenartig überprüft werden, ob die in Dateien enthaltenen Restinformationen auch wirklich gelöscht werden.	ja	tw	n

Notizen:

A8 Richtlinie für die Löschung und Vernichtung von Informationen

Standard

Verantwortliche Rolle: Mitarbeiter, Leiter IT, Datenschutzbeauftragter

S	Die Regelungen der Institution zum Löschen und Vernichten SOLLTEN in einer Richtlinie dokumentiert werden.	ja	tw	n
S	Die Richtlinie SOLLTE allen relevanten Verantwortlichen und Mitarbeitern der Institution bekannt sein und die Grundlage für deren Arbeit und Handeln bilden.	ja	tw	n
S	Inhaltlich SOLLTE die Richtlinie alle eingesetzten Datenträger, Anwendungen, IT-Systeme und sonstigen Betriebsmittel und Informationen enthalten, die vom Löschen und Vernichten betroffen sind.	ja	tw	n
S	Es SOLLTE regelmäßig und stichprobenartig überprüft werden, ob die Mitarbeiter sich an die Richtlinie halten.	ja	tw	n
S	Die Richtlinie SOLLTE regelmäßig aktualisiert werden.	ja	tw	n

Notizen:

A9 Auswahl geeigneter Verfahren zur Löschung oder Vernichtung von Datenträgern bei erhöhtem Schutzbedarf

Hoch

Verantwortliche Rolle: Leiter IT, Leiter Organisation

C I A

S	Für das Löschen und Vernichten SOLLTEN Verfahren ausgewählt werden, die dem erhöhten Schutzbedarf der Informationen und Betriebsmittel gerecht werden.	ja	tw	n

Notizen:

CON Konzepte und Vorgehensweisen

A10 Beschaffung geeigneter Geräte zur Löschung oder Vernichtung von Daten *Hoch*
Verantwortliche Rolle: Leiter IT, Beschaffungsstelle, Leiter Organisation **C I A**

S	Bevor Geräte zur Löschung oder Vernichtung von Daten beschafft werden, SOLLTE eine Anforderungsdokumentation erstellt werden, anhand derer die auf dem Markt verfügbaren Werkzeuge miteinander verglichen werden können.	ja	tw	n

Notizen:

A11 Vernichtung von Datenträgern durch externe Dienstleister *Hoch*
Verantwortliche Rolle: Leiter Organisation, Datenschutzbeauftragter **C I A**

S	Auf dem Gelände der Institution SOLLTEN alle zu vernichtenden Datenträger bis zur Abholung durch den externen Dienstleister sicher vor unbefugten Zugriffen aufbewahrt werden.	ja	tw	n
S	Der Abtransport SOLLTE ebenfalls dem Schutzbedarf entsprechend abgesichert sein.	ja	tw	n
S	Die Institution SOLLTE den Entsorgungsprozess regelmäßig durch eingewiesene Personen kontrollieren lassen.	ja	tw	n
S	Zudem SOLLTEN die in OPS.2.1 Outsourcing für Kundenbeschriebenen generellen Anforderungen an Dienstleister und deren Mitarbeiter umgesetzt werden.	ja	tw	n

Notizen:

CON.7 Informationssicherheit auf Auslandsreisen

A1 Sicherheitsrichtlinie zur Informationssicherheit auf Auslandsreisen *Basis*
Verantwortliche Rolle: Informationssicherheitsbeauftragter (ISB)

M	Alle für die Informationssicherheit relevanten Aspekte, die in Verbindung mit den Tätigkeiten im Ausland stehen, MÜSSEN betrachtet und geregelt werden.	ja	tw	n
M	Anforderungen an die Sicherheitsmaßnahmen, die in diesem Zusammenhang ergriffen werden, MÜSSEN in einer Sicherheitsrichtlinie zur Informationssicherheit auf Auslandsreisen dokumentiert werden.	ja	tw	n
M	Diese Regelungen und die Sicherheitsrichtlinie für Auslandsreisen, oder ein entsprechendes Merkblatt zur Informationssicherheit auf Auslandsreisen, in dem die zu beachtenden Sicherheitsmaßnahmen erläutert werden, MÜSSEN transnational agierenden Mitarbeitern ausgehändigt werden.	ja	tw	n
M	Erweiternd MUSS ein Sicherheitskonzept zum Umgang mit tragbaren IT-Systemen auf Auslandsreisen erstellt und regelmäßig überprüft werden, das alle Sicherheitsanforderungen und -maßnahmen angemessen detailliert beschreibt.	ja	tw	n

Notizen:

A2 Sensibilisierung der Mitarbeiter zur Sicherheitsrichtlinie Informationssicherheit auf Auslandsreisen *Basis*

Verantwortliche Rolle: Datenschutzbeauftragter, IT-Betrieb

M	Benutzer MÜSSEN im verantwortungsvollen Umgang mit Informationstechnik bzw. tragbaren IT-Systemen auf Auslandsreisen geschult und sensibilisiert werden.	ja	tw	n
M	Insbesondere MÜSSEN ihnen die Gefahren, die durch den unangemessenen Umgang mit Informationen, die unsachgemäße Vernichtung von Daten und Datenträgern, Schadsoftware und unsicheren Datenaustausch entstehen, vermittelt, aber auch die Grenzen der eingesetzten Sicherheitsmaßnahmen aufgezeigt werden.	ja	tw	n
M	Sie MÜSSEN dazu befähigt und bestärkt werden, bei Ungereimtheiten fachliche Beratung einzuholen bzw. einem Verlust oder Diebstahl vorzubeugen.	ja	tw	n
S	Außerdem SOLLTEN Mitarbeiter auf gesetzliche Anforderungen einzelner Reiseziele in Bezug auf die Reisesicherheit hingewiesen werden.	ja	tw	n

Notizen:

A3 Identifikation länderspezifischer Regelungen, Reise- und Umgebungsbedingungen *Basis*

Verantwortliche Rolle: Personalabteilung

M	Vor Reiseantritt MÜSSEN durch das Informationssicherheitsmanagement bzw. die Personalabteilung die jeweils geltenden Regelungen der einzelnen Länder geprüft und an die entsprechenden Mitarbeiter kommuniziert werden.	ja	tw	n
M	Die Institution MUSS geeignete Regelungen und Maßnahmen erstellen, umsetzen und kommunizieren, die den angemessenen Schutz unternehmensinterner Daten in Abhängigkeit der individuellen Reise- und Umgebungsbedingung ermöglichen.	ja	tw	n
M	Außerdem MUSS sich ein Mitarbeiter vor Reiseantritt mit den klimatischen Bedingungen des Reiseziels auseinandersetzen und abklären, welche Schutzmaßnahmen er für sich (z.B. Impfungen) und die mitgeführte Informationstechnik benötigt.	ja	tw	n

Notizen:

A4 Verwendung von Sichtschutz-Folien *Basis*

Verantwortliche Rolle: Benutzer

M	Benutzer MÜSSEN insbesondere im Ausland darauf achten, dass z.B. bei der Arbeit mit dem Notebook keine schützenswerten Informationen erspäht werden können.	ja	tw	n
M	Dazu MUSS auf allen mobilen IT-Systemen ein angemessener Sichtschutz verwendet werden, der den gesamten Bildschirm des jeweiligen Gerätes, also Notebooks, Tablets oder Smartphones umfasst und ein Ausspähen von Informationen erschwert.	ja	tw	n

Notizen:

CON Konzepte und Vorgehensweisen

		A5	**Verwendung der Bildschirm-/Code-Sperre**			*Basis*	
			Verantwortliche Rolle: Benutzer				
	M		Durch die Verwendung einer Bildschirm-/Code-Sperre wird verhindert, dass Dritte auf Daten auf mobilen Endgeräten wie z.B. Notebooks oder Mobiltelefonen zugreifen können. Eine entsprechende Sperrmöglichkeit MUSS verwendet werden.	ja	tw	n	
	M		Der Benutzer MUSS dazu einen angemessenen Code bzw. ein sicheres Gerätepasswort verwenden.	ja	tw	n	
	M		Die Bildschirmsperre MUSS sich nach einer kurzen Zeit der Inaktivität automatisch aktivieren.	ja	tw	n	

Notizen:

		A6	**Zeitnahe Verlustmeldung**			*Basis*	
			Verantwortliche Rolle: Benutzer, Notfallbeauftragter				
	M		Mitarbeiter MÜSSEN ihrer Institution umgehend melden, wenn Informationen, IT-Systeme oder Datenträger verloren oder gestohlen wurden.	ja	tw	n	
	M		Hierfür MUSS es klare Meldewege und Ansprechpartner innerhalb der Institution geben.	ja	tw	n	
	M		Die Institution MUSS die möglichen Auswirkungen des Verlustes bewerten und geeignete Gegenmaßnahmen ergreifen.	ja	tw	n	

Notizen:

		A7	**Sicherer Remote-Zugriff**			*Basis*	
			Verantwortliche Rolle: IT-Betrieb, Benutzer				
	M		Um Mitarbeitern auf Auslandsreisen einen sicheren Fernzugriff auf das Netz der Institution zu ermöglichen, MUSS zuvor ein sicherer Remote-Zugang, z.B. via VPN, durch den IT-Betrieb eingerichtet worden sein.	ja	tw	n	
	M		Der VPN-Zugang MUSS kryptografisch abgesichert sein.	ja	tw	n	
	M		Außerdem MÜSSEN Benutzer über angemessen sichere Zugangsdaten verfügen, um sich gegenüber Endgerät und dem Netz erfolgreich zu authentisieren.	ja	tw	n	
	M		Mitarbeiter MÜSSEN den sicheren Remote-Zugriff für jegliche darüber mögliche Kommunikation nutzen.	ja	tw	n	
	M		Es MUSS sichergestellt werden, dass nur autorisierte Personen auf IT-Systeme zugreifen dürfen, die über einen Fernzugriff verfügen.	ja	tw	n	
	M		Mobile IT-Systeme MÜSSEN im Rahmen der Möglichkeiten vor dem direkten Anschluss an das Internet durch eine restriktiv konfigurierte Personal Firewall geschützt werden.	ja	tw	n	

Notizen:

A8 Sichere Nutzung von öffentlichen WLANs *Basis*
Verantwortliche Rolle: Benutzer

M	Grundsätzlich MUSS geregelt werden, ob mobile IT-Systeme direkt auf das Internet zugreifen dürfen.	ja	tw	n
M	Der Zugriff auf das Netz der Institution über öffentlich zugängliche WLANs MUSS über ein Virtual Private Network (VPN) oder vergleichbare Sicherheitsmechanismen realisiert sein (siehe CON.7.A7 Sicherer Remote-Zugriff).	ja	tw	n
M	Die sichere Nutzung von WLANs ist im Baustein NET.2.2 WLAN-Nutzungbeschrieben, die Nutzung von WLAN-Hotspots MUSS ebenfalls abgesichert sein und ist im Baustein INF.9 *Mobiler Arbeitsplatz* beschrieben.	ja	tw	n

Notizen:

A9 Sicherer Umgang mit mobilen Datenträgern *Basis*
Verantwortliche Rolle: Benutzer

M	Vor der Verwendung mobiler Datenträger MUSS überprüft werden, dass diese nicht mit Schadsoftware infiziert sind.	ja	tw	n
M	Vor der Weitergabe mobiler Datenträger MUSS sichergestellt werden, dass keine schützenswerten Informationen darauf enthalten sind.	ja	tw	n
M	Nach der Verwendung MUSS der Datenträger, insbesondere wenn dieser an andere weitergegeben wird, sicher gelöscht werden.	ja	tw	n
M	Dazu MUSS der Datenträger mit einem in der Institution festgelegten, ausreichend sicheren Verfahren überschrieben werden.	ja	tw	n

Notizen:

A10 Verschlüsselung tragbarer IT-Systeme und Datenträger *Basis*
Verantwortliche Rolle: Benutzer, IT-Betrieb

M	Damit schützenswerte Informationen nicht durch unberechtigte Dritte eingesehen werden können, MUSS vor Reiseantritt durch den Mitarbeiter sichergestellt werden, dass alle schützenswerten Informationen entsprechend den internen Richtlinien abgesichert sind.	ja	tw	n
S	Mobile Datenträger und Clients SOLLTEN dabei vor Reiseantritt verschlüsselt werden.	ja	tw	n
M	Die kryptografischen Schlüssel MÜSSEN getrennt vom verschlüsselten Gerät aufbewahrt werden.	ja	tw	n
S	Bei der Verschlüsselung von Daten SOLLTEN die gesetzlichen Regelungen des Ziellandes beachtet werden, dies betrifft insbesondere landesspezifische Gesetze zur Herausgabe von Passwörtern und zur Entschlüsselung von Daten.	ja	tw	n

Notizen:

CON Konzepte und Vorgehensweisen

A11 Einsatz von Diebstahl-Sicherungen *Basis*
Verantwortliche Rolle: Benutzer

S Zum Schutz der mobilen IT-Systeme außerhalb der Institution SOLLTEN Diebstahl-Sicherungen eingesetzt werden, vor allem an den Orten, an denen ein erhöhter Publikumsverkehr herrscht oder die Fluktuation von Benutzern sehr hoch ist.   ja   tw   n

S Die Beschaffungs- und Einsatzkriterien für Diebstahl-Sicherungen SOLLTEN an die Prozesse der Institution angepasst und dokumentiert werden.   ja   tw   n

Notizen:

A12 Sicheres Vernichten von schutzbedürftigen Materialien und Dokumenten *Basis*
Verantwortliche Rolle: Benutzer

M Insbesondere im Ausland können Dokumente und andere schutzbedürftige Datenträger nicht immer sicher entsorgt werden. Die Institution MUSS den Mitarbeitern Möglichkeiten aufzeigen, geschäftskritische Dokumente angemessen zu vernichten.   ja   tw   n

M Die Mitarbeiter MÜSSEN diese einhalten und DÜRFEN interne Unterlagen der Institution NICHT öffentlich entsorgen.   ja   tw   n

M Ist dies vor Ort nicht möglich oder handelt es sich um Dokumente bzw. Datenträger mit besonders schützenswerten Informationen, so MÜSSEN diese bis zur Rückkehr behalten und anschließend angemessen vernichtet werden.   ja   tw   n

Notizen:

A13 Mitnahme von Daten und Datenträgern *Standard*
Verantwortliche Rolle: IT-Betrieb, Benutzer

S Vor Reiseantritt SOLLTE geprüft werden, welche Daten während der Reise nicht unbedingt auf den mitgenommenen IT-Systemen wie dem Notebook, Tablet oder Smartphone gebraucht werden.   ja   tw   n

S Ist es nicht notwendig, diese Daten auf den Geräten zu belassen, SOLLTEN diese physisch gelöscht werden (siehe CON.7.A9 Sicherer Umgang mit mobilen Datenträgern).   ja   tw   n

S Ergibt sich allerdings die Notwendigkeit, schützenswerte Daten mit auf Reisen zu nehmen, SOLLTE dies nur in verschlüsselter Form erfolgen.   ja   tw   n

S Darüber hinaus SOLLTE schriftlich geregelt sein, welche mobilen Datenträger auf Auslandsreisen mitgenommen werden dürfen und welche Sicherheitsmaßnahmen dabei zu berücksichtigen sind (z.B. Schutz vor Schadsoftware, Verschlüsselung geschäftskritischer Daten, Aufbewahrung mobiler Datenträger).   ja   tw   n

S Die Mitarbeiter SOLLTEN diese Regelungen vor Reiseantritt kennen und beachten (siehe u.a. CON.7.A10 Verschlüsselung tragbarer IT-Systeme und Datenträger).   ja   tw   n

Notizen:

CON.7 Informationssicherheit auf Auslandsreisen

	A14	**Kryptografisch abgesicherte E-Mail-Kommunikation**	*Standard*		
		Verantwortliche Rolle: Benutzer, IT-Betrieb			
S		Bei der E-Mail-basierten Kommunikation SOLLTE der Mitarbeiter diese entsprechend den internen Vorgaben der Institution kryptografisch absichern.	ja	tw	n
S		Bei Kommunikation über E-Mail-Dienste, z.B. Webmail, SOLLTE durch die Institution vorab geklärt werden, welche Sicherheitsmechanismen beim Provider umgesetzt werden und ob damit die internen Sicherheitsanforderungen erfüllt werden.	ja	tw	n
S		Hierzu zählen z.B. der sichere Betrieb der Server, Aufbau einer verschlüsselten Verbindung und Dauer der Datenspeicherung. Die E-Mails SOLLTEN ebenfalls geeignet verschlüsselt bzw. digital signiert werden.	ja	tw	n
S		Öffentliche IT-Systeme, etwa in Hotels oder Internetcafés, SOLLTEN nicht für den Zugriff auf E-Mails genutzt werden.	ja	tw	n

Notizen:

	A15	**Abstrahlsicherheit tragbarer IT-Systeme**	*Hoch*		
		Verantwortliche Rolle: IT-Betrieb	**C**		
S		Es SOLLTE vor Beginn der Reise festgelegt werden, welchen Schutzbedarf die einzelnen Informationen haben, die auf dem mobilen Datenträger bzw. Client des Mitarbeiters im Ausland verarbeitet werden.	ja	tw	n
S		Informationstragende oder auch bloßstellende Abstrahlung dieser Datenträger und Clients kann von anderen empfangen bzw. abgefangen werden, sodass Informationen rekonstruiert und die Vertraulichkeit dieser Daten in Frage gestellt werden können. Die Institution SOLLTE hier prüfen, ob ein solcher Schutzbedarf für vertrauliche Informationen vorliegt, und entsprechend abstrahlarme bzw. -sichere Datenträger und Clients einsetzen.	ja	tw	n

Notizen:

	A16	**Integritätsschutz durch Check-Summen oder digitale Signaturen**	*Hoch*		
		Verantwortliche Rolle: Informationssicherheitsbeauftragter (ISB)	**I**		
S		Check-Summen SOLLTEN im Rahmen der Datenübertragung oder auch Datensicherung verwendet werden, um die Integrität der Daten überprüfen zu können.	ja	tw	n
S		Besser noch SOLLTEN digitale Signaturen verwendet werden, um die Integrität von schützenswerten Informationen zu bewahren.	ja	tw	n

Notizen:

	A17	**Verwendung dedizierter Reise-Hardware**	*Hoch*		
		Verantwortliche Rolle: IT-Betrieb	**C I A**		
S		Zur Verhinderung des unberechtigten Abflusses schützenswerter Informationen der Institution auf Auslandsreisen (z.B. bei der Einreise oder der Ausreise) SOLLTE dem Mitarbeiter vorkonfigurierte Reise-Hardware zur Verfügung gestellt werden.	ja	tw	n
S		Diese Reise-Hardware SOLLTE auf Basis des Minimalprinzips nur die Funktionen und Informationen zur Verfügung stellen, die zur Durchführung der Geschäftstätigkeit unbedingt erforderlich sind.	ja	tw	n

Notizen:

A18 Eingeschränkte Berechtigungen auf Auslandsreisen *Hoch*
   Verantwortliche Rolle: Fachverantwortliche, IT-Betrieb **C I**

S Vor Reiseantritt SOLLTE der Fachverantwortliche für das Sicherheitsmanagement der Institution prüfen, welche Berechtigungen der Mitarbeiter wirklich braucht, um seinem Alltagsgeschäft im Ausland nachgehen zu können.   ja tw n

S Dabei SOLLTE geprüft werden, ob Zugriffsrechte für die Reisedauer des Benutzers entzogen werden können, um einen unbefugten Zugriff auf zu verhindern.   ja tw n

Notizen:

OPS Betrieb

OPS.1 Eigener Betrieb

OPS.1.1.2 Ordnungsgemäße IT-Administration

A1 **Personalauswahl für administrative Tätigkeiten** *Basis*

Verantwortliche Rolle: Leiter Personal

M Wenn Mitarbeiter administrative Aufgaben innerhalb der IT-Umgebung übernehmen sollen, MÜSSEN sie unter Berücksichtigung der Sicherheitsanforderungen der von ihnen betreuten Systeme und Anwendungen folgende Kriterien erfüllen: ja   tw   n
- Die Mitarbeiter MÜSSEN über die notwendige fachliche Qualifikation verfügen, um die ihnen übertragenen Aufgaben ordnungsgemäß bewältigen zu können
- Es MÜSSEN weiterhin ausreichende Kenntnisse zu den jeweils betreuten IT-Systemen, Anwendungen und Plattformen vorhanden sein
- Die Mitarbeiter MÜSSEN die in der Institution für die Dokumentation verwendete Sprache beherrschen und über ausreichende Englischkenntnisse zum Verständnis typischer IT-Dokumentationen verfügen
- Die Mitarbeiter MÜSSEN die ihnen übertragenen Aufgaben zuverlässig und sorgfältig erledigen können
- Es MUSS eine Rollentrennung von administrativen und kontrollierenden Rollen (z.B. Revision) vorgenommen werden.

M Die Administratoren und deren Vertreter MÜSSEN ausreichend Zeit zur sorgfältigen Erfüllung ihrer Aufgaben haben.   ja   tw   n

M Alle Administratoren und deren Vertreter MÜSSEN ausreichend Möglichkeiten zur Fortbildung erhalten.   ja   tw   n

M Diese Anforderungen MÜSSEN auch dann erfüllt werden, wenn administrative Aufgaben an Dritte übertragen werden.   ja   tw   n

Notizen:

A2 **Vertretungsregelungen und Notfallvorsorge** *Basis*

Verantwortliche Rolle: Leiter IT

M Für alle administrativen Aufgaben und Verantwortlichkeiten MÜSSEN Vertretungsregelungen getroffen werden.   ja   tw   n

M Es MUSS sichergestellt sein, dass benannte Vertreter auf die zu betreuenden IT-Systeme zugreifen können.   ja   tw   n

S Um auch in Notfallsituationen administrativ auf Systeme und Anwendungen zugreifen zu können, SOLLTEN entsprechende Notfalluser mit Administrationsrechten eingerichtet werden.   ja   tw   n

Notizen:

OPS Betrieb

A3 Geregelte Einstellung von IT-Administratoren *Basis*
Verantwortliche Rolle: Leiter Personal

M	Wenn Mitarbeiter administrative Aufgaben innerhalb der IT-Umgebung übernehmen, MÜSSEN sie in ihre Tätigkeit, insbesondere in die vorhandene IT-Architektur und die von ihnen zu betreuenden IT-Systeme und Anwendungen, eingewiesen werden.	ja	tw	n
M	Die in der Institution gültigen und für ihre Tätigkeit relevanten Sicherheitsbestimmungen MÜSSEN den IT-Administratoren bekannt gemacht werden.	ja	tw	n
M	Auch MÜSSEN sie dazu verpflichtet werden, die relevanten Datenschutzgesetze und andere gesetzliche und betriebliche Regelungen einzuhalten.	ja	tw	n
M	Diese Anforderungen MÜSSEN auch dann erfüllt werden, wenn administrative Aufgaben an Dritte übertragen werden.	ja	tw	n

Notizen:

A4 Beendigung der Tätigkeit als IT-Administrator *Basis*
Verantwortliche Rolle: Leiter Personal

M	Wenn IT-Administratoren von ihren Aufgaben wieder entbunden werden, MÜSSEN alle ihnen zugewiesenen persönlichen Administrationskennungen gesperrt werden.	ja	tw	n
M	Es MUSS geprüft werden, welche Passwörter die ausscheidenden Mitarbeiter darüber hinaus noch kennen, z.B. Superuser-Zugänge, Notfalluser, WLAN-Passwörter.	ja	tw	n
M	Solche Passwörter MÜSSEN geändert werden.	ja	tw	n
M	Den Mitarbeitern ausgehändigte Geräte, Speichermedien und Zugangsmittel (z.B. Token, Chipkarten) MÜSSEN vollständig zurückgegeben werden.	ja	tw	n
M	Weiterhin MUSS geprüft werden, ob die ausscheidenden Mitarbeiter gegenüber Dritten als Ansprechpartner benannt wurden, z.B. in Verträgen oder als Admin-C-Eintrag bei Internet-Domains.	ja	tw	n
M	In diesem Fall MÜSSEN die betroffenen Parteien informiert und neue Ansprechpartner festgelegt werden.	ja	tw	n
M	Die Benutzer der betroffenen IT-Systeme und Anwendungen MÜSSEN darüber informiert werden, dass der bisherige IT-Administrator ausgeschieden ist.	ja	tw	n
M	Diese Anforderungen MÜSSEN auch dann erfüllt werden, wenn administrative Aufgaben an Dritte übertragen wurden und die dort beschäftigten Mitarbeiter aus ihrer Tätigkeit ausscheiden.	ja	tw	n

Notizen:

A5 Administrationskennungen *Basis*
Verantwortliche Rolle: Leiter IT

M	Jeder Administrator und jeder Vertreter eines Administrators MUSS eine eigene, eindeutige Administratorkennung haben.	ja	tw	n
M	Die vergebenen Administrationsrechte MÜSSEN sich aus den Erfordernissen der jeweils übernommenen IT-Administrationsaufgaben ableiten.	ja	tw	n
M	Administratoren DÜRFEN unter diesen Kennungen nur administrative Arbeiten durchführen.	ja	tw	n
M	Sie DÜRFEN NICHT für Routinetätigkeiten benutzt werden, für die keine erweiterten Berechtigungen erforderlich sind, z.B. E-Mail-Kommunikation, Informationsrecherche im Internet.	ja	tw	n
M	Für solche Aufgaben MÜSSEN den IT-Administratoren zusätzlich persönliche, nicht privilegierte Konten eingerichtet werden.	ja	tw	n

Notizen:

A6	**Schutz administrativer Kennungen**			*Basis*
	Verantwortliche Rolle: Leiter IT			
M	Administrationskennungen MÜSSEN durch geeignete Authentisierungsmechanismen angemessen geschützt sein.	ja	tw	n
M	Werden dafür Passwörter benutzt, DÜRFEN gleichartige Passwörter NICHT für IT-Systeme in anderen Schutzzonen verwendet werden.	ja	tw	n
M	Für Administrationszugriffe MÜSSEN sichere Protokolle verwendet werden, wenn dies nicht über eine lokale Konsole erfolgt.	ja	tw	n
M	Diese MÜSSEN sicherstellen, dass die Kommunikation nach dem Stand der Technik verschlüsselt ist.	ja	tw	n
M	Jeder Anmeldevorgang über eine Administrationskennung (Login) MUSS protokolliert werden, sodass nachvollziehbar ist, wann, auf welchem Weg und unter welcher Nutzerkennung auf das System zugegriffen wurde.	ja	tw	n

Notizen:

A7	**Regelung der IT-Administrationstätigkeit**			*Standard*
	Verantwortliche Rolle: Leiter Personal			
S	Die Befugnisse, Aufgaben und Pflichten der IT-Administratoren SOLLTEN in einer Arbeitsanweisung oder Richtlinie verbindlich festgeschrieben werden.	ja	tw	n
S	Die Aufgabenverteilung zwischen den einzelnen Administratoren SOLLTE so vorgenommen werden, dass einerseits Überschneidungen in den Zuständigkeiten vermieden werden und andererseits keine Administrationslücken entstehen.	ja	tw	n
S	Die Regelungen SOLLTEN regelmäßig aktualisiert werden.	ja	tw	n
S	Die Vorgaben SOLLTEN insbesondere eigenmächtige Änderungen der IT-Administratoren im Informationsverbund ausschließen, soweit diese über die ihnen explizit übertragenen Aufgaben hinausgehen und nicht notwendig sind, um einen Sicherheitsvorfall oder Störfall abzuwenden.	ja	tw	n

Notizen:

A8	**Administration von Fachanwendungen**			*Standard*
	Verantwortliche Rolle: IT-Betrieb			
S	Die in diesem Baustein aufgeführten Basisanforderungen SOLLTEN auch für Mitarbeiter mit administrativen Aufgaben für einzelne Fachanwendungen durchgängig umgesetzt werden.	ja	tw	n
S	Die Aufgabenteilung zwischen Anwendungs- und Systemadministration SOLLTE klar definiert und schriftlich festgehalten werden.	ja	tw	n
S	Zwischen den Verantwortlichen für die System- und Fachanwendungsadministration SOLLTEN Schnittstellen definiert sein (z.B. Ansprechpartner, Kommunikationswege, regelmäßiger Austausch).	ja	tw	n
S	Wenn administrativ in den Anwendungsbetrieb eingegriffen wird (z.B. Versionswechsel, Wartungsfenster), SOLLTE das im Vorfeld mit dem Fachbereich abgestimmt sein und die Bedürfnisse des Fachbereichs berücksichtigen.	ja	tw	n

Notizen:

A9 Ausreichende Ressourcen für den IT-Betrieb *Standard*

Verantwortliche Rolle: Leiter IT

S	Es SOLLTEN ausreichende Personal- und Sachressourcen bereitgestellt werden, um die anfallenden administrativen Aufgaben ordnungsgemäß zu bewältigen.	ja	tw	n
S	Dabei SOLLTE berücksichtigt werden, dass auch für unvorhersehbare Tätigkeiten entsprechende Kapazitäten vorhanden sein müssen, insbesondere um sicherheitsrelevante Ereignisse zu behandeln und aufzuklären.	ja	tw	n
S	Die Ressourcenplanung SOLLTE in regelmäßigen Zyklen, z.B. jährlich, geprüft und den aktuellen Erfordernissen angepasst werden.	ja	tw	n

Notizen:

A10 Fortbildung und Information *Standard*

Verantwortliche Rolle: Leiter Personal

S	Für die eingesetzten IT-Administratoren SOLLTEN geeignete Fort- und Weiterbildungsmaßnahmen ergriffen werden, damit sie immer auf dem aktuellen Stand der Technik sind.	ja	tw	n
S	Dabei SOLLTEN auch technische Entwicklungen berücksichtigt werden, die noch nicht aktuell sind, aber für die Institution in absehbarer Zeit wichtig werden könnten.	ja	tw	n
S	Die Fortbildungsmaßnahmen SOLLTEN durch einen Schulungsplan unterstützt werden und das gesamte Team berücksichtigen, sodass alle erforderlichen Qualifikationen im Team mehrfach vorhanden sind.	ja	tw	n
S	Administratoren SOLLTEN sich regelmäßig über die Sicherheit der von ihnen betreuten Systeme, Dienste und Protokolle informieren, vor allem über aktuelle Gefährdungen und Sicherheitsmaßnahmen.	ja	tw	n

Notizen:

A11 Dokumentation von IT-Administrationstätigkeiten *Standard*

Verantwortliche Rolle: IT-Betrieb

S	Systemänderungen SOLLTEN in geeigneter Form nachvollziehbar dokumentiert werden.	ja	tw	n
S	Aus der Dokumentation SOLLTE hervorgehen, • welche Änderungen erfolgt sind, • wann die Änderungen erfolgt sind, • wer die Änderungen durchgeführt hat, • auf welcher Grundlage bzw. aus welchem Anlass die Änderungen erfolgt sind.	ja	tw	n

Notizen:

A12 Regelungen für Wartungs- und Reparaturarbeiten *Standard*
Verantwortliche Rolle: IT-Betrieb

S	IT-Systeme SOLLTEN regelmäßig gewartet werden.	ja	tw	n
S	Es SOLLTE geregelt sein, welche Sicherheitsaspekte bei Wartungs- und Reparaturarbeiten zu beachten sind und wer für die Wartung oder Reparatur von Geräten verantwortlich ist.	ja	tw	n
S	Mitarbeiter SOLLTEN wissen, dass Wartungspersonal bei Arbeiten im Haus beaufsichtigt werden muss.	ja	tw	n
S	Durchgeführte Wartungsarbeiten SOLLTEN dokumentiert werden.	ja	tw	n

Notizen:

A13 Absicherung von Fernwartung *Standard*
Verantwortliche Rolle: IT-Betrieb **I**

S	Fernwartung SOLLTE nur durchgeführt werden, wenn angemessene Sicherheitsmaßnahmen ergriffen wurden.	ja	tw	n
S	Es SOLLTE sichergestellt werden, dass Fernwartungszugriffe immer nur vom lokalen IT-System initiiert werden können.	ja	tw	n
S	Die Durchführung der Fernwartung SOLLTE ausreichend protokolliert werden.	ja	tw	n

Notizen:

A14 Sicherheitsüberprüfung von Administratoren *Hoch*
Verantwortliche Rolle: Leiter IT **C I A**

S	Im Hochsicherheitsbereich SOLLTE eine zusätzliche Sicherheitsüberprüfung durchgeführt werden um die Vertrauenswürdigkeit von Mitarbeitern zu bestätigen.	ja	tw	n

Notizen:

A15 Aufteilung von Administrationstätigkeiten *Hoch*
Verantwortliche Rolle: Leiter IT **C I**

S	Es SOLLTEN unterschiedliche Administrationsrollen für Teilaufgaben eingerichtet werden.	ja	tw	n
S	Bei der Abgrenzung der Aufgaben SOLLTEN die Art der Daten und die vorhandene Systemarchitektur berücksichtigt werden.	ja	tw	n

Notizen:

OPS Betrieb

	A16	Zugangsbeschränkungen für administrative Zugänge			
		Verantwortliche Rolle: Leiter IT	*Hoch* **C I A**		
S		Bei erhöhtem Schutzbedarf SOLLTE der Zugang zu administrativen Oberflächen oder Schnittstellen mit Filter- und Separierungsmaßnahmen technisch beschränkt werden, d.h. sie SOLLTEN für Personen außerhalb der zuständigen IT-Administrationsteams nicht erreichbar sein.	ja	tw	n
S		Administrative Zugriffe auf IT-Systeme in anderen Schutzzonen SOLLTEN stets mittelbar über einen Sprungserver in der jeweiligen Sicherheitszone erfolgen.	ja	tw	n
S		Zugriffe von anderen Systemen oder aus anderen Sicherheitszonen heraus SOLLTEN abgewiesen werden.	ja	tw	n

Notizen:

	A17	IT-Administration im Vier-Augen-Prinzip			
		Verantwortliche Rolle: Leiter IT	*Hoch* **C I**		
S		Bei besonders sicherheitskritischen Systemen SOLLTE der Zugang zu Kennungen mit administrativen Berechtigungen so realisiert werden, dass dafür zwei Mitarbeiter erforderlich sind.	ja	tw	n
S		Dabei SOLLTE jeweils ein IT-Administrator die anstehenden administrativen Tätigkeiten ausführen, während er von einem weiteren IT-Administrator kontrolliert wird.	ja	tw	n

Notizen:

	A18	Durchgängige Protokollierung administrativer Tätigkeiten			
		Verantwortliche Rolle: Leiter IT	*Hoch* **C I**		
S		Administrative Tätigkeiten SOLLTEN möglichst protokolliert werden.	ja	tw	n
S		Bei besonders sicherheitskritischen Systemen SOLLTEN alle administrativen Zugriffe durchgängig und vollständig protokolliert werden.	ja	tw	n
S		Die ausführenden IT-Administratoren SOLLTEN dabei selbst keine Berechtigung haben, die aufgezeichneten Protokolldateien zu verändern oder zu löschen.	ja	tw	n
S		Die Protokolldateien SOLLTEN für eine Zeitdauer aufbewahrt werden, die dem Schutzbedarf angemessen ist und die es ermöglicht, nachträgliche Eingriffe in das System aufzuklären.	ja	tw	n

Notizen:

	A19	Berücksichtigung von Hochverfügbarkeitsanforderungen			
		Verantwortliche Rolle: Leiter IT	*Hoch* **A**		
S		Die IT-Administratoren SOLLTEN analysieren, für welche der von ihnen betreuten Systeme und Netze Hochverfügbarkeitsanforderungen bestehen.	ja	tw	n
S		Für diese Bereiche SOLLTEN sie sicherstellen, dass die eingesetzten Komponenten und Architekturen sowie die zugehörigen Betriebsprozesse geeignet sind, um diese Anforderungen zu erfüllen.	ja	tw	n

Notizen:

OPS.1.1.3 Patch- und Änderungsmanagement

A1 Konzept für das Patch- und Änderungsmanagement *Basis*

Verantwortliche Rolle: Administrator, Fachverantwortliche

M	Wenn Änderungen an IT-Komponenten, Software oder Konfigurationsdaten umgesetzt werden sollen, MUSS es dafür Vorgaben geben, die auch Sicherheitsaspekte berücksichtigen.	ja	tw	n
M	Alle Patches und Änderungen MÜSSEN geeignet geplant, genehmigt und dokumentiert werden.	ja	tw	n
S	Patches und Änderungen SOLLTEN vorab geeignet getestet werden.	ja	tw	n
S	Patches und Änderungen SOLLTEN nach Wichtigkeit und Dringlichkeit klassifiziert und entsprechend umgesetzt werden.	ja	tw	n
M	Wenn Patches und Änderungen durchgeführt werden, MÜSSEN Rückfall-Lösungen vorhanden sein.	ja	tw	n
M	An größeren Änderungen MUSS zudem das Informationssicherheitsmanagement beteiligt sein.	ja	tw	n
M	Insgesamt MUSS sichergestellt werden, dass das angestrebte Sicherheitsniveau während und nach den Änderungen erhalten bleibt.	ja	tw	n

Notizen:

A2 Festlegung der Verantwortlichkeiten *Basis*

Verantwortliche Rolle: Leiter IT

M	Für alle Organisationsbereiche MÜSSEN Verantwortliche für das Patch- und Änderungsmanagement festgelegt werden.	ja	tw	n
M	Die definierten Zuständigkeiten MÜSSEN sich auch im Berechtigungskonzept widerspiegeln.	ja	tw	n
S	Zudem SOLLTE ein dedizierter Änderungsmanager (Change Manager) benannt werden.	ja	tw	n
M	Alle beteiligten Personen MÜSSEN mit den Begriffen des Patch- und Änderungsmanagements, der Informationssicherheit und der kryptografischen Verfahren vertraut sein.	ja	tw	n

Notizen:

A3 Konfiguration von Autoupdate-Mechanismen *Basis*

Verantwortliche Rolle: Administrator

M	Es MUSS innerhalb der Strategie zum Patch- und Änderungsmanagement definiert werden, wie mit integrierten Update-Mechanismen (Autoupdate) der eingesetzten Software umzugehen ist.	ja	tw	n
M	Insbesondere MUSS festgelegt werden, wie diese Mechanismen abgesichert und passend konfiguriert werden, um den Vorgaben aus dem Konzept zum Patchmanagement gerecht zu werden.	ja	tw	n
S	Außerdem SOLLTEN neue Komponenten daraufhin überprüft werden, ob und welche Update-Mechanismen diese haben.	ja	tw	n

Notizen:

OPS Betrieb

A4 Planung des Änderungsmanagementprozesses *Standard*
Verantwortliche Rolle: Änderungsmanager

S	Es SOLLTE ein Änderungsmanagementprozess definiert werden, Institutionen können sich dabei am Change-Management-Prozess der IT Infrastructure Library (ITIL) orientieren.	ja	tw	n
S	Alle Änderungen von Hard- und Softwareständen sowie von Konfigurationen SOLLTEN über den Prozess des Änderungsmanagements gesteuert und kontrolliert werden.	ja	tw	n

Notizen:

A5 Umgang mit Änderungsanforderungen *Standard*
Verantwortliche Rolle: Änderungsmanager

S	Anträge für Änderungen SOLLTEN nach einem festgelegten Verfahren eingereicht und bearbeitet werden.	ja	tw	n
S	Es SOLLTEN alle Änderungsanforderungen (Request for Changes, RfCs) erfasst, dokumentiert und danach vom Änderungsmanager kontrolliert werden.	ja	tw	n
S	Nachdem eine Änderungsanforderung akzeptiert wurde, SOLLTE sie priorisiert und kategorisiert werden.	ja	tw	n
S	Dabei SOLLTE sichergestellt sein, dass für die jeweiligen Prioritäten auch die benötigten Ressourcen verfügbar sind.	ja	tw	n

Notizen:

A6 Abstimmung von Änderungsanforderungen *Standard*
Verantwortliche Rolle: Änderungsmanager

S	Wenn eine Änderung umgesetzt wird, SOLLTE der zugehörige Abstimmungsprozess alle relevanten Zielgruppen berücksichtigen.	ja	tw	n
S	Die von der Änderung betroffenen Zielgruppen SOLLTEN sich nachweisbar dazu äußern können.	ja	tw	n
S	Auch SOLLTE es ein festgelegtes Verfahren geben, durch das wichtige Änderungsanforderungen beschleunigt werden können.	ja	tw	n

Notizen:

A7 Integration des Änderungsmanagements in die Geschäftsprozesse *Standard*
Verantwortliche Rolle: Änderungsmanager

S	Der Änderungsmanagementprozess SOLLTE in die Geschäftsprozesse integriert werden.	ja	tw	n
S	So SOLLTE bei geplanten Änderungen die aktuelle Situation der davon betroffenen Geschäftsprozesse berücksichtigt werden.	ja	tw	n
S	Alle relevanten Fachabteilungen SOLLTEN über anstehende Änderungen informiert werden.	ja	tw	n
S	Auch SOLLTE es eine Eskalationsebene geben, deren Mitglieder der Leitungsebene der Institution angehören und die in Zweifelsfällen über Priorität und Terminplanung einer Hard- oder Software-Änderung entscheidet.	ja	tw	n

Notizen:

A8 Sicherer Einsatz von Werkzeugen für das Patch- und Änderungsmanagement *Standard*

Verantwortliche Rolle: Leiter IT

S	Es SOLLTEN Anforderungen und Rahmenbedingungen definiert werden, nach denen Werkzeuge für das Patch- und Änderungsmanagement ausgewählt werden.	ja	tw	n
S	Außerdem SOLLTE eine spezifische Sicherheitsrichtlinie für die eingesetzten Werkzeuge erstellt werden.	ja	tw	n

Notizen:

A9 Test- und Abnahmeverfahren für neue Hard- und Software *Standard*

Verantwortliche Rolle: Leiter IT

S	Neue Hard- und Software SOLLTE getestet werden, bevor sie eingesetzt wird.	ja	tw	n
S	Dazu SOLLTEN ausschließlich isolierte Testsysteme verwendet werden.	ja	tw	n
S	Auch SOLLTE es für Software ein Abnahmeverfahren und eine Freigabeerklärung geben.	ja	tw	n
S	Der Verantwortliche SOLLTE die Freigabeerklärung an geeigneter Stelle schriftlich hinterlegen.	ja	tw	n
S	Für den Fall, dass trotz der Abnahme- und Freigabeverfahren im laufenden Betrieb Fehler in der Software festgestellt werden, SOLLTE es ein Verfahren zur Fehlerbehebung geben.	ja	tw	n

Notizen:

A10 Sicherstellung der Integrität und Authentizität von Softwarepaketen *Standard*

Verantwortliche Rolle: Administrator

S	Während des gesamten Patch- und Änderungsprozesses SOLLTE die Authentizität und Integrität von Softwarepaketen sichergestellt werden.	ja	tw	n
S	Dazu SOLLTE geprüft werden, ob für die eingesetzten Softwarepakete Prüfsummen oder digitale Signaturen verfügbar sind.	ja	tw	n
S	Ebenso SOLLTE darauf geachtet werden, dass die notwendigen Programme zur Überprüfung vorhanden sind.	ja	tw	n

Notizen:

A11 Kontinuierliche Dokumentation der Informationsverarbeitung *Standard*

Verantwortliche Rolle: Leiter IT, Änderungsmanager

S	Änderungen SOLLTEN in allen Phasen, allen Anwendungen und allen Systemen dokumentiert werden.	ja	tw	n
S	Dazu SOLLTEN entsprechende Regelungen erarbeitet werden.	ja	tw	n

Notizen:

A12 Skalierbarkeit beim Änderungsmanagement

Verantwortliche Rolle: IT-Betrieb

Hoch
A

S	Wenn ein Werkzeug zum Änderungsmanagement benutzt wird, SOLLTE vor der Inbetriebnahme die Umsetzungsgeschwindigkeit sorgfältig geprüft werden.	ja	tw	n
S	Es SOLLTEN Unterbrechungspunkte definiert werden können, an denen die Verteilung einer fehlerhaften Änderung gestoppt wird.	ja	tw	n

Notizen:

A13 Erfolgsmessung von Änderungsanforderungen

Verantwortliche Rolle: IT-Betrieb

Hoch
I A

S	Um zu überprüfen, ob eine Änderung erfolgreich war, SOLLTE der Änderungsmanager sogenannte Nachtests durchführen.	ja	tw	n
S	Dazu SOLLTE er geeignete Referenzsysteme als Qualitätssicherungssysteme auswählen.	ja	tw	n
S	Die Ergebnisse der Nachtests SOLLTEN im Rahmen des Änderungsprozesses dokumentiert werden.	ja	tw	n

Notizen:

A14 Synchronisierung innerhalb des Änderungsmanagements

Verantwortliche Rolle: Änderungsmanager

Hoch
C I A

S	Wenn Institutionen Änderungen an der IT-Infrastruktur vornehmen, SOLLTE der Änderungsmanagementprozess darauf reagieren.	ja	tw	n
S	Zeitweise oder permanent nicht erreichbare Geräte SOLLTEN im Änderungsmanagementprozess durch geeignete Mechanismen berücksichtigt werden.	ja	tw	n

Notizen:

OPS.1.1.4 Schutz vor Schadprogrammen

A1 Erstellung eines Konzepts für den Schutz vor Schadprogrammen

Verantwortliche Rolle: IT-Betrieb

Basis

M	Es MUSS ein Konzept erstellt werden, welche IT-Systeme vor Schadprogrammen geschützt werden müssen.	ja	tw	n
M	Außerdem MUSS festgehalten werden, wie der Schutz zu erfolgen hat.	ja	tw	n
S	Ist kein verlässlicher Schutz möglich, so SOLLTEN die identifizierten IT-Systeme NICHT betrieben werden.	ja	tw	n
S	Das Konzept SOLLTE nachvollziehbar dokumentiert werden.	ja	tw	n

Notizen:

A2 Nutzung systemspezifischer Schutzmechanismen *Basis*
Verantwortliche Rolle: IT-Betrieb

M	Es MUSS geprüft werden, welche Schutzmechanismen die verwendeten IT-Systeme sowie die darauf genutzten Betriebssysteme und Anwendungen bieten, um einen Schutz vor Schadprogrammen zu ermöglichen bzw. zu unterstützen.	ja	tw	n
M	Diese Mechanismen MÜSSEN genutzt werden, sofern es keinen mindestens gleichwertigen Ersatz gibt oder gute Gründe dagegen sprechen.	ja	tw	n
S	Werden sie nicht genutzt, SOLLTE dies begründet und dokumentiert werden.	ja	tw	n

Notizen:

A3 Auswahl eines Viren-Schutzprogrammes für Endgeräte *Basis*
Verantwortliche Rolle: IT-Betrieb

M	In Abhängigkeit vom verwendeten Betriebssystem, anderen vorhandenen Schutzmechanismen sowie der Verfügbarkeit geeigneter Viren-Schutzprogramme MUSS für den konkreten Einsatzzweck ein solches Schutzprogramm ausgewählt und installiert werden.	ja	tw	n
M	Es DÜRFEN NUR Produkte für den Enterprise-Bereich mit auf die Institution zugeschnittenen Service- und Supportleistungen eingesetzt werden.	ja	tw	n
M	Produkte für reine Heimanwender oder Produkte ohne Herstellersupport DÜRFEN NICHT im professionellen Wirk-Betrieb eingesetzt werden.	ja	tw	n
M	Es DÜRFEN NUR Cloud-Funktionen solcher Produkte verwendet werden, bei denen keine gravierenden, nachweisbaren Daten- oder Geheimschutzaspekte dagegen sprechen.	ja	tw	n

Notizen:

A4 Auswahl eines Viren-Schutzprogrammes für Gateways und IT-Systeme zum Datenaustausch *Basis*
Verantwortliche Rolle: Fachverantwortliche

M	Für Gateways und IT-Systeme, die dem Datenaustausch dienen, MUSS ein geeignetes Viren-Schutzprogramm ausgewählt und installiert werden.	ja	tw	n
M	Es DÜRFEN NUR Produkte für den Enterprise-Bereich mit auf die Institution zugeschnittenen Service- und Supportleistungen eingesetzt werden.	ja	tw	n
M	Produkte für reine Heimanwender oder Produkte ohne Herstellersupport DÜRFEN NICHT im professionellen Betrieb eingesetzt werden.	ja	tw	n
M	Es DÜRFEN NUR Cloud-Funktionen solcher Produkte verwendet werden, bei denen keine gravierenden, nachweisbaren Daten- oder Geheimschutzaspekte dagegen sprechen.	ja	tw	n

Notizen:

OPS Betrieb

A5	**Betrieb von Viren-Schutzprogrammen**			*Basis*	
	Verantwortliche Rolle: IT-Betrieb				
M	Das Viren-Schutzprogramm MUSS für seine Einsatzumgebung geeignet konfiguriert werden.	ja	tw	n	
S	Die Erkennungsleistung SOLLTE dabei im Vordergrund stehen, sofern nicht Datenschutz oder Leistungs-Gründe im jeweiligen Einzelfall schwerer wiegen.	ja	tw	n	
S	Wenn sicherheitsrelevante Funktionen des Viren-Schutzprogramms nicht genutzt werden, SOLLTE dies begründet und dokumentiert werden.	ja	tw	n	
S	Bei Schutzprogrammen, die speziell für Desktop-Virtualisierung optimiert sind, SOLLTE transparent sein, ob auf bestimmte Detektionsverfahren zugunsten der Leistung verzichtet wird.	ja	tw	n	

Notizen:

A6	**Aktualisierung der eingesetzten Viren-Schutzprogramme und Signaturen**			*Basis*	
	Verantwortliche Rolle: IT-Betrieb				
M	Auf den damit ausgestatteten IT-Systemen MÜSSEN die Scan-Engine des Viren-Schutzprogramms sowie die Signaturen für die Schadprogramme regelmäßig aktualisiert werden.	ja	tw	n	
M	Die Häufigkeit von qualitätsgesicherten Signatur-Updates MUSS dabei den Empfehlungen des Herstellers entsprechen.	ja	tw	n	
S	Ein Update auf neue Programmversionen SOLLTE zeitnah nach Veröffentlichung erfolgen.	ja	tw	n	
S	Bei jedem Programmupdate des Viren-Schutzprogramms SOLLTE die Änderungsdokumentation des Herstellers auf relevante Änderungen hin überprüft werden.	ja	tw	n	
M	Nachdem das Update installiert wurde, MÜSSEN die Konfigurationseinstellungen überprüft und mit den dokumentierten Vorgaben abgeglichen werden.	ja	tw	n	

Notizen:

A7	**Sensibilisierung und Verpflichtung der Benutzer**			*Basis*	
	Verantwortliche Rolle: Benutzer				
M	Benutzer MÜSSEN regelmäßig über die Bedrohung durch Schadprogramme aufgeklärt werden.	ja	tw	n	
M	Sie MÜSSEN die grundlegenden Verhaltensregeln einhalten, um die Gefahr eines Befalls durch Schadprogramme zu reduzieren.	ja	tw	n	
S	Dateien aus nicht vertrauenswürdigen Quellen SOLLTEN NICHT geöffnet werden.	ja	tw	n	

Notizen:

OPS.1.1.4 Schutz vor Schadprogrammen

A8	**Nutzung von Cloud-Diensten**				*Standard*
S	Cloud-Dienste zur Verbesserung der Detektionsleistung der Viren-Schutzprogramme SOLLTEN genutzt werden.	ja	tw	n	
M	Dabei MÜSSEN die entsprechenden Vorgaben aus den Anforderungen OPS.1.1.4.A3 Auswahl eines Viren-Schutzprogrammes für Endgerätesowie OPS.1.1.4.A4 Auswahl eines Viren-Schutzprogrammes für Gateways und IT-Systeme zum Datenaustauschbeachtet werden.	ja	tw	n	

Verantwortliche Rolle: IT-Betrieb

Notizen:

A9	**Meldung von Infektionen mit Schadprogrammen**				*Standard*

Verantwortliche Rolle: Benutzer

S	Eingesetzte Viren-Schutzprogramm SOLLTEN automatisch eine Infektion mit einem Schadprogramm blockieren und melden.	ja	tw	n	
S	Die automatische Meldung SOLLTE an einer zentralen Stelle angenommen werden.	ja	tw	n	
S	Dabei SOLLTEN die zuständigen Mitarbeiter je nach Sachlage über das weitere Vorgehen entscheiden.	ja	tw	n	
S	Unabhängig von einer automatischen Meldung SOLLTE sich jedoch auch der Benutzer an die ihm benannten Ansprechpartner wenden, wenn der Verdacht auf eine Infektion mit einem Schadprogramm besteht.	ja	tw	n	
S	Das Vorgehen bei Meldungen und Alarmen der Viren-Schutzprogramme SOLLTE geplant, dokumentiert und getestet werden.	ja	tw	n	
S	Es SOLLTE insbesondere geregelt sein, was im Falle einer bestätigten Infektion geschehen soll.	ja	tw	n	

Notizen:

A10	**Nutzung spezieller Analyseumgebungen**				*Hoch*
					C I A
S	Automatisierte Analysen in einer speziellen Testumgebung (basierend auf Sandboxen bzw. separaten virtuellen oder physischen Systemen) SOLLTEN für eine Bewertung von verdächtigen Dateien ergänzend herangezogen werden.	ja	tw	n	

Verantwortliche Rolle: IT-Betrieb

Notizen:

A11	**Einsatz mehrerer Scan-Engines**				*Hoch*
					C I A
S	Zur Verbesserung der Erkennungsleistung SOLLTEN für besonders schutzwürdige IT-Systeme wie Gateways und IT-Systeme zum Datenaustausch Viren-Schutzprogramme mit mehreren alternativen Scan-Engines eingesetzt werden.	ja	tw	n	

Verantwortliche Rolle: IT-Betrieb

Notizen:

OPS Betrieb

A12	**Einsatz von Datenträgerschleusen**		*Hoch*		
	Verantwortliche Rolle: IT-Betrieb		**C I A**		
S	Bevor insbesondere Datenträger von Dritten mit den IT-Systemen der Institution verbunden werden, SOLLTEN diese durch eine Datenträgerschleuse geprüft werden.	ja	tw	n

Notizen:

A13	**Umgang mit nicht vertrauenswürdigen Dateien**		*Hoch*		
	Verantwortliche Rolle: IT-Betrieb		**C I A**		
S	Ist es notwendig, nicht vertrauenswürdige Dateien zu öffnen, SOLLTE dies nur auf einem isolierten IT-System geschehen.	ja	tw	n
S	Die betroffenen Dateien SOLLTEN dort z.B. in ein ungefährliches Format umgewandelt oder ausgedruckt werden, wenn sich hierdurch das Risiko einer Infektion durch Schadsoftware verringert.	ja	tw	n

Notizen:

A14	**Auswahl und Einsatz von Cyber-Sicherheitsprodukten gegen gezielte Angriffe**		*Hoch*		
	Verantwortliche Rolle: IT-Betrieb		**C I A**		
S	Bei erhöhtem Schutzbedarf und entsprechender Bedrohungslage SOLLTE der Einsatz sowie der Mehrwert von Produkten und Services geprüft werden, die im Vergleich zu herkömmlichen Viren-Schutzprogrammen einen erweiterten Schutzumfang bieten, wie z.B. Ausführung von Dateien in speziellen Analyseumgebungen, Härtung von Clients oder Kapselung von Prozessen.	ja	tw	n
S	Vor einer Kaufentscheidung SOLLTEN Schutzwirkung und Kompatibilität zur eigenen IT-Umgebung getestet werden.	ja	tw	n

Notizen:

A15	**Externe Beratung**		*Hoch*		
	Verantwortliche Rolle: IT-Betrieb		**C I A**		
S	Bei der Erstellung eines Konzepts zum Schutz vor Schadprogrammen SOLLTE externe Unterstützung in Anspruch genommen werden, wenn das eigene Know-how oder die Marktkenntnis nicht ausreichen.	ja	tw	n
S	Um insbesondere Leistungsproblemen innerhalb der IT-Systeme und Netze vorzubeugen und den Schutz vor Schadprogrammen sinnvoll in ein Gesamtkonzept einzufügen, SOLLTE in komplexen IT-Infrastrukturen die Implementierung von Schutzprodukten nur durch erfahrene Experten vorgenommen werden.	ja	tw	n
S	Nach der Installation von Schutzprogrammen SOLLTE die Konfiguration einer externen Expertenreview unterzogen werden.	ja	tw	n

Notizen:

OPS.1.1.5 Protokollierung

A1 Erstellung einer Sicherheitsrichtlinie für die Protokollierung *Basis*

Verantwortliche Rolle: Informationssicherheitsbeauftragter (ISB), Fachverantwortliche

M	Ausgehend von der allgemeinen Sicherheitsrichtlinie der Institution, MUSS eine spezifische Sicherheitsrichtlinie erstellt werden, in der nachvollziehbar Anforderungen und Vorgaben beschrieben sind, wie die Protokollierung sicher geplant, aufgebaut und betrieben werden soll.	ja	tw	n
M	In der Richtlinie MUSS geregelt werden, wie, wo und was protokolliert werden soll.	ja	tw	n
S	Dabei SOLLTEN sich Art und Umfang der Protokollierung am Schutzbedarf der Informationen orientieren.	ja	tw	n
M	Die Richtlinie MUSS vom ISB gemeinsam mit den Fachverantwortlichen erstellt werden.	ja	tw	n
M	Sie MUSS allen für die Protokollierung verantwortlichen Mitarbeitern bekannt und grundlegend für ihre Arbeit sein.	ja	tw	n
M	Wird die Richtlinie verändert oder wird von den Anforderungen abgewichen, MUSS dies mit dem ISB abgestimmt und dokumentiert werden.	ja	tw	n
M	Es MUSS regelmäßig überprüft werden, ob die Richtlinie noch korrekt umgesetzt ist.	ja	tw	n
M	Die Ergebnisse MÜSSEN dokumentiert werden.	ja	tw	n

Notizen:

A2 Festlegung von Rollen und Verantwortlichkeiten *Basis*

Verantwortliche Rolle: Leiter IT

M	Für die in der Protokollierungsrichtlinie (siehe OPS.1.1.5.A1 Erstellung einer Sicherheitsrichtlinie für die Protokollierung) als relevant definierten IT-Systeme und Anwendungen MÜSSEN Verantwortliche benannt werden.	ja	tw	n
M	Diese MÜSSEN sicherstellen, dass die Protokollierungsrichtlinie eingehalten wird.	ja	tw	n

Notizen:

A3 Konfiguration der Protokollierung auf System- und Netzebene *Basis*

Verantwortliche Rolle: IT-Betrieb

M	Alle sicherheitsrelevanten Ereignisse von IT-Systemen und Anwendungen MÜSSEN protokolliert werden.	ja	tw	n
M	Sofern die in der Protokollierungsrichtlinie als relevant definierten IT-Systeme und Anwendungen über eine Protokollierungsfunktion verfügen, MUSS diese benutzt werden.	ja	tw	n
M	Wenn die Protokollierung eingerichtet wird, MÜSSEN dabei die Herstellervorgaben für die jeweiligen IT-Systeme oder Anwendungen beachtet werden.	ja	tw	n
M	Es MUSS in angemessenen Intervallen stichpunktartig überprüft werden, ob die Protokollierung noch korrekt funktioniert.	ja	tw	n
M	Die Intervalle MÜSSEN in der Protokollierungsrichtlinie definiert werden.	ja	tw	n
M	Sofern betriebs- und sicherheitsrelevante Ereignisse nicht auf einem IT-System protokolliert werden können, MÜSSEN weitere IT-Systeme zur Protokollierung (z.B. von Ereignissen auf Netzebene) integriert werden.	ja	tw	n

Notizen:

OPS Betrieb

A4 Zeitsynchronisation der IT-Systeme *Basis*
Verantwortliche Rolle: IT-Betrieb

M	Die Systemzeit aller protokollierenden IT-Systeme und Anwendungen MUSS immer synchron sein.	ja	tw	n
M	Es MUSS sichergestellt sein, dass das Datum und Zeitformat der Protokolldateien einheitlich ist.	ja	tw	n

Notizen:

A5 Einhaltung rechtlicher Rahmenbedingungen *Basis*
Verantwortliche Rolle: Informationssicherheitsbeauftragter (ISB)

M	Bei der Protokollierung MÜSSEN die gesetzlichen Bestimmungen aus den aktuellen Gesetzen zum Bundes-/Landesdatenschutz eingehalten werden (siehe CON.2 Datenschutz).	ja	tw	n
M	Darüber hinaus MÜSSEN eventuelle Persönlichkeitsrechte bzw. Mitbestimmungsrechte der Mitarbeitervertretungen gewahrt werden.	ja	tw	n
M	Ebenso MUSS sichergestellt sein, dass alle weiteren relevanten gesetzlichen Bestimmungen beachtet werden.	ja	tw	n
M	Protokollierungsdaten MÜSSEN nach einem festgelegten Prozess gelöscht werden.	ja	tw	n
M	Es MUSS technisch unterbunden werden, dass Protokollierungsdaten unkontrolliert gelöscht oder verändert werden.	ja	tw	n

Notizen:

A6 Aufbau einer zentralen Protokollierungsinfrastruktur *Standard*
Verantwortliche Rolle: IT-Betrieb

S	Vor allem in größeren Informationsverbünden SOLLTEN alle gesammelten sicherheitsrelevanten Protokollierungsdaten an einer zentralen Stelle gespeichert werden.	ja	tw	n
S	Dafür SOLLTE eine zentrale Protokollierungsinfrastruktur im Sinne eines Logserver-Verbunds aufgebaut und in einem hierfür eingerichteten Netzsegment platziert werden.	ja	tw	n
S	Der Logserver-Verbund SOLLTE die Protokollierungsdaten von IT-Systemen und Anwendungen ausschließlich nach dem Pull-Prinzip beziehen.	ja	tw	n
S	Wird dies von IT-Systemen und Anwendungen nicht unterstützt, SOLLTEN die Protokollierungsdaten auf vorgelagerten IT-Systemen gesammelt und dort vom Logserver-Verbund abgeholt werden.	ja	tw	n
S	Die hierfür erforderlichen Kommunikationsverbindungen SOLLTEN restriktiv erfolgen.	ja	tw	n
S	Zusätzlich zu sicherheitsrelevanten Ereignissen (siehe OPS.1.1.5.A3 Konfiguration der Protokollierung auf System- und Netzebene) SOLLTE eine zentrale Protokollierungsinfrastruktur auch allgemeine Betriebsereignisse protokollieren, die auf einen Fehler hindeuten, z.B.: • Ausbleiben von Protokollierungsdaten bzw. Nichterreichbarkeit eines protokollierenden IT-Systems, • Betriebsereignisse, die auf eine außergewöhnliche Auslastung bzw. Beanspruchung einzelner Dienste hindeuten.	ja	tw	n
S	Die Protokollierungsinfrastruktur SOLLTE ausreichend dimensioniert sein, sodass eine Skalierung im Sinne einer erweiterten Protokollierung berücksichtigt werden kann.	ja	tw	n
S	Dafür SOLLTEN genügen technische, finanzielle und personelle Ressourcen verfügbar sein.	ja	tw	n
S	Falls die Protokollierungsinfrastruktur extern aufgebaut und betrieben werden soll, SOLLTE ein spezialisierter Dienstleister beauftragt werden.	ja	tw	n

Notizen:

A7 Sichere Administration von Protokollierungsservern
Standard

Verantwortliche Rolle: IT-Betrieb

S	Der Logserver-Verbund SOLLTE ausschließlich über ein separates Managementnetz (Out-of-Band-Management) administriert werden.	ja	tw	n
S	Für die Administrationszugriffe SOLLTE ein Berechtigungskonzept erstellt werden.	ja	tw	n
S	Es SOLLTEN nur Administratoren auf die Protokollierungsserver zugreifen können, die speziell dafür verantwortlich sind (siehe OPS.1.1.5.A2 Festlegung von Rollen und Verantwortlichkeiten).	ja	tw	n

Notizen:

A8 Archivierung von Protokollierungsdaten
Standard

Verantwortliche Rolle: IT-Betrieb

S	Für Protokollierungsdaten SOLLTE ein Archivierungskonzept erstellt werden.	ja	tw	n
S	Dabei SOLLTEN die gesetzlich vorgeschriebenen Regelungen berücksichtigt und im Konzept dokumentiert werden (siehe auch OPS.1.2.2 Archivierung).	ja	tw	n

Notizen:

A9 Bereitstellung von Protokollierungsdaten für die Auswertung
Standard

Verantwortliche Rolle: IT-Betrieb

S	Die gesammelten Protokollierungsdaten SOLLTEN mithilfe einer Protokollierungsanwendung gefiltert, normalisiert, aggregiert und korreliert werden.	ja	tw	n
S	Die so bearbeiteten Protokollierungsdaten SOLLTEN geeignet verfügbar gemacht werden, damit sie ausgewertet werden können.	ja	tw	n
S	Damit sich die Daten automatisiert auswerten lassen, SOLLTEN die Protokollanwendungen über entsprechende Schnittstellen für die Auswertungsprogramme verfügen.	ja	tw	n
S	Es SOLLTE sichergestellt sein, dass bei der Auswertung die in der Protokollierungsrichtlinie definierten Sicherheitsanforderungen eingehalten werden.	ja	tw	n
S	Auch wenn die Daten bereitgestellt werden, SOLLTEN betriebliche und interne Vereinbarungen berücksichtigt werden.	ja	tw	n
S	Die Protokollierungsdaten SOLLTEN in Originalform aufbewahrt werden.	ja	tw	n

Notizen:

OPS Betrieb

A10 Zugriffsschutz für Protokollierungsdaten *Standard*
Verantwortliche Rolle: IT-Betrieb

S Alle Protokollierungsdaten SOLLTEN so gespeichert werden, dass keine Unbefugten darauf zugreifen können.   ja   tw   n

S Es SOLLTE zudem ein Zugriffskonzept erstellt werden, das regelt, wer auf welche protokollierten Daten zugreifen darf.   ja   tw   n

S Dabei SOLLTEN die Berechtigungen so restriktiv wie möglich vergeben werden.   ja   tw   n

S Es SOLLTE sichergestellt sein, dass auf die Protokollierungsdaten grundsätzlich nur zugegriffen wird, wenn sicherheitsrelevante Vorfälle aufzuklären sind.   ja   tw   n

S Dabei SOLLTE nach der im Baustein DER.1 Detektion von sicherheitsrelevanten Ereignissen festgelegten Methode vorgegangen werden.   ja   tw   n

S Ein solcher Zugriff SOLLTE dokumentiert werden.   ja   tw   n

Notizen:

A11 Steigerung des Protokollierungsumfangs *Hoch*
Verantwortliche Rolle: IT-Betrieb   **C I A**

S Bei erhöhtem Schutzbedarf von Anwendungen oder IT-Systemen SOLLTE die Menge und Art der protokollierten Ereignisse erweitert werden, sodass sicherheitsrelevante Vorfälle möglichst lückenlos nachvollziehbar sind.   ja   tw   n

S Um eine Echtzeitauswertung der Protokollierungsdaten zu ermöglichen, SOLLTEN in verkürzten Zeitabständen die Protokollierungsdaten von den protokollierenden IT-Systemen und Anwendungen zentral gespeichert werden (siehe auch OPS.1.1.5.A6 Aufbau einer zentralen Protokollierungsinfrastruktur).   ja   tw   n

S Die Protokollierung SOLLTE eine Auswertung über den gesamten Informationsverbund ermöglichen.   ja   tw   n

S Anwendungen und IT-Systeme, mit denen eine zentrale Protokollierung nicht möglich ist, SOLLTEN bei einem erhöhten Schutzbedarf NICHT eingesetzt werden.   ja   tw   n

Notizen:

A12 Verschlüsselung *Hoch*
Verantwortliche Rolle: IT-Betrieb   **C I**

S Um Protokollierungsdaten sicher übertragen zu können, SOLLTEN sie verschlüsselt werden.   ja   tw   n

S Weiterhin SOLLTEN alle gespeicherten Protokolle digital signiert werden.   ja   tw   n

Notizen:

A13 Hochverfügbare Protokollierungssysteme *Hoch*
Verantwortliche Rolle: Informationssicherheitsbeauftragter (ISB)   **A**

S Bei erhöhtem Schutzbedarf SOLLTE eine hochverfügbare Protokollierungsinfrastruktur aufgebaut werden.   ja   tw   n

Notizen:

OPS.1.1.6 Software-Tests und -Freigaben

A1	**Planung der Software-Tests**			*Basis*

Verantwortliche Rolle: Leiter IT

M	Bevor die Software-Tests durchgeführt werden können, MÜSSEN die Rahmenbedingungen dafür innerhalb der Institution entsprechend der Schutzbedarfe, Organisationseinheiten, technischen Möglichkeiten und Test-Umgebungen festlegt sein.	ja	tw	n
M	Die Software-Tests MÜSSEN auf den Angaben des Pflichtenhefts basieren.	ja	tw	n
M	Bei der Auswahl der Testfälle MUSS darauf geachtet werden, dass diese möglichst repräsentativ für die zu testenden Funktionen sind.	ja	tw	n

Notizen:

A2	**Durchführung von funktionalen Software-Tests**			*Basis*

Verantwortliche Rolle: Tester

M	Funktionale Software-Tests MÜSSEN durchgeführt werden, um die ordnungsgemäße und vollständige Funktion der Software zu überprüfen.	ja	tw	n
M	Die funktionalen Software-Tests MÜSSEN derart durchgeführt werden, dass diese den Produktivbetrieb nicht beeinflussen.	ja	tw	n

Notizen:

A3	**Auswertung der Testergebnisse**			*Basis*

Verantwortliche Rolle: Tester

M	Die Ergebnisse der Software-Tests MÜSSEN ausgewertet werden.	ja	tw	n
S	Es SOLLTE ein Soll- und Ist-Vergleich über den Abgleich mit definierten Vorgaben durchgeführt werden.	ja	tw	n
M	Die Auswertung MUSS dokumentiert werden.	ja	tw	n

Notizen:

A4	**Freigabe der Software**			*Basis*

Verantwortliche Rolle: Fachverantwortliche

M	Die fachliche Organisationseinheit MUSS die Software freigeben, sobald die Software-Tests erfolgreich durchgeführt wurden.	ja	tw	n
M	Die Freigabe MUSS in Form einer Freigabeerklärung dokumentiert werden.	ja	tw	n
M	Die freigebende Organisationseinheit MUSS überprüfen, ob die Software gemäß den Anforderungen getestet wurde.	ja	tw	n
M	Die Ergebnisse der Software-Tests MÜSSEN mit den vorher festgelegten Erwartungen übereinstimmen.	ja	tw	n
M	Auch MUSS überprüft werden, ob die Einhaltung rechtlicher oder organisatorischer Vorgaben sichergestellt ist.	ja	tw	n

Notizen:

OPS Betrieb

A5 Durchführung nicht-funktionaler Software-Tests *Basis*
Verantwortliche Rolle: Tester

M	Es MÜSSEN nicht-funktionale Tests durchgeführt werden.		ja	tw	n
S	Insbesondere SOLLTEN sicherheitsspezifische Software-Tests durchgeführt werden, wenn die Anwendung sicherheitskritische Funktionen mitbringt.		ja	tw	n
S	Die durchgeführten Testfälle als auch die Testergebnisse SOLLTEN dokumentiert werden.		ja	tw	n

Notizen:

A6 Geordnete Einweisung der Software-Tester *Standard*
Verantwortliche Rolle: IT-Betrieb, Fachverantwortliche

S	Ein Software-Tester SOLLTE über die durchzuführenden Testarten und die zu testenden Bereiche einer Software vom IT-Betrieb informiert werden.		ja	tw	n
S	Darüber hinaus SOLLTE der Software-Tester über die Anwendungsfälle und mögliche weitere Anforderungen der Software informiert werden.		ja	tw	n

Notizen:

A7 Personalauswahl der Software-Tester *Standard*
Verantwortliche Rolle: Personalabteilung

S	Bei der Auswahl der Software-Tester SOLLTEN gesonderte Auswahlkriterien berücksichtigt werden.		ja	tw	n
S	Die Personen SOLLTEN über die erforderliche berufliche Qualifikation verfügen.		ja	tw	n
S	Es SOLLTEN ausreichende Kenntnisse der zu testenden Programmiersprache, Entwicklungsumgebung und den einzusetzenden Testmethoden vorhanden sein.		ja	tw	n
S	In öffentlichen Einrichtungen und geheimschutzbetreuten Institutionen SOLLTE geprüft werden, ob eine Sicherheitsüberprüfung erforderlich ist.		ja	tw	n

Notizen:

A8 Fort- und Weiterbildung der Software-Tester *Standard*
Verantwortliche Rolle: Leiter Personal

S	Die Software-Tester SOLLTEN entsprechend dem Baustein ORP.3 Sensibilisierung und Schulung geschult werden.		ja	tw	n
S	Es SOLLTEN Verfahren etabliert werden, mit denen die Software-Tester über Neuerungen informiert werden, die für ihr jeweiliges Aufgabenspektrum relevant sind.		ja	tw	n

Notizen:

A9 Beschaffung von Test-Software *Standard*

Verantwortliche Rolle: IT-Betrieb, Tester

S	Die zu beschaffende Test-Software SOLLTEN laut einem Anforderungskatalog beschafft werden.	ja	tw	n
S	Sie SOLLTE ebenfalls dem Test- und Freigabeprozess unterzogen werden.	ja	tw	n
S	Es SOLLTE überprüft werden, ob die Hilfestellungs- und Supportleistungen des Softwareherstellers ausreichend sind.	ja	tw	n

Notizen:

A10 Erstellung eines Abnahmeplans *Standard*

Verantwortliche Rolle: Leiter IT

S	Im Abnahmeplan SOLLTEN die durchzuführenden Testarten, Testfälle und die erwarteten Ergebnisse dokumentiert sein.	ja	tw	n
S	Außerdem SOLLTE der Abnahmeplan die Freigabekriterien beinhalten.	ja	tw	n
S	Es SOLLTE die Vorgehensweise für die Ablehnung einer Freigabe definiert werden.	ja	tw	n

Notizen:

A11 Verwendung von anonymisierten oder pseudonymisierten Testdaten *Standard*

Verantwortliche Rolle: Datenschutzbeauftragter, Tester

S	Es SOLLTEN nur anonymisierte oder pseudonymisierte Testdaten für Software-Tests verwendet werden.	ja	tw	n
S	Sofern die Produktivdaten einen Personenbezug aufweisen, SOLLTEN Institutionen ausschließlich anonymisierte Testdaten verwenden.	ja	tw	n
S	Wenn ein Personenbezug von den Testdaten abgeleitet werden könnte, SOLLTEN der Datenschutzbeauftragte und unter Umständen die Personalvertretung hinzugezogen werden.	ja	tw	n

Notizen:

A12 Durchführung von Regressionstests *Standard*

Verantwortliche Rolle: Tester

S	Wenn Software-Tests nach einer Änderung der Software durchgeführt werden sollen, SOLLTEN Regressionstests durchgeführt werden.	ja	tw	n
S	Regressionstests SOLLTEN vollständig durchgeführt werden.	ja	tw	n
S	Die Auslassung von Testfällen SOLLTE begründet und dokumentiert werden.	ja	tw	n
S	Die durchgeführten Testfälle und die Testergebnisse SOLLTEN dokumentiert werden.	ja	tw	n

Notizen:

OPS Betrieb

	A13	Trennung von Test- und Qualitätsmanagement-Umgebung von der Produktivumgebung	*Standard*		
		Verantwortliche Rolle: IT-Betrieb			
S		Software SOLLTE nur in einer hierfür vorgesehenen Test- und Qualitätsmanagement-Umgebung getestet werden.	ja	tw	n
S		Die Test- und Qualitätsmanagement-Umgebungen SOLLTEN von der Produktivumgebung getrennt betrieben werden.	ja	tw	n
S		Die in der Testlandschaft verwendeten Architekturen und Mechanismen SOLLTEN dokumentiert werden.	ja	tw	n
S		Die Qualitätsmanagement-Umgebung SOLLTE der Produktivumgebung angepasst sein.	ja	tw	n
S		Es SOLLTEN Verfahren dokumentiert werden, wie mit der Testlandschaft nach Abschluss des Software-Tests zu verfahren ist.	ja	tw	n

Notizen:

	A14	Durchführung von Penetrationstests	*Hoch*		
		Verantwortliche Rolle: Tester	**C I A**		
S		Es SOLLTEN für Anwendungen beziehungsweise IT-Systeme mit erhöhtem Schutzbedarf Penetrationstests als Testmethode durchgeführt werden.	ja	tw	n
S		Es SOLLTE ein Penetrationstest-Konzept erstellt werden.	ja	tw	n
S		Im Penetrationstest-Konzept SOLLTEN neben den zu verwendenden Testmethoden auch die Erfolgskriterien dokumentiert werden.	ja	tw	n
S		Der Penetrationstest SOLLTE nach den Rahmenbedingungen des Penetrationstest-Konzepts erfolgen.	ja	tw	n
S		Die durch den Penetrationstest aufgefundenen Sicherheitslücken SOLLTEN klassifiziert und dokumentiert sein.	ja	tw	n

Notizen:

OPS.1.2.2 Archivierung

	A1	Ermittlung von Einflussfaktoren für die elektronische Archivierung	*Basis*		
		Verantwortliche Rolle: Archivverwalter	**I**		
M		Bevor entschieden wird, welche Verfahren und Produkte für die elektronische Archivierung eingesetzt werden, MÜSSEN die technischen, rechtlichen und organisatorischen Einflussfaktoren ermittelt und dokumentiert werden.	ja	tw	n
M		Die Ergebnisse MÜSSEN in das Archivierungskonzept einfließen.	ja	tw	n

Notizen:

A2 Entwicklung eines Archivierungskonzepts *Basis*
Verantwortliche Rolle: Archivverwalter

M	Es MUSS definiert werden, welche Ziele mit der Archivierung erreicht werden sollen.	ja	tw	n
M	Hierbei MUSS insbesondere berücksichtigt werden, welche Regularien einzuhalten sind, welche Mitarbeiter verantwortlich sind und welcher Funktions- und Leistungsumfang angestrebt wird.	ja	tw	n
M	Die Ergebnisse MÜSSEN in einem Archivierungskonzept erfasst werden.	ja	tw	n
M	Das Management MUSS in diesen Prozess einbezogen werden.	ja	tw	n
M	Das Archivierungskonzept MUSS regelmäßig an die aktuellen Gegebenheiten der Institution angepasst werden.	ja	tw	n

Notizen:

A3 Geeignete Aufstellung von Archivsystemen und Lagerung von Archivmedien *Basis*
Verantwortliche Rolle: Leiter IT, IT-Betrieb

M	Da Archivsysteme schützenswerte Daten einer Institution zentral aufbewahren, MÜSSEN deren IT-Komponenten in gesicherten Räumen aufgestellt werden.	ja	tw	n
M	Es MUSS sichergestellt sein, dass nur berechtigte Personen die Räume betreten dürfen.	ja	tw	n
M	Damit Archivspeichermedien langfristig aufbewahrt werden können, MÜSSEN sie geeignet gelagert werden.	ja	tw	n

Notizen:

A4 Konsistente Indizierung von Daten bei der Archivierung *Basis*
Verantwortliche Rolle: Leiter IT, IT-Betrieb, Benutzer

M	Alle in einem Archiv abgelegten Daten, Dokumente und Datensätze MÜSSEN eindeutig indiziert werden, um sie bei späteren Suchanfragen schnell wiederfinden zu können.	ja	tw	n
M	Dazu MUSS bereits während der Konzeption festgelegt werden, welche Struktur und welchen Umfang die Indexangaben für ein Archiv haben sollen.	ja	tw	n

Notizen:

A5 Regelmäßige Aufbereitung von archivierten Datenbeständen *Basis*
Verantwortliche Rolle: Leiter IT

M	Es MUSS über den gesamten Archivierungszeitraum hinweg sichergestellt werden, dass • das verwendete Datenformat von den benutzten Anwendungen verarbeitet werden kann, • die gespeicherten Daten auch zukünftig lesbar und so reproduzierbar sind, sodass Semantik und Beweiskraft beibehalten werden können, • das benutzte Dateisystem auf dem Speichermedium von allen beteiligten Komponenten verarbeitet werden kann, • die Speichermedien jederzeit technisch einwandfrei gelesen werden können und • die verwendeten kryptografischen Verfahren zur Verschlüsselung und zum Beweiswerterhalt mittels digitaler Signatur, Siegel, Zeitstempel oder technischen Beweisdaten (Evidence Records) dem Stand der Technik entsprechen.	ja	tw	n

Notizen:

A6 Schutz der Integrität der Indexdatenbank von Archivsystemen *Basis*
Verantwortliche Rolle: Leiter IT, IT-Betrieb

M	Die Integrität der Indexdatenbank MUSS sichergestellt und überprüfbar sein.	ja	tw	n
M	Außerdem MUSS die Indexdatenbank regelmäßig gesichert werden.	ja	tw	n
M	Die Datensicherungen MÜSSEN wiederherstellbar sein.	ja	tw	n
M	Mittlere und große Archive MÜSSEN über redundante Indexdatenbanken verfügen.	ja	tw	n

Notizen:

A7 Regelmäßige Datensicherung der System- und Archivdaten *Basis*
Verantwortliche Rolle: Leiter IT, IT-Betrieb

M	Alle Archivdaten, die zugehörigen Indexdatenbanken sowie die Systemdaten MÜSSEN regelmäßig gesichert werden (siehe CON.3 Datensicherungskonzept).	ja	tw	n

Notizen:

A8 Protokollierung der Archivzugriffe *Basis*
Verantwortliche Rolle: Leiter IT, IT-Betrieb

M	Alle Zugriffe auf elektronische Archive MÜSSEN protokolliert werden.	ja	tw	n
S	Dafür SOLLTEN Datum, Uhrzeit, Benutzer, Clientsystem und die ausgeführten Aktionen sowie Fehlermeldungen aufgezeichnet werden.	ja	tw	n
S	Die Aufbewahrungsdauer der Protokolldaten SOLLTE im Archivierungskonzept festgelegt werden.	ja	tw	n
S	Die Protokolldaten der Archivzugriffe SOLLTEN regelmäßig ausgewertet werden.	ja	tw	n
S	Dabei SOLLTEN die institutionsinternen Vorgaben beachtet werden.	ja	tw	n
S	Auch SOLLTE definiert sein, welche Ereignisse (z.B. Systemfehler, Timeouts oder Datensätze kopieren) welchen Mitarbeitern angezeigt signalisiert werden.	ja	tw	n
S	Kritische Ereignisse SOLLTEN sofort nach der Signalisierung geprüft und, falls nötig, weiter eskaliert werden.	ja	tw	n

Notizen:

A9 Auswahl geeigneter Datenformate für die Archivierung von Dokumenten *Basis*
Verantwortliche Rolle: Leiter IT, IT-Betrieb

M	Für die Archivierung MUSS ein geeignetes Datenformat ausgewählt werden.	ja	tw	n
M	Es MUSS gewährleisten, dass sich Archivdaten sowie ausgewählte Merkmale des ursprünglichen Dokumentmediums langfristig und originalgetreu reproduzieren lassen.	ja	tw	n
M	Die Dokumentstruktur des ausgewählten Datenformats MUSS eindeutig interpretierbar und elektronisch verarbeitbar sein.	ja	tw	n
S	Die Syntax und Semantik der verwendeten Datenformate SOLLTE dokumentiert und von einer Standardisierungsorganisation veröffentlicht sein.	ja	tw	n
S	Es SOLLTE für eine beweis- und revisionssichere Archivierung ein verlustfreies Bildkompressionsverfahren benutzt werden.	ja	tw	n

Notizen:

A10 Erstellung einer Richtlinie für die Nutzung von Archivsystemen *Standard*

Verantwortliche Rolle: Leiter IT, IT-Betrieb

S	Es SOLLTE sichergestellt werden, dass Mitarbeiter das Archivsystem so benutzen, wie es im Archivierungskonzept vorgesehen ist.	ja	tw	n
S	Dazu SOLLTE eine Administrations- und eine Benutzerrichtlinie erstellt werden.	ja	tw	n
S	Die Administrationsrichtlinie SOLLTE folgende Punkte enthalten:	ja	tw	n

- Festlegung der Verantwortung für Betrieb und Administration,
- Vereinbarungen über Leistungsparameter beim Betrieb (Service Level Agreements),
- Modalitäten der Vergabe von Zutritts- und Zugriffsrechten,
- Modalitäten der Vergabe von Zugangsrechten zu den vom Archiv bereitgestellten Diensten,
- Regelungen zum Umgang mit archivierten Daten und Archivmedien,
- Überwachung des Archivsystems und der Umgebungsbedingungen,
- Regelung zur Datensicherung,
- Regelungen zur Protokollierung,
- Trennung von Produzenten und Konsumenten (OAIS-Modell).

Notizen:

A11 Einweisung in die Administration und Bedienung des Archivsystems *Standard*

Verantwortliche Rolle: Leiter IT, IT-Betrieb, Benutzer

S	Die verantwortlichen IT-Betriebe und die Benutzer SOLLTEN für ihren Aufgabenbereich geschult werden.	ja	tw	n
S	Die Schulung der IT-Betrieben SOLLTE folgende Themen umfassen:	ja	tw	n

- Systemarchitektur und Sicherheitsmechanismen des verwendeten Archivsystems und des darunterliegenden Betriebssystems,
- Installation und Bedienung des Archivsystems und Umgang mit Archivmedien,
- Dokumentation der Administrationstätigkeiten und
- Eskalationsprozeduren.

S	Die Schulung der Benutzer SOLLTE folgende Themen umfassen:	ja	tw	n

- Umgang mit dem Archivsystem,
- Bedienung des Archivsystems,
- rechtliche Rahmenbedingungen der Archivierung.

S	Die Durchführung und Teilnahme an den Schulungen SOLLTEN dokumentiert werden.	ja	tw	n

Notizen:

A12 Überwachung der Speicherressourcen von Archivmedien *Standard*

Verantwortliche Rolle: Leiter IT, IT-Betrieb

M	Die auf den Archivmedien vorhandene freie Speicherkapazität MUSS kontinuierlich überwacht werden.	ja	tw	n
M	Sobald ein definierter Grenzwert unterschritten wird, MUSS ein verantwortlicher Mitarbeiter automatisch alarmiert werden.	ja	tw	n
S	Es SOLLTE darauf geachtet werden, dass die Alarmierung rollenbezogen erfolgt.	ja	tw	n
M	Es MÜSSEN immer ausreichend leere Archivmedien verfügbar sein, um Speicherengpässen schnell vorbeugen zu können.	ja	tw	n

Notizen:

A13 Regelmäßige Revision der Archivierungsprozesse *Standard*

Verantwortliche Rolle: Archivverwalter

S	ES SOLLTE regelmäßig überprüft werden, ob die Archivierungsprozesse noch korrekt und ordnungsgemäß funktionieren.	ja	tw	n
S	Dazu SOLLTE eine Checkliste erstellt werden, die Fragen zu Verantwortlichkeiten, Organisationsprozessen, Einsatz der Archivierung, Redundanz der Archivdaten, Administration und zu der technischen Beurteilung des Archivsystems enthält.	ja	tw	n
S	Die Auditergebnisse SOLLTEN nachvollziehbar dokumentiert und mit dem Soll-Zustand abgeglichen werden.	ja	tw	n
S	Abweichungen SOLLTE nachgegangen werden.	ja	tw	n

Notizen:

A14 Regelmäßige Beobachtung des Marktes für Archivsysteme *Standard*

Verantwortliche Rolle: Leiter IT

S	Der Markt für Archivsysteme SOLLTE regelmäßig und systematisch beobachtet werden.	ja	tw	n
S	Dabei SOLLTEN unter anderem folgende Kriterien beobachtet werden: Veränderungen bei Standards, Technologiewechsel bei Herstellern von Hard- und Software, veröffentlichte Sicherheitslücken oder Schwachstellen sowie Verlust der Sicherheitseignung bei kryptografischen Algorithmen.	ja	tw	n

Notizen:

A15 Regelmäßige Aufbereitung von kryptografisch gesicherten Daten bei der Archivierung *Standard*

Verantwortliche Rolle: Leiter IT, IT-Betrieb

S	Es SOLLTE kontinuierlich beobachtet werden, wie sich das Gebiet der Kryptografie entwickelt, um beurteilen zu können, ob ein Algorithmus weiterhin zuverlässig und ausreichend sicher ist (siehe auch OPS.1.2.2.A20 Geeigneter Einsatz kryptografischer Verfahren).	ja	tw	n
S	Archivdaten, die mit kryptografischen Verfahren gesichert wurden, deren Sicherheitseignung in absehbarer Zeit verloren gehen wird, SOLLTEN rechtzeitig mit sicheren Verfahren neu gesichert, z.B. verschlüsselt bzw. signiert, werden.	ja	tw	n

Notizen:

A16 Regelmäßige Erneuerung technischer Archivsystem-Komponenten *Standard*
Verantwortliche Rolle: Leiter IT, IT-Betrieb

S	Archivsysteme SOLLTEN über lange Zeiträume auf dem aktuellen technischen Stand gehalten werden.	ja	tw	n
S	Neue Hard- und Software SOLLTE vor der Installation in ein laufendes Archivsystem ausführlich getestet werden.	ja	tw	n
S	Wenn neue Komponenten in Betrieb genommen oder neue Dateiformate eingeführt werden, SOLLTE ein Migrationskonzept erstellt werden.	ja	tw	n
S	Darin SOLLTEN alle Änderungen, Tests und erwartete Testergebnisse beschrieben sein.	ja	tw	n
S	Die Konvertierung der einzelnen Daten SOLLTE dokumentiert (Transfervermerk) werden.	ja	tw	n
S	Wenn Archivdaten in neue Formate konvertiert werden, SOLLTE geprüft werden, ob aufgrund rechtlicher Anforderungen zusätzlich die Daten in ihren ursprünglichen Formaten zu archivieren sind.	ja	tw	n

Notizen:

A17 Auswahl eines geeigneten Archivsystems *Standard*
Verantwortliche Rolle: Leiter IT

S	Ein neues Archivsystem SOLLTE immer aufgrund der im Archivierungskonzept beschriebenen Vorgaben ausgewählt werden.	ja	tw	n
S	Es SOLLTE die dort formulierten Anforderungen erfüllen.	ja	tw	n

Notizen:

A18 Verwendung geeigneter Archivmedien *Standard*
Verantwortliche Rolle: Leiter IT, IT-Betrieb

S	Für die Archivierung SOLLTEN geeignete Medien ausgewählt und benutzt werden.	ja	tw	n
S	Dabei SOLLTEN die Aspekte zu archivierendes Datenvolumen, mittlere Zugriffszeiten und mittlere gleichzeitige Zugriffe auf das Archivsystem beachtet werden.	ja	tw	n
S	Ebenfalls SOLLTEN die Archivmedien die Anforderungen an eine Langzeitarchivierung hinsichtlich Revisionssicherheit und Lebensdauer erfüllen.	ja	tw	n

Notizen:

A19 Regelmäßige Funktions- und Recoverytests bei der Archivierung *Standard*
Verantwortliche Rolle: Leiter IT, IT-Betrieb

S	Für die Archivierung SOLLTE es regelmäßige Funktions- und Recoverytests geben.	ja	tw	n
S	Die Archivierungsdatenträger SOLLTEN mindestens einmal jährlich überprüft werden, ob sie noch lesbar und integer sind.	ja	tw	n
S	Für die Fehlerbehebung SOLLTEN geeignete Prozesse definiert werden.	ja	tw	n
S	Weiterhin SOLLTEN die Hardwarekomponenten des Archivsystems regelmäßig auf ihre einwandfreie Funktion hin geprüft werden.	ja	tw	n
S	Es SOLLTE regelmäßig geprüft werden, ob alle Archivierungsprozesse fehlerfrei funktionieren.	ja	tw	n

Notizen:

OPS Betrieb

A20 **Geeigneter Einsatz kryptografischer Verfahren bei der Archivierung** *Hoch*
Verantwortliche Rolle: Leiter IT **C I**

S Um lange Aufbewahrungsfristen abdecken zu können, SOLLTEN Archivdaten nur mit kryp-   ja   tw   n
    tografischen Verfahren auf Basis aktueller Standards und Normen gesichert werden.

Notizen:

A21 **Übertragung von Papierdaten in elektronische Archive** *Hoch*
Verantwortliche Rolle: Archivverwalter **C I**

S Werden Dokumente auf Papier und Gegenstände des Augenscheins digitalisiert und in ein   ja   tw   n
    elektronisches Archiv überführt, SOLLTE sichergestellt werden, dass die digitale Kopie mit
    dem Originaldokument bildlich und inhaltlich übereinstimmt.

Notizen:

OPS.1.2.3 Informations- und Datenträgeraustausch

A1 **Festlegung zulässiger Kommunikationspartner** *Basis*
Verantwortliche Rolle: Leiter Organisation

M In der Institution MUSS festgelegt werden, welche Kommunikationspartner welche Informa-   ja   tw   n
    tionen erhalten und weitergeben dürfen.
M Dies MUSS für alle Einsatzzwecke in der Institution kommuniziert werden.   ja   tw   n
M Vor dem Austausch von Informationen MUSS geklärt werden, dass der Empfänger die not-   ja   tw   n
    wendigen Berechtigungen für den Erhalt und die Weiterverarbeitung der Informationen
    besitzt.

Notizen:

A2 **Regelung des Informationsaustausches** *Basis*
Verantwortliche Rolle: Leiter Organisation

M Werden Informationen ausgetauscht, MUSS im Vorfeld geklärt werden, wie schutzbedürftig   ja   tw   n
    die relevanten Informationen sind, mit wem die Informationen ausgetauscht werden dürfen
    und wie sie dabei konkret zu schützen sind.
M Die Mitarbeiter MÜSSEN dazu ausreichend sensibilisiert werden.   ja   tw   n
M Die Empfänger MÜSSEN darauf hingewiesen werden, dass die übermittelten Daten nur zu   ja   tw   n
    dem Zweck benutzt werden dürfen, zu dem sie weitergegeben wurden.

Notizen:

A3 Unterweisung des Personals zum Informationsaustausch *Basis*
Verantwortliche Rolle: Fachverantwortliche

M	Das Personal MUSS darüber informiert werden, welche Rahmenbedingungen für den Informationsaustausch gelten.	ja	tw	n
M	Es MUSS wissen, welche Informationen sie wann, wo und wie weitergeben dürfen.	ja	tw	n

Notizen:

A4 Schutz vor Schadsoftware *Basis*
Verantwortliche Rolle: Benutzer

M	Digitale Daten MÜSSEN sowohl vom Sender vor Versand als auch vom Empfänger auf Schadsoftware überprüft werden.	ja	tw	n

Notizen:

A5 Verlustmeldung *Basis*
Verantwortliche Rolle: Benutzer

M	Es MUSS umgehend gemeldet werden, wenn ein Datenträger beim Datenträgeraustausch verloren oder gestohlen wird oder der Verdacht auf Manipulation besteht.	ja	tw	n
M	Hierfür MUSS es in jeder Institution klare Meldewege und Ansprechpartner geben.	ja	tw	n

Notizen:

A6 Vereinbarungen zum Informationsaustausch mit Externen *Standard*
Verantwortliche Rolle: Leiter Organisation

S	Bei einem regelmäßigen Informationsaustausch mit externen Partnern SOLLTEN die Rahmenbedingungen hierfür formal vereinbart werden.	ja	tw	n

Notizen:

A7 Regelung des Datenträgeraustausches *Standard*
Verantwortliche Rolle: Leiter Organisation

S	Der ordnungsgemäße Datenträgeraustausch SOLLTE geregelt werden.	ja	tw	n
S	Es SOLLTE festgelegt werden, wie die Datenträger in der eigenen Institution, beim Transport und beim Empfänger zu schützen sind.	ja	tw	n
S	Bei der Wahl der Versandart SOLLTE die Art der Datenträger und der Schutzbedarf der Informationen berücksichtigt werden.	ja	tw	n
S	Außerdem SOLLTE festgelegt werden, wann und wie Datenträger physikalisch gelöscht werden.	ja	tw	n

Notizen:

OPS Betrieb

A8 Physikalisches Löschen von Datenträgern vor und nach Verwendung *Standard*
Verantwortliche Rolle: Benutzer

S Vor und nach einem Datenträgeraustausch SOLLTEN zuvor anderweitig verwendete Datenträger physikalisch gelöscht werden.   ja   tw   n

S Den Mitarbeitern SOLLTEN geeignete Programme zum physikalischen Löschen zur Verfügung gestellt werden.   ja   tw   n

Notizen:

A9 Beseitigung von Restinformationen in Dateien vor Weitergabe *Standard*
Verantwortliche Rolle: Benutzer

S Die Benutzer SOLLTEN hinsichtlich der Gefahren von Rest- und Zusatzinformationen in Dateien informiert werden.   ja   tw   n

S Den Benutzern SOLLTE vermittelt werden, wie sie Rest- und Zusatzinformationen in Dateien vermeiden können.   ja   tw   n

S Restinformationen SOLLTEN entsprechend beseitigt werden.   ja   tw   n

S Vor der Weitergabe von Dateien SOLLTEN stichprobenhafte Überprüfungen der Dateien auf enthaltene Restinformationen durchgeführt werden.   ja   tw   n

Notizen:

A10 Abschluss von Vertraulichkeitsvereinbarungen *Standard*
Verantwortliche Rolle: Leiter Organisation

S Mit Externen SOLLTEN Vertraulichkeitsvereinbarungen getroffen werden, bevor sie Zugang und Zugriff auf vertrauliche Informationen erhalten.   ja   tw   n

S Durch die verwendeten Vertraulichkeitsvereinbarungen SOLLTEN alle wichtigen Aspekte zum Schutz von vertraulichen Informationen berücksichtigt werden.   ja   tw   n

Notizen:

A11 Kompatibilitätsprüfung des Sender- und Empfängersystems *Standard*
Verantwortliche Rolle: IT-Betrieb

S Vor einem Informationsaustausch SOLLTEN die eingesetzten Systeme und Produkte auf Sender- und Empfängerseite auf ihre Kompatibilität geprüft werden.   ja   tw   n

Notizen:

A12 Angemessene Kennzeichnung der Datenträger beim Versand *Standard*
Verantwortliche Rolle: Benutzer

S	Bei der Kennzeichnung von Datenträgern SOLLTE sichergestellt werden, dass Absender und Empfänger unmittelbar zu identifizieren sind.	ja	tw	n
S	Die Kennzeichnung der Datenträger bzw. deren Verpackung SOLLTE den Inhalt der Datenträger eindeutig für den Empfänger erkennbar machen.	ja	tw	n
S	Die Kennzeichnung von Datenträgern mit schützenswerten Informationen SOLLTE KEINE Rückschlüsse auf Art und Inhalte der Informationen zulassen.	ja	tw	n

Notizen:

A13 Verschlüsselung und digitale Signaturen *Hoch*
Verantwortliche Rolle: Benutzer *C I*

S	Vertrauliche Informationen SOLLTEN vor einem Informationsaustausch verschlüsselt werden.	ja	tw	n
S	Informationen mit hohem Integritätsanspruch SOLLTEN digital signiert werden.	ja	tw	n
S	Hierfür SOLLTEN geeignete Kryptoverfahren ausgewählt werden, die dem Schutzbedarf entsprechen und auf Sender- und Empfängerseite problemlos genutzt werden können.	ja	tw	n
S	Für den Einsatz von kryptografischen Verfahren SOLLTE ein geeignetes Schlüsselmanagement etabliert werden.	ja	tw	n

Notizen:

A14 Datenträgerverwaltung *Hoch*
Verantwortliche Rolle: Leiter Organisation, IT-Betrieb *C I A*

S	Bei höherem Schutzbedarf SOLLTE eine Datenträgerverwaltung eingerichtet werden, um den Zugriff auf Datenträger, deren Kennzeichnung und ordnungsgemäße Aufbewahrung zu regeln.	ja	tw	n
S	Für alle Arten von Datenträgern SOLLTE der ordnungsgemäße Umgang inklusive Aufbewahrung, Weitergabe, Transport und Löschung geregelt sein.	ja	tw	n
S	Es SOLLTE ein Bestandsverzeichnis erstellt werden.	ja	tw	n
S	Die Datenträger SOLLTEN gemäß den Herstellerangaben sachgerecht behandelt werden.	ja	tw	n

Notizen:

A15 Sichere Versandart und Verpackung *Hoch*
Verantwortliche Rolle: Poststelle, Benutzer *C*

S	Sofern Informationen einem erhöhten Schutzbedarf unterliegen, SOLLTE geprüft werden, wie diese bei einem Datenträgeraustausch angemessen geschützt werden können.	ja	tw	n
S	Es SOLLTEN sichere Versandverpackungen für Datenträger verwendet werden, die Manipulationen durch Veränderungen an der Verpackung erkennen lassen.	ja	tw	n
S	Der Versender SOLLTE die Poststelle auf notwendige Versand- und Verpackungsarten hinweisen.	ja	tw	n
S	Grundsätzlich SOLLTEN die Daten verschlüsselt werden.	ja	tw	n

Notizen:

A16 Sichere Aufbewahrung der Datenträger vor und nach Versand *Hoch*
Verantwortliche Rolle: Benutzer, Poststelle **C I A**

S	Beschriebene Datenträger SOLLTEN so aufbewahrt werden, dass nur berechtigte Benutzer darauf zugreifen können.	ja	tw	n
S	Alle beteiligten Mitarbeiter SOLLTEN auf eine sachgerechte und sichere Aufbewahrung und Handhabung der Datenträger hingewiesen werden.	ja	tw	n

Notizen:

A17 Verifizieren von Datenträgern vor Versand *Hoch*
Verantwortliche Rolle: Benutzer **C I**

S	Vor dem Versenden von Datenträgern SOLLTE überprüft werden, • ob die gewünschten Informationen vollständig enthalten sind und • ob keine zusätzlichen Informationen enthalten sind, die nicht weitergegeben werden sollen.	ja	tw	n

Notizen:

A18 Sicherungskopie der übermittelten Daten *Hoch*
Verantwortliche Rolle: Benutzer **A**

S	Sind die zu übertragenden Daten nur zum Zweck der Datenübertragung erstellt bzw. zusammengestellt worden und nicht auf einem weiteren Medium gespeichert, SOLLTE eine Sicherungskopie dieser Daten vorgehalten werden.	ja	tw	n

Notizen:

OPS.1.2.4 Telearbeit

A1 Regelungen für Telearbeit *Basis*
Verantwortliche Rolle: Vorgesetzte, Personalabteilung

M	Alle relevanten Aspekte der Telearbeit MÜSSEN geregelt werden.	ja	tw	n
M	Zu Informationszwecken MÜSSEN den Telearbeitern die geltenden Regelungen oder ein dafür vorgesehenes Merkblatt ausgehändigt werden, das die zu beachtenden Sicherheitsmaßnahmen erläutert.	ja	tw	n
M	Alle strittigen Punkte MÜSSEN entweder durch Betriebsvereinbarungen oder durch zusätzlich zum Arbeitsvertrag getroffene individuelle Vereinbarungen zwischen dem Telearbeiter und Arbeitgeber geregelt werden.	ja	tw	n
M	Für jeden Telearbeiter MUSS ein Vertreter benannt werden.	ja	tw	n
S	Der Vertretungsfall SOLLTE regelmäßig geprobt werden.	ja	tw	n
M	Die Regelungen MÜSSEN regelmäßig aktualisiert werden.	ja	tw	n

Notizen:

A2 Sicherheitstechnische Anforderungen an den Telearbeitsrechner *Basis*

Verantwortliche Rolle: IT-Betrieb, Leiter IT

M	Es MÜSSEN alle sicherheitstechnischen Anforderungen festgelegt werden, die ein Telearbeitsrechner erfüllen muss.	ja	tw	n
M	Alle Zugangs- und Zugriffsmöglichkeiten auf die Kommunikationsrechner der Institution MÜSSEN auf das notwendige Mindestmaß beschränkt sein.	ja	tw	n
M	Es MUSS sichergestellt werden, dass nur autorisierte Personen auf die Telearbeitsrechner zugreifen dürfen.	ja	tw	n
M	Darüber hinaus MUSS der Telearbeitsrechner so abgesichert werden, dass er nur für autorisierte Zwecke benutzt werden kann.	ja	tw	n

Notizen:

A3 Sicherheitstechnische Anforderungen an die Kommunikationsverbindung *Basis*

Verantwortliche Rolle: IT-Betrieb, Leiter IT, Telearbeiter

M	Es MÜSSEN sicherheitstechnische Anforderungen an die Kommunikationsverbindung zwischen Telearbeitsrechner und Institution definiert werden.	ja	tw	n
M	Dabei MUSS sichergestellt sein, dass die Vertraulichkeit, Integrität und Authentizität der übertragenen Daten gewährleistet ist.	ja	tw	n
M	Alle eingesetzten Kommunikationsprotokolle und Sicherheitsmechanismen MÜSSEN den definierten Anforderungen der Institution genügen.	ja	tw	n
S	Die Stärke der dazu erforderlichen Sicherheitsmechanismen SOLLTE sich nach dem Schutzbedarf der übertragenen Daten richten.	ja	tw	n
M	Zusätzlich MUSS die Authentizität der Kommunikationspartner gewährleistet sein.	ja	tw	n

Notizen:

A4 Datensicherung bei der Telearbeit *Basis*

Verantwortliche Rolle: IT-Betrieb, Telearbeiter

M	Alle Daten, die bei der Telearbeit bearbeitet werden, MÜSSEN zeitnah gesichert werden.	ja	tw	n
M	Hierfür MÜSSEN entweder lokal auf externen Datenträgern oder zentral über die Anbindung an das Netz der Institution Datensicherungen durchgeführt werden.	ja	tw	n
M	Das gewählte Datensicherungsverfahren MUSS für das Volumen des Datenbestands geeignet und ausreichend sein.	ja	tw	n
M	Für einen reibungslosen Prozessablauf MÜSSEN bei der Datensicherung möglichst wenig Aktionen vom Telearbeiter ausgehen.	ja	tw	n
S	Es SOLLTE eine Generation der Backup-Datenträger in der Institution hinterlegt werden.	ja	tw	n

Notizen:

OPS Betrieb

A5 Sensibilisierung und Schulung der Telearbeiter *Basis*

Verantwortliche Rolle: Vorgesetzte, Leiter IT

M	Anhand eines Merkzettels MÜSSEN die Telearbeiter über die Gefahren sensibilisiert werden, die mit der Telearbeit verbunden sind.	ja	tw	n
M	Außerdem MÜSSEN sie in die entsprechenden Sicherheitsmaßnahmen der Institution eingewiesen und im Umgang mit diesen geschult werden.	ja	tw	n
S	Die Schulungs- und Sensibilisierungsmaßnahmen für Telearbeiter SOLLTEN regelmäßig wiederholt werden.	ja	tw	n

Notizen:

A6 Erstellen eines Sicherheitskonzeptes für Telearbeit *Standard*

Verantwortliche Rolle: Vorgesetzte, Leiter IT, Leiter Organisation

S	Es SOLLTE ein Sicherheitskonzept für Telearbeit erstellt werden, das Sicherheitsziele, Schutzbedarf, Sicherheitsanforderungen sowie Risiken beschreibt.	ja	tw	n
S	Das Konzept SOLLTE regelmäßig aktualisiert und überarbeitet werden.	ja	tw	n
S	Das Sicherheitskonzept zur Telearbeit SOLLTE mit dem übergreifenden Sicherheitskonzept der Institution abgestimmt werden.	ja	tw	n

Notizen:

A7 Geregelte Nutzung der Kommunikationsmöglichkeiten bei Telearbeit *Standard*

Verantwortliche Rolle: IT-Betrieb, Telearbeiter

S	Es SOLLTE klar geregelt werden, welche Kommunikationsmöglichkeiten bei der Telearbeit unter welchen Rahmenbedingungen benutzt werden dürfen.	ja	tw	n
S	Die dienstliche und private Nutzung von Internet-Diensten bei der Telearbeit SOLLTE geregelt werden.	ja	tw	n
S	Dabei SOLLTE auch geklärt werden, ob eine private Nutzung generell erlaubt oder unterbunden wird.	ja	tw	n

Notizen:

A8 Informationsfluss zwischen Telearbeiter und Institution *Standard*

Verantwortliche Rolle: Vorgesetzte, Telearbeiter

S	Es SOLLTE ein regelmäßiger innerbetrieblicher Informationsaustausch zwischen den Telearbeitern, den Arbeitskollegen und der Institution gewährleistet sein.	ja	tw	n
S	Alle Telearbeiter SOLLTEN zeitnah Informationen über geänderte Sicherheitsanforderungen und andere sicherheitsrelevante Aspekte erhalten.	ja	tw	n
S	Allen Kollegen des jeweiligen Telearbeiters SOLLTE bekannt sein, wann und wo dieser erreicht werden kann.	ja	tw	n
S	Technische und organisatorische Telearbeitsregelungen zur Aufgabenbewältigung, zu Sicherheitsvorfällen und sonstigen Problemen SOLLTEN geregelt und an den Telearbeiter kommuniziert werden.	ja	tw	n

Notizen:

A9	**Betreuungs- und Wartungskonzept für Telearbeitsplätze**		*Standard*	
	Verantwortliche Rolle: IT-Betrieb, Leiter IT, Telearbeiter			
S	Für Telearbeitsplätze SOLLTE ein spezielles Betreuungs- und Wartungskonzept erstellt werden.	ja	tw	n
S	Darin SOLLTEN folgende Aspekte geregelt werden: Ansprechpartner für den Benutzerservice, Wartungstermine, Fernwartung, Transport der IT-Geräte und Einführung von Standard-Telearbeitsrechnern.	ja	tw	n
S	Damit die Telearbeiter einsatzfähig bleiben, SOLLTEN für sie Ansprechpartner für Hard- und Softwareprobleme benannt werden.	ja	tw	n

Notizen:

A10	**Durchführung einer Anforderungsanalyse für den Telearbeitsplatz**		*Standard*	
	Verantwortliche Rolle: IT-Betrieb, Leiter IT			
S	Bevor ein Telearbeitsplatz eingerichtet wird, SOLLTE eine Anforderungsanalyse durchgeführt werden.	ja	tw	n
S	Daraus SOLLTE z.B. hervorgehen, welche Hard- und Software-Komponenten für den Telearbeitsplatz benötigt werden.	ja	tw	n
S	Die Anforderungen an den jeweiligen Telearbeitsplatz SOLLTEN mit den IT-Verantwortlichen abgestimmt werden.	ja	tw	n
S	Es SOLLTE immer festgestellt und dokumentiert werden, welchen Schutzbedarf die am Telearbeitsplatz verarbeiteten Informationen haben.	ja	tw	n

Notizen:

OPS.2 Betrieb von Dritten

OPS.2.1 Outsourcing für Kunden

A1	**Festlegung der Sicherheitsanforderungen für Outsourcing-Vorhaben**		*Basis*	
	Verantwortliche Rolle: ISB Outsourcing-Kunde			
M	Alle Sicherheitsanforderungen für ein Outsourcing-Vorhaben MÜSSEN auf Basis der Outsourcing-Strategie festgelegt sein.	ja	tw	n
M	Es MÜSSEN beide Outsourcing-Parteien auf die Einhaltung von IT-Grundschutz oder einem vergleichbaren Schutzniveau vertraglich verpflichtet sein.	ja	tw	n
M	Es MÜSSEN alle Schnittstellen zwischen dem Outsourcing-Dienstleister und -Kunden identifiziert und entsprechende Sicherheitsanforderungen dafür definiert werden.	ja	tw	n
M	Es MUSS in den Sicherheitsanforderungen festgelegt sein, welche Berechtigungen (Zutrittsrechte, Zugangsrechte, Zugriffsrechte) jeweils gegenseitig eingerichtet werden.	ja	tw	n

Notizen:

OPS Betrieb

	A2	**Rechtzeitige Beteiligung der Personalvertretung**		*Standard*		
		Verantwortliche Rolle: Leiter Organisation				
S		Die Personalvertretung SOLLTE rechtzeitig über ein Outsourcing-Vorhaben informiert werden.	ja	tw	n	
S		Die Beteiligung der Personalvertretung SOLLTE schon in der Angebotsphase erfolgen.	ja	tw	n	
S		Je nach Outsourcing-Vorhaben SOLLTE die gesetzlichen Mitwirkungsrechte beachtet werden.	ja	tw	n	

Notizen:

	A3	**Auswahl eines geeigneten Outsourcing-Dienstleisters**		*Standard*		
		Verantwortliche Rolle: ISB Outsourcing-Kunde				
S		Zur Auswahl des Outsourcing-Dienstleisters SOLLTE ein Anforderungsprofil mit den Sicherheitsanforderungen für das Outsourcing-Vorhaben existieren.	ja	tw	n	
S		Es SOLLTEN Bewertungskriterien für den Outsourcing-Dienstleister und dessen Personal vorliegen, die auf diesem Anforderungsprofil basieren.	ja	tw	n	

Notizen:

	A4	**Vertragsgestaltung mit dem Outsourcing-Dienstleister**		*Standard*		
		Verantwortliche Rolle: ISB Outsourcing-Kunde				
S		Es SOLLTEN alle Aspekte des Outsourcing-Vorhabens mit dem Outsourcing-Dienstleister schriftlich geregelt sein.	ja	tw	n	
S		Es SOLLTEN alle Rollen und Mitwirkungspflichten zur Erstellung, Prüfung und Änderung (z.B. von Personen) des Sicherheitskonzepts mit dem Outsourcing-Dienstleister geregelt sein.	ja	tw	n	
S		Die Rechte und Pflichten der Vertragsparteien SOLLTEN schriftlich geregelt sein.	ja	tw	n	
S		Für die regelmäßige Überprüfung der Anforderungen SOLLTE der Outsourcing-Dienstleister dem Outsourcing-Kunden die Möglichkeit von Audits gewährleisten.	ja	tw	n	

Notizen:

	A5	**Festlegung einer Outsourcing-Strategie**		*Standard*		
		Verantwortliche Rolle: ISB Outsourcing-Kunde				
S		Es SOLLTE eine Outsourcing-Strategie festgelegt werden, die neben den wirtschaftlichen, technischen, organisatorischen und rechtlichen Rahmenbedingungen auch die relevanten Aspekte für Informationssicherheit berücksichtigt.	ja	tw	n	
S		Es SOLLTE geklärt werden, welche Geschäftsprozesse, Aufgaben oder Anwendungen generell für ein Outsourcing in Frage kommen.	ja	tw	n	
S		Der Outsourcing-Kunde SOLLTE ausreichende Fähigkeiten, Kompetenzen und Ressourcen behalten, um in jedem Outsourcing-Vorhaben die Anforderungen an die Informationssicherheit bestimmen und kontrollieren zu können.	ja	tw	n	
S		In der Outsourcing-Strategie SOLLTEN die Ziele, Chancen und Risiken des Outsourcing-Vorhabens beschrieben werden.	ja	tw	n	

Notizen:

A6	**Erstellung eines Sicherheitskonzepts für das Outsourcing-Vorhaben**		*Standard*	
	Verantwortliche Rolle: Fachverantwortliche, ISB Outsourcing-Kunde			
S	Der Outsourcing-Kunde SOLLTE für jedes Outsourcing-Vorhaben ein Sicherheitskonzept basierend auf den zugehörigen Sicherheitsanforderungen erstellen.	ja	tw	n
S	Ebenso SOLLTE jeder Outsourcing-Dienstleister ein individuelles Sicherheitskonzept für das jeweilige Outsourcing-Vorhaben vorlegen.	ja	tw	n
S	Beide Sicherheitskonzepte SOLLTEN miteinander abgestimmt werden.	ja	tw	n
S	Das Sicherheitskonzept des Outsourcing-Dienstleisters und der Umsetzung SOLLTEN in ein Gesamt-Sicherheitskonzept zusammengefügt und durch den Outsourcing-Kunden oder unabhängige Dritte regelmäßig auf deren Wirksamkeit überprüft werden.	ja	tw	n

Notizen:

A7	**Festlegung der möglichen Kommunikationspartner**		*Standard*	
	Verantwortliche Rolle: Leiter Organisation, ISB Outsourcing-Kunde			
S	Es SOLLTE festgelegt werden, welche internen und externen Kommunikationspartner welche Informationen über das jeweilige Outsoucing-Projekt übermitteln und erhalten dürfen.	ja	tw	n
S	Es SOLLTE ein Prozess existieren, mit dem die Funktion der Kommunikationspartner auf beiden Seiten geprüft wird.	ja	tw	n
M	Die zulässigen Kommunikationspartner mit den jeweiligen Berechtigungen MÜSSEN immer aktuell dokumentiert sein.	ja	tw	n

Notizen:

A8	**Regelungen für den Einsatz des Personals des Outsourcing-Dienstleiters**		*Standard*	
	Verantwortliche Rolle: Leiter Personal, ISB Outsourcing-Kunde			
S	Die Mitarbeiter des Outsourcing-Dienstleisters SOLLTEN schriftlich auf die Einhaltung der einschlägigen Gesetze, Vorschriften und der beim Outsourcing-Kunden gültigen Regelungen verpflichtet werden.	ja	tw	n
S	Die Mitarbeiter des Outsourcing-Dienstleisters SOLLTEN geregelt in ihre Aufgaben eingewiesen und über bestehende Regelungen zur Informationssicherheit unterrichtet werden.	ja	tw	n
S	Es SOLLTEN für die Mitarbeiter des Outsourcing-Dienstleisters Vertretungsregelungen existieren.	ja	tw	n
S	Es SOLLTE ein geregeltes Verfahren für die Beendigung des Auftragsverhältnisses mit den Mitarbeitern des Outsourcing-Dienstleisters existieren.	ja	tw	n
S	Kurzfristig oder einmalig zum Einsatz kommendes Fremdpersonal beim Outsourcing-Dienstleister SOLLTE wie Besucher behandelt werden.	ja	tw	n

Notizen:

OPS Betrieb

	A9	**Vereinbarung über die Anbindung an Netze der Outsourcing-Partner**	*Standard*		
		Verantwortliche Rolle: ISB Outsourcing-Kunde			
S		Vor der Anbindung des Netzes des Outsourcing-Kunden an das Netz des Outsourcing-Dienstleisters SOLLTEN alle sicherheitsrelevanten Aspekte in einer Vereinbarung schriftlich geregelt werden.	ja	tw	n
S		In der Vereinbarung SOLLTE genau definiert sein, auf welche Bereiche und Dienste der Outsourcing-Dienstleister im Netz des Outsourcing-Kunden zugreifen darf.	ja	tw	n
S		Die betroffenen Bereiche SOLLTEN geeignet voneinander getrennt werden.	ja	tw	n
S		Die Einhaltung der Vereinbarungen für die Netzanbindung SOLLTE geprüft und dokumentiert werden.	ja	tw	n
S		Es SOLLTEN auf beiden Seiten Ansprechpartner sowohl für organisatorische als auch technische Fragestellungen der Netzanbindung benannt werden.	ja	tw	n
S		Das geforderte Sicherheitsniveau SOLLTE nachweislich beim Outsourcing-Dienstleister eingefordert und geprüft werden, bevor die Netzanbindung zum Outsourcing-Dienstleister aktiviert wird.	ja	tw	n
S		Für den Fall von Sicherheitsproblemen auf einer der beiden Seiten SOLLTE festgelegt sein, wer darüber zu informieren ist und welche Eskalationsschritte einzuleiten sind.	ja	tw	n

Notizen:

	A10	**Vereinbarung über Datenaustausch zwischen den Outsourcing-Partnern**	*Standard*		
		Verantwortliche Rolle: ISB Outsourcing-Kunde			
S		Für den regelmäßigen Datenaustausch mit festen Kommunikationspartnern SOLLTEN die erforderlichen Sicherheitsmaßnahmen vereinbart werden.	ja	tw	n
S		Datenformate und Vorgehensweisen zum sicheren Datenaustausch SOLLTEN festgelegt werden.	ja	tw	n
S		Ansprechpartner sowohl für organisatorische als auch technische Probleme und insbesondere für sicherheitsrelevante Ereignisse beim Datenaustausch mit Dritten SOLLTEN benannt werden.	ja	tw	n
S		Verfügbarkeiten und Reaktionszeiten beim Datenaustausch mit Dritten SOLLTEN vereinbart werden.	ja	tw	n
S		Es SOLLTE festgelegt werden, welche ausgetauschten Daten zu welchen Zwecken genutzt werden dürfen.	ja	tw	n

Notizen:

A11	**Planung und Aufrechterhaltung der Informationssicherheit im laufenden Outsourcing-Betrieb**			*Standard*	
	Verantwortliche Rolle: ISB Outsourcing-Kunde				
S	Es SOLLTE ein Betriebskonzept für das Outsourcing-Vorhaben erstellt werden, das auch die Sicherheitsaspekte berücksichtigt.	ja	tw	n	
S	Die Sicherheitskonzepte der Outsourcing-Partner SOLLTEN regelmäßig auf Aktualität und Konsistenz zueinander geprüft werden.	ja	tw	n	
S	Der Status der vereinbarten Sicherheitsmaßnahmen SOLLTE regelmäßig kontrolliert werden.	ja	tw	n	
S	Zwischen den Outsourcing-Partnern SOLLTE eine regelmäßige Kommunikation einschließlich Abstimmung zu Änderungen und Verbesserungen stattfinden.	ja	tw	n	
S	Die Outsourcing-Partner SOLLTEN regelmäßig gemeinsame Übungen und Tests zur Aufrechterhaltung des Sicherheitsniveaus durchführen.	ja	tw	n	
S	Informationen über Sicherheitsrisiken und den Umgang damit SOLLTEN in regelmäßigen Abständen zwischen den Outsourcing-Partnern ausgetauscht werden.	ja	tw	n	
S	Es SOLLTE ein Prozess existieren, der den Informationsfluss im Umgang mit Sicherheitsvorfällen sicherstellt, welche die jeweiligen Vertragspartner betreffen.	ja	tw	n	

Notizen:

A12	**Änderungsmanagement**			*Standard*	
	Verantwortliche Rolle: IT-Betrieb, Änderungsmanager				
S	Der Outsourcing-Kunde SOLLTE über größere Änderungen rechtzeitig vorab informiert werden.	ja	tw	n	
S	Eine Dokumentation aller wesentlichen Änderungen bezüglich Planung, Test, Genehmigung und Dokumentation SOLLTE vom Outsourcing-Kunden regelmäßig eingefordert werden.	ja	tw	n	
S	Bevor Änderungen durchgeführt werden, SOLLTEN gemeinsam mit dem Outsourcing-Dienstleister Rückfall-Lösungen erarbeitet werden.	ja	tw	n	

Notizen:

A13	**Sichere Migration bei Outsourcing-Vorhaben**			*Standard*	
	Verantwortliche Rolle: Leiter IT				
S	Für die Migrationsphase SOLLTE ein Sicherheitsmanagement-Team aus qualifizierten Mitarbeitern des Outsourcing-Kunden und des Outsourcing-Dienstleisters eingerichtet werden.	ja	tw	n	
S	Es SOLLTE für die Migrationsphase ein vorläufiges Sicherheitskonzept erstellt werden, in dem auch die Test- und Einführungsphase betrachtet wird.	ja	tw	n	
S	Es SOLLTE sichergestellt sein, dass produktive Daten in der Migrationsphase nicht ungeschützt als Testdaten verwendet werden.	ja	tw	n	
S	Es SOLLTEN alle Änderungen dokumentiert werden.	ja	tw	n	
S	Nach Abschluss der Migration SOLLTE das Sicherheitskonzept aktualisiert werden.	ja	tw	n	
S	Es SOLLTE sichergestellt sein, dass alle Ausnahmeregelungen am Ende der Migrationsphase aufgehoben werden.	ja	tw	n	
S	Bei Änderungen in der Migrationsphase SOLLTE geprüft werden, inwieweit ein Anpassungsbedarf an den vertraglichen Grundlagen besteht.	ja	tw	n	

Notizen:

A14 Notfallvorsorge beim Outsourcing *Standard*
Verantwortliche Rolle: Notfallbeauftragter

S	Es SOLLTE ein Notfallvorsorgekonzept zum Outsourcing existieren, das die Komponenten beim Outsourcing-Kunden, beim Outsourcing-Dienstleister sowie die zugehörigen Schnittstellen und Kommunikationswege umfasst.	ja	tw	n
S	Im Notfallvorsorgekonzept zum Outsourcing SOLLTEN die Zuständigkeiten, Ansprechpartner und Abläufe zwischen dem Outsourcing-Kunden und dem Outsourcing-Dienstleister geregelt sein.	ja	tw	n
S	Der Outsourcing-Kunde SOLLTE die Umsetzung der Notfallmaßnahmen des Outsourcing-Dienstleisters kontrollieren.	ja	tw	n
S	Es SOLLTEN dazu gemeinsame Notfallübungen von dem Outsourcing-Kunden und dem Outsourcing-Dienstleister durchgeführt werden.	ja	tw	n

Notizen:

A15 Geordnete Beendigung eines Outsourcing-Verhältnisses *Standard*
Verantwortliche Rolle: Leiter Beschaffung

S	Der Vertrag mit dem Outsourcing-Dienstleister SOLLTE alle Aspekte der Beendigung des Dienstleistungsverhältnisses regeln, sowohl für eine geplante als auch für eine ungeplante Beendigung des Vertrags.	ja	tw	n
S	Es SOLLTE sichergestellt sein, dass eine Beendigung des Dienstleistungsverhältnisses mit dem Outsourcing-Dienstleister die Geschäftstätigkeit des Outsourcing-Kunden nicht beeinträchtigt.	ja	tw	n
S	Der Outsourcing-Kunde SOLLTE alle Informationen und Daten nach der Beendigung zurückerhalten.	ja	tw	n
S	Der Outsourcing-Dienstleister SOLLTE alle Datenbestände nach erfolgter Rückgabe sicher löschen.	ja	tw	n

Notizen:

A16 Sicherheitsüberprüfung von Mitarbeitern *Hoch*
Verantwortliche Rolle: Leiter IT **C I**

S	Mit externen Outsourcing-Dienstleistern SOLLTE vertraglich vereinbart werden, dass die Vertrauenswürdigkeit des eingesetzten Personals geeignet überprüft wird.	ja	tw	n
S	Dazu SOLLTEN gemeinsam Kriterien festgelegt werden.	ja	tw	n

Notizen:

OPS.2.4 Fernwartung

A1 Planung des Einsatzes der Fernwartung *Basis*
Verantwortliche Rolle: IT-Betrieb

M	Der Einsatz der Fernwartung MUSS an die Institution angepasst und bedarfsgerecht hinsichtlich technischer und organisatorischer Aspekte geplant werden.	ja	tw	n
M	Es MUSS geklärt werden, ob In-Band und/oder Out-Band Administration genutzt wird, welche IT-Systemschnittstellen und Protokolle verwendet werden.	ja	tw	n
M	Es MUSS geklärt werden, wie die Fernwartung abgesichert wird und wie dies auditiert wird.	ja	tw	n

Notizen:

A2 Sicherer Verbindungsaufbau bei der Fernwartung *Basis*
Verantwortliche Rolle: Benutzer

M	Die Initiierung des Fernwartungs-Zugriffs MUSS aus der Institution heraus erfolgen.	ja	tw	n
M	Der Benutzer des fernadministrierten IT-Systems MUSS dem Fernzugriff explizit zustimmen.	ja	tw	n

Notizen:

A3 Absicherung der Kommunikationsverbindungen bei der Fernwartung *Basis*
Verantwortliche Rolle: IT-Betrieb

M	Die möglichen Zugänge und Kommunikationsschnittstellen für einen Verbindungsaufbau von außen MÜSSEN auf das notwendige Maß beschränkt werden.	ja	tw	n
M	Ebenso MÜSSEN alle Kommunikationsverbindungen nach vollzogenem Fernzugriff getrennt werden (Deaktivierung).	ja	tw	n
M	Für eine Fernwartung MÜSSEN notwendige Ports ständig bereitgestellt werden.	ja	tw	n
M	Es MÜSSEN unter Berücksichtigung des erforderlichen Schutzbedarfes des IT-Systems oder der Anwendung sichere Authentisierungsmechanismen für die Administratoren eingesetzt werden.	ja	tw	n

Notizen:

A4 Regelungen zu Kommunikationsverbindungen *Basis*
Verantwortliche Rolle: IT-Betrieb

M	Unter Beachtung der Firewall-Anforderungen der Institution MUSS die Fernwartung in das Firewall-Regelwerk eingebunden werden.	ja	tw	n
M	Hierbei MUSS darauf geachtet werden, dass bestehende Firewall-Infrastrukturen und deren Regelungen nicht umgangen werden.	ja	tw	n
M	Bei der Überprüfung der Netz-Konnektivität mittels ICMP MÜSSEN die Regelungen für die lokalen und entfernten Prüfungen beachtet werden.	ja	tw	n

Notizen:

OPS Betrieb

A5 Einsatz von Online-Diensten *Basis*
Verantwortliche Rolle: IT-Betrieb, Benutzer

M	Es MUSS entschieden werden, ob eine Fernwartung über Online-Dienste erlaubt ist.	ja	tw	n
S	Der Einsatz von Online-Diensten für die Fernwartung SOLLTE verboten werden.	ja	tw	n
S	Es SOLLTEN technische und organisatorische Maßnahmen ergriffen werden, um das Verbot durchzusetzen.	ja	tw	n
S	Sofern der Einsatz nicht zu vermeiden ist, SOLLTE er auf möglichst wenige Fälle beschränkt werden.	ja	tw	n
S	Die Bedingungen, unter denen eine Fernwartung über Online-Dienste erlaubt ist, SOLLTEN festgelegt werden.	ja	tw	n
S	Die Clients SOLLTEN automatisiert keine Verbindungen zum Online-Dienst aufbauen.	ja	tw	n

Notizen:

A6 Erstellung einer Richtlinie für die Fernwartung *Standard*
Verantwortliche Rolle: IT-Betrieb

S	Die Regelungen zur Fernwartung SOLLTEN in einer Richtlinie dokumentiert werden.	ja	tw	n
S	Sollte eine eigenständige Richtlinie erstellt werden, SOLLTE in den bestehenden Richtlinien der Institution auf die Richtlinie für Fernwartung referenziert werden.	ja	tw	n
S	Die Richtlinie SOLLTE allen Verantwortlichen, die an der Konzeption, dem Aufbau und dem Betrieb sowie der Aussonderung beteiligt sind, bekannt sein und die Grundlage für deren Arbeit bilden können.	ja	tw	n

Notizen:

A7 Dokumentation bei der Fernwartung *Standard*
Verantwortliche Rolle: IT-Betrieb

M	Es MUSS eine aktuelle Dokumentation der Fernwartung vorliegen.	ja	tw	n
S	Vorhandene Stellvertreter SOLLTEN zu jeder Zeit die Aufgaben und Prozesse übernehmen können.	ja	tw	n
S	Da die Dokumente meist vertrauliche Informationen und Daten beinhalten, SOLLTEN sie an geeigneten Orten gesichert abgelegt werden und auch im Rahmen des Notfallmanagements zur Verfügung stehen.	ja	tw	n
S	Ebenso SOLLTE der Schutz vor unbefugtem Zugriff auf die Dokumentation sichergestellt sein.	ja	tw	n
S	Sämtliche Fernzugriffsmöglichkeiten SOLLTEN erfasst und dokumentiert sein.	ja	tw	n

Notizen:

A8 Sichere Protokolle bei der Fernwartung *Standard*

Verantwortliche Rolle: IT-Betrieb

S	Es SOLLTEN aktuelle und als sicher eingestufte Kommunikationsprotokolle eingesetzt werden.	ja	tw	n
S	Die Kommunikation SOLLTE verschlüsselt erfolgen.	ja	tw	n
S	Dafür SOLLTEN ausgehend vom Schutzbedarf der Institution geeignete kryptografische Verfahren zur Realisierung eines Tunnels eingesetzt werden.	ja	tw	n
S	Damit die eingesetzten Protokolle geeignet verwaltet werden können und die Sicherheitsanforderungen berücksichtigt werden, SOLLTEN Informationen zu Schwachstellen aus der Fachpresse bzw. aus einschlägigen Quellen beachtet und kontinuierlich aktualisiert werden.	ja	tw	n

Notizen:

A9 Auswahl geeigneter Fernwartungswerkzeuge *Standard*

Verantwortliche Rolle: IT-Betrieb

S	Die Auswahl geeigneter Fernwartungswerkzeuge SOLLTE sich aus den betrieblichen, sicherheitstechnischen und datenschutzrechtlichen Anforderungen der Institution ergeben.	ja	tw	n
S	Alle Beschaffungsentscheidungen SOLLTEN mit den Verantwortlichen des Einkaufes, dem System- und Anwendungsverantwortlichen sowie dem Sicherheitsmanagement abgestimmt werden.	ja	tw	n

Notizen:

A10 Verwaltung der Fernwartungswerkzeuge *Standard*

Verantwortliche Rolle: IT-Betrieb, Benutzer

S	Es SOLLTEN organisatorische Verwaltungsprozesse zum Umgang mit den ausgewählten Werkzeugen etabliert werden.	ja	tw	n
S	Es SOLLTE eine Bedienungsanleitung für den Umgang mit dem Fernwartungswerkzeug vorliegen.	ja	tw	n
S	Musterabläufe für die passive und die aktive Fernwartung SOLLTEN erstellt und kommuniziert werden.	ja	tw	n
S	Der IT-Betrieb SOLLTE im Umgang mit den Fernwartungswerkzeugen sensibilisiert und geschult werden.	ja	tw	n
S	Es SOLLTE ein Ansprechpartner für alle fachlichen Fragen zu den Fernwartungswerkzeugen benannt werden.	ja	tw	n

Notizen:

A11 Einsatz von kryptografischen Verfahren bei der Fernwartung *Standard*

Verantwortliche Rolle: IT-Betrieb

S	Bei der Fernwartung SOLLTEN ausreichend starke kryptografische Verfahren genutzt werden, um die Kommunikation abzusichern und die Administrierenden zu authentisieren.	ja	tw	n
S	Die Stärke der verwendeten kryptografischen Verfahren und Schlüssel SOLLTE im Rahmen der Fernwartung regelmäßig überprüft und, falls erforderlich, angepasst werden.	ja	tw	n

Notizen:

A12 Patch- und Änderungsmanagement bei der Fernwartung *Standard*
Verantwortliche Rolle: IT-Betrieb

S	Es SOLLTEN die allgemeinen Vorgaben zum Patch- und Änderungsmanagement der Institution für die Fernwartung umgesetzt werden.	ja	tw	n
S	Die IT-Systeme und Administrationswerkzeuge SOLLTEN alle im Patch- und Änderungsmanagement berücksichtigt werden.	ja	tw	n
S	Die Fernwartungszugänge SOLLTEN geeignet aktiviert und deaktiviert werden.	ja	tw	n
S	Alle Aktivierungen und Deaktivierungen der Fernwartungszugänge SOLLTEN zusätzlich dokumentiert sein.	ja	tw	n
S	Aus Sicherheitsgründen SOLLTEN alle durch die Fernwartung betreuten IT-Systeme und Anwendungen zeitnah gepatcht werden.	ja	tw	n
S	Bevor Patches und Änderungen durch die Fernwartung in ein Produktivsystem eingespielt werden, SOLLTEN sie vorab in einer geeigneten Testumgebung geprüft werden.	ja	tw	n

Notizen:

A13 Datensicherung bei der Fernwartung *Standard*
Verantwortliche Rolle: IT-Betrieb

S	Zur Vermeidung von Datenverlusten innerhalb der Infrastruktur für die Fernwartung SOLLTEN regelmäßige Datensicherungen erfolgen.	ja	tw	n
S	Es SOLLTEN Vorgaben der Datensicherung bei der Fernwartung anhand der Menge und Wichtigkeit der laufend neu gespeicherten Daten und des möglichen Schadens für die Institution bei Verlust dieser Daten getroffen werden.	ja	tw	n
S	Alle Datensicherungsanforderungen der Fernwartung SOLLTEN mit den allgemeinen Vorgaben der Institution zur Datensicherung korrespondieren.	ja	tw	n

Notizen:

A14 Dedizierte Systeme bei der Fernwartung *Standard*
Verantwortliche Rolle: IT-Betrieb

S	Innerhalb der Fernwartung SOLLTEN Komponenten eingesetzt werden, die ausschließlich diesem Anwendungszweck dienen.	ja	tw	n
S	Alle weiteren Funktionen/Dienste SOLLTEN deaktiviert werden.	ja	tw	n
S	Die Komponenten der Fernwartung SOLLTEN sicher konfiguriert und eingestellt werden.	ja	tw	n

Notizen:

A15 Absicherung der Fernwartung *Standard*
Verantwortliche Rolle: IT-Betrieb

S	Fernwartung SOLLTE nur aus dem internen Netz erfolgen.	ja	tw	n
S	Falls es dennoch nötig ist, von einem öffentlichen Datennetz auf interne IT-Systeme zuzugreifen, SOLLTE ein abgesichertes Virtuelles Privates Netz (VPN) genutzt werden.	ja	tw	n
S	Für die Fernwartung per VPN SOLLTE eine geschützte Datenverbindung zu dem VPN-Endpunkt generiert werden.	ja	tw	n
S	Neben diesen externen Fernwartungszugängen SOLLTEN auch die internen Fernwartungszugänge abgesichert werden.	ja	tw	n
S	Die Benutzung von internen Fernwartungszugängen SOLLTE so weit wie möglich eingeschränkt werden.	ja	tw	n
S	Des Weiteren SOLLTEN alle Aktivitäten während einer Administrationssitzung protokolliert werden.	ja	tw	n

Notizen:

A16 Schulungen zur Fernwartung *Standard*
Verantwortliche Rolle: IT-Betrieb

S	Den Administratoren SOLLTEN ausreichende Kenntnisse im Umgang mit den Fernwartungskomponenten vermittelt werden.	ja	tw	n
S	Diese Schulungsmaßnahmen SOLLTEN in die bereits etablierten Verfahren der Institution integriert werden.	ja	tw	n
S	Ebenso SOLLTEN die Mitarbeiter darauf hingewiesen werden, was sie bei der Fernwartung zu beachten haben.	ja	tw	n

Notizen:

A17 Authentisierungsmechanismen bei der Fernwartung *Standard*
Verantwortliche Rolle: IT-Betrieb

S	Für die Fernwartung SOLLTEN Zwei-Faktor-Verfahren zur Authentisierung eingesetzt werden.	ja	tw	n
S	Die Auswahl der Authentisierungsmethode und die Gründe, die zu der Auswahl geführt haben, SOLLTEN dokumentiert werden.	ja	tw	n
S	Zur Erleichterung der Anmeldung bei der Fernwartung SOLLTE diese in einem Identitäts- und Berechtigungsmanagement und deren Infrastrukturen integriert werden.	ja	tw	n

Notizen:

A18 Passwortsicherheit bei der Fernwartung *Standard*
Verantwortliche Rolle: IT-Betrieb

S	Falls bei der Fernwartung passwortbasierte Authentisierungen verwendet werden, SOLLTEN Passwortregeln definiert, dokumentiert und den Administratoren bekannt gemacht werden.	ja	tw	n
S	Für die Fernwartung SOLLTEN diese Passwortregeln technisch forciert werden.	ja	tw	n

Notizen:

OPS Betrieb

A19 Fernwartung durch Dritte *Standard*
Verantwortliche Rolle: IT-Betrieb

S	Wenn es nicht möglich ist, auf externe Fernwartung zu verzichten, SOLLTEN alle Aktivitäten in diesem Rahmen von Internen beobachtet werden.	ja	tw	n
S	Alle Fernwartungsvorgänge durch Dritte SOLLTEN aufgezeichnet werden.	ja	tw	n
M	Mit externem Wartungspersonal MÜSSEN vertragliche Regelungen getroffen werden, vor allem über die Sicherheit der betroffenen IT-Systeme und Informationen.	ja	tw	n
S	Die Pflichten und Kompetenzen des externen Wartungspersonals SOLLTEN vertraglich festgehalten werden.	ja	tw	n

Notizen:

A20 Betrieb der Fernwartung *Standard*
Verantwortliche Rolle: IT-Betrieb

S	Es SOLLTE ein Meldeprozess für Support- und Fernwartungsanliegen etabliert werden (z.B. Ticketsystem).	ja	tw	n
S	Alle Zugriffe durch die Fernwartung SOLLTEN erst nach erfolgreicher Authentisierung gestattet werden.	ja	tw	n
S	Die zur Etablierung der Fernwartungszugänge erforderlichen Freischaltungen an der Sicherheitsinfrastruktur SOLLTEN in die etablierten Prozesse für Firewall-Regeln integriert werden.	ja	tw	n
S	Es SOLLTEN Mechanismen zur Erkennung und Abwehr von hochvolumigen Angriffen, TCP-State-Exhaustion- Angriffen und Angriffen auf Applikationsebene implementiert sein.	ja	tw	n
S	Alle Fernwartungsvorgänge SOLLTEN aufgezeichnet werden.	ja	tw	n
S	Die anfallenden Protokolldaten SOLLTEN regelmäßig ausgewertet werden.	ja	tw	n

Notizen:

A21 Erstellen eines Notfallplans für den Ausfall der Fernwartung *Hoch* **A**
Verantwortliche Rolle: Leiter IT

S	Im Rahmen der Notfallvorsorge SOLLTE ein Konzept entwickelt werden, wie die Folgen eines Ausfalls von Fernwartungskomponenten minimiert werden können und welche Aktivitäten im Falle eines Ausfalls durchzuführen sind.	ja	tw	n
S	Durch den Notfallplan SOLLTE sichergestellt sein, dass Störungen, Schäden und Folgeschäden minimiert werden sowie eine zeitnahe Wiederherstellung des Normalbetriebs erfolgt.	ja	tw	n

Notizen:

A22 Redundante Verwendung von mobilen Kommunikationsnetzen *Hoch* **A**
Verantwortliche Rolle: Leiter IT

S	Für den Schutz der Kommunikationsnetze der Fernwartung bei Hochverfügbarkeitsanforderungen SOLLTEN redundante Verbindungs- bzw. Kommunikationsnetze eingerichtet werden.	ja	tw	n

Notizen:

A23	**Planung des sicheren Einsatzes in einem abgesicherten Netzsegment**		*Hoch*
	Verantwortliche Rolle: IT-Betrieb		**C**
S	Für die Fernwartung SOLLTE ein abgesichertes Netzsegment eingesetzt werden.	ja	tw n
S	Dieses SOLLTE in der Art wie eine Demilitarized Zone (DMZ) realisiert und betrieben werden.	ja	tw n
S	Die Fernwartungszugänge SOLLTEN NICHT dazu führen, dass vorhandene Sicherheitsinfrastrukturen umgangen werden und so ein Zusammenschluss von vertrauenswürdigen und nicht vertrauenswürdigen Netzen erfolgt.	ja	tw n

Notizen:

OPS.3 Betrieb für Dritte

OPS.3.1 Outsourcing für Dienstleister

A1	**Erstellung eines Grobkonzeptes für die Outsourcing-Dienstleistung**		*Basis*
	Verantwortliche Rolle: Leiter IT		
M	Es MUSS ein Grobkonzept für die angebotene Outsourcing-Dienstleistung erstellt werden.	ja	tw n
M	Dieses Grobkonzept MUSS Rahmenbedingungen des Outsourcings berücksichtigen (z.B. Sonderwünsche) und grundsätzliche Fragestellungen zum Sicherheitsniveau und zu den Sicherheitsanforderungen des Outsourcing-Kunden beantworten.	ja	tw n

Notizen:

A2	**Vertragsgestaltung mit den Outsourcing-Kunden**		*Standard*
	Verantwortliche Rolle: ISB Outsourcing-Dienstleister		
S	Es SOLLTEN alle Aspekte des Outsourcing-Vorhabens mit dem Outsourcing-Kunden schriftlich geregelt sein, um den Auftrag wie gewünscht erfüllen zu können und das geforderte Sicherheitsniveau zu gewährleisten.	ja	tw n
S	Es SOLLTEN alle Verantwortlichkeiten und Mitwirkungspflichten zur Erstellung, Prüfung und Änderung (z.B. von Personen) im Rahmen des Vertragswerkes oder auch direkt im Sicherheitskonzept zwischen dem Outsourcing-Dienstleister und dem Outsourcing-Kunden geregelt sein.	ja	tw n

Notizen:

A3 Erstellung eines Sicherheitskonzepts für das Outsourcing-Vorhaben *Standard*

Verantwortliche Rolle: ISB Outsourcing-Dienstleister

- S Der Outsourcing-Dienstleister SOLLTE für seine Dienstleistungen ein Sicherheitskonzept besitzen. — ja tw n
- S Für individuelle Outsourcing-Vorhaben SOLLTE er außerdem spezifische Sicherheitskonzepte basierend auf den zugehörigen Sicherheitsanforderungen des Outsourcing-Kunden erstellen. — ja tw n
- S Zwischen Outsourcing-Dienstleister und Outsourcing-Kunden SOLLTEN gemeinsame Sicherheitsziele und eine gemeinsame Klassifikation für alle schutzbedürftigen Informationen erarbeitet werden. — ja tw n
- S Die Umsetzung des Sicherheitskonzepts SOLLTE regelmäßig überprüft werden. — ja tw n

Notizen:

A4 Festlegung der möglichen Kommunikationspartner *Standard*

Verantwortliche Rolle: Leiter Organisation, Datenschutzbeauftragter, ISB Outsourcing-Dienstleister

- S Zwischen Outsourcing-Dienstleister und -Kunden SOLLTE festgelegt werden, welche internen und externen Kommunikationspartner welche Informationen über das jeweilige Outsourcing-Projekt übermitteln und erhalten dürfen. — ja tw n
- S Es SOLLTE regelmäßig geprüft werden, ob die Kommunikationspartner noch aktuell in ihrer Funktion beschäftigt sind. — ja tw n
- S Die Berechtigungen SOLLTEN bei Änderungen angepasst werden. — ja tw n
- S Zwischen den Outsourcing-Partnern SOLLTE geregelt sein, nach welchen Kriterien welche Kommunikationspartner welche Informationen erhalten dürfen. — ja tw n

Notizen:

A5 Regelungen für den Einsatz des Personals des Outsourcing-Dienstleisters *Standard*

Verantwortliche Rolle: Leiter Personal, ISB Outsourcing-Dienstleister

- S Mitarbeiter des Outsourcing-Dienstleisters SOLLTEN geregelt in ihre Aufgaben eingewiesen und über bestehende Regelungen zur Informationssicherheit des Outsourcing-Kunden unterrichtet werden. — ja tw n
- S Soweit es gefordert ist, SOLLTEN die Mitarbeiter nach Vorgaben des Kunden überprüft (z.B. Führungszeugnis) werden. — ja tw n
- S Die Mitarbeiter des Outsourcing-Dienstleisters SOLLTEN schriftlich auf die Einhaltung der einschlägigen Gesetze, Vorschriften, Vertraulichkeitsvereinbarungen und internen Regelungen verpflichtet werden. — ja tw n
- S Es SOLLTE Vertretungsregelungen in allen Bereichen geben. — ja tw n

Notizen:

A6 Regelungen für den Einsatz von Fremdpersonal *Standard*

Verantwortliche Rolle: Leiter Personal, ISB Outsourcing-Dienstleister

S	Setzt der Outsourcing-Dienstleister externes Personal ein, SOLLTE der Outsourcing-Kunde hierüber informiert werden.	ja	tw	n
S	Externe Mitarbeiter mit Aufgaben in Bezug auf das Outsourcing SOLLTEN schriftlich auf die Einhaltung der einschlägigen Gesetze, Vorschriften und internen Regelungen verpflichtet werden.	ja	tw	n
S	Sie SOLLTEN in ihre Aufgaben und vor allem in die Sicherheitsvorgaben eingewiesen werden.	ja	tw	n
S	Kurzfristig oder einmalig eingesetztes Fremdpersonal SOLLTE wie Besucher behandelt werden.	ja	tw	n
S	Die Sicherheitsvorgaben des Kunden SOLLTEN jedoch auch bei Fremdpersonal berücksichtigt werden.	ja	tw	n

Notizen:

A7 Erstellung eines Mandantenkonzeptes durch den Outsourcing-Dienstleister *Standard*

Verantwortliche Rolle: ISB Outsourcing-Dienstleister

S	Durch ein geeignetes Mandantenkonzept SOLLTE sichergestellt werden, dass Anwendungs- und Datenkontexte verschiedener Kunden sauber getrennt sind.	ja	tw	n
S	Das Mandantenkonzept SOLLTE durch den Outsourcing-Dienstleister erstellt und dem Outsourcing-Kunden zur Verfügung gestellt werden.	ja	tw	n
S	Das Mandantenkonzept SOLLTE für den Schutzbedarf des Outsourcing-Kunden angemessene Sicherheit bieten.	ja	tw	n
S	Die benötigten Mechanismen zur Mandantentrennung beim Outsourcing-Dienstleister SOLLTEN ausreichend umgesetzt sein.	ja	tw	n

Notizen:

A8 Vereinbarung über die Anbindung an Netze der Outsourcing-Partner *Standard*

Verantwortliche Rolle: ISB Outsourcing-Dienstleister

S	Vor der Anbindung eines eigenen Netzes an das Netz des Outsourcing-Dienstleisters SOLLTEN alle sicherheitsrelevanten Aspekte in einer Vereinbarung schriftlich festgelegt werden.	ja	tw	n
S	Es SOLLTE definiert werden, wer aus dem einen Netz auf welche Bereiche und Dienste des jeweils anderen Netzes zugreifen darf.	ja	tw	n
S	Es SOLLTEN auf jeder Seite Ansprechpartner sowohl für organisatorische als auch technische Fragestellungen der Netzanbindung benannt werden.	ja	tw	n
S	Auf beiden Seiten SOLLTEN alle identifizierten Sicherheitslücken beseitigt und das geforderte Sicherheitsniveau nachweislich erreicht sein, bevor die Netzanbindung aktiviert wird.	ja	tw	n
S	Für den Fall von Sicherheitsproblemen auf einer der beiden Seiten SOLLTE festgelegt sein, wer darüber zu informieren ist und welche Eskalationsschritte einzuleiten sind.	ja	tw	n

Notizen:

A9 Vereinbarung über Datenaustausch zwischen den Outsourcing-Partnern *Standard*

Verantwortliche Rolle: ISB Outsourcing-Dienstleister

S	Für den regelmäßigen Datenaustausch mit festen Kommunikationspartnern der Outsourcing-Partner SOLLTEN die erforderlichen Sicherheitsmaßnahmen vereinbart werden.	ja	tw	n
S	Datenformate und die sichere Form des Datenaustauschs SOLLTEN festgelegt werden.	ja	tw	n
S	Ansprechpartner sowohl für organisatorische als auch technische Probleme und insbesondere für sicherheitsrelevante Ereignisse beim Datenaustausch mit Dritten SOLLTEN benannt werden.	ja	tw	n
S	Verfügbarkeiten und Reaktionszeiten beim Datenaustausch mit Dritten SOLLTEN vereinbart werden.	ja	tw	n
S	Es SOLLTE festgelegt werden, welche ausgetauschten Daten zu welchen Zwecken genutzt werden dürfen.	ja	tw	n

Notizen:

A10 Planung und Aufrechterhaltung der Informationssicherheit im laufenden Outsourcing-Betrieb *Standard*

Verantwortliche Rolle: ISB Outsourcing-Dienstleister

S	Der Outsourcing-Kunde SOLLTE ein Betriebskonzept erstellen, in dem alle relevanten Sicherheitsaspekte berücksichtigt werden.	ja	tw	n
S	Die Sicherheitskonzepte der Outsourcing-Partner SOLLTEN regelmäßig auf Aktualität und Konsistenz zueinander geprüft werden.	ja	tw	n
S	Der Status der vereinbarten Sicherheitsmaßnahmen SOLLTE regelmäßig kontrolliert werden.	ja	tw	n
S	Zwischen den Outsourcing-Partnern SOLLTE eine regelmäßige Kommunikation einschließlich Abstimmung zu Änderungen und Verbesserungen stattfinden.	ja	tw	n
S	Die Outsourcing-Partner SOLLTEN regelmäßig gemeinsame Übungen und Tests zur Aufrechterhaltung des Sicherheitsniveaus durchführen.	ja	tw	n
S	Informationen über Sicherheitsrisiken und der Umgang damit SOLLTEN in regelmäßigen Abständen zwischen den Outsourcing-Partnern ausgetauscht werden.	ja	tw	n
S	Es SOLLTE ein Prozess existieren, welcher den Informationsfluss im Umgang mit Sicherheitsvorfällen sicherstellt, welche die jeweiligen Vertragspartner betreffen.	ja	tw	n

Notizen:

A11 Zutritts-, Zugangs- und Zugriffskontrolle *Standard*

Verantwortliche Rolle: Leiter Organisation, ISB Outsourcing-Dienstleister

S	Zutritts-, Zugangs- und Zugriffsberechtigungen SOLLTEN geregelt sein, sowohl für das Personal des Outsourcing-Dienstleisters als auch für das Personal der Outsourcing-Kunden.	ja	tw	n
S	Es SOLLTE ebenfalls geregelt sein, welche Berechtigungen Auditoren und andere Prüfer erhalten.	ja	tw	n
S	Es SOLLTEN immer nur so viele Rechte vergeben werden, wie es für die Aufgabenwahrnehmung notwendig ist.	ja	tw	n
S	Es SOLLTE ein geregeltes Verfahren für die Vergabe, die Verwaltung und den Entzug von Berechtigungen geben.	ja	tw	n

Notizen:

A12   Änderungsmanagement *Standard*

Verantwortliche Rolle: IT-Betrieb, Änderungsmanager

S	Es SOLLTEN Richtlinien für die Durchführung von Änderungen an IT-Komponenten, Software oder Konfigurationsdaten existieren.	ja	tw	n
S	Es SOLLTE geregelt sein, dass bei der Durchführung von Änderungen auch Sicherheitsaspekte berücksichtigt werden.	ja	tw	n
S	Es SOLLTEN alle Änderungen geplant, getestet, genehmigt und dokumentiert werden.	ja	tw	n
S	Art und Umfang der Dokumentationen über die Änderungen SOLLTEN mit dem Outsourcing-Kunden abgestimmt und bereitgestellt werden.	ja	tw	n
S	Es SOLLTEN Rückfall-Lösungen erarbeitet werden, bevor Änderungen durchgeführt werden.	ja	tw	n
S	Bei größeren, sicherheitsrelevanten Änderungen SOLLTE das Informationssicherheitsmanagement der auslagernden Institution schon im Vorfeld beteiligt werden.	ja	tw	n

Notizen:

A13   Sichere Migration bei Outsourcing-Vorhaben *Standard*

Verantwortliche Rolle: Leiter IT

S	Für die Migrationsphase SOLLTE ein Sicherheitsmanagement-Team aus qualifizierten Mitarbeitern des Outsourcing-Kunden und des Outsourcing-Dienstleisters eingerichtet werden.	ja	tw	n
S	Für die Migrationsphase SOLLTE eine Sicherheitskonzeption erstellt werden.	ja	tw	n
S	Nach Abschluss der Migration SOLLTE das Sicherheitskonzept aktualisiert werden.	ja	tw	n
S	Es SOLLTE sichergestellt sein, dass alle Ausnahmeregelungen am Ende der Migrationsphase aufgehoben werden.	ja	tw	n
S	Bei Änderungen in der Migrationsphase SOLLTE geprüft werden, inwieweit ein Anpassungsbedarf an den vertraglichen Grundlagen und bestehenden Dokumenten besteht.	ja	tw	n

Notizen:

A14   Notfallvorsorge beim Outsourcing *Standard*

Verantwortliche Rolle: Notfallbeauftragter

S	Es SOLLTE ein Notfallvorsorgekonzept zum Outsourcing existieren, das die Komponenten beim Outsourcing-Kunden, beim Outsourcing-Dienstleister sowie die zugehörigen Schnittstellen umfasst.	ja	tw	n
S	Im Notfallvorsorgekonzept zum Outsourcing SOLLTEN die Zuständigkeiten, Ansprechpartner und Abläufe zwischen Outsourcing-Kunden und Outsourcing-Dienstleister geregelt sein.	ja	tw	n
S	Es SOLLTEN regelmäßig gemeinsame Notfallübungen vom Outsourcing-Kunden und Outsourcing-Dienstleister durchgeführt werden.	ja	tw	n

Notizen:

OPS Betrieb

	A15	**Geordnete Beendigung eines Outsourcing-Verhältnisses**		*Standard*	
		Verantwortliche Rolle: Institutionsleitung			
S		Es SOLLTE sichergestellt sein, dass eine Beendigung des Vertragsverhältnisses mit dem Outsourcing-Kunden weder dessen noch die eigene Geschäftstätigkeit beeinträchtigt.	ja	tw	n
S		Der Outsourcing-Vertrag mit dem Outsourcing-Kunden SOLLTE alle Aspekte der Beendigung des Dienstleistungsverhältnisses regeln, sowohl für eine geplante als auch für eine ungeplante Beendigung des Vertragsverhältnisses.	ja	tw	n
S		Der Outsourcing-Dienstleister SOLLTE alle Informationen und Daten des Outsourcing-Kunden an diesen übergeben.	ja	tw	n
S		Beim Outsourcing-Dienstleister SOLLTEN danach alle Datenbestände des Kunden sicher gelöscht werden.	ja	tw	n
S		Alle Berechtigungen, die im Rahmen des Outsourcing-Projekts eingerichtet wurden, SOLLTEN überprüft und, wenn erforderlich, gelöscht werden.	ja	tw	n

Notizen:

	A16	**Sicherheitsüberprüfung von Mitarbeitern**		*Hoch*	
		Verantwortliche Rolle: Leiter Personal		**C I**	
S		Die Vertrauenswürdigkeit von neuen Mitarbeitern und externem Personal beim Outsourcing-Dienstleister SOLLTE durch geeignete Nachweise überprüft werden.	ja	tw	n
S		Hierzu SOLLTEN gemeinsam mit dem Outsourcing-Kunden Kriterien vertraglich vereinbart werden.	ja	tw	n

Notizen:

DER Detektion und Reaktion

DER.1 Detektion von sicherheitsrelevanten Ereignissen

	A1	Erstellung einer Sicherheitsrichtlinie für die Detektion von sicherheitsrelevanten Ereignissen			*Basis*
		Verantwortliche Rolle: Informationssicherheitsbeauftragter (ISB)			
	M	Ausgehend von der allgemeinen Sicherheitsrichtlinie der Institution MUSS eine spezifische Sicherheitsrichtlinie erstellt werden, in der nachvollziehbar Anforderungen und Vorgaben beschrieben sind, wie die Detektion von sicherheitsrelevanten Ereignissen sicher geplant, aufgebaut und betrieben werden kann.	ja	tw	n
	M	Die Richtlinie MUSS allen im Bereich Detektion verantwortlichen Mitarbeitern bekannt und grundlegend für ihre Arbeit sein.	ja	tw	n
	M	Wird die Richtlinie verändert oder wird von den Anforderungen abgewichen, MUSS dies mit dem verantwortlichen ISB abgestimmt und dokumentiert werden.	ja	tw	n
	M	Es MUSS regelmäßig überprüft werden, ob die Richtlinie noch korrekt umgesetzt ist.	ja	tw	n
	M	Die Ergebnisse MÜSSEN sinnvoll dokumentiert werden.	ja	tw	n

Notizen:

	A2	Einhaltung rechtlicher Bedingungen bei der Auswertung von Protokolldaten			*Basis*
		Verantwortliche Rolle: Informationssicherheitsbeauftragter (ISB)			
	M	Wenn Protokolldaten ausgewertet werden, MÜSSEN dabei die gesetzlichen Bestimmungen aus den aktuellen Gesetzen zum Bundes-/Landesdatenschutz eingehalten werden.	ja	tw	n
	M	Darüber hinaus MÜSSEN die Persönlichkeitsrechte bzw. Mitbestimmungsrechte der Mitarbeitervertretungen gewahrt werden, wenn Detektionssysteme eingesetzt werden.	ja	tw	n
	M	Ebenso MUSS sichergestellt sein, dass alle weiteren relevanten gesetzlichen Bestimmungen beachtet werden, z.B. Telemediengesetz (TMG), Betriebsverfassungsgesetz und Telekommunikationsgesetz.	ja	tw	n

Notizen:

	A3	Festlegung von Meldewegen für sicherheitsrelevante Ereignisse			*Basis*
		Verantwortliche Rolle: IT-Betrieb			
	M	Es MÜSSEN geeignete Melde- und Alarmierungswege festgelegt und dokumentiert werden.	ja	tw	n
	M	Dabei MUSS bestimmt werden, welche Stellen wann zu informieren sind.	ja	tw	n
	M	Auch MUSS aufgeführt sein, wie die jeweiligen Personen erreicht werden können.	ja	tw	n
	M	Je nach Dringlichkeit MUSS ein sicherheitsrelevantes Ereignis über verschiedene Kommunikationswege gemeldet werden.	ja	tw	n
	M	Die Melde- und Alarmierungswege MÜSSEN den Mitarbeitern ausgedruckt vorliegen.	ja	tw	n
	M	Alle für die Meldung bzw. Alarmierung relevanten Personen MÜSSEN über ihre Aufgaben informiert sein.	ja	tw	n
	M	Es MÜSSEN alle Schritte des Melde- und Alarmierungsprozesses ausführlich beschrieben sein.	ja	tw	n
	S	Die eingerichteten Melde- und Alarmierungswege SOLLTEN regelmäßig geprüft, erprobt und, falls erforderlich, aktualisiert werden.	ja	tw	n

Notizen:

DER Detektion und Reaktion

	A4	**Sensibilisierung der Mitarbeiter**			*Basis*
		Verantwortliche Rolle: Vorgesetzte, Leiter IT, Benutzer			
M		Damit Mitarbeiter mögliche Sicherheitsvorfälle schnell erkennen können, MÜSSEN sie entsprechend sensibilisiert werden.	ja	tw	n
S		Dafür SOLLTEN regelmäßige Schulungen stattfinden, in denen gängige und aktuelle Bedrohungen sowie die Vorgehensweisen der Cyberkriminellen aufgezeigt werden.	ja	tw	n
M		Auch MÜSSEN die Mitarbeiter dahingehend sensibilisiert werden, dass sie Ereignismeldungen der Clients nicht einfach ignorieren oder schließen, sondern die Meldungen entsprechend der Alarmierungswege an das verantwortliche Incident Management weitergeben (siehe DER.2.1 Behandlung von Sicherheitsvorfällen).	ja	tw	n
M		Jeder Mitarbeiter MUSS einen von ihm erkannten Sicherheitsvorfall unverzüglich dem Incident Management melden.	ja	tw	n

Notizen:

	A5	**Einsatz von mitgelieferten Systemfunktionen zur Detektion**			*Basis*
		Verantwortliche Rolle: Fachverantwortliche			
M		Verfügen eingesetzte IT-Systeme oder Anwendungen über Funktionen, mit denen sich sicherheitsrelevante Ereignisse detektieren lassen, MÜSSEN diese aktiviert und benutzt werden.	ja	tw	n
M		Auf allen eingesetzten Komponenten MUSS die Protokollierung aktiviert werden (siehe OPS.1.1.5 Protokollierung).	ja	tw	n
M		Liegt ein sicherheitsrelevanter Vorfall vor, MÜSSEN die Meldungen mindestens lokal ausgewertet werden.	ja	tw	n
M		Zusätzlich MÜSSEN die protokollierten Ereignisse anderer IT-Systeme überprüft werden.	ja	tw	n
S		Auch SOLLTEN die gesammelten Meldungen in verbindlich festgelegten Zeiträumen stichpunktartig kontrolliert werden.	ja	tw	n
M		Es MUSS geprüft werden, ob zusätzliche Schadcodescanner auf zentralen IT-Systemen installiert werden sollen (siehe auch SYS.1.1 Allgemeiner Server).	ja	tw	n
M		Ist dies der Fall, MÜSSEN es diese über einen zentralen Zugriff ermöglichen, ihre Meldungen und Protokolle auszuwerten.	ja	tw	n
M		Außerdem MÜSSEN sie regelmäßig aktualisiert werden.	ja	tw	n
M		Es MUSS sichergestellt sein, dass die Schadcodescanner automatisch sicherheitsrelevante Ereignisse an die Verantwortlichen melden und die Meldungen auch ausgewertet und untersucht werden.	ja	tw	n

Notizen:

	A6	**Kontinuierliche Überwachung und Auswertung von Protokolldaten**			*Standard*
		Verantwortliche Rolle: Benutzer			
S		Alle Protokolldaten SOLLTEN möglichst permanent aktiv überwacht und ausgewertet werden.	ja	tw	n
S		Es SOLLTEN Mitarbeiter benannt werden, die dafür verantwortlich sind.	ja	tw	n
S		Müssen die verantwortlichen Mitarbeiter aktiv nach eingetretenen sicherheitsrelevanten Ereignissen suchen, z.B. wenn sie IT-Systeme kontrollieren oder testen, SOLLTEN solche Aufgaben in entsprechenden Verfahrensanleitungen dokumentiert sein.	ja	tw	n
S		Für die Detektion von sicherheitsrelevanten Ereignissen SOLLTEN genügend personelle Ressourcen bereitgestellt werden.	ja	tw	n

Notizen:

A7	**Schulung von Verantwortlichen**			*Standard*

Verantwortliche Rolle: Vorgesetzte, Leiter IT

S	Alle Verantwortlichen, die Ereignismeldungen kontrollieren, SOLLTEN weiterführende Schulungen und Qualifikationen erhalten.	ja	tw	n
S	Wenn IT-Komponenten beschafft werden, SOLLTEN ein Budget für Schulungen eingeplant und ein Schulungskonzept für die verantwortlichen Mitarbeiter erstellt werden.	ja	tw	n

Notizen:

A8	**Festlegung von zu schützenden Segmenten**			*Standard*

Verantwortliche Rolle: Fachverantwortliche

S	Anhand des Netzplans (siehe NET.1.1 Netzarchitektur und -design) SOLLTE festgelegt werden, welche Netzsegmente durch zusätzliche Detektionssysteme geschützt werden müssen (vgl.	ja	tw	n

Notizen:

A9	**Einsatz zusätzlicher Detektionssysteme**			*Standard*

Verantwortliche Rolle: Fachverantwortliche

S	Um sicherheitsrelevante Ereignisse besser zu erkennen, SOLLTE der Informationsverbund um zusätzliche Detektionssysteme und Sensoren ergänzt werden.	ja	tw	n
S	So SOLLTEN Schadcodedetektionssysteme eingesetzt und zentral verwaltet werden.	ja	tw	n
S	Auch die im Netzplan definierten Übergange zwischen internen und externen Netzen SOLLTEN um netzbasierte Intrusion Detection Systeme (NIDS) ergänzt werden.	ja	tw	n

Notizen:

A10	**Einsatz von TLS/SSH-Proxies**			*Standard*

Verantwortliche Rolle: Fachverantwortliche

S	An den Übergängen zu externen Netzen SOLLTEN TLS/SSH-Proxies eingesetzt werden, die die verschlüsselte Verbindung unterbrechen und es so ermöglichen, die übertragenen Daten auf Malware zu prüfen.	ja	tw	n
S	Alle TLS/SSH-Proxies SOLLTEN vor unbefugten Zugriffen geschützt werden.	ja	tw	n
S	Außerdem SOLLTEN sicherheitsrelevante Ereignisse auf den TLS/SSH-Proxies automatisch detektiert werden.	ja	tw	n
S	Es SOLLTE eine organisatorische Regelung erstellt werden, unter welchen datenschutzrechtlichen Voraussetzungen die Logdaten manuell ausgewertet werden dürfen.	ja	tw	n

Notizen:

DER Detektion und Reaktion

A11 Nutzung einer zentralen Protokollierungsinfrastruktur für die Auswertung sicherheitsrelevanter Ereignisse *Standard*

Verantwortliche Rolle: Fachverantwortliche

S	Die gesammelten Ereignismeldungen der IT-Systeme und Anwendungssysteme SOLLTEN auf einer zentralen Protokollinfrastruktur (siehe OPS1.1.5 Protokollierung) aufbewahrt werden.	ja	tw	n
S	Die eingelieferten Ereignismeldungen SOLLTEN mithilfe eines Tools zentral gespeichert, ausgewertet und abgerufen werden können.	ja	tw	n
S	Damit die Daten korreliert und abgeglichen werden können, SOLLTEN sie alle zeitlich synchronisiert werden.	ja	tw	n
S	Die gesammelten Ereignismeldungen SOLLTEN regelmäßig auf Auffälligkeiten kontrolliert werden.	ja	tw	n
S	Damit sicherheitsrelevante Ereignisse auch nachträglich erkannt werden können, SOLLTEN die Signaturen der Detektionssysteme durchgängig aktuell und auf dem gleichen Stand sein.	ja	tw	n

Notizen:

A12 Auswertung von Informationen aus externen Quellen *Standard*

Verantwortliche Rolle: Informationssicherheitsbeauftragter (ISB), Fachverantwortliche

S	Um neue Erkenntnisse über sicherheitsrelevante Ereignisse für den eigenen Informationsverbund zu gewinnen, SOLLTEN externe Quellen herangezogen und ausgewertet werden.	ja	tw	n
S	Da Meldungen über unterschiedliche Kanäle in eine Institution eingeliefert werden, SOLLTE sichergestellt sein, dass diese Meldungen von den Mitarbeitern auch als relevant erkannt und an die richtige Stelle weitergeleitet werden.	ja	tw	n
S	Stammen Informationen aus qualifizierten Quellen, SOLLTEN sie grundsätzlich ausgewertet werden.	ja	tw	n
S	Alle eingelieferten Informationen SOLLTEN bewertet werden, ob sie relevant für den eigenen Informationsverbund sind.	ja	tw	n
S	Ist dies der Fall, SOLLTEN die Informationen entsprechend der Sicherheitsvorfallbehandlung eskaliert werden (siehe DER.2.1. Behandlung von Sicherheitsvorfällen)	ja	tw	n

Notizen:

A13 Regelmäßige Audits der Detektionssysteme *Standard*

Verantwortliche Rolle: IT-Betrieb

S	Die vorhandenen Detektionssysteme und getroffenen Maßnahmen SOLLTEN regelmäßig überprüft werden, ob sie noch aktuell und wirksam sind.	ja	tw	n
S	Es SOLLTEN die Messgrößen ausgewertet werden, die beispielsweise anfallen, wenn sicherheitsrelevante Ereignisse aufgenommen, gemeldet und eskaliert werden.	ja	tw	n
S	Die Auditergebnisse SOLLTEN nachvollziehbar dokumentiert und mit dem Soll-Zustand abgeglichen werden.	ja	tw	n
S	Abweichungen SOLLTE nachgegangen werden.	ja	tw	n

Notizen:

A14	**Auswertung der Protokolldaten durch spezialisiertes Personal**		*Hoch*		
	Verantwortliche Rolle: Leiter IT		**C I**		
S	Es SOLLTEN Mitarbeiter überwiegend dafür abgestellt werden, alle Protokolldaten zu überwachen.	ja	tw	n	
S	Das abgestellte Personal SOLLTE spezialisierte weiterführende Schulungen und Qualifikationen erhalten.	ja	tw	n	
S	Ein Personenkreis SOLLTE benannt werden, der ausschließlich für das Thema Auswertung von Protokolldaten, wie z.B. aus dem Bereich Forensik, verantwortlich ist.	ja	tw	n	

Notizen:

A15	**Zentrale Detektion und Echtzeitüberprüfung von Ereignismeldungen**		*Hoch*		
	Verantwortliche Rolle: IT-Betrieb		**C I A**		
S	Es SOLLTEN zentrale Komponenten eingesetzt werden, um sicherheitsrelevante Ereignisse zu erkennen und auszuwerten.	ja	tw	n	
S	Zentrale automatisierte Analysen mit Softwaremitteln SOLLTEN dazu eingesetzt werden, um alle in der Systemumgebung anfallenden Ereignisse aufzuzeichnen, in Bezug zueinander zu setzen und sicherheitsrelevante Vorgänge sichtbar zu machen.	ja	tw	n	
S	Alle eingelieferten Daten SOLLTEN lückenlos in der Protokollverwaltung einsehbar und auswertbar sein.	ja	tw	n	
S	Die tatsächlichen Daten SOLLTEN möglichst permanent ausgewertet werden.	ja	tw	n	
S	Werden definierte Schwellwerten überschritten, SOLLTE automatisch alarmiert werden.	ja	tw	n	
S	Durch das Personal SOLLTE sichergestellt werden, dass bei einem Alarm unverzüglich eine qualifizierte und dem Bedarf entsprechende Reaktion eingeleitet wird.	ja	tw	n	
S	In diesem Zusammenhang SOLLTE auch der betroffene Mitarbeiter sofort informiert werden.	ja	tw	n	
S	Die Systemverantwortlichen SOLLTEN regelmäßig die Analyseparameter auditieren und, falls erforderlich, anpassen.	ja	tw	n	
S	Zusätzlich SOLLTEN bereits überprüfte Daten regelmäßig hinsichtlich sicherheitsrelevanter Ereignisse automatisch untersucht werden.	ja	tw	n	

Notizen:

A16	**Einsatz von Detektionssystemen nach Schutzbedarfsanforderungen**		*Hoch*		
	Verantwortliche Rolle: IT-Betrieb		**C I A**		
S	Anwendungen mit erhöhtem Schutzbedarf SOLLTEN durch zusätzliche Detektionsmaßnahmen geschützt werden.	ja	tw	n	
S	Dafür SOLLTEN z.B. solche Detektionssysteme eingesetzt werden, mit denen sich der erhöhte Schutzbedarf technisch auch sicherstellen lässt.	ja	tw	n	

Notizen:

DER Detektion und Reaktion

	A17	**Automatische Reaktion auf sicherheitsrelevante Ereignisse**		*Hoch*	
		Verantwortliche Rolle: IT-Betrieb		**C I**	
S		Bei einem sicherheitsrelevanten Ereignis SOLLTEN die eingesetzten Detektionssysteme das Ereignis automatisch melden und mit geeigneten Schutzmaßnahmen reagieren.	ja	tw	n
S		Hierbei SOLLTEN Verfahren eingesetzt werden, die automatisch mögliche Angriffe, Missbrauchsversuche oder Sicherheitsverletzungen erkennen.	ja	tw	n
S		Es SOLLTE möglich sein, automatisch in den Datenstrom einzugreifen, um einen möglichen Sicherheitsvorfall zu unterbinden.	ja	tw	n

Notizen:

	A18	**Durchführung regelmäßiger Integritätskontrollen**		*Hoch*	
		Verantwortliche Rolle: IT-Betrieb		**C I**	
S		Alle Detektionssysteme SOLLTEN regelmäßig daraufhin überprüft werden, ob sie noch integer sind.	ja	tw	n
S		Auch SOLLTEN die Benutzerrechte kontrolliert werden.	ja	tw	n
S		Zusätzlich SOLLTEN die Sensoren eine Integritätskontrolle von Dateien durchführen und bei sich ändernden Werten eine automatische Alarmierung auslösen.	ja	tw	n

Notizen:

DER.2 Security Incident Management

DER.2.1 Behandlung von Sicherheitsvorfällen

	A1	**Definition eines Sicherheitsvorfalls**		*Basis*	
		Verantwortliche Rolle: Leiter IT			
M		In einer Institution MUSS klar definiert sein, was ein Sicherheitsvorfall ist.	ja	tw	n
M		Ein Sicherheitsvorfall MUSS so weit wie möglich von Störungen im Tagesbetrieb abgegrenzt sein.	ja	tw	n
M		Alle am Prozess zur Sicherheitsvorfallbehandlung beteiligten Mitarbeiter MÜSSEN die Definition eines Sicherheitsvorfalls kennen.	ja	tw	n
S		Die Definition und die Eintrittsschwellen SOLLTEN auf dem Schutzbedarf der betroffenen Geschäftsprozesse, IT-Dienste, IT-Systeme bzw. IT-Anwendungen basieren.	ja	tw	n

Notizen:

A2 Erstellung einer Richtlinie zur Behandlung von Sicherheitsvorfällen *Basis*

Verantwortliche Rolle: Informationssicherheitsbeauftragter (ISB)

M	Es MUSS eine Richtlinie zur Behandlung von Sicherheitsvorfällen erstellt werden.	ja	tw	n
M	Darin MÜSSEN der Zweck und das Ziel der Richtlinie definiert sowie alle Aspekte der Sicherheitsvorfallbehandlung geregelt werden.	ja	tw	n
M	So MÜSSEN Verhaltensregeln für die verschiedenen Arten von Sicherheitsvorfällen beschrieben sein.	ja	tw	n
M	Zusätzlich MUSS es für alle Mitarbeiter zielgruppenorientierte und praktisch anwendbare Handlungsanweisungen geben.	ja	tw	n
S	Weiterhin SOLLTEN die Schnittstellen zu anderen Managementbereichen berücksichtigt werden, z.B. zum Notfallmanagement.	ja	tw	n
M	Die Richtlinie MUSS allen Mitarbeitern bekannt sein.	ja	tw	n
M	Sie MUSS mit der IT-Leitung oder dem IT-Betrieb abgestimmt und durch die Institutionsleitung verabschiedet sein.	ja	tw	n
M	Die Richtlinie MUSS regelmäßig geprüft und aktualisiert werden.	ja	tw	n

Notizen:

A3 Festlegung von Verantwortlichkeiten und Ansprechpartnern bei Sicherheitsvorfällen *Basis*

Verantwortliche Rolle: Leiter IT

M	Es MUSS geregelt werden, wer bei auftretenden Sicherheitsvorfällen für was verantwortlich ist.	ja	tw	n
M	Für alle Mitarbeiter MÜSSEN die Aufgaben und Kompetenzen bei Sicherheitsvorfällen festgelegt werden.	ja	tw	n
M	Auch Mitarbeiter, die Sicherheitsvorfälle bearbeiten sollen, MÜSSEN über ihre Aufgaben und Kompetenzen unterrichtet werden.	ja	tw	n
M	Dabei MUSS geregelt sein, wer die mögliche Entscheidung für eine forensische Untersuchung trifft, nach welchen Kriterien diese vorgenommen wird und wann sie erfolgen soll.	ja	tw	n
M	Die Ansprechpartner für alle Arten von Sicherheitsvorfällen MÜSSEN den Mitarbeiten bekannt sein.	ja	tw	n
M	Kontaktinformationen MÜSSEN immer aktuell sein und in praktikabler Form vorliegen.	ja	tw	n

Notizen:

A4 Benachrichtigung betroffener Stellen bei Sicherheitsvorfällen *Basis*

Verantwortliche Rolle: Leiter IT, Notfallbeauftragter, Pressestelle, Datenschutzbeauftragter, Institutionsleitung

M	Von einem Sicherheitsvorfall MÜSSEN alle betroffenen internen und externen Stellen zeitnah informiert werden.	ja	tw	n
M	Dabei MUSS geprüft werden, ob der Datenschutzbeauftragte, der Betriebsrat/Personalrat sowie Mitarbeiter aus der Rechtsabteilung einbezogen werden müssen.	ja	tw	n
M	Ebenso MÜSSEN die Meldepflichten für Behörden und regulierte Branchen berücksichtigt werden.	ja	tw	n
M	Außerdem MUSS gewährleistet sein, dass betroffene Stellen über die erforderlichen Maßnahmen informiert werden.	ja	tw	n

Notizen:

DER Detektion und Reaktion

A5		**Behebung von Sicherheitsvorfällen**			*Basis*
		Verantwortliche Rolle: Leiter IT, IT-Betrieb			
	M	Damit ein Sicherheitsvorfall erfolgreich behoben werden kann, MUSS der Verantwortliche zunächst das Problem eingrenzen und die Ursache finden.	ja	tw	n
	M	Danach MUSS er die erforderlichen Maßnahmen zur Behebung auswählen und sich eine Freigabe vom Leiter IT holen, bevor er sie umsetzt.	ja	tw	n
	M	Anschließend MUSS die Ursache beseitigt und ein sicherer Zustand hergestellt (siehe DER.2.1.A6 Wiederherstellung der Betriebsumgebung nach Sicherheitsvorfällen) werden.	ja	tw	n
	M	Es MUSS eine aktuelle Liste von internen und externen Sicherheitsexperten vorhanden sein, die bei Sicherheitsvorfällen für Fragen aus den verschiedenen erforderlichen Themenbereichen hinzugezogen werden können.	ja	tw	n
	M	Es MÜSSEN sichere Kommunikationsverfahren mit diesen internen und externen Stellen etabliert werden.	ja	tw	n

Notizen:

A6		**Wiederherstellung der Betriebsumgebung nach Sicherheitsvorfällen**			*Basis*
		Verantwortliche Rolle: Leiter IT, IT-Betrieb			
	M	Um die Auswirkungen der Sicherheitsvorfälle zu beseitigen, MÜSSEN die betroffenen Komponenten vom Netz genommen und alle erforderlichen Daten gesichert werden, die Aufschluss über die Art und Ursache des aufgetretenen Problems geben könnten.	ja	tw	n
	M	Auf allen betroffenen Komponenten MÜSSEN das Betriebssystem und alle Applikationen auf Veränderungen untersucht werden.	ja	tw	n
	M	Die Originaldaten MÜSSEN von schreibgeschützten Datenträgern wieder eingespielt werden.	ja	tw	n
	M	Dabei MÜSSEN alle sicherheitsrelevanten Konfigurationen und Patches mit aufgespielt werden.	ja	tw	n
	M	Wenn Daten aus Datensicherungen wieder eingespielt werden, MUSS sichergestellt sein, dass diese vom Sicherheitsvorfall nicht betroffen waren.	ja	tw	n
	M	Vor der Wiederinbetriebnahme nach einem Angriff MÜSSEN alle Passwörter auf den betroffenen Komponenten geändert werden.	ja	tw	n
	S	Die betroffenen Komponenten SOLLTEN einem Penetrationstest unterzogen werden, bevor sie wieder eingesetzt werden.	ja	tw	n
	M	Bei der Wiederherstellung der sicheren Betriebsumgebung MÜSSEN die Benutzer in die Anwendungsfunktionstests einbezogen werden.	ja	tw	n
	M	Nachdem alles wiederhergestellt wurde, MÜSSEN die Komponenten inklusive der Netzübergänge gezielt überwacht werden, um erneute Angriffsversuche feststellen zu können.	ja	tw	n
	M	Wird auf externe Dienstleister zurückgegriffen, um Störungen zu beheben, MUSS geregelt werden, welche Informationen über den Sicherheitsvorfall wem zugänglich gemacht werden.	ja	tw	n

Notizen:

A7	**Etablierung einer Vorgehensweise zur Behandlung von Sicherheitsvorfällen**				*Standard*
	Verantwortliche Rolle: Informationssicherheitsbeauftragter (ISB)				
S	Damit Institutionen angemessen auf Sicherheitsvorfälle reagieren können, SOLLTE eine geeignete Vorgehensweise zur Behandlung von Sicherheitsvorfällen definiert werden.	ja	tw	n	
S	Die Abläufe, Prozesse und Vorgaben für die verschiedenen Sicherheitsvorfälle SOLLTEN dabei eindeutig geregelt und geeignet dokumentiert werden.	ja	tw	n	
S	Die Institutionsleitung SOLLTE die fertige Vorgehensweise in Kraft setzen und veröffentlichen.	ja	tw	n	
S	Die Vorgehensweise SOLLTE regelmäßig geprüft und aktualisiert werden.	ja	tw	n	

Notizen:

A8	**Aufbau von Organisationsstrukturen zur Behandlung von Sicherheitsvorfällen**				*Standard*
	Verantwortliche Rolle: Informationssicherheitsbeauftragter (ISB)				
S	Für den Umgang mit Sicherheitsvorfällen SOLLTEN geeignete Organisationsstrukturen festgelegt werden.	ja	tw	n	
S	So SOLLTE ein Sicherheitsvorfall-Team aufgebaut werden, dessen Mitglieder je nach Art des Vorfalls einberufen werden können.	ja	tw	n	
S	Auch wenn das Sicherheitsvorfall-Team nur für einen konkreten Sicherheitsvorfall zusammentritt, SOLLTEN bereits im Vorfeld geeignete Mitglieder benannt und in ihre Aufgaben eingewiesen sein.	ja	tw	n	
S	Der Aufbau des Sicherheitsvorfall-Teams SOLLTE regelmäßig aktualisiert werden.	ja	tw	n	

Notizen:

A9	**Festlegung von Meldewegen für Sicherheitsvorfälle**				*Standard*
	Verantwortliche Rolle: Leiter IT				
S	Für die verschiedenen Arten von Sicherheitsvorfällen SOLLTEN die jeweils passenden Meldewege aufgebaut sein.	ja	tw	n	
S	Es SOLLTE dabei sichergestellt sein, dass Mitarbeiter Sicherheitsvorfälle über verlässliche und vertrauenswürdige Kanäle schnell und einfach melden können.	ja	tw	n	
S	Wird eine zentrale Anlaufstelle für die Meldung von Störungen oder Sicherheitsvorfällen eingerichtet, SOLLTE auch das an alle Mitarbeiter kommuniziert werden.	ja	tw	n	
S	Es SOLLTE eine Kommunikations- und Kontaktstrategie vorliegen.	ja	tw	n	
S	Darin SOLLTE geregelt sein, wer grundsätzlich informiert werden muss und wer informiert werden darf, durch wen das in welcher Reihenfolge erfolgt und in welcher Tiefe informiert wird.	ja	tw	n	
S	Es SOLLTE definiert sein, wer Informationen über Sicherheitsvorfälle an Dritte weitergibt.	ja	tw	n	
S	Ebenso SOLLTE sichergestellt sein, dass keine unautorisierten Personen Informationen über den Sicherheitsvorfall weitergeben.	ja	tw	n	

Notizen:

DER Detektion und Reaktion

A10 Eindämmen der Auswirkung von Sicherheitsvorfällen *Standard*
Verantwortliche Rolle: Leiter IT, Notfallbeauftragter, IT-Betrieb

- S Parallel zur Analyse der Ursachen eines Sicherheitsvorfalls SOLLTE entschieden werden, ob es wichtiger ist, den aufgetretenen Schaden einzudämmen oder ihn aufzuklären. — ja tw n
- S Um die Auswirkung eines Sicherheitsvorfalls abschätzbar zu machen, SOLLTEN ausreichend Informationen vorliegen. — ja tw n
- S Für ausgewählte Sicherheitsvorfallsszenarien SOLLTEN bereits im Vorfeld Worst-Case-Betrachtungen durchgeführt werden. — ja tw n

Notizen:

A11 Einstufung von Sicherheitsvorfällen *Standard*
Verantwortliche Rolle: Leiter IT, IT-Betrieb

- S Es SOLLTE ein einheitliches Verfahren festgelegt werden, um Sicherheitsvorfälle und Störungen einzustufen. — ja tw n
- S Das Einstufungsverfahren für Sicherheitsvorfälle SOLLTE zwischen Sicherheitsmanagement und der Störungs- und Fehlerbehebung (Incident Management) abgestimmt sein. — ja tw n

Notizen:

A12 Festlegung der Schnittstellen der Sicherheitsvorfallbehandlung zur Störungs- und Fehlerbehebung *Standard*
Verantwortliche Rolle: Notfallbeauftragter

- S Die Schnittstellen zwischen Störungs- und Fehlerbehebung, Notfallmanagement und Sicherheitsmanagement SOLLTEN analysiert werden. — ja tw n
- S Dabei SOLLTEN auch eventuell gemeinsam benutzbare Ressourcen identifiziert werden. — ja tw n
- S Die bei der Störungs- und Fehlerbehebung beteiligten Mitarbeiter SOLLTEN für Belange der Sicherheitsvorfallbehandlung sowie des Notfallmanagements sensibilisiert werden. — ja tw n
- S Das Sicherheitsmanagement SOLLTE lesenden Zugriff auf eingesetzte Incident-Management-Werkzeuge haben. — ja tw n

Notizen:

A13 Einbindung in das Sicherheits- und Notfallmanagement *Standard*
Verantwortliche Rolle: Notfallbeauftragter

- S Als Teil des Sicherheitsmanagements SOLLTE die Behandlung von Sicherheitsvorfällen in der Sicherheitsleitlinie bzw. im Sicherheitskonzept der Institution geregelt werden. — ja tw n
- S Die Behandlung von Sicherheitsvorfällen SOLLTE außerdem mit dem Notfallmanagement abgestimmt werden. — ja tw n
- S Falls es in der Institution eine spezielle Rolle für Störungs- und Fehlerbehebung gibt, SOLLTE auch diese mit einbezogen werden. — ja tw n

Notizen:

A14 Eskalationsstrategie für Sicherheitsvorfälle *Standard*
Verantwortliche Rolle: Leiter IT

S	Über die Kommunikations- und Kontaktstrategie (siehe DER.2.1.A9 Festlegung von Meldewegen für Sicherheitsvorfälle) hinaus SOLLTE eine Eskalationsstrategie formuliert werden.	ja	tw	n
S	Diese SOLLTE zwischen den Verantwortlichen für Störungs- und Fehlerbehebung und dem Informationssicherheitsmanagement abgestimmt werden.	ja	tw	n
S	Die Eskalationsstrategie SOLLTE eindeutige Handlungsanweisungen enthalten, wer auf welchem Wege bei welcher Art von erkennbaren oder vermuteten Sicherheitsstörungen in welchem Zeitraum zu involvieren ist.	ja	tw	n
S	Es SOLLTE geregelt sein, zu welchen Maßnahmen eine Eskalation führt und welche Aktivitäten ausgelöst werden sollen.	ja	tw	n
S	Für die festgelegte Eskalationsstrategie SOLLTEN geeignete Werkzeuge ausgewählt werden.	ja	tw	n
S	Diese SOLLTEN auch für vertrauliche Informationen geeignet sein.	ja	tw	n
S	Es SOLLTE sichergestellt sein, dass die Werkzeuge auch während eines Sicherheitsvorfalls bzw. Notfalls verfügbar sind.	ja	tw	n
S	Die Eskalationsstrategie SOLLTE regelmäßig überprüft und gegebenenfalls aktualisiert werden.	ja	tw	n
S	Die Checklisten (Matching Szenarios) für Störungs- und Fehlerbehebung SOLLTEN regelmäßig um sicherheitsrelevante Themen ergänzt bzw. aktualisiert werden.	ja	tw	n
S	Die festgelegten Eskalationswege SOLLTEN in Übungen erprobt werden.	ja	tw	n

Notizen:

A15 Schulung der Mitarbeiter der zentralen Anlaufstelle des IT-Betriebs zur Behandlung von Sicherheitsvorfällen *Standard*
Verantwortliche Rolle: Leiter IT

S	Die Mitarbeiter des Service Desk SOLLTEN die Richtlinien für die Behandlung von Sicherheitsvorfällen kennen.	ja	tw	n
S	Ihnen SOLLTEN geeignete Hilfsmittel zur Verfügung stehen, damit sie solche Vorfälle erkennen können.	ja	tw	n
S	Sie SOLLTEN in deren Bedienung ausreichend geschult sein.	ja	tw	n
S	Die Mitarbeiter des Service Desk SOLLTEN den Schutzbedarf der betroffenen Systeme kennen.	ja	tw	n
S	Die Checklisten des Service Desk SOLLTEN auch Fragen beinhalten, um Sicherheitsvorfälle identifizieren zu können.	ja	tw	n

Notizen:

DER Detektion und Reaktion

A16 Dokumentation der Behandlung von Sicherheitsvorfällen *Standard*

Verantwortliche Rolle: Informationssicherheitsbeauftragter (ISB)

S	Die Behebung von Sicherheitsvorfällen SOLLTE nach einem standardisierten Verfahren dokumentiert werden.	ja	tw	n
S	Es SOLLTEN sowohl alle durchgeführten Aktionen inklusive der Zeitpunkte, als auch die Protokolldaten der betroffenen Komponenten dokumentiert werden.	ja	tw	n
S	Dabei SOLLTE die Vertraulichkeit bei der Dokumentation und Archivierung der Berichte gewährleistet sein.	ja	tw	n
S	Die benötigten Informationen SOLLTEN in die jeweiligen Dokumentationssysteme eingepflegt werden, bevor die Störung als beendet und als abgeschlossen markiert wird.	ja	tw	n
S	Dafür SOLLTEN die erforderlichen Qualitätssicherungsanforderungen im Vorfeld mit dem Sicherheitsmanagement definiert werden.	ja	tw	n

Notizen:

A17 Nachbereitung von Sicherheitsvorfällen *Standard*

Verantwortliche Rolle: Informationssicherheitsbeauftragter (ISB)

S	Sicherheitsvorfälle SOLLTEN standardisiert nachbereitet werden.	ja	tw	n
S	Dabei SOLLTE untersucht werden, wie schnell Sicherheitsvorfälle erkannt und behoben wurden, ob die Meldewege funktionierten, ausreichend Informationen für die Bewertung verfügbar und ob die Detektionsmaßnahmen wirksam waren.	ja	tw	n
S	Ebenso SOLLTE geprüft werden, ob die ergriffenen Maßnahmen und Aktivitäten wirksam und effizient waren.	ja	tw	n
S	Die Erfahrungen aus vergangenen Sicherheitsvorfällen SOLLTEN genutzt werden, um daraus Handlungsanweisungen für vergleichbare Sicherheitsvorfälle zu erstellen.	ja	tw	n
S	Diese Handlungsanweisungen SOLLTEN den relevanten Personengruppen bekanntgegeben und auf Basis neuer Erkenntnisse regelmäßig aktualisiert werden.	ja	tw	n
S	Außerdem SOLLTE die Leitungsebene jährlich über die Sicherheitsvorfälle unterrichtet werden.	ja	tw	n
S	Allerdings SOLLTE die Leitungsebene gleich unterrichtet werden, wenn es sofortigen Handlungsbedarf gibt.	ja	tw	n

Notizen:

A18 Weiterentwicklung der Prozesse durch Erkenntnisse aus Sicherheitsvorfällen und Branchenentwicklungen *Standard*

Verantwortliche Rolle: Fachverantwortliche

S	Die Reaktionen auf Sicherheitsvorfälle SOLLTEN analysiert und daraufhin untersucht werden, ob die Prozesse und Abläufe geändert oder weiterentwickelt werden müssen.	ja	tw	n
S	Dabei SOLLTEN sowohl die in Reaktionen auf Sicherheitsvorfälle involvierten als auch die zuständigen Beteiligten über ihre jeweiligen Erfahrungen berichten.	ja	tw	n
S	Es SOLLTE geprüft werden, ob neue Entwicklungen im Incident Management und in der Forensik existieren und in die jeweiligen Dokumente und in die Abläufe eingebracht werden können.	ja	tw	n
S	Werden Hilfsmittel und Checklisten, z.B. für Service-Desk-Mitarbeiter, eingesetzt, SOLLTE geprüft werden, ob diese um erforderliche relevante Fragestellungen und Informationen zu erweitern sind.	ja	tw	n

Notizen:

A19 Festlegung von Prioritäten für die Behandlung von Sicherheitsvorfällen

Verantwortliche Rolle: Informationssicherheitsbeauftragter (ISB)

Hoch
C I A

		C	I	A
S	Um die Ursachen von Sicherheitsvorfällen und die entstandenen Schäden effizient und in einer sinnvollen Reihenfolge beheben zu können, SOLLTEN die Prioritäten vorab festgelegt und regelmäßig aktualisiert werden.	ja	tw	n
S	Dabei SOLLTE auch die vorgenommene Einstufung von Sicherheitsvorfällen berücksichtigt werden (siehe DER.2.1.A11 Einstufung von Sicherheitsvorfällen).	ja	tw	n
S	Die Prioritäten SOLLTEN von der Institutionsleitung genehmigt und in Kraft gesetzt werden.	ja	tw	n
S	Sie SOLLTEN allen Entscheidungsträgern bekannt sein, die mit der Behandlung von Sicherheitsvorfällen zu tun haben.	ja	tw	n
S	Die festgelegten Prioritätsklassen SOLLTEN außerdem im Incident Management hinterlegt sein.	ja	tw	n

Notizen:

A20 Einrichtung einer internen Meldestelle für Sicherheitsvorfälle

Verantwortliche Rolle: Informationssicherheitsbeauftragter (ISB)

Hoch
C I A

		C	I	A
S	Es SOLLTE eine interne Stelle zur Meldung von Sicherheitsvorfällen eingerichtet werden.	ja	tw	n
S	Es SOLLTE gewährleistet sein, dass die Meldestelle zu den üblichen Arbeitszeiten erreichbar ist.	ja	tw	n
S	Allerdings SOLLTE es zusätzlich möglich sein, dass Sicherheitsvorfälle auch außerhalb der üblichen Arbeitszeiten von Mitarbeitern gemeldet werden können.	ja	tw	n
S	Die Mitarbeiter der Meldestelle SOLLTEN ausreichend geschult und für die Belange der Informationssicherheit sensibilisiert sein.	ja	tw	n
S	Alle Informationen über Sicherheitsvorfälle SOLLTEN bei der Meldestelle vertraulich behandelt werden.	ja	tw	n

Notizen:

DER Detektion und Reaktion

A21 Einrichtung eines Expertenteams für die Behandlung von Sicherheitsvorfällen *Hoch*

Verantwortliche Rolle: Informationssicherheitsbeauftragter (ISB) **C I A**

S	Um Sicherheitsvorfälle durch den gesamten Lebenszyklus des Sicherheitsvorfallbehandlungsprozesses kompetent begleiten zu können, SOLLTE hierfür ein Team mit erfahrenen und vertrauenswürdigen Spezialisten zusammengestellt werden.	ja	tw	n
S	Neben dem technischen Verständnis SOLLTEN die Teammitglieder auch Kompetenzen in der Kommunikationsfähigkeit besitzen.	ja	tw	n
S	Die Vertrauenswürdigkeit der Mitglieder des Expertenteams SOLLTE überprüft werden.	ja	tw	n
S	Der Aufbau des Expertenteams SOLLTE regelmäßig aktualisiert werden.	ja	tw	n
S	Die Mitglieder des Expertenteams SOLLTEN in die Eskalations- und Meldewege eingebunden sein.	ja	tw	n
S	Das Expertenteam SOLLTE für die Analyse von Sicherheitsvorfällen an den in der Institution eingesetzten Systemen ausgebildet werden.	ja	tw	n
S	Die Mitglieder des Expertenteams SOLLTEN sich regelmäßig weiterbilden, sowohl zu den eingesetzten Systemen als auch zu Detektion und Reaktion auf Sicherheitsvorfälle.	ja	tw	n
S	Dem Expertenteam SOLLTEN alle vorhandenen Dokumentationen sowie finanzielle und technische Ressourcen zur Verfügung stehen, um Sicherheitsvorfälle schnell und diskret zu behandeln.	ja	tw	n
S	Das Expertenteam SOLLTE in geeigneter Weise in den Organisationsstrukturen berücksichtigt und in diese integriert werden (siehe DER.2.1.A8 Aufbau von Organisationsstrukturen zur Behandlung von Sicherheitsvorfällen).	ja	tw	n
S	Die Verantwortlichkeiten des Expertenteams SOLLTEN vorher mit denen des Sicherheitsvorfall-Teams abgestimmt werden (siehe DER.2.1.A3 Festlegung von Verantwortlichkeiten und Ansprechpartnern bei Sicherheitsvorfällen).	ja	tw	n

Notizen:

A22 Überprüfung des Managementsystems zur Behandlung von Sicherheitsvorfällen *Hoch*

Verantwortliche Rolle: Informationssicherheitsbeauftragter (ISB) **C I A**

S	Das Managementsystem zur Behandlung von Sicherheitsvorfällen SOLLTE regelmäßig geprüft werden, ob es noch aktuell und wirksam ist.	ja	tw	n
S	Dazu SOLLTEN sowohl angekündigte als auch unangekündigte Übungen durchgeführt werden.	ja	tw	n
S	Die Übungen SOLLTEN vorher mit der Leitungsebene abgestimmt sein.	ja	tw	n
S	Es SOLLTEN die Messgrößen ausgewertet werden, die beispielsweise anfallen, wenn Sicherheitsvorfälle aufgenommen, gemeldet und eskaliert werden.	ja	tw	n
S	Außerdem SOLLTEN Planspiele zur Behandlung von Sicherheitsvorfällen durchgeführt werden, um die notwendige Praxis zu fördern.	ja	tw	n

Notizen:

DER.2.2 Vorsorge für die IT-Forensik

A1 Prüfung rechtlicher und regulatorischer Rahmenbedingungen zur Erfassung und Auswertbarkeit *Basis*

Verantwortliche Rolle: Datenschutzbeauftragter, Institutionsleitung

M	Werden Daten für forensische Untersuchungen erfasst und ausgewertet, MÜSSEN alle rechtlichen und regulatorischen Rahmenbedingungen identifiziert und eingehalten werden, siehe ORP.5 Compliance Management (Anforderungsmanagement).	ja	tw	n
M	Auch DARF NICHT gegen interne Regelungen und Mitarbeitervereinbarungen verstoßen werden.	ja	tw	n
M	Im Einzelfall kann es jedoch notwendig sein, das Interesse der Institution gegen das der Mitarbeiter abzuwägen. Dabei MUSS der Betriebs- oder Personalrat sowie der Datenschutzbeauftragte einbezogen werden.	ja	tw	n

Notizen:

A2 Erstellung eines Leitfadens für Erstmaßnahmen bei einem IT-Sicherheitsvorfall *Basis*

Verantwortliche Rolle: Informationssicherheitsbeauftragter (ISB)

M	Es MUSS ein Leitfaden erstellt werden, der für die eingesetzten IT-Systeme beschreibt, welche Erstmaßnahmen bei einem IT-Sicherheitsvorfall durchgeführt werden müssen, um möglichst wenig Spuren zu zerstören.	ja	tw	n
M	Darin MUSS auch beschrieben sein, durch welche Handlungen potenzielle Spuren vernichtet werden können und wie sich das vermeiden lässt.	ja	tw	n

Notizen:

A3 Vorauswahl von Forensik-Dienstleistern *Basis*

Verantwortliche Rolle: Informationssicherheitsbeauftragter (ISB)

M	Verfügt eine Institution nicht über ein eigenes Forensik-Team, MÜSSEN bereits in der Vorbereitungsphase mögliche geeignete Forensik-Dienstleister identifiziert werden.	ja	tw	n
M	Welche Forensik-Dienstleister infrage kommen, MUSS dokumentiert werden.	ja	tw	n

Notizen:

A4 Festlegung von Schnittstellen zum Krisen- und Notfallmanagement *Standard*

Verantwortliche Rolle: Informationssicherheitsbeauftragter (ISB)

S	Die Schnittstellen zwischen IT-forensischen Untersuchungen und dem Krisen- und Notfallmanagement SOLLTEN definiert und dokumentiert werden.	ja	tw	n
S	Hierzu SOLLTE geregelt werden, welche Mitarbeiter für was verantwortlich sind und wie mit ihnen kommuniziert werden soll.	ja	tw	n
S	Darüber hinaus SOLLTE sichergestellt werden, dass Ansprechpartner erreichbar sind.	ja	tw	n

Notizen:

A5 Erstellung eines Leitfadens für Beweissicherungsmaßnahmen bei IT-Sicherheitsvorfällen
Standard

Verantwortliche Rolle: Informationssicherheitsbeauftragter (ISB)

S	Es SOLLTE ein Leitfaden erstellt werden, in dem beschrieben wird, wie Beweise gesichert werden sollen.	ja	tw	n
S	Darin SOLLTEN Vorgehensweisen, technische Werkzeuge, rechtliche Rahmenbedingungen und Dokumentationsvorgaben aufgeführt werden.	ja	tw	n

Notizen:

A6 Schulung des Personals für die Umsetzung der forensischen Sicherung
Standard

Verantwortliche Rolle: Informationssicherheitsbeauftragter (ISB)

S	Alle verantwortlichen Mitarbeiter SOLLTEN wissen, wie sie Spuren korrekt sichern und Forensik-Werkzeuge richtig einsetzen.	ja	tw	n
S	Dafür SOLLTEN geeignete Schulungen angeboten werden.	ja	tw	n

Notizen:

A7 Auswahl von Forensik-Werkzeugen
Standard

Verantwortliche Rolle: Informationssicherheitsbeauftragter (ISB)

S	Es SOLLTE sichergestellt werden, dass Werkzeuge, mit denen Spuren forensisch gesichert und analysiert werden, auch dafür geeignet sind.	ja	tw	n
S	Bevor ein Forensik-Werkzeug eingesetzt wird, SOLLTE zudem geprüft werden, ob es richtig funktioniert.	ja	tw	n
S	Auch SOLLTE überprüft und dokumentiert werden, dass es nicht manipuliert wurde.	ja	tw	n

Notizen:

A8 Auswahl und Reihenfolge der zu sichernden Beweismittel
Standard

Verantwortliche Rolle: Ermittlungsleiter

S	Eine forensische Untersuchung SOLLTE immer damit beginnen, die Ziele bzw. den Arbeitsauftrag zu definieren.	ja	tw	n
S	Die Ziele SOLLTEN möglichst konkret formuliert sein.	ja	tw	n
S	Danach SOLLTEN alle notwendigen Datenquellen identifiziert werden.	ja	tw	n
S	Auch SOLLTE festgelegt werden, in welcher Reihenfolge die Daten gesichert werden und wie genau dabei vorgegangen werden soll.	ja	tw	n
S	Die Reihenfolge SOLLTE sich danach richten, wie flüchtig (volatil) die zu sichernden Daten sind.	ja	tw	n
S	So SOLLTEN schnell flüchtige Daten zeitnah gesichert werden.	ja	tw	n
S	Erst danach SOLLTEN beispielsweise Festspeicherinhalte und schließlich Backups folgen.	ja	tw	n

Notizen:

A9	**Vorauswahl forensisch relevanter Daten**			*Standard*
	Verantwortliche Rolle: Ermittlungsleiter			
S	Es SOLLTE festgelegt werden, welche sekundären Daten (z.B. Logdaten oder Verkehrsmitschnitte) auf welche Weise und wie lange im Rahmen der rechtlichen Rahmenbedingungen für mögliche forensische Beweissicherungsmaßnahmen vorgehalten werden.	ja	tw	n

Notizen:

A10	**IT-forensische Sicherung von Beweismitteln**			*Standard*
	Verantwortliche Rolle: Ermittler, Ermittlungsleiter			
S	Um Beweismittel zu sichern, SOLLTEN möglichst die kompletten Datenträger forensisch dupliziert werden.	ja	tw	n
S	Wenn das nicht möglich ist, z.B. bei flüchtigen Daten im RAM oder in SAN-Partitionen, SOLLTE eine Methode gewählt werden, die möglichst wenig Daten verändert.	ja	tw	n
S	Um nachweisen zu können, dass die Daten integer sind, SOLLTEN die Originaldatenträger versiegelt aufbewahrt werden.	ja	tw	n
S	Existieren kryptografische Prüfsummen von forensischen Kopien oder Originalen, kann die Integrität auch darüber nachgewiesen werden. Dazu SOLLTEN die schriftlich dokumentierten kryptografischen Prüfsummen von den Datenträgern getrennt und in mehreren Kopien aufbewahrt werden.	ja	tw	n
S	Zudem SOLLTE sichergestellt sein, dass die so dokumentierten Prüfsummen nicht verändert werden können.	ja	tw	n
S	Damit die Daten gerichtlich verwertbar sind, SOLLTE ein Zeuge bestätigen, wie dabei vorgegangen wurde und die erstellen Prüfsummen beglaubigen.	ja	tw	n
S	Es SOLLTE ausschließlich geschultes Personal (siehe DER.2.2.A6 Schulung des Personals für die Umsetzung der forensischen Sicherung) oder ein Forensik-Dienstleister (siehe DER.2.2.A3 Vorauswahl von Forensik-Dienstleistern) eingesetzt werden, um Beweise forensisch zu sichern.	ja	tw	n

Notizen:

A11	**Dokumentation der Beweissicherung**			*Standard*
	Verantwortliche Rolle: Ermittler, Ermittlungsleiter			
S	Wenn Beweise forensisch gesichert werden, SOLLTEN alle dafür durchgeführten Schritte dokumentiert werden.	ja	tw	n
S	Die Dokumentation SOLLTE lückenlos nachweisen, wie mit den gesicherten Originalbeweismitteln umgegangen wurde.	ja	tw	n
S	Auch SOLLTE dokumentiert werden, welche Methoden eingesetzt wurden und warum sich die Verantwortlichen dafür entschieden haben.	ja	tw	n

Notizen:

DER Detektion und Reaktion

A12 Sichere Verwahrung von Originaldatenträgern und Beweismitteln   *Standard*
   Verantwortliche Rolle: Ermittler, Ermittlungsleiter

   S   Alle sichergestellten Originaldatenträger SOLLTEN physisch so gelagert werden, dass nur   ja   tw   n
       ermittelnde und namentlich bekannte Mitarbeiter darauf zugreifen können.
   S   Wenn Originaldatenträger und Beweismittel eingelagert werden, SOLLTE festgelegt werden,   ja   tw   n
       wie lange sie aufzubewahren sind.
   S   Nachdem die Frist abgelaufen ist, SOLLTE geprüft werden, ob die Datenträger und Beweise   ja   tw   n
       noch weiter aufbewahrt werden müssen.
   S   Nach der Aufbewahrungsfrist SOLLTEN Beweismittel sicher gelöscht oder vernichtet und   ja   tw   n
       Originaldatenträger zurückgegeben werden.

Notizen:

A13 Rahmenverträge mit externen Dienstleistern   *Hoch*
   Verantwortliche Rolle: Informationssicherheitsbeauftragter (ISB)   **C I A**

   S   Damit IT-Sicherheitsvorfälle schneller forensisch untersucht werden können, SOLLTE die Ins-   ja   tw   n
       titution Abrufvereinbarungen bzw. Rahmenverträge mit Forensik-Dienstleistern abschlie-
       ßen.

Notizen:

A14 Festlegung von Standardverfahren für die Beweissicherung   *Hoch*
   Verantwortliche Rolle: Informationssicherheitsbeauftragter (ISB)   **C I A**

   S   Für Anwendungen, IT-Systeme bzw. IT-Systemgruppen mit hohem Schutzbedarf sowie für   ja   tw   n
       verbreitete Systemkonfigurationen SOLLTEN Standardverfahren erstellt werden, die es erlau-
       ben, flüchtige und nichtflüchtige Daten möglichst vollständig forensisch zu sichern.
   S   Die jeweiligen systemspezifischen Standardverfahren SOLLTEN durch erprobte und mög-   ja   tw   n
       lichst automatisierte Prozesse umgesetzt werden.
   S   Sie SOLLTEN zudem durch Checklisten und technische Hilfsmittel unterstützt werden, z.B.   ja   tw   n
       durch Software, Software-Tools auf mobilen Datenträgern und IT-forensischer Hardware wie
       Schreibblockern.

Notizen:

A15 Durchführung von Übungen zur Beweissicherung   *Hoch*
   Verantwortliche Rolle: Informationssicherheitsbeauftragter (ISB)   **C I A**

   S   Alle an forensischen Analysen beteiligten Mitarbeiter SOLLTEN regelmäßig üben, wie   ja   tw   n
       Beweise bei einem IT-Sicherheitsvorfall zu sichern sind.

Notizen:

DER.2.3 Bereinigung weitreichender Sicherheitsvorfälle

	A1	**Einrichtung eines Leitungsgremiums**			*Basis*
		Verantwortliche Rolle: Informationssicherheitsbeauftragter (ISB)			
M		Um einen APT-Vorfall zu bereinigen, MUSS ein Leitungsgremium eingerichtet werden, das alle notwendigen Aktivitäten plant, koordiniert und überwacht.	ja	tw	n
M		Dem Gremium MÜSSEN alle für die Aufgaben erforderlichen Weisungsbefugnisse übertragen werden.	ja	tw	n
S		Wenn ein solches Leitungsgremium bereits eingerichtet wurde, als der APT-Vorfall detektiert und klassifiziert wurde, SOLLTE dasselbe Gremium auch die Bereinigung planen und leiten.	ja	tw	n
S		Wurde schon ein spezialisierter Forensik-Dienstleister hinzugezogen, um den APT-Vorfall zu analysieren, SOLLTE auch dieser bei der Vorfallsbereinigung miteinbezogen werden.	ja	tw	n
S		Ist die IT zu stark kompromittiert oder sind die notwendigen Bereinigungsmaßnahmen sehr umfangreich, SOLLTE geprüft werden, ob ein Krisenstab eingerichtet werden soll.	ja	tw	n
M		In diesem Fall MUSS das Leitungsgremium die Bereinigungsmaßnahmen überwachen.	ja	tw	n
M		Das Leitungsgremium MUSS dann dem Krisenstab berichten.	ja	tw	n

Notizen:

	A2	**Entscheidung für eine Bereinigungsstrategie**			*Basis*
		Verantwortliche Rolle: Informationssicherheitsbeauftragter (ISB), Leiter IT			
M		Bevor ein APT-Vorfall tatsächlich bereinigt wird, MUSS das Leitungsgremium eine Bereinigungsstrategie festlegen.	ja	tw	n
M		Hierbei MUSS insbesondere entschieden werden, ob die Schadsoftware von kompromittierten IT-Systemen entfernt werden kann, ob IT-Systeme neu installiert werden müssen oder ob IT-Systeme inklusive der Hardware komplett ausgetauscht werden sollen.	ja	tw	n
M		Weiterhin MUSS festgelegt werden, welche IT-Systeme bereinigt werden.	ja	tw	n
M		Grundlage für diese Entscheidungen MÜSSEN die Ergebnisse einer zuvor durchgeführten forensischen Untersuchung sein.	ja	tw	n
S		Es SOLLTEN alle betroffenen IT-Systeme neu installiert werden.	ja	tw	n
M		Danach MÜSSEN die Wiederanlaufpläne der Institution benutzt werden.	ja	tw	n
M		Bevor jedoch Backups wieder eingespielt werden, MUSS durch forensische Untersuchungen sichergestellt sein, dass hierdurch keine manipulierten Daten oder Programme auf das neu installierte IT-System übertragen werden.	ja	tw	n
M		Entscheidet sich eine Institution dagegen, alle IT-Systeme neu zu installieren, MUSS eine gezielte APT-Bereinigung umgesetzt werden.	ja	tw	n
M		Um das Risiko übersehener Hintertüren zu minimieren, MÜSSEN nach der Bereinigung die IT-Systeme gezielt daraufhin überwacht werden, ob sie noch mit dem Angreifer kommunizieren.	ja	tw	n

Notizen:

DER Detektion und Reaktion

	A3	**Isolierung der betroffenen Netzabschnitte**		*Basis*	
		Verantwortliche Rolle: IT-Betrieb			
M		Die von einem APT-Vorfall betroffenen Netzabschnitte MÜSSEN vollständig isoliert werden (Cut-Off).	ja	tw	n
M		Insbesondere DÜRFEN die betroffenen Netzabschnitte NICHT mit dem Internet verbunden sein.	ja	tw	n
M		Um den Angreifer effektiv auszusperren und zu verhindern, dass er seine Spuren verwischt oder noch IT-Systeme sabotiert, MÜSSEN die Netzabschnitte auf einen Schlag isoliert werden.	ja	tw	n
M		Welche Netzabschnitte isoliert werden müssen, MUSS vorher durch eine forensische Analyse bestimmt werden.	ja	tw	n
M		Es MÜSSEN dabei sämtliche betroffenen Abschnitte identifiziert werden.	ja	tw	n
M		Kann das nicht sichergestellt werden, MÜSSEN alle verdächtigen sowie alle auch nur theoretisch infizierten Netzabschnitte isoliert werden.	ja	tw	n
M		Um Netzabschnitte effektiv isolieren zu können, MÜSSEN sämtliche lokalen Internetanschlüsse, z.B. zusätzliche DSL-Anschlüsse in einzelnen Subnetzen, möglichst vollständig erfasst und mitberücksichtigt werden.	ja	tw	n

Notizen:

	A4	**Sperrung und Änderung von Zugangsdaten und kryptografischen Schlüsseln**		*Basis*	
		Verantwortliche Rolle: IT-Betrieb			
M		Da davon ausgegangen werden muss, dass der Angreifer sich sämtliche auf den kompromittierten IT-Systemen vorhandenen Zugangsdaten angeeignet hat, MÜSSEN alle Zugangsdaten geändert werden, nachdem das Netz isoliert wurde.	ja	tw	n
M		Weiterhin MÜSSEN auch zentral verwaltete Zugangsdaten zurückgesetzt werden, z.B. in Active-Directory-Umgebungen oder wenn das Lightweight DirectoryAccess Protocol (LDAP) benutzt wurde.	ja	tw	n
M		Ist der zentrale Authentisierungsserver (Domaincontroller oder LDAP-Server) kompromittiert, MÜSSEN sämtliche dort vorhandenen Zugänge gesperrt und ihre Passwörter ausgetauscht werden.	ja	tw	n
M		Dies MÜSSEN erfahrene Administratoren umsetzen, falls erforderlich mithilfe interner oder externer Forensikexperten.	ja	tw	n
M		Wurden TLS-Schlüssel oder eine interne Certification Authority (CA) durch den APT-Angriff kompromittiert, MÜSSEN entsprechende Schlüssel und Infrastrukturen neu erzeugt und verteilt werden.	ja	tw	n
M		Auch MÜSSEN die kompromittierten Schlüssel zuverlässig gesperrt werden.	ja	tw	n

Notizen:

	A5	**Schließen des initialen Einbruchswegs**		*Basis*	
		Verantwortliche Rolle: IT-Betrieb			
M		Wurde durch eine forensische Untersuchung herausgefunden, dass der Angreifer durch eine technische Schwachstelle in das Netz der Institution eingedrungen ist, MUSS diese Schwachstelle geschlossen werden.	ja	tw	n
M		Konnten die Angreifer die IT-Systeme durch menschliche Fehlhandlungen kompromittieren, MÜSSEN organisatorische, personelle und technische Maßnahmen ergriffen werden, um ähnliche Vorfälle zukünftig zu verhindern.	ja	tw	n

Notizen:

A6 Rückführung in den Produktivbetrieb *Basis*
Verantwortliche Rolle: IT-Betrieb

M	Nachdem das Netz erfolgreich bereinigt wurde, MÜSSEN die IT-Systeme geordnet in den Produktivbetrieb zurückgeführt werden.	ja	tw	n
M	Dabei MÜSSEN sämtliche zuvor angeschafften IT-Systeme und installierten Programme, mit denen der Angriff beobachtet und analysiert wurde, entweder entfernt oder aber in den Produktivbetrieb überführt werden.	ja	tw	n
M	Dasselbe MUSS mit Kommunikations- und Kollaborationssystemen erfolgen, die für die Bereinigung angeschafft wurden.	ja	tw	n
M	Beweismittel und ausgesonderte IT-Systeme MÜSSEN entweder sicher gelöscht bzw. vernichtet oder aber geeignet archiviert werden.	ja	tw	n

Notizen:

A7 Gezielte Systemhärtung *Standard*
Verantwortliche Rolle: IT-Betrieb

S	Nach einem APT-Angriff SOLLTEN alle betroffenen IT-Systeme gehärtet werden.	ja	tw	n
S	Grundlage hierfür SOLLTEN die Ergebnisse der forensischen Untersuchungen sein (siehe DER.2.X IT-Forensische Analysen).	ja	tw	n
S	Zusätzlich SOLLTE erneut geprüft werden, ob die betroffene Umgebung noch sicher ist, z.B. mit den Ergebnissen der ausführlichen forensischen Analysen.	ja	tw	n
S	Wenn möglich, SOLLTEN IT-Systeme bereits während der Bereinigung gehärtet werden.	ja	tw	n
S	Maßnahmen, die sich nicht kurzfristig durchführen lassen, SOLLTEN in einen Maßnahmenplan aufgenommen und mittelfristig umgesetzt werden.	ja	tw	n
S	Der ISB SOLLTE dafür verantwortlich sein, den Plan aufzustellen und zu prüfen, ob er korrekt umgesetzt wurde.	ja	tw	n

Notizen:

A8 Etablierung sicherer, unabhängiger Kommunikationskanäle *Standard*
Verantwortliche Rolle: IT-Betrieb

S	Es SOLLTEN sichere Kommunikationskanäle für das Leitungsgremium und die mit der Bereinigung beauftragen Mitarbeiter etabliert werden.	ja	tw	n
S	Es SOLLTE darauf geachtet werden, dass ein möglichst sicherer Kommunikationskanal ausgewählt wird.	ja	tw	n

Notizen:

A9 Hardwaretausch betroffener IT-Systeme *Hoch*
Verantwortliche Rolle: IT-Betrieb *C I A*

S	Bei IT-Systemen mit hohem Schutzbedarf SOLLTE erwogen werden, nach einem APT-Vorfall die Hardware komplett auszutauschen.	ja	tw	n
S	Auch wenn nach einer Bereinigung bei einzelnen IT-Systemen noch verdächtiges Verhalten beobachtet wird, z.B. unerklärlicher Netzverkehr, SOLLTE das betroffene IT-System ausgetauscht werden.	ja	tw	n

Notizen:

DER Detektion und Reaktion

A10	**Umbauten zur Erschwerung eines erneuten Angriffs durch denselben Angreifer**		*Hoch*		
	Verantwortliche Rolle: IT-Betrieb		**C I**		
S	Damit derselbe Angreifer nicht noch einmal einen APT-Angriff auf die IT-Systeme der Institution durchführen kann, SOLLTE der interne Aufbau der Netzumgebung abgeändert werden.		ja	tw	n
S	Außerdem SOLLTEN Mechanismen etabliert werden, mit denen sich ein wiederkehrender Angreifer schnell detektieren lässt.		ja	tw	n

Notizen:

DER.3 Sicherheitsprüfungen

DER.3.1 Audits und Revisionen

A1	**Definition von Verantwortlichkeiten**		*Basis*		
	Verantwortliche Rolle: Institutionsleitung				
M	Die Institutionsleitung MUSS einen Mitarbeiter benennen, der dafür verantwortlich ist, Audits bzw. Revisionen zu planen und zu initiieren.		ja	tw	n
M	Dabei MUSS darauf geachtet werden, dass keine Interessenskonflikte entstehen, z.B. wenn die eigene Abteilung überprüft werden soll.		ja	tw	n
M	Der Verantwortliche MUSS überwachen, dass die Ergebnisse der Audits und Revisionen bearbeitet werden.		ja	tw	n

Notizen:

A2	**Vorbereitung eines Audits oder einer Revision**		*Basis*		
	Verantwortliche Rolle: Informationssicherheitsbeauftragter (ISB)				
M	Vor einem Audit oder einer Revision MÜSSEN der Prüfgegenstand und die Prüfungsziele festgelegt werden.		ja	tw	n
M	Auch MÜSSEN die betroffenen Ansprechpartner unterrichtet werden.		ja	tw	n
M	Abhängig vom Untersuchungsgegenstand MUSS die Personalvertretung über das geplante Audit oder die geplante Revision informiert werden.		ja	tw	n

Notizen:

A3 Durchführung eines Audits *Basis*

Verantwortliche Rolle: Informationssicherheitsbeauftragter (ISB)

M	Bei einem Audit MUSS geprüft werden, ob die Anforderungen aus Richtlinien, Normen, Standards etc. erfüllt sind.	ja	tw	n
M	Die Anforderungen MÜSSEN der geprüften Institution bekannt sein.	ja	tw	n
M	Ein Audit MUSS eine Dokumentenprüfung sowie eine Vor-Ort-Prüfung beinhalten.	ja	tw	n
M	Beim Vor-Ort-Audit MUSS sichergestellt werden, dass die Auditoren niemals selbst aktiv in IT-Systeme eingreifen und auch keine Handlungsanweisungen zu Änderungen am Prüfgegenstand erteilen.	ja	tw	n
M	Sämtliche Ergebnisse eines Audits MÜSSEN schriftlich dokumentiert und in einem Auditbericht zusammengefasst werden.	ja	tw	n
M	Der Auditbericht MUSS dem Ansprechpartner der Institution zeitnah übermittelt werden.	ja	tw	n

Notizen:

A4 Durchführung einer Revision *Basis*

Verantwortliche Rolle: Informationssicherheitsbeauftragter (ISB)

M	Bei einer Revision MUSS geprüft werden, ob die Anforderungen vollständig, korrekt, angemessen und aktuell umgesetzt sind.	ja	tw	n
M	Festgestellte Abweichungen MÜSSEN, wenn das möglich ist, sofort korrigiert werden.	ja	tw	n
M	Die jeweiligen Revisionen MÜSSEN mit einer Änderungsverfolgung dokumentiert werden.	ja	tw	n

Notizen:

A5 Integration in den Informationssicherheitsprozess *Standard*

Verantwortliche Rolle: Informationssicherheitsbeauftragter (ISB)

S	Es SOLLTEN eine Richtlinie zur internen ISMS-Auditierung und eine Richtlinie zur Lenkung von Korrekturmaßnahmen erstellt werden.	ja	tw	n
S	Die Richtlinien SOLLTEN vorgeben, dass regelmäßige Audits und Revisionen ein Teil des Sicherheitsprozesses sind und durch diesen initiiert werden.	ja	tw	n
S	Außerdem SOLLTE sichergestellt werden, dass die Ergebnisse der Audits und Revisionen in das ISMS zurückfließen und zu dessen Verbesserung beitragen.	ja	tw	n
S	Weiter SOLLTEN die durchgeführten Audits und Revisionen, die Ergebnisse sowie die Aktivitäten zur Mängelbeseitigung und Qualitätsverbesserung in den regelmäßigen Bericht des Informationssicherheitsbeauftragten an die Institutionsleitung aufgenommen werden.	ja	tw	n

Notizen:

A6 Definition der Prüfungsgrundlage und eines einheitlichen Bewertungsschemas *Standard*

Verantwortliche Rolle: Informationssicherheitsbeauftragter (ISB)

S	Es SOLLTE eine einheitliche Prüfgrundlage für Audits festgelegt werden.	ja	tw	n
S	Für die Bewertung der Umsetzung von Anforderungen SOLLTE ein einheitliches Bewertungsschema festgelegt und dokumentiert sein.	ja	tw	n

Notizen:

DER Detektion und Reaktion

A7 Erstellung eines Auditprogramms *Standard*

Verantwortliche Rolle: Informationssicherheitsbeauftragter (ISB)

- S Es SOLLTE ein Auditprogramm für mehrere Jahre aufgestellt werden, das alle durchzuführenden Audits und Revisionen erfasst. — ja tw n
- S Für das Auditprogramm SOLLTEN Ziele definiert werden, die sich insbesondere aus den Institutionszielen sowie den Informationssicherheitszielen ableiten. — ja tw n
- S Für unvorhergesehene Ereignisse SOLLTEN Reserven in der jährlichen Ressourcenplanung vorgesehen werden. — ja tw n
- S Das Auditprogramm SOLLTE einem eigenen kontinuierlichen Verbesserungsprozess unterliegen. — ja tw n

Notizen:

A8 Erstellung einer Revisionsliste *Standard*

Verantwortliche Rolle: Informationssicherheitsbeauftragter (ISB)

- S Es SOLLTEN ein oder mehrere Revisionslisten gepflegt werden, die den aktuellen Stand der Revisionsobjekte sowie die geplanten Revisionen dokumentieren. — ja tw n

Notizen:

A9 Auswahl eines geeigneten Audit- oder Revionsteams *Standard*

Verantwortliche Rolle: Informationssicherheitsbeauftragter (ISB)

- S Es SOLLTE für jedes Audit bzw. für jede Revision ein geeignetes Team zusammengestellt werden. — ja tw n
- S Es SOLLTE ein leitender Auditor (Auditteamleiter) bzw. leitender Revisor benannt werden, der die Gesamtverantwortung für die Durchführung der Audits bzw. der Revisionen trägt. — ja tw n
- S Die Größe des Audit- bzw. Revisionsteams SOLLTE dem Prüfbereich entsprechen. — ja tw n
- S Hierbei SOLLTEN insbesondere die Kompetenzanforderungen der Prüfthemen sowie die Größe und örtliche Verteilung des Prüfbereichs berücksichtigt werden. — ja tw n
- S Die Mitglieder des Audit- bzw. Revisionsteams SOLLTEN angemessen qualifiziert sein. — ja tw n
- S Die Neutralität des Auditteams SOLLTE sichergestellt werden. — ja tw n
- S Darüber hinaus SOLLTEN auch die Revisoren unabhängig sein. — ja tw n
- S Werden externe Dienstleister als Auditoren oder Revisoren eingesetzt, SOLLTEN diese auf ihre Unabhängigkeit überprüft und zur Verschwiegenheit verpflichtet werden. — ja tw n

Notizen:

A10 Erstellung eines Audit- oder Revisionsplans *Standard*
Verantwortliche Rolle: Auditteamleiter

S	Vor einem Audit oder einer größeren Revision SOLLTE der Auditteamleiter bzw. leitende Revisor einen Audit- bzw. Revisionsplan erstellen.	ja	tw	n
S	Bei Audits SOLLTE der Auditplan Teil des abschließenden Auditberichts sein.	ja	tw	n
S	Der Auditplan SOLLTE während des gesamten Audits fortgeschrieben und bei Bedarf angepasst werden.	ja	tw	n
S	Kleinere Revisionen SOLLTEN anhand der Revisionsliste geplant werden.	ja	tw	n
S	Es SOLLTEN genügend Ressourcen für das Audit- bzw. Revisionsteam vorgesehen werden.	ja	tw	n

Notizen:

A11 Kommunikation und Verhalten während der Prüfungen *Standard*
Verantwortliche Rolle: Auditteamleiter

S	Es SOLLTEN klare Regelungen dafür aufgestellt werden, wie das Audit- bzw. Revisionsteam und die Mitarbeiter der zu prüfenden Institution bzw. Abteilung miteinander Informationen austauschen dürfen.	ja	tw	n
S	So SOLLTE durch geeignete Maßnahmen sichergestellt werden, dass die bei einem Audit ausgetauschten Informationen auch vertraulich und integer bleiben.	ja	tw	n
S	Personen, die das Audit begleiten, SOLLTEN NICHT die Prüfungen beeinflussen.	ja	tw	n
S	Zudem SOLLTEN sie zur Vertraulichkeit verpflichtet werden.	ja	tw	n

Notizen:

A12 Durchführung eines Auftaktgesprächs *Standard*
Verantwortliche Rolle: Auditteamleiter

S	Es SOLLTE ein Auftaktgespräch zwischen dem Auditteam bzw. dem Revisionsteam und den betroffenen Ansprechpartnern durchgeführt werden.	ja	tw	n
S	Dabei SOLLTEN das Audit- bzw. Revisionsverfahren erläutert und die Rahmenbedingungen der Vor-Ort-Prüfung abgestimmt und durch die jeweilgen Verantwortlichen bestätigt werden.	ja	tw	n

Notizen:

A13 Sichtung und Prüfung der Dokumente *Standard*
Verantwortliche Rolle: Auditteam

S	Die Dokumentenprüfung im Rahmen von Audits SOLLTE anhand der im Prüfplan festgelegten Anforderungen erfolgen.	ja	tw	n
S	Alle relevanten Dokumente SOLLTEN daraufhin geprüft werden, ob sie aktuell, vollständig und nachvollziehbar sind.	ja	tw	n
S	Die Ergebnisse der Dokumentenprüfung SOLLTEN dokumentiert werden.	ja	tw	n
S	Diese SOLLTEN in die Vor-Ort-Prüfung einfließen, soweit das sinnvoll ist.	ja	tw	n

Notizen:

DER Detektion und Reaktion

A14 Auswahl von Stichproben *Standard*
Verantwortliche Rolle: Auditteam

- S Das Auditteam SOLLTE die Stichproben für die Vor-Ort-Prüfung risikoorientiert auswählen und nachvollziehbar begründen sowie dokumentieren. — ja tw n
- S Wird das Audit auf der Basis von Baustein-Zielobjekten und Maßnahmen durchgeführt, SOLLTEN diese anhand eines vorher definierten Verfahrens ausgewählt werden. — ja tw n
- S Bei der Auswahl von Stichproben SOLLTEN auch die Ergebnisse vorangegangener Audits berücksichtigt werden. — ja tw n

Notizen:

A15 Auswahl von geeigneten Prüfmethoden *Standard*
Verantwortliche Rolle: Auditteam

- S Das Auditteam SOLLTE für die jeweils zu prüfenden Sachverhalte geeignete Methoden benutzen, z.B. Interviews (siehe DER.3.1.A18 Durchführung von Interviews) oder Dokumentenprüfungen. — ja tw n
- S Außerdem SOLLTE darauf geachtet werden, dass alle Prüfungen verhältnismäßig sind. — ja tw n

Notizen:

A16 Ablaufplan der Vor-Ort-Prüfung *Standard*
Verantwortliche Rolle: Auditteam

- S Gemeinsam mit den Ansprechpartnern SOLLTE das Auditteam den Ablaufplan für die Vor-Ort-Prüfung erarbeiten. — ja tw n
- S Die Ergebnisse SOLLTEN im Auditplan dokumentiert werden. — ja tw n

Notizen:

A17 Durchführung der Vor-Ort-Prüfung *Standard*
Verantwortliche Rolle: Auditteam

- S Zu Beginn der Vor-Ort-Prüfung SOLLTE das Auditteam ein Eröffnungsgespräch mit den Verantwortlichen der betroffenen Institution führen. — ja tw n
- S Danach SOLLTEN alle im Prüfplan festgelegten Anforderungen mit den vorgesehenen Prüfmethoden überprüft werden. — ja tw n
- S Weicht eine ausgewählte Stichprobe vom dokumentierten Status ab, SOLLTE die Stichprobe bedarfsorientiert erweitert werden, bis der Sachverhalt geklärt ist. — ja tw n
- S Nach der Prüfung SOLLTE das Auditteam ein Abschlussgespräch führen, in dem kurz die Ergebnisse ohne Bewertung sowie die weitere Vorgehensweise dargestellt werden. — ja tw n
- S Das Gespräch SOLLTE protokolliert werden. — ja tw n

Notizen:

A18 Durchführung von Interviews — *Standard*
Verantwortliche Rolle: Auditteam

S	Interviews SOLLTEN strukturiert erfolgen.	ja	tw	n
S	Fragen SOLLTEN knapp, präzise und leicht verständlich formuliert werden.	ja	tw	n
S	Zudem SOLLTEN geeignete Fragetechniken eingesetzt werden.	ja	tw	n

Notizen:

A19 Überprüfung des Risikobehandlungsplans — *Standard*
Verantwortliche Rolle: Auditteam

S	Das Auditorteam SOLLTE prüfen, ob die verbleibenden Restrisiken für den Informationsverbund angemessen und tragbar sind.	ja	tw	n
S	Er SOLLTE außerdem prüfen, ob sie verbindlich durch die Geschäftsführung getragen werden.	ja	tw	n
M	Maßnahmen, die grundlegend zur Informationssicherheit der gesamten Institution beitragen, DÜRFEN NICHT in die Risikoübernahme einfließen.	ja	tw	n
S	Der Auditor SOLLTE stichprobenartig verifizieren, ob bzw. wie weit die im Risikobehandlungsplan festgelegten Maßnahmen umgesetzt sind.	ja	tw	n

Notizen:

A20 Abschlussbesprechung — *Standard*
Verantwortliche Rolle: Auditteam

S	Das Auditteam SOLLTE mit den jeweiligen Verantwortlichen der auditierten Institution eine Abschlussbesprechung durchführen.	ja	tw	n
S	Darin SOLLTEN die vorläufigen Auditergebnisse dargelegt und die weiteren Tätigkeiten vorgestellt werden.	ja	tw	n

Notizen:

A21 Auswertung der Prüfungen — *Standard*
Verantwortliche Rolle: Auditteam

S	Nach der Vor-Ort-Prüfung SOLLTEN die erhobenen Informationen weiter konsolidiert und ausgewertet werden.	ja	tw	n
S	Nachdem die eventuell nachgeforderten Dokumentationen und zusätzlichen Informationen ausgewertet wurden, SOLLTEN die geprüften Maßnahmen endgültig bewertet werden.	ja	tw	n
S	Um die nachgeforderten Dokumentationen bereitzustellen, SOLLTE ein ausreichendes Zeitfenster gewährt werden.	ja	tw	n
S	Dokumente, die bis zum vereinbarten Enddatum nicht eingegangen sind, SOLLTEN als nicht existent gewertet werden.	ja	tw	n

Notizen:

DER Detektion und Reaktion

A22 Erstellung eines Auditberichts *Standard*
Verantwortliche Rolle: Auditteam

S Das Auditteam SOLLTE die gewonnenen Ergebnisse in einen Auditbericht überführen und dort nachvollziehbar dokumentieren. — ja tw n

S Die Ergebnisse des Audits SOLLTEN den Verantwortlichen in einer Präsentation erläutert werden. — ja tw n

S Die geprüfte Institution SOLLTE sicherstellen, dass alle betroffenen Stellen innerhalb einer angemessenen Frist die für sie wichtigen und notwendigen Passagen des Auditberichts erhalten. — ja tw n

Notizen:

A23 Dokumentation der Revisionsergebnisse *Standard*
Verantwortliche Rolle: Informationssicherheitsbeauftragter (ISB)

S Die Ergebnisse einer Revision SOLLTEN einheitlich dokumentiert werden. — ja tw n

Notizen:

A24 Abschluss des Audits oder der Revision *Standard*
Verantwortliche Rolle: Auditteam

S Nach dem Audit bzw. der Revision SOLLTEN alle relevanten Dokumente, Datenträger und IT-Systeme zurückgegeben oder vernichtet werden. — ja tw n

S Das SOLLTE mit der geprüften Institution abgestimmt werden. — ja tw n

S Aufbewahrungspflichten aus gesetzlichen oder anderen verbindlichen Anforderungen SOLLTEN hierbei entsprechend berücksichtigt werden. — ja tw n

S Weiter SOLLTE der ISB alle für das Audit- oder Revisionsteam genehmigten Zugriffe wieder deaktivieren oder löschen lassen. — ja tw n

S Mit den Auditoren bzw. Revisoren SOLLTE vereinbart werden, wie mit den Ergebnissen umzugehen ist. — ja tw n

S Hierbei SOLLTE auch festgelegt werden, dass die Auditergebnisse nicht ohne Genehmigung der geprüften Institution an andere Institutionen weitergeleitet werden dürfen. — ja tw n

Notizen:

A25 Nachbereitung und Einleitung des Follow-up *Standard*
Verantwortliche Rolle: Informationssicherheitsbeauftragter (ISB)

S Die im Auditbericht oder bei einer Revision festgestellten Abweichungen oder Mängel SOLLTEN in einer angemessenen Zeit abgestellt werden. — ja tw n

S Damit sich der Umsetzungsstatus leicht nachvollziehen lässt, SOLLTEN die durchzuführenden Korrekturmaßnahmen inklusive Zeitpunkt und Zuständigkeiten dokumentiert werden. — ja tw n

S Auch abgeschlossene Korrekturmaßnahmen SOLLTEN dokumentiert werden. — ja tw n

S Dafür SOLLTE im ISMS bereits ein etabliertes Verfahren existieren, das zu benutzen ist. — ja tw n

S Gab es schwerwiegende Abweichungen oder Mängel, SOLLTE das Audit- bzw. Revisionsteam überprüfen, ob die Korrekturmaßnahmen durchgeführt wurden. — ja tw n

Notizen:

A26 Überwachen und Anpassen des Auditprogramms *Standard*

Verantwortliche Rolle: Informationssicherheitsbeauftragter (ISB)

S Das Auditprogramm SOLLTE kontinuierlich überwacht und angepasst werden, sodass Termine, Auditziele, Auditinhalte und die Auditqualität eingehalten werden.   ja   tw   n

S Mithilfe der bestehenden Anforderungen an das Auditprogramm und mit den Ergebnissen der durchgeführten Audits SOLLTE überprüft werden, ob das Auditprogramm angemessen ist.   ja   tw   n

Notizen:

A27 Aufbewahrung und Archivierung von Unterlagen zu Audits und Revisionen *Standard*

Verantwortliche Rolle: Informationssicherheitsbeauftragter (ISB)

S Auditprogramme sowie Unterlagen zu Audits und Revisionen SOLLTEN entsprechend den gesetzlichen oder weiteren regulatorischen Anforderungen nachvollziehbar und revisionssicher abgelegt und aufbewahrt werden.   ja   tw   n

S Dabei SOLLTE sichergestellt werden, dass lediglich berechtigte Personen auf Auditprogramme und Unterlagen (insbesondere Auditberichte) zugreifen können.   ja   tw   n

S Nach Ablauf der Archivierungsfristen SOLLTEN die Auditprogramme und Unterlagen sicher vernichtet werden.   ja   tw   n

Notizen:

A28 Sicherheitsüberprüfung der Auditoren *Hoch*
                                                                                                                C I

Verantwortliche Rolle: Informationssicherheitsbeauftragter (ISB)

S Sofern Auditoren auf besonders schützenswerte Informationen zugreifen müssen, SOLLTEN Nachweise über ihre Integrität und Reputation eingefordert werden.   ja   tw   n

S Handelt es sich dabei um nach Geheimschutz klassifizierte Verschlusssachen, SOLLTEN sich die Mitglieder des Auditteams einer Sicherheitsüberprüfung nach Sicherheitsüberprüfungsgesetz (SÜG) unterziehen.   ja   tw   n

S Diesbezüglich SOLLTE der ISB den Geheimschutzbeauftragten bzw. Sicherheitsbevollmächtigten der Institution einbeziehen.   ja   tw   n

Notizen:

DER.3.2 Revisionen auf Basis des Leitfadens IS-Revision

A1 Benennung von Verantwortlichen für die IS-Revision *Basis*

Verantwortliche Rolle: Verantwortlicher für die IS-Revision

M Die Institution MUSS einen Verantwortlichen für die IS-Revision benennen.   ja   tw   n

M Dieser MUSS die IS-Revisionen planen, initiieren und die Ergebnisse nachverfolgen.   ja   tw   n

Notizen:

DER Detektion und Reaktion

A2 Erstellung eines IS-Revisionshandbuches *Basis*

Verantwortliche Rolle: Verantwortlicher für die IS-Revision

M	Es MUSS ein IS-Revisionshandbuch erstellt werden, das die angestrebten Ziele, einzuhaltende gesetzliche Vorgaben, Informationen über die Organisation und Ressourcen und die Rahmenbedingungen enthält.	ja	tw	n
M	Außerdem MUSS darin die Archivierung der Dokumentation beschrieben sein.	ja	tw	n
M	Das Handbuch MUSS von der Leitungsebene verabschiedet werden.	ja	tw	n

Notizen:

A3 Definition der Prüfungsgrundlage *Basis*

Verantwortliche Rolle: IS-Revisionsteam

M	Die BSI-Standards 200-1 bis 200-3 sowie das IT-Grundschutz-Kompendium MÜSSEN die Prüfungsgrundlagen für die IS-Revision sein.	ja	tw	n
S	Dabei SOLLTE die Standard-Absicherung des IT-Grundschutzes verwendet werden.	ja	tw	n
M	Diese Prüfungsgrundlagen MÜSSEN allen Beteiligten bekannt sein.	ja	tw	n

Notizen:

A4 Erstellung einer Planung für die IS-Revision *Basis*

Verantwortliche Rolle: Verantwortlicher für die IS-Revision

M	Institutionen, deren gesamte Organisation nicht nach ISO 27001 auf der Basis von IT-Grundschutz zertifiziert sind, MÜSSEN mindestens alle drei Jahre eine IS-Kurz- oder IS-Querschnitts-Revision durchführen lassen.	ja	tw	n
S	Darüber hinaus SOLLTEN weitere Revisionen eingeplant werden, falls der Informationsverbund wesentlich verändert wird.	ja	tw	n
S	Der Verantwortliche für die IS-Revision SOLLTE eine mehrjährige Grobplanung für die Revisionsvorhaben erstellen.	ja	tw	n
S	Diese SOLLTE dann durch eine jährliche Detailplanung konkretisiert werden.	ja	tw	n

Notizen:

A5 Auswahl eines geeigneten IS-Revisionsteams *Basis*

Verantwortliche Rolle: Verantwortlicher für die IS-Revision

M	Es MUSS ein aus mindestens zwei IS-Revisoren bestehendes Team zusammengestellt oder beauftragt werden.	ja	tw	n
M	Dem IS-Revisionsteam MUSS ein uneingeschränktes Informations- und Einsichtnahmerecht für seine Tätigkeit eingeräumt werden.	ja	tw	n
M	Bei eigenen IS-Revisionsteams MÜSSEN die einzelnen IS-Revisoren unparteilich sein.	ja	tw	n
M	Die Mitglieder eines IS-Revisionsteams DÜRFEN NICHT an der Planung oder Umsetzung des ISMS beteiligt sein oder gewesen sein.	ja	tw	n

Notizen:

A6	**Vorbereitung einer IS-Revision**			*Basis*	
	Verantwortliche Rolle: Institutionsleitung				
M	Die Institutionsleitung MUSS das IS-Revisionsverfahren initiieren.	ja	tw	n	
M	Hierfür MUSS sie das IS-Revisionsteam mit einer IS-Revision beauftragen.	ja	tw	n	
M	Das IS-Revisionstem MUSS festlegen, welche Referenzdokumente für eine IS-Revision benötigt werden.	ja	tw	n	
M	Die zu prüfende Institution MUSS das Sicherheitskonzept und alle weiteren erforderlichen Dokumente an das IS-Revisionsteam übergeben.	ja	tw	n	

Notizen:

A7	**Durchführung einer IS-Revision**			*Basis*	
	Verantwortliche Rolle: IS-Revisionsteam				
M	Es MUSS im Rahmen einer IS-Revision eine Dokumenten- und eine Vor-Ort-Prüfung durchgeführt werden.	ja	tw	n	
M	Sämtliche Ergebnisse dieser beiden Prüfungen MÜSSEN dokumentiert und in einem IS-Revisionsbericht zusammengefasst werden.	ja	tw	n	
M	Bevor erstmalig eine IS-Querschnittsrevision durchgeführt wird, MUSS als IS-Revisionsverfahren eine IS-Kurzrevision gewählt werden.	ja	tw	n	
M	Die IS-Kurzrevision MUSS mit positivem Votum abgeschlossen werden, bevor eine IS-Querschnittsrevision durchgeführt wird.	ja	tw	n	

Notizen:

A8	**Aufbewahrung von IS-Revisionsberichten**			*Basis*	
	Verantwortliche Rolle: Verantwortlicher für die IS-Revision				
M	Der IS-Revisionsbericht und die diesem zugrunde liegenden Referenzdokumente MÜSSEN von der geprüften Institution mindestens für zehn Jahre ab Zustellung des Berichts revisionssicher aufbewahrt werden, sofern keine anders lautenden Gesetze oder Verordnungen gelten.	ja	tw	n	
M	Hierbei MUSS sichergestellt werden, dass lediglich berechtigte Personen auf die IS-Revisionsberichte und die Referenzdokumente zugreifen können.	ja	tw	n	

Notizen:

A9	**Integration in den Informationssicherheitsprozess**			*Standard*	
	Verantwortliche Rolle: Informationssicherheitsbeauftragter (ISB)				
S	Es SOLLTE sichergestellt werden, dass IS-Revisionen ein Teil des Sicherheitsprozesses sind und durch diesen initiiert werden.	ja	tw	n	
S	Außerdem SOLLTEN die Ergebnisse von IS-Revisionen in das ISMS zurückfließen und zu dessen Verbesserung beitragen.	ja	tw	n	
S	Weiter SOLLTEN die Ergebnisse der IS-Revisionen sowie die Aktivitäten, um Mängel zu beseitigen und um die Qualität zu verbessern, in den regelmäßigen Bericht des ISB an die Institutionsleitung aufgenommen werden.	ja	tw	n	

Notizen:

DER Detektion und Reaktion

A10	**Kommunikationsabsprache**				*Standard*
	Verantwortliche Rolle: Verantwortlicher für die IS-Revision				
S	Es SOLLTE klar geregelt werden, wie zwischen dem IS-Revisionsteam und der zu prüfenden Institution Informationen auszutauschen sind.	ja	tw	n	
S	So SOLLTE sichergestellt werden, dass die bei einer IS-Revision ausgetauschten Informationen auch vertraulich und integer bleiben.	ja	tw	n	

Notizen:

A11	**Durchführung eines Auftaktgesprächs für eine IS-Querschnittsrevision**				*Standard*
	Verantwortliche Rolle: IS-Revisionsteam				
S	Für eine IS-Querschnittsrevision SOLLTE zwischen dem IS-Revisionsteam und den Ansprechpartnern der zu prüfenden Institution ein Auftaktgespräch durchgeführt werden.	ja	tw	n	
S	Darin SOLLTEN folgende Inhalte besprochen werden: • Erläutern und darstellen des IS-Revisionsverfahrens, • Vorstellung der Institution (Arbeitsschwerpunkte und Überblick der eingesetzten IT) sowie • Übergabe der Referenzdokumente an das IS-Revisionsteam.	ja	tw	n	

Notizen:

A12	**Erstellung eines Prüfplans**				*Standard*
	Verantwortliche Rolle: IS-Revisionsteam				
S	Vor einer IS-Revision SOLLTE das IS-Revisionsteam einen IS-Prüfplan erstellen.	ja	tw	n	
S	Ist es während der IS-Revision notwendig, die geplanten Abläufe zu erweitern oder anderweitig anzupassen, SOLLTE der IS-Prüfplan entsprechend angepasst werden.	ja	tw	n	
S	Der Prüfplan SOLLTE zudem in den abschließenden IS-Revisionsbericht aufgenommen werden.	ja	tw	n	
S	Bei der IS-Kurzrevision SOLLTE die verbindlich festgelegte Prüfthemenliste des BSI an die Stelle des Prüfplans treten.	ja	tw	n	

Notizen:

A13	**Sichtung und Prüfung der Dokumente**			*Standard*
	Verantwortliche Rolle: IS-Revisionsteam			
S	Die Dokumentenprüfung SOLLTE die im Prüfplan festgelegten Anforderungen prüfen.	ja	tw	n
S	Das IS-Revisionsteam SOLLTE überprüfen, ob alle relevanten Dokumente aktuell und vollständig sind.	ja	tw	n
S	Während die Aktualität geprüft wird, SOLLTE die Granularität der Dokumente berücksichtigt werden.	ja	tw	n
S	Es SOLLTE darauf geachtet werden, dass alle wesentlichen Aspekte erfasst und geeignete Rollen zugewiesen wurden.	ja	tw	n
S	Weiter SOLLTE geprüft werden, ob die vorliegenden Dokumente und die darin getroffenen Entscheidungen nachvollziehbar sind.	ja	tw	n
S	Die Ergebnisse der Dokumentenprüfung SOLLTEN dokumentiert werden und, soweit sinnvoll, in die Vor-Ort-Prüfung einfließen.	ja	tw	n

Notizen:

A14	**Auswahl der Zielobjekte und der zu prüfenden Anforderungen**			*Standard*
	Verantwortliche Rolle: IS-Revisionsteam			
S	In einer IS-Querschnittsrevision oder IS-Partialrevision SOLLTE das IS-Revisionsteam anhand der Ergebnisse der Dokumentenprüfung die Baustein-Zielobjekte für die Vor-Ort-Prüfung auswählen.	ja	tw	n
S	Der Baustein zum Informationssicherheitsmanagement (siehe ISMS.1 Sicherheitsmanagement) des IT-Grundschutz-Kompendiums einschließlich aller zugehörigen Anforderungen SOLLTE jedoch immer vollständig geprüft werden.	ja	tw	n
S	Weitere dreißig Prozent der modellierten Baustein-Zielobjekte SOLLTEN risikoorientiert zur Prüfung ausgewählt werden.	ja	tw	n
S	Die Auswahl SOLLTE nachvollziehbar dokumentiert werden.	ja	tw	n
S	Von den so ausgewählten Baustein-Zielobjekten SOLLTEN dreißig Prozent der jeweiligen Anforderungen bei der IS-Revision geprüft werden.	ja	tw	n
S	Darüber hinaus SOLLTEN bei der Auswahl der zu prüfenden Baustein-Zielobjekte die bemängelten Anforderungen aus vorhergehenden IS-Revisionen berücksichtigt werden.	ja	tw	n
S	Alle Anforderungen mit schwerwiegenden Sicherheitsmängeln aus vorhergehenden IS-Revisionen SOLLTEN mit geprüft werden.	ja	tw	n

Notizen:

A15	**Auswahl von geeigneten Prüfmethoden**			*Standard*
	Verantwortliche Rolle: IS-Revisionsteam			
S	Es SOLLTE sichergestellt werden, dass geeignete Prüfmethoden eingesetzt werden, um die zu prüfenden Sachverhalte zu ermitteln.	ja	tw	n
S	Alle Prüfungen SOLLTEN verhältnismäßig sein.	ja	tw	n

Notizen:

DER Detektion und Reaktion

A16 Erstellung eines Ablaufplans für die Vor-Ort-Prüfung		*Standard*
Verantwortliche Rolle: IS-Revisionsteam		

S	Gemeinsam mit dem Ansprechpartner der zu prüfenden Institution SOLLTE das IS-Revisionsteam einen Ablaufplan für die Vor-Ort-Prüfung erarbeiten.	ja	tw	n
S	Die Ergebnisse SOLLTEN zusammen mit dem IS-Prüfplan dokumentiert werden.	ja	tw	n

Notizen:

A17 Durchführung der Vor-Ort-Prüfung		*Standard*
Verantwortliche Rolle: IS-Revisionsteam		

S	Die Vor-Ort-Prüfung SOLLTE untersuchen und feststellen, ob die ausgewählten Maßnahmen die Anforderungen des IT-Grundschutzes angemessen und praxistauglich erfüllen.	ja	tw	n
S	Die Prüfung SOLLTE mit einem Eröffnungsgespräch beginnen.	ja	tw	n
S	Danach SOLLTEN alle für die Prüfung ausgewählten Anforderungen des Prüfplans bzw. alle Themenfelder der Prüfthemenliste überprüft werden.	ja	tw	n
S	Dafür SOLLTEN die vorgesehenen Prüfmethoden benutzt werden.	ja	tw	n
S	Werden bei einer ausgewählten Stichprobe Abweichungen zum dokumentierten Status festgestellt, SOLLTE die Stichprobe bedarfsorientiert erweitert werden, bis der Sachverhalt geklärt ist.	ja	tw	n
S	Während der Vor-Ort-Prüfung SOLLTEN die IS-Revisoren niemals aktiv in IT-Systeme eingreifen und auch keine Handlungsanweisungen zu Änderungen am Revisionsgegenstand erteilen.	ja	tw	n
S	Alle wesentlichen Sachverhalte und Angaben über Quellen-, Auskunfts- und Vorlage-Ersuche sowie durchgeführte Besprechungen SOLLTEN schriftlich festgehalten werden.	ja	tw	n
S	In einem Abschlussgespräch SOLLTE das IS-Revisionsteam den Ansprechpartnern der geprüften Institution wesentliche Feststellungen kurz darstellen.	ja	tw	n
S	Dabei SOLLTE das IS-Revisionsteam die Feststellungen nicht konkret bewerten, sondern Hinweise auf etwaige Mängel und den weiteren Verfahrensgang geben.	ja	tw	n
S	Auch dieses Abschlussgespräch SOLLTE protokolliert werden.	ja	tw	n

Notizen:

A18 Durchführung von Interviews		*Standard*
Verantwortliche Rolle: IS-Revisionsteam		

S	Interviews SOLLTEN strukturiert erfolgen.	ja	tw	n
S	Fragen SOLLTEN knapp, präzise und leicht verständlich formuliert werden.	ja	tw	n
S	Zudem SOLLTEN geeignete Fragetechniken eingesetzt werden.	ja	tw	n

Notizen:

A19   Überprüfung der gewählten Risikobehandlungsoptionen   *Standard*
Verantwortliche Rolle: IS-Revisionsteam

S	Das IS-Revisionsteam SOLLTE prüfen, ob die verbleibenden Restrisiken für den Informationsverbund angemessen und tragbar sind und verbindlich durch die Institutionsleitung getragen werden.	ja	tw	n
S	Das IS-Revisionsteam SOLLTE stichprobenartig verifizieren, ob bzw. wie weit die gewählten Risikobehandlungsoptionen umgesetzt sind.	ja	tw	n

Notizen:

A20   Nachbereitung der Vor-Ort-Prüfung   *Standard*
Verantwortliche Rolle: IS-Revisionsteam

S	Nach der Vor-Ort-Prüfung SOLLTEN die erhobenen Informationen weiter konsolidiert und ausgewertet werden.	ja	tw	n
S	Nachdem die eventuell nachgeforderten Dokumentationen und zusätzlichen Informationen ausgewertet wurden, SOLLTEN die geprüften Anforderungen endgültig bewertet werden.	ja	tw	n

Notizen:

A21   Erstellung eines IS-Revisionsberichts   *Standard*
Verantwortliche Rolle: IS-Revisionsteam

S	Das IS-Revisionsteam SOLLTE die gewonnenen Ergebnisse in einen IS-Revisionsbericht überführen und dort nachvollziehbar dokumentieren.	ja	tw	n
S	Eine Entwurfsversion des Berichts SOLLTE der geprüften Institution vorab übermittelt werden.	ja	tw	n
S	Es SOLLTE verifiziert werden, ob die durch das IS-Revisionsteam festgestellten Sachverhalte richtig aufgenommen wurden.	ja	tw	n
S	Die geprüfte Institution SOLLTE sicherstellen, dass alle betroffenen Stellen in der Institution innerhalb einer angemessenen Frist die für sie wichtigen und notwendigen Passagen des IS-Revisionsberichts erhalten.	ja	tw	n
S	Insbesondere SOLLTEN die Inhalte an die Institutionsleitung, an den Verantwortlichen für die IS-Revision sowie den ISB kommuniziert werden.	ja	tw	n
S	IS-Revisionsberichte SOLLTEN aufgrund der enthaltenen, schützenswerten Informationen mit einer geeigneten Vertraulichkeitseinstufung versehen werden.	ja	tw	n
S	Es SOLLTE erwogen werden, die Ergebnisse der IS-Revision vom IS-Revisionsteam in einer Präsentation vor der Institutionsleitung vorstellen zu lassen.	ja	tw	n

Notizen:

DER Detektion und Reaktion

A22 Nachbereitung einer IS-Revision *Standard*

Verantwortliche Rolle: Informationssicherheitsbeauftragter (ISB)

S	Die im IS-Revisionsbericht festgestellten Abweichungen SOLLTEN in einer angemessenen Zeit abgestellt werden.	ja	tw	n
S	Die durchzuführenden Korrekturmaßnahmen SOLLTEN mit Zuständigkeiten, Umsetzungstermin und dem jeweiligen Status dokumentiert sein.	ja	tw	n
S	Die Umsetzung SOLLTE kontinuierlich nachverfolgt und der Umsetzungsstatus fortgeschrieben werden.	ja	tw	n
S	Grundsätzlich SOLLTE geprüft werden, ob ergänzende IS-Revisionen notwendig sind.	ja	tw	n
S	Der Verantwortliche für die IS-Revision SOLLTE die Grob- und Detailplanung zur IS-Revision anpassen.	ja	tw	n

Notizen:

A23 Sicherheitsüberprüfung der IS-Revisoren *Hoch*

Verantwortliche Rolle: Verantwortlicher für die IS-Revision **C I**

S	Sofern die IS-Revisoren auf besonders schützenswerte Informationen zugreifen, SOLLTEN Qualifikation und Vertrauenswürdigkeit des eingesetzten Personals geeignet überprüft werden.	ja	tw	n
S	Handelt es sich dabei um nach Geheimschutz klassifizierte Verschlusssachen (VSA), SOLLTEN sich die IS-Revisoren einer Sicherheitsüberprüfung nach Sicherheitsüberprüfungsgesetz (SÜG) unterziehen.	ja	tw	n
S	Diesbezüglich SOLLTE der ISB den Geheimschutzbeauftragten bzw. Sicherheitsbevollmächtigten seiner Institution einbeziehen.	ja	tw	n

Notizen:

DER.4 Notfallmanagement

A1 Erstellung eines Notfallhandbuchs *Standard*

Verantwortliche Rolle: Informationssicherheitsbeauftragter (ISB)

S	Es SOLLTE ein Notfallhandbuch erstellt werden, in dem die wichtigsten Informationen zu • Rollen, • Sofortmaßnahmen, • Alarmierung und Eskalation, • Kommunikations-, grundsätzlichen Geschäftsfortführungs-, Wiederanlauf- und • Wiederherstellungsplänen.	ja	tw	n
S	enthalten sind. Zuständigkeiten und Befugnisse SOLLTEN zugewiesen, kommuniziert und im Notfallhandbuch festgehalten werden.	ja	tw	n
S	Es SOLLTE sichergestellt sein, dass im Notfall entsprechend geschultes Personal zur Verfügung steht.	ja	tw	n
S	Es SOLLTE regelmäßig durch Tests und Übungen überprüft werden, ob die im Notfallhandbuch beschriebenen Maßnahmen auch wie vorgesehen funktionieren.	ja	tw	n
S	Das Notfallhandbuch SOLLTE regelmäßig geprüft und, falls erforderlich, aktualisiert werden.	ja	tw	n
S	Es SOLLTE auch im Notfall zugänglich sein.	ja	tw	n
S	Ergänzt werden SOLLTE das Notfallhandbuch um Verhaltensregeln für Fälle (z.B. Brand), die allen Mitarbeitern bekannt gegeben werden sollten.	ja	tw	n

Notizen:

A2 Integration von Notfallmanagement in organisationsweite Abläufe und Prozesse
Verantwortliche Rolle: Institutionsleitung

Standard
C I A

S	Die Prozesse im Sicherheitsmanagement SOLLTEN mit dem Notfallmanagement (siehe DER.2.1 Behandlung von Sicherheitsvorfällen) abgestimmt werden.	ja	tw	n

Notizen:

A3 Festlegung des Geltungsbereichs und der Notfallmanagementstrategie
Verantwortliche Rolle: Institutionsleitung

Hoch
C I A

S	Der Geltungsbereich für das Notfallmanagement-System SOLLTE eindeutig festgelegt werden.	ja	tw	n
S	Die Institutionsleitung SOLLTE eine Notfallmanagement-Strategie festlegen, die die angestrebten Ziele und das Risikoakzeptanzniveau darlegen.	ja	tw	n

Notizen:

A4 Leitlinie zum Notfallmanagement und Übernahme der Gesamtverantwortung durch die Leitungsebene
Verantwortliche Rolle: Institutionsleitung

Hoch

C I A

S	Es SOLLTE eine Leitlinie zum Notfallmanagement von der Leitungsebene verabschiedet werden.	ja	tw	n
S	Diese SOLLTE die wesentlichen Eckpunkte des Notfallmanagements enthalten.	ja	tw	n
S	Die Leitlinie zum Notfallmanagement SOLLTE regelmäßig überprüft und gegebenenfalls überarbeitet werden.	ja	tw	n
S	Die Leitlinie zum Notfallmanagement SOLLTE allen Mitarbeitern bekannt gegeben werden.	ja	tw	n

Notizen:

A5 Aufbau einer geeigneten Organisationsstruktur für das Notfallmanagement
Verantwortliche Rolle: Institutionsleitung

Hoch
C I A

S	Es SOLLTEN die Rollen für das Notfallmanagement den Gegebenheiten der Institution angemessen festgelegt werden.	ja	tw	n
S	Dies SOLLTE mit den Aufgaben, Pflichten und Kompetenzen der Rollen schriftlich dokumentiert werden.	ja	tw	n
S	Es SOLLTEN für alle Rollen im Notfallmanagement qualifizierte Mitarbeiter benannt werden.	ja	tw	n
S	Die Organisationsstruktur im Notfallmanagement SOLLTE regelmäßig darauf überprüft werden, ob sie praxistauglich, effektiv und effizient ist.	ja	tw	n

Notizen:

DER Detektion und Reaktion

A6 Bereitstellung angemessener Ressourcen für das Notfallmanagement — *Hoch*
Verantwortliche Rolle: Institutionsleitung — **C I A**

S	Die finanziellen, technischen und personellen Ressourcen für die angestrebten Ziele des Notfallmanagements SOLLTEN angemessen sein.	ja	tw	n
S	Der Notfallbeauftragte bzw. das Notfallmanagement-Team SOLLTE über genügend Zeit für die Aufgaben im Notfallmanagement verfügen.	ja	tw	n

Notizen:

A7 Erstellung eines Notfallkonzepts — *Hoch*
Verantwortliche Rolle: Institutionsleitung — **C I A**

S	Alle kritischen Geschäftsprozesse und Ressourcen SOLLTEN identifiziert werden (beispielsweise mit einer Business-Impact-Analyse (BIA)).	ja	tw	n
S	Es SOLLTEN die wichtigsten, relevanten Risiken für die kritischen Geschäftsprozesse und Ressourcen identifiziert werden.	ja	tw	n
S	Für jedes identifizierte Risiko SOLLTE entschieden werden, welche Risikostrategien zur Risikobehandlung eingesetzt werden sollen.	ja	tw	n
S	Es SOLLTEN Kontinuitätsstrategien entwickelt werden, die einen Wiederanlauf und eine Wiederherstellung der kritischen Geschäftsprozesse in der geforderten Zeit ermöglichen.	ja	tw	n
S	Ein Notfallkonzept SOLLTEN erstellt werden.	ja	tw	n
S	Notfallpläne und Maßnahmen SOLLTEN entwickelt und implementiert werden, die eine effektive Notfallbewältigung und eine schnelle Wiederaufnahme der kritischen Geschäftsprozesse ermöglichen.	ja	tw	n
S	Im Notfallkonzept SOLLTE die Informationssicherheit berücksichtigt und entsprechende Sicherheitskonzepte für die Notfalllösungen entwickelt werden.	ja	tw	n

Notizen:

A8 Integration der Mitarbeiter in den Notfallmanagement-Prozess — *Hoch*
Verantwortliche Rolle: Vorgesetzte, Leiter Personal — **C I A**

S	Alle Mitarbeiter SOLLTEN regelmäßig für das Thema Notfallmanagement sensibilisiert werden.	ja	tw	n
S	Zum Notfallmanagement SOLLTE es ein Schulungs- und Sensibilisierungskonzept geben.	ja	tw	n
S	Die Mitarbeiter im Notfallmanagement-Team SOLLTEN regelmäßig entsprechend den benötigten Kompetenzen geschult werden.	ja	tw	n

Notizen:

A9 Integration von Notfallmanagement in organisationsweite Abläufe und Prozesse — *Hoch*
Verantwortliche Rolle: Institutionsleitung — **C I A**

S	Es SOLLTE sichergestellt werden, dass Aspekte des Notfallmanagements in allen Geschäftsprozessen der Institution berücksichtigt werden.	ja	tw	n
S	Die Prozesse, Vorgaben und Verantwortlichkeiten im Notfallmanagement SOLLTEN mit dem Risikomanagement und Krisenmanagement abgestimmt werden.	ja	tw	n

Notizen:

A10	**Tests und Notfallübungen**		*Hoch*		
	Verantwortliche Rolle: Institutionsleitung		**C**	**I**	**A**
S	Es SOLLTE eine Übungsplanung erstellt werden, sodass alle wesentlichen Pläne und Maßnahmen des Notfallmanagements regelmäßig und anlassbezogen getestet und geübt werden.		ja	tw	n
S	Im Notfallmanagement SOLLTEN ausreichend Ressourcen für die Planung, Konzeption, Durchführung und Auswertung der Tests und Übungen bereitgestellt werden.		ja	tw	n

Notizen:

A11	**Überprüfung und Aufrechterhaltung der Maßnahmen zur Notfallvorsorge und -reaktion**		*Hoch*		
	Verantwortliche Rolle: Notfallbeauftragter		**C**	**I**	**A**
S	Es SOLLTEN die identifizierten Maßnahmen zur Notfallvorsorge und -reaktion regelmäßig und anlassbezogen überprüft werden.		ja	tw	n
S	Die Überprüfungen SOLLTEN so geplant werden, dass kein relevanter Teil ausgelassen wird.		ja	tw	n
S	Die Ergebnisse der Überprüfungen SOLLTEN ausgewertet und gegebenenfalls in Korrekturmaßnahmen umgesetzt werden.		ja	tw	n
S	Die Korrekturmaßnahmen SOLLTEN geplant und die Umsetzung kontrolliert werden.		ja	tw	n

Notizen:

A12	**Dokumentation im Notfallmanagement-Prozess**		*Hoch*		
	Verantwortliche Rolle: Notfallbeauftragter		**C**	**I**	**A**
S	Der Ablauf des Notfallmanagement-Prozesses, die Arbeitsergebnisse der einzelnen Phasen und wichtige Entscheidungen SOLLTEN dokumentiert werden.		ja	tw	n
S	Es SOLLTE ein Verfahren etabliert werden, das gewährleistet, dass regelmäßige Dokumente aktualisiert werden.		ja	tw	n
S	Hierüber hinaus SOLLTE der Zugriff auf die Dokumentation nur auf autorisierte Personen eingeschränkt werden.		ja	tw	n

Notizen:

A13	**Überprüfung und Steuerung des Notfallmanagement-Systems**		*Hoch*		
	Verantwortliche Rolle: Institutionsleitung		**C**	**I**	**A**
S	Die Leitungsebene SOLLTE ihre Aufgabe, das Notfallmanagement-System regelmäßig zu überprüfen, zu bewerten und gegebenenfalls zu korrigieren, wahrnehmen.		ja	tw	n
S	Die Leitungsebene SOLLTE regelmäßig über den Stand des Notfallmanagements durch Managementberichte informiert werden.		ja	tw	n

Notizen:

DER Detektion und Reaktion

A14 Regelmäßige Überprüfung und Verbesserung der Notfallmaßnahmen *Hoch*
Verantwortliche Rolle: Institutionsleitung   I A

- S   Es SOLLTEN alle Notfallmaßnahmen regelmäßig oder bei größeren Änderungen daraufhin   ja   tw   n
      überprüft werden, ob sie noch eingehalten sowie korrekt umgesetzt werden und ob sie
      noch geeignet sind, die definierten Ziele zu erreichen.
- S   Hierbei SOLLTE untersucht werden, ob technische Maßnahmen korrekt implementiert und   ja   tw   n
      konfiguriert wurden und ob organisatorische Maßnahmen effektiv und effizient umgesetzt
      sind.
- S   Bei Abweichungen SOLLTEN die Ursachen für Mängel ermittelt und Verbesserungsmaßnah-   ja   tw   n
      men veranlasst werden.
- S   Diese Ergebnisübersicht SOLLTE durch die Leitungsebene freigegeben werden.   ja   tw   n
- S   Es SOLLTE zudem ein Prozess initiiert werden, der steuert und überwacht, ob und wie die   ja   tw   n
      Verbesserungsmaßnahmen umgesetzt werden.
- S   Bei Verzug SOLLTE dies frühzeitig an die Leitungsebene eskaliert werden.   ja   tw   n
- S   Es SOLLTE in der Institutionsleitung festgelegt sein, wie die Überprüfungstätigkeiten koordi-   ja   tw   n
      niert werden.
- S   Insbesondere SOLLTEN die im Bereich der Revision, der IT, des Sicherheitsmanagements, des   ja   tw   n
      Informationssicherheitsmanagements und des Notfallmanagements durchgeführten Über-
      prüfungen miteinander koordiniert werden.
- S   Dazu SOLLTE geregelt werden, welche Maßnahmen wann und von wem überprüft werden.   ja   tw   n

Notizen:

A15 Bewertung der Leistungsfähigkeit des Notfallmanagement-Systems *Hoch*
Verantwortliche Rolle: Institutionsleitung   I A

- S   Es SOLLTE regelmäßig bewertet werden, wie leistungsfähig und effektiv das Notfallmanage-   ja   tw   n
      ment-System ist.
- S   Als Grundlage SOLLTEN Mess- und Bewertungskriterien wie z.B. Leistungskennzahlen (engl.   ja   tw   n
- S   : Key Performance Indicators) definiert werden. Diese Messgrößen SOLLTEN regelmäßig   ja   tw   n
      ermittelt und mit den Vorjahreswerten verglichen werden.
- S   Weichen die Werte negativ ab, SOLLTEN die Ursachen ermittelt und Verbesserungsmaßnah-   ja   tw   n
      men definiert werden.
- S   Die Ergebnisse der Bewertung SOLLTEN an die Leitung berichtet werden.   ja   tw   n
- S   Die Leitung SOLLTE entscheiden, mit welchen Maßnahmen das Notfallmanagement weiter-   ja   tw   n
      entwickelt werden soll.
- S   Alle Entscheidungen der Leitungsebene SOLLTEN dokumentiert und die bisherigen Auf-   ja   tw   n
      zeichnungen aktualisiert werden.

Notizen:

	A16	**Notfallvorsorge- und Notfallreaktionsplanung für ausgelagerte Komponenten**	*Hoch*		
		Verantwortliche Rolle: Institutionsleitung	**I**	**A**	
S		Bei der Notfallvorsorge- und Notfallreaktionsplanung für ausgelagerte Komponenten SOLLTE in den unterzeichneten Verträgen das Notfallmanagement des Lieferanten oder Dienstleisters geprüft werden.	ja	tw	n
S		Diese Prüfung SOLLTE regelmäßig ein Verantwortlicher der Institutionsleitung durchführen.	ja	tw	n
S		Auch SOLLTEN die Abläufe in Notfalltests und -übungen mit dem Lieferanten oder Outsourcing Dienstleister abgestimmt und ggf.	ja	tw	n
S		gemeinsam durchgeführt werden. Die Ergebnisse und Auswertungen SOLLTEN regelmäßig zwischen der Institutionsleitung und dem Lieferanten oder Dienstleister ausgetauscht werden.	ja	tw	n
S		Darin SOLLTEN auch eventuelle Verbesserungsmaßnahmen enthalten sein.	ja	tw	n

Notizen:

Teil II. Checklisten für Systembausteine

APP Anwendungen

APP.1 Client-Anwendungen

APP.1.1 Office-Produkte

	A1	Sicherstellen der Integrität von Office-Produkten				*Basis*
		Verantwortliche Rolle: IT-Betrieb				
	M	Bei der Installation von Office-Produkten MUSS sichergestellt werden, dass ausschließlich unveränderte Kopien der freigegebenen Originalsoftware verwendet werden.	ja	tw	n	
	M	Updates MÜSSEN ausschließlich aus sicheren Quellen bezogen werden.	ja	tw	n	
	S	Falls zu einem Office-Produkt Prüfsummen angeboten werden, SOLLTEN diese vor der Installation überprüft werden.	ja	tw	n	
	S	Falls zu einem Office-Produkt digitale Signaturen verfügbar sind, SOLLTEN diese vor der Installation des Pakets überprüft werden.	ja	tw	n	
	S	Die Administratoren SOLLTEN über die Bedeutung und Aussagekraft von Prüfsummen und digitalen Signaturen informiert werden.	ja	tw	n	
	M	Ebenso wie bei einer Neuinstallation MUSS bei der Installation von Updates sichergestellt werden, dass die Update-Pakete unverändert sind.	ja	tw	n	

Notizen:

	A2	Einschränken von Aktiven Inhalten				*Basis*
		Verantwortliche Rolle: Benutzer				
	M	Das automatische Ausführen von eingebetteten Aktiven Inhalten, wie beispielsweise Makros oder ActiveX-Elemente, MUSS in den Einstellungen aller verwendeten Office-Produkte deaktiviert werden.	ja	tw	n	
	M	Ist die Ausführung Aktiver Inhalte für einen Geschäftsprozess notwendig, MUSS darauf geachtet werden, dass nur Aktive Inhalte von vertrauenswürdigen Quellen ausgeführt werden.	ja	tw	n	
	M	Alle Benutzer MÜSSEN in Schulungen bezüglich der Gefährdungen durch Aktive Inhalte sensibilisiert werden und hinsichtlich der Funktionen zum Einschränken Aktiver Inhalte eingewiesen werden.	ja	tw	n	

Notizen:

APP Anwendungen

A3 Öffnen von Dokumenten aus externen Quellen *Basis*
Verantwortliche Rolle: IT-Betrieb

M	Alle aus externen Quellen bezogenen Dokumente MÜSSEN vor dem Öffnen auf Schadsoftware überprüft werden.	ja	tw	n
M	Alle als problematisch eingestuften und zusätzlich alle innerhalb der Institution nicht benötigten Dateiformate MÜSSEN verboten werden.	ja	tw	n
M	Die Benutzer MÜSSEN zum Umgang mit Dokumenten aus externen Quellen geschult und sensibilisiert werden.	ja	tw	n
S	Die Prüfung von Dokumenten aus externen Quellen SOLLTE durch technische Maßnahmen erzwungen werden.	ja	tw	n

Notizen:

A4 Absichern des laufenden Betriebs von Office-Produkten *Basis*
Verantwortliche Rolle: IT-Betrieb

M	IT-Betrieb und ISB MÜSSEN sich regelmäßig über bekannt gewordene Sicherheitslücken der Office-Produkte informieren.	ja	tw	n
M	Vorhandene Patches MÜSSEN zeitnah eingespielt werden.	ja	tw	n
S	Die Benutzer SOLLTEN über die Möglichkeiten und Grenzen von Sicherheitsfunktionen der eingesetzten Software und der genutzten Speicherformate informiert werden.	ja	tw	n
S	Die Vorgaben für die sichere Nutzung von Office-Produkten SOLLTEN in der Sicherheitsrichtlinie integriert werden.	ja	tw	n

Notizen:

A5 Auswahl geeigneter Office-Produkte *Standard*
Verantwortliche Rolle: IT-Betrieb

S	Im Rahmen der Beschaffung von Office-Anwendungen SOLLTEN die Anforderungen der Institution an Office-Produkte durch die Fach- und IT-Abteilung erhoben werden.	ja	tw	n
S	Diese sollten in einem Anforderungskatalog dokumentiert werden. Sind alle Anforderungen an das zu beschaffende Office-Produkt dokumentiert, SOLLTEN die am Markt erhältlichen Produkte dahingehend untersucht werden, inwieweit sie diese Anforderungen der Institution erfüllen.	ja	tw	n
S	Bei der Auswahl zwischen mehreren Alternativen SOLLTEN auch zusätzliche Aufwände berücksichtigt werden; zu diesen zählen beispielsweise Mehraufwände für die Schulung von Administratoren und Benutzern oder für die Migration.	ja	tw	n

Notizen:

A6 Testen neuer Versionen von Office-Produkten
Standard

Verantwortliche Rolle: IT-Betrieb

S	Neue Versionen von Office-Produkten SOLLTEN vor dem produktiven Einsatz auf Kompatibilität mit etablierten Arbeitsmitteln (z.B. Dokumentenvorlagen, Formulare) der Institution geprüft werden.	ja	tw	n
S	Zu diesem Zweck SOLLTEN Testmethoden für die Einzeltests (Testarten, -verfahren und -werkzeuge) entwickelt und freigegeben werden.	ja	tw	n
S	Es SOLLTE sichergestellt sein, dass wichtige Arbeitsmittel auch mit der neuen Software-Funktion einwandfrei funktionieren.	ja	tw	n
S	Bei entdeckten Inkompatibilitäten SOLLTE ein Migrationsplan für die betroffenen Dokumente erstellt werden.	ja	tw	n

Notizen:

A7 Installation und Konfiguration von Office-Produkten
Standard

Verantwortliche Rolle: IT-Betrieb

S	Für die eingesetzten Office-Produkte SOLLTE eine an den Bedarf der Institution angepasste Standardkonfiguration erstellt und genutzt werden.	ja	tw	n
S	Diese Konfiguration SOLLTE in einer Installations- und Konfigurationsanweisung dokumentiert werden.	ja	tw	n
S	Die Installation und Konfiguration SOLLTE gemäß der Anweisung erfolgen und die Standardeinstellungen anwenden.	ja	tw	n
S	Alle notwendigen Abweichungen von der definierten Standardkonfiguration SOLLTEN nachvollziehbar dokumentiert werden und bedürfen für den Gebrauch einer Zustimmung durch eine geeignete Freigabeinstanz.	ja	tw	n
S	Im Falle von Pilot-Installationen gilt, dass diese immer durch die IT-Abteilung begleitet werden SOLLTEN.	ja	tw	n
S	Vor und nach den Installationen SOLLTEN Datensicherungen der Office-Produkte auf allen betroffenen IT-Systemen durchgeführt werden.	ja	tw	n

Notizen:

A8 Versionskontrolle von Office-Produkten
Standard

Verantwortliche Rolle: IT-Betrieb

S	Es SOLLTE eine regelmäßige Kontrolle der installierten Versionen von Office-Produkten erfolgen.	ja	tw	n
S	Diese Bestandsführung der Software-Lizenzen SOLLTE bei jeder Installation oder Deinstallation aktualisiert werden.	ja	tw	n
S	Darüber hinaus SOLLTEN die verschiedenen Konfigurationen der installierten Office-Produkte dokumentiert werden.	ja	tw	n

Notizen:

APP Anwendungen

A9 Beseitigung von Restinformationen vor Weitergabe von Dokumenten *Standard*
Verantwortliche Rolle: Benutzer

S	Vor der Weitergabe von Dokumenten an Dritte SOLLTEN alle nicht benötigten und vertraulichen Restinformationen aus Office-Dokumenten entfernt werden.	ja	tw	n
S	Zusätzlich SOLLTEN die Metadaten bereinigt werden.	ja	tw	n
S	Alle Benutzer SOLLTEN bezüglich der Risiken durch Restinformationen sowie der Möglichkeiten zur Beseitigung in den eingesetzten Office-Produkten sensibilisiert und geschult werden.	ja	tw	n
S	Die Übermittlung von Dokumenten SOLLTE in einem nicht veränderbaren Format erfolgen, falls eine Bearbeitung durch den Empfänger nicht erforderlich ist.	ja	tw	n

Notizen:

A10 Regelung der Software-Entwicklung durch Endbenutzer *Standard*
Verantwortliche Rolle: Benutzer

S	Es SOLLTEN verbindliche Regelungen für die Softwareentwicklung auf Basis von Office-Anwendungen (z.B. Makros, Tabellenkalkulation) durch Endbenutzer getroffen werden, siehe auch APP.1.1.A2 Einschränken von Aktiven Inhalten.	ja	tw	n
S	Zunächst SOLLTE in jeder Institution die Grundsatz-Entscheidung getroffen werden, ob solche Eigenentwicklungen erwünscht sind oder nicht.	ja	tw	n
S	Die Entscheidung SOLLTE in den betroffenen Sicherheitsrichtlinien dokumentiert werden.	ja	tw	n
S	Werden Eigenentwicklungen erlaubt, SOLLTE ein Verfahren für den Umgang mit entsprechenden Funktionen der Office-Produkte für die Endbenutzer entwickelt werden.	ja	tw	n
S	Verantwortlichkeiten SOLLTEN klar definiert werden.	ja	tw	n
S	Alle Informationen über die erstellten Anwendungen SOLLTEN dokumentiert werden.	ja	tw	n
S	Aktuelle Versionen SOLLTEN allen betroffenen Benutzern zeitnah zugänglich gemacht werden.	ja	tw	n

Notizen:

A11 Geregelter Einsatz von Erweiterungen für Office-Produkte *Standard*
Verantwortliche Rolle: IT-Betrieb

S	Alle Erweiterungen von Office-Produkten SOLLTEN vor dem produktiven Einsatz analog zum Testvorgehen von neuen Versionen getestet werden.	ja	tw	n
S	Die durchzuführenden Tests SOLLTEN ausschließlich auf isolierten Testsystemen durchgeführt werden.	ja	tw	n
S	Die Tests SOLLTEN prüfen, dass Erweiterungen keine negativen Auswirkungen für die Office-Produkte und laufenden IT-Systeme haben.	ja	tw	n
S	Die Tests der eingesetzten Erweiterungen SOLLTEN einem definierten Testplan folgen, der die Nachvollziehbarkeit für Dritte gewährleistet.	ja	tw	n

Notizen:

A12 Verzicht auf Cloud-Speicherung *Standard*

Verantwortliche Rolle: Benutzer

S	Die in einigen Office-Produkten integrierten Cloud-Speicher-Funktionen SOLLTEN grundsätzlich deaktiviert werden.	ja	tw	n
S	Alle Cloud-Laufwerke SOLLTEN deaktiviert werden.	ja	tw	n
S	Alle Dokumente SOLLTEN auf zentral verwalteten File-Servern der Institution gespeichert werden.	ja	tw	n
S	Um Dokumente für Dritte zur Sichtung oder Bearbeitung freizugeben, SOLLTEN spezialisierte Anwendungen wie beispielsweise geeignete Datenräume eingesetzt werden, die über Sicherheitsfunktionen wie eine verschlüsselte Datenablage und -versendung und ein geeignetes System zur Benutzer- und Rechteverwaltung verfügen.	ja	tw	n

Notizen:

A13 Verwendung von Viewer-Funktionen *Standard*

Verantwortliche Rolle: Benutzer

S	Daten aus potenziell unsicheren Quellen wie dem Internet oder Anhänge von E-Mail-Nachrichten SOLLTEN automatisch in einem geschützten Modus geöffnet werden, in dem sie nicht unmittelbar bearbeitet werden können.	ja	tw	n
S	Nur eine allgemeine Navigation SOLLTE ermöglicht werden.	ja	tw	n
S	Diese Funktion SOLLTE NICHT durch den Benutzer deaktivierbar sein.	ja	tw	n
S	Es SOLLTEN entsprechende Viewer-Anwendungen verwendet werden, wenn diese verfügbar sind.	ja	tw	n

Notizen:

A14 Schutz gegen nachträgliche Veränderungen von Informationen *Standard*

Verantwortliche Rolle: Benutzer

S	In Abhängigkeit vom geplanten Verwendungszweck von Dokumenten SOLLTEN die in Anwendungsprogrammen vorhandenen Sicherheitsmechanismen genutzt werden, um den weiteren Umgang mit den erstellten Dateien einzuschränken.	ja	tw	n
S	Die Mitarbeiter SOLLTEN darauf hingewiesen werden, wie diese Sicherheitsmechanismen funktionieren und wie sie anzuwenden sind.	ja	tw	n

Notizen:

APP Anwendungen

A15 Einsatz von Verschlüsselung und Digitalen Signaturen *Hoch*
Verantwortliche Rolle: IT-Betrieb C I

S	Daten mit erhöhtem Schutzbedarf SOLLTEN vor einer Übertragung oder Speicherung verschlüsselt werden, um die Vertraulichkeit sicherzustellen.	ja	tw	n
S	Vor der Nutzung eines in ein Office-Produkt integrierten Verschlüsselungsverfahrens SOLLTE geprüft werden, ob es einen ausreichenden Schutz bietet, das gilt besonders für ältere Produktversionen.	ja	tw	n
S	Die IT-Systeme von Absender und Empfänger SOLLTEN den Zugriffsschutz auf die verwendete Methode zur Verschlüsselung gewährleisten.	ja	tw	n
S	Benutzer SOLLTEN im Umgang mit den Verschlüsselungsfunktionen geschult und sensibilisiert werden.	ja	tw	n
S	Zusätzlich SOLLTE ein Verfahren eingesetzt werden, mit dem Makros und Dokumente digital signiert werden können.	ja	tw	n
S	Die Gültigkeit der verwendeten Zertifikate SOLLTE zeitlich begrenzt werden.	ja	tw	n

Notizen:

A16 Integritätsprüfung von Dokumenten *Hoch*
Verantwortliche Rolle: IT-Betrieb I

S	Zum Schutz vor zufälliger Veränderung von Daten mit erhöhtem Schutzbedarf bei einer Übertragung und/oder Speicherung SOLLTEN Prüfsummen-Verfahren eingesetzt werden.	ja	tw	n
S	Es SOLLTE ein Verfahren ausgewählt werden, das dazu in der Lage ist, die Daten selbstständig zu korrigieren.	ja	tw	n
S	Zum Schutz vor Manipulation SOLLTEN darüber hinaus kryptografische Prüfsummenverfahren eingesetzt werden.	ja	tw	n

Notizen:

APP.1.2 Web-Browser

A1 Verwendung von Sandboxing *Basis*
Verantwortliche Rolle: IT-Betrieb

M	Der eingesetzte Web-Browser MUSS sicherstellen, dass jede Instanz und jeder Verarbeitungsprozess nur auf die eigenen Ressourcen zugreifen kann (Sandboxing).	ja	tw	n
M	Web-Seiten MÜSSEN als eigenständige Prozesse oder mindestens als eigene Threads voneinander isolierten werden.	ja	tw	n
M	Plug-ins und Erweiterungen MÜSSEN ebenfalls in isolieren Bereichen ausgeführt werden.	ja	tw	n
S	Der verwendete Web-Browser SOLLTE die Content Security Policy gemäß den W3C-Spezifikationen umsetzen.	ja	tw	n

Notizen:

A2 Verschlüsselung der Kommunikation *Basis*
Verantwortliche Rolle: IT-Betrieb

M	Der Web-Browser MUSS Transport Layer Security (TLS) in einer sicheren Version unterstützen.	ja	tw	n
S	Unsichere Versionen von TLS SOLLTEN deaktiviert werden.	ja	tw	n
M	Der Web-Browser MUSS den Sicherheitsmechanismus HTTP Strict Transport Security (HSTS) gemäß RFC 6797 unterstützen.	ja	tw	n
S	Für alle wichtigen öffentlichen TLS-verschlüsselten Web-Dienste SOLLTEN die Domains in die HSTS-Preload-Liste des Browsers eingefügt werden.	ja	tw	n

Notizen:

A3 Verwendung von Zertifikaten *Basis*
Verantwortliche Rolle: Benutzer

M	Der Web-Browser MUSS eine Liste vertrauenswürdiger Wurzelzertifikats-Aussteller bereitstellen sowie die von der Institution selbst bereitgestellten Zertifikate akzeptieren.	ja	tw	n
M	Der Web-Browser MUSS Extended-Validation-Zertifikate unterstützen.	ja	tw	n
M	Wurzelzertifikate DÜRFEN NUR mit Administrationsrechten hinzugefügt, geändert oder gelöscht werden.	ja	tw	n
M	Zertifikate MÜSSEN durch den Web-Browser (lokal) widerrufen werden können.	ja	tw	n
M	Der Web-Browser MUSS die Gültigkeit der Server-Zertifikate mit Hilfe des öffentlichen Schlüssels und des Gültigkeitszeitraums vollständig prüfen.	ja	tw	n
M	Der Sperrstatus der Server-Zertifikate MUSS vom Web-Browser geprüft werden.	ja	tw	n
M	Die Zertifikatskette einschließlich des Wurzelzertifikats MUSS verifiziert werden.	ja	tw	n
M	Der Web-Browser MUSS dem Benutzer eindeutig und gut bemerkbar darstellen, ob die Kommunikation im Klartext oder verschlüsselt erfolgt.	ja	tw	n
S	Der Web-Browser SOLLTE dem Benutzer auf Anforderung das verwendete Serverzertifikat anzeigen können.	ja	tw	n
M	Der Web-Browser MUSS dem Benutzer signalisieren, wenn Zertifikate fehlen, ungültig sind oder widerrufen wurden.	ja	tw	n
M	Die verschlüsselte Verbindung DARF in einem solchen Fall NUR nach ausdrücklicher Bestätigung durch den Benutzer hergestellt werden.	ja	tw	n

Notizen:

A4 Versionsprüfung und Aktualisierung des Web-Browsers *Basis*
Verantwortliche Rolle: IT-Betrieb

M	Der Web-Browser MUSS über einen Mechanismus verfügen, der den eigenen Versionsstand sowie denjenigen aller geladenen oder aktivierten Erweiterungen und Plug-ins zuverlässig erkennen und anzeigen kann.	ja	tw	n
M	Sicherheitsaktualisierungen für den Web-Browser, Plug-ins und Erweiterungen MÜSSEN unverzüglich eingespielt werden.	ja	tw	n
S	Der Web-Browser SOLLTE Updates automatisch einspielen können.	ja	tw	n
M	Ist kein Update für eine bekannt gewordene kritische Schwachstelle verfügbar, MÜSSEN zeitnah Maßnahmen zur Mitigation ergriffen werden.	ja	tw	n

Notizen:

APP Anwendungen

	A5	**Basiskonfiguration**	*Standard*		
		Verantwortliche Rolle: IT-Betrieb			
S		Der Browser SOLLTE zentral konfiguriert werden können.	ja	tw	n
M		Zentral vorgegebene Einstellungen DÜRFEN NICHT von den Benutzern verändert werden können.	ja	tw	n
S		Der Web-Browser SOLLTE NICHT dauerhaft mit erweiterten Rechten ausgeführt werden.	ja	tw	n

Notizen:

	A6	**Kennwortmanagement im Web-Browser**	*Standard*		
		Verantwortliche Rolle: Benutzer			
S		Wird ein Kennwortmanager im Browser verwendet, SOLLTE er eine direkte und eindeutige Beziehung zwischen Webseite und hierfür gespeichertem Kennwort herstellen.	ja	tw	n
S		Der Kennwortspeicher SOLLTE geschützt sein.	ja	tw	n
S		Auf die im Kennwortmanager gespeicherten Passwörter SOLLTE nur nach Eingabe eines Master-Kennwortes zugegriffen werden können.	ja	tw	n
S		Die Authentisierung für den kennwortgeschützten Zugriff SOLLTE nur für die aktuelle Sitzung gültig sein.	ja	tw	n
S		Der Kennwortmanager SOLLTE die Qualität der Kennwörter entsprechend der Sicherheitsrichtlinie der Institution vorgeben.	ja	tw	n
S		Die gespeicherten Kennwörter SOLLTEN durch den Benutzer gelöscht werden können.	ja	tw	n

Notizen:

	A7	**Schutz von Daten**	*Standard*		
		Verantwortliche Rolle: Benutzer			
S		Cookies von Drittanbietern SOLLTEN abgelehnt werden.	ja	tw	n
S		Gespeicherte Cookies SOLLTEN durch den Benutzer gelöscht werden können.	ja	tw	n
S		Die Funktion zur Auto-Vervollständigung von Daten SOLLTE deaktiviert werden.	ja	tw	n
S		Wird die Funktion doch genutzt, SOLLTE der Benutzer die Vervollständigungsdaten löschen können.	ja	tw	n
S		Der Benutzer SOLLTE außerdem die Historiendaten des Browsers löschen können.	ja	tw	n
S		Sofern vorhanden, SOLLTE eine Synchronisation des Browsers mit Cloud-Diensten deaktiviert werden.	ja	tw	n
S		Telemetriefunktionen sowie das automatische Senden von Absturzberichten an den Hersteller SOLLTEN soweit wie möglich deaktiviert werden.	ja	tw	n
S		Sind Peripheriegeräte wie Mikrofon oder Webcam angeschlossen, SOLLTEN diese im Browser deaktiviert werden.	ja	tw	n
S		Der Browser SOLLTE eine Möglichkeit bieten, um WebRTC, HSTS und JavaScript zu konfigurieren bzw. abzuschalten.	ja	tw	n

Notizen:

A8 Verwendung von Plug-ins und Erweiterungen *Standard*
Verantwortliche Rolle: Benutzer

S	Es SOLLTEN nur unbedingt notwendige Plug-ins und Erweiterungen installiert werden.	ja	tw	n
S	Diese SOLLTEN ausschließlich aus vertrauenswürdigen Quellen bezogen werden.	ja	tw	n
S	Plug-ins und Erweiterungen für den Browser SOLLTEN nur mit Administrationsrechten installiert werden dürfen.	ja	tw	n
S	Die Ausführung von Plug-ins SOLLTE immer vom Benutzer bestätigt werden müssen.	ja	tw	n
S	Der Browser SOLLTE die Möglichkeit bieten, Erweiterungen zu konfigurieren und abzuschalten.	ja	tw	n

Notizen:

A9 Einsatz einer isolierten Browser-Umgebung *Hoch*
Verantwortliche Rolle: IT-Betrieb
C I

S	Bei erhöhtem Schutzbedarf SOLLTEN Web-Browser eingesetzt werden, die in einer isolierten Umgebung (wie ReCoBS) oder auf dedizierten IT-Systemen laufen.	ja	tw	n

Notizen:

A10 Verwendung des privaten Modus *Hoch*
Verantwortliche Rolle: Benutzer
C I

S	Der Browser SOLLTE bei erhöhten Anforderungen bezüglich der Vertraulichkeit im sogenannten privaten Modus ausgeführt werden, sodass keinerlei Informationen oder Inhalte persistent auf dem IT-System des Benutzers gespeichert werden.	ja	tw	n
S	Der Browser SOLLTE so konfiguriert werden, dass lokale Inhalte beim Beenden gelöscht werden.	ja	tw	n

Notizen:

A11 Überprüfung auf schädliche Inhalte *Hoch*
Verantwortliche Rolle: IT-Betrieb
C

S	Aufgerufene Internetadressen SOLLTEN durch den Browser auf potenziell schädliche Inhalte geprüft werden.	ja	tw	n
S	Der Browser SOLLTE den Benutzer in geeigneter Form warnen, wenn Informationen über schädliche Inhalte vorliegen.	ja	tw	n
S	Eine als schädlich klassifizierte Verbindung SOLLTE nicht aufgerufen werden können.	ja	tw	n
M	Das verwendete Verfahren zur Überprüfung DARF NICHT gegen Datenschutz- oder Geheimschutz-Vorgaben verstoßen.	ja	tw	n

Notizen:

APP Anwendungen

A12 Zwei-Browser-Strategie *Hoch*
Verantwortliche Rolle: IT-Betrieb **A**

S Für den Fall von ungelösten Sicherheitsproblemen mit dem verwendeten Web-Browser   ja tw n
SOLLTE ein alternativer Browser eines anderen Herstellers installiert sein, um als Ausweichmöglichkeit dienen zu können.

Notizen:

APP.2 Verzeichnisdienst

APP.2.1 Allgemeiner Verzeichnisdienst

A1 Erstellung einer Sicherheitsrichtlinie für Verzeichnisdienste *Basis*
Verantwortliche Rolle: IT-Betrieb

M Es MUSS eine Sicherheitsrichtlinie für den Verzeichnisdienst erstellt werden.   ja tw n
S Diese SOLLTE mit dem übergreifenden Sicherheitskonzept der gesamten Institution abgestimmt sein.   ja tw n

Notizen:

A2 Planung des Einsatzes von Verzeichnisdiensten *Basis*
Verantwortliche Rolle: Datenschutzbeauftragter, Fachverantwortliche

M Der Einsatz von Verzeichnisdiensten MUSS sorgfältig geplant werden.   ja tw n
M Neben der Festlegung der Nutzung des Verzeichnisdienstes MUSS ein Modell aus Objektklassen und Attributtypen entwickelt werden, das den Ansprüchen der vorgesehenen Nutzungsarten genügt.   ja tw n
M Bei der Planung des Verzeichnisdienstes MÜSSEN Personalvertretung und Datenschutzbeauftragter beteiligt werden.   ja tw n
M Ein bedarfsgerechtes Berechtigungskonzept zum Verzeichnisdienst MUSS entworfen werden.   ja tw n
S Generell SOLLTE die geplante Verzeichnisdienststruktur vollständig dokumentiert werden.   ja tw n
S Es SOLLTEN Maßnahmen geplant werden, die das unbefugte Sammeln von Daten aus dem Verzeichnisdienst unterbinden.   ja tw n

Notizen:

A3 Einrichtung von Zugriffsberechtigungen auf Verzeichnisdienste *Basis*
Verantwortliche Rolle: Fachverantwortliche

M	Die administrativen Aufgaben für die Administration des Verzeichnisdienstes selbst sowie für die eigentliche Verwaltung der Daten MÜSSEN strikt getrennt werden.	ja	tw	n
S	Die administrativen Tätigkeiten SOLLTEN so delegiert werden, dass sich möglichst keine Überschneidungen ergeben.	ja	tw	n
S	Alle administrativen Aufgabenbereiche und Berechtigungen SOLLTEN ausreichend dokumentiert werden.	ja	tw	n
M	Die Zugriffsrechte der Benutzer- und Administratorengruppen MÜSSEN anhand der erstellten Sicherheitsrichtlinie konfiguriert und umgesetzt werden.	ja	tw	n
M	Bei einer eventuellen Zusammenführung mehrerer Verzeichnisdienstbäume MÜSSEN die resultierenden effektiven Rechte kontrolliert werden.	ja	tw	n

Notizen:

A4 Sichere Installation von Verzeichnisdiensten *Basis*
Verantwortliche Rolle: IT-Betrieb

M	Es MUSS ein Konzept für die Installation erstellt werden, nach dem Administrations- und Zugriffsberechtigungen bereits bei der Installation des Verzeichnisdienstes konfiguriert werden.	ja	tw	n

Notizen:

A5 Sichere Konfiguration und Konfigurationsänderungen von Verzeichnisdiensten *Basis*
Verantwortliche Rolle: IT-Betrieb

M	Der Verzeichnisdienst MUSS sicher konfiguriert werden.	ja	tw	n
M	Für die sichere Konfiguration einer Verzeichnisdienstes-Infrastruktur MÜSSEN neben dem Server auch die Clients (Rechner und Programme) einbezogen werden.	ja	tw	n
M	Administrative Zugänge zum Verzeichnisdienst MÜSSEN geschützt werden.	ja	tw	n
S	Bei der Durchführung von Konfigurationsänderungen der vernetzten IT-Systeme SOLLTEN die Benutzer rechtzeitig über Wartungsarbeiten informiert werden.	ja	tw	n
S	Vor den Konfigurationsänderungen SOLLTEN von allen betroffenen Dateien und Verzeichnissen Datensicherungen angefertigt werden.	ja	tw	n

Notizen:

A6 Sicherer Betrieb von Verzeichnisdiensten *Basis*
Verantwortliche Rolle: IT-Betrieb

M	Die Sicherheit des Verzeichnisdienstes MUSS im Betrieb permanent aufrechterhalten werden.	ja	tw	n
S	Alle für den Betrieb eines Verzeichnisdienst-Systems betreffenden Richtlinien, Regelungen und Prozesse SOLLTEN dokumentiert werden.	ja	tw	n
M	Der Zugriff auf alle Administrationswerkzeuge MUSS für normale Benutzer unterbunden werden.	ja	tw	n

Notizen:

APP Anwendungen

A7 Erstellung eines Sicherheitskonzepts für den Einsatz von Verzeichnisdiensten *Standard*
Verantwortliche Rolle: IT-Betrieb

- S Durch das Sicherheitskonzept für Verzeichnisdienste SOLLTEN sämtliche sicherheitsbezogenen Themenbereiche eines Verzeichnisdienstes geregelt werden. — ja tw n
- S Die daraus entwickelten Sicherheitsrichtlinien SOLLTEN schriftlich festgehalten und im erforderlichen Umfang den Benutzern des Verzeichnisdienstes mitgeteilt werden. — ja tw n

Notizen:

A8 Planung einer Partitionierung und Replikation im Verzeichnisdienst *Standard*
Verantwortliche Rolle: IT-Betrieb

- S Bei einer Partitionierung SOLLTE auf die Verfügbarkeit und den Schutzbedarf des Verzeichnisdienstes geachtet werden. — ja tw n
- S Die Partitionierung des Verzeichnisdienstes SOLLTE schriftlich dokumentiert werden, sodass sie manuell wieder rekonstruiert werden kann. — ja tw n
- S Um die Replikationen zeitgerecht ausführen zu können, SOLLTE eine ausreichende Bandbreite sichergestellt werden. — ja tw n

Notizen:

A9 Geeignete Auswahl von Komponenten für Verzeichnisdienste *Standard*
Verantwortliche Rolle: Fachverantwortliche

- S Für den Einsatz eines Verzeichnisdienstes SOLLTEN geeignete Komponenten identifiziert werden. — ja tw n
- S Es SOLLTE ein Kriterienkatalog erstellt werden, aufgrund dessen die Komponenten für den Verzeichnisdienst ausgewählt und beschafft werden. — ja tw n
- S Im Rahmen der Planung und Konzeption des Verzeichnisdienstes SOLLTEN Anforderungen an dessen Sicherheit in Abhängigkeit vom Einsatzzweck formuliert werden. — ja tw n

Notizen:

A10 Schulung zu Administration und Betrieb von Verzeichnisdiensten *Standard*
Verantwortliche Rolle: IT-Betrieb

- S Die Administratoren SOLLTEN mit allen Sicherheitsmechanismen und -aspekten von Verzeichnisdiensten in ihrem Tätigkeitsbereich vertraut sein. — ja tw n
- S Sie SOLLTEN vor der Einrichtung sowie anschließend regelmäßig hierzu geschult werden. — ja tw n

Notizen:

A11 Einrichtung des Zugriffs auf Verzeichnisdienste *Standard*

Verantwortliche Rolle: IT-Betrieb

S	Der Zugriff auf den Verzeichnisdienst SOLLTE entsprechend der Sicherheitsrichtlinie konfiguriert werden.	ja	tw	n
S	Wird der Verzeichnisdienst als Server im Internet eingesetzt, so SOLLTE er entsprechend durch ein Sicherheitsgateway geschützt werden.	ja	tw	n
S	Sollen anonymen Benutzern auf einzelne Teilbereiche des Verzeichnisbaums weitergehende Zugriffe eingeräumt werden, so SOLLTE ein gesondertes Benutzerkonto, ein sogenannter Proxy-User, für den anonymen Zugriff eingerichtet werden.	ja	tw	n
S	Des Weiteren SOLLTEN die Zugriffsrechte für diesen Proxy-User hinreichend restriktiv vergeben werden.	ja	tw	n
S	Sie SOLLTEN wieder komplett entzogen werden, wenn der Account nicht mehr gebraucht wird.	ja	tw	n
S	Um die unnötige Herausgabe sicherheitssensitiver Informationen zu verhindern, SOLLTE die Suchfunktion des Verzeichnisdienstes dem Einsatzzweck angemessen eingeschränkt werden.	ja	tw	n

Notizen:

A12 Überwachung von Verzeichnisdiensten *Standard*

Verantwortliche Rolle: IT-Betrieb

S	Zur Überwachung von Verzeichnisdiensten SOLLTE ein Überwachungskonzept entworfen und umgesetzt werden.	ja	tw	n
S	Für den Verzeichnisdienst spezifische Ereignisse und Ereignisse des Betriebssystems SOLLTEN beobachtet, protokolliert und ausgewertet werden.	ja	tw	n

Notizen:

A13 Absicherung der Kommunikation mit Verzeichnisdiensten *Standard*

Verantwortliche Rolle: IT-Betrieb

S	Der Datenaustausch zwischen Client und Verzeichnisdienst-Server SOLLTE abgesichert werden, dies gilt insbesondere bei Außenanbindungen.	ja	tw	n
S	Es SOLLTE definiert werden, auf welche Daten zugegriffen werden darf.	ja	tw	n
S	Im Falle einer serviceorientierten Architektur (SOA) SOLLTEN zum Schutz von Service-Einträgen in einer Service-Registry sämtliche Anfragen an die Registratur auf Gültigkeit des Benutzers überprüft werden.	ja	tw	n

Notizen:

A14 Geregelte Außerbetriebnahme eines Verzeichnisdienstes *Standard*
Verantwortliche Rolle: Fachverantwortliche

S Bei einer Außerbetriebnahme des Verzeichnisdienstes SOLLTE sichergestellt sein, dass weiterhin benötigte Rechte bzw. Informationen in ausreichendem Umfang zur Verfügung stehen, alle anderen aber gelöscht werden. — ja tw n

S Zudem SOLLTEN die Benutzer darüber informiert werden, wenn ein Verzeichnisdienst außer Betrieb genommen wird. — ja tw n

S Bei der Außerbetriebnahme einzelner Partitionen eines Verzeichnisdienstes SOLLTE darauf geachtet werden, dass dadurch andere Partitionen nicht beeinträchtigt werden. — ja tw n

Notizen:

A15 Migration von Verzeichnisdiensten *Standard*
Verantwortliche Rolle: IT-Betrieb

S Bei einer geplanten Migration von Verzeichnisdiensten SOLLTE vorab ein Migrationskonzept erstellt werden. — ja tw n

S Die Schemaänderungen, die am Verzeichnisdienst vorgenommen wurden, SOLLTEN dokumentiert werden. — ja tw n

S Weitreichende Berechtigungen, die zur Durchführung der Migration des Verzeichnisdienstes verwendet wurden, SOLLTEN wieder zurückgesetzt werden. — ja tw n

S Die Zugriffsrechte für Verzeichnisdienst-Objekte bei Systemen, die von Vorgängerversionen aktualisiert bzw. von anderen Verzeichnissystemen übernommen wurden, SOLLTEN aktualisiert werden. — ja tw n

Notizen:

A16 Erstellung eines Notfallplans für den Ausfall eines Verzeichnisdienstes *Hoch*
Verantwortliche Rolle: IT-Betrieb
C I A

S Im Rahmen der Notfallvorsorge SOLLTE eine bedarfsgerechte Notfallplanung für Verzeichnisdienste durchgeführt werden. — ja tw n

S Für den Ausfall wichtiger Verzeichnisdienst-Systeme SOLLTEN Notfallpläne vorliegen. — ja tw n

S Alle Notfall-Prozeduren für die gesamte Systemkonfiguration der Verzeichnisdienst-Komponenten SOLLTEN dokumentiert werden. — ja tw n

Notizen:

APP.2.2 Active Directory

A1 Planung des Active Directory *Basis*
Verantwortliche Rolle: Fachverantwortliche

M	Es MUSS ein geeignetes, möglichst hohes Domain Functional Level gewählt.	ja	tw	n
S	Die Begründung SOLLTE geeignet dokumentiert werden.	ja	tw	n
M	Ein bedarfsgerechtes Active Directory-Berechtigungskonzept MUSS entworfen werden.	ja	tw	n
M	Administrative Delegationen MÜSSEN mit restriktiven und bedarfsgerechten Berechtigungen ausgestattet sein.	ja	tw	n
S	Die geplante Active Directory-Struktur einschließlich etwaiger Schema-Änderungen SOLLTE nachvollziehbar dokumentiert sein.	ja	tw	n

Notizen:

A2 Planung der Active Directory-Administration *Basis*
Verantwortliche Rolle: Fachverantwortliche

M	Es MUSS ein rollenbasiertes Berechtigungskonzept erstellt werden.	ja	tw	n
S	Alle administrativen Aufgabenbereiche und Berechtigungen SOLLTEN geeignet dokumentiert sein.	ja	tw	n
M	In großen Domänen MUSS eine Aufteilung der administrativen Benutzer bezüglich Diensteverwaltung und Datenverwaltung des Active Directory existieren.	ja	tw	n
M	Zusätzlich MÜSSEN hier die administrativen Aufgaben im Active Directory nach einem Delegationsmodell überschneidungsfrei verteilt sein.	ja	tw	n

Notizen:

A3 Planung der Gruppenrichtlinien unter Windows *Basis*
Verantwortliche Rolle: IT-Betrieb

M	Es MUSS ein Konzept zur Einrichtung von Gruppenrichtlinien vorliegen.	ja	tw	n
M	Mehrfachüberdeckungen MÜSSEN beim Gruppenrichtlinienkonzept möglichst vermieden werden.	ja	tw	n
M	Durch die Dokumentation des Gruppenrichtlinienkonzepts MÜSSEN Ausnahmeregelungen erkannt werden können.	ja	tw	n
M	Alle Gruppenrichtlinienobjekte MÜSSEN durch restriktive Zugriffsrechte geschützt sein.	ja	tw	n
M	Für die Parameter in allen Gruppenrichtlinienobjekten MÜSSEN sichere Vorgaben festgelegt sein.	ja	tw	n

Notizen:

A4 Schulung zur Active Directory-Verwaltung *Basis*
Verantwortliche Rolle: IT-Betrieb

M	Die Administratoren MÜSSEN mit allen Sicherheitsmechanismen und -aspekten von Active Directory in ihrem Tätigkeitsbereich vertraut sein.	ja	tw	n
S	Sie SOLLTEN für die Arbeit mit Active Directory vor der Einrichtung sowie regelmäßig geschult sein.	ja	tw	n

Notizen:

A5 Härtung des Active Directory *Basis*
Verantwortliche Rolle: IT-Betrieb

M	Built-in-Accounts MÜSSEN mit komplexen Passwörtern versehen werden und ausschließlich als Notfallkonten dienen.	ja	tw	n
M	Privilegierte Accounts MÜSSEN Mitglieder der Gruppe Protected Users sein.	ja	tw	n
M	Für Dienstkonten MÜSSEN (Group) Managed Service Accounts verwendet werden.	ja	tw	n
M	Für alle Domänen-Controller MÜSSEN restriktive Zugriffsrechte auf Betriebssystemebene vergeben sein.	ja	tw	n
M	Der Active Directory-Restore-Modus MUSS durch ein geeignetes Passwort geschützt sein.	ja	tw	n
S	Arbeiten in diesem Modus SOLLTEN nur unter Einhaltung des Vier-Augen-Prinzips erfolgen.	ja	tw	n
S	Es SOLLTE regelmäßig ein Abbild des Domänencontrollers erstellt werden.	ja	tw	n
M	Die Berechtigungen für die Gruppe Jeder MUSS beschränkt werden.	ja	tw	n
M	Die Domänencontroller MUSS gegen unautorisierte Neustarts geschützt sein.	ja	tw	n
M	Die Richtlinien für Domänen und Domänencontroller MÜSSEN sichere Einstellungen für Kennworte, Kontensperrung, Kerberos-Authentisierung, Benutzerrechte und Überwachung umfassen.	ja	tw	n
M	Eine ausreichende Größe für das Sicherheitsprotokoll des Domänen-Controllers MUSS eingestellt sein.	ja	tw	n
M	Bei externen Vertrauensstellungen zu anderen Domänen MÜSSEN Autorisierungsdaten der Benutzer gefiltert und anonymisiert werden.	ja	tw	n

Notizen:

A6 Aufrechterhaltung der Betriebssicherheit von Active Directory *Basis*
Verantwortliche Rolle: IT-Betrieb

M	Alle Vertrauensbeziehungen im AD MÜSSEN regelmäßig evaluiert werden.	ja	tw	n
M	Die Dienste-Administratoren auf dem Domänencontroller DÜRFEN nur die notwendigen Rechte besitzen.	ja	tw	n
M	Diese Rechte MÜSSEN in regelmäßigen Abständen überprüft werden.	ja	tw	n
M	Die Gruppe der Domänenadministratoren MUSS leer oder möglichst klein sein.	ja	tw	n
M	Nicht mehr verwendete Konten MÜSSEN im AD deaktiviert werden.	ja	tw	n
S	Sie SOLLTEN nach Ablauf einer angemessenen Aufbewahrungsfrist gelöscht werden.	ja	tw	n
S	Alle notwendigen Parameter des Active Directory SOLLTEN als Basisinformationen aktuell und nachvollziehbar festgehalten werden.	ja	tw	n

Notizen:

APP.2.2 Active Directory

	A7	**Umsetzung sicherer Verwaltungsmethoden für Active Directory**				*Basis*
		Verantwortliche Rolle: Fachverantwortliche				
	M	Administratorkonten DÜRFEN NICHT für die gewöhnliche tägliche Arbeit verwendet werden.	ja	tw	n	
	M	Serveradministrator-Konten DÜRFEN NICHT auf Workstations verwendet werden.	ja	tw	n	
	M	Domänenadministrator-Konten DÜRFEN NICHT auf Workstations oder Servern genutzt werden.	ja	tw	n	
	M	Jeder Account MUSS sich eindeutig einem Mitarbeiter zuordnen lassen.	ja	tw	n	
	M	Die Anzahl der Dienste-Administratoren und der Datenadministratoren des Active Directory MUSS auf das notwendige Minimum vertrauenswürdiger Personen reduziert sein.	ja	tw	n	
	M	Ihre Konten MÜSSEN angemessen abgesichert sein.	ja	tw	n	
	S	Das Standardkonto Administrator SOLLTE umbenannt und ein unprivilegiertes Konto mit dem Namen Administrator SOLLTE erstellt sein.	ja	tw	n	
	M	Alltägliche, nichtadministrative Aufgaben MÜSSEN mit unprivilegierten Benutzerkonten durchgeführt werden.	ja	tw	n	
	M	Es MUSS sichergestellt sein, dass die Verwaltung von Dienste-Administratorkonten ausschließlich von Mitgliedern der Dienste-Administratorgruppe erfolgt.	ja	tw	n	
	S	Die Gruppe Kontenoperatoren SOLLTE leer sein.	ja	tw	n	
	S	Administratoren SOLLTEN der Gruppe Schema-Admins nur temporär für den Zeitraum der Schema-Änderungen zugewiesen werden.	ja	tw	n	
	S	Für die Gruppen Organisations-Admins und Domänen-Admins zur Administration der Stammdomäne SOLLTE ein Vier-Augen-Prinzip etabliert sein.	ja	tw	n	
	M	Die Arbeitsplätze zur Administration des Active Directory MÜSSEN ausreichend abgesichert sein.	ja	tw	n	
	M	Bei Remoteadministration der Domänen-Controller MUSS der Datenverkehr geeignet verschlüsselt sein.	ja	tw	n	
	M	Es MUSS sichergestellt sein, dass die Gruppen Administratoren bzw. Domänenadministratoren Besitzer des Domänenstammobjektes der jeweiligen Domäne sind.	ja	tw	n	
	S	Der Einsatz von domänenlokalen Gruppen für die Steuerung der Leseberechtigung für Objektattribute SOLLTE vermieden werden.	ja	tw	n	
	S	Der Papierkorb des AD SOLLTE aktiviert werden.	ja	tw	n	
	S	In großen Institutionen SOLLTE mit einer Enterprise Identity Management-Lösung sichergestellt werden, dass die Rechte aller Anwender definierten Vorgaben entsprechen.	ja	tw	n	

Notizen:

	A8	**Konfiguration des sicheren Kanals unter Windows**				*Standard*
		Verantwortliche Rolle: IT-Betrieb				
	S	Der Sichere Kanal unter Windows SOLLTE entsprechend den Sicherheitsanforderungen und den lokalen Gegebenheiten konfiguriert sein.	ja	tw	n	
	S	Dabei SOLLTEN alle relevanten Gruppenrichtlinienparameter berücksichtigt werden.	ja	tw	n	

Notizen:

APP Anwendungen

A9 **Schutz der Authentisierung beim Einsatz von Active Directory** *Standard*
Verantwortliche Rolle: IT-Betrieb

S	In der Umgebung des Active Directory SOLLTE konsequent das Authentisierungsprotokoll Kerberos eingesetzt werden.	ja	tw	n
S	Wenn aus Kompatibilitätsgründen übergangsweise NTLMv2 eingesetzt wird, SOLLTE die Migration auf Kerberos geplant und terminiert werden.	ja	tw	n
S	Die LM-Authentisierung SOLLTE deaktiviert sein.	ja	tw	n
S	Der SMB-Datenverkehr SOLLTE signiert sein.	ja	tw	n
S	Anonyme Zugriffe auf Domänencontroller SOLLTEN unterbunden sein.	ja	tw	n

Notizen:

A10 **Sicherer Einsatz von DNS für Active Directory** *Standard*
Verantwortliche Rolle: IT-Betrieb

S	Es SOLLTEN integrierte DNS-Zonen bzw. die sichere dynamische Aktualisierung der DNS-Daten verwendet werden, um DNS-Clientabfragen durch unautorisierte Systeme zu vermeiden.	ja	tw	n
S	Der Zugriff auf die Konfigurationsdaten des DNS-Servers SOLLTE nur von administrativen Konten erlaubt sein.	ja	tw	n
S	Der DNS-Cache auf den DNS-Servern SOLLTE vor unberechtigten Änderungen geschützt sein.	ja	tw	n
S	Der Zugriff auf den DNS-Dienst der Domänen-Controller SOLLTE auf das notwendige Maß beschränkt sein.	ja	tw	n
S	Die Netzaktivitäten in Bezug auf DNS-Anfragen SOLLTEN überwacht werden.	ja	tw	n
S	Der Zugriff auf die DNS-Daten im Active Directory SOLLTE mittels ACLs auf Administratoren beschränkt sein.	ja	tw	n
S	Sekundäre DNS-Zonen SOLLTEN vermieden werden.	ja	tw	n
S	Zumindest SOLLTE die Zonen-Datei vor unbefugtem Zugriff geschützt werden.	ja	tw	n
S	Wird IPsec eingesetzt, um die DNS-Kommunikation abzusichern, SOLLTE ein ausreichender Datendurchsatz im Netz gewährleistet sein.	ja	tw	n

Notizen:

A11 **Überwachung der Active Directory-Infrastruktur** *Standard*
Verantwortliche Rolle: IT-Betrieb

S	Die Active Directory-Infrastruktur SOLLTE anhand der systemeigenen Ereignisse überwacht und protokolliert werden.	ja	tw	n
S	Die Ergebnisse der Sicherheitsüberwachung des Active Directory SOLLTEN regelmäßig ausgewertet werden.	ja	tw	n
S	Verfügbarkeit und Systemressourcen der Domänen-Controller SOLLTEN überwacht werden.	ja	tw	n
S	Änderungen auf Domänen-Ebene und an der Gesamtstruktur des Active Directory SOLLTEN überwacht, protokolliert und ausgewertet werden.	ja	tw	n

Notizen:

APP.2.2 Active Directory

A12	**Datensicherung für Domänen-Controller**				*Standard*		
	Verantwortliche Rolle: IT-Betrieb						
S	Es SOLLTE eine Datensicherungs- und Wiederherstellungsrichtlinie für Domänen-Controller existieren.				ja	tw	n
S	Die eingesetzte Sicherungssoftware SOLLTE explizit vom Hersteller für die Datensicherung von Domänen-Controllern freigegeben sein.				ja	tw	n
S	Für die Domänen-Controller SOLLTE ein separates Datensicherungskonto mit Dienste-Administratorenrechten eingerichtet sein.				ja	tw	n
S	Die Anzahl der Mitglieder der Gruppe Sicherungs-Operatoren SOLLTE auf das notwendige Maß begrenzt sein.				ja	tw	n
S	Der Zugriff auf das AdminSDHolder-Objekt SOLLTE zum Schutz der Berechtigungen besonders geschützt sein.				ja	tw	n
S	Die Daten der Domänen-Controller SOLLTEN in regelmäßigen Abständen gesichert werden.				ja	tw	n
S	Dabei SOLLTE ein Verfahren eingesetzt werden, das veraltete Objekte weitgehend vermeidet.				ja	tw	n
S	Die Sicherungsmedien SOLLTEN an einem geeigneten Standort aufbewahrt werden.				ja	tw	n
S	Der korrekte Ablauf und das Wiedereinspielen von Datensicherungen der Domänen-Controller SOLLTEN in regelmäßigen Abständen überprüft werden.				ja	tw	n

Notizen:

A13	**Zwei-Faktor-Authentifizierung**				*Hoch*		
	Verantwortliche Rolle: IT-Betrieb				**C I A**		
S	Privilegierte Konten im Bereich des AD SOLLTEN mittels Zwei-Faktor-Authentifizierung geschützt werden.				ja	tw	n

Notizen:

A14	**Dedizierte privilegierte Administrationssysteme**				*Hoch*		
	Verantwortliche Rolle: IT-Betrieb				**C I A**		
S	Die Administration des Active Directory SOLLTE auf dedizierte Administrationssysteme eingeschränkt werden.				ja	tw	n
S	Diese SOLLTEN durch die eingeschränkte Aufgabenstellung besonders stark gehärtet sein.				ja	tw	n

Notizen:

A15	**Trennung von Administrations- und Produktionsumgebung**				*Hoch*		
	Verantwortliche Rolle: IT-Betrieb				**C I A**		
S	Besonders kritische Systeme wie Domaincontroller und Systeme zur Administration der Domain SOLLTEN in einen eigenen Forest ausgegliedert werden, der einen einseitigen Trust in Richtung des Produktions-Forests besitzt.				ja	tw	n

Notizen:

APP.3 Netzbasierte Dienste

APP.3.1 Webanwendungen

A1 Authentisierung bei Webanwendungen *Basis*
Verantwortliche Rolle: Entwickler

M	Um auf geschützte Ressourcen einer Webanwendung zugreifen zu können, MÜSSEN sich Benutzer gegenüber der Anwendung authentisieren.	ja	tw	n
M	Dafür MUSS eine geeignete Authentisierungsmethode ausgewählt und der Auswahlprozess dokumentiert werden.	ja	tw	n
M	Wird Basic-Auth verwendet, MUSS eine Transportverschlüsselung eingesetzt werden.	ja	tw	n
M	Die Passwortdateien auf dem Webserver MÜSSEN ausreichend geschützt werden.	ja	tw	n
M	Es MUSS eine zentrale Authentisierungskomponente verwendet werden, die möglichst mit etablierten Standardkomponenten umgesetzt wurde.	ja	tw	n
M	Die Komponente MUSS die Benutzer dazu zwingen, sichere Passwörter gemäß einer Passwort-Richtlinie zu benutzen.	ja	tw	n
M	Speichert eine Webanwendung Authentisierungsdaten auf einem Client, MUSS der Benutzer explizit zustimmen (Opt-In) und auf die Risiken der Funktion hingewiesen werden.	ja	tw	n
M	Um sicherzugehen, dass eine gültige Sitzung (Session-ID) nicht von einem Angreifer übernommen wurde, MÜSSEN sich bei kritischen Funktionen die Benutzer erneut authentisieren.	ja	tw	n
M	Auch MÜSSEN in der Webanwendung Grenzwerte für fehlgeschlagene Anmeldeversuche definiert sein.	ja	tw	n
M	Alle angebotenen Authentisierungsverfahren der Webanwendung MÜSSEN das gleiche Sicherheitsniveau aufweisen.	ja	tw	n
M	Zudem MÜSSEN Benutzer sofort informiert werden, wenn das Passwort zurückgesetzt wurde.	ja	tw	n

Notizen:

A2 Zugriffskontrolle bei Webanwendungen *Basis*
Verantwortliche Rolle: Entwickler

M	Es MUSS mittels einer Autorisierungskomponente sichergestellt werden, dass Benutzer nur Aktionen durchführen können, zu denen sie berechtigt sind.	ja	tw	n
M	Jeder Zugriff auf geschützte Inhalte und Funktionen MUSS kontrolliert werden, bevor er ausgeführt wird.	ja	tw	n
M	Allen Benutzern MÜSSEN restriktive Zugriffsrechte ordnungsgemäß zugewiesen werden.	ja	tw	n
M	Wenn Mitarbeiter für eine Webanwendung Zugriffsrechte erhalten oder sich diese verändern, MÜSSEN die Verantwortlichen dies prüfen, bestätigen und nachvollziehbar dokumentieren.	ja	tw	n
M	Die Dokumentation der vergebenen Zugriffsrechte MUSS immer auf dem aktuellen Stand sein.	ja	tw	n
M	Auch MUSS es ein geregeltes Verfahren geben, um Benutzern Zugriffsrechte wieder zu entziehen.	ja	tw	n
M	Sollte es nicht möglich sein, Zugriffsrechte zuzuweisen, MUSS dafür ein zusätzliches Sicherheitsprodukt eingesetzt werden.	ja	tw	n
M	Es MÜSSEN alle von der Webanwendung verwalteten Ressourcen von der Autorisierungskomponente berücksichtigt werden.	ja	tw	n
M	Die Benutzer MÜSSEN serverseitig und zentral auf einem vertrauenswürdigen IT-System autorisiert werden.	ja	tw	n
M	Ist die Zugriffskontrolle fehlerhaft, MÜSSEN Zugriffe abgelehnt werden.	ja	tw	n
M	Auch MUSS es eine Zugriffskontrolle bei URL-Aufrufen und Objekt-Referenzen geben.	ja	tw	n
M	Ebenso MUSS der Zugriff auf Dateien durch die Benutzer mit restriktiven Dateisystemberechtigungen beschränkt werden und es MUSS ein sicherer Umgang mit temporären Dateien vorgesehen werden.	ja	tw	n

Notizen:

A3 Sicheres Session-Management *Basis*
Verantwortliche Rolle: Entwickler

M	Session-IDs MÜSSEN geeignet geschützt werden.	ja	tw	n
M	Sie MÜSSEN zufällig erzeugt werden (mit ausreichender Entropie).	ja	tw	n
M	Falls das der Webanwendung zugrunde liegende Framework Session-IDs generieren kann, MUSS die Funktion des Frameworks verwendet werden.	ja	tw	n
M	Werden Session-IDs mithilfe eines Frameworks verwaltet und erzeugt, so MUSS das Framework sicher konfiguriert werden.	ja	tw	n
M	Auch MUSS die Session-ID ausreichend geschützt werden, wenn sie übertragen und clientseitig gespeichert wird.	ja	tw	n
M	Eine Webanwendung MUSS den Benutzern die Möglichkeit geben, eine bestehende Sitzung explizit zu beenden.	ja	tw	n
M	Nachdem sich der Benutzer angemeldet hat, MUSS eine bereits bestehende Session-ID durch eine neue ersetzt werden.	ja	tw	n
M	Sitzungen MÜSSEN eine maximale Gültigkeitsdauer (Timeout) besitzen.	ja	tw	n
M	Inaktive Sitzungen MÜSSEN automatisch nach einer bestimmten Zeit ungültig werden.	ja	tw	n
M	Nachdem die Sitzung ungültig ist, MÜSSEN alle Sitzungsdaten (sowohl server- als auch clientseitig) ungültig und gelöscht sein.	ja	tw	n

Notizen:

APP Anwendungen

A4 Kontrolliertes Einbinden von Daten und Inhalten bei Webanwendungen *Basis*
Verantwortliche Rolle: Entwickler

M	Es MUSS sichergestellt werden, dass eine Webanwendung ausschließlich vorgesehene Daten und Inhalte einbindet und an den Benutzer ausliefert.	ja	tw	n
M	Falls eine Webanwendung eine Upload-Funktion für Dateien anbietet, MUSS diese Funktion so weit wie möglich eingeschränkt werden.	ja	tw	n
M	Auch Zugriffs- und Ausführungsrechte MÜSSEN in diesem Fall restriktiv gesetzt werden.	ja	tw	n
M	Zudem MUSS sichergestellt werden, dass ein Benutzer Dateien nur im vorgegebenen Pfad speichern kann.	ja	tw	n
M	Der Ablageort der Uploads DARF NICHT durch den Benutzer beeinflusst werden können.	ja	tw	n
M	Die Ziele der Weiterleitungsfunktion einer Webanwendung MÜSSEN ausreichend eingeschränkt werden, sodass Benutzer ausschließlich auf vertrauenswürdige Webseiten weitergeleitet werden.	ja	tw	n
M	Verlässt ein Benutzer die Vertrauensdomäne, MUSS er informiert werden.	ja	tw	n

Notizen:

A5 Protokollierung sicherheitsrelevanter Ereignisse von Webanwendungen *Basis*
Verantwortliche Rolle: Entwickler

M	Eine Webanwendung MUSS sicherheitsrelevante Ereignisse mit den erforderlichen Merkmalen nachvollziehbar protokollieren.	ja	tw	n
M	Der Zugriff auf die Protokollierungsdaten MUSS auf wenige befugte Personen eingeschränkt werden.	ja	tw	n
M	Bei der Auswertung der Protokollierungsdaten MUSS sichergestellt werden, dass Schadcode in Protokoll-Einträgen vom Auswertungsprogramm nicht interpretiert wird.	ja	tw	n
M	Bei der Protokollierung und beim Umgang mit den Protokollierungsdaten MÜSSEN die gesetzlichen Vorgaben eingehalten werden.	ja	tw	n

Notizen:

A6 Zeitnahes Einspielen sicherheitsrelevanter Patches und Updates *Basis*
Verantwortliche Rolle: IT-Betrieb

M	Administratoren MÜSSEN sich regelmäßig über aktuelle Schwachstellen informieren und sicherheitsrelevante Updates zeitnah einspielen.	ja	tw	n
M	Software-Updates und Patches für Webanwendungen MÜSSEN aus vertrauenswürdigen Quellen bezogen werden.	ja	tw	n
M	Sie MÜSSEN vor dem Roll-Out ausreichend getestet werden.	ja	tw	n
M	Bevor Updates oder Patches installiert werden, MUSS stets sichergestellt sein, dass der ursprüngliche Zustand der Webanwendung wiederhergestellt werden kann.	ja	tw	n
M	Das aktuelle Patchlevel MUSS dokumentiert werden.	ja	tw	n

Notizen:

APP.3.1 Webanwendungen

	A7	**Schutz vor unerlaubter automatisierter Nutzung von Webanwendungen**			*Basis*
		Verantwortliche Rolle: Entwickler			
	M	Webanwendungen MÜSSEN durch geeignete Schutzmechanismen vor automatisierten Zugriffen geschützt werden.	ja	tw	n
	M	Dabei MUSS jedoch berücksichtigt werden, wie sich die Schutzmechanismen auf die Nutzungsmöglichkeiten berechtigter Benutzer auswirken.	ja	tw	n
	M	Wenn die Webanwendung RSS-Feeds oder andere Funktionen, die explizit für die automatisierte Nutzung vorgesehen sind enthält, MUSS dies ebenfalls bei der Konfiguration der Schutzmechanismen berücksichtigt werden.	ja	tw	n

Notizen:

	A8	**Systemarchitektur einer Webanwendung**			*Standard*
		Verantwortliche Rolle: IT-Betrieb			
	S	Bereits in der Entwurfsphase einer Webanwendung SOLLTEN Sicherheitsaspekte beachtet werden.	ja	tw	n
	S	Auch SOLLTE darauf geachtet werden, dass die Architektur der Webanwendung die Geschäftslogik der Institution exakt erfasst und korrekt umsetzt.	ja	tw	n
	S	In der Systemarchitektur SOLLTE vorgesehen werden, die Serverdienste durch jeweils separate IT-Systeme voneinander zu trennen.	ja	tw	n
	S	Auch SOLLTEN jeweils eigene Benutzerkonten für die unterschiedlichen Serverprozesse der Systemkomponenten verwendet werden.	ja	tw	n
	S	Dabei SOLLTEN die Rechte dieser Dienstkonten auf Betriebssystemebene soweit eingeschränkt werden, dass nur auf die erforderlichen Ressourcen und Dateien des Betriebssystems zugegriffen werden kann.	ja	tw	n
	S	Die Netzarchitektur SOLLTE einen mehrschichtigen Ansatz verfolgen (Multi-Tier-Architektur).	ja	tw	n
	S	Dabei SOLLTEN mindestens die Sicherheitszonen Webschicht, Anwendungsschicht und Datenschicht berücksichtigt werden.	ja	tw	n
	S	Aus diesen Zonen SOLLTE NICHT auf Systeme im Intranet zugegriffen werden können.	ja	tw	n
	S	Die Softwarearchitektur der Webanwendung SOLLTE mit allen Bestandteilen und Abhängigkeiten dokumentiert werden.	ja	tw	n
	S	Die Dokumentation SOLLTE bereits während des Projektverlaufs aktualisiert und angepasst werden, sodass sie schon in der Entwicklungsphase benutzt werden kann und Entscheidungsfindungen nachvollziehbar sind.	ja	tw	n
	S	Es SOLLTEN in der Dokumentation alle für den Betrieb notwendigen Komponenten, die nicht Bestandteil der Webanwendung sind, als solche gekennzeichnet werden.	ja	tw	n
	S	Ebenso SOLLTE daraus hervorgehen, welche Komponenten welche Sicherheitsmechanismen umsetzen, wie die Webanwendung in eine bestehende Infrastruktur integriert wird und welche kryptografischen Funktionen und Verfahren eingesetzt werden.	ja	tw	n

Notizen:

APP Anwendungen

	A9	**Beschaffung, Entwicklung und Erweiterung von Webanwendungen**		*Standard*	
		Verantwortliche Rolle: Tester, Leiter Entwicklung, Entwickler, Beschaffer			
S		Wenn Produkte für Webanwendungen beschafft werden, SOLLTE ein Anforderungskatalog erstellt werden.	ja	tw	n
S		Um verschiedene Produkte miteinander vergleichen zu können, SOLLTE eine Bewertungsskala entwickelt werden.	ja	tw	n
S		Wird die eigentliche Webanwendung oder eine Erweiterung hierzu eigenentwickelt, SOLLTE ein geeignetes Vorgehensmodell genutzt werden.	ja	tw	n
S		Dabei SOLLTEN vor der Inbetriebnahme alle Phasen des Modells durchlaufen werden.	ja	tw	n
S		Für die Entwicklung SOLLTEN zudem Programmierrichtlinien vorgegeben werden, die dabei helfen, ein einheitliches Sicherheitsniveau zu etablieren.	ja	tw	n
S		Wenn die Sicherheitsmechanismen einer Webanwendung entworfen und entwickelt werden, SOLLTEN diese möglichst zukünftige Standards und Angriffstechniken berücksichtigen.	ja	tw	n
S		Bei der Anwendungsentwicklung SOLLTEN die Entwicklungs-, Test- und Produktivsysteme voneinander getrennt sein.	ja	tw	n
S		Falls die Webanwendung von einem Dienstleister entwickelt wird, SOLLTE sichergestellt werden, dass dieser Dienstleister die nötigen Sicherheitsanforderungen bei der Entwicklung umsetzt und der Auftraggeber jederzeit auf den Quelltext zugreifen kann.	ja	tw	n

Notizen:

	A10	**Test und Freigabe von Webanwendungen**		*Standard*	
		Verantwortliche Rolle: Leiter IT			
S		Bevor Webanwendungen oder Erweiterungen und Anpassungen, die selbst oder im Auftrag entwickelt wurden, in den Produktivbetrieb übernommen werden, SOLLTEN sie getestet werden.	ja	tw	n
S		Die Ergebnisse der Tests SOLLTEN dokumentiert werden.	ja	tw	n
S		Wenn die Tests erfolgreich verlaufen sind, SOLLTE die Webanwendung formal freigegeben werden.	ja	tw	n
S		Darüber hinaus SOLLTE ein Verfahren zur Fehlerbehebung etabliert werden.	ja	tw	n

Notizen:

APP.3.1 Webanwendungen

A11 Sichere Anbindung von Hintergrundsystemen *Standard*
Verantwortliche Rolle: IT-Betrieb

S	Hintergrundsysteme von Webanwendungen, auf denen Funktionalitäten und Daten ausgelagert werden, SOLLTEN ausreichend geschützt werden.	ja	tw	n
S	Der Zugriff auf Hintergrundsysteme SOLLTE ausschließlich über definierte Schnittstellen und von definierten Systemen aus möglich sein.	ja	tw	n
S	Der Datenverkehr zwischen den Benutzern und der Webanwendung bzw. den Anwendungen und weiteren Diensten sowie den Hintergrundsystemen SOLLTE durch Sicherheitsgateways reglementiert werden.	ja	tw	n
S	Bei der Kommunikation über Standort- und Netzgrenzen hinweg SOLLTE der Datenverkehr außerdem authentisiert und verschlüsselt werden.	ja	tw	n
S	Zugriffe der Webanwendung auf Hintergrundsysteme SOLLTEN zudem mit minimalen Rechten erfolgen.	ja	tw	n
S	Beim Einsatz eines Enterprise Service Bus (ESB) muss sichergestellt werden, dass sich alle Dienste gegenüber dem ESB authentisieren, bevor ihnen ein Zugriff erlaubt wird. Es SOLLTE ein eigenes logisches Netzsegment für den ESB vorhanden sein.	ja	tw	n
S	Der Zugriff auf den ESB SOLLTE ausschließlich durch die angeschlossenen Anwendungen und Dienste möglich sein.	ja	tw	n
S	Alle Zugriffe auf den ESB SOLLTEN authentisiert und bei der Kommunikation über Standort- und Netzgrenzen hinweg verschlüsselt sein.	ja	tw	n

Notizen:

A12 Sichere Konfiguration von Webanwendungen *Standard*
Verantwortliche Rolle: Entwickler

S	Eine Webanwendung SOLLTE so konfiguriert sein, dass auf ihre Ressourcen und Funktionen ausschließlich über die vorgesehenen, abgesicherten Kommunikationspfade zugegriffen werden kann.	ja	tw	n
S	Der Zugriff auf nicht benötigte Ressourcen und Funktionen SOLLTE daher eingeschränkt werden.	ja	tw	n
S	Folgendes SOLLTE bei der Konfiguration von Webanwendungen berücksichtigt werden: • Deaktivierung nicht benötigter HTTP-Methoden • Zeichenkodierungskonfiguration • Festlegung von Grenzwerten für Zugriffsversuche • Administration einer Webanwendung.	ja	tw	n

Notizen:

APP Anwendungen

A13 Restriktive Herausgabe sicherheitsrelevanter Informationen *Standard*
Verantwortliche Rolle: Entwickler

S	Webseiten und Rückantworten von Webanwendungen SOLLTEN keine Informationen beinhalten, die einem Angreifer Hinweise geben, mit denen er Sicherheitsmechanismen umgehen kann.	ja	tw	n
S	Dazu SOLLTE sichergestellt werden, dass: • nur neutrale Fehlermeldungen ausgegeben werden, • keine sicherheitsrelevanten Kommentare oder Produkt- und Versionsangaben preisgegeben werden, • nur eingeschränkt auf sicherheitsrelevante Dokumentation zugegriffen werden kann, • nicht benötigte Dateien regelmäßig gelöscht werden, • externe Suchmaschinen die Webanwendung geeignet erfassen sowie • auf absolute lokale Pfadangaben verzichtet wird.	ja	tw	n
S	Die Webanwendung SOLLTE NICHT aus unsicheren Netzen administriert werden.	ja	tw	n
S	Administrationszugänge SOLLTEN auf vertrauenswürdige separate Netzsegmente und IT-Systeme beschränkt werden.	ja	tw	n
S	Konfigurationsdateien der Webanwendung SOLLTEN außerhalb des Web-Root-Verzeichnisses gespeichert werden.	ja	tw	n

Notizen:

A14 Schutz vertraulicher Daten *Standard*
Verantwortliche Rolle: Entwickler

S	Vertrauliche Daten einer Webanwendung SOLLTEN durch sichere, kryptographische Algorithmen geschützt werden.	ja	tw	n
S	Werden solche Daten übertragen, SOLLTE eine sichere Transportverschlüsselung eingesetzt werden, die dem Stand der Technik entspricht.	ja	tw	n
S	Im Fall von Verbindungsfehlern SOLLTE bei einem verschlüsselten Kanal NICHT auf einen unverschlüsselten Kanal gewechselt werden.	ja	tw	n
S	Um Daten vom Client zum Server zu übertragen, SOLLTE die HTTP-Post-Methode verwendet werden.	ja	tw	n
S	Auch SOLLTE die Webanwendung durch Direktiven gewährleisten, dass clientseitig keine schützenswerten Daten zwischengespeichert werden.	ja	tw	n
S	Weiterhin SOLLTEN in Formularen keine vertraulichen Formulardaten im Klartext angezeigt und auch nicht vom Browser gespeichert werden.	ja	tw	n
S	Zugangsdaten der Webanwendung SOLLTEN serverseitig mithilfe von sicheren kryptographischen Algorithmen vor unbefugtem Zugriff geschützt werden (Salted Hash).	ja	tw	n
S	Ebenso SOLLTEN Dateien mit Quelltexten der Webanwendung nicht abgerufen werden können.	ja	tw	n

Notizen:

A15 Verifikation essentieller Änderungen *Standard*
Verantwortliche Rolle: IT-Betrieb

S	Sollen wichtige Einträge geändert werden, SOLLTE die Eingabe durch ein Passwort erneut verifiziert werden.	ja	tw	n
S	Die Benutzer SOLLTEN über Änderungen mittels Kommunikationswege außerhalb der Web-Anwendung informiert werden, beispielsweise per E-Mail.	ja	tw	n

Notizen:

A16 Umfassende Eingabevalidierung und Ausgabekodierung *Standard*
Verantwortliche Rolle: Entwickler

S	Alle an eine Webanwendung übergebenen Daten SOLLTEN als potenziell gefährlich behandelt und entsprechend gefiltert werden.	ja	tw	n
S	Dabei SOLLTEN alle Eingabedaten sowie Datenströme und Sekundärdaten (z.B. Session-IDs) validiert werden.	ja	tw	n
S	Serverseitig SOLLTEN die Daten auf einem vertrauenswürdigen IT-System geprüft werden.	ja	tw	n
S	Fehleingaben SOLLTEN möglichst nicht automatisch behandelt werden (engl. Sanitizing).	ja	tw	n
S	Lässt es sich jedoch nicht vermeiden, SOLLTE Sanitizingsicher umgesetzt werden, damit ein Missbrauch ausgeschlossen ist.	ja	tw	n
S	Ausgabedaten SOLLTEN so kodiert werden, dass schadhafter Code auf dem Zielsystem nicht interpretiert oder ausgeführt wird.	ja	tw	n

Notizen:

A17 Fehlerbehandlung *Standard*
Verantwortliche Rolle: Entwickler

S	Treten während des Betriebs einer Webanwendung Fehler auf, SOLLTEN diese so behandelt werden, dass die Webanwendung weiter in einem konsistenten Zustand verbleibt.	ja	tw	n
S	Folgende Punkte SOLLTEN bei der Fehlerbehandlung berücksichtigt werden: • Fehlermeldungen SOLLTEN protokolliert werden, • eine veranlasste Aktion SOLLTE im Fehlerfall abgebrochen werden und • in der Folge SOLLTE der Zugriff auf die angeforderte Ressource oder Funktion abgewiesen werden.	ja	tw	n
S	Zuvor reservierte Ressourcen SOLLTEN im Rahmen der Fehlerbehandlung wieder freigegeben werden.	ja	tw	n
S	Auch SOLLTE der Fehler möglichst von der Webanwendung selbst behandelt werden.	ja	tw	n

Notizen:

A18 Kontrolle der Protokollierungsdaten *Standard*
Verantwortliche Rolle: IT-Betrieb

S	Es SOLLTE für jede Webanwendung ein Konzept erstellt werden, das festlegt, wie umfangreich die Protokollierung sein soll und wie die Daten auszuwerten sind.	ja	tw	n
S	Zudem SOLLTE ein Verantwortlicher benannt werden, der die Protokollierungsdaten auswertet.	ja	tw	n
S	Die Ergebnisse SOLLTEN dem ISB oder einem anderen hierfür bestimmten Mitarbeiter vorgelegt werden.	ja	tw	n

Notizen:

APP Anwendungen

	A19	**Schutz vor SQL-Injection**		*Standard*	
		Verantwortliche Rolle: IT-Betrieb			
S		Webanwendungen SOLLTEN alle Eingaben und Parameter sorgfältig überprüfen und filtern, bevor diese an das Datenbanksystem weitergeleitet werden.	ja	tw	n
S		Um Daten und SQL-Statements zu trennen, SOLLTEN Stored Procedures bzw. Prepared SQL-Statements eingesetzt werden.	ja	tw	n
S		Wenn weder Stored Procedures noch Prepared SQL-Statements eingesetzt werden können, SOLLTEN die SQL-Queries separat abgesichert werden.	ja	tw	n

Notizen:

	A21	**Sichere HTTP-Konfiguration bei Webanwendungen**		*Standard*	
		Verantwortliche Rolle: Entwickler			
S		Zum Schutz vor Clickjacking-Angriffen SOLLTE in den HTTP-Response-Headern der Webanwendung die Direktive X-FRAME-OPTIONSmit geeigneten Parametern gesetzt werden.	ja	tw	n
S		Darüber hinaus SOLLTE eine HTTP-Content-Security-Policy eingesetzt werden.	ja	tw	n

Notizen:

	A22	**Überprüfung von Webanwendungen**		*Standard*	
		Verantwortliche Rolle: IT-Betrieb			
S		Webanwendungen SOLLTEN regelmäßig auf Sicherheitsprobleme hin überprüft werden.	ja	tw	n
S		Auch SOLLTEN regelmäßig Revisionen durchgeführt werden.	ja	tw	n
S		Die Ergebnisse SOLLTEN nachvollziehbar dokumentiert, ausreichend geschützt und vertraulich behandelt werden.	ja	tw	n
S		Abweichungen SOLLTE nachgegangen werden.	ja	tw	n
S		Die Ergebnisse SOLLTEN dem ISB vorgelegt werden.	ja	tw	n

Notizen:

	A23	**Verhinderung von Cross-Site Request Forgery**		*Standard*	
		Verantwortliche Rolle: Entwickler			
S		Die Webanwendung SOLLTE Sicherheitsmechanismen unterstützen, die es ermöglichen, beabsichtigte Seitenaufrufe des Benutzers von unbeabsichtigt weitergeleiteten Befehlen Dritter zu unterscheiden.	ja	tw	n
S		Mindestens SOLLTE dabei geprüft werden, ob neben der Session-ID ein geheimes Token für den Zugriff auf geschützte Ressourcen und Funktionen benötigt wird.	ja	tw	n
S		Auch SOLLTE bei Webanwendungen das Referrer-Feld im HTTP-Request als zusätzliches Merkmal geprüft werden, um so einen beabsichtigten Aufruf durch einen Benutzer zu erkennen.	ja	tw	n

Notizen:

A20	**Einsatz von Web Application Firewalls**		*Hoch*	
	Verantwortliche Rolle: IT-Betrieb		**C I A**	
S	Damit Daten auf höheren Protokollebenen gefiltert werden können, SOLLTEN Institutionen zusätzlich auf Web Application Firewalls (WAF) zurückgreifen.	ja	tw	n
S	Wird eine WAF eingesetzt, SOLLTE die Konfiguration auf die zu schützende Webanwendung angepasst werden.	ja	tw	n
S	Die Konfiguration der WAF SOLLTE nach jedem Update der Webanwendung geprüft werden.	ja	tw	n

Notizen:

A24	**Verhinderung der Blockade von Ressourcen**		*Hoch*	
	Verantwortliche Rolle: Entwickler		**A**	
S	Zum Schutz vor Denial-of-Service-(DoS)-Angriffen SOLLTEN ressourcenintensive Operationen vermieden und besonders abgesichert werden.	ja	tw	n
S	Ebenso SOLLTE ein möglicher Überlauf von Protokollierungsdaten bei Webanwendungen überwacht und verhindert werden.	ja	tw	n
S	SOAP-Nachrichten SOLLTEN anhand eines entsprechenden XML-Schemas validiert werden.	ja	tw	n
S	Bei kritischen Diensten und Anwendungen SOLLTE geprüft werden, ob eine Zusammenarbeit mit DDoS-Mitigation-Dienstleistern sinnvoll ist.	ja	tw	n

Notizen:

APP.3.2 Webserver

A1	**Sichere Konfiguration eines Webservers**		*Basis*	
	Verantwortliche Rolle: IT-Betrieb			
M	Nachdem ein Webserver installiert wurde, MUSS eine sichere Grundkonfiguration vorgenommen werden.	ja	tw	n
M	Dazu MUSS beispielsweise der Webserver-Prozess einem Benutzerkonto mit minimalen Rechten zugewiesen werden.	ja	tw	n
M	Auch MUSS der Webserver in einer gekapselten Umgebung ausgeführt werden, sofern dies vom Betriebssystem unterstützt wird.	ja	tw	n
M	Der Webserver-Dienst DARF NICHT über unnötige Schreibberechtigungen verfügen.	ja	tw	n
M	Nicht benötigte Module und Funktionen des Webservers MÜSSEN deaktiviert werden.	ja	tw	n

Notizen:

APP Anwendungen

A2 Schutz der Webserver-Dateien *Basis*
Verantwortliche Rolle: IT-Betrieb

M	Alle Dateien auf dem Webserver, insbesondere Skripte und Konfigurationsdateien, MÜSSEN so geschützt werden, dass sie nicht unbefugt gelesen und geändert werden können.	ja	tw	n
M	Es MUSS sichergestellt sein, dass die Webserver-Anwendung nur auf Dateien zugreifen kann, die sich innerhalb eines definierten Verzeichnisbaums (WWW-Wurzelverzeichnis) befinden.	ja	tw	n
M	Ressourcen außerhalb des WWW-Verzeichnisses DÜRFEN NICHT aus diesem heraus verlinkt oder verknüpft werden.	ja	tw	n
M	Weiterhin MÜSSEN Funktionen, die Verzeichnisse auflisten, deaktiviert werden.	ja	tw	n
M	Dateien, die nicht verändert werden sollen, MÜSSEN schreibgeschützt sein.	ja	tw	n
M	Vertrauliche Daten MÜSSEN verschlüsselt übertragen und gespeichert werden.	ja	tw	n

Notizen:

A3 Absicherung von Datei-Uploads und -Downloads *Basis*
Verantwortliche Rolle: IT-Betrieb

M	Alle mithilfe des Webservers veröffentlichten Dateien MÜSSEN vorher auf Schadprogramme geprüft werden.	ja	tw	n
M	Zudem MÜSSEN Dokumente von Restinformationen bereinigt werden.	ja	tw	n
M	Abrufbare Dateien MÜSSEN auf einer separaten Partition der Festplatte gespeichert sein.	ja	tw	n
M	Es MUSS eine Maximalgröße für Datei-Uploads spezifiziert sein.	ja	tw	n
M	Für Uploads MUSS genügend Speicherplatz reserviert werden.	ja	tw	n

Notizen:

A4 Protokollierung von Ereignissen *Basis*
Verantwortliche Rolle: IT-Betrieb

M	Der Webserver MUSS mindestens folgende Ereignisse protokollieren: • erfolgreiche Zugriffe auf Ressourcen, • fehlgeschlagene Zugriffe auf Ressourcen aufgrund von mangelnder Berechtigung, nicht vorhandenen Ressourcen und Server-Fehlern sowie • allgemeine Fehlermeldungen.	ja	tw	n
S	Die Protokollierungsdaten SOLLTEN regelmäßig ausgewertet werden.	ja	tw	n

Notizen:

A5 Authentisierung *Basis*
Verantwortliche Rolle: IT-Betrieb

M	Wenn sich Clients am Webserver authentisieren, MUSS hierfür eine verschlüsselte Verbindung genutzt werden (siehe APP.3.2.A11 Verschlüsselung über TLS).	ja	tw	n
M	Die Passwortdateien auf dem Webserver MÜSSEN kryptografisch gesichert und vor unbefugtem Zugriff geschützt gespeichert werden.	ja	tw	n

Notizen:

A6	**Zeitnahes Einspielen sicherheitsrelevanter Patches und Updates**			*Basis*
	Verantwortliche Rolle: IT-Betrieb			
M	Die verantwortlichen Mitarbeiter MÜSSEN sich regelmäßig bei verschiedenen Quellen über aktuelle Schwachstellen in der eingesetzten Webserver-Software informieren und sicherheitsrelevante Updates zeitnah einspielen.	ja	tw	n
M	Software-Updates und Patches für Webserver sowie benutzte zusätzliche Anwendungen und Erweiterungen MÜSSEN ausschließlich aus vertrauenswürdigen Quellen bezogen werden und ausreichend getestet werden, bevor sie eingespielt bzw. eingesetzt werden.	ja	tw	n
M	Bevor Updates oder Patches installiert werden, MUSS stets sichergestellt sein, dass der ursprüngliche Zustand des Webservers wiederhergestellt werden kann.	ja	tw	n

Notizen:

A7	**Rechtliche Rahmenbedingungen für Webangebote**			*Basis*
	Verantwortliche Rolle: IT-Betrieb			
M	Werden über den Webserver für Dritte Inhalte publiziert oder Dienste angeboten, MÜSSEN dabei verschiedene rechtliche Rahmenbedingungen beachtet werden.	ja	tw	n
M	So MÜSSEN die jeweiligen Telemedien- und Datenschutzgesetze sowie das Urheberrecht eingehalten werden.	ja	tw	n
S	Auch SOLLTEN die Anforderungen an die Barrierefreiheit gemäß Behindertengleichstellungsgesetz beachtet werden.	ja	tw	n

Notizen:

A8	**Planung des Einsatzes eines Webservers**			*Standard*
	Verantwortliche Rolle: IT-Betrieb			
S	Um geeignete Sicherheitsmaßnahmen für den Webserver auszuwählen, SOLLTE geplant und dokumentiert werden, für welchen Zweck er eingesetzt und wie der Webserver in die vorhandene IT-Infrastruktur integriert werden soll.	ja	tw	n
S	In der Dokumentation SOLLTEN auch die Informationen oder Dienstleistungen des Webangebots und die jeweiligen Zielgruppen beschrieben werden.	ja	tw	n
S	Für den technischen Betrieb und die Webinhalte SOLLTEN Verantwortliche festgelegt werden.	ja	tw	n

Notizen:

A9	**Festlegung einer Sicherheitsrichtlinie für den Webserver**			*Standard*
	Verantwortliche Rolle: IT-Betrieb			
S	Es SOLLTE eine Sicherheitsrichtlinie erstellt werden, in der die erforderlichen Maßnahmen und Verantwortlichkeiten benannt sind.	ja	tw	n
S	Weiterhin SOLLTE geregelt werden, wie Informationen zu aktuellen Sicherheitslücken besorgt werden, wie Sicherheitsmaßnahmen umgesetzt werden und wie vorgegangen werden soll, wenn Sicherheitsvorfälle eintreten.	ja	tw	n

Notizen:

APP Anwendungen

	A10	**Auswahl eines geeigneten Webhosters**		*Standard*		
		Verantwortliche Rolle: Leiter IT		I		
S		Wird der Webserver nicht von der Institutionen selbst betrieben, sondern werden Angebote externer Dienstleister genutzt (Webhosting), SOLLTE die Institution bei der Auswahl eines geeigneten Webhosters auf folgende Punkte achten: • Es SOLLTE vertraglich geregelt werden, wie die Dienste zu erbringen sind • Dabei SOLLTEN Sicherheitsaspekte schriftlich im Vertrag in einem Service Level Agreement (SLA) festgehalten werden • Bei allen angebotenen Produkten SOLLTE die Basisinstallation sicher gestaltet werden • Der Dienstleister SOLLTE seine Kunden über die Risiken von zusätzlichen Anwendungen und Erweiterungen (Plug-ins) informieren • Darüber hinaus SOLLTE er sich dazu verpflichten, regelmäßig auf vorhandene Updates der genutzten Programme hinzuweisen • Die für die Diensterbringung eingesetzten IT-Systeme SOLLTEN vom Dienstleister regelmäßig kontrolliert und gewartet werden • Er SOLLTE dazu verpflichtet werden, bei technischen Problemen oder einer Kompromittierung von Kundensystemen zeitnah zu reagieren • Der Dienstleister SOLLTE grundlegende technische und organisatorische Maßnahmen umsetzen, um seinen Informationsverbund zu schützen.		ja	tw	n

Notizen:

	A11	**Verschlüsselung über TLS**		*Standard*		
		Verantwortliche Rolle: IT-Betrieb				
S		Der Webserver SOLLTE für alle Verbindungen eine Verschlüsselung über TLS anbieten (HTTPS).		ja	tw	n
S		Wenn eine HTTPS-Verbindung angeboten wird, dann SOLLTEN alle Inhalte ausschließlich über HTTPS verfügbar sein.		ja	tw	n
S		Sogenannter Mixed Content SOLLTE NICHT verwendet werden.		ja	tw	n

Notizen:

	A12	**Geeigneter Umgang mit Fehlern und Fehlermeldungen**		*Standard*		
		Verantwortliche Rolle: IT-Betrieb				
S		Aus den HTTP-Informationen und den angezeigten Fehlermeldungen SOLLTEN NICHT der Name und die Version der Webserver-Software ersichtlich sein.		ja	tw	n
S		Auch SOLLTE sichergestellt werden, dass der Webserver ausschließlich anwendungsspezifische Fehlermeldungen ausgibt, die der Information des Benutzers dienen.		ja	tw	n
S		Bei unerwarteten Fehlern SOLLTE der Webserver in einen sicheren Zustand übergehen.		ja	tw	n

Notizen:

A13 Zugriffskontrolle für Webcrawler *Standard*
Verantwortliche Rolle: IT-Betrieb

S	Der Zugriff von Webcrawlern SOLLTE nach dem Robots-Exclusion-Standard geregelt werden.	ja	tw	n
S	Inhalte SOLLTEN mit einem Zugriffsschutz versehen werden (siehe APP.3.2.A5 *Authentisierung*), um sie vor Webcrawlern zu schützen, die sich nicht an diesen Standard halten.	ja	tw	n

Notizen:

A14 Integritätsprüfungen und Schutz vor Schadsoftware *Standard*
Verantwortliche Rolle: IT-Betrieb

S	Es SOLLTE regelmäßig geprüft werden, ob die Dateien und Webinhalte noch integer sind und nicht durch Angreifer verändert wurden.	ja	tw	n
S	Auch SOLLTEN die Dateien regelmäßig auf Schadsoftware geprüft werden.	ja	tw	n

Notizen:

A16 Penetrationstest und Revision *Standard*
Verantwortliche Rolle: Leiter IT
I

S	Webserver SOLLTEN regelmäßig auf Sicherheitsprobleme hin überprüft werden.	ja	tw	n
S	Auch SOLLTEN regelmäßig Revisionen durchgeführt werden.	ja	tw	n
S	Die Ergebnisse SOLLTEN nachvollziehbar dokumentiert, ausreichend geschützt und vertraulich behandelt werden.	ja	tw	n
S	Abweichungen SOLLTE nachgegangen werden.	ja	tw	n
S	Die Ergebnisse SOLLTEN dem ISB vorgelegt werden.	ja	tw	n

Notizen:

A15 Redundanz *Hoch*
Verantwortliche Rolle: IT-Betrieb
A

S	Webserver SOLLTEN redundant ausgelegt werden.	ja	tw	n
S	Auch die Internetanbindung des Webservers und weiterer IT-Systeme, wie etwa der Webanwendungsserver, SOLLTEN redundant ausgelegt sein.	ja	tw	n

Notizen:

A17 Erweiterte Authentisierungsmethoden für Webserver *Hoch*
Verantwortliche Rolle: IT-Betrieb
C I

S	Es SOLLTEN erweiterte Authentisierungsmethoden eingesetzt werden, z.B. Client-Zertifikate oder Mehr-Faktor-Authentisierung.	ja	tw	n

Notizen:

APP Anwendungen

	A18	Schutz vor Denial-of-Service-Angriffen			*Hoch*	
		Verantwortliche Rolle: IT-Betrieb			**A**	
S		Um Denial-of-Service-Angriffe frühzeitig erkennen zu können, SOLLTE der Webserver ständig überwacht werden.	ja	tw	n	
S		Des Weiteren SOLLTEN Maßnahmen definiert und umgesetzt werden, die solche Angriffe verhindern oder zumindest abschwächen.	ja	tw	n	

Notizen:

	A19	Einrichtung eines Internet-Redaktionsteams			*Hoch*	
		Verantwortliche Rolle: Leiter IT, Fachverantwortliche			**C I A**	
S		Um Webangebote zu pflegen, SOLLTE eine eigenständige Internetredaktion eingerichtet werden.	ja	tw	n	
S		Die Internetredaktion SOLLTE alle Rollen enthalten, die im Konzept für Webangebote als Verantwortliche genannt wurden.	ja	tw	n	
S		Bei umfangreichen Webangeboten SOLLTE zusätzlich ein Ansprechpartner für Webanwendungen bestimmt werden.	ja	tw	n	
S		Ebenso SOLLTEN Prozesse, Vorgehensweisen und Verantwortliche benannt werden für den Fall von Problemen oder Sicherheitsvorfällen.	ja	tw	n	

Notizen:

APP.3.3 Fileserver

	A1	Geeignete Aufstellung			*Basis*	
		Verantwortliche Rolle: Haustechnik				
M		Fileserver DÜRFEN NICHT in Büroräumen oder als Arbeitsplatzrechner betrieben werden.	ja	tw	n	
M		Sie MÜSSEN an Orten aufgestellt werden, zu denen nur berechtigte Personen Zutritt haben.	ja	tw	n	
M		Zudem MUSS auf eine schwingungsfreie bzw. erschütterungsfreie Umgebung des Fileservers geachtet werden.	ja	tw	n	
M		Auch Fileserver mit weiteren Funktionen, wie NAS-Systeme kombiniert mit einem WLAN-Access-Point oder mit Direktanschlüssen für Speicherkarten, MÜSSEN an geeigneten Orten aufgestellt werden.	ja	tw	n	
M		Des Weiteren MÜSSEN eine sichere Stromversorgung und eine entsprechend den Herstellervorgaben empfohlene Umgebungstemperatur und Luftfeuchte sichergestellt sein.	ja	tw	n	

Notizen:

A2 Einsatz von RAID-Systemen *Basis*
Verantwortliche Rolle: IT-Betrieb

M	Es MUSS geplant werden, ob im Fileserver ein RAID-System eingesetzt wird.	ja	tw	n
M	Eine Entscheidung gegen ein solches System MUSS nachvollziehbar dokumentiert werden.	ja	tw	n
M	Wenn ein RAID-System eingesetzt werden soll, MUSS entschieden werden: • welches RAID-Level benutzt werden soll, um die Datenträger logisch zusammenzufassen, • wie lang die Zeitspanne für einen RAID-Rebuild-Prozess sein darf und • ob ein Software- oder ein Hardware-RAID eingesetzt werden soll.	ja	tw	n
M	Die RAID-Level MÜSSEN dem Stand der Technik entsprechen.	ja	tw	n
S	Bei einem Hardware-RAID SOLLTE der RAID-Controller redundant ausgelegt sein.	ja	tw	n
S	In einem RAID SOLLTEN Hotspare-Festplatten vorgehalten werden.	ja	tw	n

Notizen:

A3 Einsatz von Antiviren-Programmen *Basis*
Verantwortliche Rolle: IT-Betrieb

M	Je nach Betriebssystem und anderen vorhandenen Schutzmechanismen MUSS der Fileserver in das Konzept zum Schutz vor Schadprogrammen der Institution einbezogen werden.	ja	tw	n
M	Das eingesetzte Antiviren-Programm MUSS die über den Fileserver freigegebenen Dateien regelmäßig überprüfen.	ja	tw	n
M	Neben Echtzeit- und On-Demand-Scans MUSS die eingesetzte Lösung auch komprimierte Dateien nach Schadprogrammen durchsuchen können.	ja	tw	n
S	Darüber hinaus SOLLTE sie auch verschlüsselte Dateien prüfen können.	ja	tw	n
M	Alle Daten MÜSSEN durch die Antiviren-Lösung auf Schadsoftware untersucht werden, bevor sie auf dem Speichermedium abgelegt werden.	ja	tw	n
M	Sowohl die Virensignaturen als auch die Antiviren-Software selbst MÜSSEN laufend aktualisiert werden.	ja	tw	n
M	Es MUSS sichergestellt sein, dass Benutzer keine sicherheitsrelevanten Änderungen an den Einstellungen der Antiviren-Lösung vornehmen können.	ja	tw	n

Notizen:

A4 Regelmäßige Datensicherung *Basis*
Verantwortliche Rolle: IT-Betrieb

M	Es MÜSSEN regelmäßig alle auf dem Fileserver befindlichen Daten gesichert werden.	ja	tw	n
M	Dazu MUSS ein Datensicherungskonzept erstellt werden, das unter anderem definiert, in welchen Intervallen das Backup durchgeführt werden soll.	ja	tw	n
M	Außerdem MUSS eine Datensicherung durchgeführt werden, wenn auf dem Fileserver etwas installiert oder neu konfiguriert wird.	ja	tw	n
M	Alle gesicherten Daten MÜSSEN sich jederzeit wiederherstellen lassen.	ja	tw	n
S	Dabei SOLLTE die maximale Wiederanlaufzeit erhoben und im Datensicherungskonzept berücksichtigt werden.	ja	tw	n

Notizen:

A5 Restriktive Rechtevergabe *Basis*
Verantwortliche Rolle: IT-Betrieb

M	Zugriffsrechte auf die vom Fileserver verwalteten Dateien MÜSSEN restriktiv vergeben werden.	ja	tw	n
M	Es MUSS sichergestellt sein, dass jeder Benutzer nur auf die Daten zugreifen kann, die er benötigt, um seine Aufgaben zu erfüllen.	ja	tw	n
M	Systemverzeichnisse und -dateien DÜRFEN NICHT für unbefugte Benutzer freigegeben werden.	ja	tw	n
M	Es MUSS regelmäßig überprüft werden, ob die Zugriffsberechtigungen noch aktuell sind und der Sicherheitsrichtlinie entsprechen.	ja	tw	n
M	Zudem MUSS es einen definierten Prozess geben, um Berechtigungen neu einzurichten, zu ändern oder zu entziehen.	ja	tw	n
M	Alle Zugriffsrechte MÜSSEN nachvollziehbar dokumentiert werden.	ja	tw	n

Notizen:

A6 Beschaffung eines Fileservers *Standard*
Verantwortliche Rolle: IT-Betrieb

S	Bevor ein Fileserver beschafft wird, SOLLTE eine Anforderungsliste erstellt werden, anhand derer die am Markt erhältlichen Produkte bewertet werden.	ja	tw	n
S	Die Leistung, die Speicherkapazität, die Bandbreite sowie die Anzahl der Benutzer, die den Fileserver nutzen sollen, SOLLTE bei der Beschaffung des Fileservers berücksichtigt werden.	ja	tw	n

Notizen:

A7 Auswahl eines Dateisystems *Standard*
Verantwortliche Rolle: IT-Betrieb

S	Es SOLLTE eine Anforderungsliste erstellt werden, nach der anhand der die Dateisysteme bewertet werden.	ja	tw	n
S	Um Transaktionssicherheit zu gewährleisten, SOLLTE das Dateisystem eine Journaling-Funktion bieten.	ja	tw	n
S	Auch SOLLTE es über einen Schutzmechanismus verfügen, der verhindert, dass zwei Benutzer oder Anwendungen zur gleichen Zeit schreibend auf eine Datei zugreifen.	ja	tw	n
S	Es SOLLTE ein Dateisystem ausgewählt werden, das eine festgelegte Overhead-Grenze nicht überschreitet.	ja	tw	n
S	Für Hochverfügbarkeitslösungen SOLLTEN verteilte Dateisysteme verwendet werden.	ja	tw	n

Notizen:

A8 Strukturierte Datenhaltung *Standard*
Verantwortliche Rolle: Benutzer

S	Es SOLLTE eine Struktur festgelegt werden, nach der Daten abzulegen sind.	ja	tw	n
S	Benutzer SOLLTEN regelmäßig über die geforderte strukturierte Datenhaltung informiert werden.	ja	tw	n
S	Es SOLLTE schriftlich festgelegt werden, welche Daten lokal und welche auf dem Fileserver gespeichert werden dürfen.	ja	tw	n
S	Programm- und Arbeitsdaten SOLLTEN getrennt gespeichert werden.	ja	tw	n
S	Es SOLLTE regelmäßig überprüft werden, ob die Vorgaben zur strukturierten Datenhaltung eingehalten werden.	ja	tw	n

Notizen:

A9 Sicheres Speichermanagement *Standard*
Verantwortliche Rolle: IT-Betrieb

S	Es SOLLTEN alle Speicherressourcen des Fileservers katalogisiert werden, z.B. Festplatten, Flash-Speicher, Bandlaufwerke.	ja	tw	n
S	Zudem SOLLTE regelmäßig überprüft werden, ob die Speicher noch wie vorgesehen funktionieren.	ja	tw	n
S	Um bei Engpässen schnell reagieren zu können, SOLLTEN Ersatzspeicher vorgehalten werden.	ja	tw	n
S	Wurde eine Speicherhierarchie (Primär-, Sekundär- bzw. Tertiärspeicher) aufgebaut, SOLLTE ein (teil-)automatisiertes Speichermanagement verwendet werden.	ja	tw	n
S	Werden Daten automatisiert verteilt, SOLLTE regelmäßig manuell überprüft werden, ob das korrekt funktioniert.	ja	tw	n
S	Weiterhin SOLLTEN die eingesetzten Speicher in das Protokollierungskonzept des Informationsverbunds einbezogen werden.	ja	tw	n
S	Folgende Ereignisse SOLLTEN mindestens protokolliert werden: • Aktivitäten (Modifizieren, Hinzufügen bzw. Löschen von Daten), • nicht autorisierte Zugriffe auf Daten und • Änderungen von Zugriffsrechten.	ja	tw	n

Notizen:

A10 Regelmäßige Tests des Datensicherungs- bzw. Wiederherstellungskonzepts *Standard*
Verantwortliche Rolle: IT-Betrieb

S	Es SOLLTE regelmäßig getestet werden, ob die Datensicherung und -wiederherstellung korrekt funktionieren.	ja	tw	n
S	Dafür SOLLTE ein Zeitplan ausgearbeitet werden.	ja	tw	n
S	Es SOLLTEN genügend Ressourcen bereitgestellt werden, um die Tests planen, konzipieren und durchführen zu können.	ja	tw	n
S	Die Ergebnisse SOLLTEN ausreichend dokumentiert werden.	ja	tw	n
S	Aufgedeckte Mängel SOLLTEN dazu führen, dass das Datensicherungskonzept überarbeitet wird.	ja	tw	n

Notizen:

APP Anwendungen

A11 Einsatz von Quotas *Standard*
Verantwortliche Rolle: IT-Betrieb

S	Es SOLLTE überlegt werden, Quotas einzurichten.	ja	tw	n
S	Alternativ SOLLTEN Mechanismen des verwendeten Datei- oder Betriebssystemsystems genutzt werden, die die Benutzer bei einem bestimmten Füllstand der Festplatte warnen oder nur noch dem Systemadministrator Schreibrechte einräumen.	ja	tw	n

Notizen:

A12 Verschlüsselung des Datenbestandes *Hoch*
Verantwortliche Rolle: IT-Betrieb   C I

S	Alle Daten auf dem Fileserver SOLLTEN verschlüsselt werden.	ja	tw	n
S	Dazu SOLLTEN die Datenträger vollständig verschlüsselt werden.	ja	tw	n
S	Es SOLLTE sichergestellt werden, dass der Virenschutz die verschlüsselte Dateien auf Schadsoftware prüfen kann.	ja	tw	n
S	Kryptografische Schüssel SOLLTEN sicher erzeugt und von den Daten getrennt aufbewahrt werden (siehe auch CON.1 *Kryptokonzept*).	ja	tw	n

Notizen:

A13 Replizieren zwischen Standorten *Hoch*
Verantwortliche Rolle: IT-Betrieb   A

S	Für hochverfügbare Systeme SOLLTE eine angemessene Replikation der Daten auf mehreren Datenträgern stattfinden.	ja	tw	n
S	Daten SOLLTEN zudem zwischen unabhängigen Geräten oder unabhängigen Standorten repliziert werden.	ja	tw	n
S	Dafür SOLLTE ein geeigneter Replikationsmechanismus ausgewählt werden.	ja	tw	n
S	Damit die Replikation wie vorgesehen funktionieren kann, SOLLTEN hinreichend genaue Zeitdienste genutzt und betrieben werden.	ja	tw	n

Notizen:

A14 Einsatz von Error-Correction-Codes *Hoch*
Verantwortliche Rolle: IT-Betrieb   I

S	Es SOLLTEN grundsätzlich fehlererkennende bzw. fehlerkorrigierende Verfahren eingesetzt werden, etwa auf Dateisystem-Ebene.	ja	tw	n
S	Die notwendigen redundanten Bits SOLLTEN bei der Planung miteinbezogen werden.	ja	tw	n
S	Es SOLLTE beachtet werden, dass je nach eingesetztem Verfahren Fehler nur mit einer gewissen Wahrscheinlichkeit erkannt und auch nur in begrenzter Größenordnung behoben werden können.	ja	tw	n

Notizen:

APP.3.4 Samba

A1   Planung des Einsatzes eines Samba-Servers   *Basis*
Verantwortliche Rolle: Leiter IT

M	Die Einführung eines Samba-Servers MUSS sorgfältig geplant und geregelt werden.	ja	tw	n
M	Dabei MUSS abhängig vom Einsatzszenario definiert werden, welche Aufgaben der Samba-Server zukünftig erfüllen soll, in welcher Betriebsart er daher betrieben wird und welche Komponenten von Samba und welche weiteren Komponenten dafür erforderlich sind.	ja	tw	n
M	Soll die Cluster-Lösung CTDB (Cluster Trivia Data Base) eingesetzt werden, MUSS die Einführung von Samba sorgfältig konzeptioniert werden.	ja	tw	n
M	Wenn Samba die Active-Directory-(AD)-Dienste auch für Linux- und Unix-Systeme bereitstellen soll, MUSS die Einführung sorgfältig geplant und die Installation getestet werden.	ja	tw	n
M	Des Weiteren MUSS das Authentisierungsverfahren für das AD sorgfältig konzipiert und implementiert werden.	ja	tw	n
M	Die Einführung und die Reihenfolge, in der die Stackable-Virtual-File-System-(VFS)-Module ausgeführt werden, MUSS sorgfältig konzipiert und die Umsetzung dokumentiert werden.	ja	tw	n
M	Wird IPv6 unter Samba benutzt, MUSS auch das sorgfältig geplant und zudem in einer betriebsnahen Testumgebung auf eine fehlerfreie Integration hin überprüft werden.	ja	tw	n

Notizen:

A2   Sichere Grundkonfiguration eines Samba-Servers   *Basis*
Verantwortliche Rolle: IT-Betrieb

M	Nachdem der Samba-Server installiert wurde, MUSS der Dienst sicher konfiguriert werden.	ja	tw	n
M	Hierfür MÜSSEN unter anderem Einstellungen für die Zugriffskontrollen, aber auch Einstellungen, welche die Leistungsfähigkeit des Servers beeinflussen, angepasst werden.	ja	tw	n
M	Es MUSS sichergestellt werden, dass die Zugriffsberechtigungen für jeden Benutzer individuell bestimmt werden.	ja	tw	n
M	Generell MUSS sichergestellt werden, dass nur ausgewählten Benutzern und Benutzergruppen erlaubt wird, sich mit dem Samba-Dienst zu verbinden und dass Benutzer nur auf die Informationen innerhalb ihrer Freigaben zugreifen können.	ja	tw	n
M	Samba MUSS so konfiguriert werden, dass Verbindungen nur von sicheren Hosts und Netzen entgegengenommen werden und dass es sich nur mit sicheren Netzadressen verbindet.	ja	tw	n
S	Änderungen an der Konfiguration SOLLTEN sorgfältig dokumentiert werden, sodass zu jeder Zeit nachvollzogen werden kann, wer aus welchem Grund was geändert hat.	ja	tw	n
M	Dabei MUSS nach jeder Änderung überprüft werden, ob die Syntax noch korrekt ist.	ja	tw	n
M	Zusätzliche Softwaremodule wie SWAT DÜRFEN NICHT installiert werden.	ja	tw	n

Notizen:

APP Anwendungen

A3 **Sichere Konfiguration des Betriebssystems für einen Samba-Server** *Standard*
Verantwortliche Rolle: IT-Betrieb

S	Datenbanken im Trivial-Database-(TDB)-Format SOLLTEN NICHT auf einer Partition gespeichert werden, die ReiserFS als Dateisystem benutzt.	ja	tw	n
S	Wird eine netlogon-Freigabe konfiguriert, SOLLTEN unberechtigte Benutzer NICHT Dateien in dieser Freigabe modifizieren können.	ja	tw	n
S	Das Betriebssystem des Samba-Servers SOLLTE Access Control Lists (ACLs) in Verbindung mit dem eingesetzten Dateisystem unterstützen.	ja	tw	n
S	Zusätzlich SOLLTE sichergestellt werden, dass das Dateisystem mit den passenden Parametern eingebunden wird.	ja	tw	n
S	Die Voreinstellungen von SMB Message Signing SOLLTEN beibehalten werden, sofern sie nicht im Widerspruch zu den existierenden Sicherheitsrichtlinien im Informationsverbund stehen.	ja	tw	n
S	Mit einem lokalen Paketfilter SOLLTEN Ports, über die der Samba-Server nicht erreichbar sein soll, geblockt werden.	ja	tw	n
S	Es SOLLTE Kerberos eingesetzt werden, um die Schwachstellen von NT LAN-Manager (NTLM) oder NTLMv2 sowie eine zu hohe Netzlast zu vermeiden.	ja	tw	n
S	Wird mit Kerberos authentisiert, SOLLTE der zentrale Zeitserver lokal auf dem Domain Controller installiert werden.	ja	tw	n
S	Der NTP-Dienst SOLLTE so gehärtet werden, dass nur autorisierte Clients die Zeit abfragen können.	ja	tw	n

Notizen:

A4 **Sicherstellung der NTFS-Eigenschaften auf einem Samba-Server** *Standard*
Verantwortliche Rolle: IT-Betrieb

S	Wird eine Version von Samba eingesetzt, die im New Technology File System (NTFS) sogenannte Alternate Data Streams (ADS) nicht abbilden kann, SOLLTE sichergestellt werden, dass Dateisystemobjekte keine ADS mit wichtigen Informationen enthalten, bevor diese über Systemgrenzen hinweg kopiert oder verschoben werden.	ja	tw	n

Notizen:

A5 **Sichere Konfiguration der Zugriffssteuerung bei einem Samba-Server** *Standard*
Verantwortliche Rolle: IT-Betrieb

S	Die von Samba standardmäßig verwendeten Parameter, mit denen DOS-Attribute auf das Linux-Dateisystem abgebildet werden, SOLLTEN NICHT verwendet werden.	ja	tw	n
S	Stattdessen SOLLTE Samba so konfiguriert werden, dass es DOS-Attribute und die Statusindikatoren zur Vererbung (Flag) in Extended Attributes speichert.	ja	tw	n
S	Die Freigaben SOLLTEN ausschließlich über die Registry verwaltet werden.	ja	tw	n
S	Ferner SOLLTEN die effektiven Zugriffsberechtigungen auf die Freigaben des Samba-Servers ebenso wie die Protokolldateien regelmäßig überprüft werden.	ja	tw	n

Notizen:

APP.3.4 Samba

A6	**Sichere Konfiguration von Winbind unter Samba**			*Standard*
S	Der Einsatz von Winbind SOLLTE sorgfältig geplant und geregelt werden.	ja	tw	n
S	Für jeden Windows-Domänenbenutzer SOLLTE im Betriebssystem des Servers ein Benutzerkonto mit allen Gruppenmitgliedschaften vorhanden sein.	ja	tw	n
S	Falls das nicht möglich ist, SOLLTE Winbind eingesetzt werden.	ja	tw	n
S	Dabei SOLLTE Winbind Domänen-Benutzernamen in eindeutige Linux-Benutzernamen umsetzen.	ja	tw	n
S	Hierbei SOLLTE beachtet werden, dass Kollisionen zwischen lokalen Linux-Benutzern und Domänen-Benutzern verhindert werden.	ja	tw	n
S	Des Weiteren SOLLTEN die PAM (Pluggable Authentication Modules) eingebunden werden.	ja	tw	n

Verantwortliche Rolle: IT-Betrieb

Notizen:

A7	**Sichere Konfiguration von DNS unter Samba**			*Standard*
S	Wenn Samba als DNS-Server eingesetzt wird, SOLLTE die Einführung sorgfältig geplant und die Umsetzung vorab getestet werden.	ja	tw	n
S	Da Samba verschiedene AD-Integrationsmodi unterstützt, SOLLTEN die DNS-Einstellungen entsprechend dem Verwendungsszenario von Samba vorgenommen werden.	ja	tw	n
S	Wird Samba als primärer AD DC verwendet, SOLLTE der DNS-Dienst auf dem Samba-Server installiert und sorgfältig konfiguriert werden.	ja	tw	n

Verantwortliche Rolle: IT-Betrieb

Notizen:

A8	**Sichere Konfiguration von LDAP unter Samba**			*Standard*
S	Werden die Benutzer unter Samba mit LDAP verwaltet, SOLLTE das sorgfältig geplant und dokumentiert werden.	ja	tw	n
S	Die Zugriffsberechtigungen auf das LDAP SOLLTEN mittels ACLs geregelt werden.	ja	tw	n

Verantwortliche Rolle: IT-Betrieb

Notizen:

A9	**Sichere Konfiguration von Kerberos unter Samba**			*Standard*
S	Zur Authentisierung SOLLTE das von Samba implementierte Heimdal Kerberos Key Distribution Center (KDC) verwendet werden.	ja	tw	n
S	Es SOLLTE darauf geachtet werden, dass die von Samba vorgegebene Kerberos-Konfigurationsdatei verwendet wird.	ja	tw	n
S	Es SOLLTEN nur ausreichend sichere Verschlüsselungsverfahren für Kerberos-Tickets benutzt werden.	ja	tw	n

Verantwortliche Rolle: IT-Betrieb

Notizen:

APP Anwendungen

A10 Sicherer Einsatz externer Programme auf einem Samba-Server *Standard*
Verantwortliche Rolle: IT-Betrieb

S   Da externe Programme Einfallstore für Angreifer bieten, SOLLTE sichergestellt werden, dass Samba nur überprüfte und vertrauenswürdige externe Programme aufruft.   ja   tw   n

Notizen:

A11 Sicherer Einsatz von Kommunikationsprotokollen beim Einsatz eines Samba-Servers *Standard*
Verantwortliche Rolle: IT-Betrieb

S   Für ein zuverlässig funktionierendes Netz SOLLTEN auf den Windows-Clients nur wirklich benötigte Protokolle genutzt werden.   ja   tw   n

S   Falls Netware-Systeme auf den Samba-Server zugreifen müssen, SOLLTE berücksichtigt werden, dass Internetwork Packet Exchange (IPX) benötigt wird.   ja   tw   n

S   Sofern IPv6 eingesetzt wird, SOLLTEN erforderliche Besonderheiten berücksichtigt werden.   ja   tw   n

Notizen:

A12 Schulung der Administratoren eines Samba-Servers *Standard*
Verantwortliche Rolle: IT-Betrieb

S   Administratoren SOLLTEN zu den genutzten spezifischen Bereichen von Samba wie z.B. Benutzerauthentisierung, Windows- und Unix-Rechtemodelle, aber auch zu NTFS ACLs und NTFS ADS ausgebildet werden.   ja   tw   n

Notizen:

A13 Regelmäßige Sicherung wichtiger Systemkomponenten eines Samba-Servers *Standard*
Verantwortliche Rolle: IT-Betrieb

S   Es SOLLTEN alle Systemkomponenten in das institutionsweite Datensicherungskonzept eingebunden werden, die erforderlich sind, um einen Samba-Server wiederherzustellen.   ja   tw   n

S   Auch die Kontoinformationen aus allen eingesetzten Backends SOLLTEN berücksichtigt werden.   ja   tw   n

S   Ebenso SOLLTEN alle TDB-Dateien gesichert werden.   ja   tw   n

S   Des Weiteren SOLLTE die Registry mitgesichert werden, falls sie für Freigaben eingesetzt wurde.   ja   tw   n

S   Die Konfigurationsdaten, Statusinformationen und Systemdateien SOLLTEN kompatibel zueinander sein.   ja   tw   n

Notizen:

A14	**Erstellen eines Notfallplans für den Ausfall von Samba-Servern**	*Standard*
	Verantwortliche Rolle: IT-Betrieb	

S	Um den Samba-Server im Notfall schnell neu installieren zu können, SOLLTEN die notwendigen Installationspakete und Informationen an einem festgelegten Ort hinterlegt werden.	ja	tw	n
S	Es SOLLTE gewährleistet sein, dass sie jederzeit verfügbar sind.	ja	tw	n
S	Die Dokumentation der Samba-Konfiguration SOLLTE dabei stets aktuell und nachvollziehbar sein.	ja	tw	n
S	Für den Samba-Server SOLLTE abhängig von der Serverrolle und den Verfügbarkeitsanforderungen getestet werden, ob er sich wiederherstellen lässt und wie lange das dauert.	ja	tw	n
S	Anhand der Ergebnisse SOLLTE der Notfallplan verbessert werden.	ja	tw	n

Notizen:

A15	**Verschlüsselung der Datenpakete unter Samba**	*Hoch*
	Verantwortliche Rolle: IT-Betrieb	**C I**

S	Um die Integrität und Vertraulichkeit der Datenpakete auf dem Transportweg zu gewährleisten, SOLLTEN die Datenpakete mit den in SBM3 integrierten Verschlüsselungsverfahren verschlüsselt werden.	ja	tw	n

Notizen:

APP.3.6 DNS-Server

A1	**Planung des DNS-Einsatzes**	*Basis*
	Verantwortliche Rolle: IT-Betrieb	

M	Da eine funktionierende Namensauflösung eine Grundvoraussetzung für viele Anwendungen und damit für einen reibungslosen Betrieb ist, MÜSSEN DNS-Server sorgfältig geplant werden.	ja	tw	n
M	Dabei MUSS zunächst festgelegt werden, wie der Netzdienst DNS aufgebaut werden soll und welche Domain-Informationen schützenswert sind.	ja	tw	n
M	Es MUSS auch geplant werden, wie DNS-Server in das Netz des Informationsverbundes eingebunden werden sollen.	ja	tw	n
M	Die getroffenen Entscheidungen MÜSSEN dokumentiert werden.	ja	tw	n

Notizen:

A2	**Einsatz redundanter DNS-Server**	*Basis*
	Verantwortliche Rolle: IT-Betrieb	

M	Advertising DNS-Server (externe Anfragen) MÜSSEN redundant ausgelegt werden.	ja	tw	n
M	Deshalb MUSS es für jeden Advertising DNS-Server mindestens einen zusätzlichen Secondary DNS-Server geben.	ja	tw	n

Notizen:

APP Anwendungen

A3 **Verwendung von separaten DNS-Servern für interne und externe Anfragen** *Basis*
Verantwortliche Rolle: IT-Betrieb

M	Advertising DNS-Server (externe Anfragen) und Resolving DNS-Server (interne Anfragen) MÜSSEN serverseitig getrennt sein.	ja	tw	n
M	Die Resolver der internen IT-Systeme DÜRFEN NUR die internen Resolving DNS-Server verwenden, um Namen aufzulösen.	ja	tw	n

Notizen:

A4 **Sichere Grundkonfiguration eines DNS-Servers** *Basis*
Verantwortliche Rolle: IT-Betrieb

M	Ein Resolving DNS-Server MUSS so konfiguriert werden, dass er ausschließlich Anfragen aus dem internen Netz akzeptiert.	ja	tw	n
M	Wenn er Anfragen versendet, MUSS er zufällige Source Ports benutzen.	ja	tw	n
M	Sind DNS-Server bekannt, die falsche Domain-Informationen liefern, MUSS der Resolving DNS-Server daran gehindert werden, Anfragen dorthin zu senden.	ja	tw	n
M	Ein Advertising DNS-Server MUSS so konfiguriert werden, dass er Anfragen aus dem Internet immer iterativ behandelt.	ja	tw	n
M	Es MUSS sichergestellt werden, dass DNS-Zonentransfers zwischen Primary und Secondary DNS-Servern funktionieren.	ja	tw	n
M	Zudem MÜSSEN Zonentransfers so konfiguriert werden, dass diese nur zwischen Primary und Secondary DNS-Servern möglich sind.	ja	tw	n
M	Um Zonentransfers abzusichern, MÜSSEN diese auf bestimmte IP-Adressen beschränkt werden.	ja	tw	n
M	Die Version des verwendeten DNS-Server-Produktes MUSS verborgen werden.	ja	tw	n

Notizen:

A5 **Zeitnahes Einspielen sicherheitsrelevanter Patches und Updates** *Basis*
Verantwortliche Rolle: IT-Betrieb

M	Die verantwortlichen Mitarbeiter MÜSSEN sich regelmäßig bei verschiedenen Quellen über neu bekannt gewordene Schwachstellen im eingesetzten DNS-Server-Produkt informieren und sicherheitsrelevante Updates zeitnah einspielen.	ja	tw	n
M	Vorab MUSS jedoch auf einem Testsystem überprüft werden, ob die Sicherheitsupdates kompatibel sind und keine Fehler verursachen.	ja	tw	n
M	Solange keine Patches bei bekannten Schwachstellen verfügbar sind, MÜSSEN andere geeignete Maßnahmen getroffen werden, um die DNS-Server zu schützen.	ja	tw	n
M	Bevor ein Patch eingespielt wird, MÜSSEN die Zonen- und Konfigurationsdateien gesichert werden.	ja	tw	n

Notizen:

A6	**Absicherung von dynamischen DNS-Updates** **Verantwortliche Rolle:** IT-Betrieb			*Basis*	
M	Um dynamische Updates sicher nutzen zu können, DÜRFEN NUR legitimierte IT-Systeme Domain-Informationen ändern.	ja	tw	n	
M	Auch MUSS festgelegt werden, welche Domain-Informationen die IT-Systeme ändern dürfen.	ja	tw	n	

Notizen:

A7	**Überwachung von DNS-Servern** **Verantwortliche Rolle:** IT-Betrieb			*Basis*	
M	Um DNS-Server reibungslos zu betreiben und eventuelle Störungen oder Anomalien festzustellen, MÜSSEN diese laufend überwacht werden.	ja	tw	n	
M	Auch MUSS überwacht werden, wie ausgelastet die DNS-Server sind, um rechtzeitig die Leistungskapazität der Hardware anpassen zu können.	ja	tw	n	
M	Darüber hinaus MÜSSEN alle sicherheitsrelevanten Ereignisse an DNS-Servern geeignet protokolliert werden.	ja	tw	n	

Notizen:

A8	**Verwaltung von Domainnamen** **Verantwortliche Rolle:** Leiter IT			*Basis*	
M	Es MUSS sichergestellt sein, dass die Registrierungen für alle Domains, die von einer Institution benutzt werden, regelmäßig und rechtzeitig verlängert werden.	ja	tw	n	
M	Es MUSS ein Mitarbeiter bestimmt werden, der dafür verantwortlich ist, die Internet-Domainnamen zu verwalten.	ja	tw	n	
M	Sofern ein Internetdienstleister mit der Domainverwaltung beauftragt wird, MUSS darauf geachtet werden, dass die Institution die Kontrolle über die Domains behält.	ja	tw	n	

Notizen:

A9	**Erstellen eines Notfallplans für DNS-Server** **Verantwortliche Rolle:** IT-Betrieb			*Basis*	
M	Es MUSS ein Notfallplan für DNS-Server erstellt werden.	ja	tw	n	
M	Er MUSS in die bereits vorhandenen Notfallpläne der Institution integriert werden.	ja	tw	n	
M	Auch MUSS darin ein Datensicherungskonzept für die Zonen- und Konfigurationsdateien beschrieben sein, das in das existierende Datensicherungskonzept der Institution integriert werden MUSS.	ja	tw	n	
M	Der Notfallplan MUSS auch einen Wiederanlaufplan für DNS-Server enthalten.	ja	tw	n	

Notizen:

APP Anwendungen

A10 Auswahl eines geeigneten DNS-Server-Produktes *Standard*
Verantwortliche Rolle: IT-Betrieb

S	Wird ein DNS-Server-Produkt beschafft, SOLLTE darauf geachtet werden, dass sich damit alle Sicherheitsanforderungen der Institution geeignet umsetzen lassen.	ja	tw	n
S	Das Produkt SOLLTE sich in der Praxis ausreichend bewährt haben und die aktuellen RFC-Standards unterstützen.	ja	tw	n
S	Es SOLLTE den Verantwortlichen dabei unterstützen, syntaktisch korrekte Master Files zu erstellen.	ja	tw	n
S	Außerdem SOLLTE für das ausgewählte DNS-Server-Produkt genügend geschultes Personal vorhanden sein.	ja	tw	n

Notizen:

A11 Ausreichende Dimensionierung der DNS-Server *Standard*
Verantwortliche Rolle: IT-Betrieb

S	Da die Hardware eines DNS-Servers die Leistung des gesamten Systems beeinflusst, SOLLTE sie ausreichend dimensioniert sein.	ja	tw	n
S	Auch SOLLTE die Hardware ausschließlich für den Betrieb eines DNS-Servers benutzt werden.	ja	tw	n
S	Ebenso SOLLTE die Netzanbindung der DNS-Server ausreichend bemessen sein.	ja	tw	n

Notizen:

A12 Schulung der Verantwortlichen *Standard*
Verantwortliche Rolle: Vorgesetzte, Leiter IT

S	Es SOLLTE durch Schulungen sichergestellt werden, dass die Verantwortlichen mit den einzelnen Konfigurationsmöglichkeiten und sicherheitsrelevanten Aspekten der DNS-Server vertraut sind.	ja	tw	n

Notizen:

A13 Einschränkung der Sichtbarkeit von Domain-Informationen *Standard*
Verantwortliche Rolle: IT-Betrieb

S	Der Namensraum eines Informationsverbundes SOLLTE in einen öffentlichen und einen institutionsinternen Bereich aufgeteilt werden.	ja	tw	n
S	Im öffentlichen Teil SOLLTEN nur solche Domain-Informationen enthalten sein, die von Diensten benötigt werden, die von extern erreichbar sein sollen.	ja	tw	n
S	IT-Systeme im internen Netz SOLLTEN selbst dann keinen von außen auflösbaren DNS-Namen erhalten, wenn sie eine öffentliche IP-Adresse besitzen.	ja	tw	n

Notizen:

A14 Platzierung der Nameserver
Verantwortliche Rolle: IT-Betrieb   *Standard*

S   Primary und Secondary Advertising DNS-Server SOLLTEN in verschiedenen Netzsegmenten   ja   tw   n
    platziert werden.

Notizen:

A15 Auswertung der Logdaten
Verantwortliche Rolle: IT-Betrieb   *Standard*

S   Die Logdateien des DNS-Servers sowie des unterliegenden Betriebssystems SOLLTEN regel-   ja   tw   n
    mäßig überprüft und ausgewertet werden.

Notizen:

A16 Integration eines DNS-Servers in eine „P-A-P"-Struktur
Verantwortliche Rolle: IT-Betrieb   *Standard*

S   Die DNS-Server SOLLTEN in eine Paketfilter – Application-Level-Gateway – Paketfilter -(P-A-   ja   tw   n
    P)-Struktur (siehe auch NET.3.2 Firewall) integriert werden: Der Advertising DNS-Server
    SOLLTE in diesem Fall in einer demilitarisierten Zone (DMZ) des äußeren Paketfilters angesie-
    delt sein.
S   Der Resolving DNS-Server SOLLTE in einer DMZ des inneren Paketfilters aufgestellt sein.   ja   tw   n

Notizen:

A17 Einsatz von DNSSEC
Verantwortliche Rolle: IT-Betrieb   *Standard*

S   Die DNS-Protokollerweiterung DNSSEC SOLLTE sowohl auf Resolving DNS-Servern als auch   ja   tw   n
    auf Advertising DNS-Servern aktiviert werden.
S   Die dabei verwendeten Schlüssel Key-Signing-Keys (KSK) und Zone-Signing-Key (ZSK) SOLL- ja   tw   n
    TEN regelmäßig gewechselt werden.

Notizen:

A18 Erweiterte Absicherung von Zonentransfers
Verantwortliche Rolle: IT-Betrieb   *Standard*

S   Um Zonentransfers stärker abzusichern, SOLLTEN zusätzlich Transaction Signatures (TSIG)   ja   tw   n
    eingesetzt werden.

Notizen:

APP Anwendungen

A19 Aussonderung von DNS-Servern *Standard*
Verantwortliche Rolle: IT-Betrieb

S Wird ein DNS-Server ausgesondert, SOLLTEN alle Speichermedien des Servers sicher gelöscht werden. ja tw n

S Außerdem SOLLTE der DNS-Server sowohl aus dem Domain-Namensraum als auch aus dem Netzverbund gelöscht werden. ja tw n

Notizen:

A20 Prüfung des Notfallplans auf Durchführbarkeit *Hoch*
Verantwortliche Rolle: IT-Betrieb **A**

S Es SOLLTE regelmäßig überprüft werden, ob der Notfallplan durchführbar ist. ja tw n

Notizen:

A21 Hidden-Master *Hoch*
Verantwortliche Rolle: IT-Betrieb **C I A**

S Um Angriffe auf den primären Advertising DNS-Server zu erschweren, SOLLTE eine sogenannte Hidden-Master-Anordnung vorgenommen werden. ja tw n

Notizen:

A22 Anbindung der DNS-Server über unterschiedliche Provider *Hoch*
Verantwortliche Rolle: Leiter IT **I A**

S Extern erreichbare DNS-Server SOLLTEN über unterschiedliche Provider angebunden werden. ja tw n

Notizen:

APP.4 Business-Anwendungen

APP.4.3 Relationale Datenbanksysteme

A1   Erstellung einer Sicherheitsrichtlinie für Datenbanksysteme *Basis*

Verantwortliche Rolle: IT-Betrieb

M   Ausgehend von der allgemeinen Sicherheitsrichtlinie der Institution MUSS eine spezifische Sicherheitsrichtlinie für Datenbanksysteme erstellt werden, in der nachvollziehbar Anforderungen und Vorgaben beschrieben sind, wie Datenbanksysteme sicher betrieben werden können.   ja   tw   n

M   Die Richtlinie MUSS allen im Bereich Datenbanksysteme verantwortlichen Mitarbeitern bekannt und grundlegend für ihre Arbeit sein.   ja   tw   n

M   Wird die Richtlinie verändert oder wird von den Anforderungen abgewichen, MUSS dies mit dem ISB abgestimmt und dokumentiert werden.   ja   tw   n

M   Es MUSS regelmäßig überprüft werden, ob die Richtlinie noch korrekt umgesetzt ist.   ja   tw   n

M   Die Ergebnisse MÜSSEN sinnvoll dokumentiert werden.   ja   tw   n

Notizen:

A2   Installation des Datenbankmanagementsystems *Basis*

Verantwortliche Rolle: IT-Betrieb

M   Es MUSS sichergestellt sein, dass die Installationspakete des Datenbankmanagementsystems aus sicheren Quellen stammen.   ja   tw   n

M   Bereits veröffentlichte Patches MÜSSEN eingespielt werden, bevor das DBMS betrieben wird.   ja   tw   n

Notizen:

A3   Basishärtung des Datenbankmanagementsystems *Basis*

Verantwortliche Rolle: IT-Betrieb

M   Das Datenbankmanagementsystem MUSS gehärtet werden.   ja   tw   n

M   Hierfür MUSS eine Checkliste mit den durchzuführenden Schritten zusammengestellt und abgearbeitet werden.   ja   tw   n

M   Auch MÜSSEN alle Passwörter entsprechend den internen Anforderungen der Institution geändert werden.   ja   tw   n

M   Alle Passwörter MÜSSEN verschlüsselt gespeichert werden.   ja   tw   n

M   Die Basishärtung MUSS regelmäßig überprüft und falls erforderlich angepasst werden.   ja   tw   n

Notizen:

APP Anwendungen

A4	**Geregeltes Anlegen neuer Datenbanken**				*Basis*
	Verantwortliche Rolle: IT-Betrieb				
M	Neue Datenbanken MÜSSEN nach einem definierten Prozess angelegt werden.		ja	tw	n
M	Wenn eine neue Datenbank angelegt wird, MÜSSEN Grundinformationen zur Datenbank nachvollziehbar dokumentiert werden.		ja	tw	n

Notizen:

A5	**Benutzer- und Berechtigungskonzept**				*Basis*
	Verantwortliche Rolle: IT-Betrieb				
M	Das Benutzer- und Berechtigungskonzept (siehe ORP.4 Identitäts- und Berechtigungsmanagement) der Institution MUSS um die für Datenbankmanagementsysteme notwendigen Berechtigungen für Rollen, Profile und Benutzergruppen erweitert werden.		ja	tw	n
M	Es MUSS ein Prozess etabliert werden, der regelt, wie Datenbankbenutzer und deren Berechtigungen angelegt, genehmigt, eingerichtet, modifiziert und wieder entzogen bzw. gelöscht werden.		ja	tw	n
M	Dabei DÜRFEN immer NUR so viele Zugriffsrechte vergeben werden, wie für die jeweiligen Aufgaben erforderlich sind (Need-to-know-Prinzip).		ja	tw	n
S	Alle Änderungen SOLLTEN dokumentiert werden.		ja	tw	n
M	Die eingerichteten Benutzer und die ihnen zugeordneten Berechtigungen MÜSSEN regelmäßig überprüft und, falls erforderlich, angepasst werden.		ja	tw	n

Notizen:

A6	**Passwortänderung**				*Basis*
	Verantwortliche Rolle: Fachverantwortliche				
M	Alle Passwörter der Datenbankbenutzer MÜSSEN der Passwortrichtlinie der Institution entsprechen (siehe ORP.4 Identitäts- und Berechtigungsmanagement).		ja	tw	n
M	Es MUSS gewährleistet sein, dass die Passwörter beim geringsten Verdacht eines diesbezüglichen Sicherheitsvorfalles geändert werden.		ja	tw	n
S	Insbesondere bei privilegierten Datenbankaccounts und Dienstkonten SOLLTE ein Passwortwechsel sorgfältig geplant und gegebenenfalls mit den Anwendungsverantwortlichen abgestimmt werden.		ja	tw	n

Notizen:

A7 Zeitnahes Einspielen von Sicherheitsupdates *Basis*
Verantwortliche Rolle: IT-Betrieb

M	Vorhandene Sicherheitsupdates für das Datenbankmanagementsystem und das Betriebssystem MÜSSEN zeitnah installiert werden.	ja	tw	n
M	Vorab MUSS auf einem Testsystem überprüft werden, ob die Sicherheitsupdates kompatibel sind und keine Fehler verursachen.	ja	tw	n
M	Bevor ein Patch eingespielt wird, MUSS das Datenbanksystem gesichert werden (siehe APP.4.3.A9 Datensicherung eines Datenbanksystems).	ja	tw	n
M	Zusätzlich MUSS eine verantwortliche Rolle definiert werden, die dafür zuständig ist, sich regelmäßig über bekannte Sicherheitslücken des Datenbankmanagementsystems sowie über verfügbare Sicherheitsupdates zu informieren.	ja	tw	n
M	Des Weiteren MUSS geprüft werden, ob die Update-Intervalle des Datenbankmanagementsystems auf die Update-Zyklen des Herstellers abgestimmt werden können.	ja	tw	n
S	Das Ergebnis SOLLTE nachvollziehbar dokumentiert werden.	ja	tw	n

Notizen:

A8 Datenbank-Protokollierung *Basis*
Verantwortliche Rolle: IT-Betrieb

M	Sicherheitsrelevante Ereignisse des Datenbanksystems MÜSSEN mit einem eindeutigen Zeitstempel protokolliert werden.	ja	tw	n
M	Dabei MÜSSEN sich Art und Umfang der Protokollierung am Schutzbedarf der zu verarbeitenden Informationen orientieren.	ja	tw	n
M	Zusätzlich MUSS geprüft werden, ob die Protokollierung der Fachanwendungen zusammen mit der Protokollierung der Datenbank alle erforderlichen Informationen abdeckt, um betriebs- und sicherheitsrelevante Veränderungen an der Datenbankinfrastruktur und den Anwendungen zu erkennen.	ja	tw	n
S	Es SOLLTE so protokolliert werden, dass die Protokolldateien nicht nachträglich veränderbar sind.	ja	tw	n

Notizen:

A9 Datensicherung eines Datenbanksystems *Basis*
Verantwortliche Rolle: IT-Betrieb

M	Es MÜSSEN regelmäßig Systemsicherungen des DBMS und der Daten durchgeführt werden.	ja	tw	n
M	Auch bevor eine Datenbank neu erzeugt wird, MUSS das Datenbanksystem gesichert werden.	ja	tw	n
S	Hierfür SOLLTEN die dafür zulässigen Dienstprogramme benutzt werden.	ja	tw	n
S	Alle Transaktionen SOLLTEN so gesichert werden, dass sie jederzeit wiederherstellbar sind.	ja	tw	n
S	Sofern die Datensicherung die verfügbaren Kapazitäten übersteigt, SOLLTE ein erweitertes Konzept (z.B. inkrementelle Sicherung) erstellt werden, um die Datenbank zu sichern.	ja	tw	n
S	Abhängig vom Schutzbedarf der Daten SOLLTEN die Wiederherstellungsparameter vorgegeben werden (siehe CON.3 Datensicherungskonzept).	ja	tw	n

Notizen:

APP Anwendungen

A10 Auswahl geeigneter Datenbankmanagementsysteme *Standard*

Verantwortliche Rolle: IT-Betrieb

S	Bevor Datenbankmanagementsysteme beschafft werden, SOLLTEN Anforderungen an die DBMS definiert und in einem Anforderungskatalog dokumentiert werden.	ja	tw	n
S	Danach SOLLTEN alle infrage kommenden Datenbankmanagementsysteme anhand des Katalogs bewertet werden.	ja	tw	n
S	Die Ergebnisse SOLLTEN dokumentiert werden.	ja	tw	n

Notizen:

A11 Ausreichende Dimensionierung der Hardware *Standard*

Verantwortliche Rolle: Leiter IT, Fachverantwortliche

S	Datenbankmanagementsysteme SOLLTEN auf ausreichend dimensionierter Hardware installiert werden.	ja	tw	n
S	Die Hardware SOLLTE über genügend Reserven verfügen, um auch eventuell steigenden Anforderungen gerecht zu werden.	ja	tw	n
S	Zeichnen sich trotzdem während des Betriebs Ressourcenengpässe ab, SOLLTEN diese frühzeitig behoben werden.	ja	tw	n
S	Wenn die Hardware dimensioniert wird, SOLLTE das erwartete Wachstum für den geplanten Einsatzzeitraum berücksichtigt werden.	ja	tw	n

Notizen:

A12 Einheitlicher Konfigurationsstandard von Datenbankmanagementsystemen *Standard*

Verantwortliche Rolle: Leiter IT

S	Für alle eingesetzten Datenbankmanagementsysteme SOLLTE ein einheitlicher Konfigurationsstandard definiert werden.	ja	tw	n
S	Alle Datenbankmanagementsysteme SOLLTEN nach diesem Standard konfiguriert und einheitlich betrieben werden.	ja	tw	n
S	Falls es bei einer Installation notwendig ist, vom Konfigurationsstandard abzuweichen, SOLLTEN alle Schritte vom ISB freigegeben und nachvollziehbar dokumentiert werden.	ja	tw	n
S	Der Konfigurationsstandard SOLLTE regelmäßig überprüft und, falls erforderlich, angepasst werden.	ja	tw	n

Notizen:

A13 Restriktive Handhabung von Datenbank-Links *Standard*

Verantwortliche Rolle: IT-Betrieb

S	Es SOLLTE sichergestellt sein, dass nur Verantwortliche dazu berechtigt sind, Datenbank-Links (DB-Links) anzulegen.	ja	tw	n
M	Werden solche Links angelegt, MÜSSEN so genannte Private DB-Links vor Public DB-Links bevorzugt angelegt werden.	ja	tw	n
S	Alle von den Verantwortlichen angelegten DB-Links SOLLTEN dokumentiert und regelmäßig überprüft werden.	ja	tw	n
S	Zudem SOLLTEN DB-Links mitberücksichtigt werden, wenn das Datenbanksystem gesichert wird (siehe APP.4.3.A9 Datensicherung eines Datenbanksystems).	ja	tw	n

Notizen:

A14 Überprüfung der Datensicherung eines Datenbanksystems *Standard*

Verantwortliche Rolle: IT-Betrieb

S	Die vorgenommenen Datensicherungen SOLLTEN regelmäßig daraufhin überprüft werden, ob die Integrität der Sicherungsdateien noch gewährleistet ist.	ja	tw	n
S	Die verantwortlichen Mitarbeiter SOLLTEN zudem regelmäßig üben, wie sich Datenbanken im Notfall schnell wiederherstellen lassen.	ja	tw	n

Notizen:

A15 Schulung der Datenbankadministratoren *Standard*

Verantwortliche Rolle: Vorgesetzte, Leiter IT

S	Es SOLLTE gewährleistet sein, dass nur ausreichend geschulte Mitarbeiter das Datenbankmanagementsystem administrieren.	ja	tw	n
S	Es SOLLTE ein Schulungsplan erstellt werden, mit dem sichergestellt wird, dass Datenbankverantwortliche rechtzeitig zu Themen der Informationssicherheit (siehe ORP.3 Sensibilisierung und Schulung zur Informationssicherheit) und Performance sowie zu den Funktionen neuer Versionen des Datenbankmanagementsystems geschult werden.	ja	tw	n

Notizen:

A16 Verschlüsselung der Datenbankanbindung *Standard*

Verantwortliche Rolle: IT-Betrieb

S	Das Datenbankmanagementsystem SOLLTE so konfiguriert werden, dass Datenbankverbindungen immer verschlüsselt werden.	ja	tw	n
S	Die dazu eingesetzten kryptografischen Verfahren und Protokolle SOLLTEN den internen Vorgaben der Institution entsprechen (siehe CON.1 Kryptokonzept).	ja	tw	n

Notizen:

APP Anwendungen

A17 Datenübernahme oder Migration *Standard*
Verantwortliche Rolle: Fachverantwortliche

S	Falls initial oder regelmäßig Daten in eine Datenbank übernommen werden, SOLLTE vorab definiert werden, wie diese Datenübernahme erfolgen soll.	ja	tw	n
S	Nachdem Daten übernommen wurden, SOLLTE geprüft werden, ob sie vollständig und unverändert sind.	ja	tw	n

Notizen:

A18 Überwachung des Datenbankmanagementsystems *Standard*
Verantwortliche Rolle: IT-Betrieb

S	Es SOLLTEN Parameter, Ereignisse und Betriebszustände des Datenbankmanagementsystems definiert werden, die für den sicheren Betrieb kritisch sind.	ja	tw	n
S	Diese SOLLTEN mithilfe eines Monitoring-Systems überwacht werden.	ja	tw	n
S	Für alle kritischen Parameter und Ereignisse SOLLTEN Schwellwerte festgelegt werden.	ja	tw	n
M	Wenn diese Werte überschritten werden, MUSS geeignet reagiert werden (z.B. müssen die zuständigen Mitarbeiter alarmiert werden).	ja	tw	n
S	Anwendungsspezifische Parameter, Ereignisse und deren Schwellwerte SOLLTEN mit den Verantwortlichen für die Fachanwendungen abgestimmt werden (siehe auch APP.4.3.A11 Ausreichende Dimensionierung der Hardware).	ja	tw	n

Notizen:

A19 Schutz vor schädlichen Datenbank-Skripten *Standard*
Verantwortliche Rolle: Entwickler

S	Werden Datenbank-Skripte entwickelt, SOLLTEN hierfür verpflichtende Qualitätskriterien definiert werden (siehe CON.8 Softwareentwicklung).	ja	tw	n
S	Datenbank-Skripte SOLLTEN auf gesonderten Testsystemen ausführlichen Funktionstests unterzogen werden, bevor sie produktiv eingesetzt werden.	ja	tw	n
S	Die Ergebnisse SOLLTEN dokumentiert werden.	ja	tw	n

Notizen:

A20	**Regelmäßige Audits**		*Standard*
	Verantwortliche Rolle: IT-Betrieb		

S	Bei allen Komponenten des Datenbanksystems SOLLTE regelmäßig überprüft werden, ob alle festgelegten Sicherheitsmaßnahmen umgesetzt und diese korrekt konfiguriert sind.	ja	tw	n
S	Dabei SOLLTE geprüft werden, ob der dokumentierte Stand dem Ist-Zustand entspricht, ob die Konfiguration des Datenbankmanagementsystems der dokumentierten Standardkonfiguration entspricht, ob alle Datenbank-Skripte benötigt werden und ob sie dem Qualitätsstandard der Institution genügen.	ja	tw	n
S	Zusätzlich SOLLTEN die Protokolldateien des Datenbanksystems und des Betriebssystems nach Auffälligkeiten untersucht werden (siehe DER.1 Detektion von sicherheitsrelevanten Ereignissen).	ja	tw	n
S	Die Auditergebnisse SOLLTEN nachvollziehbar dokumentiert und mit dem Soll-Zustand abgeglichen werden.	ja	tw	n
S	Abweichungen SOLLTE nachgegangen werden.	ja	tw	n

Notizen:

A21	**Einsatz von Datenbank Security Tools**		*Hoch*
	Verantwortliche Rolle: IT-Betrieb		**C I**

S	Es SOLLTEN Informationssicherheitsprodukte für Datenbanken eingesetzt werden.	ja	tw	n
S	Die eingesetzten Produkte SOLLTEN folgende Funktionen bereitstellen: • Erstellung einer Übersicht über alle Datenbanksysteme, • Erweiterte Konfigurationsmöglichkeiten und Rechtemanagement der Datenbank, • Erkennung und Unterbindung von möglichen Angriffen (z.B. Brute Force Angriffe auf ein Benutzerkonto, SQL-Injection) und • Auditfunktionen (z.B. Überprüfung von Konfigurationsvorgaben).	ja	tw	n

Notizen:

A22	**Notfallvorsorge**		*Hoch*
	Verantwortliche Rolle: IT-Betrieb		**C I A**

S	Für das Datenbankmanagementsystem SOLLTE ein Notfallplan erstellt werden, der festlegt, wie ein Notbetrieb realisiert werden kann und welche Ressourcen dafür nötig sind (siehe DER.4 Notfallmanagement).	ja	tw	n
S	Zusätzlich SOLLTE der Notfallplan definieren, wie aus dem Notbetrieb der Regelbetrieb wiederhergestellt werden kann.	ja	tw	n
S	Der Notfallplan SOLLTE die nötigen Meldewege, Reaktionswege, Ressourcen und Reaktionszeiten der Fachverantwortlichen festlegen, durch die sich ein möglicher Notfall schnell eskalieren lässt.	ja	tw	n
S	Auf Basis eines Wiederanlaufkoordinationsplanes SOLLTEN alle von der Datenbank abhängigen IT-Systeme vorab ermittelt und berücksichtigt werden.	ja	tw	n

Notizen:

APP Anwendungen

A23 Archivierung — *Hoch*
Verantwortliche Rolle: IT-Betrieb — **C I A**

S	Ist es erforderlich, Daten eines Datenbanksystems zu archivieren, SOLLTE ein entsprechendes Archivierungskonzept erstellt werden.	ja	tw	n
S	Es SOLLTE sichergestellt sein, dass die Datenbestände zu einem späteren Zeitpunkt wieder vollständig und konsistent verfügbar sind.	ja	tw	n
S	Im Archivierungskonzept SOLLTEN sowohl die Intervalle der Archivierung als auch die Vorhaltefristen der archivierten Daten festgelegt werden.	ja	tw	n
S	Zusätzlich SOLLTE dokumentiert werden, mit welcher Technik die Datenbanken archiviert wurden.	ja	tw	n
S	Mit den archivierten Daten SOLLTEN regelmäßig Wiederherstellungstests durchgeführt werden.	ja	tw	n
S	Die Ergebnisse SOLLTEN dokumentiert werden.	ja	tw	n

Notizen:

A24 Datenverschlüsselung in der Datenbank — *Hoch*
Verantwortliche Rolle: IT-Betrieb — **C**

S	Die Daten in den Datenbanken SOLLTEN verschlüsselt werden.	ja	tw	n
S	Dabei SOLLTEN vorher unter anderem folgende Faktoren betrachtet werden:	ja	tw	n

- Einfluss auf die Performance,
- Schlüsselverwaltungsprozesse und -verfahren, einschließlich separater Schlüsselaufbewahrung und -sicherung,
- Einfluss auf Backup-Recovery-Konzepte,
- funktionale Auswirkungen auf die Datenbank, beispielsweise Sortiermöglichkeiten.

Notizen:

A25 Sicherheitsüberprüfungen von Datenbanksystemen — *Hoch*
Verantwortliche Rolle: IT-Betrieb — **C I A**

S	Datenbanksysteme SOLLTEN regelmäßig mithilfe von Sicherheitsüberprüfungen überprüft werden.	ja	tw	n
S	Bei den Sicherheitsüberprüfungen SOLLTEN die systemischen und herstellerspezifischen Aspekte der eingesetzten Datenbank-Infrastruktur (z.B. Verzeichnisdienste) sowie des eingesetzten Datenbankmanagementsystems betrachtet werden.	ja	tw	n

Notizen:

APP.5 E-Mail/Groupware/Kommunikation

APP.5.1 Allgemeine Groupware

	A1	Sichere Installation von Groupware-Systemen		*Basis*	
		Verantwortliche Rolle: Leiter IT			
	M	Alle für ein Groupware-System benötigten Komponenten (z.B. auch die Sicherheitsgateways) MÜSSEN entsprechend der geplanten Systemlandschaft sicher installiert und konfiguriert werden.	ja	tw	n
	M	Während das System installiert wird, MÜSSEN alle Passwörter sicher gewählt sein.	ja	tw	n
	M	Nicht genutzte Komponenten MÜSSEN deaktiviert werden.	ja	tw	n
	M	Auch MÜSSEN die Installationsquellen vor unbefugtem Zugriff geschützt werden.	ja	tw	n

Notizen:

	A2	Sichere Konfiguration der Groupware-Clients		*Basis*	
		Verantwortliche Rolle: Leiter IT, Benutzer			
	M	Die Groupware-Clients der Benutzer MÜSSEN durch den Administrator so vorkonfiguriert sein, dass sie, ohne dass der Benutzer etwas tun muss, maximal sicher sind.	ja	tw	n
	M	Die Benutzer MÜSSEN darauf hingewiesen werden, dass die Konfiguration nicht selbstständig geändert werden darf.	ja	tw	n
	M	Es MUSS zudem verhindert und untersagt sein, dass Passwörter im Klartext gespeichert werden.	ja	tw	n
	M	Werden Nachrichten auf einem Mailserver gespeichert und wird z.B. über Internet Message Access Protocol (IMAP) darauf zugegriffen, MUSS eine Größenbeschränkung für das serverseitige Postfach eingerichtet werden.	ja	tw	n
	M	Bevor Dateianhänge ausgeführt werden, MÜSSEN sie mit einem Schutzprogramm vor Schadsoftware überprüft werden.	ja	tw	n
	M	Es MÜSSEN sichere Einstellungen für E-Mails im HTML-Format, die Vorschaufunktionen und die E-Mail-Filterregeln sowie für die sichere automatische Weiterleitung von E-Mails gewählt werden.	ja	tw	n

Notizen:

APP Anwendungen

A3 Sicherer Betrieb von Groupware-Systemen *Basis*

Verantwortliche Rolle: Leiter IT, Informationssicherheitsbeauftragter (ISB)

M	Es MÜSSEN alle sicherheitsrelevanten Servicepacks, Updates und Patches für das jeweilige Softwareprodukt eingespielt werden.	ja	tw	n
M	Administratoren MÜSSEN sich daher regelmäßig über neu bekannt gewordene Schwachstellen der eingesetzten Groupware-Systeme und der genutzten Betriebssysteme informieren und sie zeitnah schließen.	ja	tw	n
M	Um Groupware-Systeme in der Institution abzusichern, MÜSSEN Schutzmechanismen gegen Denial-of-Service-(DoS)-Attacken ergriffen werden.	ja	tw	n
M	Die lokale Kommunikation MUSS angemessen geschützt sein.	ja	tw	n
M	Die Kommunikation über öffentliche Netze MUSS verschlüsselt sein.	ja	tw	n
M	Außerdem MÜSSEN die Zugriffsrechte auf die lokal angeschlossenen Benutzer beschränkt werden.	ja	tw	n
S	Es SOLLTE eine Richtlinie erstellt werden, die über die in der jeweiligen Groupware erlaubten Protokolle und Dienste informiert.	ja	tw	n
M	Insbesondere der Mailserver MUSS so eingestellt werden, dass er nicht als Spam Relay missbraucht werden kann.	ja	tw	n

Notizen:

A4 Datensicherung Archivierung bei Groupware *Basis*

Verantwortliche Rolle: Datenschutzbeauftragter, Benutzer, Informationssicherheitsbeauftragter (ISB)

M	Bei einem Groupware-System MÜSSEN die Daten regelmäßig gesichert werden.	ja	tw	n
M	Dafür MUSS geregelt werden, wie die gesendeten und empfangenen E-Mails der E-Mail-Clients und auf E-Mail-Servern gesichert werden.	ja	tw	n
S	Auch SOLLTE eine dokumentierte Vorgehensweise erstellt werden, wie E-Mails zu archivieren sind.	ja	tw	n
S	Dabei SOLLTE grundsätzlich geregelt sein, wie, wann und wo gesendete und empfangene E-Mails archiviert werden, beispielsweise ob zentral oder dezentral ggf.	ja	tw	n
S	von den Benutzern selbst. Bei der Archivierung von E-Mails SOLLTEN z.B. zeitliche und organisatorische Sicherheitsaspekte beachtet werden.	ja	tw	n
S	Der erforderliche Zeitraum SOLLTE überprüft, die Archivierung geplant und zudem überlegt werden, wie sich die E-Mails wieder einspielen lassen.	ja	tw	n

Notizen:

A5 Festlegung der Kommunikationspartner *Standard*

Verantwortliche Rolle: Leiter Organisation, Leiter IT, Datenschutzbeauftragter, Informationssicherheitsbeauftragter (ISB)

S	Es SOLLTE festgelegt werden, welche Kommunikationspartner welche Informationen erhalten dürfen.	ja	tw	n
S	Sollen Informationen an einen Kommunikationspartner außerhalb der eigenen Institution übertragen werden, SOLLTE sichergestellt werden, dass der Empfänger berechtigt ist, diese Informationen weiterzuverarbeiten.	ja	tw	n
S	Alle Informationen SOLLTEN entsprechend ihrer strategischen Bedeutung für die Institution klassifiziert werden.	ja	tw	n
S	Die Kommunikationspartner SOLLTEN darauf hingewiesen werden, dass die übermittelten Daten nur zu dem Zweck benutzt werden dürfen, zu dem sie weitergegeben wurden.	ja	tw	n
S	Auch aus Datenschutzgründen (Bundesdatenschutzgesetz (BDSG), Weitergabekontrolle) SOLLTE eine Übersicht erstellt werden, welche Empfänger berechtigt sind, Informationen, insbesondere personenbezogene Daten, zu erhalten.	ja	tw	n
S	Bei zu übermittelnden Daten SOLLTE ersichtlich sein, welche Kommunikationspartner Informationen erhalten haben bzw. erhalten werden.	ja	tw	n

Notizen:

A6 Vertretungsregelungen bei E-Mail-Nutzung *Standard*

Verantwortliche Rolle: Vorgesetzte, Benutzer, Informationssicherheitsbeauftragter (ISB)

S	Für die E-Mail-Bearbeitung SOLLTE für jeden Mitarbeiter jederzeit ein geeigneter Vertreter benannt sein.	ja	tw	n
S	Vertreter SOLLTEN auf das Postfach des Vertretenden zugreifen können.	ja	tw	n
S	Alternativ SOLLTEN die E-Mails an den Vertreter weitergeleitet werden.	ja	tw	n
S	Werden E-Mails weitergeleitet, SOLLTEN die vertretenen Benutzer mindestens darüber informiert werden.	ja	tw	n
S	Um die Vertreterregelungsprozesse zu unterstützen, SOLLTEN für Autoreply-Funktionen in E-Mail-Programmen spezielle Regelungen etabliert werden, mit denen diese Funktionen sicher gesteuert werden können.	ja	tw	n
S	Wenn Mitarbeiter die Autoreply-Funktionen benutzen, SOLLTEN KEINE internen Informationen weitergegeben werden.	ja	tw	n

Notizen:

APP Anwendungen

A7 Planung des sicheren Einsatzes von Groupware-Systemen *Standard*

Verantwortliche Rolle: Leiter IT, Informationssicherheitsbeauftragter (ISB)

S	Bevor eine Institution ein Groupware-System einführt, SOLLTE entschieden werden, wofür es genutzt wird und welche Informationscluster zukünftig auf dem Groupware-System verarbeitet werden sollen.	ja	tw	n
S	Es SOLLTE entschieden werden, ob ein eigener Groupware-Server in der Institution eingesetzt oder ein Provider genutzt werden soll.	ja	tw	n
S	Auch SOLLTE ermittelt werden, wie die Groupware-Clients auf die Server zugreifen.	ja	tw	n
S	Für jede benutzte Funktion einer Groupware SOLLTE eine eigene Planung durchgeführt werden, bei der auch deren Sicherheitsaspekte berücksichtigt werden.	ja	tw	n
S	Bei der Planung SOLLTE auch festgelegt werden, welche Daten unter welchen Rahmenbedingungen über Groupware-Dienste übermittelt werden dürfen und wie sich dies auf den Schutzbedarf auswirkt.	ja	tw	n
S	Es SOLLTE ebenso beschrieben werden, wie ein ordnungsgemäßer Dateitransfer gewährleistet werden kann, z.B. durch organisatorische Regelungen oder technische Maßnahmen.	ja	tw	n
S	Darüber hinaus SOLLTE auch geregelt werden, ob und wie Groupware-Dienste privat benutzt werden dürfen.	ja	tw	n
S	Auch SOLLTEN Institutionen regeln, wie Mitarbeiter mit Webmail umgehen sollen.	ja	tw	n

Notizen:

A8 Festlegung einer Sicherheitsrichtlinie für Groupware *Standard*

Verantwortliche Rolle: Leiter IT, Benutzer, Informationssicherheitsbeauftragter (ISB)

S	Es SOLLTE eine Sicherheitsrichtlinie für Groupware-Systeme und -Anwendungen erstellt und regelmäßig aktualisiert werden.	ja	tw	n
S	Alle Benutzer und Administratoren SOLLTEN über neue oder veränderte Sicherheitsvorgaben für Groupware-Systeme informiert werden.	ja	tw	n
S	Die Groupware-Sicherheitsrichtlinie SOLLTE konform zu den geltenden übergeordneten Sicherheitsrichtlinien der Institution sein.	ja	tw	n
S	Es SOLLTE geprüft werden, ob die Sicherheitsrichtlinien korrekt angewendet werden.	ja	tw	n
S	Es SOLLTE eine Sicherheitsrichtlinie für Benutzer und eine für Administratoren erstellt werden.	ja	tw	n
S	Für die Benutzer SOLLTE darin angegeben werden, wie sich die Kommunikation absichern lässt (z.B. für die Netz- oder E-Mail-Kommunikation), welche Benutzerzugriffsrechte es gibt (z.B. auf Groupware-Server oder -Datenbanken), wie Informationen an Kommunikationspartner weitergegeben werden sollen und wie sich übermittelte Informationen absichern lassen (z.B. Signaturen/Verschlüsselungen).	ja	tw	n
S	Die zu regelnden Inhalte für Administratoren SOLLTEN darüber hinaus die Einstellungsoptionen der Groupware-Komponenten beinhalten, außerdem die Vorgaben für mögliche Zugriffe von anderen Servern auf einen Groupware-Server und Angaben zum berechtigten Zugriffspunkt, von dem aus auf einen Groupware-Server zugegriffen werden darf.	ja	tw	n

Notizen:

A9 Sichere Administration von Groupware-Systemen *Standard*

Verantwortliche Rolle: Leiter IT

S	Administrative Zugänge sowie die dazugehörigen Aufgaben SOLLTEN abhängig ihrer Zuständigkeit getrennt werden.	ja	tw	n
S	Um ein Groupware-System reibungslos zu betreiben, SOLLTEN Administratoren ernannt und geschult werden.	ja	tw	n
S	Alle Administrationsaufgaben im Bereich Groupware und die vergebenen Berechtigungen SOLLTEN ausreichend dokumentiert werden.	ja	tw	n
S	An Administratoren SOLLTEN nur die für die jeweiligen Aufgaben notwendigen Berechtigungen vergeben werden.	ja	tw	n
S	Nachdem alle Groupware-Komponenten installiert wurden, SOLLTEN sie sicher konfiguriert werden.	ja	tw	n
S	Es SOLLTE darauf geachtet werden, dass die genutzten Groupware-Systeme ausreichend dimensioniert sind.	ja	tw	n
S	Auch SOLLTEN vertrauenswürdige Groupware-Dokumentationen bei der Administration berücksichtigt werden.	ja	tw	n
S	Es SOLLTE regelmäßig überprüft werden, ob die vorhandenen Dokumentationen aktuell sind.	ja	tw	n

Notizen:

A10 Schulung zur Systemarchitektur und Sicherheit von Groupware-Systemen für Administratoren *Standard*

Verantwortliche Rolle: Leiter IT, Informationssicherheitsbeauftragter (ISB)

S	Um ein Groupware-System korrekt und sicher administrieren zu können, SOLLTEN die verantwortlichen Administratoren geschult werden.	ja	tw	n
S	Für die Schulungen SOLLTE überlegt werden, einen Schulungsplan festzulegen.	ja	tw	n
S	Die Administratoren SOLLTEN in allen sicherheitsrelevanten Bereichen des Groupware-Systems ausgebildet werden.	ja	tw	n
S	Weitere Schulungsschwerpunkte SOLLTEN sein: • Überblick über Lösungen für Kommunikationssicherheit (z.B. Verschlüsselung, VPN), • Protokollierung, • Sichern und Verwalten von Konfigurationsdaten, • Datensicherung, • Incident Handling sowie • Disaster-Recovery-Maßnahmen.	ja	tw	n

Notizen:

APP Anwendungen

A11 Berechtigungsverwaltung für Groupware-Systeme *Standard*

Verantwortliche Rolle: Leiter IT, Informationssicherheitsbeauftragter (ISB)

S	Die vergebenen Berechtigungen, vor allem die privilegierten, SOLLTEN regelmäßig mit dem Berechtigungskonzept abgeglichen und zeitnah angepasst werden, wenn sich die Aufgaben der Benutzer und der Administratoren ändern.	ja	tw	n
S	Es SOLLTE ein Berechtigungskonzept erstellt werden, das alle Groupware-Komponenten umfasst.	ja	tw	n
S	Berechtigungen SOLLTEN möglichst restriktiv vergeben werden.	ja	tw	n
S	Administrative Tätigkeiten auf Betriebssystemebene und Groupware-Anwendungsebene SOLLTEN soweit wie möglich voneinander getrennt werden.	ja	tw	n
S	Auch innerhalb der Administration SOLLTEN Rollen und Verantwortlichkeiten getrennt werden.	ja	tw	n

Notizen:

A12 Schulung zu Sicherheitsmechanismen von Groupware-Clients für Benutzer *Standard*

Verantwortliche Rolle: Leiter IT, Informationssicherheitsbeauftragter (ISB)

S	Es SOLLTEN alle Benutzer für die Arbeit mit dem Groupware-Client geschult und eingewiesen werden.	ja	tw	n
S	Dabei SOLLTE den Benutzern gezeigt werden, welche Sicherheitsmechanismen verfügbar sind und wie sie eingesetzt werden können.	ja	tw	n
S	Wer Groupware nutzt, SOLLTE für Gefährdungen und einzuhaltende Sicherheitsmaßnahmen sensibilisiert werden.	ja	tw	n
S	Die Benutzer SOLLTEN über potenzielles Fehlverhalten belehrt werden.	ja	tw	n
S	Sie SOLLTEN auch davor gewarnt werden, an E-Mail-Kettenbriefen teilzunehmen und viele Mailinglisten zu abonnieren.	ja	tw	n

Notizen:

A13 Verifizierung der zu übertragenden Daten vor Weitergabe und Beseitigung von Restinformationen *Standard*

Verantwortliche Rolle: Leiter IT, Benutzer

S	Bevor eine Datei per E-Mail über einen Groupware-Dienst verschickt wird, SOLLTE überprüft werden, ob diese Restinformationen enthält, die nicht veröffentlicht werden dürfen.	ja	tw	n
S	Alle Benutzer SOLLTEN über die Gefahren von Rest- und Zusatzinformationen in Dateien sensibilisiert werden.	ja	tw	n
S	Um diese Gefahren zu minimieren, SOLLTEN Dateien stichprobenhaft auf enthaltene Restinformationen überprüft werden.	ja	tw	n
S	Alle Zusatzinformationen (Dateieigenschaften) von Dateien in Standardsoftwareformaten SOLLTEN ermittelt, überprüft und falls erforderlich angepasst werden, bevor sie weitergegeben werden.	ja	tw	n
S	Ebenso SOLLTE darauf geachtet werden, dass die Dateien keine sogenannten Slack Bytes enthalten.	ja	tw	n

Notizen:

A14 Vermeidung problematischer Dateiformate *Standard*
Verantwortliche Rolle: Benutzer

S	Es SOLLTE vorgegeben werden, wie mit E-Mails im HTML-Format, mit anderen Dateiformaten und Dateianhängen umzugehen ist.	ja	tw	n
S	Für HTML-formatierte E-Mails SOLLTE eine Richtlinie erstellt werden, die auf entsprechende Inhalte von Benutzerschulungen, Weiterleitungseinstellungen, Umwandlungsoptionen (z.B. in Textformate), Benutzerhinweise sowie auf mögliche sichere und gesonderte Arbeitsplätze eingeht.	ja	tw	n

Notizen:

A15 Protokollierung von Groupware-Systemen *Standard*
Verantwortliche Rolle: Leiter IT

S	Es SOLLTEN alle sicherheitsrelevanten Ereignisse von Groupware-Systemen protokolliert werden.	ja	tw	n
S	Dafür SOLLTE ein geeignetes Protokollierungskonzept erstellt werden.	ja	tw	n
S	Der Zugriff auf die Protokolldaten SOLLTE eingeschränkt werden.	ja	tw	n
S	Wichtige Systemereignisse wie Änderungen, Fehler und Störungen an Hardware, Betriebssystem, Treibern, Diensten und sonstiger Software SOLLTEN protokolliert und regelmäßig ausgewertet werden.	ja	tw	n

Notizen:

A16 Umgang mit SPAM *Standard*
Verantwortliche Rolle: Leiter IT, Benutzer, Informationssicherheitsbeauftragter (ISB)

S	Grundsätzlich SOLLTEN alle Benutzer unerwünschte E-Mails ignorieren und löschen.	ja	tw	n
S	Es SOLLTE auf unerwünschte E-Mails NICHT geantwortet, Links in der E-Mail NICHT gefolgt oder ein Anhang NICHT ausgeführt werden.	ja	tw	n
S	Falls die Institution E-Mail-Filterprogramme einführen möchte, SOLLTE das mit dem Datenschutzbeauftragten, der Personalvertretung und den Benutzern abgesprochen werden.	ja	tw	n
S	Für Newsgroups und Mailinglisten SOLLTEN Regelungen erstellt werden.	ja	tw	n

Notizen:

A17 Auswahl eines Groupware- oder Mail-Providers *Standard*
Verantwortliche Rolle: Vorgesetzte, Datenschutzbeauftragter

S	Soll kein eigener Groupware-Server betrieben werden, sondern ein Dienstleister für den Betrieb des Groupware-Servers beauftragt werden, SOLLTEN die funktionalen Aspekte identifiziert und mit dem möglichen Provider abgestimmt werden.	ja	tw	n
S	Auch SOLLTE sichergestellt werden, dass der Groupware- oder Mail-Provider alle erforderlichen Sicherheitsmechanismen umsetzt und dass seine Server sicher betrieben werden.	ja	tw	n
S	Benötigte interne Anforderungen SOLLTEN unter der Betrachtung von juristischen Aspekten schriftlich fixiert werden.	ja	tw	n
S	Es SOLLTEN alle Mitarbeiter darüber informiert werden, was dabei zu beachten ist, wenn sie externe Groupware-Dienste benutzen.	ja	tw	n

Notizen:

APP Anwendungen

A18 Spam- und Virenschutz durch Einsatz eines E-Mail-Scanners auf dem Mailserver *Standard*

Verantwortliche Rolle: Informationssicherheitsbeauftragter (ISB)

S	Auf dem zentralen Mailserver SOLLTE ein E-Mail-Scanner mit einem integrierten speicher resistenten Virenschutzprogramm installiert werden, der eingehende und ausgehende E-Mails, insbesondere deren Anhänge, auf Spam-Merkmale und schädliche Inhalte überprüft.	ja	tw	n
S	Da verschlüsselte E-Mails nicht automatisch überprüft werden können, SOLLTE auch festgelegt werden, wie mit solchen E-Mails zu verfahren ist.	ja	tw	n
S	Wenn ein E-Mail-Scanner genutzt wird, SOLLTEN darüber alle Mitarbeiter, der Datenschutzbeauftragte und die Personalvertretung informiert werden.	ja	tw	n

Notizen:

A19 Verschlüsselung von Groupware *Standard*

Verantwortliche Rolle: Leiter IT, Benutzer, Informationssicherheitsbeauftragter (ISB)

S	Daten, die durch Groupware-Systeme übermittelt werden, SOLLTEN mithilfe geeigneter Schutzmechanismen abgesichert werden.	ja	tw	n
S	So SOLLTE mit Verschlüsselungsverfahren und digitalen Signaturen die Integrität und Vertraulichkeit elektronisch übermittelter Informationen sichergestellt werden, beispielsweise durch eine TLS-Verbindungsverschlüsselung.	ja	tw	n

Notizen:

A20 Erstellen eines Notfallplans für den Ausfall von Groupware-Systemen *Hoch*

Verantwortliche Rolle: Notfallbeauftragter, Leiter IT, Informationssicherheitsbeauftragter (ISB) **A**

S	Es SOLLTE ein Konzept entworfen werden, wie die Folgen eines Ausfalls minimiert werden können und was bei einem Ausfall zu tun ist.	ja	tw	n
S	Die Notfallplanung für das eingesetzte Groupware-System SOLLTE den existierenden Notfallplan der Institution berücksichtigen.	ja	tw	n
S	Wichtige Aufgaben, um das Groupware-System aufrechtzuerhalten bzw. wieder in Betrieb nehmen zu können, SOLLTEN so beschrieben sein, dass sie von entsprechend geschultem Personal durchgeführt werden können.	ja	tw	n
S	Es SOLLTE ein Wiederanlaufplan für das Groupware-System erstellt werden, der beschreibt, wie die Systeme nach einem Ausfall wieder geregelt hochzufahren sind.	ja	tw	n
S	Notfallübungen zur Systemwiederherstellung SOLLTEN regelmäßig durchgeführt werden, wobei auch alle Aspekte eines Systemausfalls bzw. einer Kompromittierung zu berücksichtigen sind.	ja	tw	n

Notizen:

A21 Ende-zu-Ende Verschlüsselung *Hoch*

Verantwortliche Rolle: IT-Betrieb **C I**

S	Um schutzbedürftige Informationen über alle Kommunikationspartner hinweg vertraulich zu halten, SOLLTE eine Ende-zu-Ende-Verschlüsselung eingesetzt werden.	ja	tw	n
S	Es SOLLTEN nur Protokolle zur Verschlüsselung genutzt werden, die dem heutigen Stand der Technik entsprechen (siehe CON.1 Kryptokonzept).	ja	tw	n

Notizen:

APP.5.2 Microsoft Exchange und Outlook

A1 Planung des Einsatzes von Microsoft Exchange und Outlook *Basis*

Verantwortliche Rolle: Informationssicherheitsbeauftragter (ISB), Leiter IT

M Bevor Microsoft Exchange und Outlook eingesetzt werden können, MUSS der Einsatz von Microsoft Exchange und Outlook sorgfältig geplant werden. — ja tw n

M Dabei MÜSSEN mindestens folgende Punkte beachtet werden: — ja tw n
- Aufbau der E-Mail-Infrastruktur,
- anzubindende Clients beziehungsweise Server-Systeme,
- Nutzung von funktionalen Erweiterungen,
- Absicherung der Zugangsports der Server-/Client-Komponenten,
- Vertraulichkeit, Integrität und Verfügbarkeit,
- zu verwendende Protokolle und
- Integration der Server- und Client-Systeme in die hierfür vorgesehenen Netzsegmente.

Notizen:

A2 Auswahl einer geeigneten Microsoft Exchange-Infrastruktur *Basis*

Verantwortliche Rolle: Leiter IT

M Es MUSS entschieden werden, mit welchen Systemen und Anwendungskomponenten, sowie in welcher hierarchischen Abstufung die Microsoft Exchange-Infrastruktur realisiert werden sollte. — ja tw n

M Im Rahmen der Auswahl MUSS auch entschieden werden, ob die Systeme als Cloud- oder lokaler Dienst betrieben werden sollen. — ja tw n

Notizen:

A3 Berechtigungsmanagement *Basis*

Verantwortliche Rolle: IT-Betrieb

M Für die Systeme der Microsoft Exchange-Infrastruktur MUSS ein Berichtigungskonzept erstellt, geeignet dokumentiert und angewendet werden. — ja tw n

M Es MÜSSEN den privilegierten Anwendern sowie den Administratoren nur so viele Berechtigungen eingeräumt werden, wie für die Aufgabenerfüllung notwendig ist (Minimalprinzip). — ja tw n

M Es MUSS regelmäßig überprüft werden, ob die zugeteilten Rechte noch angemessen sind. — ja tw n

Notizen:

APP Anwendungen

A4 Zugriffsrechte auf Microsoft Exchange-Objekte *Basis*
Verantwortliche Rolle: IT-Betrieb

M Die Zugriffsberechtigungen auf Microsoft Exchange-Objekte MÜSSEN auf Grundlage der das Prinzip des geringsten Privilegs (least privilege) festgelegt werden. — ja tw n

M Es MÜSSEN serverseitige Benutzerprofile für einen rechnerunabhängigen Zugriff auf Microsoft Exchange-Daten verwendet werden. — ja tw n

M Die Standard-NTFS-Berechtigungen auf das Microsoft Exchange-Verzeichnis MÜSSEN angepasst werden, sodass nur autorisierte Administratoren und Systemkonten auf die Daten in diesem Verzeichnis zugreifen können. — ja tw n

Notizen:

A5 Datensicherung von Microsoft Exchange *Basis*
Verantwortliche Rolle: Notfallbeauftragter

M Das bestehende Microsoft Exchange-System MUSS vor Installationen und Konfigurationsänderungen sowie in zyklischen Abständen gesichert werden. — ja tw n

Notizen:

A6 Sichere Installation eines Microsoft Exchange-Systems *Standard*
Verantwortliche Rolle: IT-Betrieb

S Die Installation SOLLTE auf Basis der Einsatzplanung von Microsoft Exchange und Outlook und der festgelegten Sicherheitsrichtlinie erfolgen (siehe APP.5.2.A1 Planung des Einsatzes von Microsoft Exchange und Outlook). — ja tw n

S Da sich Microsoft Exchange-Systeme sehr stark in die Windows-Umgebung integrieren, speziell in das Active Directory, SOLLTEN die entsprechenden spezifischen Sicherheitsrichtlinien berücksichtigt werden. — ja tw n

S Die Systeme, auf denen Microsoft Exchange und Outlook installiert werden soll, SOLLTEN geeignet abgesichert sein. — ja tw n

Notizen:

A7 Migration von Microsoft Exchange-Systemen *Standard*
Verantwortliche Rolle: IT-Betrieb

S Alle Migrationsschritte SOLLTEN gründlich geplant und dokumentiert werden. — ja tw n

S Es SOLLTEN die Microsoft Windows-Systemadministratoren an der Planung beteiligt werden. — ja tw n

S Es SOLLTEN bei der Planung der Migration Postfächer, Objekte, Sicherheitsrichtlinien, Active Directory-Konzepte, E-Mail-Systeme und Funktionsunterschiede bei Microsoft Exchange und Outlook in den verschiedenen Versionen berücksichtigt werden. — ja tw n

S Das neue System SOLLTE, bevor es installiert wird, in einem separaten Testnetz geprüft werden, um Softwarefehlern und Kompatibilätsproblemen entgegenzuwirken. — ja tw n

Notizen:

A8 Sicherer Betrieb von Microsoft Exchange *Standard*
Verantwortliche Rolle: IT-Betrieb

S	Alle Systeme und Anwendungen der Infrastruktur SOLLTEN so konfiguriert sein, dass sie den Schutzbedarf angemessen erfüllen.	ja	tw	n
S	Dafür SOLLTE eine passende Basiskonfiguration zusammengestellt und dokumentiert werden.	ja	tw	n
S	Die Einstellungen der einzelnen Konnektoren SOLLTEN ebenfalls angepasst werden.	ja	tw	n
S	Die Verantwortlichen SOLLTEN bekannt gewordene Schwachstellen zeitnah in Abhängigkeit vom Schutzbedarf und der Kritikalität beheben.	ja	tw	n
S	Generell SOLLTE darauf geachtet werden, dass Patches und Updates nur aus vertrauenswürdigen Quellen bezogen werden.	ja	tw	n

Notizen:

A9 Sichere Konfiguration von Microsoft Exchange-Servern *Standard*
Verantwortliche Rolle: IT-Betrieb

S	Microsoft Exchange-Server SOLLTEN aufbauend auf den Vorgaben aus dem Sicherheitskonzept konfiguriert werden.	ja	tw	n
S	Es SOLLTE eine maximal zulässige Größe sowohl für eingehende als auch für ausgehende Nachrichten eingestellt werden.	ja	tw	n
S	Vorhandene Konnektoren SOLLTEN geeignet konfiguriert werden.	ja	tw	n
S	Die Protokollierung des Microsoft Exchange-Systems SOLLTE aktiviert werden.	ja	tw	n
S	Für vorhandenes Customizing SOLLTE ein entsprechendes Konzept erstellt werden.	ja	tw	n
S	Bei der Verwendung von funktionalen Erweiterungen (z.B. Microsoft Exchange Active Sync, Spiegelport, Spamfilter, Outlook Web-App oder Data Loss Prevention) SOLLTE sichergestellt sein, dass die definierten Anforderungen an die Schutzziele Vertraulichkeit, Integrität und Verfügbarkeit weiterhin erfüllt sind.	ja	tw	n

Notizen:

A10 Einstellungen von Outlook *Standard*
Verantwortliche Rolle: IT-Betrieb

S	Nur Administratoren SOLLTEN die Outlook-Umgebung ändern können.	ja	tw	n
S	Dazu SOLLTE für jeden Anwender ein eigenes Outlook-Profil mit den benutzerspezifischen Einstellungen angelegt werden.	ja	tw	n
S	Die Anwender SOLLTEN nur ausgewählte Einstellungen (z.B. Signatur einrichten, Abwesenheitsagent aktivieren) benutzerdefiniert verändern können.	ja	tw	n
S	Dateianhänge SOLLTEN prinzipiell nicht automatisch aus E-Mails heraus geöffnet werden können.	ja	tw	n
S	Vorschaufenster und die Autovorschau SOLLTE deaktiviert werden.	ja	tw	n
S	E-Mails SOLLTEN NICHT automatisiert weitergeleitet werden.	ja	tw	n

Notizen:

APP Anwendungen

A11 Absicherung der Kommunikation von und zu Microsoft Exchange-Systemen *Standard*

Verantwortliche Rolle: IT-Betrieb

S Es SOLLTE nachvollziehbar entschieden werden, mit welchen Schutzmechanismen die Kommunikation von und zu Microsoft Exchange-Systemen abgesichert wird. ja tw n

S Es SOLLTE entschieden und nachvollziehbar dokumentiert werden, welches der verschiedenen möglichen Verfahren Internet Protocol Security (IPSec) oder Transport Layer Security (TLS) eingesetzt werden soll. ja tw n

S Es SOLLTEN die ja tw n
- Administrationsschnittstellen,
- Client-Server-Kommunikation,
- vorhandene Web-based-Distributed-Authoring-and-Versioning-(WebDAV)-Schnittstellen,
- die Server-Server-Kommunikation, die Nachrichten-Kommunikation und
- die Public-Key-Infrastruktur, die auf der E-Mail-Verschlüsselung von Microsoft Outlook (S/MIME) basieren,.

Notizen:

A12 Einsatz von Microsoft Exchange für Outlook Anywhere *Standard*

Verantwortliche Rolle: IT-Betrieb

S Outlook Anywhere SOLLTE entsprechend den Sicherheitsanforderungen der Institution konfiguriert werden. ja tw n

S Der Zugriff auf Microsoft Exchange über das Internet SOLLTE auf die notwendigen Anwender beschränkt werden. ja tw n

S Die Kommunikation zu Outlook Anywhere SOLLTE verschlüsselt werden (siehe APP.5.2.A11 Absicherung der Kommunikation von und zu Microsoft Exchange-Systemen). ja tw n

Notizen:

A13 Schulung von Administratoren *Standard*

Verantwortliche Rolle: Leiter IT

S Für den Betrieb der Komponenten der Microsoft Exchange-Infrastruktur SOLLTE nur geeignetes und geschultes Personal eingesetzt werden. ja tw n

Notizen:

A14 Schulung zu Sicherheitsmechanismen von Outlook für Anwender *Standard*

Verantwortliche Rolle: Informationssicherheitsbeauftragter (ISB)

S Outlook-Anwender SOLLTEN regelmäßig über bestehende und neue Gefahren beim Arbeiten mit Microsoft Outlook sensibilisiert und geschult werden. ja tw n

S Allen Anwendern SOLLTEN relevante Sicherheitsmechanismen und die entsprechenden Vorgehensweisen innerhalb von Outlook vermittelt werden. ja tw n

S Hierbei SOLLTEN Regelungen, z.B. für Zugriffsmechanismen, Authentisierungsformen und kryptografische Vorgaben für die E-Mail-Verschlüsselung, berücksichtigt werden. ja tw n

Notizen:

A15 Anwendungsdokumentation für Microsoft Exchange *Standard*
Verantwortliche Rolle: IT-Betrieb

S	Die Inhalte des Betriebshandbuches für Microsoft Exchange SOLLTEN nachvollziehbar dokumentiert sein.	ja	tw	n
S	Das Betriebshandbuch SOLLTE angelehnt an den Lebenszyklus die Phasen Inbetriebnahme, Betrieb, Aussonderung und Wiederanlauf beschreiben.	ja	tw	n
S	Die Dokumentation SOLLTE gegen unbefugten Zugriff geschützt werden.	ja	tw	n
S	Änderungen SOLLTEN nachvollziehbar dokumentiert bzw. referenziert sein.	ja	tw	n

Notizen:

A16 Erstellung eines Notfallplans für den Ausfall von Microsoft Exchange und Outlook *Standard*
Verantwortliche Rolle: Notfallbeauftragter

S	Im Rahmen der Notfallvorsorge SOLLTE ein Konzept entworfen werden, mit dem sich die Folgen eines Ausfalls der Microsoft Exchange- und Outlook-Komponenten minimieren lassen.	ja	tw	n
S	Im Notfallplan SOLLTE definiert werden, was bei einem Ausfall zu tun ist, um eine zeitnahe Wiederherstellung des Normalbetriebs zu gewährleisten.	ja	tw	n

Notizen:

A17 Verschlüsselung von Microsoft Exchange-Systemdatenbanken *Hoch*
Verantwortliche Rolle: IT-Betrieb **C I A**

S	Es SOLLTE ein Konzept für die Verschlüsselung von PST-Dateien und Informationsspeicher-Dateien erstellt werden.	ja	tw	n
S	Die Anwender SOLLTEN über die Funktionsweise und die Schutzmechanismen bei der Verschlüsselung von PST-Dateien informiert werden.	ja	tw	n
S	Weitere Aspekte für lokale PST-Dateien, die berücksichtigt werden SOLLTEN, wenn Microsoft Exchange-Systemdatenbanken verschlüsselt werden, sind: • eigene Verschlüsselungsfunktionen, • Verschlüsselungsgrade sowie • Mechanismen zur Absicherung der Daten in einer PST-Datei.	ja	tw	n
S	Mechanismen wie z.B. Encrypting File System oder Windows BitLocker Laufwerkverschlüsselung SOLLTEN zur Absicherung der Daten in einer PST-Datei genutzt werden.	ja	tw	n

Notizen:

A18 Regelmäßige Sicherheitsprüfungen für Microsoft Exchange-Systeme *Hoch*
Verantwortliche Rolle: IT-Betrieb C I A

S	Das Microsoft Exchange-System SOLLTE regelmäßig auf Fehlkonfigurationen und Schwachstellen geprüft wird.	ja	tw	n
S	Dafür SOLLTE es regelmäßig einer Sicherheitsprüfung durch unterschiedliche Personen unterzogen werden.	ja	tw	n
S	Es empfiehlt sich, dafür eine Prüfliste aufzubauen, um einen definierten Prüfumfang zu gewährleisten. Folgende Aspekte SOLLTEN bei einer Prüfung berücksichtigt werden: • regelmäßige Recherchen sicherheitsrelevanter Informationen, • Berechtigungen für Revisionsbenutzer, • regelmäßige Prüfung der Berechtigungen, • Prüfung der Aktualität der Updates und • Prüfung der Sicherheit der Kommunikationsschnittstellen.	ja	tw	n
S	Die Microsoft Exchange-Berechtigungen SOLLTEN regelmäßig mindestens stichprobenartig geprüft werden.	ja	tw	n

Notizen:

SYS IT-Systeme

SYS.1 Server

SYS.1.1 Allgemeiner Server

	A1	**Geeignete Aufstellung**			*Basis*
		Verantwortliche Rolle: Haustechnik			
	M	Server MÜSSEN an Orten betrieben werden, zu denen nur berechtigte Personen Zutritt haben.	ja	tw	n
	M	Server MÜSSEN daher in Rechenzentren, Rechnerräumen oder abschließbaren Serverschränken aufgestellt beziehungsweise eingebaut werden, siehe hierzu die entsprechenden Bausteine.	ja	tw	n
	M	Es MUSS geregelt werden, wer Zutritt zu den Räumen beziehungsweise physischen Zugang auf die Server selbst erhält.	ja	tw	n
	M	Server DÜRFEN NICHT als Arbeitsplatzrechner genutzt werden.	ja	tw	n
	M	Es MUSS gewährleistet werden, dass nur dafür vorgesehene Wechselspeicher und sonstige Geräte an die Server angeschlossen werden können.	ja	tw	n
	M	Es MUSS auf eine geeignete räumliche Trennung der Systeme, die gesichert werden sollen, von den sichernden Systemen, etwa Backup-Servern in unterschiedlichen Brandabschnitten, geachtet werden, um die Auswirkungen bei einem physischen Schaden zu begrenzen.	ja	tw	n

Notizen:

	A2	**Benutzerauthentisierung**			*Basis*
		Verantwortliche Rolle: IT-Betrieb			
	M	Um den Server zu nutzen, MÜSSEN sich die Benutzer gegenüber dem IT-System authentisieren.	ja	tw	n
	M	Sollen hierfür die Benutzer und Administratoren Passwörter verwenden, MÜSSEN sichere Passwörter benutzt werden.	ja	tw	n
	S	Hierfür SOLLTE es eine Passwort-Richtlinie geben.	ja	tw	n
	M	Diese Passwörter MÜSSEN komplex genug sein, geheim gehalten und regelmäßig gewechselt werden.	ja	tw	n

Notizen:

SYS IT-Systeme

A3 Restriktive Rechtevergabe *Basis*
Verantwortliche Rolle: IT-Betrieb

M	Zugriffsrechte auf Dateien, die auf Servern gespeichert sind, MÜSSEN restriktiv vergeben werden.	ja	tw	n
M	Jeder Benutzer DARF nur auf die Dateien Zugriffsrechte erhalten, die er für seine Aufgabenerfüllung benötigt.	ja	tw	n
M	Das Zugriffsrecht selbst wiederum MUSS auf die notwendige Zugriffsart beschränkt sein, so ist es zum Beispiel in den seltensten Fällen notwendig, ein Schreibrecht auf Programmdateien zu vergeben.	ja	tw	n
S	Es SOLLTE regelmäßig überprüft werden, ob die Berechtigungen, insbesondere für Systemverzeichnisse und -dateien, den Vorgaben der Sicherheitsrichtlinie entsprechen.	ja	tw	n
S	Auf Systemdateien SOLLTEN möglichst nur die Systemadministratoren Zugriff haben.	ja	tw	n
S	Der Kreis der zugriffsberechtigten Administratoren SOLLTE möglichst klein gehalten werden.	ja	tw	n
S	Auch System-Verzeichnisse SOLLTEN nur die notwendigen Privilegien für die Benutzer zur Verfügung stellen.	ja	tw	n

Notizen:

A4 Rollentrennung *Basis*
Verantwortliche Rolle: IT-Betrieb

M	Es MUSS sichergestellt werden, dass Kennungen mit Administratorrechten nur für Administrationsaufgaben verwendet werden.	ja	tw	n
M	Für alle Administratoren MÜSSEN zusätzliche Benutzer-Kennungen eingerichtet werden, die nur über die eingeschränkten Rechte verfügen, die die Administratoren zur Aufgabenerfüllung außerhalb der Administration benötigen.	ja	tw	n
M	Für Arbeiten, die nicht der Administration dienen, MÜSSEN die Administratoren ausschließlich diese Benutzer-Kennungen verwenden.	ja	tw	n
S	Über die notwendigen Benutzer-Kennungen hinaus SOLLTEN keine weiteren Benutzer auf dem Server angelegt werden.	ja	tw	n

Notizen:

A5 Schutz der Administrationsschnittstellen *Basis*
Verantwortliche Rolle: IT-Betrieb

M	Abhängig von der genutzten Zugangsart (lokal, remote oder zentrales Systemmanagement) MÜSSEN geeignete Sicherheitsvorkehrungen getroffen werden.	ja	tw	n
M	Die zur Administration verwendeten Methoden MÜSSEN in der Sicherheitsrichtlinie festgelegt werden.	ja	tw	n
M	Die Administration MUSS entsprechend der Sicherheitsrichtlinie durchgeführt werden.	ja	tw	n
M	Für die Anmeldung von Benutzern und Diensten am System MÜSSEN Authentisierungsverfahren eingesetzt werden, die dem Schutzbedarf der Server angemessen sind.	ja	tw	n
S	Dies SOLLTE in besonderem Maße für administrative Zugänge berücksichtigt werden.	ja	tw	n
S	Soweit möglich, SOLLTE dabei auf zentrale, netzbasierte Authentisierungsdienste zurückgegriffen werden.	ja	tw	n
M	Die Administration MUSS über sichere Protokolle erfolgen.	ja	tw	n
S	Es SOLLTE überlegt werden, alternativ ein eigenes Administrationsnetz einzurichten.	ja	tw	n

Notizen:

A6 Deaktivierung nicht benötigter Dienste und Kennungen *Basis*

Verantwortliche Rolle: IT-Betrieb

M	Alle nicht benötigten Dienste und Anwendungen MÜSSEN von Servern deaktiviert oder deinstalliert werden, vor allem Netzdienste.	ja	tw	n
M	Auch alle nicht benötigte Funktionen in der Firmware MÜSSEN deaktiviert werden.	ja	tw	n
M	Nicht benötigte Benutzerkennungen MÜSSEN entweder gelöscht oder zumindest so deaktiviert werden, dass unter diesen Kennungen keine Anmeldungen am System möglich sind.	ja	tw	n
M	Vorhandene Standard-Kennungen MÜSSEN soweit wie möglich geändert oder deaktiviert werden.	ja	tw	n
M	Voreingestellte Passwörter von Standard-Kennungen MÜSSEN geändert werden.	ja	tw	n
S	Auf Servern SOLLTE der Speicherplatz für die einzelnen Benutzer, aber auch für Anwendungen, geeignet beschränkt werden.	ja	tw	n
S	Die getroffenen Entscheidungen SOLLTEN so dokumentiert werden, dass nachvollzogen werden kann, welche Konfiguration und Softwareausstattung für die Server gewählt wurden.	ja	tw	n

Notizen:

A7 Updates und Patches für Firmware, Betriebssystem und Anwendungen *Basis*

Verantwortliche Rolle: IT-Betrieb

M	Administratoren MÜSSEN sich regelmäßig über bekannt gewordene Schwachstellen der Firmware, Betriebssysteme, eingesetzter Anwendungen und Dienste informieren.	ja	tw	n
M	Die identifizierten Schwachstellen MÜSSEN so schnell wie möglich behoben werden, damit sie nicht durch Angreifer ausgenutzt werden können.	ja	tw	n
M	Generell MUSS darauf geachtet werden, dass Patches und Updates nur aus vertrauenswürdigen Quellen bezogen werden.	ja	tw	n
M	Solange keine entsprechenden Patches zur Verfügung stehen, MÜSSEN abhängig von der Schwere der Schwachstellen und Bedrohungen andere geeignete Maßnahmen zum Schutz des Systems getroffen werden.	ja	tw	n

Notizen:

A8 Regelmäßige Datensicherung *Basis*

Verantwortliche Rolle: IT-Betrieb

M	Datensicherungen MÜSSEN vor Installationen und umfangreichen Konfigurationsänderungen sowie außerdem in festgelegten Intervallen vorgenommen werden.	ja	tw	n
M	Diese MÜSSEN es ermöglichen, die auf dem Server gespeicherten Daten wieder herzustellen.	ja	tw	n
S	In virtuellen Umgebungen SOLLTE geprüft werden, ob die Systemsicherung unter Umständen durch Snapshot-Mechanismen der Virtualisierungsumgebung realisiert werden kann.	ja	tw	n

Notizen:

A9 Einsatz von Viren-Schutzprogrammen *Basis*
Verantwortliche Rolle: IT-Betrieb

M	In Abhängigkeit vom installierten Betriebssystem, dem bereitgestellten Dienst und von anderen vorhandenen Schutzmechanismen des Servers MUSS geprüft werden, ob Viren-Schutzprogramme eingesetzt werden sollen und können.	ja	tw	n
M	Konkrete Aussagen, ob Viren-Schutz notwendig ist, sind in der Regel in den betriebssystemspezifschen Bausteinen des IT-Grundschutzes zu finden. Die entsprechenden Signaturen eines Viren-Schutzprogramms MÜSSEN regelmäßig aktualisiert werden.	ja	tw	n
M	Neben Echtzeit- und On-Demand-Scans MUSS eine eingesetzte Lösung die Möglichkeit bieten, auch komprimierte Daten nach Schadprogrammen zu durchsuchen.	ja	tw	n

Notizen:

A10 Protokollierung *Basis*
Verantwortliche Rolle: IT-Betrieb

M	Es MUSS entschieden werden, welche Informationen durch die Server mindestens protokolliert werden sollen, wie lange die Protokolldaten aufbewahrt werden und wer unter welchen Voraussetzungen die Protokolldaten einsehen darf.	ja	tw	n
M	Es MÜSSEN datenschutzrechtliche Vorgaben berücksichtigt werden.	ja	tw	n
M	Generell MÜSSEN alle sicherheitsrelevanten Systemereignisse protokolliert werden.	ja	tw	n

Notizen:

A11 Festlegung einer Sicherheitsrichtlinie für Server *Standard*
Verantwortliche Rolle: IT-Betrieb

S	Ausgehend von der allgemeinen Sicherheitsrichtlinie der Institution SOLLTEN die Anforderungen an Server konkretisiert werden.	ja	tw	n
S	Die Richtlinie SOLLTE allen Administratoren und anderen Personen, die an der Beschaffung und dem Betrieb der Server beteiligt sind, bekannt sein und Grundlage für deren Arbeit sein.	ja	tw	n
S	Die Umsetzung der in der Richtlinie geforderten Inhalte SOLLTE regelmäßig überprüft und die Ergebnisse SOLLTEN sinnvoll dokumentiert werden.	ja	tw	n

Notizen:

A12 Planung des Server-Einsatzes *Standard*
Verantwortliche Rolle: IT-Betrieb

S   Jedes Serversystem SOLLTE geeignet geplant werden, dabei sind mindestens folgende   ja   tw   n
    Punkte zu berücksichtigen:
    - Auswahl der Hardwareplattform, des Betriebssystems und der Anwendungssoftware
    - Dimensionierung der Hardware (Leistung, Speicher, Bandbreite, …)
    - Art und Anzahl der Kommunikationsschnittstellen
    - Leistungsaufnahme und Wärmelast, Platzbedarf und Bauform
    - Realisierung administrativer Zugänge (siehe SYS.1.1 A5 Schutz der Administrationsschnittstellen)
    - Zugriffe von Benutzern
    - Realisierung der Protokollierung (siehe SYS.1.1 A10 Protokollierung)
    - Realisierung der Systemaktualisierung (siehe SYS.1.1 A7 Updates und Patches für Betriebssystem und Anwendungen)
    - Einbindung ins System- und Netzmanagement, die Datensicherung und Schutzsysteme (Virenschutz, IDS u.a.).

S   Alle Entscheidungen, die in der Planungsphase getroffen wurden, SOLLTEN so dokumentiert   ja   tw   n
    werden, dass sie zu einem späteren Zeitpunkt nachvollzogen werden können.

Notizen:

A13 Beschaffung von Servern *Standard*
Verantwortliche Rolle: IT-Betrieb

S   Bevor ein oder mehrere Server beschafft werden, SOLLTE eine Anforderungsliste erstellt werden,   ja   tw   n
    anhand derer die am Markt erhältlichen Produkte bewertet werden.

Notizen:

A14 Erstellung eines Benutzer- und Administrationskonzepts *Standard*
Verantwortliche Rolle: IT-Betrieb

S   Ablauf, Rahmenbedingungen und Anforderungen an administrative Aufgaben sowie die   ja   tw   n
    Aufgabentrennungen zwischen den verschiedenen Rollen der Benutzer des IT-Systems
    SOLLTEN in einem Benutzer- und Administrationskonzept festgeschrieben werden.

Notizen:

SYS IT-Systeme

A15 Unterbrechungsfreie und stabile Stromversorgung *Standard*
Verantwortliche Rolle: Haustechnik

S	Jeder Server SOLLTE an eine unterbrechungsfreie Stromversorgung (USV) angeschlossen werden.	ja	tw	n
S	Die USV SOLLTE hinsichtlich Leistung und Stützzeit ausreichend dimensioniert sein.	ja	tw	n
S	Wenn Änderungen an den Verbrauchern durchgeführt wurden, SOLLTE erneut geprüft werden, ob die Stützzeit ausreichend ist.	ja	tw	n
S	Sowohl für die USV-Geräte als auch die Server SOLLTE ein Überspannungsschutz vorhanden sein.	ja	tw	n
S	Die tatsächliche Kapazität der Batterie und damit die Stützzeit der USV SOLLTE regelmäßig getestet werden.	ja	tw	n
S	Die USV SOLLTE regelmäßig gewartet werden.	ja	tw	n
S	Die USV SOLLTE in ein vorhandenes System- und Netzmanagement eingebunden werden.	ja	tw	n

Notizen:

A16 Sichere Installation und Grundkonfiguration von Servern *Standard*
Verantwortliche Rolle: IT-Betrieb

S	Server SOLLTEN so aufgesetzt werden, dass bei der Installation ausschließlich die benötigten Dienste ausgewählt werden.	ja	tw	n
S	Installationen auf einem Server SOLLTEN nur von autorisierten Personen (Administratoren oder vertraglich gebundene Dienstleister) nach einem definierten Installationsprozess durchgeführt werden.	ja	tw	n
S	System- und Anwendungssoftware SOLLTE aus vertrauenswürdigen Installationsquellen bezogen werden.	ja	tw	n
S	Für sich wiederholende Installationen SOLLTEN geeignete Installations-Templates erstellt und angewendet werden.	ja	tw	n
S	Alle Installationsschritte SOLLTEN so dokumentiert werden, dass die Installation durch einen sachkundigen Dritten anhand der Dokumentation nachvollzogen und wiederholt werden kann.	ja	tw	n
S	Die Grundeinstellungen von Servern SOLLTEN überprüft und nötigenfalls entsprechend den Vorgaben der Sicherheitsrichtlinie angepasst werden.	ja	tw	n
S	Erst nachdem die Installation und die Konfiguration abgeschlossen ist, SOLLTE der Server mit dem Internet verbunden werden.	ja	tw	n

Notizen:

A17 Einsatzfreigabe *Standard*
Verantwortliche Rolle: IT-Betrieb

S	Bevor das Serversystem im produktiven Betrieb eingesetzt und bevor es an ein produktives Netz angeschlossen wird, SOLLTE eine Einsatzfreigabe erfolgen.	ja	tw	n
S	Diese SOLLTE geeignet dokumentiert werden.	ja	tw	n
S	Für die Einsatzfreigabe SOLLTEN die Installations- und Konfigurationsdokumentation und die Funktionsfähigkeit des Systems in einem Test geprüft werden.	ja	tw	n
S	Sie SOLLTE durch eine in der Institution dafür autorisierte Stelle erfolgen.	ja	tw	n

Notizen:

A18 Verschlüsselung der Kommunikationsverbindungen *Standard*
Verantwortliche Rolle: IT-Betrieb

S	Für alle vom Server angebotenen und genutzten Netzdienste SOLLTE geprüft werden, ob mit vertretbarem Aufwand eine Verschlüsselung der Kommunikationsverbindungen möglich und praktikabel ist.	ja	tw	n
S	Ist dies mit vertretbarem Aufwand möglich, SOLLTE die Verschlüsselung aktiviert werden.	ja	tw	n

Notizen:

A19 Einrichtung lokaler Paketfilter *Standard*
Verantwortliche Rolle: IT-Betrieb

S	Vorhandene lokale Paketfilter SOLLTEN über ein Regelwerk so ausgestaltet werden, dass die eingehende und ausgehende Kommunikation auf die erforderlichen Kommunikationspartner, Kommunikationsprotokolle bzw. Ports und Schnittstellen beschränkt wird.	ja	tw	n

Notizen:

A20 Beschränkung des Zugangs über Netze *Standard*
Verantwortliche Rolle: IT-Betrieb

S	Generell SOLLTE das gesamte Netz einer Institution durch ein entsprechendes Sicherheitsgateway gegen unbefugte Zugänge geschützt sein.	ja	tw	n
S	Server, die Dienste nach außen hin anbieten, SOLLTEN in einer Demilitarisierten Zone (DMZ) aufgestellt werden.	ja	tw	n
S	Server SOLLTEN möglichst nicht im selben IP-Subnetz wie die Clients platziert werden.	ja	tw	n
S	Server SOLLTEN zumindest durch einen Router von den Clients getrennt sein.	ja	tw	n

Notizen:

A21 Betriebsdokumentation *Standard*
Verantwortliche Rolle: IT-Betrieb

S	Betriebliche Aufgaben, die an einem Server durchgeführt werden, SOLLTEN nachvollziehbar dokumentiert werden (Wer?, Wann?, Was?).	ja	tw	n
S	Aus der Dokumentation SOLLTEN insbesondere Konfigurationsänderungen nachvollziehbar sein.	ja	tw	n
S	Sicherheitsrelevante Aufgaben (wer ist z.B. befugt, neue Festplatten einzubauen) SOLLTEN dokumentiert werden.	ja	tw	n
S	Alles, was automatisch dokumentiert werden kann, SOLLTE auch automatisch dokumentiert werden.	ja	tw	n
S	Die Dokumentation SOLLTE gegen unbefugten Zugriff und Verlust geschützt werden.	ja	tw	n

Notizen:

SYS IT-Systeme

A22 Einbindung in die Notfallplanung *Standard*
Verantwortliche Rolle: IT-Betrieb

S	Der Server SOLLTE im Notfallmanagementprozess berücksichtigt werden.	ja	tw	n
S	Dazu SOLLTEN die Notfallanforderungen an das System ermittelt und geeignete Notfallmaßnahmen umgesetzt werden, z.B. indem Wiederanlaufpläne erstellt oder Passwörter und kryptografische Schlüssel sicher hinterlegt werden.	ja	tw	n

Notizen:

A23 Systemüberwachung *Standard*
Verantwortliche Rolle: IT-Betrieb

S	Das Serversystem SOLLTE in ein geeignetes Systemüberwachungs- bzw. Monitoringkonzept eingebunden werden, das den Systemzustand und die Funktionsfähigkeit des Systems und der darauf betriebenen Dienste laufend überwacht und Fehlerzustände sowie die Überschreitung definierter Grenzwerte an das Betriebspersonal meldet.	ja	tw	n

Notizen:

A24 Sicherheitsprüfungen *Standard*
Verantwortliche Rolle: IT-Betrieb

S	Serversysteme SOLLTEN regelmäßigen Sicherheitstests unterzogen werden, die die Einhaltung der Sicherheitsvorgaben überprüfen und ggf.	ja	tw	n
S	vorhandene Schwachstellen identifizieren. Dies SOLLTE in besonderem Maße für Systeme mit externen Schnittstellen gelten.	ja	tw	n
S	Angesichts mittelbarer Angriffe über infizierte Systeme im eigenen Netz SOLLTEN jedoch auch interne Serversysteme in festgelegten Zyklen entsprechend überprüft werden.	ja	tw	n
S	Es SOLLTE geprüft werden, ob die Sicherheitsprüfungen dabei auch automatisiert, z.B. mittels geeigneter Skripte, realisiert werden können.	ja	tw	n

Notizen:

A25 Geregelte Außerbetriebnahme eines Servers *Standard*
Verantwortliche Rolle: IT-Betrieb

S	Bei der Außerbetriebnahme eines Servers SOLLTE sichergestellt werden, dass keine wichtigen Daten, die eventuell auf den verbauten Datenträgern gespeichert sind, verloren gehen und dass keine sensitiven Daten zurückbleiben.	ja	tw	n
S	Es SOLLTE einen Überblick darüber geben, welche Daten wo auf dem Server gespeichert sind.	ja	tw	n
S	Es SOLLTE außerdem sichergestellt sein, dass vom Server angebotene Dienste durch einen anderen Server übernommen wurden, wenn dies erforderlich ist.	ja	tw	n
S	Es SOLLTE eine Checkliste erstellt werden, die bei der Außerbetriebnahme eines Servers abgearbeitet werden kann.	ja	tw	n
S	Diese Checkliste SOLLTE mindestens Aspekte zur Datensicherung, Migration von Diensten und dem anschließenden sicheren Löschen aller Daten umfassen.	ja	tw	n

Notizen:

SYS.1.1 Allgemeiner Server

	A26	Mehr-Faktor-Authentisierung		*Hoch*	
		Verantwortliche Rolle: IT-Betrieb		**C**	
S		Bei höherem Schutzbedarf SOLLTE eine sichere Zwei- oder Mehr-Faktor-Authentisierung für den Zugang zum Server eingerichtet werden, z.B. mit kryptografischen Zertifikaten, Chipkarten oder Token.	ja	tw	n
S		Vordringlich SOLLTEN alle administrativen Zugänge zum Server mit Mehr-Faktor-Authentisierung abgesichert werden.	ja	tw	n

Notizen:

	A27	Hostbasierte Angriffserkennung		*Hoch*	
		Verantwortliche Rolle: IT-Betrieb		**I A**	
S		Mit dem Einsatz von hostbasierten Angriffserkennungssystemen (Host-based Intrusion Detection Systems, IDS bzw. Intrusion Prevention Systems, IPS) SOLLTE das Systemverhalten auf Anomalien und Missbrauch hin überwacht werden.	ja	tw	n
S		Die eingesetzten IDS/IPS-Mechanismen SOLLTEN geeignet ausgewählt, konfiguriert und ausführlich getestet werden.	ja	tw	n
S		Im Falle einer Angriffserkennung SOLLTE das Betriebspersonal in geeigneter Weise alarmiert werden.	ja	tw	n
S		Über Betriebssystem-Mechanismen oder geeignete Zusatzprodukte SOLLTEN Veränderungen an Systemdateien und Konfigurationseinstellungen überprüft, eingeschränkt und gemeldet werden.	ja	tw	n

Notizen:

	A28	Redundanz		*Hoch*	
		Verantwortliche Rolle: IT-Betrieb		**A**	
S		Serversysteme mit hohen Verfügbarkeitsanforderungen SOLLTEN gegen Ausfälle in geeigneter Weise geschützt sein.	ja	tw	n
S		Hierzu SOLLTEN mindestens geeignete Redundanzen verfügbar sein und/oder Wartungsverträge mit den Lieferanten abgeschlossen werden.	ja	tw	n
S		Es SOLLTE geprüft werden, ob bei sehr hohen Anforderungen Hochverfügbarkeitsarchitekturen mit automatischem Failover, gegebenenfalls über verschiedene Standorte hinweg, erforderlich sind.	ja	tw	n

Notizen:

	A29	Einrichtung einer Testumgebung		*Hoch*	
		Verantwortliche Rolle: IT-Betrieb		**C I A**	
S		Um Veränderungen am System oder der Konfiguration testen zu können, ohne den Produktivbetrieb zu gefährden, SOLLTEN entsprechende Testsysteme vorgehalten oder bei Bedarf bereitgestellt werden (z.B. als virtuelle Images).	ja	tw	n
S		Die Testsysteme SOLLTEN den Produktivsystemen weitestmöglich entsprechen (Softwareversionen, Konfiguration).	ja	tw	n
S		Für Anwendungssysteme SOLLTEN geeignete Testdaten generiert werden, die keine vertraulichen oder personenbezogenen Inhalte der produktiven Daten umfassen.	ja	tw	n

Notizen:

SYS IT-Systeme

A30 Ein Dienst pro Server — *Hoch* — **C I A**
Verantwortliche Rolle: IT-Betrieb

S Abhängig von der Bedrohungslage und dem Schutzbedarf der Dienste SOLLTE auf einem Server nur jeweils ein Dienst betrieben werden. — ja tw n

Notizen:

A31 Application Whitelisting — *Hoch* — **C I**
Verantwortliche Rolle: IT-Betrieb

S Es SOLLTE bei erhöhtem Schutzbedarf über Application Whitelisting sichergestellt werden, dass nur erlaubte Programme ausgeführt werden. — ja tw n

S Zum einen SOLLTEN vollständige Pfade bzw. Verzeichnisse festgelegt werden, aus denen dies möglich sein darf. — ja tw n

S Zum anderen SOLLTE alternativ einzelnen Anwendungen explizit die Ausführung gestattet werden. — ja tw n

Notizen:

A32 Zusätzlicher Schutz der privilegierten Anmeldeinformationen — *Hoch* — **C I**
Verantwortliche Rolle: IT-Betrieb

S Die Passwörter der administrativen Konten SOLLTEN in mehrere Teile geteilt und durch Anwendung des Vier-Augen-Prinzips zusätzlich geschützt werden. — ja tw n

S Auch administrative Konten SOLLTEN so eingerichtet werden, dass diese nach einer vorher festgelegten Anzahl fehlerhafter Anmeldeversuche gesperrt werden. — ja tw n

Notizen:

A33 Aktive Verwaltung der Wurzelzertifikate — *Hoch* — **C I**
Verantwortliche Rolle: IT-Betrieb

S Im Zuge der Beschaffung und Installation des Servers SOLLTE dokumentiert werden, welche Wurzelzertifikate für den Betrieb des Servers notwendig sind. — ja tw n

S Auf dem Server SOLLTEN lediglich die für den Betrieb notwendigen und vorab dokumentierten Wurzelzertifikate enthalten sein. — ja tw n

S Es SOLLTE regelmäßig überprüft werden, ob die vorhandenen Wurzelzertifikate noch den Vorgaben der Institution entsprechen. — ja tw n

S Es SOLLTEN alle auf dem IT-System vorhandenen Zertifikatsspeicher in die Prüfung einbezogen werden. — ja tw n

Notizen:

SYS.1.2.2 Windows Server 2012

A1 Planung von Windows Server 2012 *Basis*
Verantwortliche Rolle: IT-Betrieb

M	Der Einsatz von Windows Server 2012 (R2) MUSS vor der Installation sorgfältig geplant werden.	ja	tw	n
M	Die Anforderungen an die Hardware MÜSSEN vor der Beschaffung geprüft werden.	ja	tw	n
M	Es MUSS eine begründete und dokumentierte Entscheidung für eine geeignete Edition des Windows Server 2012 (R2) getroffen werden.	ja	tw	n
M	Der Einsatzzweck des Servers MUSS dabei spezifiziert werden, inkl.	ja	tw	n
M	einer geplanten Einbindung ins Active Directory. Die Nutzung von ins Betriebssystem integrierten Cloud-Diensten MUSS grundsätzlich abgewogen und geplant werden.	ja	tw	n
M	Wenn nicht benötigt, MUSS die Einrichtung von Microsoft-Konten auf dem Server blockiert werden.	ja	tw	n

Notizen:

A2 Sichere Installation von Windows Server 2012 *Basis*
Verantwortliche Rolle: IT-Betrieb

M	Das Installationsmedium MUSS aus einer nachweislich integren Quelle bezogen werden.	ja	tw	n
M	Es DÜRFEN KEINE anderen als die benötigten Serverrollen und Features bzw. Funktionen installiert werden.	ja	tw	n
M	Wenn vom Funktionsumfang her ausreichend, MUSS die Server-Core-Variante installiert werden.	ja	tw	n
M	Andernfalls MUSS begründet werden, warum die Server-Core-Variante nicht genügt.	ja	tw	n
M	Der Server MUSS im Rahmen der Installation zunächst auf einen aktuellen Patch-Stand gebracht werden.	ja	tw	n

Notizen:

A3 Sichere Administration von Windows Server 2012 *Basis*
Verantwortliche Rolle: IT-Betrieb

M	Lokale Administrationskonten MÜSSEN einzigartige, sichere Passwörter besitzen.	ja	tw	n
M	Alle Administratoren, die für das Serversystem zuständig sind, MÜSSEN in den sicherheitsrelevanten Aspekten der Administration von Windows Server 2012 bzw. R2 geschult sein.	ja	tw	n
M	Sie DÜRFEN administrative Rechte NICHT einsetzen, wo diese nicht zwingend erforderlich sind.	ja	tw	n
M	Browser auf dem Server DÜRFEN NICHT zum Surfen im Web verwendet werden.	ja	tw	n

Notizen:

SYS IT-Systeme

A4 Sichere Konfiguration von Windows Server 2012 — *Standard*
Verantwortliche Rolle: IT-Betrieb

S	Es SOLLTEN NICHT mehrere wesentliche Funktionen bzw. Rollen durch einen einzigen Server erfüllt werden.	ja	tw	n
S	Vor Inbetriebnahme SOLLTE das System grundlegend gehärtet werden.	ja	tw	n
S	Dafür SOLLTEN funktionsspezifische institutionsweite Sicherheitsvorlagen erstellt und gepflegt werden, die auf die Serversysteme ausgerollt werden.	ja	tw	n
S	Die Einstellungen SOLLTEN anfangs und bei Änderungen vor Inbetriebnahme getestet werden.	ja	tw	n
S	Der Internet Explorer SOLLTE auf dem Server nur in der Enhanced Security Configuration und im Enhanced Protected Mode genutzt werden.	ja	tw	n

Notizen:

A5 Schutz vor Schadsoftware — *Standard*
Verantwortliche Rolle: IT-Betrieb

S	Außer bei IT-Systemen mit Windows Server 2012, die als Stand-alone-Gerät ohne Netzanschluss und Wechselmedien betrieben werden, SOLLTE vor dem ersten Verbinden mit dem Netz oder Wechselmedien ein Virenschutzprogramm installiert werden.	ja	tw	n
S	Die Signaturen SOLLTEN regelmäßig aktualisiert werden.	ja	tw	n
S	Zudem SOLLTEN regelmäßig alle Festplatten vollständig gescannt werden.	ja	tw	n
S	Es SOLLTEN Alarme für die zuständigen Administratoren bei Virenfunden konfiguriert sein.	ja	tw	n

Notizen:

A6 Sichere Authentisierung und Autorisierung in Windows Server 2012 — *Standard*
Verantwortliche Rolle: IT-Betrieb

S	In Windows Server 2012 R2 SOLLTEN alle Benutzer Mitglieder der Sicherheitsgruppe Geschützte Nutzer sein.	ja	tw	n
S	Konten für Dienste und Computer SOLLTEN NICHT Mitglied von Geschützte Nutzer sein.	ja	tw	n
S	Dienste-Konten in Windows Server 2012 (R2) SOLLTEN Mitglieder der Gruppe Managed Service Account sein, damit die Passwörter der Dienste regelmäßig und vollautomatisch gemäß der AD-Richtlinien gewechselt werden.	ja	tw	n
S	Der PPL-Schutz des Local Credential Store LSA SOLLTE aktiviert werden.	ja	tw	n
S	Der Einsatz dynamischer Zugriffsregeln auf Ressourcen SOLLTE bevorzugt werden.	ja	tw	n
S	Die Administratoren von Windows Server 2012 (R2) SOLLTEN auf ihren eigenen Clients mit beschränkten Rechten arbeiten.	ja	tw	n

Notizen:

A7 Sicherheitsprüfung von Windows Server 2012 — *Standard*
Verantwortliche Rolle: IT-Betrieb

S	Die Sicherheitskonfiguration von Windows Server 2012 (R2) SOLLTE mittels geeigneter Tools regelmäßig überprüft, dokumentiert und verbessert werden.	ja	tw	n

Notizen:

A8 Schutz der Systemintegrität   *Standard*

Verantwortliche Rolle: IT-Betrieb

S	Secure Boot SOLLTE aktiv sein.		ja	tw	n
S	AppLocker SOLLTE aktiviert und möglichst strikt konfiguriert sein.		ja	tw	n
S	Die Auswirkungen von Änderungen SOLLTEN vorab getestet werden.		ja	tw	n

Notizen:

A9 Lokale Kommunikationsfilterung   *Standard*

Verantwortliche Rolle: IT-Betrieb

S	Die lokale Firewall SOLLTE für eingehenden und ausgehenden Netzverkehr aktiviert und möglichst strikt eingestellt sein.		ja	tw	n
S	Die Identität von Remote-Systemen und die Integrität der Verbindungen mit diesen SOLLTE kryptografisch abgesichert sein.		ja	tw	n

Notizen:

A10 Festplattenverschlüsselung bei Windows Server 2012   *Hoch*
C

Verantwortliche Rolle: IT-Betrieb

S	Bei Systemen mit Windows Server 2012 (R2) SOLLTEN die Datenträger mit BitLocker oder einem anderen Produkt verschlüsselt werden.		ja	tw	n
S	Dies SOLLTE auch für virtuelle Maschinen mit produktiven Daten gelten.		ja	tw	n
S	Bei höherem Schutzbedarf SOLLTE nicht nur das TPM allein als Schlüsselschutz dienen.		ja	tw	n
S	Das Wiederherstellungspasswort SOLLTE im Active Directory oder einem anderen geeigneten sicheren Ort gespeichert werden.		ja	tw	n
S	Bei sehr hohen Vertraulichkeits- oder Abstreitbarkeitsanforderungen SOLLTE eine Full Volume Encryption erfolgen.		ja	tw	n

Notizen:

A11 Angriffserkennung bei Windows Server 2012   *Hoch*
C I A

Verantwortliche Rolle: IT-Betrieb

S	Sicherheitsrelevante Ereignisse in Windows Server 2012 (R2) SOLLTEN an einem zentralen Punkt gesammelt und ausgewertet werden.		ja	tw	n
S	Verschlüsselte Partitionen SOLLTEN nach einer definierten Anzahl von Entschlüsselungsversuchen gesperrt werden.		ja	tw	n

Notizen:

SYS IT-Systeme

A12 Redundanz und Hochverfügbarkeit *Hoch*
Verantwortliche Rolle: IT-Betrieb **A**

S Es SOLLTE geprüft werden, welche Verfügbarkeitsanforderungen durch Betriebssystemfunktionen wie Distributed File System (DFS), ReFS, Failover Cluster und Network Load Balancing bzw. NIC-Teaming (LBFO) umgesetzt oder unterstützt werden können.   ja tw n

S Für Außenstellen SOLLTE BranchCache aktiviert werden.   ja tw n

Notizen:

A13 Starke Authentifizierung bei Windows Server 2012 *Hoch*
Verantwortliche Rolle: IT-Betrieb **C I**

S Es SOLLTE ein rollenbasiertes Administrations-Modell für die Administration unterschiedlicher Serverfunktionen entworfen und umgesetzt werden.   ja tw n

S Für kritische Dienste SOLLTE eine Zwei-Faktor-Authentifizierung implementiert sein.   ja tw n

Notizen:

A14 Herunterfahren verschlüsselter Server und virtueller Maschinen *Hoch*
Verantwortliche Rolle: IT-Betrieb **C I**

S Um die verschlüsselten Daten auch im Betrieb zu schützen, SOLLTEN nicht benötigte Server (inkl.   ja tw n

S virtuelle Maschinen) immer heruntergefahren oder in den Ruhezustand versetzt werden. Dies SOLLTE möglichst automatisiert erfolgen.   ja tw n

S Die Entschlüsselung der Daten SOLLTE einen interaktiven Schritt erfordern oder sie SOLLTE zumindest im Sicherheitsprotokoll festgehalten werden.   ja tw n

Notizen:

SYS.1.3 Server unter Unix

A1 Benutzerauthentisierung unter Unix *Basis*
Verantwortliche Rolle: IT-Betrieb

M Um den Unix-Server zu nutzen, MÜSSEN sich die Benutzer gegenüber dem IT-System authentisieren.   ja tw n

M Die Authentisierung über ein Netz MUSS verschlüsselt werden.   ja tw n

M Wenn mit einem Benutzerkonto nur bestimmte Dienste genutzt werden dürfen, DARF das Benutzerkonto NICHT für andere Dienste genutzt werden können.   ja tw n

Notizen:

A2 Sorgfältige Vergabe von IDs *Basis*
Verantwortliche Rolle: IT-Betrieb

M	Jeder Login-Name, jede Benutzer-ID (UID) und jede Gruppen-ID (GID) DARF nur einmal vorkommen.	ja	tw	n
M	Jeder Benutzer MUSS Mitglied mindestens einer Gruppe sein.	ja	tw	n
M	Jede in der Datei /etc./passwd vorkommende GID MUSS in der Datei /etc./group definiert sein.	ja	tw	n
S	Jede Gruppe SOLLTE nur die Benutzer enthalten, die unbedingt notwendig sind.	ja	tw	n
M	Bei vernetzten Systemen MUSS außerdem darauf geachtet werden, dass die Vergabe von Benutzer- und Gruppennamen, UID und GID im Systemverbund konsistent erfolgt.	ja	tw	n

Notizen:

A3 Automatisches Einbinden von Wechsellaufwerken *Basis*
Verantwortliche Rolle: IT-Betrieb
A

M	Wechsellaufwerke wie z.B. USB-Sticks oder CDs/DVDs DÜRFEN nicht automatisch eingebunden werden.	ja	tw	n

Notizen:

A4 Schutz von Anwendungen *Basis*
Verantwortliche Rolle: IT-Betrieb

M	Um die Ausnutzung von Schwachstellen in Anwendungen zu erschweren, MUSS ASLR und DEP/NX im Kernel aktiviert und von den Anwendungen genutzt werden.	ja	tw	n
M	Sicherheitsfunktionen des Kernels und der Standardbibliotheken, wie z.B. Heap- und Stackschutz, DÜRFEN NICHT deaktiviert werden.	ja	tw	n

Notizen:

A5 Sichere Installation von Software-Paketen *Basis*
Verantwortliche Rolle: IT-Betrieb

M	Software-Pakete DÜRFEN NUR aus vertrauenswürdigen Quellen installiert werden.	ja	tw	n
M	Die Integrität und Authentizität der zu installierenden Softwarepakete MUSS immer geprüft werden.	ja	tw	n
M	Wenn die zu installierende Software aus dem Quellcode kompiliert werden soll, DARF diese NUR unter einem unprivilegierten Benutzeraccount entpackt, konfiguriert und übersetzt werden.	ja	tw	n
M	Dabei DARF die zu installierende Software NICHT unkontrolliert in das Wurzeldateisystem des Servers installiert werden.	ja	tw	n
S	Wird die Software aus dem Quelltext übersetzt, dann SOLLTEN die gewählten Parameter geeignet dokumentiert werden.	ja	tw	n
S	Anhand dieser Dokumentation SOLLTE der Quelltext jederzeit nachvollziehbar und reproduzierbar kompiliert werden können.	ja	tw	n
S	Alle weiteren Installationsschritte SOLLTEN dabei ebenfalls dokumentiert werden, damit sich die Konfiguration im Notfall schnell reproduzieren lässt.	ja	tw	n

Notizen:

SYS IT-Systeme

A6 Verwaltung von Benutzern und Gruppen *Standard*
Verantwortliche Rolle: IT-Betrieb

S	Zur Verwaltung von Benutzern und Gruppen SOLLTEN die entsprechenden Verwaltungswerkzeuge genutzt werden.	ja	tw	n
S	Von einer direkten Bearbeitung der Konfigurationsdateien /etc. /passwd und /etc. /group und /etc. /sudoers SOLLTE abgesehen werden.	ja	tw	n

Notizen:

A8 Verschlüsselter Zugriff über Secure Shell *Standard*
Verantwortliche Rolle: IT-Betrieb

S	Um eine verschlüsselte und authentisierte interaktive Verbindung zwischen zwei IT-Systemen aufzubauen, SOLLTE ausschließlich SSH verwendet werden.	ja	tw	n
S	Alle anderen Protokolle, deren Funktionalität durch Secure Shell abgedeckt wird, SOLLTEN vollständig abgeschaltet werden.	ja	tw	n

Notizen:

A9 Absicherung des Bootvorgangs *Standard*
Verantwortliche Rolle: IT-Betrieb

S	Beim Booten SOLLTE die Integrität vom (Pre-)Bootloader bis zum Kernel überprüft werden.	ja	tw	n
S	Die hierfür genutzten Schlüssel SOLLTEN bei der Ersteinrichtung überprüft werden.	ja	tw	n
S	Es SOLLTE geprüft werden, ob hierfür Secure Boot als Teil der UEFI-Spezifikation genutzt werden kann.	ja	tw	n

Notizen:

A10 Verhinderung der Ausbreitung bei der Ausnutzung von Schwachstellen *Standard*
Verantwortliche Rolle: IT-Betrieb

S	Dienste und Anwendungen SOLLTEN mit individuellen Sicherheitsrichtlinien abgesichert werden (z.B. mit AppArmor oder SELinux).	ja	tw	n
S	Auch chroot-Umgebungen sowie LXC- oder Docker-Container SOLLTEN dabei berücksichtigt werden.	ja	tw	n
S	Es SOLLTE sichergestellt sein, dass mitgelieferte Standardprofile bzw. -Regeln aktiviert sind.	ja	tw	n

Notizen:

A11	**Einsatz der Sicherheitsmechanismen von NFS**			*Standard*		
	Verantwortliche Rolle: IT-Betrieb					
S	Nur hierfür vorgesehene Server SOLLTEN Verzeichnisse für andere Clients freigeben (siehe auch APP.3.3 Fileserver).			ja	tw	n
S	Es SOLLTEN über NFS (Network File System) nur Verzeichnisse exportiert werden, die unbedingt notwendig sind.			ja	tw	n
S	In den Dateien /etc./exports beziehungsweise /etc./dfs/fstab SOLLTEN die mountbaren Verzeichnisse auf das notwendige Maß reduziert werden.			ja	tw	n
S	Die mountbaren Verzeichnisse SOLLTEN nur für bestimmte IT-Systeme sowie Benutzer unter Berücksichtigung der festgelegten Berechtigungsstruktur freigegeben werden.			ja	tw	n

Notizen:

A12	**Einsatz der Sicherheitsmechanismen von NIS**			*Standard*		
	Verantwortliche Rolle: IT-Betrieb					
S	NIS (Network Information Service) SOLLTE nur in einer sicheren Umgebung eingesetzt werden.			ja	tw	n
S	In /etc./passwd, /etc./group sowie allen anderen sicherheitsrelevanten Dateien SOLLTE der Eintrag +::0:0::: nicht enthalten sein.			ja	tw	n
S	Der Server-Prozess ypserv SOLLTE nur Anfragen von vorher festgelegten Rechnern beantworten.			ja	tw	n

Notizen:

A14	**Verhinderung des Ausspähens von System- und Benutzerinformationen**			*Hoch*		
	Verantwortliche Rolle: IT-Betrieb			**C**		
S	Die Ausgabe von Informationen über das Betriebssystem und der Zugriff auf Protokoll- und Konfigurationsdateien SOLLTE für Benutzer auf das notwendige Maß beschränkt werden.			ja	tw	n
S	Außerdem SOLLTEN bei Befehlsaufrufen keine sensitiven Informationen als Parameter übergeben werden.			ja	tw	n

Notizen:

A15	**Zusätzliche Absicherung des Bootvorgangs**			*Hoch*		
	Verantwortliche Rolle: IT-Betrieb			**C I A**		
S	Bootloader und Kernel SOLLTEN durch selbstkontrolliertes Schlüsselmaterial signiert und nicht benötigtes Schlüsselmaterial entfernt werden.			ja	tw	n

Notizen:

SYS IT-Systeme

	A16	Zusätzliche Verhinderung der Ausbreitung bei der Ausnutzung von Schwachstellen		*Hoch*		
		Verantwortliche Rolle: IT-Betrieb		**C I**		
S		Die Nutzung von Systemaufrufen SOLLTE insbesondere für exponierte Dienste und Anwendungen auf die unbedingt notwendigen Systemaufrufe beschränkt werden.	ja	tw	n	
S		Die Standardprofile bzw. -Regeln von z.B. SELinux, AppArmor SOLLTEN manuell überprüft und ggf.	ja	tw	n	
S		an die eigenen Sicherheitsrichtlinien angepasst werden. Falls erforderlich, SOLLTEN neue Regeln bzw. Profile erstellt werden.	ja	tw	n	

Notizen:

	A17	Zusätzlicher Schutz des Kernels		*Hoch*		
		Verantwortliche Rolle: IT-Betrieb		**C I**		
S		Es SOLLTEN mit speziell gehärteten Kernels geeignete Schutzmechanismen wie Speicherschutz, Dateisystemabsicherung und rollenbasierte Zugriffskontrolle, die die Ausnutzung von Schwachstellen und die Ausbreitung im Betriebssystem verhindern sollen, genutzt werden.	ja	tw	n	

Notizen:

SYS.1.5 Virtualisierung

	A1	Einspielen von Aktualisierungen und Sicherheitsupdates		*Basis*		
		Verantwortliche Rolle: IT-Betrieb				
M		Host-Betriebssystem, Management-Software und Hardware-Firmware MÜSSEN regelmäßig aktualisiert werden.	ja	tw	n	
M		Vorhandene Sicherheitsupdates MÜSSEN zeitnah eingespielt werden.	ja	tw	n	
M		Vorab MUSS auf einem Testsystem überprüft werden, ob die Sicherheitsupdates kompatibel sind und keine Fehler verursachen.	ja	tw	n	

Notizen:

	A2	Sicherer Einsatz virtueller IT-Systeme		*Basis*		
		Verantwortliche Rolle: IT-Betrieb				
M		Jeder Administrator von virtuellen IT-Systemen MUSS wissen, wie sich eine Virtualisierung auf die betriebenen IT-Systeme und Anwendungen auswirkt.	ja	tw	n	
M		Die Zugriffsrechte für Administratoren auf virtuelle IT-Systeme MÜSSEN auf das tatsächlich notwendige Maß reduziert sein.	ja	tw	n	
M		Es MUSS gewährleistet sein, dass die für die virtuellen IT-Systeme notwendigen Netzverbindungen in der virtuellen Infrastruktur verfügbar sind.	ja	tw	n	
M		Auch MUSS geprüft werden, ob die Anforderungen an die Isolation und Kapselung der virtuellen IT-Systeme sowie der darauf betriebenen Anwendungen hinreichend erfüllt sind.	ja	tw	n	
M		Weiterhin MÜSSEN die eingesetzten virtuellen IT-Systeme den Anforderungen an die Verfügbarkeit und den Datendurchsatz genügen.	ja	tw	n	
M		Im laufenden Betrieb MUSS die Performance der virtuellen IT-Systeme überwacht werden.	ja	tw	n	

Notizen:

A3	**Sichere Konfiguration virtueller IT-Systeme**			*Basis*	
	Verantwortliche Rolle: IT-Betrieb				
M	Gast-Systeme DÜRFEN NICHT auf Geräte und Schnittstellen des Virtualisierungsservers zugreifen.	ja	tw	n	
M	Ist eine solche Verbindung jedoch notwendig, MUSS diese exklusiv und nur für die notwendige Dauer vom Administrator des Host-Systems hergestellt werden.	ja	tw	n	
M	Dafür MÜSSEN verbindliche Regelungen festgelegt werden.	ja	tw	n	
S	Virtuelle IT-Systeme SOLLTEN nach den Sicherheitsrichtlinien der Institution konfiguriert und geschützt werden (siehe dazu die jeweils passenden Bausteine der Schicht SYS IT-Systeme.	ja	tw	n	

Notizen:

A4	**Sichere Konfiguration eines Netzes für virtuelle Infrastrukturen**			*Basis*	
	Verantwortliche Rolle: IT-Betrieb				
M	Es MUSS sichergestellt werden, dass bestehende Sicherheitsmechanismen (z.B. Firewalls) und Monitoring-Systeme nicht durch virtuelle Netze umgangen werden können.	ja	tw	n	
M	Auch MUSS ausgeschlossen sein, dass über virtuelle IT-Systeme, die mit mehreren Netzen verbunden sind, unerwünschte Netzverbindungen aufgebaut werden können.	ja	tw	n	
S	Netzverbindungen zwischen virtuellen IT-Systemen und physischen IT-Systemen sowie für virtuelle Sicherheitsgateways SOLLTEN gemäß den Sicherheitsrichtlinien der Institution konfiguriert werden.	ja	tw	n	

Notizen:

A5	**Schutz der Administrationsschnittstellen**			*Basis*	
	Verantwortliche Rolle: IT-Betrieb				
M	Alle Administrations- und Management-Zugänge zum Management-System und zu den Host-Systemen MÜSSEN eingeschränkt werden.	ja	tw	n	
M	Es MUSS sichergestellt sein, dass aus nicht-vertrauenswürdigen Netzen heraus nicht auf die Administrationsschnittstellen zugegriffen werden kann.	ja	tw	n	
S	Um die Virtualisierungsserver oder die Management-Systeme zu administrieren bzw. zu überwachen, SOLLTEN ausreichend verschlüsselte Protokolle eingesetzt werden.	ja	tw	n	
M	Sollte dennoch auf unverschlüsselte und damit unsichere Protokolle zurückgegriffen werden, MUSS für die Administration ein eigenes Administrationsnetz genutzt werden.	ja	tw	n	

Notizen:

A6	**Protokollierung in der virtuellen Infrastruktur**			*Basis*	
	Verantwortliche Rolle: IT-Betrieb				
M	Betriebszustand, Auslastung und Netzanbindungen der virtuellen Infrastruktur MÜSSEN laufend protokolliert werden.	ja	tw	n	
S	Werden Kapazitätsgrenzen erreicht, SOLLTEN virtuelle Maschinen verschoben und eventuell die Hardware erweitert werden.	ja	tw	n	
S	Die Protokollierungsdaten SOLLTEN regelmäßig ausgewertet werden.	ja	tw	n	

Notizen:

SYS IT-Systeme

A7 Zeitsynchronisation in virtuellen IT-Systemen *Basis*
Verantwortliche Rolle: IT-Betrieb

M	Die Systemzeit aller produktiv eingesetzten IT-Systeme MUSS immer synchron sein (siehe auch OPS.1.1.5 Protokollierung).	ja	tw	n

Notizen:

A8 Planung einer virtuellen Infrastruktur *Standard*
Verantwortliche Rolle: Leiter IT, Leiter Netze

S	Der Aufbau der virtuellen Infrastruktur SOLLTE detailliert geplant werden.	ja	tw	n
S	Dabei SOLLTEN die geltenden Regelungen und Richtlinien für den Betrieb von IT-Systemen, Anwendungen, Netzen und Speichernetzen berücksichtigt werden.	ja	tw	n
S	Wenn mehrere virtuelle IT-Systeme auf einem Virtualisierungsserver betrieben werden, SOLLTEN keine Konflikte hinsichtlich des Schutzbedarfs der IT-Systeme auftreten.	ja	tw	n
S	Weiterhin SOLLTEN die Aufgaben der einzelnen Administratorengruppen festgelegt und klar voneinander abgegrenzt werden.	ja	tw	n
S	Es SOLLTE auch geregelt werden, welcher Mitarbeiter für den Betrieb welcher Komponente verantwortlich ist.	ja	tw	n
S	Die Administratoren SOLLTEN ausreichend qualifiziert sein.	ja	tw	n

Notizen:

A9 Netzplanung für virtuelle Infrastrukturen *Standard*
Verantwortliche Rolle: Leiter IT, Leiter Netze

S	Der Aufbau des Netzes für virtuelle Infrastrukturen SOLLTE detailliert geplant werden.	ja	tw	n
S	Dafür SOLLTE der Baustein NET.1.1 Netzarchitektur und -design berücksichtigt werden.	ja	tw	n
S	Auch SOLLTE geprüft werden, ob für bestimmte Virtualisierungsfunktionen (wie z.B. die Live Migration) ein eigenes Netz aufgebaut und genutzt werden muss.	ja	tw	n
S	Es SOLLTE geplant werden, welche Netzsegmente aufgebaut werden müssen (z.B. Managementnetz, Speichernetz) und wie sie sich sicher voneinander trennen und schützen lassen.	ja	tw	n
S	Dabei SOLLTE sichergestellt werden, dass das produktive Netz vom Managementnetz getrennt ist (siehe SYS.1.5.A11 Administration der Virtualisierungsinfrastruktur über ein gesondertes Managementnetz).	ja	tw	n
S	Auch die Verfügbarkeitsanforderungen an das Netz SOLLTEN beachtet und erfüllt werden.	ja	tw	n

Notizen:

A10	Einführung von Verwaltungsprozessen für virtuelle IT-Systeme				Standard		
	Verantwortliche Rolle: Leiter IT						
S	Für Virtualisierungsserver und virtuelle IT-Systeme SOLLTEN Prozesse für die Inbetriebnahme, die Inventarisierung, den Betrieb und die Außerbetriebnahme definiert und etabliert werden.				ja	tw	n
S	Die Prozesse SOLLTEN dokumentiert und regelmäßig aktualisiert werden.				ja	tw	n
S	Wenn der Einsatz geplant wird, SOLLTE festgelegt werden, welche Virtualisierungsfunktionen die virtuellen IT-Systeme benutzen dürfen.				ja	tw	n
S	Bevor ein virtuelles IT-System betrieben wird, SOLLTE in einer Test- und Entwicklungsumgebung geprüft werden, ob es für den Produktiveinsatz geeignet ist.				ja	tw	n
S	Test- und Entwicklungsumgebungen SOLLTEN NICHT auf demselben Virtualisierungsserver betrieben werden wie produktive virtuelle IT-Systeme.				ja	tw	n

Notizen:

A11	Administration der Virtualisierungsinfrastruktur über ein gesondertes Managementnetz				Standard		
	Verantwortliche Rolle: IT-Betrieb						
S	Die Virtualisierungsinfrastruktur SOLLTE ausschließlich über ein separates Managementnetz administriert werden.				ja	tw	n
S	Die verfügbaren Sicherheitsmechanismen der eingesetzten Managementprotokolle zur Authentisierung, Integritätssicherung und Verschlüsselung SOLLTEN aktiviert und alle unsicheren Managementprotokolle deaktiviert werden (siehe NET.1.2 Netz-Management).				ja	tw	n

Notizen:

A12	Rechte- und Rollenkonzept für die Administration einer virtuellen Infrastruktur				Standard		
	Verantwortliche Rolle: IT-Betrieb						
S	Anhand der in der Planung definierten Aufgaben und Rollen (siehe SYS.1.5.A8 Planung einer virtuellen Infrastruktur) SOLLTE für die Administration der virtueller IT-Systeme und Netze sowie der Virtualisierungsserver und der Management-Umgebung ein Rechte- und Rollenkonzept erstellt und umgesetzt werden.				ja	tw	n
S	Alle Komponenten der virtuellen Infrastruktur SOLLTEN in ein zentrales Identitäts- und Berechtigungsmanagement eingebunden werden.				ja	tw	n
S	Administratoren von virtuellen Maschinen und Administratoren der Virtualisierungsumgebung SOLLTEN unterschieden und mit unterschiedlichen Zugriffsrechten ausgestattet werden.				ja	tw	n
S	Weiterhin SOLLTE die Management-Umgebung virtuelle Maschinen gruppieren können, um eine geeignete Strukturierung verbunden mit einer entsprechenden Administratoren-Rollenzuteilung einzuführen.				ja	tw	n

Notizen:

A13 Auswahl geeigneter Hardware für Virtualisierungsumgebungen *Standard*
Verantwortliche Rolle: IT-Betrieb

S	Die verwendete Hardware SOLLTE kompatibel zur eingesetzten Virtualisierungslösung sein.	ja	tw	n
S	Dabei SOLLTE darauf geachtet werden, dass der Hersteller der Virtualisierungslösung über den geplanten Einsatzzeitraum auch Support für die betriebene Hardware anbietet.	ja	tw	n

Notizen:

A14 Einheitliche Konfigurationsstandards für virtuelle IT-Systeme *Standard*
Verantwortliche Rolle: Leiter IT

S	Für die eingesetzten virtuellen IT-Systeme SOLLTEN einheitliche Konfigurationsstandards definiert werden.	ja	tw	n
S	Die virtuellen IT-Systeme SOLLTEN nach diesen Standards konfiguriert werden.	ja	tw	n
S	Die Konfigurationsstandards SOLLTEN regelmäßig überprüft und, falls erforderlich, angepasst werden.	ja	tw	n

Notizen:

A15 Betrieb von Gast-Betriebssystemen mit unterschiedlichem Schutzbedarf *Standard*
Verantwortliche Rolle: IT-Betrieb

S	Falls virtuelle IT-Systeme mit unterschiedlichem Schutzbedarf gemeinsam auf einem Virtualisierungsserver betriebenen werden, SOLLTE dabei sichergestellt sein, dass die virtuellen IT-Systeme ausreichend gekapselt und voneinander isoliert sind.	ja	tw	n
S	Auch SOLLTE dann die Netztrennung in der eingesetzten Virtualisierungslösung ausreichend sicher sein.	ja	tw	n
S	Ist das nicht der Fall, SOLLTEN weitergehende Sicherheitsmaßnahmen identifiziert und umgesetzt werden.	ja	tw	n

Notizen:

A16 Kapselung der virtuellen Maschinen *Standard*
Verantwortliche Rolle: IT-Betrieb

S	Die Funktionen Kopieren und Einfügen von Informationen zwischen virtuellen Maschinen SOLLTEN deaktiviert sein.	ja	tw	n

Notizen:

A17	**Überwachung des Betriebszustands und der Konfiguration der virtuellen Infrastruktur**		*Standard*	
	Verantwortliche Rolle: IT-Betrieb			
S	Der Betriebszustand der virtuellen Infrastruktur SOLLTE überwacht werden.	ja	tw	n
S	Dabei SOLLTE z.B. geprüft werden, ob noch ausreichend Ressourcen verfügbar sind und ob es eventuell Konflikte bei gemeinsam benutzten Ressourcen eines Virtualisierungsservers gibt.	ja	tw	n
S	Weiterhin SOLLTEN die Konfigurationsdateien der virtuellen IT-Systeme regelmäßig auf unautorisierte Änderungen überprüft werden.	ja	tw	n
S	Auch SOLLTE überwacht werden, ob die virtuellen Netze den jeweiligen virtuellen IT-Systemen korrekt zugeordnet sind.	ja	tw	n
S	Werden Konfigurationsänderungen an der Virtualisierungsinfrastruktur vorgenommen, SOLLTEN diese geprüft bzw. getestet werden, bevor sie umgesetzt werden.	ja	tw	n

Notizen:

A18	**Schulung der Administratoren virtueller Umgebungen**		*Standard*	
	Verantwortliche Rolle: Vorgesetzte, Leiter IT, Leiter Netze			
S	Alle Administratoren der virtuellen Umgebung SOLLTEN ausreichend geschult werden.	ja	tw	n
S	In der Schulung SOLLTE vermittelt werden, wie virtuelle Infrastrukturen sicher aufgebaut und betrieben werden können.	ja	tw	n

Notizen:

A19	**Regelmäßige Audits der Virtualisierungsinfrastruktur**		*Standard*	
	Verantwortliche Rolle: IT-Betrieb			
S	Es SOLLTE regelmäßig auditiert werden, ob der Ist-Zustand der virtuellen Infrastruktur dem in der Planung festgelegten Zustand entspricht und ob die Konfiguration der virtuellen Komponenten die vorgegebene Standardkonfiguration einhält.	ja	tw	n
S	Die Auditergebnisse SOLLTEN nachvollziehbar dokumentiert werden.	ja	tw	n
S	Abweichungen SOLLTEN behoben werden.	ja	tw	n

Notizen:

A20	**Verwendung von hochverfügbaren Architekturen**		*Hoch*	
	Verantwortliche Rolle: Leiter IT, Leiter Netze		**A**	
S	Die virtuelle Infrastruktur SOLLTE hochverfügbar ausgelegt werden.	ja	tw	n
S	Alle Virtualisierungsserver SOLLTEN in Clustern zusammengeschlossen werden.	ja	tw	n

Notizen:

SYS IT-Systeme

A21 Sichere Konfiguration virtueller IT-Systeme bei erhöhtem Schutzbedarf   *Hoch*
Verantwortliche Rolle: IT-Betrieb   **I A**

S	Für virtuelle IT-Systeme SOLLTEN Überbuchungsfunktionen für Ressourcen deaktiviert werden.	ja	tw	n

Notizen:

A22 Härtung des Virtualisierungsservers   *Hoch*
Verantwortliche Rolle: IT-Betrieb   **C I**

S	Der Virtualisierungsserver SOLLTE gehärtet werden.	ja	tw	n
S	Um virtuelle IT-Systeme voreinander und gegenüber dem Virtualisierungsserver zusätzlich zu isolieren und zu kapseln, SOLLTEN Mandatory Access Controls eingesetzt werden.	ja	tw	n
S	Ebenso SOLLTE das IT-System gehärtet werden, auf dem die Management-Software installiert ist.	ja	tw	n

Notizen:

A23 Rechte-Einschränkung der virtuellen Maschinen   *Hoch*
Verantwortliche Rolle: IT-Betrieb   **C I**

S	Alle Schnittstellen und Kommunikationskanäle, die es einem virtuellen IT-System erlauben, Informationen über das Host-System auszulesen und abzufragen, SOLLTEN deaktiviert sein oder unterbunden werden.	ja	tw	n
S	Weiterhin SOLLTE ausschließlich der Virtualisierungsserver auf seine Ressourcen zugreifen können.	ja	tw	n
S	Außerdem SOLLTE es NICHT möglich sein, dass sich virtuelle IT-Systeme sogenannte Pages des Arbeitsspeichers teilen.	ja	tw	n

Notizen:

A24 Deaktivierung von Snapshots virtueller IT-Systeme   *Hoch*
Verantwortliche Rolle: IT-Betrieb   **C I A**

S	Für alle virtuellen IT-Systeme SOLLTE die Snapshot-Funktion deaktiviert werden.	ja	tw	n

Notizen:

A25 Minimale Nutzung von Konsolenzugriffen auf virtuelle IT-Systeme   *Hoch*
Verantwortliche Rolle: IT-Betrieb   **A**

S	Direkte Zugriffe auf die emulierten Konsolen virtueller IT-Systeme SOLLTEN auf ein Mindestmaß reduziert werden.	ja	tw	n
S	Die virtuellen Systeme SOLLTEN möglichst über das Netz gesteuert werden.	ja	tw	n

Notizen:

A26	Einsatz einer PKI				Hoch		
	Verantwortliche Rolle: Leiter IT, Leiter Netze				**C I A**		
S	Da die Kommunikation zwischen den Komponenten der IT-Infrastruktur häufig mithilfe von Zertifikaten abgesichert wird, SOLLTE eine Public-Key-Infrastruktur (PKI) eingesetzt werden.				ja	tw	n

Notizen:

A27	Einsatz zertifizierter Virtualisierungssoftware				Hoch		
	Verantwortliche Rolle: Leiter IT				**C I A**		
S	Es SOLLTE zertifizierte Virtualisierungssoftware der Stufe EAL 4 oder höher eingesetzt werden.				ja	tw	n

Notizen:

A28	Verschlüsselung von virtuellen IT-Systemen				Hoch		
	Verantwortliche Rolle: IT-Betrieb				**C I**		
S	Alle virtuellen IT-Systeme SOLLTEN verschlüsselt werden.				ja	tw	n

Notizen:

SYS.1.8 Speicherlösungen

A1	Geeignete Aufstellung von Speichersystemen				Basis		
	Verantwortliche Rolle: Haustechnik, Leiter IT						
M	Die IT-Komponenten MÜSSEN in gesicherten Räumen aufgestellt werden.				ja	tw	n
M	Zu diesen Räumen DÜRFEN NUR Berechtigte Zutritt haben.				ja	tw	n
M	Zudem MUSS eine sichere Stromversorgung und entsprechend den Herstellervorgaben empfohlene Umgebungstemperatur und Luftfeuchte sichergestellt sein.				ja	tw	n

Notizen:

A2 Sichere Grundkonfiguration von Speicherlösungen *Basis*
Verantwortliche Rolle: IT-Betrieb

M	Bevor eine Speicherlösung produktiv eingesetzt wird, MUSS sichergestellt sein, dass alle eingesetzten Software- und Firmwarekomponenten aktuell sind.	ja	tw	n
M	Danach MUSS eine sichere Grundkonfiguration hergestellt werden.	ja	tw	n
M	Nicht benötigte Benutzerkonten MÜSSEN deaktiviert werden.	ja	tw	n
M	Auch MÜSSEN Standard-Passwörter im Einklang mit der Passwortrichtlinie geändert bzw. neue Accounts angelegt werden.	ja	tw	n
M	Nicht genutzte Schnittstellen des Speichersystems MÜSSEN deaktiviert werden.	ja	tw	n
S	Die Default-Konfiguration, die vorgenomene Grundkonfiguration und die aktuelle Konfiguration SOLLTEN redundant und geschützt aufbewahrt werden.	ja	tw	n

Notizen:

A3 Restriktive Rechtevergabe *Basis*
Verantwortliche Rolle: IT-Betrieb

M	Für Speicherlösungen MUSS ein Rechte- und Rollenkonzept erstellt werden.	ja	tw	n
M	Alle auf der jeweiligen Lösung eingerichteten Benutzerkonten MÜSSEN diesem Konzept entsprechen.	ja	tw	n
M	Alle Benutzerkonten MÜSSEN nach dem Prinzip der minimalen Berechtigungen eingerichtet werden.	ja	tw	n

Notizen:

A4 Schutz der Administrationsschnittstellen *Basis*
Verantwortliche Rolle: IT-Betrieb

M	Alle Administrations- und Management-Zugänge der Speichersysteme MÜSSEN eingeschränkt werden.	ja	tw	n
M	Es MUSS sichergestellt sein, dass aus nicht-vertrauenswürdigen Netzen heraus nicht auf die Administrationsschnittstellen zugegriffen werden kann.	ja	tw	n
S	Es SOLLTEN ausreichend verschlüsselte Protokolle eingesetzt werden.	ja	tw	n
M	Sollte dennoch auf unverschlüsselte und damit unsichere Protokolle zurückgegriffen werden, MUSS für die Administration ein eigenes Administrationsnetz genutzt werden.	ja	tw	n

Notizen:

A5 Protokollierung bei Speichersystemen *Basis*
Verantwortliche Rolle: IT-Betrieb

M	Die interne Protokollierung der Speichersysteme MUSS so konfiguriert werden, dass Informationen protokolliert werden, die dazu dienen, Probleme früh zu erkennen.	ja	tw	n

Notizen:

A6	**Erstellung einer Sicherheitsrichtlinie für Speicherlösungen**		*Standard*	
	Verantwortliche Rolle: Informationssicherheitsbeauftragter (ISB)			
S	Ausgehend von der allgemeinen Sicherheitsrichtlinie der Institution SOLLTE eine spezifische Sicherheitsrichtlinie für Speicherlösungen erstellt werden.	ja	tw	n
S	Darin SOLLTEN nachvollziehbar Anforderungen und Vorgaben beschrieben sein, wie Speicherlösungen sicher geplant, administriert, installiert, konfiguriert und betrieben werden können.	ja	tw	n
S	Die Richtlinie SOLLTE allen für Speicherlösungen verantwortlichen Administratoren bekannt und grundlegend für ihre Arbeit sein.	ja	tw	n
S	Wird die Richtlinie verändert oder wird von den Anforderungen abgewichen, SOLLTE dies mit dem ISB abgestimmt und dokumentiert werden.	ja	tw	n
S	Es SOLLTE regelmäßig überprüft werden, ob die Richtlinie noch korrekt umgesetzt ist.	ja	tw	n
S	Die Ergebnisse SOLLTEN sinnvoll dokumentiert werden.	ja	tw	n

Notizen:

A7	**Planung von Speicherlösungen**		*Standard*	
	Verantwortliche Rolle: Informationssicherheitsbeauftragter (ISB), Leiter IT			
S	Es SOLLTE eine Anforderungsanalyse durchgeführt werden, in der unter anderem die Themen Performance und Kapazität betrachtet werden.	ja	tw	n
S	Auf Basis der ermittelten Anforderungen SOLLTE dann eine detaillierte Planung für Speicherlösungen erstellt werden.	ja	tw	n
S	Darin SOLLTEN folgende Punkte berücksichtigt werden: • Auswahl geeigneter Hardware, • Auswahl von Herstellern und Lieferanten, • Entscheidung für oder gegen zentrale Managementsysteme, • Planung des Netzanschlusses, • Planung der Infrastruktur sowie • Integration in bestehende Prozesse.	ja	tw	n

Notizen:

A8	**Auswahl einer geeigneten Speicherlösung**		*Standard*	
	Verantwortliche Rolle: Informationssicherheitsbeauftragter (ISB), Leiter IT			
S	Es SOLLTEN die technischen Grundlagen unterschiedlicher Speicherlösungen detailliert beleuchtet und deren Auswirkungen auf den möglichen Einsatz in der Institution geprüft werden.	ja	tw	n
S	Dabei SOLLTEN Möglichkeiten und Grenzen der verschiedenen Speichersystemarten für die Verantwortlichen der Institution transparent dargestellt werden.	ja	tw	n
S	Die Entscheidungskriterien für eine Speicherlösung SOLLTEN nachvollziehbar dokumentiert werden.	ja	tw	n
S	Ebenso SOLLTE die Entscheidung für die Auswahl einer Speicherlösung nachvollziehbar dokumentiert werden.	ja	tw	n

Notizen:

SYS IT-Systeme

A9 Auswahl von Lieferanten für eine Speicherlösung *Standard*
Verantwortliche Rolle: Informationssicherheitsbeauftragter (ISB), Leiter IT

S	Anhand der spezifizierten Anforderungen an eine Speicherlösung SOLLTE ein geeigneter Lieferant ausgewählt werden.	ja	tw	n
S	Die Auswahlkriterien und die Entscheidung für einen Lieferanten SOLLTEN nachvollziehbar dokumentiert werden.	ja	tw	n
S	Außerdem SOLLTEN Aspekte der Wartung und Instandhaltung schriftlich in sogenannten Service-Level-Agreements (SLAs) festgehalten werden.	ja	tw	n
S	Die SLAs SOLLTEN eindeutig und quantifizierbar sein.	ja	tw	n
S	Es SOLLTE genau geregelt werden, wann der Vertrag mit dem Lieferanten endet.	ja	tw	n

Notizen:

A10 Erstellung und Pflege eines Betriebshandbuchs *Standard*
Verantwortliche Rolle: Informationssicherheitsbeauftragter (ISB), Leiter IT

S	Es SOLLTE ein Betriebshandbuch erstellt werden.	ja	tw	n
S	Darin SOLLTEN alle erforderlichen Regelungen, Anforderungen und Einstellungen dokumentiert werden, die erforderlich sind, um Speicherlösungen zu betreiben.	ja	tw	n
S	Das Betriebshandbuch SOLLTE regelmäßig aktualisiert werden.	ja	tw	n

Notizen:

A11 Sicherer Betrieb einer Speicherlösung *Standard*
Verantwortliche Rolle: IT-Betrieb

S	Das Speichersystem SOLLTE hinsichtlich der Verfügbarkeit der internen Anwendungen, der Systemauslastung sowie kritischer Ereignisse überwacht werden (siehe auch SYS.1.8.A13 Überwachung und Verwaltung von Speicherlösungen).	ja	tw	n
S	Weiterhin SOLLTEN für Speicherlösungen feste Wartungsfenster definiert werden, in denen Änderungen durchgeführt werden können.	ja	tw	n
S	Insbesondere Firmware- oder Betriebssystemupdates von Speichersystemen oder den Netzkomponenten einer Speicherlösung SOLLTEN ausschließlich innerhalb eines solchen Wartungsfensters durchgeführt werden.	ja	tw	n
S	Alle Änderungen SOLLTEN zudem über das Änderungsmanagement aktiviert und mit allen beteiligten Fachverantwortlichen abgestimmt werden.	ja	tw	n

Notizen:

A12 Schulung der Administratoren *Standard*
Verantwortliche Rolle: Vorgesetzte, Leiter IT

		ja	tw	n
S	Die für die Speicherlösungen zuständigen Administratoren SOLLTEN ausreichend geschult werden.	ja	tw	n
S	In den Schulungen SOLLTEN Kenntnisse vermittelt werden, mit welchen Vorgehensweisen, Techniken und Werkzeugen sich Speichersysteme und die zugehörigen Komponenten einrichten und sicher betreiben lassen.	ja	tw	n
S	Zudem SOLLTEN herstellerspezifische Aspekte zu einzelnen Produkten und Komponenten thematisiert werden.	ja	tw	n
S	Setzt eine Institution neue Produkte ein, SOLLTEN die Administratoren speziell dazu nachgeschult werden.	ja	tw	n

Notizen:

A13 Überwachung und Verwaltung von Speicherlösungen *Standard*
Verantwortliche Rolle: IT-Betrieb

		ja	tw	n
S	Um Fehlersituationen und Sicherheitsprobleme erkennen und beheben zu können, SOLLTEN Speicherlösungen überwacht werden.	ja	tw	n
S	Dabei SOLLTEN alle erhobenen Daten vorrangig daraufhin geprüft werden, ob die Vorgaben des Betriebshandbuchs eingehalten werden (siehe auch SYS.1.8.A10 Erstellung und Pflege eines Betriebshandbuchs).	ja	tw	n
S	Einzelne Komponenten der Speicherlösung und des Gesamtsystems SOLLTEN zentral verwaltet werden.	ja	tw	n
S	Zudem SOLLTEN die wesentlichen Nachrichten herausgefiltert werden, um diese besser darzustellen.	ja	tw	n
S	Sofern eine Speicherlösung durch einen externen Dienstleister betrieben wird, SOLLTE definiert und dokumentiert werden, wie die vertraglich vereinbarten SLAs überwacht werden.	ja	tw	n

Notizen:

A14 Absicherung eines SANs durch Segmentierung *Standard*
Verantwortliche Rolle: IT-Betrieb

		ja	tw	n
S	Ein SAN SOLLTE segmentiert werden.	ja	tw	n
S	Es SOLLTE ein Konzept erarbeitet werden, das die SAN-Ressourcen den jeweiligen Servern zuordnet.	ja	tw	n
S	Hierfür SOLLTE anhand der Sicherheitsanforderungen und des Administrationsaufwands entschieden werden, welche Segmentierung in welchem Einsatzszenario eingesetzt werden soll.	ja	tw	n
S	Die aktuelle Ressourcenzuordnung SOLLTE mithilfe von Verwaltungswerkzeugen einfach und übersichtlich erkennbar sein.	ja	tw	n
S	Weiterhin SOLLTE die aktuelle Zoning-Konfiguration dokumentiert werden.	ja	tw	n
S	Die Dokumentation SOLLTE auch in Notfällen verfügbar sein.	ja	tw	n

Notizen:

SYS IT-Systeme

A15 Sichere Trennung von Mandanten in Speicherlösungen *Standard*
Verantwortliche Rolle: IT-Betrieb

S	Es SOLLTE definiert und nachvollziehbar dokumentiert werden, welche Anforderungen die Institution an die Mandantenfähigkeit einer Speicherlösung stellt.	ja	tw	n
S	Die eingesetzten Speicherlösungen SOLLTEN diesen dokumentierten Anforderungen genügen.	ja	tw	n
S	Im Block-Storage-Umfeld SOLLTE LUN Masking eingesetzt werden, um Mandanten voneinander zu trennen.	ja	tw	n
S	In Fileservice-Umgebungen SOLLTE es möglich sein, mit virtuellen Fileservern zu agieren.	ja	tw	n
S	Dabei SOLLTE jedem Mandanten ein eigener Fileservice zugeordnet werden.	ja	tw	n
S	Beim Einsatz von IP oder iSCSI SOLLTEN die Mandanten über eine Segmentierung im Netz voneinander getrennt werden.	ja	tw	n
S	Wird Fibre Channel eingesetzt, SOLLTE mithilfe von VSANs und Soft-Zoning separiert werden.	ja	tw	n

Notizen:

A16 Sicheres Löschen in SAN-Umgebungen *Standard*
Verantwortliche Rolle: IT-Betrieb

S	Für das Speichersystem SOLLTE festgelegt werden, welche Informationen mit welchen Verfahren zu löschen sind.	ja	tw	n
S	In mandantenfähigen Speichersystemen SOLLTE sichergestellt werden, dass Logical Unit Numbers (LUNs), die einem bestimmten Mandanten zugeordnet sind, gelöscht werden.	ja	tw	n

Notizen:

A17 Dokumentation der Systemeinstellungen von Speichersystemen *Standard*
Verantwortliche Rolle: IT-Betrieb

S	Alle Systemeinstellungen von Speichersystemen SOLLTEN dokumentiert werden.	ja	tw	n
S	Die Dokumentation SOLLTE die technischen und organisatorischen Vorgaben sowie alle spezifischen Konfigurationen der Speichersysteme der Institution enthalten.	ja	tw	n
S	Sofern die Dokumentation der Systemeinstellungen vertrauliche Informationen beinhaltet, SOLLTEN diese vor unberechtigtem Zugriff geschützt werden.	ja	tw	n
S	Die Dokumentation SOLLTE regelmäßig überprüft werden und immer aktuell sein, insbesondere hinsichtlich der Rechtevergabe.	ja	tw	n
S	Auch SOLLTE dafür gesorgt werden, dass sie in allen Notfallszenarien verfügbar ist.	ja	tw	n

Notizen:

A18 Sicherheits-Audits und Berichtswesen bei Speichersystemen *Standard*
Verantwortliche Rolle: Informationssicherheitsbeauftragter (ISB)   I

S	Alle eingesetzten Speichersysteme SOLLTEN regelmäßig auditiert werden.	ja	tw	n
S	Dafür SOLLTE ein entsprechender Prozess eingerichtet werden.	ja	tw	n
S	Es SOLLTE geregelt werden, welche Sicherheitsreports mit welchen Inhalten regelmäßig zu erstellen sind.	ja	tw	n
S	Zudem SOLLTE auch geregelt werden, wie mit Abweichungen von Vorgaben umgegangen wird und wie oft und in welcher Tiefe Audits durchgeführt werden.	ja	tw	n

Notizen:

A19 Aussonderung von Speicherlösungen *Standard*
Verantwortliche Rolle: IT-Betrieb

S	Werden ganze Speicherlösungen oder einzelne Komponenten einer Speicherlösung nicht mehr benötigt, SOLLTEN alle darauf vorhandenen Daten auf andere Speicherlösungen übertragen werden.	ja	tw	n
S	Hierfür SOLLTE eine Übergangsphase eingeplant werden.	ja	tw	n
S	Anschließend SOLLTEN alle Nutzdaten und Konfigurationsdaten sicher gelöscht werden.	ja	tw	n
S	Aus allen relevanten Dokumenten SOLLTEN alle Verweise auf die außer Betrieb genommene Speicherlösung entfernt werden.	ja	tw	n

Notizen:

A20 Notfallvorsorge und Notfallreaktion für Speicherlösungen *Standard*
Verantwortliche Rolle: Leiter IT

S	Es SOLLTE ein Notfallplan für die eingesetzte Speicherlösung erstellt werden.	ja	tw	n
S	Der Plan SOLLTE genau beschreiben, wie in bestimmten Notfallsituationen vorzugehen ist.	ja	tw	n
S	Auch SOLLTEN Handlungsanweisungen in Form von Maßnahmen und Kommandos enthalten sein, die die Fehleranalyse und Fehlerkorrektur unterstützen.	ja	tw	n
S	Um Fehler zu beheben, SOLLTEN geeignete Werkzeuge eingesetzt werden.	ja	tw	n
S	Es SOLLTEN regelmäßige Übungen und Tests des Notfallplans durchgeführt werden.	ja	tw	n
S	Nach den Übungen und Tests sowie nach einem Notfall SOLLTEN die dabei erzeugten Daten sicher gelöscht werden.	ja	tw	n

Notizen:

A21 Einsatz von Speicher-Pools zur Mandantentrennung *Hoch*
Verantwortliche Rolle: IT-Betrieb   C I

S	Mandanten SOLLTEN Speicherressourcen aus unterschiedlichen sogenannten Speicher-Pools zugewiesen werden.	ja	tw	n
S	Dabei SOLLTE ein Speichermedium immer nur einem einzigen Pool zugewiesen werden.	ja	tw	n
S	Die logischen Festplatten (LUNs), die aus einem solchen Pool generiert werden, SOLLTEN nur einem einzigen Mandanten zugeordnet werden.	ja	tw	n

Notizen:

A22 Einsatz einer hochverfügbaren SAN-Lösung

Hoch
A

Verantwortliche Rolle: Informationssicherheitsbeauftragter (ISB)

S	Es SOLLTE eine hochverfügbare SAN-Lösung eingesetzt werden.		ja	tw	n
S	Die eingesetzten Replikationsmechanismen SOLLTEN den Verfügbarkeitsanforderungen der Institution an die Speicherlösung entsprechen.		ja	tw	n
S	Auch die Konfiguration der Speicherlösung SOLLTE den Verfügbarkeitsanforderungen gerecht werden.		ja	tw	n
S	Außerdem SOLLTE ein Test- und Konsolidierungssystem vorhanden sein.		ja	tw	n

Notizen:

A23 Einsatz von Verschlüsselung für Speicherlösungen

Hoch
C I

Verantwortliche Rolle: Informationssicherheitsbeauftragter (ISB)

S	Alle in Speicherlösungen abgelegten Daten SOLLTEN verschlüsselt werden.		ja	tw	n
S	Es SOLLTE festgelegt werden, auf welchen Ebenen (Data-in-Motion und Data-in-Rest) verschlüsselt wird.		ja	tw	n
S	Dabei SOLLTE beachtet werden, dass die Verschlüsselung auf dem Transportweg auch bei Replikationen und Backup-Traffic relevant ist.		ja	tw	n

Notizen:

A24 Sicherstellung der Integrität der SAN-Fabric

Hoch
I

Verantwortliche Rolle: IT-Betrieb

S	Um die Integrität der SAN-Fabric sicherzustellen, SOLLTEN Protokolle mit zusätzlichen Sicherheitsmerkmalen eingesetzt werden.		ja	tw	n
S	Bei den folgenden Protokollen SOLLTEN deren Sicherheitseigenschaften berücksichtigt und entsprechende Konfigurationen verwendet werden: • Diffie Hellman Challenge Handshake Authentication Protocol (DH-CHAP), • Fibre Channel Authentication Protocol (FCAP) und • Fibre Channel Password Authentication Protocol (FCPAP).		ja	tw	n

Notizen:

A25 Mehrfaches Überschreiben der Daten einer LUN

Hoch
C

Verantwortliche Rolle: IT-Betrieb

S	In SAN-Umgebungen SOLLTEN Daten gelöscht werden, indem die zugehörigen Speichersegmente einer LUN mehrfach überschrieben werden.		ja	tw	n

Notizen:

A26 Absicherung eines SANs durch Hard-Zoning *Hoch*
Verantwortliche Rolle: IT-Betrieb

S	Um SANs zu segmentieren, SOLLTE Hard-Zoning eingesetzt werden.	ja	tw	n

Notizen:

SYS.2 Desktop-Systeme

SYS.2.1 Allgemeiner Client

A1 Benutzerauthentisierung *Basis*
Verantwortliche Rolle: IT-Betrieb

M	Um den Client zu nutzen, MÜSSEN sich die Benutzer gegenüber dem IT-System authentisieren.	ja	tw	n
M	Sollen die Benutzer hierfür Passwörter verwenden, MÜSSEN sichere Passwörter benutzt werden.	ja	tw	n
M	Die Passwörter MÜSSEN der Passwort-Richtlinie der Institution entsprechen, siehe ORP.4 Identitäts- und Berechtigungsmanagement.	ja	tw	n

Notizen:

A2 Rollentrennung *Basis*
Verantwortliche Rolle: IT-Betrieb

M	Der Client MUSS so eingerichtet werden, dass normale Tätigkeiten nicht mit Administrationsrechten erfolgen.	ja	tw	n
M	Nur Administratoren DÜRFEN Administrationsrechte erhalten.	ja	tw	n
M	Es DÜRFEN nur Administratoren die Systemkonfiguration ändern, Anwendungen installieren bzw. entfernen oder Systemdateien modifizieren bzw. löschen können.	ja	tw	n
M	Benutzer DÜRFEN ausschließlich lesenden Zugriff auf Systemdateien haben.	ja	tw	n
S	Ablauf, Rahmenbedingungen und Anforderungen an administrative Aufgaben sowie die Aufgabentrennungen zwischen den verschiedenen Rollen der Benutzer des IT-Systems SOLLTEN in einem Benutzer- und Administrationskonzept festgeschrieben werden.	ja	tw	n

Notizen:

A3 Aktivieren von Autoupdate-Mechanismen *Basis*
Verantwortliche Rolle: IT-Betrieb

M	Automatische Update-Mechanismen (Autoupdate) MÜSSEN aktiviert werden, sofern nicht andere Mechanismen wie regelmäßige manuelle Wartung oder ein zentrales Softwareverteilungssystem für Updates eingesetzt werden.	ja	tw	n
S	Wenn für Autoupdate-Mechanismen ein Zeitintervall vorgegeben werden kann, SOLLTE mindestens täglich automatisch nach Updates gesucht und diese installiert werden.	ja	tw	n

Notizen:

SYS IT-Systeme

A4 Regelmäßige Datensicherung *Basis*
Verantwortliche Rolle: IT-Betrieb

M	Zur Vermeidung von Datenverlusten MÜSSEN regelmäßige Datensicherungen erstellt werden.		ja	tw	n
M	In den meisten Rechnersystemen können diese weitgehend automatisiert erfolgen. Es MÜSSEN Regelungen getroffen werden, welche lokal abgespeicherten Daten von wem wann gesichert werden.		ja	tw	n
M	Es MÜSSEN mindestens die Daten regelmäßig gesichert werden, die nicht aus anderen Informationen abgeleitet werden können.		ja	tw	n
M	Auch Clients MÜSSEN in das Datensicherungskonzept der Institution einbezogen werden.		ja	tw	n
S	Bei vertraulichen und ausgelagerten Backups SOLLTEN die gesicherten Daten verschlüsselt gespeichert werden.		ja	tw	n
S	Für eingesetzte Software SOLLTE separat entschieden werden, ob sie von der regelmäßigen Datensicherung erfasst werden muss.		ja	tw	n
M	Es MUSS regelmäßig getestet werden, ob die Datensicherung auch wie gewünscht funktioniert, vor allem, ob gesicherte Daten problemlos zurückgespielt werden können.		ja	tw	n
S	Die Benutzer SOLLTEN über die Regelungen, von wem und wie Datensicherungen erstellt werden, informiert werden.		ja	tw	n

Notizen:

A5 Bildschirmsperre *Basis*
Verantwortliche Rolle: Benutzer

M	Eine Bildschirmsperre MUSS verwendet werden, damit keine Unbefugten auf die aktivierten Clients zugreifen können.		ja	tw	n
S	Sie SOLLTE sich sowohl manuell vom Benutzer aktivieren lassen als auch nach einem vorgegebenen Inaktivitäts-Zeitraum automatisch gestartet werden.		ja	tw	n
M	Es MUSS sichergestellt sein, dass die Bildschirmsperre erst nach einer erfolgreichen Benutzerauthentikation deaktiviert werden kann.		ja	tw	n

Notizen:

A6 Einsatz von Viren-Schutzprogrammen *Basis*
Verantwortliche Rolle: IT-Betrieb

M	In Abhängigkeit vom installierten Betriebssystem und andere vorhandenen Schutzmechanismen des Clients MUSS geprüft werden, ob Viren-Schutzprogramme eingesetzt werden sollen.		ja	tw	n
M	Konkrete Aussagen, ob Viren-Schutz notwendig ist, sind in der Regel in den Betriebssystem-Bausteinen des IT-Grundschutzes zu finden. Die entsprechenden Signaturen eines Viren-Schutzprogrammes MÜSSEN regelmäßig aktualisiert werden.		ja	tw	n
M	Neben Echtzeit- und On-Demand-Scans MUSS eine eingesetzte Lösung die Möglichkeit bieten, auch komprimierte Daten nach Schadprogrammen zu durchsuchen.		ja	tw	n
M	Viren-Schutzprogramme auf den Clients MÜSSEN so konfiguriert sein, dass die Benutzer weder sicherheitsrelevante Änderungen an den Einstellungen vornehmen können noch sie deaktivieren können.		ja	tw	n

Notizen:

A7 Protokollierung *Basis*
Verantwortliche Rolle: IT-Betrieb

M	Es MUSS entschieden werden, welche Informationen auf Clients mindestens protokolliert werden sollen, wie lange die Protokolldaten aufbewahrt werden und wer unter welchen Voraussetzungen die Protokolldaten einsehen darf.	ja	tw	n
M	Generell MÜSSEN alle sicherheitsrelevanten Systemereignisse protokolliert werden.	ja	tw	n

Notizen:

A8 Absicherung des Boot-Vorgangs *Basis*
Verantwortliche Rolle: IT-Betrieb

M	Der Startvorgang des IT-Systems (Booten) MUSS gegen Manipulation abgesichert werden.	ja	tw	n
M	Es MUSS festgelegt werden, von welchen Medien gebootet werden darf.	ja	tw	n
S	Es SOLLTE entschieden werden, ob und wie der Bootvorgang kryptografisch geschützt werden soll.	ja	tw	n
M	Es MUSS sichergestellt werden, dass nur Administratoren die Clients von einem anderen als den voreingestellten Laufwerken oder externen Speichermedien booten können.	ja	tw	n
M	Nur Administratoren DÜRFEN von eingebauten optischen oder externen Speichermedien booten können.	ja	tw	n
M	Die Konfigurationseinstellungen des Boot-Vorgangs DÜRFEN nur durch Benutzer mit administrativen Rechten verändert werden können.	ja	tw	n
M	Alle nicht benötigten Funktionen in der Firmware MÜSSEN deaktiviert werden.	ja	tw	n

Notizen:

A9 Festlegung einer Sicherheitsrichtlinie für Clients *Standard*
Verantwortliche Rolle: IT-Betrieb

S	Ausgehend von der allgemeinen Sicherheitsrichtlinie der Institution SOLLTEN die Anforderungen an allgemeine Clients konkretisiert werden.	ja	tw	n
S	Die Richtlinie SOLLTE allen Benutzern sowie allen Personen, die an der Beschaffung und dem Betrieb der Clients beteiligt sind, bekannt und Grundlage für deren Arbeit sein.	ja	tw	n
S	Die Umsetzung der in der Richtlinie geforderten Inhalte SOLLTE regelmäßig überprüft werden.	ja	tw	n
S	Die Ergebnisse SOLLTEN sinnvoll dokumentiert werden.	ja	tw	n

Notizen:

SYS IT-Systeme

A10 Planung des Einsatzes von Clients *Standard*
Verantwortliche Rolle: IT-Betrieb

S	Zum sicheren Betrieb von Clients SOLLTE im Vorfeld geplant werden, wo und wie die Clients eingesetzt werden sollen.	ja	tw	n
S	Die Planung SOLLTE dabei nicht nur Aspekte betreffen, die klassischerweise mit dem Begriff Sicherheit verknüpft werden, sondern auch normale betriebliche Aspekte, die Anforderungen im Bereich der Sicherheit nach sich ziehen.	ja	tw	n
S	Neben Client-Typ-spezifischen Anforderungsprofilen SOLLTEN Vorgaben zur Authentisierung und Benutzerverwaltung definiert werden.	ja	tw	n
S	Alle Entscheidungen, die in der Planungsphase getroffen wurden, SOLLTEN so dokumentiert werden, dass sie zu einem späteren Zeitpunkt nachvollzogen werden können.	ja	tw	n

Notizen:

A11 Beschaffung von Clients *Standard*
Verantwortliche Rolle: IT-Betrieb

S	Bevor Clients beschafft werden, SOLLTE eine Anforderungsliste erstellt werden, anhand derer die am Markt erhältlichen Produkte bewertet werden.	ja	tw	n
S	Der jeweilige Hersteller SOLLTE für den gesamten geplanten Nutzungszeitraum Patches für Schwachstellen zeitnah zur Verfügung stellen können.	ja	tw	n
S	Die zu beschaffenden Systeme SOLLTEN über eine Firmware-Konfigurationsoberfläche für UEFI SecureBoot und für das TPM (sofern vorhanden) verfügen, die eine Kontrolle durch den Eigentümer (Institution) gewährleistet und so den selbstverwalteten Betrieb von SecureBoot und des TPM ermöglicht.	ja	tw	n

Notizen:

A12 Kompatibilitätsprüfung von Software *Standard*
Verantwortliche Rolle: IT-Betrieb

S	Vor einer beabsichtigten Beschaffung von Software SOLLTE deren Kompatibilität zum eingesetzten Betriebssystem in der vorliegenden Konfiguration geprüft und die Kompatibilitätsprüfung in das Freigabeverfahren der Software aufgenommen werden.	ja	tw	n
S	Ist vom Hersteller der Software oder aus anderen Fachkreisen keine verbindliche Information zur Kompatibilität vorhanden, so SOLLTE die Kompatibilität in einer Testumgebung geprüft werden.	ja	tw	n
S	Vor einer beabsichtigten Hardwareänderung oder bei einer Betriebssystemmigration SOLLTE auch die Treibersoftware für alle betreffenden Komponenten auf Kompatibilität zum Betriebssystem gewährleistet werden.	ja	tw	n

Notizen:

A13 Zugriff auf Ausführungsumgebungen mit unbeobachtbarer Codeausführung *Standard*

Verantwortliche Rolle: IT-Betrieb

S	Der Zugriff auf Ausführungsumgebungen mit unbeobachtbarer Codeausführung (z.B. durch das Betriebssystem speziell abgesicherte Speicherbereiche, Firmwarebereiche etc.) SOLLTE nur durch Benutzer mit administrativen Berechtigungen möglich sein.	ja	tw	n
S	Die entsprechenden Einstellungen im BIOS bzw. der UEFI-Firmware SOLLTEN durch ein Passwort gegen Veränderungen geschützt werden.	ja	tw	n
S	Wird die Kontrolle über die Funktionen an das Betriebssystem delegiert, dann SOLLTEN dort auch nur Benutzer mit administrativen Berechtigungen die Funktionen kontrollieren dürfen.	ja	tw	n

Notizen:

A14 Updates und Patches für Firmware, Betriebssystem und Anwendungen *Standard*

Verantwortliche Rolle: IT-Betrieb

S	Administratoren SOLLTEN sich regelmäßig über bekannt gewordene Schwachstellen informieren.	ja	tw	n
S	Die identifizierten Schwachstellen SOLLTEN so schnell wie möglich behoben werden.	ja	tw	n
S	Generell SOLLTE darauf achtet werden, dass Patches und Updates nur aus vertrauenswürdigen Quellen bezogen werden.	ja	tw	n
S	Wenn notwendig, SOLLTEN die betreffenden Anwendungen beziehungsweise das Betriebssystem nach dem Update neu gestartet werden.	ja	tw	n
S	Solange keine entsprechenden Patches zur Verfügung stehen, SOLLTEN abhängig von der Schwere der Schwachstellen andere geeignete Maßnahmen zum Schutz des IT-Systems getroffen werden.	ja	tw	n

Notizen:

A15 Sichere Installation und Konfiguration von Clients *Standard*

Verantwortliche Rolle: IT-Betrieb

S	Es SOLLTE festgelegt werden, welche Komponenten des Betriebssystems, Fachanwendungen und weitere Tools installiert werden sollen.	ja	tw	n
S	Die Installation und Konfiguration der IT-Systeme SOLLTE nur von autorisierten Personen (Administratoren oder vertraglich gebundene Dienstleister) nach einem definierten Prozess durchgeführt werden.	ja	tw	n
S	Alle Installations- und Konfigurationsschritte SOLLTEN so dokumentiert werden, dass die Installation und Konfiguration durch einen sachkundigen Dritten anhand der Dokumentation nachvollzogen und wiederholt werden kann (siehe auch SYS.2.1.A40 Betriebsdokumentation).	ja	tw	n
S	Die Grundeinstellungen von Clients SOLLTEN überprüft und nötigenfalls entsprechend den Vorgaben der Sicherheitsrichtlinie angepasst werden.	ja	tw	n
S	Erst nachdem die Installation und die Konfiguration abgeschlossen sind, SOLLTE der Client mit dem Internet verbunden werden.	ja	tw	n

Notizen:

A16 Deaktivierung und Deinstallation nicht benötigter Komponenten und Kennungen — *Standard*

Verantwortliche Rolle: IT-Betrieb

S	Nach der Installation SOLLTE überprüft werden, welche Komponenten der Firmware, des Betriebssystems, welche Anwendungen und weiteren Tools auf den Clients installiert und aktiviert sind.	ja	tw	n
S	Nicht benötigte Module, Programme, Dienste, Benutzerkennungen und Schnittstellen SOLLTEN deaktiviert oder ganz deinstalliert werden.	ja	tw	n
S	Außerdem SOLLTEN nicht benötigte Laufzeitumgebungen, Interpretersprachen und Compiler deinstalliert werden.	ja	tw	n
S	Entsprechende nicht benötigte, jedoch fest mit dem IT-System verbundene Komponenten SOLLTEN deaktiviert werden.	ja	tw	n
S	Auch in der Firmware vorhandene nicht benötigte Komponenten (z.B. Diebstahlschutz, Fernwartung) SOLLTEN abgeschaltet werden.	ja	tw	n
S	Es SOLLTE verhindert werden, dass diese Komponenten wieder reaktiviert werden können.	ja	tw	n
S	Die getroffenen Entscheidungen SOLLTEN so dokumentiert werden, dass nachvollzogen werden kann, welche Konfiguration und Softwareausstattung für die IT-Systeme gewählt wurden.	ja	tw	n

Notizen:

A17 Einsatzfreigabe — *Standard*

Verantwortliche Rolle: IT-Betrieb

S	Bevor der Client im produktiven Betrieb eingesetzt und bevor er an ein produktives Netz angeschlossen wird, SOLLTE eine Einsatzfreigabe erfolgen.	ja	tw	n
S	Diese SOLLTE dokumentiert werden.	ja	tw	n
S	Für die Einsatzfreigabe SOLLTE die Installations- und Konfigurationsdokumentation und die Funktionsfähigkeit der IT-Systeme in einem Test geprüft werden.	ja	tw	n
S	Sie SOLLTE durch eine in der Institution dafür autorisierte Stelle erfolgen.	ja	tw	n

Notizen:

A18 Nutzung von TLS — *Standard*

Verantwortliche Rolle: Benutzer

S	Kommunikationsverbindungen SOLLTEN durch Verschlüsselung geschützt werden, soweit möglich.	ja	tw	n
S	Benutzer SOLLTEN darauf achten, dass bei Web-Seiten SSL/TLS verwendet wird.	ja	tw	n
S	Der IT-Betrieb SOLLTE dafür sorgen, dass die eingesetzten Client-Produkte eine sichere Version von TLS unterstützen.	ja	tw	n
S	Die Clients SOLLTEN kryptografische Algorithmen und Schlüssellängen verwenden, die dem Stand der Technik und den Sicherheitsanforderungen der Institution entsprechen.	ja	tw	n
S	Neue Zertifikate SOLLTEN erst nach Überprüfung des Fingerprints aktiviert werden.	ja	tw	n
S	Die Validierung von Zertifikaten SOLLTE in Anwendungsprogrammen wie Browsern und E-Mail-Clients aktiviert werden.	ja	tw	n
S	Session Renegotiation und TLS-Kompression SOLLTEN deaktiviert werden.	ja	tw	n

Notizen:

A19 Restriktive Rechtevergabe *Standard*
Verantwortliche Rolle: IT-Betrieb

S	Der verfügbare Funktionsumfang des IT-Systems SOLLTE für einzelne Benutzer oder Benutzergruppen eingeschränkt werden, sodass sie genau die Rechte besitzen und auf die Funktionen zugreifen können, die sie für ihre Aufgabenwahrnehmung benötigen.	ja	tw	n
S	Zugriffsberechtigungen SOLLTEN hierfür möglichst restriktiv vergeben werden.	ja	tw	n
S	Es SOLLTE regelmäßig überprüft werden, ob die Berechtigungen, insbesondere für Systemverzeichnisse und -dateien, den Vorgaben der Sicherheitsrichtlinie entsprechen.	ja	tw	n
S	Auf Systemdateien SOLLTEN möglichst nur die Systemadministratoren Zugriff haben.	ja	tw	n
S	Der Kreis der zugriffsberechtigten Administratoren SOLLTE möglichst klein gehalten werden.	ja	tw	n
S	Auch System-Verzeichnisse SOLLTEN nur die notwendigen Privilegien für die Benutzer zur Verfügung stellen.	ja	tw	n

Notizen:

A20 Schutz der Administrationsschnittstellen *Standard*
Verantwortliche Rolle: IT-Betrieb

S	Abhängig davon, ob Clients lokal, über das Netz oder über zentrale netzbasierte Tools administriert werden, SOLLTEN geeignete Sicherheitsvorkehrungen getroffen werden.	ja	tw	n
S	Die zur Administration verwendeten Methoden SOLLTEN in der Sicherheitsrichtlinie festgelegt und die Administration SOLLTE entsprechend der Sicherheitsrichtlinie durchgeführt werden.	ja	tw	n
S	Die Administration über das Netz SOLLTE über sichere Protokolle erfolgen.	ja	tw	n

Notizen:

A21 Verhinderung der unautorisierten Nutzung von Rechnermikrofonen und Kameras *Standard*
Verantwortliche Rolle: IT-Betrieb

S	Der Zugriff auf Mikrofon und Kamera eines Clients SOLLTE nur durch den Benutzer selber möglich sein, solange er lokal am IT-System arbeitet.	ja	tw	n
S	Wenn ein vorhandenes Mikrofon oder eine Kamera nicht genutzt und deren Missbrauch verhindert werden soll, SOLLTEN diese, wenn möglich, ausgeschaltet, abgedeckt (nur Kamera), deaktiviert oder physikalisch vom Gerät getrennt werden.	ja	tw	n
S	Es SOLLTE geregelt werden, wie Kameras und Mikrofone in Clients genutzt und wie die Rechte vergeben werden.	ja	tw	n

Notizen:

SYS IT-Systeme

A22	**Abmelden nach Aufgabenerfüllung**			*Standard*	
	Verantwortliche Rolle: Benutzer				
S	Es SOLLTEN alle Benutzer verpflichtet werden, sich nach Aufgabenerfüllung vom IT-System bzw. von der IT-Anwendung abzumelden, vor allem bei Nutzung eines Systems durch mehrere Benutzer.	ja	tw	n
S	Ist für einen Benutzer absehbar, dass nur eine kurze Unterbrechung der Arbeit erforderlich ist, SOLLTE er die Bildschirmsperre aktivieren, statt sich abzumelden.	ja	tw	n
S	Wenn technisch möglich, SOLLTE die Bildschirmsperre nach längerer Inaktivität automatisch aktiviert bzw. der Benutzer automatisch abgemeldet werden.	ja	tw	n

Notizen:

A23	**Nutzung von Client-Server-Diensten**			*Standard*	
	Verantwortliche Rolle: IT-Betrieb				
S	Wenn möglich, SOLLTEN zum Informationsaustausch dedizierte Serverdienste genutzt und direkte Verbindungen zwischen Clients vermieden werden.	ja	tw	n
S	Falls dies nicht möglich ist, SOLLTE festgelegt werden, welche Client-zu-Client-Dienste (früher oft als Peer-to-Peer bezeichnet) genutzt und welche Informationen darüber ausgetauscht werden dürfen.	ja	tw	n
S	Wenn erforderlich, SOLLTEN die Benutzer für die Nutzung solcher Dienste geschult werden.	ja	tw	n
S	Direkte Verbindungen zwischen Clients SOLLTEN sich nur auf das LAN beschränken.	ja	tw	n
S	Auto-Discovery-Protokolle SOLLTEN auf das notwendige Maß beschränkt werden.	ja	tw	n

Notizen:

A24	**Umgang mit Wechseldatenträgern im laufenden System**			*Standard*	
	Verantwortliche Rolle: IT-Betrieb				
S	Es SOLLTE verhindert werden, dass auf Clients von Laufwerken oder über Schnittstellen unkontrolliert Software installiert oder unberechtigt Daten kopiert werden können.	ja	tw	n
S	Auf die Schnittstellen SOLLTE NUR restriktiv zugegriffen werden können.	ja	tw	n
S	Es SOLLTE generell verhindert werden, dass von den Clients auf Daten oder Wechseldatenträgern aus nicht vertrauenswürdigen Quellen zugegriffen wird.	ja	tw	n

Notizen:

A25	**Richtlinie zur sicheren IT-Nutzung**		*Standard*	
	Verantwortliche Rolle: Benutzer		**C**	**I**	**A**

		C	I	A
S	Es SOLLTE eine Richtlinie erstellt werden, in der für alle Mitarbeiter transparent beschrieben wird, welche Rahmenbedingungen bei der IT-Nutzung eingehalten werden müssen und welche Sicherheitsmaßnahmen zu ergreifen sind.	ja	tw	n
S	Die Richtlinie SOLLTE folgende Punkte abdecken: • Sicherheitsziele der Institution • Wichtige Begriffe • Aufgaben und Rollen mit Bezug zur Informationssicherheit • Ansprechpartner zu Fragen der Informationssicherheit • Von den Mitarbeitern umzusetzende und einzuhaltende Sicherheitsmaßnahmen.	ja	tw	n
S	Die Richtlinie SOLLTE allen Benutzern zur Kenntnis gegeben werden.	ja	tw	n
S	Jeder neue Benutzer SOLLTE die Kenntnisnahme der Richtlinie bestätigen, bevor er die Informationstechnik nutzen darf.	ja	tw	n
S	Nach größeren Änderungen an der Richtlinie oder nach spätestens zwei Jahren SOLLTE eine erneute Bestätigung erforderlich.	ja	tw	n

Notizen:

A26	**Schutz von Anwendungen**		*Standard*	
	Verantwortliche Rolle: IT-Betrieb				
S	Um die Ausnutzung von Schwachstellen in Anwendungen zu erschweren, SOLLTE ASLR und DEP/NX im Kernel aktiviert und von den Anwendungen genutzt werden.	ja	tw	n
S	Sicherheitsfunktionen des Kernels und der Standardbibliotheken wie z.B. Heap- und Stackschutz SOLLTEN NICHT deaktiviert werden.	ja	tw	n

Notizen:

A27	**Geregelte Außerbetriebnahme eines Clients**		*Standard*	
	Verantwortliche Rolle: IT-Betrieb				
S	Bei der Außerbetriebnahme eines Clients SOLLTE sichergestellt werden, dass keine wichtigen Daten, die eventuell auf den verbauten Datenträgern gespeichert sind, verloren gehen und dass keine sensitiven Daten zurückbleiben.	ja	tw	n
S	Es SOLLTE einen Überblick darüber geben, welche Daten wo auf den IT-Systemen gespeichert sind.	ja	tw	n
S	Es SOLLTE eine Checkliste erstellt werden, die bei der Außerbetriebnahme eines IT-Systems abgearbeitet werden kann.	ja	tw	n
S	Diese Checkliste SOLLTE mindestens Aspekte zur Datensicherung weiterhin benötigter Daten und dem anschließenden sicheren Löschen aller Daten umfassen.	ja	tw	n

Notizen:

SYS IT-Systeme

A28 Verschlüsselung der Clients
Verantwortliche Rolle: IT-Betrieb

Hoch
C

S	Wenn vertrauliche Informationen auf den Clients gespeichert werden, SOLLTEN die schutzbedürftigen Dateien, ausgewählte Dateisystembereiche oder besser die gesamte Festplatte verschlüsselt werden.	ja	tw	n
S	Hierfür SOLLTE ein eigenes Konzept erstellt und die Details der Konfiguration besonders sorgfältig dokumentiert werden, da im Fall von Problemen die Daten auf den verschlüsselten Dateisystemen sonst vollständig verloren sein können.	ja	tw	n
S	In diesem Zusammenhang SOLLTEN folgende Inhalte geregelt werden: Authentifizierung (z.B. Passwort, PIN, Token), Ablage der Wiederherstellungsinformationen, zu verschlüsselnde Laufwerke, Schreibrechte auf unverschlüsselte Datenträger und wie sichergestellt wird, dass die Wiederherstellungsinformationen nur berechtigten Personen zugänglich sind.	ja	tw	n
S	Auch verschlüsselte Dateien, Partitionen oder Datenträger SOLLTEN regelmäßig gesichert werden.	ja	tw	n
M	Das verwendete Schlüsselmaterial DARF NICHT im Klartext auf den Clients gespeichert sein.	ja	tw	n
S	Benutzer SOLLTEN darüber aufgeklärt werden, wie sie sich bei Verlust eines Authentisierungsmittels zu verhalten haben.	ja	tw	n

Notizen:

A29 Systemüberwachung
Verantwortliche Rolle: IT-Betrieb

Hoch
A

S	Die Clients SOLLTEN in ein geeignetes Systemüberwachungs- bzw. Monitoringkonzept eingebunden werden, das den Systemzustand und die Funktionsfähigkeit der Clients laufend überwacht und Fehlerzustände sowie die Überschreitung definierter Grenzwerte an das Betriebspersonal meldet.	ja	tw	n

Notizen:

A30 Einrichten einer Referenzinstallation für Clients
Verantwortliche Rolle: IT-Betrieb

Hoch
C I A

S	Für Clients SOLLTE eine Referenzinstallation erstellt werden, in der die Grundkonfiguration und alle Konfigurationsänderungen, Updates und Patches vor dem Einspielen auf den Clients bei den Anwendern vorab getestet werden können.	ja	tw	n
S	Darüber hinaus SOLLTE eine solche Referenzinstallation auch dazu genutzt werden, die Clients vereinfacht zu installieren und wieder aufzusetzen, indem eine entsprechend vorkonfigurierte Installation auf geeignete Art und Weise auf die zu installierenden Clients überspielt wird (klonen).	ja	tw	n
S	Für verschiedene typische und häufiger wiederkehrende Testfälle SOLLTEN Checklisten erstellt werden, die beim Testen abgearbeitet werden können.	ja	tw	n
S	Zusätzlich SOLLTEN alle Tests so dokumentiert werden, dass sie zu einem späteren Zeitpunkt nachvollzogen werden können.	ja	tw	n

Notizen:

A31 Einrichtung lokaler Paketfilter

Verantwortliche Rolle: IT-Betrieb

Hoch
C I A

S	Auf jedem Rechner SOLLTEN, zusätzlich zu den eingesetzten zentralen Sicherheitsgateways, lokale Paketfilter eingesetzt werden.	ja	tw	n
S	Als Strategie zur Paketfilter-Implementierung SOLLTE eine Whitelist-Strategie gewählt werden.	ja	tw	n

Notizen:

A32 Einsatz zusätzlicher Maßnahmen zum Schutz vor Exploits

Verantwortliche Rolle: IT-Betrieb

Hoch
C I A

S	Auf dem IT-System SOLLTEN zusätzliche Maßnahmen zum expliziten Schutz vor Exploits (Angriffe, um Systemlücken auszunutzen) getroffen werden.	ja	tw	n
S	Wenn notwendige Schutzmaßnahmen nicht mit Bordmitteln erfüllt werden können, SOLLTEN zusätzliche geeignete Sicherheitsprodukte eingesetzt werden.	ja	tw	n
S	Sollte es nicht möglich sein, entsprechende Maßnahmen mit Bordmitteln oder einem geeigneten Sicherheitsprodukt umzusetzen, SOLLTEN andere geeignete (in der Regel organisatorische) Sicherheitsmaßnahmen ergriffen werden.	ja	tw	n

Notizen:

A33 Application Whitelisting

Verantwortliche Rolle: IT-Betrieb

Hoch
C I A

S	Es SOLLTE über Application Whitelisting sichergestellt werden, dass nur erlaubte Programme und Skripte ausgeführt werden.	ja	tw	n
S	Die Regeln SOLLTEN so eng wie möglich gefasst werden.	ja	tw	n
S	Falls Pfade und Hashes nicht explizit angegeben werden können, SOLLTEN alternativ auch zertifikatsbasierte oder Pfad-Regeln genutzt werden.	ja	tw	n

Notizen:

A34 Einsatz von Anwendungsisolation

Verantwortliche Rolle: IT-Betrieb

Hoch
C I A

S	Anwendungen, mit denen externe Daten bearbeitet werden, SOLLTEN ausschließlich in einer vom Betriebssystem isolierten Ablaufumgebung betrieben werden.	ja	tw	n

Notizen:

SYS IT-Systeme

A35 Aktive Verwaltung der Wurzelzertifikate *Hoch*
Verantwortliche Rolle: IT-Betrieb **C I**

S	Im Zuge der Beschaffung und Installation des Clients SOLLTE dokumentiert werden, welche Wurzelzertifikate für den Betrieb des Clients notwendig sind.	ja	tw	n
S	Auf dem Client SOLLTEN lediglich die für den Betrieb notwendigen und vorab dokumentierten Wurzelzertifikate enthalten sein.	ja	tw	n
S	Es SOLLTE regelmäßig überprüft werden, ob die vorhandenen Wurzelzertifikate noch den Vorgaben der Institution entsprechen.	ja	tw	n
S	Es SOLLTEN alle auf dem IT-System vorhandenen Zertifikatsspeicher in die Prüfung einbezogen werden (z.B. UEFI-Zertifikatsspeicher, Zertifikatsspeicher von Web-Browsern etc.).	ja	tw	n

Notizen:

A36 Selbstverwalteter Einsatz von SecureBoot und TPM *Hoch*
Verantwortliche Rolle: IT-Betrieb **C I**

S	Auf UEFI-kompatiblen Systemen SOLLTEN Bootloader, Kernel sowie alle benötigten Firmware-Komponenten durch selbstkontrolliertes Schlüsselmaterial signiert und nicht benötigtes Schlüsselmaterial entfernt werden.	ja	tw	n
S	Sofern das TPM nicht benötigt wird, SOLLTE es deaktiviert werden.	ja	tw	n

Notizen:

A37 Schutz vor unbefugten Anmeldungen *Hoch*
Verantwortliche Rolle: IT-Betrieb **C I A**

S	Um einen Zugang zum System durch kompromittierte Anmeldeinformationen zu verhindern, SOLLTE eine Mehrfaktorauthentisierung verwendet werden.	ja	tw	n

Notizen:

A38 Einbindung in die Notfallplanung *Hoch*
Verantwortliche Rolle: IT-Betrieb **A**

S	Die Clients SOLLTEN im Notfallmanagementprozess berücksichtigt werden.	ja	tw	n
S	Die Clients sind anhand der Geschäftsprozesse, für die sie benötigt werden, für den Wiederanlauf zu priorisieren. Es SOLLTEN geeignete Notfallmaßnahmen vorgesehen werden, indem mindestens Wiederanlaufpläne erstellt, Bootmedien zur Systemwiederherstellung generiert sowie Passwörter und kryptografische Schlüssel sicher hinterlegt werden.	ja	tw	n

Notizen:

A39 Unterbrechungsfreie und stabile Stromversorgung
Verantwortliche Rolle: Haustechnik

Hoch
A

S	Bei erhöhten Anforderungen an die Verfügbarkeit von stationären Clients SOLLTEN diese an eine unterbrechungsfreie Stromversorgung (USV) angeschlossen werden.	ja	tw	n
S	Die USV SOLLTE hinsichtlich Leistung und Stützzeit ausreichend dimensioniert sein.	ja	tw	n
S	Wenn Änderungen an den Verbrauchern durchgeführt wurden, SOLLTE erneut geprüft werden, ob die Stützzeit ausreichend ist.	ja	tw	n
S	Sowohl für die USV-Geräte als auch die Clients SOLLTE ein Überspannungsschutz vorhanden sein.	ja	tw	n
S	Die tatsächliche Kapazität der Batterie und damit die Stützzeit der USV SOLLTE regelmäßig getestet werden.	ja	tw	n
S	Die USV SOLLTE regelmäßig gewartet werden.	ja	tw	n

Notizen:

A40 Betriebsdokumentation
Verantwortliche Rolle: IT-Betrieb

Hoch
A

S	Die Durchführung betrieblicher Aufgaben an Clients SOLLTE nachvollziehbar dokumentiert werden (Wer?, Wann?, Was?), vor allem wenn dies Gruppen von Clients betrifft.	ja	tw	n
S	Aus der Dokumentation SOLLTEN insbesondere Konfigurationsänderungen nachvollziehbar sein, auch sicherheitsrelevanten Aufgaben (wer ist z.B. befugt, neue Festplatten einzubauen) SOLLTEN dokumentiert werden.	ja	tw	n
S	Alles, was automatisch dokumentiert werden kann, SOLLTE auch automatisch dokumentiert werden.	ja	tw	n
S	Die Dokumentation SOLLTE gegen unbefugten Zugriff und Verlust geschützt werden.	ja	tw	n

Notizen:

A41 Verhinderung der Überlastung der lokalen Festplatte
Verantwortliche Rolle: IT-Betrieb

Hoch
A

S	Es SOLLTE überlegt werden, Quotas einzurichten.	ja	tw	n
S	Alternativ SOLLTEN Mechanismen des verwendeten Datei- oder Betriebssystemsystems genutzt werden, die die Benutzer bei einem bestimmten Füllstand der Festplatte warnen oder nur noch dem Systemadministrator Schreibrechte einräumen.	ja	tw	n

Notizen:

SYS.2.2 Windows-Clients

SYS.2.2.2 Clients unter Windows 8.1

A1 **Geeignete Auswahl einer Windows 8.1-Version** *Basis*
Verantwortliche Rolle: IT-Betrieb

M Es MUSS der Funktionsumfang einer Windows-Version vor der Beschaffung auf die Einsatzfähigkeit geprüft und eine geeignete Version ausgewählt werden. ja tw n

S Es SOLLTEN bevorzugt 64-Bit-Versionen eingesetzt werden, die erweiterte Sicherheitsfeatures enthalten. ja tw n

Notizen:

A2 **Festlegung eines Anmeldeverfahrens** *Basis*
Verantwortliche Rolle: IT-Betrieb

M Abhängig von den Sicherheitsanforderungen MUSS entschieden werden, ob neben dem klassischen Anmeldeverfahren mit Passwort auch andere Mechanismen wie PIN erlaubt sein sollen. ja tw n

M Dies MUSS entsprechend auf allen Clients eingestellt werden. ja tw n

Notizen:

A3 **Einsatz von Viren-Schutzprogrammen** *Basis*
Verantwortliche Rolle: IT-Betrieb

M Sofern nicht gleich- oder höherwertige Maßnahmen zum Schutz des IT-Systems vor einer Infektion mit Schadsoftware getroffen wurden, MUSS ein Virenschutz-Programm auf Clients unter Windows 8 eingesetzt werden. ja tw n

Notizen:

A4 **Beschaffung von Windows 8.1** *Standard*
Verantwortliche Rolle: IT-Betrieb

S Die Anforderungen gemäß dem Windows Hardware Certification Requirement SOLLTEN bei der Beschaffung von Windows 8.1 bzw. der entsprechenden Hardware für das Windows 8.1-System berücksichtigt werden. ja tw n

S Des Weiteren SOLLTEN die zu beschaffenden Systeme über eine Firmware-Konfigurationsoberfläche für UEFI SecureBoot und für das TPM (sofern vorhanden) verfügen, die die Kontrolle durch den Eigentümer ermöglicht. ja tw n

S Der Beschaffungsprozess von Windows 8.1 SOLLTE die Auswahl eines geeigneten Lizenzmodells enthalten. ja tw n

Notizen:

A5 Lokale Sicherheitsrichtlinien *Standard*
Verantwortliche Rolle: IT-Betrieb

S	Es SOLLTEN alle sicherheitsrelevanten Einstellungen über Sicherheitsrichtlinien bedarfsgerecht konfiguriert, getestet und regelmäßig überprüft werden.	ja	tw	n
S	Alle nicht benötigten Anwendungen und Komponenten SOLLTEN mittels Sicherheitsrichtlinien deaktiviert werden.	ja	tw	n
S	Die Verteilung der Sicherheitseinstellungen auf mehrere Windows 8.1-Clients SOLLTE entsprechend den Gegebenheiten der Institution erfolgen.	ja	tw	n

Notizen:

A6 Datei- und Freigabeberechtigungen *Standard*
Verantwortliche Rolle: IT-Betrieb

S	Um eine einheitliche restriktive Rechtevergabe zu ermöglichen, SOLLTE ein Berechtigungs- und Zugriffskonzept für Windows vorhanden sein, das geeignete Datei- und Verzeichnisberechtigungen nach dem Need-to-know-Prinzip für Inhalte auf den Windows 8.1-Clients definiert.	ja	tw	n
S	Neben Berechtigungen auf dem lokalen Dateisystem SOLLTE das Berechtigungs- und Zugriffskonzept die Zugriffsrechte für freigegebene Verzeichnisse im Netzzugriff beachten.	ja	tw	n
S	Eine Prüfung der Berechtigungen der Dateien und Verzeichnisse SOLLTE insbesondere bei Rechnern, die von älteren Betriebssystemversionen aktualisiert wurden, erfolgen.	ja	tw	n

Notizen:

A7 Einsatz der Windows-Benutzerkontensteuerung UAC *Standard*
Verantwortliche Rolle: IT-Betrieb

S	Um eine restriktive Rechtevergabe zu unterstützen, SOLLTE die Benutzerkontensteuerung (UAC, User Account Control) aktiviert sein.	ja	tw	n
S	Für Standardbenutzer SOLLTE festgelegt sein, dass die Aufforderung zur Passworteingabe für erhöhte Rechte automatisch abgelehnt wird.	ja	tw	n
S	Für Administratorkonten SOLLTE die Einstellung von UAC zwischen Bedienbarkeit und Sicherheitsniveau abgewogen werden.	ja	tw	n
S	Die Entscheidung SOLLTE dokumentiert und die entsprechenden Einstellungen konfiguriert werden.	ja	tw	n
S	Es SOLLTE regelmäßig geprüft werden, ob die Notwendigkeit noch besteht und die Rechte entsprechend angepasst oder entzogen werden.	ja	tw	n

Notizen:

SYS IT-Systeme

A8 **Verwendung der Heimnetzgruppen-Funktion** *Standard*
Verantwortliche Rolle: Benutzer

S	Clients SOLLTEN keine Dienste wie Datei- oder Druckerfreigaben anbieten.	ja	tw	n
S	Eine Sicherheitsrichtlinie (GPO) mit der Einstellung Beitritt des Computers zu einer Heimnetzgruppe verhindern SOLLTE für alle Clients gelten.	ja	tw	n
S	Wird die Funktion aus betrieblichen Gründen eingesetzt, SOLLTEN die Benutzer im Umgang mit den Freigaben der Heimnetzgruppe geschult werden.	ja	tw	n

Notizen:

A9 **Datenschutz und Datensparsamkeit bei Windows 8.1-Clients** *Standard*
Verantwortliche Rolle: Benutzer

S	Werden Microsoft-Konten für die Benutzer angelegt, SOLLTEN nur unbedingt erforderliche Angaben zu den Personen hinterlegt werden.	ja	tw	n
S	Die SmartScreen-Funktion, die aus dem Internet heruntergeladene Dateien und Webinhalte auf mögliche Schadsoftware untersucht und dazu unter Umständen personenbezogene Daten an Microsoft überträgt, SOLLTE deaktiviert werden.	ja	tw	n
S	Bevor eine Anwendung oder App zur Nutzung innerhalb der Institution freigegeben wird, SOLLTE sorgfältig geprüft werden, welche Daten Anwendungen und Apps automatisch an die Microsoft-Cloud übersenden.	ja	tw	n
S	Anwendungen SOLLTEN so konfiguriert werden, dass keine solchen Daten übertragen werden.	ja	tw	n
S	Apps mit unerwünschter oder unnötig umfangreicher Datenübertragung an Dritte SOLLTEN nicht verwendet werden.	ja	tw	n

Notizen:

A10 **Integration von Online-Konten in das Betriebssystem** *Standard*
Verantwortliche Rolle: IT-Betrieb

S	Die Anmeldung am IT-System und der Domäne SOLLTE nur mit einem Konto eines selbst betriebenen Verzeichnisdienstes, wie z.B. Active Directory, möglich sein.	ja	tw	n
S	Eine lokale Anmeldung SOLLTE Administratoren vorbehalten sein.	ja	tw	n
S	Bei Verwendung von Online-Konten zur Anmeldung, z.B. eines Microsoft-Kontos oder Konten anderer Anbieter von Diensten zum Identitätsmanagement, SOLLTE auf ausreichende Sicherheit des Anbieters und auf die Einhaltung des Datenschutzes geachtet werden.	ja	tw	n

Notizen:

A11 **Konfiguration von Synchronisationsmechanismen in Windows 8.1** *Standard*
Verantwortliche Rolle: IT-Betrieb

S	Die Synchronisierung von Nutzerdaten mit Microsoft-Cloud-Diensten SOLLTE vollständig deaktiviert werden.	ja	tw	n

Notizen:

A12 Zentrale Authentifizierung in Windows-Netzwerken *Standard*
Verantwortliche Rolle: IT-Betrieb

S	In reinen Windows-Netzen SOLLTE zur zentralen Authentifizierung für SSO (Single Sign On) ausschließlich Kerberos eingesetzt werden.	ja	tw	n
S	Eine Gruppenrichtlinie SOLLTE die Verwendung älterer Protokolle verhindern.	ja	tw	n
S	Der Schutz des Local Credential Store LSA SOLLTE aktiviert werden (PPL, Protected Mode Light).	ja	tw	n
S	Die Speicherung der LAN-Manager-Hashwerte bei Kennwortänderungen SOLLTE per Gruppenrichtlinie deaktiviert werden.	ja	tw	n
S	Die Überwachungseinstellungen gemeinsam mit den Serverkomponenten von DirectAccess SOLLTEN sorgfältig auf die Anforderungen des Informationsverbunds abgestimmt werden.	ja	tw	n
S	Eine Protokollierung auf Clientseite SOLLTE sichergestellt werden.	ja	tw	n

Notizen:

A13 Anbindung von Windows 8.1 an AppStores *Standard*
Verantwortliche Rolle: IT-Betrieb

S	Die Möglichkeit zur Installation von Apps aus dem Microsoft AppStore SOLLTE deaktiviert werden, sofern sie nicht benötigt wird.	ja	tw	n

Notizen:

A14 Anwendungssteuerung mit Software Restriction Policies und AppLocker *Hoch*
Verantwortliche Rolle: IT-Betrieb   **C I A**

S	Anwendungen in Pfaden, die von Benutzern schreibbar sind, SOLLTEN durch Software Restriction Policies (SRP) oder AppLocker an der Ausführung gehindert werden.	ja	tw	n
S	Die Verwaltung der AppLocker- und SRP-GPO in einem domänenbasierten Netz SOLLTE zentralisiert mittels Gruppenrichtlinienobjekten je Benutzer/Benutzergruppe erfolgen.	ja	tw	n
S	AppLocker SOLLTE nach dem Ansatz einer Positivliste genutzt werden.	ja	tw	n
S	Es sollte alles verboten werden, was nicht explizit erlaubt ist. Bei AppLocker SOLLTEN bevorzugt Regeln auf der Grundlage von Anwendungssignaturen definierter Herausgeber genutzt werden.	ja	tw	n
S	Versuchte Regelverstöße SOLLTEN protokolliert und geeignet ausgewertet werden.	ja	tw	n
S	Für Clients mit besonders hohen Anforderungen an die Sicherheit SOLLTE AppLocker die Ausführung aller ungenehmigten Anwendungen verhindern, statt diese zu protokollieren.	ja	tw	n
S	Die Umsetzung der SRP- und AppLocker-Regeln SOLLTEN vor dem Einsatz auf einem produktiven System zunächst auf einem Testsystem oder durch den Betrieb im Überwachungsmodus erprobt werden.	ja	tw	n

Notizen:

SYS IT-Systeme

		A15	Verschlüsselung des Dateisystems mit EFS			
			Verantwortliche Rolle: IT-Betrieb		*Hoch*	
					C I	
S			Bei erhöhtem Schutzbedarf SOLLTE das Dateisystem verschlüsselt werden.	ja	tw	n
S			Wird hierzu das Encrypting File System (EFS) verwendet, SOLLTE ein komplexes Passwort für den Schutz der mit EFS verschlüsselten Daten verwendet werden.	ja	tw	n
S			Zusätzlich SOLLTEN die mit EFS verschlüsselten Dateien durch restriktive Zugriffsrechte geschützt werden.	ja	tw	n
S			Statt des Administratorkontos SOLLTE ein dediziertes Konto der Wiederherstellungsagent sein.	ja	tw	n
S			Der private Schlüssel dieses Kontos SOLLTE auf einen externen Datenträger ausgelagert und sicher aufbewahrt sowie aus dem System entfernt werden.	ja	tw	n
S			Dabei SOLLTEN von allen privaten Schlüsseln Datensicherungen erstellt werden.	ja	tw	n
S			Beim Einsatz von EFS mit lokalen Benutzerkonten SOLLTE die Registry-Verschlüsselung mittels syskey verwendet werden.	ja	tw	n
S			Beim Einsatz von EFS SOLLTEN die Benutzer im korrekten Umgang mit EFS geschult werden.	ja	tw	n

Notizen:

		A16	Verwendung der Windows PowerShell		*Hoch*	
			Verantwortliche Rolle: IT-Betrieb		**C I A**	
S			Wenn die Windows PowerShell (WPS) nicht benötigt wird, SOLLTE sie deinstalliert werden.	ja	tw	n
S			Bei Windows 8.1 lässt sich die PowerShell-Skriptumgebung allerdings nur noch entfernen, wenn auch das .NET-Framework deinstalliert wird. Daher SOLLTE alternativ die Ausführung der WPS-Dateien nur den Gruppen der Administratoren, lokal und Domäne, gestattet werden.	ja	tw	n
S			Die Protokollierung von Schreib- und Lesezugriffen auf das Windows PowerShell-Profil SOLLTE aktiviert und für eine regelmäßige Kontrolle der Protokolle gesorgt werden.	ja	tw	n
S			Die Ausführung von Windows-PowerShell-Skripten SOLLTE mit dem Befehl Set-Execution-Policy AllSigned eingeschränkt werden, um zumindest die versehentliche Ausführung unsignierter Skripte zu verhindern.	ja	tw	n

Notizen:

		A17	Sicherer Einsatz des Wartungscenters		*Hoch*	
			Verantwortliche Rolle: IT-Betrieb		**C I A**	
S			In der Sicherheitsrichtlinie SOLLTE der Umgang mit dem Wartungscenter durch die Benutzer definiert werden.	ja	tw	n
S			Die Einstellungen für Neueste Problembehandlungen vom Windows-Onlinedienst für Problembehandlung abrufen, Problemberichte senden, Regelmäßig Daten über Computerkonfiguration an Microsoft senden, Windows-Sicherung, Programm zur Benutzerfreundlichkeit und Problembehandlung - andere Einstellungen SOLLTEN unter Windows 8.1 deaktiviert werden.	ja	tw	n

Notizen:

A18 Aktivierung des Last-Access-Zeitstempels

Verantwortliche Rolle: IT-Betrieb

Hoch
A

S	Im Rahmen der Erstellung eines Sicherheitskonzeptes für ein IT-System mit Windows 8.1 SOLLTE geprüft werden, ob der Last-Access-Zeitstempel aktiviert wird, um die Analyse eines Systemmissbrauchs zu erleichtern.	ja	tw	n
S	Dabei SOLLTEN besonders Performance-Aspekte bei der Prüfung berücksichtigt werden.	ja	tw	n

Notizen:

A19 Verwendung der Anmeldeinformationsverwaltung

Verantwortliche Rolle: IT-Betrieb

Hoch
C

S	Die Erlaubnis oder das Verbot der Speicherung von Zugangsdaten im sogenannten Tresor SOLLTE in einer Richtlinie festgelegt werden.	ja	tw	n
S	Ein Verbot SOLLTE technisch durchgesetzt werden.	ja	tw	n

Notizen:

A20 Sicherheit beim Fernzugriff über RDP

Verantwortliche Rolle: IT-Betrieb

Hoch
C I A

S	Die Auswirkungen auf die Konfiguration der lokalen Firewall SOLLTE bei der Planung der Remote-Unterstützung berücksichtigt werden.	ja	tw	n
S	Die Gruppe der berechtigten Benutzer für den Remote-Desktopzugriff SOLLTE durch die Zuweisung entsprechender Benutzerrechte und in der Richtlinie festgelegt werden.	ja	tw	n
S	Eine Remote-Unterstützung SOLLTE nur nach einer expliziten Einladung über EasyConnect oder auf Grundlage einer Einladungsdatei erfolgen.	ja	tw	n
S	Bei der Speicherung einer Einladung in einer Datei SOLLTE die Datei mit einem Kennwort geschützt sein.	ja	tw	n
S	Der aktuell angemeldete Benutzer SOLLTE dem Aufbau einer Sitzung immer explizit zustimmen müssen.	ja	tw	n
S	Die maximale Gültigkeitsdauer der Einladung SOLLTE eine angemessene Größe haben.	ja	tw	n
S	Zudem SOLLTE eine starke Verschlüsselung (128 Bit, Einstellung Höchste Stufe) verwendet werden.	ja	tw	n
S	Außerdem SOLLTE die automatische Kennwortanmeldung deaktiviert werden.	ja	tw	n
S	Es SOLLTE geprüft werden, ob Umleitungen der Zwischenablage, Drucker, Dateiablage und Smartcard-Anschlüsse notwendig sind, andernfalls SOLLTEN diese deaktiviert werden.	ja	tw	n
S	Sofern der Einsatz der Fernsteuerungsmechanismen nicht vorgesehen ist, SOLLTEN diese vollständig deaktiviert werden.	ja	tw	n

Notizen:

SYS IT-Systeme

	A21	**Einsatz von File und Registry Virtualization**		*Hoch*	
		Verantwortliche Rolle: IT-Betrieb		**C I**	
S		Es SOLLTE geprüft werden, ob der Betrieb von Altanwendungen noch notwendig ist, die Schreibrechte auf kritische System-Ordner oder Registry-Schlüssel erfordern oder mit Administratorrechten ausgeführt werden müssen.	ja	tw	n
S		Sofern dies zutrifft, SOLLTE eine Strategie entwickelt werden, um die noch benötigten Altanwendungen auf sichere Alternativen umzustellen.	ja	tw	n
S		Bis zur Ablösung der Altanwendungen SOLLTE der Einsatz der Windows-Techniken File Virtualization und Registry Virtualization zur Absicherung geprüft werden.	ja	tw	n
S		Zusätzlich SOLLTE die Registry Virtualization nur auf die notwendigen Registry-Schlüssel Zugriff haben.	ja	tw	n

Notizen:

SYS.2.2.3 Clients unter Windows 10

	A1	**Planung des Einsatzes von Cloud-Diensten**		*Basis*	
		Verantwortliche Rolle: IT-Betrieb			
M		Windows 10-basierte Geräte sind eng mit den Cloud-Diensten des Herstellers Microsoft verzahnt. Es MUSS daher vor der Verwendung von Windows 10-basierten Geräten eine strategische Festlegung erfolgen, welche enthaltenen Cloud-Services in welchem Umfang genutzt werden sollen bzw. dürfen.	ja	tw	n

Notizen:

	A2	**Geeignete Auswahl einer Windows 10-Version und Beschaffung**		*Basis*	
		Verantwortliche Rolle: IT-Betrieb			
M		Der Funktionsumfang und die Versorgung mit funktionalen Änderungen einer Windows 10-Version MÜSSEN unter Berücksichtigung des ermittelten Schutzbedürfnisses und des Einsatzzwecks ausgewählt und die Umsetzbarkeit der erforderlichen Absicherungsmaßnahmen geprüft werden.	ja	tw	n
M		Basierend auf dem Ergebnis der Überprüfung MUSS der etablierte Beschaffungsprozess um die Auswahl des entsprechenden Lizenzmodells und Releasepfades (CB, CBB oder LTSB) erweitert werden.	ja	tw	n

Notizen:

A3 Geeignetes Patch- und Änderungsmanagement *Basis*
Verantwortliche Rolle: IT-Betrieb

M	Um alle Änderungen erfassen und bewerten zu können, MÜSSEN alle Windows 10-Systeme einem Patch- und Änderungsmanagement unterstellt sein.	ja	tw	n
M	Für komplexe Patches oder Änderungen MÜSSEN in einem Umsetzungsplan Tests, Kontroll- und Abbruchpunkte sowie Prioritäten für die Verteilung definiert sein.	ja	tw	n
M	Nach einem funktionalen Update des Betriebssystems MUSS überprüft werden, ob alle Anforderungen aus dem IT-Grundschutz und den internen Vorgaben weiterhin erfüllt werden.	ja	tw	n

Notizen:

A4 Telemetrie und Datenschutzeinstellungen *Basis*
Verantwortliche Rolle: IT-Betrieb

M	Die Telemetriedienste, also die Diagnose- und Nutzungsdaten, die Microsoft zur Identifizierung und Lösung von Problemen, zur Verbesserung der Dienste und Produkte und zur Personalisierung des Systems mit eindeutigen Identifizierungsmerkmalen verknüpft in die USA überträgt, können im Betriebssystem nicht vollständig abgeschaltet werden. Es MUSS daher durch geeignete Maßnahmen, etwa auf Netzebene, sichergestellt werden, dass diese Daten nicht an Microsoft übertragen werden.	ja	tw	n

Notizen:

A5 Schutz vor Schadsoftware *Basis*
Verantwortliche Rolle: IT-Betrieb

M	Sofern nicht gleich- oder höherwertige andere mitigierende Maßnahmen zum Schutz des IT-Systems vor einer Infektion mit Schadsoftware getroffen wurden, MUSS der Einsatz einer spezialisierten Komponente zum Schutz vor Schadsoftware auf Windows 10-Clients umgesetzt sein.	ja	tw	n

Notizen:

A6 Integration von Online-Konten in das Betriebssystem *Basis*
Verantwortliche Rolle: Benutzer

M	Die Anmeldung am System und der Domäne DARF NUR mit dem Konto eines selbst betriebenen Verzeichnisdienstes möglich sein.	ja	tw	n
S	Anmeldungen mit lokalen Konten SOLLTEN Administratoren vorbehalten sein.	ja	tw	n
M	Online-Konten zur Anmeldung, etwa ein Microsoft-Konto oder Konten anderer Anbieter von Identitätsmanagementsystemen, DÜRFEN NICHT verwendet werden, da hier personenbezogene Daten an die Systeme des Herstellers übertragen werden.	ja	tw	n

Notizen:

A7 Lokale Sicherheitsrichtlinien *Standard*
Verantwortliche Rolle: IT-Betrieb

S	Alle sicherheitsrelevanten Einstellungen SOLLTEN bedarfsgerecht konfiguriert, getestet und regelmäßig überprüft werden.	ja	tw	n
S	Die Sicherheitsrichtlinien SOLLTEN gemäß den Empfehlungen des Betriebssystemherstellers und dem voreingestellten Standardverhalten konfiguriert werden, sofern das Standardverhalten nicht anderen Anforderungen aus dem IT-Grundschutz oder der Organisation widerspricht.	ja	tw	n
M	Abweichungen MÜSSEN dokumentiert und begründet werden.	ja	tw	n
S	Alle nicht benötigten Anwendungen und Komponenten SOLLTEN deaktiviert werden.	ja	tw	n
S	Sicherheitsrichtlinien SOLLTEN in jedem Fall gesetzt werden, auch dann, wenn die Einstellung nicht vom Standardverhalten einer nicht gesetzten Sicherheitsrichtlinie abweicht.	ja	tw	n

Notizen:

A8 Zentrale Verwaltung der Sicherheitsrichtlinien von Clients *Standard*
Verantwortliche Rolle: IT-Betrieb

S	Alle Einstellungen des Windows 10-Clients SOLLTEN durch ein zentrales Management verwaltet und entsprechend dem ermittelten Schutzbedarf basierend auf den internen Richtlinien konfiguriert sein.	ja	tw	n
S	Technisch nicht umsetzbare Konfigurationsparameter SOLLTEN dokumentiert, begründet und mit dem Sicherheitsmanagement abgestimmt werden.	ja	tw	n

Notizen:

A9 Sichere zentrale Authentisierung der Windows-Clients *Standard*
Verantwortliche Rolle: IT-Betrieb

S	Für die zentrale Authentisierung SOLLTE ausschließlich Kerberos eingesetzt werden.	ja	tw	n
S	Eine Gruppenrichtlinie SOLLTE die Verwendung älterer Protokolle verhindern.	ja	tw	n
M	Ist dies nicht möglich, MUSS alternativ NTLMv2 eingesetzt werden.	ja	tw	n
M	Die Authentisierung mittels LAN-Manager und NTLMv1 DARF innerhalb der Institution und in einer produktiven Betriebsumgebung NICHT erlaubt werden.	ja	tw	n
S	Die eingesetzten kryptografischen Mechanismen SOLLTEN entsprechend dem ermittelten Schutzbedarf und basierend auf den internen Richtlinien konfiguriert, dokumentiert und abweichende Einstellungen begründet und mit dem Sicherheitsmanagement abgestimmt sein.	ja	tw	n

Notizen:

A10 Konfiguration zum Schutz von Anwendungen in Windows 10 *Standard*
Verantwortliche Rolle: IT-Betrieb

S	Die Datenausführungsverhinderung für alle Programme und Dienste (Opt-Out Modus) SOLLTE aktiviert werden.	ja	tw	n

Notizen:

A11	**Schutz der Anmeldeinformationen in Windows 10**			*Standard*	
	Verantwortliche Rolle: IT-Betrieb				
S	Sofern Windows 10 in der Enterprise-Version auf einem Hardware-System direkt (nativ) installiert ist, SOLLTE der Virtual Secure Mode (VSM) aktiviert werden.	ja	tw	n	
S	Zusätzlich zur Aktivierung von VSM SOLLTE Credential Guard gegen Angriffe auf die im System gespeicherten Authentisierungstoken und -hashes aktiviert werden.	ja	tw	n	
S	Ist dies nicht möglich, SOLLTE der Schutz des Local Credential Store LSA aktiviert werden (PPL, Protected Mode Light).	ja	tw	n	
S	Die Netzwerkanmeldung von lokalen Konten SOLLTE verboten werden.	ja	tw	n	

Notizen:

A12	**Datei- und Freigabeberechtigungen**			*Standard*	
	Verantwortliche Rolle: IT-Betrieb				
S	Der Zugriff auf Dateien und Ordner auf dem lokalen System sowie auf Netzwerkfreigaben SOLLTE gemäß einem Berechtigungs- und Zugriffskonzept konfiguriert werden.	ja	tw	n	
S	Dies umfasst im speziellen auch die standardmäßig vorhandenen administrativen Freigaben auf dem System. Die Schreibrechte für Benutzer SOLLTEN auf einen definierten Bereich im Dateisystem beschränkt werden.	ja	tw	n	
S	Insbesondere SOLLTEN Benutzer keine Schreibrechte in Ordner des Betriebssystems oder von installierten Anwendungen erhalten.	ja	tw	n	

Notizen:

A13	**Einsatz der SmartScreen-Funktionen**			*Standard*	
	Verantwortliche Rolle: IT-Betrieb				
S	Die SmartScreen-Funktion, die aus dem Internet heruntergeladene Dateien und Webinhalte auf mögliche Schadsoftware untersucht und dazu unter Umständen personenbezogene Daten an Microsoft überträgt, SOLLTE deaktiviert werden.	ja	tw	n	

Notizen:

A14	**Einsatz des Sprachassistenten Cortana**			*Standard*	
	Verantwortliche Rolle: Benutzer				
S	Cortana nutzt personenbezogene Daten wie z.B. Sprachdaten, Benutzereingaben, Kalender- und Kontaktdaten, Namen von bevorzugten Orten und benutzten Anwendungen, die an Microsoft übertragen werden. Aus diesem Grund SOLLTE Cortana deaktiviert werden.	ja	tw	n	

Notizen:

A15 Einsatz der Synchronisationsmechanismen in Windows 10 — *Standard*
Verantwortliche Rolle: IT-Betrieb

S	Die Synchronisierung von Nutzerdaten mit Microsoft Cloud-Diensten und das Sharing von WLAN-Passwörtern SOLLTE vollständig deaktiviert werden.	ja	tw	n

Notizen:

A16 Anbindung von Windows 10 an den Windows-Store — *Standard*
Verantwortliche Rolle: IT-Betrieb

S	Die Verwendung des Windows-Store SOLLTE auf die Verträglichkeit mit den Datenschutz- und Sicherheitsvorgaben der Institution überprüft und bewertet werden.	ja	tw	n
S	Die generelle Installation von Apps auf Windows 10 ist nicht an die Anbindung an den Windows Store gebunden. Daher SOLLTE diese Funktion, sofern sie nicht benötigt wird, deaktiviert werden.	ja	tw	n

Notizen:

A17 Verwendung der automatischen Anmeldung — *Standard*
Verantwortliche Rolle: IT-Betrieb

S	Die Speicherung von Kennwörtern, Zertifikaten und anderen Anmeldeinformationen zur automatischen Anmeldung auf Webseiten und IT-Systemen SOLLTE NICHT erlaubt werden.	ja	tw	n

Notizen:

A18 Einsatz der Windows-Remoteunterstützung — *Standard*
Verantwortliche Rolle: IT-Betrieb

S	Die Auswirkungen auf die Konfiguration der lokalen Firewall SOLLTE bei der Planung der Windows-Remoteunterstützung (hiermit ist nicht RDP gemeint) berücksichtigt werden.	ja	tw	n
S	Eine Remote-Unterstützung SOLLTE nur nach einer expliziten Einladung erfolgen.	ja	tw	n
S	Bei der Speicherung einer Einladung in einer Datei SOLLTE diese ein Kennwort aufweisen.	ja	tw	n
S	Der aktuell angemeldete Benutzer SOLLTE dem Aufbau einer Sitzung immer explizit zustimmen.	ja	tw	n
S	Die maximale Gültigkeitsdauer der Einladung für eine Unterstützung aus der Ferne SOLLTE eine angemessene Größe haben.	ja	tw	n
S	Sofern dieser Service nicht verwendet wird, SOLLTE er vollständig deaktiviert werden.	ja	tw	n

Notizen:

A19 Verwendung des Fernzugriffs über RDP *Standard*
Verantwortliche Rolle: Benutzer

S	Die Auswirkungen auf die Konfiguration der lokalen Firewall SOLLTE bei der Planung des Fernzugriffs berücksichtigt werden.	ja	tw	n
S	Die Gruppe der berechtigten Benutzer für den Remote-Desktopzugriff (RDP) SOLLTE durch die Zuweisung entsprechender Benutzerrechte festgelegt werden.	ja	tw	n
S	In komplexen Infrastrukturen SOLLTE das RDP-Zielsystem nur durch ein dazwischengeschaltetes RDP-Gateway erreicht werden können.	ja	tw	n
S	Für die Verwendung von RDP SOLLTE eine Prüfung und deren Umsetzung sicherstellen, ob die nachfolgend aufgeführten Komfortfunktionen im Einklang mit dem Schutzbedarf des Zielsystems stehen: • die Verwendung der Zwischenablage, • die Einbindung von Druckern, • die Einbindung von Wechselmedien und Netzlaufwerken, • die Nutzung der Dateiablagen und Smartcard-Anschlüssen.	ja	tw	n
S	Sofern der Einsatz von Remote-Desktopzugriffen nicht vorgesehen ist, SOLLTEN diese vollständig deaktiviert werden.	ja	tw	n
S	Die eingesetzten kryptografischen Protokolle und Algorithmen SOLLTEN den internen Vorgaben der Institution entsprechen.	ja	tw	n

Notizen:

A20 Einsatz der Benutzerkontensteuerung für privilegierte Konten *Standard*
Verantwortliche Rolle: IT-Betrieb

S	Die Konfigurationsparameter der Benutzerkontensteuerung (UAC) SOLLTEN für die privilegierten Konten zwischen Bedienbarkeit und Sicherheitsniveau abgewogen eingesetzt werden.	ja	tw	n
S	Die Entscheidungen für die zu verwendenden Konfigurationsparameter SOLLTEN dokumentiert werden.	ja	tw	n
S	Darüber hinaus SOLLTE die Dokumentation alle Konten mit Administratorrechten enthalten sowie eine regelmäßige Prüfung erfolgen, ob die Notwendigkeit zur Rechteerweiterung noch besteht.	ja	tw	n

Notizen:

A21 Einsatz des Encrypting File System EFS *Hoch*
Verantwortliche Rolle: IT-Betrieb
C I

S	Da das Encrypting File System (EFS) die verwendeten Schlüssel mit dem Passwort des Benutzerkontos schützt, SOLLTE ein komplexes Passwort verwendet werden.	ja	tw	n
S	Zusätzlich SOLLTEN restriktive Zugriffsrechte die mit EFS verschlüsselte Dateien schützen.	ja	tw	n
S	Statt des Administrators SOLLTE ein dediziertes Konto der Wiederherstellungsagent sein.	ja	tw	n
S	In diesem Zusammenhang SOLLTE dessen privater Schlüssel gesichert und aus dem System entfernt werden.	ja	tw	n
S	Dabei SOLLTEN von allen privaten Schlüsseln Datensicherungen erstellt werden.	ja	tw	n
S	Beim Einsatz von EFS mit lokalen Benutzerkonten SOLLTE die Verschlüsselung der lokalen Passwortspeicher mittels Syskey verwendet werden.	ja	tw	n
S	Dies kann entfallen, wenn die Betriebssystemfunktion Credential Guard genutzt wird. Beim Einsatz von EFS SOLLTEN die Benutzer im korrekten Umgang mit EFS geschult werden.	ja	tw	n

Notizen:

SYS IT-Systeme

A22 Windows PowerShell *Hoch*
Verantwortliche Rolle: IT-Betrieb **C I A**

S	Die Ausführung der PowerShell sowie von WPS-Dateien SOLLTE nur Administratoren gestattet werden.	ja	tw	n
S	Die PowerShell-Ausführung selbst SOLLTE zentral protokolliert und die Protokolle überwacht werden.	ja	tw	n
S	Die Ausführung von PowerShell-Skripten SOLLTE mit dem Befehl Set-ExecutionPolicy-AllSigned eingeschränkt werden, um die versehentliche Ausführung unsignierter Skripte zu verhindern.	ja	tw	n

Notizen:

A23 Erweiterter Schutz der Anmeldeinformationen in Windows 10 *Hoch*
Verantwortliche Rolle: IT-Betrieb **C I**

S	Auf UEFI-basierten Systemen SOLLTE SecureBoot verwendet und der Status des geschützten Modus für den Local Credential Store LSA beim Systemstart überwacht werden (vgl.	ja	tw	n
S	hierzu SYS.2.2.3.A11 Schutz der Anmeldeinformationen in Windows 10). Ist eine Fernwartung der Client-Systeme mittels RDP vorgesehen, SOLLTE bei Einsatz von Windows 10 in einer Domäne ab dem Funktionslevel 2012 R2 von der Option restrictedAdmin für RDP Gebrauch gemacht werden.	ja	tw	n

Notizen:

A24 Aktivierung des Last-Access-Zeitstempels *Hoch*
Verantwortliche Rolle: IT-Betrieb **A**

S	Um die Analyse nach einem Systemmissbrauch zu erleichtern, SOLLTE der Last-Access-Zeitstempel von NTFS aktiviert werden.	ja	tw	n
S	Vor der Aktivierung SOLLTE geprüft werden, welche Auswirkungen die Aktivierung auf die Systemleistung hat.	ja	tw	n
S	Die Ergebnisse der Überprüfung und die Entscheidung über die Aktivierung SOLLTEN dokumentiert werden.	ja	tw	n

Notizen:

A25 Umgang mit Fernzugriffsfunktionen der „Connected User Experience and Telemetry" *Hoch*
Verantwortliche Rolle: IT-Betrieb **C I**

S	Die Komponente Connected User Experience and Telemetry (CUET) ist bei Windows 10 fester Bestandteil des Betriebssystems und stellt neben Telemetriefunktionalität auch eine Fernzugriffsmöglichkeit für den Betriebssystemhersteller auf das lokale System bereit. Ein Fernzugriff auf den Windows 10-Client durch den Betriebssystemhersteller SOLLTE netzwerkseitig geloggt und falls erforderlich geblockt werden.	ja	tw	n

Notizen:

SYS.2.3 Clients unter Unix

A1 Authentisierung von Administratoren und Benutzern *Basis*
Verantwortliche Rolle: Benutzer

M	Um den Client zu nutzen, MÜSSEN sich die Benutzer gegenüber dem IT-System authentisieren.	ja	tw	n
M	Administratoren DÜRFEN sich NICHT im Normalbetrieb als Root anmelden.	ja	tw	n
S	Für die Systemadministrationsaufgaben SOLLTE sudo oder eine geeignete Alternative mit einer geeigneten Protokollierung genutzt werden.	ja	tw	n
S	Es SOLLTE verhindert werden, dass sich mehrere Benutzer auf einem Gerät gleichzeitig einloggen können.	ja	tw	n

Notizen:

A2 Auswahl einer geeigneten Distribution *Basis*
Verantwortliche Rolle: IT-Betrieb

M	Es MUSS auf Grundlage der Sicherheitsanforderungen und des Einsatzzwecks ein geeignetes Unix-Derivat bzw. eine geeignete Linux-Distribution ausgewählt werden.	ja	tw	n
M	Es MUSS für die geplante Einsatzzeit des Betriebssystems Support angeboten werden.	ja	tw	n
S	Alle benötigten Anwendungsprogramme SOLLTEN direkt verfügbar sein, ohne dass diese aus Drittquellen bezogen werden müssen.	ja	tw	n
S	Es SOLLTEN nur Anwendungsprogramme ausgewählt und installiert werden, für die Support angeboten wird.	ja	tw	n
S	Betriebssystem und Anwendungsprogramme ohne regelmäßige Sicherheitsupdates SOLLTEN nicht eingesetzt werden.	ja	tw	n
S	Es SOLLTE auf Distributionen mit einem Rolling-Release-Modell verzichtet werden.	ja	tw	n
S	Distributionen, bei denen das Betriebssystem selber kompiliert wird, SOLLTEN nicht in Produktivumgebungen eingesetzt werden.	ja	tw	n

Notizen:

A3 Cloud- und Online-Inhalte *Basis*
Verantwortliche Rolle: Benutzer

M	Nur zwingend notwendige Cloud- und Online-Dienste des Betriebssystems DÜRFEN genutzt werden.	ja	tw	n
S	Die notwendigen Cloud- und Online-Dienste SOLLTEN dokumentiert werden.	ja	tw	n
M	Die Einstellungen des Betriebssystems MÜSSEN auf Konformität mit den organisatorischen Datenschutz- und Sicherheitsvorgaben überprüft und restriktiv konfiguriert bzw. deaktiviert werden.	ja	tw	n

Notizen:

A4 Einspielen von Updates und Patches *Basis*

Verantwortliche Rolle: IT-Betrieb

M	Die Verantwortlichen MÜSSEN sich über bekannt gewordene Schwachstellen informieren.	ja	tw	n
M	Updates und Patches MÜSSEN so schnell wie möglich eingespielt werden.	ja	tw	n
S	Vorab SOLLTE auf einem Testsystem überprüft werden, ob die Sicherheitsupdates kompatibel sind und keine Fehler verursachen.	ja	tw	n
M	Solange keine Patches für bekannte Schwachstellen verfügbar sind, MÜSSEN andere geeignete Maßnahmen getroffen werden, um den Client zu schützen.	ja	tw	n
M	Der Client MUSS zeitnah rebootet werden, nachdem der Kernel aktualisiert wurde.	ja	tw	n
M	Ist dies nicht möglich, MUSS Live-Patching des Kernels aktiviert werden.	ja	tw	n

Notizen:

A5 Sichere Installation von Software-Paketen *Basis*

Verantwortliche Rolle: IT-Betrieb

M	Es DÜRFEN nur benötigte Anwendungen installiert werden.	ja	tw	n
M	Nicht sowie nicht mehr benötigte Anwendungen MÜSSEN deinstalliert werden.	ja	tw	n
M	Die Integrität und Authentizität der zu installierenden Softwarepakete MUSS immer geprüft werden.	ja	tw	n
M	Wenn die zu installierende Software aus dem Quellcode kompiliert werden soll, DARF diese NUR unter einem unprivilegierten Benutzeraccount entpackt, konfiguriert und übersetzt werden.	ja	tw	n
M	Dabei DARF die zu installierende Software NICHT unkontrolliert in das Wurzeldateisystem des Servers installiert werden.	ja	tw	n
S	Wird die Software aus dem Quelltext übersetzt, dann SOLLTEN die gewählten Parameter geeignet dokumentiert werden.	ja	tw	n
S	Anhand dieser Dokumentation SOLLTE der Quelltext jederzeit nachvollziehbar und reproduzierbar kompiliert werden können.	ja	tw	n
S	Alle weiteren Installationsschritte SOLLTEN dabei ebenfalls dokumentiert werden, damit sich die Konfiguration im Notfall schnell reproduzieren lässt.	ja	tw	n

Notizen:

A6 Automatisches Einbinden von Wechsellaufwerken *Standard* **A**

Verantwortliche Rolle: Benutzer

S	Wechsellaufwerke SOLLTEN nicht automatisch eingebunden werden.	ja	tw	n
S	Die Einbindung von Wechsellaufwerken SOLLTE so konfiguriert sein, dass alle Dateien als nicht ausführbar markiert sind (Mountoption noexec).	ja	tw	n

Notizen:

A7	**Restriktive Rechtevergabe auf Dateien und Verzeichnisse**			*Standard*
	Verantwortliche Rolle: IT-Betrieb			
S	Der Zugriff von Benutzern auf Dateien und Verzeichnisse SOLLTE immer auf das erforderliche Minimum beschränkt werden.	ja	tw	n
S	Dabei SOLLTE in jedem Fall sichergestellt werden, dass Dienste und Anwendungen nur ihre zugeordneten Dateien erstellen, verändern oder löschen dürfen.	ja	tw	n
S	Auf Verzeichnissen, in denen alle Benutzer Schreibrechte haben (z.B. /tmp), SOLLTE das Sticky-Bit gesetzt werden.	ja	tw	n

Notizen:

A8	**Einsatz von Techniken zur Rechtebeschränkung von Anwendungen**			*Standard*
	Verantwortliche Rolle: IT-Betrieb			
S	Zur Beschränkung der Zugriffsrechte von Anwendungen auf Dateien, Geräte und Netze SOLLTE App-Armor oder SELinux eingesetzt werden.	ja	tw	n
S	Es SOLLTEN die von dem jeweiligen Unix-Derivat bzw. der Linux-Distribution am besten unterstützte Lösungen eingesetzt werden.	ja	tw	n
S	Statt Blacklisting SOLLTEN die notwendigen Anwendungen durch Whitelisting reglementiert werden.	ja	tw	n
S	Erweiterungen zur Rechtebeschränkung SOLLTEN im Enforcement Mode oder mit geeigneten Alternativen verwendet werden.	ja	tw	n

Notizen:

A9	**Passwörter auf der Kommandozeile**			*Standard*
	Verantwortliche Rolle: Benutzer			
S	Passwörter SOLLTEN NICHT als Parameter an Programme übergeben werden.	ja	tw	n

Notizen:

A11	**Verhinderung der Überlastung der Festplatte**			*Standard*
	Verantwortliche Rolle: IT-Betrieb			
S	Es SOLLTEN Quotas für Benutzer bzw. Dienste eingerichtet werden, die ausreichend Freiraum für das Betriebssystem lassen.	ja	tw	n
S	Generell SOLLTEN unterschiedliche Partitionen für Betriebssystem und Daten genutzt werden.	ja	tw	n
S	Alternativ SOLLTEN auch Mechanismen des verwendeten Dateisystems genutzt werden, die ab einem geeigneten Füllstand nur noch dem Benutzer Root-Schreibrechte einräumen.	ja	tw	n

Notizen:

SYS IT-Systeme

A12 Einsatz von Appliances als Clients *Standard*
Verantwortliche Rolle: IT-Betrieb

S Es SOLLTE sichergestellt werden, dass Appliances ein ähnliches Sicherheitsniveau wie Clients auf Standard-IT-Systemen erfüllen.   ja tw n

S Es SOLLTE dokumentiert werden, wie entsprechende Sicherheitsanforderungen mit einer eingesetzten Appliance erfüllt werden.   ja tw n

S Wenn die Anforderungen nicht zweifelsfrei erfüllt werden können, SOLLTE eine Konformitätserklärung vom Hersteller angefordert werden.   ja tw n

Notizen:

A13 Schutz vor unbefugten Anmeldungen *Hoch*
Verantwortliche Rolle: IT-Betrieb **C I A**

S Es SOLLTE eine Zwei-Faktor-Authentisierung verwendet werden.   ja tw n

Notizen:

A14 Absicherung gegen Nutzung unbefugter Peripheriegeräte *Hoch*
Verantwortliche Rolle: IT-Betrieb **C I A**

S Peripheriegeräte SOLLTEN nur nutzbar sein, wenn sie auf einer zentral verwalteten Whitelist geführt sind.   ja tw n

S Kernelmodule für Peripheriegeräte SOLLTEN nur geladen und aktiviert werden, wenn das Gerät auf der Whitelist steht.   ja tw n

Notizen:

A15 Zusätzlicher Schutz vor der Ausführung unerwünschter Dateien *Hoch*
Verantwortliche Rolle: IT-Betrieb **C I**

S Partitionen und Verzeichnisse, in denen Benutzer Schreibrechte haben, SOLLTEN so gemountet werden, dass keine Dateien ausgeführt werden können (/noexec).   ja tw n

Notizen:

A16 Zusätzliche Absicherung des Bootvorgangs *Hoch*
Verantwortliche Rolle: IT-Betrieb **C I A**

S Bootloader und Kernel SOLLTEN durch selbstkontrolliertes Schlüsselmaterial signiert und nicht benötigtes Schlüsselmaterial SOLLTE entfernt werden.   ja tw n

Notizen:

A17 Zusätzliche Verhinderung der Ausbreitung bei der Ausnutzung von Schwachstellen
Verantwortliche Rolle: IT-Betrieb

Hoch
C I

S	Die Nutzung von Systemaufrufen SOLLTE insbesondere für exponierte Dienste und Anwendungen auf die unbedingt notwendigen Systemaufrufe beschränkt werden (z B.	ja	tw	n
S	durch seccomp). Die vorhandenen Standardprofile bzw. -regeln von SELinux, AppArmor sowie alternativen Erweiterungen SOLLTEN manuell überprüft und gegebenenfalls an die eigene Sicherheitsrichtlinie angepasst werden.	ja	tw	n
S	Falls erforderlich, SOLLTEN neue Regeln bzw. Profile erstellt werden.	ja	tw	n

Notizen:

A18 Zusätzlicher Schutz des Kernels
Verantwortliche Rolle: IT-Betrieb

Hoch
C I

S	Es SOLLTEN mit speziell gehärteten Kernels geeignete Schutzmechanismen wie Speicherschutz, Dateisystemabsicherung und rollenbasierte Zugriffskontrolle, die die Ausnutzung von Schwachstellen und Ausbreitung im Betriebssystem verhindern, genutzt werden (z.B. grsecurity, PaX).	ja	tw	n

Notizen:

A19 Festplatten- oder Dateiverschlüsselung
Verantwortliche Rolle: IT-Betrieb

Hoch
C I

S	Festplatten oder die hierauf abgespeicherten Dateien SOLLTEN verschlüsselt werden.	ja	tw	n
S	Die dazugehörigen Schlüssel SOLLTEN NICHT auf dem IT-System gespeichert sein.	ja	tw	n
S	Es SOLLTE AEAD bei der Festplatten- und Dateiverschlüsselung eingesetzt werden.	ja	tw	n
S	Alternativ SOLLTE dm-crypt in Kombination mit dm-verity genutzt werden.	ja	tw	n

Notizen:

A20 Abschaltung kritischer SysRq-Funktionen
Verantwortliche Rolle: IT-Betrieb

Hoch
C I A

S	Es SOLLTE festgelegt werden, welche SysRq-Funktionen von den Benutzern ausgeführt werden dürfen.	ja	tw	n
S	Generell SOLLTEN keine kritischen SysRq-Funktionen von den Benutzern ausgelöst werden können.	ja	tw	n

Notizen:

SYS IT-Systeme

SYS.3 Mobile Devices

SYS.3.1 Laptops

	A1	Regelungen zur mobilen Nutzung von Laptops			*Basis*	
		Verantwortliche Rolle: IT-Betrieb				
	M	Es MUSS klar geregelt werden, was Mitarbeiter beachten sollen, wenn sie Laptops mitnehmen.	ja	tw	n	
	M	Es MUSS insbesondere festgelegt werden, welche Laptops außer Haus mitgenommen werden dürfen, wer sie mitnehmen darf und welche grundlegenden Sicherheitsmaßnahmen dabei zu beachten sind.	ja	tw	n	
	M	Die Benutzer MÜSSEN auf die Regelungen hingewiesen werden.	ja	tw	n	

Notizen:

	A2	Zugriffsschutz am Laptop			*Basis*	
		Verantwortliche Rolle: Benutzer				
	M	Auf allen Laptops MUSS ein angemessener Zugriffsschutz vorhanden sein, der verhindert, dass das Gerät unberechtigt benutzt werden kann.	ja	tw	n	
	M	Es MUSS geprüft werden, ob alle Mitarbeiter sich an die Regeln für den korrekten Umgang mit dem eingerichteten Zugriffsschutz halten.	ja	tw	n	

Notizen:

	A3	Einsatz von Personal Firewalls			*Basis*	
		Verantwortliche Rolle: IT-Betrieb				
	M	Auf Laptops MUSS eine Personal Firewall aktiv sein.	ja	tw	n	
	M	Die Filterregeln der Firewall MÜSSEN so restriktiv wie möglich sein.	ja	tw	n	
	M	Sie MÜSSEN regelmäßig getestet werden.	ja	tw	n	
	M	Die Personal Firewall MUSS so konfiguriert werden, dass die Benutzer nicht durch Warnmeldungen belästigt werden, die sie nicht interpretieren können.	ja	tw	n	

Notizen:

A4 Einsatz von Antivirenprogrammen *Basis*
Verantwortliche Rolle: Benutzer

M	Abhängig vom installierten Betriebssystem und anderen vorhandenen Schutzmechanismen MUSS auf allen Laptops der Institution ein Antivirenprogramm installiert und aktiviert sein.	ja	tw	n
M	Es MUSS sichergestellt werden, dass sowohl das Scan-Programm als auch die Signaturen stets auf dem aktuellsten Stand sind.	ja	tw	n
M	Die Benutzer MÜSSEN mit der Antivirensoftware vertraut gemacht werden, besonders auch mit On-Demand-Scans.	ja	tw	n
M	Der gesamte Datenbestand der Laptops MUSS regelmäßig auf Schadprogramme geprüft werden.	ja	tw	n
M	Wenn der Rechner infiziert ist, MUSS im Offlinebetrieb untersucht werden, ob das gefundene Schadprogramm bereits vertrauliche Daten gesammelt, Schutzfunktionen deaktiviert oder Code aus dem Internet nachgeladen hat.	ja	tw	n
M	Das Antivirenprogramm MUSS zudem nach Schadsoftware suchen, wenn Dateien ausgetauscht oder übertragen werden.	ja	tw	n
M	Auch MÜSSEN alle auf dem Laptop benutzten Internet-Dienste (HTTP, FTP) sowie verschlüsselte Daten ausreichend vor Schadprogrammen geschützt werden.	ja	tw	n
M	Außerdem MUSS sichergestellt werden, dass die Benutzer keine sicherheitsrelevanten Änderungen an den Einstellungen der Antivirenprogramme vornehmen können.	ja	tw	n

Notizen:

A5 Datensicherung *Basis*
Verantwortliche Rolle: Benutzer

M	Alle Daten, die auf Laptops lokal gespeichert werden, MÜSSEN regelmäßig gesichert werden.	ja	tw	n
M	Hierfür MÜSSEN abhängig vom Volumen des Datenbestands geeignete Verfahren zur Datensicherung ausgewählt werden.	ja	tw	n
M	Die Datensicherung MUSS weitgehend automatisiert werden, sodass die Benutzer möglichst wenig Aktionen selbst durchführen müssen.	ja	tw	n

Notizen:

A6 Sicherheitsrichtlinien für Laptops *Standard*
Verantwortliche Rolle: Leiter IT

S	Für Laptops SOLLTE eine Sicherheitsrichtlinie erstellt werden, die regelt, wie die Geräte benutzt werden dürfen.	ja	tw	n
S	Die Benutzer SOLLTEN hinsichtlich des Schutzbedarfs von Laptops und der auf ihnen befindlichen Daten sensibilisiert werden.	ja	tw	n
S	Auch SOLLTEN sie auf die spezifischen Gefährdungen bzw. die entsprechenden Anforderungen für die Nutzung aufmerksam gemacht werden.	ja	tw	n
S	Sie SOLLTEN außerdem darüber informiert werden, welche Art von Informationen sie auf Laptops verarbeiten dürfen.	ja	tw	n

Notizen:

SYS IT-Systeme

A7 Geregelte Übergabe und Rücknahme eines Laptops *Standard*

Verantwortliche Rolle: Benutzer

S   Wenn Laptops von verschiedenen Personen abwechselnd genutzt werden, SOLLTE geregelt werden, wie Laptops sicher an Mitarbeiter übergeben werden können bzw. wie sie wieder sicher zurückzunehmen sind. ja tw n

S   Beim Benutzerwechsel eines Laptops SOLLTEN eventuell vorhandene schützenswerte Daten sicher gelöscht werden. ja tw n

S   Falls der Laptop nach dem Benutzerwechsel nicht neu aufgesetzt wird, SOLLTE sichergestellt sein, dass sich auf dem System bzw. allen damit verbundenen Datenträgern keine Schadsoftware befindet. ja tw n

S   Mit einem Laptop SOLLTE den Mitarbeitern ein Merkblatt für den sicheren Umgang mit dem Gerät ausgehändigt werden. ja tw n

Notizen:

A8 Sicherer Anschluss von Laptops an Datennetze *Standard*

Verantwortliche Rolle: Benutzer

S   Es SOLLTE geregelt werden, wie Laptops sicher an eigene oder fremde Netze und an das Internet angeschlossen werden. ja tw n

S   Laptops SOLLTEN wirksam vor Schadcode und vor Angriffen aus Fremdnetzen und aus dem Internet geschützt werden. ja tw n

S   Dafür SOLLTEN das Betriebssystem und die installierte Software von Laptops immer auf dem aktuellen Stand sein. ja tw n

S   Es SOLLTEN sich nur zugelassene Laptops am internen Netz der Institution anmelden können. ja tw n

S   Nicht benötigte Schnittstellen SOLLTEN bei allen Laptops deaktiviert werden. ja tw n

Notizen:

A9 Sicherer Fernzugriff von unterwegs *Standard*

Verantwortliche Rolle: Benutzer

S   Daten, die zwischen einem Laptop von außerhalb und dem internen Netz der Institution übertragen werden, SOLLTEN durch geeignete Maßnahmen ausreichend geschützt werden, zum Beispiel durch ein VPN oder mit TLS. ja tw n

S   Auch SOLLTE der Laptop selbst abgesichert sein, wenn Daten mit anderen IT-Systemen ausgetauscht werden. ja tw n

Notizen:

A10 Abgleich der Datenbestände von Laptops *Standard*
Verantwortliche Rolle: Benutzer

S	Es SOLLTE geregelt werden, wie Daten von Laptops in den Informationsverbund der Institution übernommen werden.	ja	tw	n
S	Wenn ein Synchronisationstool benutzt wird, SOLLTE sichergestellt sein, dass Synchronisationskonflikte aufgelöst werden können, der Synchronisationsvorgang protokolliert wird und die Benutzer angewiesen sind, die Synchronisationsprotokolle zu prüfen.	ja	tw	n

Notizen:

A11 Sicherstellung der Energieversorgung *Standard*
Verantwortliche Rolle: Benutzer

S	Alle Benutzer SOLLTEN darüber informiert werden, wie sie die Energieversorgung von Laptops im mobilen Einsatz optimal sicherstellen können.	ja	tw	n
S	Falls für die Laptops Ersatzakkus verfügbar sind, SOLLTEN diese in entsprechenden Hüllen gelagert und transportiert werden.	ja	tw	n

Notizen:

A12 Verlustmeldung *Standard*
Verantwortliche Rolle: Benutzer

S	Es SOLLTE umgehend gemeldet werden, wenn ein Laptop verloren gegangen ist oder gestohlen wurde.	ja	tw	n
S	Dafür SOLLTE es in jeder Institution klare Meldewege geben.	ja	tw	n
S	Wenn verlorene Laptops wieder auftauchen, SOLLTE untersucht werden, ob sie eventuell manipuliert wurden.	ja	tw	n
S	Sie SOLLTEN komplett neu installiert werden.	ja	tw	n

Notizen:

A13 Verschlüsselung von Laptops *Standard*
Verantwortliche Rolle: IT-Betrieb

S	Die Festplatten eines Laptops SOLLTEN verschlüsselt werden.	ja	tw	n
S	Für die Verschlüsselung SOLLTE ein sicherer Verschlüsselungsalgorithmus eingesetzt werden.	ja	tw	n
S	Die Schlüssel SOLLTEN zufällig erzeugt werden.	ja	tw	n
S	Die Schlüssel SOLLTEN geeignet aufbewahrt werden.	ja	tw	n

Notizen:

SYS IT-Systeme

A14 Geeignete Aufbewahrung von Laptops *Standard*

Verantwortliche Rolle: Benutzer

S	Alle Benutzer SOLLTEN darauf hingewiesen werden, wie Laptops außerhalb der Institution geeignet aufbewahrt werden sollen.	ja	tw	n
S	Auch in den Räumen der Institution SOLLTEN Laptops außerhalb der Nutzungszeiten gegen Diebstahl gesichert bzw. verschlossen aufbewahrt werden.	ja	tw	n

Notizen:

A15 Geeignete Auswahl von Laptops *Hoch*

Verantwortliche Rolle: Beschaffungsstelle   **A**

S	Bevor Laptops beschafft werden, SOLLTEN die Verantwortlichen eine Anforderungsanalyse durchführen.	ja	tw	n
S	Sie SOLLTE auch auf zusätzlich benötigte Hardware wie z.B. Dockingstations und Monitore erweitert werden.	ja	tw	n
S	Anhand der Ergebnisse SOLLTEN alle infrage kommenden Geräte bewertet werden.	ja	tw	n
S	Die Beschaffungsentscheidung SOLLTE mit den Administratoren und dem technischen Personal abgestimmt sein.	ja	tw	n

Notizen:

A16 Zentrale Administration von Laptops *Hoch*

Verantwortliche Rolle: IT-Betrieb   **C I**

S	Es SOLLTE eine geeignete Vorgehensweise definiert werden, wie Laptops zentral zu administrieren sind, da sich so nicht nur Software und Informationen einfacher verteilen lassen, sondern auch die institutionsseigenen Sicherheitsrichtlinien besser durchgesetzt werden können.	ja	tw	n
S	Ein Tool zum zentralen Laptop-Management SOLLTE möglichst alle eingesetzten Betriebssysteme unterstützen.	ja	tw	n

Notizen:

A17 Sammelaufbewahrung *Hoch*

Verantwortliche Rolle: IT-Betrieb   **A**

S	Nicht benutzte Laptops SOLLTEN in einem geeignet abgesicherten Raum vorgehalten werden.	ja	tw	n
S	Der dafür genutzte Raum SOLLTE den Anforderungen aus INF.5 Technikraum entsprechen.	ja	tw	n

Notizen:

A18	**Einsatz von Diebstahl-Sicherungen**		*Hoch*	
	Verantwortliche Rolle: IT-Betrieb		**C I A**	
S	Es SOLLTE geregelt werden, welche Diebstahlsicherungen für Laptops eingesetzt werden sollen.	ja	tw	n
S	Bei mechanischen Sicherungen SOLLTE besonders auf ein gutes Schloss geachtet werden.	ja	tw	n

Notizen:

SYS.3.2 Tablet und Smartphone

SYS.3.2.1 Allgemeine Smartphones und Tablets

A1	**Festlegung einer Strategie für Smartphones und Tablets**		*Basis*	
	Verantwortliche Rolle: IT-Betrieb			
M	Bevor eine Institution Smartphones oder Tablets bereitstellt, betreibt oder einsetzt, MUSS die generelle Strategie im Hinblick auf die Nutzung und Kontrolle der Geräte festgelegt werden.	ja	tw	n
M	Hierbei MUSS unter anderem festgelegt werden, wer auf welche Informationen der Institution zugreifen darf.	ja	tw	n

Notizen:

A2	**Festlegung einer Strategie für den Cloud-Einsatz**		*Basis*	
	Verantwortliche Rolle: IT-Betrieb			
M	Die Institution MUSS für mobile Endgeräte eine generelle Strategie für die Cloud-Nutzung und Informationskontrolle sowie für den Schutz der Informationen festlegen.	ja	tw	n
M	Der Zugriff und die Nutzung von Cloud-Diensten für Informationen der Institution MUSS geklärt und festgelegt werden.	ja	tw	n
M	Die Benutzer MÜSSEN regelmäßig über den Einsatz von Cloud-Diensten geschult werden.	ja	tw	n

Notizen:

A3	**Sichere Grundkonfiguration für mobile Geräte**		*Basis*	
	Verantwortliche Rolle: IT-Betrieb			
M	Alle mobilen Endgeräte MÜSSEN so konfiguriert sein, dass sie den erforderlichen Schutzbedarf angemessen erfüllen.	ja	tw	n
M	Dafür MUSS eine passende Grundkonfiguration der Sicherheitsmechanismen und -einstellungen zusammengestellt und dokumentiert werden.	ja	tw	n
S	Nicht benötigte Funktionen SOLLTEN deaktiviert werden.	ja	tw	n
S	Die Freischaltung von Kommunikationsschnittstellen SOLLTE geregelt und auf das dienstlich notwendige Maß reduziert werden.	ja	tw	n
S	Nicht benutzte Schnittstellen SOLLTEN deaktiviert werden.	ja	tw	n
M	Wenn eine Institution ein MDM einsetzt, MUSS bei der Übergabe des mobilen Endgerätes bereits der MDM-Client installiert sein.	ja	tw	n

Notizen:

A4 Verwendung eines Zugriffschutzes *Basis*
Verantwortliche Rolle: Benutzer

M	Smartphones und Tablets MÜSSEN mit einem angemessen komplexen Gerätesperrcode geschützt werden.	ja	tw	n
M	Die Nutzung der Bildschirmsperre MUSS vorgeschrieben werden.	ja	tw	n
M	Die Anzeige von vertraulichen Informationen auf dem Sperrbildschirm MUSS deaktiviert sein.	ja	tw	n
M	Alle mobilen Geräte MÜSSEN nach einer angemessen kurzen Zeitspanne selbsttätig die Bildschirmsperre aktivieren.	ja	tw	n
M	Die Zeitdauer MUSS in Abhängigkeit zum Schutzbedarf stehen.	ja	tw	n
S	Nach mehreren fehlgeschlagenen Versuchen, den Bildschirm zu entsperren, SOLLTE sich das mobile Gerät in den Werkszustand zurücksetzen.	ja	tw	n
S	Es SOLLTEN dabei die Daten oder die Verschlüsselungsschlüssel sicher vernichtet werden.	ja	tw	n
S	Es SOLLTE vermieden werden, dass die Benutzer bei einem Passwortwechsel vor Kurzem verwendete Kennworte nutzen.	ja	tw	n
S	Die Anzahl der Kennworte, nachdem sich ein Passwort wiederholen darf, SOLLTE festgelegt werden.	ja	tw	n

Notizen:

A5 Updates von Betriebssystem und Apps *Basis*
Verantwortliche Rolle: IT-Betrieb

M	Es MUSS ein Prozess für Updates des Betriebssystems und der eingesetzten Apps etabliert werden.	ja	tw	n
M	Die Aktualisierungen MÜSSEN getestet werden.	ja	tw	n
S	Dabei SOLLTEN insbesondere bisher benötigte Funktionen, Sicherheitsmechanismen und die Durchsetzung von Compliance-Anforderungen geprüft werden.	ja	tw	n
M	Nach der Freigabe MÜSSEN die Aktualisierungen zeitnah ausgerollt werden.	ja	tw	n
M	Bereits bei der Auswahl von zu beschaffenden mobilen Geräten MUSS die Institution darauf achten, dass der Hersteller über den geplanten Nutzungszeitraum Sicherheitsaktualisierungen für die Geräte bereitstellt.	ja	tw	n
M	Ältere Geräte, für die keine Aktualisierungen mehr bereitgestellt werden, MÜSSEN ausgesondert und durch vom Hersteller unterstützte Geräte ersetzt werden.	ja	tw	n
S	Apps SOLLTEN unter Berücksichtigung von Sicherheitsaspekten ebenfalls nicht mehr eingesetzt werden, wenn sie nicht mehr durch den Hersteller unterstützt werden.	ja	tw	n

Notizen:

A6 Datenschutzeinstellungen *Basis*
Verantwortliche Rolle: IT-Betrieb

M	Der Zugriff von Apps und Betriebssystem auf Daten und Schnittstellen MUSS angemessen eingeschränkt werden.	ja	tw	n
M	Die Datenschutzeinstellungen MÜSSEN so restriktiv wie möglich konfiguriert werden.	ja	tw	n
M	Insbesondere der Zugriff auf Kamera, Mikrofon und Geodaten MÜSSEN auf Konformität mit den organisationsinternen Datenschutz- und Sicherheitsvorgaben überprüft und restriktiv konfiguriert bzw. deaktiviert werden.	ja	tw	n

Notizen:

A7 Verhaltensregeln bei Sicherheitsvorfällen *Basis*

Verantwortliche Rolle: Fachverantwortliche, Benutzer

M	Generell MÜSSEN alle Sicherheitsvorfälle gemeldet und behandelt werden.	ja	tw	n
M	Gehen Geräte verloren oder werden unberechtigt Änderungen an Gerät und Software festgestellt, MÜSSEN die Verantwortlichen sofort geeignete Gegenmaßnahmen einleiten.	ja	tw	n
M	Die möglichen Konsequenzen sicherheitskritischer Ereignisse MÜSSEN untersucht werden.	ja	tw	n
M	Letztlich MÜSSEN alle erforderlichen Maßnahmen ergriffen werden, um auszuschließen, dass auf vertrauliche und geschäftskritische Informationen der Institution zugegriffen werden kann.	ja	tw	n

Notizen:

A8 Keine Installation von Apps aus unsicheren Quellen *Basis*

Verantwortliche Rolle: IT-Betrieb

M	Es MUSS unterbunden werden, dass sich Apps aus alternativen Märkten oder aus dem Dateisystem installieren lassen.	ja	tw	n

Notizen:

A9 Nutzung von funktionalen Erweiterungen *Standard*

Verantwortliche Rolle: IT-Betrieb

S	Funktionale Erweiterungen SOLLTEN nur restriktiv genutzt werden.	ja	tw	n
S	Wenn möglich, SOLLTE auf funktionale Erweiterungen verzichtet werden.	ja	tw	n
S	Die funktionalen Erweiterungen SOLLTEN keinen automatischen Zugriff auf schützenswerte Informationen haben.	ja	tw	n
S	Sie SOLLTEN die festgelegte Grundkonfiguration nicht umgehen oder ändern können.	ja	tw	n

Notizen:

A10 Richtlinie für Mitarbeiter zur Benutzung von mobilen Geräten *Standard*

Verantwortliche Rolle: Benutzer

S	Es SOLLTE eine verbindliche Richtlinie für Mitarbeiter zur Benutzung von mobilen Geräten erstellt werden.	ja	tw	n
S	Diese SOLLTE festlegen, wie mobile Geräte genutzt und gepflegt werden sollen.	ja	tw	n
S	Darin SOLLTEN die Themen Aufbewahrung und Verlustmeldung behandelt werden.	ja	tw	n
S	Außerdem SOLLTE klar verboten werden, Verwaltungssoftware zu deinstallieren oder das Gerät zu rooten.	ja	tw	n

Notizen:

A11 Verschlüsselung des Speichers *Standard*
Verantwortliche Rolle: IT-Betrieb

S	Der nichtflüchtige Speicher des mobilen Geräts SOLLTE verschlüsselt werden.	ja	tw	n
S	Schützenswerte Daten auf zusätzlich verwendeten Speichermedien wie SD-Karten SOLLTEN verschlüsselt werden.	ja	tw	n

Notizen:

A12 Verwendung nicht personalisierter Gerätenamen *Standard*
Verantwortliche Rolle: IT-Betrieb

S	Der Gerätename SOLLTE keine Hinweise auf die Institution oder den Benutzer enthalten.	ja	tw	n

Notizen:

A13 Regelungen zum Screensharing und Casting *Standard*
Verantwortliche Rolle: IT-Betrieb

S	Es SOLLTE entschieden werden, ob Funktionen zur Übertragung von Bildschirminhalten, Audio oder Video (Screensharing oder Casting) eingesetzt werden sollen.	ja	tw	n
S	Die Funktionen SOLLTEN organisatorisch oder technisch geregelt werden.	ja	tw	n
S	Hierzu SOLLTE eine entsprechende Vereinbarung mit den Benutzern getroffen werden.	ja	tw	n

Notizen:

A14 Schutz vor Phishing und Schadprogrammen im Browser *Standard*
Verantwortliche Rolle: IT-Betrieb

S	Alle mobilen Endgeräte SOLLTEN vor Schadprogrammen geschützt werden.	ja	tw	n
S	Im verwendeten Browser SOLLTE Safe Browsing bzw. die Funktion zur Warnung vor schädlichen Inhalten aktiviert werden.	ja	tw	n

Notizen:

A15 Deaktivierung von Download-Boostern *Standard*
Verantwortliche Rolle: IT-Betrieb

S	Download-Booster, die Daten über die Server des Herstellers leiten, SOLLTEN deaktiviert werden.	ja	tw	n

Notizen:

A16 Deaktivierung nicht benutzter Kommunikationsschnittstellen *Standard*
Verantwortliche Rolle: Benutzer

S	Kommunikationsschnittstellen SOLLTEN nur bei Bedarf und nur in geeigneten Umgebungen aktiviert werden.	ja	tw	n
S	Wird ein MDM verwendet, so SOLLTEN die Schnittstellen zentral über das MDM verwaltet werden.	ja	tw	n

Notizen:

A17 Verwendung der SIM-Karten-PIN *Standard*
Verantwortliche Rolle: IT-Betrieb

S	Die Nutzung der SIM-Karte der Institution SOLLTE durch eine PIN geschützt werden.	ja	tw	n
S	Die Super-PIN/PUK SOLLTE nur im Rahmen der definierten Prozesse von den Verantwortlichen benutzt werden.	ja	tw	n

Notizen:

A18 Verwendung biometrischer Authentisierung *Standard*
Verantwortliche Rolle: IT-Betrieb

S	Wenn biometrische Verfahren zur Authentisierung (z.B. ein Fingerabdrucksensor) genutzt werden sollen, SOLLTE geprüft werden, ob ein ähnlicher oder höherer Schutz im Vergleich zu einem Gerätepasswort erzielt werden kann.	ja	tw	n
S	Im Zweifelsfall oder bei einem schlechteren Schutz SOLLTEN biometrische Verfahren NICHT genutzt werden.	ja	tw	n
S	Die Benutzer SOLLTEN hinsichtlich der Fälschbarkeit von biometrischen Merkmalen sensibilisiert werden.	ja	tw	n

Notizen:

A19 Verwendung eines Sprachassistenten *Standard*
Verantwortliche Rolle: IT-Betrieb

S	Sprachassistenten SOLLTEN nur eingesetzt werden, wenn die Funktion notwendig ist.	ja	tw	n
S	Ansonsten SOLLTEN sie deaktiviert werden.	ja	tw	n
S	Generell SOLLTE ein Sprachassistent nicht genutzt werden können, wenn das Gerät gesperrt ist.	ja	tw	n

Notizen:

A20 Auswahl und Freigabe von Apps — *Standard*
Verantwortliche Rolle: IT-Betrieb

S	Apps aus öffentlichen App-Stores SOLLTEN durch die Verantwortlichen geprüft und freigegeben werden.	ja	tw	n
S	Dazu SOLLTE ein Freigabeprozess entwickelt werden, in dem auch geeignete Bewertungskriterien definiert sind.	ja	tw	n
S	Alle freigegebenen Apps SOLLTEN intern in einem Standardkatalog veröffentlicht werden.	ja	tw	n

Notizen:

A21 Definition der erlaubten Informationen und Applikationen auf mobilen Geräten — *Standard*
Verantwortliche Rolle: Fachverantwortliche, Benutzer

S	Die Institution SOLLTE festlegen, welche Informationen auf den mobilen Endgeräten verarbeitet werden dürfen.	ja	tw	n
S	Grundlage für die Regelung SOLLTEN einerseits die Klassifikation der Institutionsdaten sein und andererseits die Bedingungen, unter denen die Daten auf den Geräten verarbeitet werden.	ja	tw	n
S	Die Benutzer der mobilen Endgeräte SOLLTEN nur freigegebene und geprüfte Apps aus als sicher klassifizierten Quellen installieren dürfen.	ja	tw	n

Notizen:

A22 Einbindung der Geräte in die interne Infrastruktur via VPN — *Standard*
Verantwortliche Rolle: IT-Betrieb

S	Mobile Endgeräte SOLLTEN nur mittels eines VPNs in die Infrastruktur der Institution integriert werden.	ja	tw	n
S	Hierzu SOLLTE ein geeignetes Verfahren ausgewählt und eingesetzt werden.	ja	tw	n
S	Die Authentisierung SOLLTE bevorzugt durch Zertifikate statt durch den Einsatz klassischer Passworte implementiert und betrieben werden.	ja	tw	n

Notizen:

A28 Verwendung der Filteroption für Webseiten — *Standard*
Verantwortliche Rolle: IT-Betrieb

S	Wird in der Institution bereits ein Reputationsdienst oder ein entsprechender Proxy-Server verwendet, SOLLTE dieser als globaler HTTP-Proxy für alle installierten Browser hinterlegt werden.	ja	tw	n
S	Ist der Proxy nur im internen Netz erreichbar, SOLLTEN die Endgeräte über eine VPN-Verbindung wahlweise permanent oder basierend auf den verwendeten Apps geeignet eingebunden werden.	ja	tw	n
S	Sind die mobilen Endgeräte nicht in eine vorhandene Proxy- oder Reputations-Infrastruktur der Institution eingebunden, SOLLTEN für Web-Browser Filteroptionen auf Basis von Whitelists oder Blacklists oder Inhaltsfilter Dritter verwendet werden.	ja	tw	n

Notizen:

A23	Zusätzliche Authentisierung für vertrauliche Anwendungen		Hoch		
	Verantwortliche Rolle: IT-Betrieb		C I		
S	Alle Anwendungen mit vertraulichen Daten SOLLTEN durch einen zusätzlichen Mechanismus zur Authentisierung geschützt werden.	ja	tw	n	

Notizen:

A24	Einsatz einer geschlossenen Benutzergruppe		Hoch		
	Verantwortliche Rolle: IT-Betrieb		C I		
S	Das Passwort für den Zugangspunkt (Access Point Name, APN) einer geschlossenen Benutzergruppe SOLLTE komplex sein.	ja	tw	n	
S	Die Authentisierung SOLLTE das CHAP-Protokoll nutzen.	ja	tw	n	

Notizen:

A25	Nutzung von getrennten Arbeitsumgebungen		Hoch		
	Verantwortliche Rolle: IT-Betrieb		C I		
S	Ist es den Mitarbeitern erlaubt, dienstliche Geräte auch privat zu nutzen, SOLLTEN Lösungen für getrennte Arbeitsumgebungen auf dem Endgerät eingesetzt werden.	ja	tw	n	
S	Wenn möglich, SOLLTEN dafür nur zertifizierte Produkte (z.B. nach Common Criteria) beschafft werden.	ja	tw	n	
S	Dienstliche Daten SOLLTEN ausschließlich in der dienstlichen Umgebung verbleiben.	ja	tw	n	

Notizen:

A26	Nutzung von PIM-Containern		Hoch		
	Verantwortliche Rolle: IT-Betrieb		C I A		
S	Informationen auf den mobilen Endgeräten SOLLTEN gekapselt werden, zum Beispiel in einem PIM-Container.	ja	tw	n	
S	Zusätzlich SOLLTEN die Daten durch eine separate Authentisierung und eine vom Betriebssystem unabhängige Daten- und Transportverschlüsselung abgesichert werden.	ja	tw	n	

Notizen:

A27	Einsatz besonders abgesicherter Endgeräte		Hoch		
	Verantwortliche Rolle: IT-Betrieb		C I A		
S	Institution SOLLTEN abhängig vom Schutzbedarf besonders abgesicherte mobile Endgeräte einsetzen, die für die Verarbeitung von Informationen nach gesetzlichen Informationsschutz-Klassifizierungen zertifiziert sind.	ja	tw	n	

Notizen:

SYS IT-Systeme

	A29	**Verwendung eines institutionsbezogenen APN**		*Hoch*		
		Verantwortliche Rolle: IT-Betrieb		**C A**		
S		Es SOLLTE geprüft werden, ob ein institutionsbezogener Zugangspunkt zum Mobilfunknetz (APN, Access Point Name) zur Eingrenzung des erlaubten Geräte-Pools verwendet werden kann.	ja	tw	n
S		Alle Geräte, die diesen APN verwenden, erhalten vom Mobilfunk-Provider einen mit der Institution abgestimmten IP-Adressbereich. Für die Authentisierung,SOLLTE ein komplexes Passwort mit maximal 64 Stellen mit dem Mobilfunk-Provider vereinbart werden.	ja	tw	n
S		Beim Einsatz eines institutionsbezogenen APN SOLLTE die Authentisierung auf Basis des Protokolls CHAP realisiert werden.	ja	tw	n

Notizen:

	A30	**Einschränkung der App-Installation mittels Whitelist**		*Hoch*		
		Verantwortliche Rolle: IT-Betrieb		**C I A**		
S		Bei erhöhtem Schutzbedarf SOLLTEN die Benutzer der mobilen Endgeräte nur freigegebene und geprüfte Apps installieren dürfen.	ja	tw	n
S		Wird ein MDM eingesetzt, so SOLLTE es verhindern, dass andere Apps installiert werden oder alternativ unbefugt installierte Apps sofort wieder entfernen.	ja	tw	n

Notizen:

SYS.3.2.2 Mobile Device Management (MDM)

	A1	**Festlegung einer Strategie für das Mobile Device Management**		*Basis*		
		Verantwortliche Rolle: IT-Betrieb				
M		Es MUSS eine Strategie erarbeitet werden, die festlegt, wie Mitarbeiter mobile Endgeräte benutzen dürfen und wie die Geräte in die IT-Strukturen der Institution integriert sind.	ja	tw	n
M		Grundlage ist dabei der Schutzbedarf der zu verarbeitenden Informationen. Die Strategie MUSS mindestens folgende Aspekte abdecken: • Darf das MDM als Cloud-Dienst betrieben werden? • Soll das MDM durch die Institution selbst betrieben werden? • Welche Anforderungen bezüglich Supportleistungen und Reaktionszeiten sind an den Anbieter des MDM zu stellen? • Welche Compliance-Anforderungen müssen durchgesetzt werden? • Welche mobilen Geräte und welche Betriebssysteme muss das MDM unterstützen? • Muss die MDM-Lösung mandantenfähig sein? Gewährleistet sie die notwendige Mandantentrennung? • Müssen Cloud-Dienste eingebunden werden? • Müssen Dokumentenmanagementsysteme eingebunden werden? • Muss das MDM auch Peripherie-Geräte einbinden und verwalten? • Welches Betriebsmodell soll eingesetzt werden: private Endgeräte (Bring Your Own Device, BYOD), personalisierte Endgeräte (Eigentum der Institution) oder nicht personalisierte Endgeräte (Eigentum der Institution, gemeinsam genutzt)?.	ja	tw	n
M		Die Strategie MUSS schriftlich fixiert und vom ISB freigegeben werden.	ja	tw	n

Notizen:

A2 Festlegen erlaubter mobiler Endgeräte *Basis*
Verantwortliche Rolle: IT-Betrieb

M	Es MUSS festgelegt werden, welche mobilen Endgeräte und Betriebssysteme in der Institution zugelassen sind.	ja	tw	n
M	Alle erlaubten Geräte und Betriebssysteme MÜSSEN den Anforderungen der MDM-Strategie genügen und die technischen Sicherheitsanforderungen der Institution vollständig erfüllen.	ja	tw	n
M	Das MDM MUSS so konfiguriert werden, dass nur mit freigegebenen Geräten auf Informationen der Institution zugegriffen werden kann.	ja	tw	n
M	Wenn neue mobile Endgeräte beschafft werden, MÜSSEN sie auf der Liste der zugelassenen Endgeräte stehen.	ja	tw	n

Notizen:

A3 Auswahl eines MDM-Produkts *Basis*
Verantwortliche Rolle: IT-Betrieb

M	Wenn eine geeignete MDM-Software beschafft werden soll, MUSS sichergestellt sein, dass sich mit ihr alle in der MDM-Strategie festgelegten Anforderungen erfüllen lassen.	ja	tw	n
M	Auch MUSS sie sämtliche technischen und organisatorischen Sicherheitsmaßnahmen umsetzen können und alle zugelassen mobilen Endgeräte unterstützten.	ja	tw	n

Notizen:

A4 Verteilung der Grundkonfiguration auf mobile Endgeräte *Basis*
Verantwortliche Rolle: IT-Betrieb

M	Alle mobilen Endgeräte MÜSSEN so schnell wie möglich in das MDM integriert werden, damit sie nach den Richtlinien der Institution konfiguriert und verwaltet werden können.	ja	tw	n
M	Wenn die Geräte die Grundkonfiguration erhalten, MÜSSEN sie sich im Werkszustand befinden.	ja	tw	n
M	Bei bereits benutzten Geräten MÜSSEN vorher alle institutionsbezogenen Daten gelöscht werden.	ja	tw	n
M	Ein nicht über MDM konfiguriertes Endgerät DARF NICHT auf Informationen der Institution zugreifen können.	ja	tw	n

Notizen:

A5 Sichere Grundkonfiguration für mobile Endgeräte *Basis*
Verantwortliche Rolle: IT-Betrieb

M	Alle mobilen Endgeräte MÜSSEN so konfiguriert sein, dass sie den Schutzbedarf angemessen erfüllen.	ja	tw	n
M	Dafür MUSS eine passende Grundkonfiguration zusammengestellt und dokumentiert werden.	ja	tw	n
M	Wenn mobile Endgeräte an Mitarbeiter übergeben werden, MUSS darauf bereits der MDM-Client installiert sein.	ja	tw	n
M	Andernfalls MUSS es den Benutzern selbst möglich sein, den Client zu installieren.	ja	tw	n

Notizen:

A6 Protokollierung und Gerätestatus *Basis*
Verantwortliche Rolle: IT-Betrieb

M	Das MDM MUSS alle sicherheitsrelevanten Ereignisse und Konfigurationsänderungen protokollieren.	ja	tw	n
M	Die erhobenen Daten DÜRFEN NICHT von unbefugten Personen eingesehen werden und MÜSSEN unveränderbar gespeichert werden.	ja	tw	n
M	Auch MÜSSEN bei der Protokollierung gesetzliche und interne Regelungen eingehalten werden.	ja	tw	n
M	Die vom MDM erzeugten Protokolle MÜSSEN regelmäßig auf ungewöhnliche Einträge überprüft werden.	ja	tw	n
S	Der Lebenszyklus, einschließlich Konfigurationshistorie, eines mobilen Endgerätes SOLLTE ausreichend protokolliert und zentral abrufbar sein.	ja	tw	n
S	Bei Bedarf SOLLTE der aktuelle Status der verwalteten Endgeräte durch den Administrator ermittelt werden können (Device Audit).	ja	tw	n

Notizen:

A20 Regelmäßige Überprüfung des MDM *Basis*
Verantwortliche Rolle: IT-Betrieb

M	Sicherheitseinstellungen MÜSSEN regelmäßig überprüft werden.	ja	tw	n
M	Bei neuen Betriebssystemversionen der mobilen Endgeräte MUSS vorab geprüft werden, ob das MDM diese vollständig unterstützt und die Konfigurationsprofile und Sicherheitseinstellungen weiterhin wirksam und ausreichend sind.	ja	tw	n
M	Abweichungen MÜSSEN korrigiert werden.	ja	tw	n
M	Die zugeteilten Berechtigungen für Benutzer und Administratoren MÜSSEN regelmäßig überprüft werden, ob sie weiterhin angemessen sind (Minimalprinzip).	ja	tw	n

Notizen:

A7 Auswahl und Freigabe von Apps *Standard*
Verantwortliche Rolle: IT-Betrieb

S	Apps aus öffentlichen App-Stores SOLLTEN durch die Verantwortlichen geprüft und freigegeben werden.	ja	tw	n
S	Dazu SOLLTE ein Freigabeprozess entwickelt werden, in dem auch geeignete Bewertungskriterien definiert sind.	ja	tw	n
S	Alle freigegebenen Apps SOLLTEN intern in einem Standardkatalog veröffentlicht werden und dort für die Benutzer verfügbar sein.	ja	tw	n
S	Apps SOLLTEN gemäß den Anforderungen des geplanten Einsatzszenarios über das MDM installiert, deinstalliert und aktualisiert werden.	ja	tw	n
S	Das MDM SOLLTE die Installation, Deinstallation und Aktualisierung erzwingen, sobald eine Verbindung zum mobilem Endgerät besteht.	ja	tw	n

Notizen:

A8	Festlegung erlaubter Informationen auf mobilen Endgeräten				*Standard*
	Verantwortliche Rolle: IT-Betrieb				
S	Die Institution SOLLTE festlegen, welche Informationen die mobilen Endgeräte unter welchen Bedingungen verarbeiten dürfen.	ja	tw	n	
S	Grundlage für die Regelung SOLLTEN einerseits die Klassifikation bzw. der Schutzbedarf der Informationen sein und andererseits die Bedingungen, unter denen die Daten auf den Geräten verarbeitet werden, etwa in abgeschotteten Containern.	ja	tw	n	
S	Die Verantwortlichen SOLLTEN das MDM auf Basis dieser Regeln konfigurieren, sodass es diese auf allen mobilen Endgeräten durchsetzen kann.	ja	tw	n	
S	Den Benutzern SOLLTEN die Regeln in geeigneter Weise bekannt gegeben werden.	ja	tw	n	

Notizen:

A9	Auswahl von Sicherheits-Apps				*Standard*
	Verantwortliche Rolle: IT-Betrieb				
S	Um das erforderliche Sicherheitsniveau durchzusetzen, SOLLTEN für das Endgerät geeignete Sicherheits-Apps ausgewählt werden.	ja	tw	n	
S	Die Sicherheits-Apps SOLLTEN durch das MDM automatisch installiert werden.	ja	tw	n	

Notizen:

A10	Sichere Anbindung der mobilen Endgeräte an die Institution				*Standard*
	Verantwortliche Rolle: IT-Betrieb				
S	Die Verbindung der mobilen Endgeräte zum MDM SOLLTE angemessen abgesichert werden.	ja	tw	n	
S	Die Verbindung der mobilen Endgeräte ins Netz der Institution SOLLTE angemessen abgesichert werden.	ja	tw	n	
S	Wenn Daten zwischen den mobilen Endgeräten und dem IT-Netz der Institution übertragen werden, SOLLTE durch geeignete Maßnahmen (z.B. VPN) verhindert werden, dass Unbefugte sie verändern oder einsehen können.	ja	tw	n	

Notizen:

A11	Berechtigungsmanagement im MDM				*Standard*
	Verantwortliche Rolle: IT-Betrieb				
S	Für das MDM SOLLTE ein Berechtigungskonzept erstellt, dokumentiert und angewendet werden.	ja	tw	n	
S	Den Benutzergruppen und Administratoren SOLLTE das MDM nur so viele Berechtigungen einräumen wie für die Aufgabenerfüllung notwendig (Minimalprinzip).	ja	tw	n	
S	Es SOLLTE regelmäßig überprüft werden, ob die zugeteilten Rechte noch angemessen sind und den Aufgaben entsprechen.	ja	tw	n	

Notizen:

A12 Abgesicherte MDM-Betriebsumgebung *Standard*
Verantwortliche Rolle: IT-Betrieb

S	Das MDM selbst SOLLTE durch technische Maßnahmen abgesichert werden, um dem Schutzbedarf der hinterlegten oder verarbeiteten Informationen zu genügen.	ja	tw	n
S	Das zugrundeliegende Betriebssystem SOLLTE gehärtet werden und alle notwendigen Patches SOLLTEN eingespielt werden.	ja	tw	n
S	Zugriffsberechtigungen und -wege SOLLTEN gemäß dem festgelegten Sicherheitskonzept der Institution konfiguriert werden.	ja	tw	n

Notizen:

A21 Verwaltung von Zertifikaten *Standard*
Verantwortliche Rolle: IT-Betrieb

S	Zertifikate zur Nutzung von Diensten auf dem mobilen Endgerät SOLLTEN zentral über das MDM installiert, deinstalliert und aktualisiert werden.	ja	tw	n
S	Die Installation von nicht vertrauenswürdigen und nicht verifizierbaren (Root-) Zertifikaten durch den Benutzer SOLLTE durch das MDM verhindert werden.	ja	tw	n
S	Das MDM SOLLTE Mechanismen unterstützen, um die Gültigkeit von Zertifikaten zu überprüfen.	ja	tw	n

Notizen:

A22 Fernlöschung und Außerbetriebnahme von Endgeräten *Standard*
Verantwortliche Rolle: IT-Betrieb

S	Das MDM SOLLTE sicherstellen, dass sämtliche Daten auf dem mobilen Endgerät aus der Ferne gelöscht werden können (Remote Wipe bei bestehender Datenverbindung).	ja	tw	n
S	Werden in dem mobilen Endgerät externe Speicher genutzt, SOLLTE geprüft werden, ob diese bei einem Remote Wipe ebenfalls gelöscht werden sollen und ob dies wird.	ja	tw	n
S	Der Prozess zur Außerbetriebnahme des mobilen Endgerätes (Unenrollment) SOLLTE sicherstellen, dass keine schutzbedürftigen Daten auf dem mobilen Endgerät oder eingebundenen Speichermedien verbleiben.	ja	tw	n

Notizen:

A14 Benutzung externer Reputation-Services für Apps *Hoch*
Verantwortliche Rolle: IT-Betrieb *C I*

S	Wenn die Administratoren einer Institution die erlaubten Apps nicht selbst auswählen können und Benutzer selbstständig Apps auf ihren Geräten installieren dürfen, SOLLTE ein sogenannter Reputation-Service eingesetzt werden.	ja	tw	n
S	Dabei handelt es sich um einen externen Dienst, der Apps nach bestimmten Kriterien untersucht und die Ergebnisse als Service bereitstellt. Das MDM SOLLTE dann mithilfe dieser Informationen die Installation von Apps zumindest einschränken.	ja	tw	n

Notizen:

A17 Kontrolle der Nutzung von mobilen Endgeräten *Hoch*
Verantwortliche Rolle: IT-Betrieb I

S Mit MDM-Lösungen lässt sich kontrollieren, wie die mobilen Endgeräte benutzt werden. Es SOLLTEN angemessene Kriterien definiert werden, aufgrund derer die Geräte zu überwachen sind, ohne gegen gesetzliche oder interne Regelungen zu verstoßen. ja tw n

Notizen:

A19 Geofencing *Hoch*
Verantwortliche Rolle: IT-Betrieb C I

S Mittels Geofencing-Richtlinien ist es möglich, bestimmte Funktionen oder Apps nur an vorher definierten Orten zu erlauben oder auch zu verbieten. Durch die Hinterlegung einer Geofencing-Richtlinie SOLLTE sichergestellt werden, dass Geräte mit schutzbedürftigen Informationen nicht außerhalb eines zuvor festgelegten geographischen Bereichs verwendet werden können. ja tw n

S Sollte der geographische Bereich verlassen werden, SOLLTE eine selektive Löschung der klassifizierten Informationen oder eine vollständige Löschung des Geräts erfolgen. ja tw n

S Bevor das Gerät selektiv oder vollständig gelöscht wird, SOLLTEN die verantwortlichen Administratoren und das Sicherheitsmanagement sowie der Benutzer informiert werden. ja tw n

S Die Löschung SOLLTE erst mit einer angemessenen zeitlichen Verzögerung erfolgen. ja tw n

S Mithilfe einer Schutzbedarfsanalyse SOLLTEN Bereiche identifiziert werden, an denen diese zusätzlichen Sicherheitsmaßnahmen nötig sind. ja tw n

S Anschließend SOLLTEN sie unter Beachtung gesetzlicher und interner Regelungen umgesetzt werden. ja tw n

Notizen:

A23 Durchsetzung von Compliance-Anforderungen *Hoch*
Verantwortliche Rolle: IT-Betrieb C I

S Es SOLLTE eine vom MDM-Anbieter bereitgestellte Lösung verwendet werden, um Verstöße gegen die Regelungen der Institution oder sogar die Manipulation des Betriebssystems zu erkennen. ja tw n

S Die folgenden Aktionen SOLLTEN bei Verdacht auf Verstoß gegen Regelungen oder Manipulation des Betriebssystems ausgeführt werden. ja tw n

S Hierzu sollten entsprechende Funktionen bereitgestellt werden: ja tw n
1. selbständiges Versenden von Warnhinweisen,
2. selbständiges Sperren des Geräts,
3. Löschen der vertraulichen Informationen der Institution,
4. Löschen des kompletten Geräts,
5. Verhindern des Zugangs zu Unternehmens-Apps,
6. Verhindern des Zugangs zu den Systemen und Informationen der Institution.

Bei Verdacht auf einen Verstoß oder eine Manipulation SOLLTE ein Alarm an die verantwortlichen Administratoren und das Sicherheitsmanagement in der Institution gesandt werden.

Notizen:

SYS.3.2.3 iOS (for Enterprise)

A1 Strategie für die iOS-Nutzung *Basis*
Verantwortliche Rolle: IT-Betrieb

M	Wird ein MDM eingesetzt, so MÜSSEN die Geräte über das MDM verwaltet und konfiguriert werden.	ja	tw	n
M	Hierzu MUSS eine Strategie zur iOS-Nutzung vorliegen, in der Aspekte wie Endgeräte-Auswahl oder Backup-Strategien festgelegt werden.	ja	tw	n
M	Es MUSS außerdem geregelt werden, ob zusätzliche Apps von Drittanbietern genutzt werden sollen.	ja	tw	n

Notizen:

A2 Planung des Einsatzes von Cloud-Diensten *Basis*
Verantwortliche Rolle: IT-Betrieb

M	Es MUSS vor der Verwendung von iOS-basierten Geräten strategisch festgelegt werden, welche Cloud-Services in welchem Umfang genutzt werden sollen bzw. dürfen.	ja	tw	n
S	Dabei SOLLTE berücksichtigt werden, dass iOS-basierte Geräte grundsätzlich eng mit iCloud-Diensten des Herstellers Apple verzahnt sind, dies betrifft grundsätzlich bereits die Aktivierung der Geräte mit einer Apple ID.	ja	tw	n
S	Daher SOLLTE geprüft werden, ob das Apple-Programm zur Geräteregistrierung (Device Enrollment Program, DEP) genutzt werden kann, da so auf eine Apple ID verzichtet werden kann.	ja	tw	n

Notizen:

A7 Verhinderung des unautorisierten Löschens von Konfigurationsprofilen *Basis*
Verantwortliche Rolle: IT-Betrieb

M	Damit Konfigurationsprofile nicht unautorisiert gelöscht werden können, MÜSSEN geeignete technische oder organisatorische Regelungen getroffen und umgesetzt werden.	ja	tw	n
S	Benutzer von mobilen Endgeräten SOLLTEN über Sinn und Zweck der Sicherheitsmaßnahmen sensibilisiert werden.	ja	tw	n

Notizen:

A10 Verwendung biometrischer Authentisierung *Standard*
Verantwortliche Rolle: IT-Betrieb

S	Bei iOS-basierten Geräten mit Funktionen zur biometrischen Authentisierung, wie Touch ID oder Face ID, SOLLTEN diese den Benutzern alternativ zur Entsperrung des Geräts freigegeben werden, wenn gleichzeitig organisatorisch und technisch geregelt wird, dass die Benutzer komplexere Gerätecodes verwenden müssen.	ja	tw	n
S	Einhergehend mit der Aktivierung von Touch ID oder Face ID SOLLTE eine Sensibilisierung der Benutzer hinsichtlich der Fälschbarkeit von biometrischen Merkmalen erfolgen.	ja	tw	n

Notizen:

A11 Verwendung nicht personalisierter Gerätenamen *Standard*
Verantwortliche Rolle: IT-Betrieb

S	Um zu verhindern, dass unter Umständen der Benutzer und der Gerätecode erraten werden können, SOLLTE der Gerätename keine persönlichen Namens- und Institutionsmerkmale enthalten.	ja	tw	n

Notizen:

A12 Verwendung institutionsbezogener Apple IDs *Standard*
Verantwortliche Rolle: IT-Betrieb

S	Statt mit einer persönlichen Apple ID des Benutzers SOLLTE das iOS-basierte Gerät mit einer institutionsbezogenen Apple ID verwendet werden.	ja	tw	n
S	Als zusätzliche Vorsorgemaßnahme zur Verhinderung des Missbrauchs dienstlicher Zahlungsmittel (Kreditkarten) SOLLTE das Programm für Volumenlizenz (VPP) von Apple verwendet werden.	ja	tw	n

Notizen:

A13 Verwendung der Konfigurationsoption „Einschränkungen unter iOS" *Standard*
Verantwortliche Rolle: IT-Betrieb

S	Es SOLLTEN alle nicht benötigten oder erlaubten Funktionen oder Dienste von iOS deaktiviert werden.	ja	tw	n
S	Basierend auf dem Einsatzzweck und dem zugrundeliegenden Schutzbedarf SOLLTEN diesbezüglich insbesondere die Aspekte Sperrbildschirm, Unified Communication, Siri, Hintergrundbild, Verbindung mit Host-Systemen und Diagnose- und Nutzungsdaten geprüft werden.	ja	tw	n

Notizen:

A14 Verwendung der iCloud-Infrastruktur *Standard*
Verantwortliche Rolle: IT-Betrieb

S	Bevor die umfängliche oder selektive Nutzung der iCloud-Infrastruktur freigegeben wird, SOLLTE eine Bewertung der Vereinbarkeit der allgemeinen Geschäftsbedingungen der Firma Apple mit den internen Richtlinien hinsichtlich Verfügbarkeit, Vertraulichkeit, Integrität und Datenschutz erfolgen.	ja	tw	n
S	Wird die Nutzung der iCloud-Infrastruktur erlaubt, SOLLTE die Authentisierung am iCloud-Webservice durch eine Zwei-Faktor-Authentisierung erfolgen.	ja	tw	n
S	Durch die Verwendung verwalteter Apps SOLLTE die iCloud-Nutzung für einen rein dienstlichen Bedarf zusätzlich auf ein geringes Maß reduziert oder komplett ausgeschlossen werden.	ja	tw	n

Notizen:

SYS IT-Systeme

A15 Verwendung der Continuity-Funktionen *Standard*
Verantwortliche Rolle: IT-Betrieb

S Wurde die Nutzung der iCloud-Infrastruktur nicht grundsätzlich durch das Sicherheitsmanagement der Institution untersagt, SOLLTE eine Bewertung der Vereinbarkeit der Continuity-Funktionen (AirDrop und Handoff) mit den internen Richtlinien unter Berücksichtigung der Aspekte Vertraulichkeit und Integrität erfolgen. | ja | tw | n

S Auf Basis der Bewertungsergebnisse SOLLTE geregelt werden, inwieweit technisch bzw. organisatorisch diese Funktionen eingeschränkt werden. | ja | tw | n

Notizen:

A17 Verwendung der Gerätecode-Historie *Standard*
Verantwortliche Rolle: IT-Betrieb

S Um die Vertraulichkeit des verwendeten Gerätecodes zu wahren und zu schnelle Wiederholungen vom Benutzer verwendeter Passwörter zu verhindern, SOLLTE im Konfigurationsprofil die Anzahl der eindeutigen Codes bis zur ersten Wiederholung auf einen angemessenen Wert festgelegt sein. | ja | tw | n

Notizen:

A18 Verwendung der Konfigurationsoption für den Browser Safari *Standard*
Verantwortliche Rolle: IT-Betrieb

S Die bereits in der Institution etablierten Browserrichtlinien SOLLTEN entsprechend auch für Safari durch technische und organisatorische Maßnahmen umgesetzt werden. | ja | tw | n

S Dabei SOLLTEN die bereits etablierten Anforderungen für Browser auf stationären und tragbaren PCs als Grundlage für die Absicherung der iOS-basierten Geräte dienen sowie die Einsatzszenarien und das Einsatzumfeld der Geräte beachtet werden. | ja | tw | n

Notizen:

A20 Einbindung der Geräte in die interne Infrastruktur via VPN *Standard*
Verantwortliche Rolle: IT-Betrieb

S iOS-basierte Geräte SOLLTEN mittels VPN in die Infrastruktur integriert werden. | ja | tw | n

S In Abhängigkeit von Schutzbedarf, Zweck und technischen Möglichkeiten des VPN-Servers SOLLTE eine VPN-Verbindung auf Basis der Technologien IKEv2, IPSec, L2TP, PPTP oder SSL/TLS realisiert werden. | ja | tw | n

S Die Authentisierung SOLLTE bevorzugt durch Einmal-Passwörter und Zertifikate statt durch den Einsatz klassischer Passwörter implementiert und betrieben werden. | ja | tw | n

Notizen:

A21	**Freigabe von Apps und Einbindung des Apple App Stores**		*Standard*	
	Verantwortliche Rolle: IT-Betrieb			
M	Wenn zusätzliche Apps von Drittanbietern eingesetzt werden (siehe SYS.3.2.3.A1), MUSS durch die Verantwortlichen der interne Software-Freigabeprozess bzgl.	ja	tw	n
S	der Validierung und Freigabe von Anwendungen (Apps) aus dem Apple App Store ergänzt werden. Um die institutionsinternen App-Freigabeprozesse zu unterstützen, SOLLTE das eingesetzte MDM eine Filterung auf Basis von Whitelists, Blacklists oder App-Reputationsservices ermöglichen.	ja	tw	n
S	Alle freigegebenen Anwendungen SOLLTEN intern in einem Standardkatalog veröffentlicht und den Benutzern zur Verfügung gestellt werden.	ja	tw	n
S	Als unterstützendes Mittel zur Sicherstellung, dass den autorisierten Anwendern die benötigten Apps zum benötigten Zeitpunkt ausreichend zur Verfügung stehen, kann eine Integration des Programms für Volumenlizenzen (VPP) für Unternehmen der Firma Apple in die MDM-Infrastruktur erfolgen. Ein weiterer Aspekt der Nutzung des VPP ist, dass die verwendeten Apple IDs nicht mit einem Zahlungsmittel hinterlegt sein müssen. Die Zahlungsbestätigung von Apps im App Store SOLLTE NICHT über biometrische Verfahren erfolgen.	ja	tw	n

Notizen:

A23	**Verwendung der automatischen Konfigurationsprofillöschung**		*Hoch*	
	Verantwortliche Rolle: IT-Betrieb		**C I**	
S	Durch die Verwendung der automatischen Konfigurationsprofillöschung SOLLTE sichergestellt werden, dass auch nicht permanent online erreichbare Geräte ohne Zutun der IT-Verantwortlichen den bisher gewährten Zugang in die interne Infrastruktur nach Ablauf eines definierten Zeitraums oder an einem bestimmten Tag verlieren, sofern der Zeitraum nicht durch Zugriff auf das interne Netz erneuert wird.	ja	tw	n
S	Um sicherzustellen, dass der Benutzer noch im Besitz des Geräts ist, SOLLTE diese Methodik bei Bedarf präventiv verwendet werden.	ja	tw	n

Notizen:

A25	**Verwendung der Konfigurationsoption für AirPrint**		*Hoch*	
	Verantwortliche Rolle: IT-Betrieb		**C I**	
S	Freigegebene AirPrint-Drucker SOLLTEN dem Benutzer durch ein Konfigurationsprofil bereitgestellt werden.	ja	tw	n
S	Um zu vermeiden, dass Informationen auf nicht vertrauenswürdigen Druckern durch die Benutzer ausgedruckt werden können, SOLLTE sichergestellt sein, dass stets alle Kommunikationsverbindungen über die Infrastruktursysteme der Institution geführt werden.	ja	tw	n

Notizen:

A26	**Keine Verbindung mit Host-Systemen**		*Hoch*	
	Verantwortliche Rolle: IT-Betrieb		**C I**	
S	Um zu vermeiden, dass iOS-basierte Geräte unautorisiert mit anderen IT-Systemen verbunden werden, SOLLTEN die Benutzer iOS-basierte Geräte ausschließlich mit dem MDM verbinden können.	ja	tw	n

Notizen:

SYS.3.2.4 Android

A1 Auswahl von Endgeräten mit Android *Basis*
Verantwortliche Rolle: IT-Betrieb

M	Bei der Auswahl eines Endgeräts mit Android MUSS sichergestellt sein, dass der Hersteller regelmäßig Sicherheitsupdates für dieses Gerät bereitstellt.	ja	tw	n
M	Das Endgerät MUSS mit einer aktuellen Version von Android ausgeliefert werden oder unmittelbar auf diese aktualisiert werden können.	ja	tw	n

Notizen:

A2 Deaktivieren der Entwickler-Optionen *Standard*
Verantwortliche Rolle: IT-Betrieb

S	In allen Android-basierten Geräten SOLLTEN die Entwickleroptionen deaktiviert sein.	ja	tw	n

Notizen:

A3 Einsatz des Multi-User- und Gäste-Modus *Standard*
Verantwortliche Rolle: IT-Betrieb

S	Es SOLLTE geregelt sein, ob der Multi-User- und Gäste-Modus verwendet werden darf oder eventuell auch muss.	ja	tw	n
S	Ein Benutzer auf dem Android-basierten Gerät SOLLTE einer natürlichen Person entsprechen.	ja	tw	n

Notizen:

A4 Regelung und Konfiguration von Cloud-Print *Standard*
Verantwortliche Rolle: IT-Betrieb

S	Cloud-Print SOLLTE nur dann erlaubt sein, wenn sichergestellt ist, dass der Benutzer nur genehmigte Drucker auswählen kann.	ja	tw	n

Notizen:

A5 Erweiterte Sicherheitseinstellungen *Standard*
Verantwortliche Rolle: IT-Betrieb

S	Es SOLLTEN nur die freigegebenen Sicherheits-Apps sich als Geräteadministrator oder Trust Agents eintragen.	ja	tw	n
S	Das Sicherheitsmanagement SOLLTE das regelmäßig überprüfen.	ja	tw	n
S	Weiterhin SOLLTEN es die Einstellungen für Zugriff auf Nutzungsdaten und Zugriff auf Benachrichtigungen nur erlaubten Apps ermöglichen, auf diese schützenswerten Daten zuzugreifen.	ja	tw	n

Notizen:

A6	**Einsatz eines Produkts zum Schutz vor Schadsoftware**		*Hoch*		
	Verantwortliche Rolle: IT-Betrieb		**C I A**		
S	Es SOLLTE auf Android-basierten Geräten eine Software zum Schutz vor Schadsoftware installiert sein.	ja	tw	n
S	Die Software SOLLTE immer aktuell sein.	ja	tw	n
S	Es SOLLTE eine Software eingesetzt werden, die in unabhängigen Tests als sehr gut bewertet wurde.	ja	tw	n

Notizen:

A7	**Zusätzliche Firewall**		*Hoch*		
	Verantwortliche Rolle: IT-Betrieb		**C I**		
S	Auf Android-basierten Geräten SOLLTE eine Firewall installiert und aktiviert sein.	ja	tw	n

Notizen:

SYS.3.4 Mobile Datenträger

A1	**Sensibilisierung der Mitarbeiter zum sicheren Umgang mit mobilen Datenträgern**		*Basis*		
	Verantwortliche Rolle: IT-Betrieb				
M	Alle Mitarbeiter MÜSSEN für den sicheren Umgang mit mobilen Datenträger sensibilisiert werden.	ja	tw	n
M	Die Mitarbeiter MÜSSEN zudem darauf hingewiesen werden, wie sie sorgfältig mit den mobilen Datenträgern umgehen sollten, um einem Verlust oder Diebstahl vorzubeugen bzw. um eine lange Lebensdauer zu gewährleisten.	ja	tw	n

Notizen:

A2	**Verlustmeldung mobiler Datenträger**		*Basis*		
	Verantwortliche Rolle: Benutzer				
M	Es MUSS umgehend gemeldet werden, wenn ein dienstlich genutzter mobiler Datenträger verloren oder gestohlen wird.	ja	tw	n
S	Das SOLLTE auch für private Datenträger, die dienstlich genutzt werden, gelten.	ja	tw	n
M	Hierfür MUSS es in jeder Institution klare Meldewege und Ansprechpartner geben.	ja	tw	n

Notizen:

A3	**Sicherungskopie der übermittelten Daten**			*Basis*
M	Sind die zu übertragenden Daten auf einem mobilen Datenträger nur zum Zweck der Datenübertragung erstellt bzw. zusammengestellt worden und nicht auf einem weiteren Medium gespeichert, MUSS eine Sicherungskopie dieser Daten vorgehalten werden.	ja	tw	n

Verantwortliche Rolle: Benutzer

Notizen:

A4	**Erstellung einer Richtlinie zum sicheren Umgang mit mobilen Datenträgern**			*Standard*
S	Es SOLLTE eine Richtlinie erstellt werden, die festlegt, wie mit mobilen Datenträgern umgegangen wird.	ja	tw	n
S	Folgende grundlegenden Aspekte SOLLTEN hierbei berücksichtigt werden: • welche mobilen Datenträger tatsächlich genutzt werden und wer diese einsetzen darf, • welche Daten auf mobilen Datenträgern gespeichert werden dürfen und welche nicht, • wie die auf mobilen Datenträgern gespeicherten Daten vor unbefugtem Zugriff, Manipulation und Verlust geschützt werden, • wie die Daten auf den mobilen Datenträgern gelöscht werden sollen, • ob und wie private Datenträger genutzt werden dürfen, • mit welchen externen Mitarbeitern oder Dienstleistern Datenträger ausgetauscht werden dürfen und welche Sicherheitsregelungen dabei zu beachten sind, • wie verhindert wird, dass mobile Datenträger für die unbefugte Weitergabe von Informationen benutzt werden und • wie der Verbreitung von Schadsoftware über mobile Datenträger vorgebeugt wird.	ja	tw	n
S	Außerdem SOLLTE geregelt werden, wie private mobile Datenträger in der Institution genutzt werden dürfen.	ja	tw	n
S	Zudem SOLLTE regelmäßig überprüft werden, ob die Sicherheitsvorgaben für den Umgang mit mobilen Datenträgern noch aktuell sind.	ja	tw	n

Verantwortliche Rolle: Benutzer

Notizen:

A5	**Regelung der Mitnahme von mobilen Datenträgern**			*Standard*
S	Es SOLLTEN klare schriftliche Regeln geben, die festlegen, ob und wie mobile Datenträger mitgenommen werden dürfen.	ja	tw	n
S	Darin SOLLTE insbesondere festgelegt werden, welche Datenträger außer Haus transportiert werden dürfen, wer sie außer Haus mitnehmen darf und welche grundlegenden Sicherheitsmaßnahmen dabei zu beachten sind (Virenschutz, Verschlüsselung schützenswerter Informationen, Aufbewahrung etc.).	ja	tw	n
S	Die Benutzer SOLLTEN auf die Regelungen hingewiesen werden.	ja	tw	n

Verantwortliche Rolle: IT-Betrieb

Notizen:

A6 Datenträgerverwaltung *Standard*

Verantwortliche Rolle: Fachverantwortliche

S	Es SOLLTE eine geregelte Verwaltung von mobilen Datenträgern geben.	ja	tw	n
S	Es SOLLTEN Bestandsverzeichnisse geführt werden.	ja	tw	n
S	Dazu SOLLTEN die Datenträger einheitlich gekennzeichnet werden.	ja	tw	n
S	Weiterhin SOLLTE im Rahmen der Datenträgerverwaltung gewährleistet sein, dass mobile Datenträger sachgerecht behandelt und aufbewahrt sowie ordnungsgemäß eingesetzt und transportiert werden.	ja	tw	n

Notizen:

A7 Sicheres Löschen der Datenträger vor und nach der Verwendung *Standard*

Verantwortliche Rolle: Fachverantwortliche

S	Bevor wiederbeschreibbare Datenträger weitergegeben werden, SOLLTEN sie in geeigner Weise gelöscht werden, bevor sie verwendet oder ausgesondert werden.	ja	tw	n

Notizen:

A10 Datenträgerverschlüsselung *Hoch*
C

Verantwortliche Rolle: IT-Betrieb

S	Mobile Datenträger SOLLTEN bei erhöhtem Schutzbedarf möglichst immer vollständig verschlüsselt werden, auch wenn sie nur gelegentlich für vertrauliche Informationen eingesetzt werden.	ja	tw	n
S	Es SOLLTE ein sicherer Verschlüsselungsalgorithmus eingesetzt werden.	ja	tw	n
S	Um den Anforderungen der Vertraulichkeit der zu übertragenden Informationen zu entsprechen, SOLLTEN entsprechende Verschlüsselungsprogramme auf dem IT-System des Absenders und des Empfängers installiert sein.	ja	tw	n

Notizen:

A11 Integritätsschutz durch Checksummen oder digitale Signaturen *Hoch*
I

Verantwortliche Rolle: IT-Betrieb

S	Um beim Datenaustausch mittels mobiler Datenträger lediglich die Integrität von vertraulichen Informationen sicherzustellen, SOLLTE ein Verfahren zum Schutz gegen zufällige oder vorsätzliche Veränderungen eingesetzt werden.	ja	tw	n
S	Beispiele sind Checksummen-Verfahren, fehlerkorrigierende Codes, Message Authentication Code (MAC) oder Digitale Signaturen. Die Verfahren zum Schutz vor Veränderungen SOLLTEN dem aktuellen Stand der Technik entsprechen.	ja	tw	n

Notizen:

SYS.4 Sonstige Systeme

SYS.4.1 Drucker, Kopierer und Multifunktionsgeräte

A1 Erstellung eines Basis-Konzepts für den Einsatz von Druckern, Kopierern und Multifunktionsgeräten *Basis*

Verantwortliche Rolle: Leiter IT

M	Bevor Drucker, Kopierer und Multifunktionsgeräte beschafft werden, MUSS ein Basis-Konzept für den sicheren Einsatz entwickelt werden.	ja	tw	n
M	Darin MUSS geregelt sein, wo die Geräte aufgestellt werden dürfen, wer darauf zugreifen darf und wie sie vor Angriffen geschützt werden sollen.	ja	tw	n

Notizen:

A2 Geeignete Aufstellung und Zugriff auf Druckern, Kopierern und Multifunktionsgeräten *Basis*

Verantwortliche Rolle: IT-Betrieb

M	Drucker und Multifunktionsgeräte MÜSSEN so aufgestellt, konfiguriert und abgesichert werden, dass nur befugte Anwender die Geräte benutzen und auf verarbeitete Informationen zugreifen können.	ja	tw	n
M	Außerdem MUSS sichergestellt sein, dass nur berechtigte Personen die Geräte administrieren, warten und reparieren können.	ja	tw	n
M	Mit Dienstleistern (z.B. für die Wartung) MÜSSEN schriftliche Vertraulichkeitsvereinbarungen getroffen werden.	ja	tw	n
M	Drucker, Kopierer und Multifunktionsgeräte MÜSSEN mit Gerätepasswörten versehen sein, um so den Zugriff per Webserver und Bedienfeld zu sperren.	ja	tw	n
M	Das Passwort DARF ausschließlich berechtigten Benutzern bekannt sein und MUSS regelmäßig geändert werden.	ja	tw	n
S	Nicht benötigte Gerätefunktionen SOLLTEN abgeschaltet werden.	ja	tw	n

Notizen:

A3 Regelmäßige Aktualisierung von Druckern, Kopieren und Multifunktionsgeräten *Basis*

Verantwortliche Rolle: IT-Betrieb

M	Es MUSS regelmäßig überprüft werden, ob die Drucker, Kopierer und Multifunktionsgeräte auf dem aktuellen Stand sind.	ja	tw	n
M	Wenn Sicherheitslücken identifiziert werden, MÜSSEN diese so schnell wie möglich behoben werden.	ja	tw	n
M	Vorhandene Patches und Updates MÜSSEN sofort eingespielt werden oder anderweitige Sicherheitsmaßnahmen ergriffen werden, wenn keine Patches zur Verfügung stehen.	ja	tw	n
M	Generell MUSS darauf geachtet werden, dass Patches und Updates nur aus vertrauenswürdigen Quellen bezogen werden.	ja	tw	n

Notizen:

A12 Ordnungsgemäße Entsorgung von Geräten und schützenswerten Betriebsmitteln *Basis*
Verantwortliche Rolle: IT-Betrieb

M	Bevor die Institution Altgeräte entsorgt oder zurückgibt, MÜSSEN alle sensiblen Daten auf den Geräten sicher gelöscht werden.	ja	tw	n
S	Ist das nicht möglich, SOLLTEN die Massenspeicher ausgebaut und durch geeignete Prozesse vernichtet werden.	ja	tw	n
M	Mit der Entsorgung beauftragte Dienstleister MÜSSEN verpflichtet werden, die erforderlichen Sicherheitsmaßnahmen einzuhalten.	ja	tw	n
M	Nicht benötigte, aber ausgedruckte Dokumente mit sensiblen Informationen MÜSSEN geeignet entsorgt werden, z.B. in geeigneten Papiercontainern.	ja	tw	n
S	Auch für Heimarbeitsplätze SOLLTEN geeignete Regelungen hierfür festgelegt werden.	ja	tw	n

Notizen:

A4 Erstellung eines Sicherheitskonzeptes für den Einsatz von Druckern, Kopieren und Multifunktionsgeräten *Standard*
Verantwortliche Rolle: Leiter IT

S	Die Verantwortlichen SOLLTEN ein Sicherheitskonzept für Drucker und Multifunktionsgeräte entwickeln.	ja	tw	n
S	Darin SOLLTE geregelt werden, welche Anforderungen und Vorgaben an die Informationssicherheit der Geräte gestellt und wie diese erfüllt werden sollen.	ja	tw	n
S	Es SOLLTE auch festgelegt werden, welche Funktionen von welchen Benutzern unter welchen Bedingungen administriert beziehungsweise genutzt werden dürfen.	ja	tw	n

Notizen:

A5 Erstellung von Benutzer- und Administrationsrichtlinien für den Umgang mit Druckern, Kopierern und Multifunktionsgeräten *Standard*
Verantwortliche Rolle: Informationssicherheitsbeauftragter (ISB)

S	Für den sicheren Umgang mit Druckern und Multifunktionsgeräten SOLLTE eine Administrationsrichtlinie ausgearbeitet werden.	ja	tw	n
S	Für die Benutzer SOLLTE außerdem ein Merkblatt erstellt werden, auf dem alle Sicherheitsvorgaben zum Umgang mit Druckern und Multifunktionsgeräten übersichtlich und verständlich zusammengefasst sind.	ja	tw	n
S	Das Merkblatt SOLLTE allen Benutzern bekannt sein.	ja	tw	n

Notizen:

SYS IT-Systeme

A7 **Beschränkung der administrativen Fernzugriffe auf Drucker, Kopierer und Multifunktionsgeräte** *Standard*

Verantwortliche Rolle: IT-Betrieb

S	Der administrative Fernzugriff auf Drucker, Kopierer und Multifunktionsgeräte SOLLTE nur einer klar definierten Gruppe an Administratoren und Servicetechnikern ermöglicht werden.	ja	tw	n
S	Das SOLLTE auch dann sichergestellt sein, wenn die Institution eine zentrale Geräteverwaltungssoftware einsetzt.	ja	tw	n
S	Es SOLLTE festgelegt werden, ob die Anzeige des Bedienfelds über ein Datennetz eingesehen werden kann.	ja	tw	n
S	Wenn dies gewünscht ist, SOLLTE es nur an Mitarbeiter des IT-Betriebs übertragen werden können.	ja	tw	n
S	Auch SOLLTE dies mit den betroffenen Benutzern abgestimmt sein.	ja	tw	n

Notizen:

A11 **Einschränkung der Anbindung von Druckern, Kopierern und Multifunktionsgeräten** *Standard*

Verantwortliche Rolle: IT-Betrieb

S	Netzdrucker und Multifunktionsgeräte SOLLTEN nicht aus Fremdnetzen erreichbar sein.	ja	tw	n
S	Wenn Multifunktionsgeräte an das Telefonnetz angeschlossen werden, SOLLTE sichergestellt werden, dass keine unkontrollierten Datenverbindungen zwischen dem Datennetz der Institution und dem Telefonnetz aufgebaut werden können.	ja	tw	n

Notizen:

A15 **Verschlüsselung von Informationen bei Druckern, Kopierern und Multifunktionsgeräten** *Standard*

Verantwortliche Rolle: IT-Betrieb

S	Wenn möglich, SOLLTEN alle auf geräteinternen nichtflüchtigen Speichermedien (z.B. Festplatten, SSDs) abgelegten Informationen verschlüsselt werden.	ja	tw	n
S	Druckaufträge SOLLTEN möglichst verschlüsselt übertragen werden.	ja	tw	n

Notizen:

A17 Schutz von Nutz- und Metadaten *Standard*
Verantwortliche Rolle: IT-Betrieb

S	Nutzdaten, wie Druckaufträge und Scandateien, SOLLTEN nur so kurz wie möglichst auf den Geräten gespeichert werden.	ja	tw	n
S	Die Daten SOLLTEN automatisch nach einer definierten Zeit gelöscht werden.	ja	tw	n
S	Gerätebasierende Dateiserver und Funktionen wie „Scan in den Gerätespeicher" SOLLTEN abgeschaltet werden.	ja	tw	n
S	Die dafür benötigten Protokolle und Funktionen SOLLTEN, soweit möglich, gesperrt werden.	ja	tw	n
S	Generell SOLLTE darauf geachtet werden, dass alle Metadaten, z.B. von Druckaufträgen, nicht für Unberechtigte sichtbar sind.	ja	tw	n
S	Es SOLLTE geregelt werden, wie mit Metadaten versehende Ausdrucke an Dritte weitergegeben werden.	ja	tw	n

Notizen:

A18 Konfiguration von Druckern, Kopierern und Multifunktionsgeräten *Standard*
Verantwortliche Rolle: IT-Betrieb

S	Alle Drucker und Multifunktionsgeräte SOLLTEN entsprechend einer definierten Sicherheitsrichtlinie konfiguriert werden.	ja	tw	n
S	Die Geräte SOLLTEN ausschließlich über verschlüsselte Protokolle wie https und SNMPv3 verwaltet werden.	ja	tw	n
S	Sämtliche Protokolle, mit denen unverschlüsselt auf Drucker und Multifunktionsgeräte zugegriffen werden kann, SOLLTEN durch verschlüsselte ersetzt und abgeschaltet werden.	ja	tw	n
S	Das SOLLTE insbesondere für Protokolle umgesetzt werden, mit denen sich die Gerätekonfiguration verändern lässt, z.B. SNMP, Telnet und PJL.	ja	tw	n
S	Der voreingestellte SNMP Set Community NameSOLLTE geändert werden.	ja	tw	n

Notizen:

A19 Sicheres Löschen von Informationen bei Druckern, Kopierern und Multifunktionsgeräten *Standard*
Verantwortliche Rolle: IT-Betrieb

S	Es SOLLTE sichergestellt werden, dass gelöschte Daten nicht wieder rekonstruierbar sind.	ja	tw	n
S	Dafür SOLLTEN freigegebene Datensegmente automatisch mit Zufallswerten überschrieben werden.	ja	tw	n
S	Alle nicht mehr benötigten kryptographischen Schlüssel und Zertifikate SOLLTEN sicher gelöscht werden.	ja	tw	n

Notizen:

SYS IT-Systeme

A14 Authentisierung und Autorisierung bei Druckern und Multifunktionsgeräten *Hoch*
Verantwortliche Rolle: IT-Betrieb   C I

S	Es SOLLTEN nur berechtigte Personen auf die ausgedruckten oder kopierten Dokumente zugreifen können.	ja	tw	n
S	Es SOLLTEN möglichst nur zentrale Drucker und Multifunktionsgeräte eingesetzt werden, bei denen sich die Benutzer authentisieren müssen, bevor sie diese benutzen können.	ja	tw	n
S	Es SOLLTEN nur die für die jeweiligen Benutzer notwendigen Funktionen freigeschaltet werden.	ja	tw	n
S	Nachdem sich die Benutzer authentisiert haben, SOLLTEN ausschließlich die eigenen Druckaufträge sichtbar sein.	ja	tw	n

Notizen:

A16 Notfallvorsorge bei Druckern, Kopierern und Multifunktionsgeräten *Hoch*
Verantwortliche Rolle: IT-Betrieb   A

S	Die Ausfallzeiten von Druckern, Kopierern und Multifunktionsgeräten SOLLTEN so gering wie möglich sein.	ja	tw	n
S	Deshalb SOLLTEN unter anderem • Ersatzgeräte bereitstehen, • in Wartungsverträgen auf eine angemessene Reaktionszeit geachtet werden, • eine Liste mit Fachhändlern geführt werden, um schnell Ersatzgeräte oder -teile beschaffen zu können und • falls erforderlich, häufig benötigte Ersatzteile gelagert werden.	ja	tw	n

Notizen:

A20 Erweiterter Schutz von Informationen bei Druckern und Multifunktionsgeräten *Hoch*
Verantwortliche Rolle: IT-Betrieb   C

S	Druckdateien mit vertraulichen Informationen SOLLTEN nur verschlüsselt übertragen werden.	ja	tw	n
S	Auch SOLLTEN auf dem Druckserver die Namen der Druckaufträge nur anonymisiert angezeigt werden.	ja	tw	n
S	Alle Schnittstellen für externe Speichermedien SOLLTEN gesperrt werden.	ja	tw	n
S	Weiterhin SOLLTEN geräteinterne Adressbücher deaktiviert und den Benutzern alternative Adressierungsverfahren (z.B. Adresssuche per LDAP) angeboten werden.	ja	tw	n
S	Bei Druckern und Multifunktionsgeräten mit E-Mail-Funktion SOLLTE sichergestellt sein, dass E-Mails ausschließlich mit der E-Mail-Adresse eines authentisierten Benutzers versendet werden können.	ja	tw	n
S	Auch SOLLTEN Dokumente nur an interne E-Mail-Adressen verschickt werden können.	ja	tw	n
S	Alternativ SOLLTEN die Geräte so eingestellt werden, dass sich eingescannte Dokumente nur an eine fest eingetragene Adresse senden lassen.	ja	tw	n
S	Eingehende Fax-Dokumente sowie Sendeberichte SOLLTEN nur autorisierten Benutzern zugänglich sein.	ja	tw	n

Notizen:

A21	**Erweiterte Absicherung von Druckern und Multifunktionsgeräten**		*Hoch*	
	Verantwortliche Rolle: IT-Betrieb		**I A**	
S	Die Sicherheitseinstellungen von Druckern und Multifunktionsgeräten sind regelmäßig zu kontrollieren und, falls notwendig, zu korrigieren. Wenn ein automatisiertes Kontroll- und Korrektursystem verfügbar ist, SOLLTE es genutzt werden.	ja	tw	n
S	Zudem SOLLTE eingeschränkt werden, dass die Geräte über das Bootmenü auf die Werkseinstellungen zurückgestellt werden können.	ja	tw	n
S	Es SOLLTE sichergestellt sein, dass keine Firmware oder Zusatzsoftware in Druckern und Multifunktionsgeräten installiert werden kann, die nicht vom jeweilgen Hersteller verifiziert und freigegeben wurde.	ja	tw	n

Notizen:

SYS.4.4 Allgemeines IoT-Gerät

A1	**Einsatzkriterien für IoT-Geräte**		*Basis*	
	Verantwortliche Rolle: IT-Betrieb			
M	IoT-Geräte MÜSSEN ein Minimum an Sicherheitskriterien erfüllen, damit sie in Institutionen eingesetzt werden können.	ja	tw	n
M	Die Geräte MÜSSEN Update-Funktionen besitzen und der Hersteller MUSS einen Update-Prozess anbieten.	ja	tw	n
M	Die Geräte MÜSSEN eine Authentisierung ermöglichen.	ja	tw	n
M	Es DÜRFEN KEINE fest codierten Zugangsdaten im Gerät existieren.	ja	tw	n

Notizen:

A2	**Authentisierung**		*Basis*	
	Verantwortliche Rolle: IT-Betrieb			
M	Um ein IoT-Gerät in einer Institution zu nutzen, MUSS eine Authentisierung aktiviert sein.	ja	tw	n
M	Werden hierfür Passwörter verwendet, MÜSSEN sichere Passwörter benutzt werden.	ja	tw	n
S	Hierfür SOLLTE es eine Passwort-Richtlinie geben.	ja	tw	n
M	Diese Passwörter MÜSSEN komplex genug sein, geheim gehalten und regelmäßig gewechselt werden.	ja	tw	n
M	Voreingestellte Passwörter MÜSSEN geändert werden.	ja	tw	n

Notizen:

SYS IT-Systeme

A3	**Regelmäßige Aktualisierung**			*Basis*	
	Verantwortliche Rolle: IT-Betrieb				
M	Es MUSS regelmäßig überprüft werden, ob die IoT-Geräte und zugehörige Komponenten wie Sensoren oder Management-Systeme auf dem aktuellen Stand sind.	ja	tw	n
M	Wenn Sicherheitslücken identifiziert werden, MÜSSEN diese so schnell wie möglich behoben werden.	ja	tw	n
M	Vorhandene Patches und Updates MÜSSEN sofort eingespielt werden oder anderweitige Sicherheitsmaßnahmen ergriffen werden, wenn keine Patches zur Verfügung stehen.	ja	tw	n
M	Generell MUSS darauf geachtet werden, dass Patches und Updates nur aus vertrauenswürdigen Quellen bezogen werden.	ja	tw	n

Notizen:

A4	**Aktivieren von Autoupdate-Mechanismen**			*Basis*	
	Verantwortliche Rolle: IT-Betrieb				
M	Automatische Update-Mechanismen (Autoupdate) MÜSSEN aktiviert werden, sofern nicht andere Mechanismen wie regelmäßige manuelle Wartung oder ein zentrales Softwareverteilungssystem für Updates eingesetzt werden.	ja	tw	n
S	Wenn für Autoupdate-Mechanismen ein Zeitintervall vorgegeben werden kann, SOLLTE mindestens täglich automatisch nach Updates gesucht und diese installiert werden.	ja	tw	n

Notizen:

A5	**Einschränkung des Netzugriffs**			*Basis*	
	Verantwortliche Rolle: IT-Betrieb				
M	Der Netzzugriff von IoT-Geräten MUSS auf das erforderliche Minimum eingeschränkt und kontrolliert werden.	ja	tw	n
S	Dazu gehören: • Verkehrskontrolle an Netzübergängen, z.B. durch Regelwerke auf Firewalls und Access Control Lists (ACLs) auf Routern • Es dürfen nur zuvor definierte ein- und ausgehende Verbindungen erlaubt werden • Restriktive Konfiguration des Routings auf IoT-Geräten und Sensoren, insbesondere die Unterdrückung von Default-Routen • Signaturen auf Intrusion-Prevention-Systemen (IPS) • Die IoT-Geräte und Sensoren SOLLTEN in einem eigenen Netzsegment betrieben werden, das ausschließlich mit dem Netzsegment für das Management kommunizieren darf • Konfiguration von Virtual Private Networks (VPNs) zwischen den Netzen mit IoT-Geräten und Sensor-Netzen und den Management-Netzen • UPnP-Funktion MUSS an allen Routern deaktiviert sein.	ja	tw	n

Notizen:

A6	Aufnahme von IoT-Geräten in die Sicherheitsrichtlinie der Institution			*Standard*	
	Verantwortliche Rolle: IT-Betrieb				
S	In der allgemeinen Sicherheitsrichtlinie der Institution SOLLTEN die Anforderungen an IoT-Geräte konkretisiert werden.	ja	tw	n	
S	Die Richtlinie SOLLTE allen Personen, die an der Beschaffung und dem Betrieb von IoT-Geräten beteiligt sind, bekannt und Grundlage für deren Arbeit sein.	ja	tw	n	
S	Die Umsetzung der in der Richtlinie geforderten Inhalte SOLLTE regelmäßig überprüft und die Ergebnisse sinnvoll dokumentiert werden.	ja	tw	n	

Notizen:

A7	Planung des Einsatzes von IoT-Geräten			*Standard*	
	Verantwortliche Rolle: IT-Betrieb				
S	Zum sicheren Betrieb von IoT-Geräten SOLLTE im Vorfeld geplant werden, wo und wie diese eingesetzt werden sollen.	ja	tw	n	
S	Die Planung SOLLTE dabei nicht nur Aspekte betreffen, die klassischerweise mit dem Begriff Informationssicherheit verknüpft werden, sondern auch normale betriebliche Aspekte, die Anforderungen im Bereich der Sicherheit nach sich ziehen.	ja	tw	n	
S	Dabei SOLLTEN Vorgaben zur Authentisierung, Update-Mechanismen und Netzanbindung definiert werden.	ja	tw	n	
S	Alle Entscheidungen, die in der Planungsphase getroffen wurden, SOLLTEN so dokumentiert werden, dass sie zu einem späteren Zeitpunkt nachvollzogen werden können.	ja	tw	n	

Notizen:

A8	Beschaffungskriterien für IoT-Geräte			*Standard*	
	Verantwortliche Rolle: Beschaffungsstelle, Informationssicherheitsbeauftragter (ISB)			I	
S	Der ISB SOLLTE auch bei Beschaffungen von Geräten, die keine offensichtliche IT-Funktionalität haben, beteiligt werden.	ja	tw	n	
S	Bevor IoT-Geräte beschafft werden, SOLLTE festgelegt werden, welche Sicherheitsanforderungen diese erfüllen müssen.	ja	tw	n	
S	Bei der Beschaffung von IoT-Geräten SOLLTEN Aspekte der materiellen Sicherheit ebenso wie Anforderungen an die Sicherheitseigenschaften der Software ausreichend berücksichtigt werden.	ja	tw	n	
S	Es SOLLTE eine Anforderungsliste erstellt werden, anhand derer die am Markt erhältlichen Produkte bewertet werden.	ja	tw	n	
S	IoT-Geräte mit einem Cloud-Konzept SOLLTEN nicht beschafft werden.	ja	tw	n	

Notizen:

SYS IT-Systeme

A9 Regelung des Einsatzes von IoT-Geräten *Standard*

Verantwortliche Rolle: IT-Betrieb

S	Für jedes IoT-Gerät SOLLTE ein Verantwortlicher für den Betrieb benannt sein.	ja	tw	n
S	Die Verantwortlichen SOLLTEN ausreichend informiert sein über den Umgang mit dem IoT-Gerät.	ja	tw	n
S	Alle für die Geräte Verantwortlichen, Benutzer und Administratoren SOLLTEN über Verhaltensregeln und Meldewege bei Ausfällen, Fehlfunktionen oder bei Verdacht auf einen Sicherheitsvorfall informiert sein.	ja	tw	n

Notizen:

A10 Sichere Installation und Konfiguration von IoT-Geräten *Standard*

Verantwortliche Rolle: IT-Betrieb

S	Es SOLLTE festgelegt werden, unter welchen Rahmenbedingungen IoT-Geräte installiert und konfiguriert werden.	ja	tw	n
S	Die Installation und Konfiguration der IoT-Geräte SOLLTE nur von autorisierten Personen (Verantwortlich für IoT-Geräte, Administratoren oder vertraglich gebundene Dienstleister) nach einem definierten Prozess durchgeführt werden.	ja	tw	n
S	Alle Installations- und Konfigurationsschritte SOLLTEN so dokumentiert werden, dass die Installation und Konfiguration durch einen sachkundigen Dritten anhand der Dokumentation nachvollzogen und wiederholt werden kann.	ja	tw	n
S	Die Grundeinstellungen von IoT-Geräten SOLLTEN überprüft und nötigenfalls entsprechend den Vorgaben der Sicherheitsrichtlinie angepasst werden.	ja	tw	n
S	Falls möglich, SOLLTEN IoT-Geräte erst mit IT-Netzen verbunden werden, nachdem die Installation und die Konfiguration abgeschlossen sind; dies gilt vor allem für öffentliche Netze.	ja	tw	n

Notizen:

A11 Verwendung sicherer Protokolle *Standard*

Verantwortliche Rolle: IT-Betrieb

S	Daten SOLLTEN nur verschlüsselt übertragen werden.	ja	tw	n
S	IoT-Geräte SOLLTEN ein auf Verschlüsselung basierendes Protokoll (z.B. SSL/TLS bzw. SSH) unterstützen.	ja	tw	n
S	Bietet das Produkt selbst keine Verschlüsselung, SOLLTE dies bei der Inbetriebnahme, z.B. über ein Virtual Private Network (VPN), flankierend umgesetzt werden.	ja	tw	n

Notizen:

A12 Sichere Integration in übergeordnete Systeme *Standard*

Verantwortliche Rolle: Informationssicherheitsbeauftragter (ISB) I

S	Wenn IoT-Geräte in Zusammenhang mit übergeordneten Management-Systemen eingesetzt werden, SOLLTEN sie ausschließlich mit diesen kommunizieren.	ja	tw	n

Notizen:

A13 Deaktivierung und Deinstallation nicht benötigter Komponenten *Standard*
Verantwortliche Rolle: IT-Betrieb

S	Nach der Installation SOLLTE überprüft werden, welche Protokolle, Anwendungen und weitere Tools auf den IoT-Geräten installiert und aktiviert sind.	ja	tw	n
S	Nicht benötigte Protokolle, Dienste, Benutzerkennungen und Schnittstellen SOLLTEN deaktiviert oder ganz deinstalliert werden.	ja	tw	n
S	Dies gilt insbesondere für unsichere Dienste, wie z.B. Telnet oder SNMPv1/v2. Die Verwendung von nicht benötigten Funkschnittstellen, z.B. für WLAN, ZigBee, Bluetooth, SOLLTE unterbunden werden.	ja	tw	n
S	Wenn dies nicht am Gerät selber möglich ist, SOLLTEN nicht benötigte Dienste über das Sicherheitsgateway (Firewall) eingeschränkt werden.	ja	tw	n
S	Die getroffenen Entscheidungen SOLLTEN so dokumentiert werden, dass nachvollzogen werden kann, welche Konfiguration für die IoT-Geräte gewählt wurden.	ja	tw	n

Notizen:

A14 Einsatzfreigabe *Standard*
Verantwortliche Rolle: IT-Betrieb

S	Bevor IoT-Geräte im produktiven Betrieb eingesetzt und bevor sie an ein produktives Netz angeschlossen werden, SOLLTE eine Einsatzfreigabe erfolgen.	ja	tw	n
S	Diese SOLLTE dokumentiert werden.	ja	tw	n
S	Für die Einsatzfreigabe SOLLTEN die Installations- und Konfigurationsdokumentation und die Funktionsfähigkeit der IoT-Geräte in einem Test geprüft werden.	ja	tw	n
S	Sie SOLLTE durch eine in der Institution dafür autorisierte Stelle erfolgen.	ja	tw	n

Notizen:

A15 Restriktive Rechtevergabe *Standard*
Verantwortliche Rolle: IT-Betrieb

S	Die Zugriffsberechtigungen auf IoT-Geräte SOLLTEN möglichst restriktiv vergeben werden.	ja	tw	n
S	Wenn dies über die IoT-Geräte selber nicht möglich ist, SOLLTE überlegt werden, dies netzseitig zu regeln.	ja	tw	n

Notizen:

A16 Beseitigen von Schadprogrammen auf IoT-Geräten *Standard*
Verantwortliche Rolle: IT-Betrieb

S	Der IT-Betrieb SOLLTE sich regelmäßig informieren, ob sich die eingesetzten IoT-Geräte mit Schadprogrammen infizieren und wie diese beseitigt werden können.	ja	tw	n
S	Schadprogramme SOLLTEN unverzüglich beseitigt werden.	ja	tw	n
S	Kann die Ursache für die Infektion nicht behoben bzw. eine Neuinfektion nicht wirksam verhindert werden, SOLLTEN die betroffenen IoT-Geräte nicht mehr verwendet werden.	ja	tw	n

Notizen:

SYS IT-Systeme

A17 Überwachung des Netzverkehrs von IoT-Geräten *Standard*
Verantwortliche Rolle: IT-Betrieb

S Es SOLLTE überwacht werden, ob Netzverkehr von den IoT-Geräten oder Sensor-Systemen zu Nicht-Managementsystemen erfolgt. ja tw n

Notizen:

A18 Protokollierung sicherheitsrelevanter Ereignisse bei IoT-Geräten *Standard*
Verantwortliche Rolle: IT-Betrieb

S Sicherheitsrelevante Ereignisse SOLLTEN automatisch protokolliert werden. ja tw n
S Falls dies durch die IoT-Geräte selber nicht möglich ist, SOLLTEN hierfür Router oder andere Protokollmechanismen genutzt werden. ja tw n
S Die Protokolle SOLLTEN in sinnvollem Umfang ausgewertet werden. ja tw n

Notizen:

A19 Schutz der Administrationsschnittstellen *Standard*
Verantwortliche Rolle: IT-Betrieb

S Abhängig davon, ob IoT-Geräte lokal, direkt über das Netz oder über zentrale netzbasierte Tools administriert werden, SOLLTEN geeignete Sicherheitsvorkehrungen getroffen werden. ja tw n
S Die zur Administration verwendeten Methoden SOLLTEN in der Sicherheitsrichtlinie festgelegt werden. ja tw n
S Die IoT-Geräte SOLLTEN entsprechend der Sicherheitsrichtlinie administriert werden. ja tw n
S Die Administration über das Netz SOLLTE über sichere Protokolle erfolgen. ja tw n

Notizen:

A20 Geregelte Außerbetriebnahme von IoT-Geräten *Standard*
Verantwortliche Rolle: IT-Betrieb

S Bei der Außerbetriebnahme von IoT-Geräten SOLLTE sichergestellt werden, dass keine wichtigen Daten, die eventuell auf den verbauten Datenträgern gespeichert sind, verloren gehen und dass keine sensitiven Daten zurückbleiben. ja tw n
S Es SOLLTE einen Überblick darüber geben, welche Daten wo auf IoT-Geräten gespeichert sind. ja tw n
S Es SOLLTE eine Checkliste erstellt werden, die bei der Außerbetriebnahme von IoT-Geräten abgearbeitet werden kann. ja tw n
S Diese Checkliste SOLLTE mindestens Aspekte zur Datensicherung weiterhin benötigter Daten und dem anschließenden sicheren Löschen aller Daten umfassen. ja tw n

Notizen:

A21 Einsatzumgebung und Stromversorgung

Verantwortliche Rolle: Haustechnik, Informationssicherheitsbeauftragter (ISB)

Hoch
I

S	Es SOLLTE geklärt werden, ob IoT-Geräte in der angedachten Einsatzumgebung betrieben werden dürfen (Schutzbedarf anderer Systeme, Datenschutz).	ja	tw	n
S	IoT-Geräte SOLLTEN in der Einsatzumgebung vor Diebstahl, Zerstörung und Manipulation geschützt werden.	ja	tw	n
S	Es SOLLTE geklärt sein, ob ein IoT-Gerät bestimmte Anforderungen an die physikalische Einsatzumgebung hat, wie z.B. Luftfeuchtigkeit, Temperatur oder Energieversorgung.	ja	tw	n
S	Falls erforderlich, SOLLTEN dafür ergänzende Maßnahmen bei der Infrastruktur umgesetzt werden.	ja	tw	n
S	Wenn IoT-Geräte mit Batterien betrieben werden, SOLLTE der regelmäßige Funktionstest und Austausch der Batterien geregelt werden.	ja	tw	n
S	IoT-Geräte SOLLTEN entsprechend ihrer vorgesehenen Einsatzart und dem vorgesehenen Einsatzort vor Staub und Verschmutzungen geschützt werden.	ja	tw	n

Notizen:

A22 Systemüberwachung

Verantwortliche Rolle: IT-Betrieb

Hoch
A

S	Die IoT-Geräte SOLLTEN in ein geeignetes Systemüberwachungs- bzw. Monitoringkonzept eingebunden werden, das den Systemzustand und die Funktionsfähigkeit der IoT-Geräte laufend überwacht und Fehlerzustände sowie die Überschreitung definierter Grenzwerte an das Betriebspersonal meldet.	ja	tw	n
S	Ist eine hohe Verfügbarkeit der IoT-Geräte erforderlich, SOLLTE geprüft werden, ob die verwendeten Geräte diese Anforderung erfüllen oder ob weitere Maßnahmen wie das Einrichten eines Clusters oder die Beschaffung von Standby-Geräten erforderlich sind.	ja	tw	n

Notizen:

A23 Auditierung von IoT-Geräten

Verantwortliche Rolle: IT-Betrieb

Hoch
C I A

S	In sicherheitskritischen Bereichen SOLLTEN alle zum Einsatz kommenden IoT-Geräte durch Experten sicherheitstechnisch überprüft werden.	ja	tw	n

Notizen:

A24 Sichere Konfiguration und Nutzung eines eingebetteten Webservers

Verantwortliche Rolle: IT-Betrieb

Hoch
C I A

S	In IoT-Geräten integrierte Webserver SOLLTEN möglichst restriktiv konfiguriert sein.	ja	tw	n
S	Es SOLLTEN nur die benötigten Komponenten und Funktionen installiert bzw. aktiviert sei.	ja	tw	n
S	Der Webserver SOLLTE NICHT unter einem privilegierten Konto betrieben werden, soweit möglich.	ja	tw	n
S	Sicherheitsrelevante Ereignisse SOLLTEN protokolliert werden.	ja	tw	n
M	Der Zugang DARF nur nach Authentisierung möglich sein.	ja	tw	n
S	Die Übertragung SOLLTE verschlüsselt sein.	ja	tw	n

Notizen:

IND Industrielle IT

IND.1 Betriebs- und Steuerungstechnik

A1		Einbindung in die Sicherheitsorganisation			*Basis*	
		Verantwortliche Rolle: ICS-Informationssicherheitsbeauftragter				
	M	Ein Informationssicherheits-Managementsystem (ISMS) für den Betrieb der OT-Infrastruktur MUSS entweder als selbständiges ISMS oder als Teil eines Gesamt-ISMS existieren und MUSS in seinem Geltungsbereich die Definition von Zielen und Werten, Prozessen, Rollen, Verantwortlichkeiten und Vorgaben für die OT explizit umfassen.	ja	tw	n
	M	Die Leitungsebene der Institution MUSS den Sicherheitsprozess initiieren, steuern und kontrollieren.	ja	tw	n
	M	Die Institution MUSS eine Sicherheitsorganisation aufbauen, welche die Rollen und Verantwortlichkeiten für die Informationssicherheit der OT-Infrastruktur und -Komponenten regelt.	ja	tw	n
	M	Es MUSS ein Gesamtverantwortlicher für die Informationssicherheit im OT-Bereich bestimmt und innerhalb der Institution bekannt gegeben werden.	ja	tw	n
	M	Gesetzliche, regulatorische und sonstige besonderen Vorgaben für den OT-Bereich sowie die jeweilige Branche bzw. den Sektor MÜSSEN bekannt und ihre Auswirkungen auf die Institution ausgewertet sein.	ja	tw	n
	M	Es MUSS ein Prozess existieren, wie konkrete Vorgaben (Richtlinien) für bestimmte Themenbereiche im Prozessbereich verfasst, kommuniziert, zur Umsetzung gebracht, fortgeschrieben, bewertet und verbessert werden.	ja	tw	n

Notizen:

A2		Sensibilisierung und Schulung des Personals			*Basis*	
		Verantwortliche Rolle: ICS-Informationssicherheitsbeauftragter				
	M	Betriebspersonal MUSS regelmäßig zu relevanten IT-Sicherheitsbedrohungen im OT-Bereich informiert und sensibilisiert werden.	ja	tw	n
	M	OT-Verantwortliche MÜSSEN regelmäßig zur Bedrohungslage und Handlungsbedarfen informiert oder geschult werden.	ja	tw	n

Notizen:

A3 Schutz vor Schadprogrammen *Basis*

Verantwortliche Rolle: ICS-Informationssicherheitsbeauftragter

M	Zur Vorbeugung vor Risiken durch Schadprogramme MUSS ein Konzept zum Schutz vor Schadprogrammen erstellt und umgesetzt werden.	ja	tw	n
M	Darin MÜSSEN die bedrohten IT-Systeme sowie die möglichen Infektionswege (Außenschnittstellen, Wechselmedien, Service- und Parametrier-/Programmiergeräte) betrachtet und geeignete technische und organisatorische Schutzmaßnahmen festgelegt sein.	ja	tw	n
M	Beim Einsatz von Virenschutz-Software auf OT-Komponenten MUSS berücksichtigt werden, ob und in welcher Konfiguration der Betrieb von Virenschutz-Software vom Hersteller unterstützt wird.	ja	tw	n
M	Ist dies nicht der Fall, MUSS im Rahmen einer Risikoanalyse der Bedarf an alternativen Schutzverfahren geprüft werden.	ja	tw	n
M	Eingesetzte Virenschutz-Software MUSS mit aktuellen Signaturen versorgt werden.	ja	tw	n
M	Das Virenschutzkonzept MUSS die Aktualisierungsstrategie festlegen.	ja	tw	n
M	Dies umfasst den Bezug von Signaturen, deren Verteilungsverfahren und die Häufigkeit der Aktualisierung. Der Bezug und die Verteilung von Signaturen können automatisiert erfolgen. Der Bezug von Virensignaturen durch OT-Systeme DARF NICHT direkt aus dem Internet erfolgen, sondern MUSS indirekt über einen Proxy- oder Virensignaturverteildienst erfolgen.	ja	tw	n
M	Die Schnittstellensysteme MÜSSEN in einer eigenständigen Zone (z.B. DMZ) von der OT-Umgebung getrennt betrieben werden.	ja	tw	n

Notizen:

A4 Dokumentation der OT-Infrastruktur *Standard*

Verantwortliche Rolle: ICS-Informationssicherheitsbeauftragter

S	Die sicherheitsrelevanten Parameter der OT-Infrastruktur SOLLTEN dokumentiert sein.	ja	tw	n
S	In einem Bestandsverzeichnis SOLLTEN alle Software- und Systemkomponenten geführt werden.	ja	tw	n
S	Hieraus SOLLTEN die eingesetzten Produkt- und Protokollversionen sowie die Zuständigkeiten hervorgehen.	ja	tw	n
S	Zu den eingesetzten Komponenten SOLLTEN eventuelle Restriktionen der Hersteller oder regulatorische Auflagen wie etwa Zertifizierungen bestimmt sein.	ja	tw	n
S	Diese Dokumentation und ein Systeminventar SOLLTEN beispielsweise in einem Leitsystem geführt werden.	ja	tw	n
S	Zusätzlich SOLLTE ein aktueller Netzplan Zonen, Zonenübergänge (Conduits), eingesetzte Kommunikationsprotokolle und -verfahren sowie Außenschnittstellen dokumentieren.	ja	tw	n
S	Bei den Schnittstellen SOLLTEN aktive Netzkomponenten wie auch manuelle Datentransferverfahren (z.B. durch Wechseldatenträger) berücksichtigt werden.	ja	tw	n
S	Die Dokumentation SOLLTE Redundanzen, IP-Adressen bzw. -Bereiche und die Zuordnung zu physischen Sicherheitszonen erfassen.	ja	tw	n

Notizen:

IND Industrielle IT

	A5	**Entwicklung eines geeigneten Zonenkonzepts**	*Standard*		
		Verantwortliche Rolle: IT-Betrieb	**I**		
S		Es SOLLTE ein Zonenkonzept vorliegen, welches verschiedene Level mit unterschiedlichen Schutzbedarfen definiert und die komplette OT-Infrastruktur sowie mindestens den Übergang zur Office-IT umfasst.	ja	tw	n
S		Das Netz SOLLTE den Zonen entsprechend segmentiert sein und der Datenfluss zwischen den Zonen geeignet kontrolliert werden, um Angriffe aufwendiger, unwahrscheinlicher und leichter feststellbar zu machen.	ja	tw	n
S		Es SOLLTE auch eine horizontale Segmentierung in unabhängige Funktionsbereiche (etwa Anlagen) erfolgen.	ja	tw	n
S		Die einzelnen Zonen SOLLTEN so weit wie möglich im Betrieb voneinander unabhängig sein.	ja	tw	n
S		Insbesondere die Zonen, in denen der technische Prozess gesteuert wird, SOLLTEN bei einem Ausfall der anderen Zonen oder deren bewusster Abkopplung nach einer Kompromittierung eine vorbestimmte Zeitspanne weiter betreibbar sein.	ja	tw	n
S		Dieser Zeitraum SOLLTE im Rahmen der Risikoanalyse oder alternativ im Rahmen der Notfallplanung definiert und dokumentiert werden.	ja	tw	n
S		Das Netz SOLLTE daher stabil im Sinn von manipulations- und fehlerresistent konzipiert werden.	ja	tw	n
S		Alle Schnittstellen/Verbindungen zwischen den Zonen SOLLTEN einer Risikobetrachtung unterzogen sein.	ja	tw	n
S		An den Außenschnittstellen SOLLTEN authentisierte Benutzer und integritätsgeschützte Protokolle eingesetzt werden.	ja	tw	n

Notizen:

	A6	**Änderungsmanagement im OT-Betrieb**	*Standard*		
		Verantwortliche Rolle: ICS-Informationssicherheitsbeauftragter			
S		Für Änderungen an der OT SOLLTE ein Änderungsprozess (Change Management) definiert, dokumentiert und gelebt werden.	ja	tw	n
S		Der Änderungsprozess SOLLTE gewährleisten, dass Änderungen geplant, dokumentiert, angemessen auf unerwünschte Seiteneffekte und Funktionalität getestet, objektiv auf sicherheitsrelevante oder betriebliche Auswirkungen bewertet und freigegeben werden.	ja	tw	n
S		Es SOLLTE ein Konzept zur sicheren Erprobung von Änderungen vorliegen.	ja	tw	n
S		Die Systemzeit der OT-Infrastruktur SOLLTE synchron gehalten werden.	ja	tw	n
S		Dies SOLLTE mit einer externen Referenz erfolgen.	ja	tw	n

Notizen:

A7	**Etablieren einer Berechtigungsverwaltung**			*Standard*

Verantwortliche Rolle: ICS-Informationssicherheitsbeauftragter

S	Die Institution SOLLTE einen Prozess zur Verwaltung von Benutzerzugängen und zugeordneten Berechtigungen für den Zugriff auf die OT etablieren.	ja	tw	n
S	Die Berechtigungsverwaltung SOLLTE den Prozess, die Durchführung und die Dokumentation für die Beantragung, Einrichtung und den Entzug von Berechtigungen umfassen.	ja	tw	n
S	Die Berechtigungsverwaltung SOLLTE gewährleisten, dass Berechtigungen nach dem Minimalprinzip vergeben und regelmäßig überprüft werden.	ja	tw	n
S	In der Berechtigungsverwaltung SOLLTEN die Zugriffe auf IT-Systeme für Mitarbeiter, Administratoren und Dritte geregelt sein.	ja	tw	n
S	Jeder Beteiligte SOLLTE regelmäßig zu den einzuhaltenden Regelungen geschult werden.	ja	tw	n
S	Die Einhaltung SOLLTE überprüft und Fehlverhalten sanktioniert werden.	ja	tw	n

Notizen:

A8	**Sichere Administration**			*Standard*
				I A

Verantwortliche Rolle: IT-Betrieb

S	Für die Erstkonfiguration, Verwaltung (Administration) und Fernwartung in der OT SOLLTEN entweder sichere Protokolle oder aber abgetrennte Administrationsnetze mit entsprechendem Schutzbedarf genutzt werden.	ja	tw	n
S	Der Zugang zu diesen Schnittstellen SOLLTE auf die Berechtigten eingeschränkt sein.	ja	tw	n
S	Es SOLLTE nur der Zugriff auf die Systeme und Funktionen gewährt sein, welche für die jeweilige Administrationsaufgabe benötigt werden.	ja	tw	n
S	Die Systeme und Kommunikationskanäle, mit denen die Administration oder Fernwartung durchgeführt wird, SOLLTEN das gleiche Schutzniveau aufweisen wie die verwalteten OT-Komponenten.	ja	tw	n
S	Jede Fernwartung und -überwachung SOLLTE durch die Institution autorisiert, überwacht und gesteuert werden.	ja	tw	n
S	Dazu SOLLTE der Fernwartungszugang nur für die Nutzung aktiviert und danach wieder deaktiviert werden.	ja	tw	n
S	Dies SOLLTE dokumentiert werden.	ja	tw	n
S	Dabei SOLLTE darauf geachtet werden, dass es nicht möglich ist, unerwünschte Tunnel zur Umgehung von Sicherheitsmaßnahmen aufzubauen.	ja	tw	n
S	Bei höherem Schutzbedarf SOLLTE zudem für kritische administrative Schritte ein Vier-Augen-Prinzip gelten.	ja	tw	n

Notizen:

IND Industrielle IT

A9 Restriktiver Einsatz von Wechseldatenträgern und mobilen Endgeräten *Standard*

Verantwortliche Rolle: ICS-Informationssicherheitsbeauftragter

S	Für die Nutzung von Wechseldatenträgern und mobilen Endgeräten SOLLTEN Regelungen für den Umgang aufgestellt und bekannt gemacht werden.	ja	tw	n
S	Grundsätzlich SOLLTE der Einsatz von Wechseldatenträgern und mobilen Endgeräten in ICS-Umgebungen beschränkt werden.	ja	tw	n
S	Für Medien und Geräte von Dienstleistern SOLLTEN ein Genehmigungsprozess und eine Anforderungsliste existieren.	ja	tw	n
S	Die Vorgaben SOLLTEN jedem Dienstleister bekannt sein und von diesen schriftlich bestätigt werden.	ja	tw	n
S	Auf den OT-Komponenten SOLLTEN alle nicht benötigten Schnittstellen deaktiviert werden.	ja	tw	n

Notizen:

A10 Monitoring, Protokollierung und Detektion *Standard*

Verantwortliche Rolle: Bereichs-Sicherheitsbeauftragter

S	Zur Begrenzung der möglichen Auswirkungen von Sicherheitsvorfällen SOLLTEN betriebs- und sicherheitsrelevante Ereignisse zeitnah identifiziert werden.	ja	tw	n
S	Hierzu SOLLTE ein geeignetes Log- und Event-Management entwickelt und umgesetzt werden.	ja	tw	n
S	Das Log und Event Management SOLLTE angemessene Maßnahmen zur Erhebung und Erkennung von sicherheitsrelevanten Ereignissen sowie einen Reaktionsplan (Security Incident Response) umfassen.	ja	tw	n
S	Der Reaktionsplan SOLLTE Verfahren zur Sicherheitsvorfallbehandlung festlegen.	ja	tw	n
S	Darin abgedeckt sein SOLLTEN Klassifizierung von Ereignissen, Meldewege und Festlegung der einzubeziehenden Organisationseinheiten, Reaktionspläne zur Schadensbegrenzung, Analyse und Wiederherstellung von Systemen und Diensten sowie die Dokumentation und Nachbereitung von Vorfällen.	ja	tw	n
S	Der Reaktionsplan SOLLTE regelmäßig getestet und auf Aktualität geprüft werden.	ja	tw	n

Notizen:

A11 Sichere Beschaffung und Systementwicklung *Standard*

Verantwortliche Rolle: ICS-Informationssicherheitsbeauftragter

S	Für Beschaffungen, Planungen oder Entwicklungen von ICS SOLLTEN Regelungen zur Informationssicherheit getroffen und dokumentiert werden.	ja	tw	n
S	Die Unterlagen SOLLTEN Teil der Ausschreibung sein.	ja	tw	n
S	Bei Beschaffungen, Planungen oder Entwicklungen SOLLTE die Informationssicherheit in dem gesamten Lebenszyklus berücksichtigt werden.	ja	tw	n
S	Voraussetzungen und Umsetzungshinweise für einen sicheren Betrieb von OT-Komponenten von Herstellern oder Integratoren SOLLTEN frühzeitig eingeplant und umgesetzt werden.	ja	tw	n
S	Die Einhaltung und Umsetzung SOLLTE dokumentiert werdenDie Institution SOLLTE dokumentieren, wie sich das System in die Konzepte für Zonierung, Berechtigungs-, Schwachstellen-Management und Virenschutz einfügt und diese gegebenenfalls anpassen.	ja	tw	n
S	Es SOLLTE geregelt sein, wie der Betrieb aufrechterhalten werden kann, falls einer der Partner keine Dienstleistungen mehr anbietet.	ja	tw	n

Notizen:

A12 Etablieren eines Schwachstellen-Managements *Standard*

Verantwortliche Rolle: ICS-Informationssicherheitsbeauftragter

S	Für den sicheren Betrieb einer ICS-Umgebung SOLLTE die Institution ein Schwachstellen-Management etablieren.	ja	tw	n
S	Das Schwachstellenmanagement SOLLTE Lücken in Software, Komponenten, Protokollen und Außenschnittstellen der Umgebung identifizieren und mögliche Handlungserfordernisse und -möglichkeiten (z.B. ein Patchmanagement) ableiten, bewerten und umsetzen.	ja	tw	n
S	Grundlage dafür SOLLTEN Schwachstellenmeldungen (Advisories) von Herstellern oder öffentlich verfügbare CERT-Meldungen sein.	ja	tw	n

Notizen:

A13 Notfallplanung für OT *Hoch*
A

Verantwortliche Rolle: ICS-Informationssicherheitsbeauftragter

S	Bei hoher Verfügbarkeit SOLLTEN Notfallpläne für den Ausfall und für die Kompromittierung jeder Zone definiert, dokumentiert, nach jeder größeren Änderung getestet und regelmäßig geübt sein (siehe hierzu auch BSI-Standard 100-4).	ja	tw	n
S	Zudem SOLLTE ein wirksames Ersatzverfahren für den Ausfall der (Fern-) Administrationsmöglichkeit definiert, dokumentiert und getestet sein.	ja	tw	n

Notizen:

A14 Starke Authentisierung an OT-Komponenten *Hoch*
C I A

Verantwortliche Rolle: ICS-Informationssicherheitsbeauftragter

S	Zur sicheren Authentisierung von privilegierten Anwendern in Steuerungssystemen SOLLTE ein zentraler Verzeichnisdienst eingerichtet werden.	ja	tw	n
S	Die Authentisierung SOLLTE durch den Einsatz mehrerer Faktoren (Wissen, Besitz, Biometrie) zusätzlich abgesichert werden.	ja	tw	n
S	Bei der Planung SOLLTE darauf geachtet werden, dass daraus entstehende Abhängigkeiten in der Benutzerauthentisierung bekannt sind und bei der Umsetzung der Lösung berücksichtigt werden.	ja	tw	n
S	Der zentrale Verzeichnisdienst SOLLTE NICHT zur Authentisierung von betrieblich erforderlichen technischen Konten dienen.	ja	tw	n
S	Beim Einsatz eines Verzeichnisdienstes SOLLTEN lokale System- und Anwendungskennungen für Notfallsituationen eingerichtet und sicher hinterlegt werden.	ja	tw	n
S	Authentisierungssysteme, welche sensible Authentisierungsdaten verwalten, SOLLTEN angemessen vor unbefugtem Zugriff gesichert, Änderungen nachvollziehbar dokumentiert und auf Auffälligkeiten überwacht werden.	ja	tw	n

Notizen:

IND Industrielle IT

A15 Prüfung und Überwachung von Berechtigungen
Verantwortliche Rolle: ICS-Informationssicherheitsbeauftragter

Hoch
C I A

S	Um die effektive Verifikation von Berechtigungen zu ermöglichen, SOLLTE die Institution ein Bestandsverzeichnis führen, welches alle vergebenen Zutritts-, Zugangs und Zugriffsrechte auf kritische Systeme enthält.	ja	tw	n
S	Das Verzeichnis SOLLTE einerseits Antwort darauf geben können, welche Rechte ein bestimmter Benutzer effektiv hat, und andererseits, wer an einem bestimmten System über welche Rechte verfügt.	ja	tw	n
S	Alle kritischen administrativen Tätigkeiten SOLLTEN protokolliert werden.	ja	tw	n
S	Der IT-Betrieb SOLLTE NICHT die Protokolle löschen oder manipulieren können.	ja	tw	n

Notizen:

A16 Stärkere Abschottung der Zonen
Verantwortliche Rolle: ICS-Informationssicherheitsbeauftragter

Hoch
I A

S	Bei hoch schutzbedürftigen oder schlecht auf System- und Netzebene absicherbaren ICS-Umgebungen SOLLTEN vorbeugend Schnittstellensysteme mit Sicherheitsprüffunktionen eingesetzt werden, um Risiken aus Außenanbindungen vorbeugen.	ja	tw	n
S	Wie in IND.1.A5 Entwicklung eines geeigneten Zonenkonzepts gefordert, SOLLTEN alle Außenschnittstellen der Umgebung einer Risikobetrachtung unterzogen werden.	ja	tw	n
S	Aus den hiermit ermittelten Risiken SOLLTEN spezifische Einzelsicherungsmaßnahmen abgeleitet werden.	ja	tw	n
K	Durch Realisierung einer oder mehrerer Anbindungszonen (DMZ) in P-A-P-Struktur (durch Firewalls gekapselte Application Layer Gateways) KÖNNEN durchgängige Außenverbindungen terminiert werden und erforderliche Sicherheitsprüfungen (Virenschutz, Formatierung von Daten, Prüfung und Filterung von Inhalten, Medienbrüche) erfolgen, ohne dass Anpassungen an der ICS-Anlage notwendig sind.	ja	tw	n
S	Die Umsetzung dieser Anforderung erhöht die Perimetersicherheit. Ergänzende organisatorische und technische Maßnahmen SOLLTEN identifiziert und umgesetzt werden, um Risiken aus vorsätzlicher und versehentlicher Umgehung des Perimeters, wie etwa durch den Einsatz von Wechseldatenträgern oder Mobilgeräten, weiter zu reduzieren.	ja	tw	n

Notizen:

A17 Regelmäßige Sicherheitsüberprüfung
Verantwortliche Rolle: ICS-Informationssicherheitsbeauftragter

Hoch
I

S	Die Sicherheitskonfiguration von OT-Komponenten SOLLTE in einem angemessenen Zyklus und/oder bedarfsorientiert bei plötzlich auftretenden neuen, bisher unbekannten Gefährdungen überprüft werden.	ja	tw	n
S	Die Sicherheitsüberprüfung SOLLTE zumindest die exponierten Systeme mit Außenschnittstellen oder Benutzerinteraktion umfassen.	ja	tw	n
S	Auch das realisierte Sicherheitskonzept SOLLTE regelmäßig überprüft werden.	ja	tw	n
S	Die Sicherheitsüberprüfung SOLLTE als Konfigurationsprüfung oder auch durch automatisierte Konformitätsprüfungen erfolgen.	ja	tw	n

Notizen:

IND.2 ICS-Komponenten

IND.2.1 Allgemeine ICS-Komponente

	A1	**Einschränkung des Zugriffs für Konfigurations- und Wartungsschnittstellen**	*Basis*		
		Verantwortliche Rolle: ICS-Administrator			
M		Es MUSS sichergestellt werden, dass nur berechtigte Mitarbeiter auf Konfigurations- und Wartungsschnittstellen von ICS-Komponenten zugreifen können.	ja	tw	n
M		Die Konfiguration der ICS-Komponente DARF NUR nach einer Freigabe oder nach einer Authentisierung geändert werden.	ja	tw	n
M		Standardmäßig eingerichtete bzw. herstellerseitig gesetzte Passwörter MÜSSEN gewechselt werden.	ja	tw	n
M		Der Wechsel MUSS dokumentiert und das Passwort sicher hinterlegt werden.	ja	tw	n
S		Standardmäßig eingerichtete bzw. herstellerseitig gesetzte Benutzerkonten SOLLTEN gewechselt werden.	ja	tw	n

Notizen:

	A2	**Nutzung sicherer Protokolle für die Konfiguration und Wartung**	*Basis*		
		Verantwortliche Rolle: Wartungspersonal, ICS-Administrator			
M		Für die Konfiguration und Wartung von ICS-Komponenten MÜSSEN sichere Protokolle benutzt werden.	ja	tw	n
M		Die Daten DÜRFEN NICHT ungeschützt übertragen werden.	ja	tw	n

Notizen:

	A3	**Protokollierung**	*Basis*		
		Verantwortliche Rolle: ICS-Administrator			
M		Es MUSS festgelegt werden: • welche Daten/Ereignisse protokolliert werden sollen, • wie lange die Protokolldaten aufbewahrt werden und • wer diese einsehen darf.	ja	tw	n
M		Generell MÜSSEN alle sicherheitsrelevanten Systemereignisse protokolliert und bei Bedarf ausgewertet werden.	ja	tw	n

Notizen:

	A4	**Deaktivierung nicht genutzter Dienste, Funktionen und Schnittstellen**	*Basis*		
		Verantwortliche Rolle: Wartungspersonal, ICS-Administrator			
M		Alle nicht genutzten Dienste, Funktionen und Schnittstellen der ICS-Komponenten MÜSSEN deaktiviert oder deinstalliert werden.	ja	tw	n

Notizen:

IND Industrielle IT

A5 Deaktivierung nicht benutzter Benutzerkonten *Basis*
Verantwortliche Rolle: ICS-Administrator

M	Nicht benutzte und unnötige Benutzerkonten MÜSSEN deaktiviert werden.	ja	tw	n

Notizen:

A6 Netzsegmentierung *Basis*
Verantwortliche Rolle: ICS-Administrator

M	ICS-Komponenten MÜSSEN von der Office-IT getrennt werden.	ja	tw	n
S	Sind ICS-Komponenten von anderen Diensten im Netz abhängig, SOLLTE das ausreichend dokumentiert werden.	ja	tw	n
S	ICS-Komponenten SOLLTEN so wenig wie möglich mit anderen ICS-Komponenten kommunizieren.	ja	tw	n

Notizen:

A7 Backups *Standard*
Verantwortliche Rolle: Leitstellen-Operator

M	Von Programmen und Daten MÜSSEN regelmäßig und nach Systemänderungen Backups erstellt werden.	ja	tw	n

Notizen:

A8 Schutz vor Schadsoftware *Standard*
Verantwortliche Rolle: ICS-Administrator

S	ICS-Komponenten SOLLTEN durch geeignete Mechanismen vor Schadprogrammen geschützt werden.	ja	tw	n
S	Wird dafür ein Virenschutzprogramm benutzt, SOLLTEN das Programm und die Virensignaturen immer auf dem aktuellen Stand sein.	ja	tw	n
S	Wenn die Ressourcen auf der ICS-Komponente nicht ausreichend sind oder die Echtzeitanforderung durch den Einsatz von Virenschutzprogrammen gefährdet werden könnte, SOLLTEN alternative Maßnahmen, wie z.B. die Abschottung der Komponente oder des Produktionsnetzes, ergriffen werden.	ja	tw	n

Notizen:

A9 Dokumentation der Kommunikationsbeziehungen *Standard*
Verantwortliche Rolle: ICS-Administrator

S	Es SOLLTE dokumentiert werden, mit welchen Systemen eine ICS-Komponente welche Daten austauscht.	ja	tw	n
S	Außerdem SOLLTEN die Kommunikationsverbindungen neu integrierter ICS-Komponenten dokumentiert werden.	ja	tw	n

Notizen:

A10 Systemdokumentation *Standard*

Verantwortliche Rolle: Leitstellen-Operator, ICS-Administrator

S	Es SOLLTE eine erweiterte Systemdokumentation erstellt werden.	ja	tw	n
S	Darin SOLLTEN Besonderheiten im Betrieb (z.B. Sicherung, Regelwartungsmaßnahmen, Austausch und Wiederherstellung von Komponenten, Leistungen Dritter) und die Möglichkeiten zur Systemverwaltung (z.B. Fernzugriff) festgehalten werden.	ja	tw	n
S	Außerdem SOLLTE dokumentiert werden, wenn ICS-Komponenten verändert wurden.	ja	tw	n
S	Es SOLLTE sichergestellt sein, dass nur berechtigte Mitarbeiter auf die Systemdokumentation zugreifen können.	ja	tw	n
S	Auch SOLLTE die Dokumentation im Störungsfall noch verfügbar sein.	ja	tw	n

Notizen:

A11 Wartung der ICS-Komponenten *Standard*

Verantwortliche Rolle: Leitstellen-Operator, Wartungspersonal, ICS-Administrator

S	Bei der Wartung einer ICS-Komponente SOLLTEN immer die aktuellen und freigegebenen Sicherheitsupdates eingespielt werden.	ja	tw	n
S	Updates für das Betriebssystem SOLLTEN erst nach Freigabe durch den Hersteller einer Komponente installiert werden oder die Aktualisierung SOLLTE in einer Testumgebung getestet werden, bevor diese in einer produktiven Komponente eingesetzt wird.	ja	tw	n
S	Für kritische Sicherheitsupdates SOLLTE kurzfristig eine Wartung durchgeführt werden.	ja	tw	n

Notizen:

A12 Beschaffung von ICS-Komponenten *Standard*

Verantwortliche Rolle: Leitstellen-Operator, ICS-Administrator

S	Für ICS-Komponenten SOLLTEN einheitliche und dem Schutzbedarf angemessene Anforderungen an die Informationssicherheit definiert werden.	ja	tw	n
S	Diese SOLLTEN berücksichtigt werden, wenn neue ICS-Komponenten beschafft werden.	ja	tw	n

Notizen:

A13 Geeignete Inbetriebnahme der ICS-Komponenten *Standard*

Verantwortliche Rolle: ICS-Administrator

S	Bevor ICS-Komponenten in Betrieb genommen werden, SOLLTEN sie dem aktuellen intern freigegebenen Firmware-, Software- und Patch-Stand entsprechen.	ja	tw	n
S	Neue ICS-Komponenten SOLLTEN in die bestehenden Betriebs-, Überwachungs- und Informationssicherheitsmanagement-Prozesse eingebunden werden.	ja	tw	n
S	Das SOLLTE insbesondere • die Änderungs- und Berechtigungsverwaltung, • das Schwachstellenmanagement, • den Schutz vor Schadsoftware, • die betriebliche Überwachung sowie Notfallplanung und • die regelmäßige Sicherheitsüberprüfung der Systeme.	ja	tw	n

Notizen:

IND Industrielle IT

A14 Aussonderung von ICS-Komponenten — *Standard*

Verantwortliche Rolle: ICS-Administrator

S	Bei der Aussonderung von alten oder defekten ICS-Komponenten SOLLTEN alle schützenswerten Daten sicher gelöscht werden.	ja	tw	n
S	Es SOLLTE insbesondere sichergestellt sein, dass alle Zugangsdaten nachhaltig entfernt wurden.	ja	tw	n

Notizen:

A15 Zentrale Systemprotokollierung und -überwachung — *Standard*

Verantwortliche Rolle: ICS-Administrator

S	Alle ICS-Komponenten SOLLTEN ihre Protokollierungsdaten an ein zentrales System übermitteln.	ja	tw	n
S	Die protokollierten Daten SOLLTEN regelmäßig ausgewertet werden.	ja	tw	n
S	Bei sicherheitskritischen Ereignissen SOLLTE eine automatische Alarmierung erfolgen.	ja	tw	n

Notizen:

A16 Schutz externer Schnittstellen — *Standard*

Verantwortliche Rolle: ICS-Administrator

S	Von außen erreichbare Schnittstellen, z.B. Netzschnittstellen, USB-Ports oder serielle Anschlüsse, SOLLTEN vor Missbrauch geschützt werden.	ja	tw	n

Notizen:

A17 Nutzung sicherer Protokolle für die Übertragung von Informationen — *Standard*

Verantwortliche Rolle: ICS-Administrator

S	Mess- oder Steuerdaten SOLLTEN vor unberechtigten Zugriffen oder Veränderungen geschützt werden.	ja	tw	n
S	Bei Anwendungen mit Echtzeitanforderungen SOLLTE geprüft werden, ob dies notwendig und umsetzbar ist.	ja	tw	n
S	Werden Mess- oder Steuerdaten über öffentliche Netze übertragen, SOLLTEN sie angemessen geschützt werden.	ja	tw	n

Notizen:

A18 Kommunikation im Störfall — *Hoch* **A**

Verantwortliche Rolle: Leitstellen-Operator, ICS-Administrator

S	Es SOLLTE alternative und unabhängige Kommunikationsmöglichkeiten geben, die bei einem Störfall benutzt werden können, um handlungsfähig zu bleiben.	ja	tw	n

Notizen:

A19 Security-Tests *Hoch*

Verantwortliche Rolle: ICS-Administrator **C I A**

S	Mithilfe von regelmäßigen Security-Tests SOLLTE geprüft werden, ob die technischen Sicherheitsmaßnahmen noch effektiv umgesetzt sind.	ja	tw	n
S	Die Security-Tests SOLLTEN nicht im laufenden Anlagenbetrieb erfolgen.	ja	tw	n
S	Die Tests SOLLTEN auf die Wartungszeiten geplant werden.	ja	tw	n
S	Die Ergebnisse SOLLTEN dokumentiert werden.	ja	tw	n
S	Erkannte Risiken SOLLTEN bewertet und behandelt werden.	ja	tw	n

Notizen:

A20 Vertrauenswürdiger Code *Hoch*

Verantwortliche Rolle: ICS-Administrator **I A**

S	Firmware-Updates oder neue Steuerungsprogramme SOLLTEN nur eingespielt werden, wenn vorher ihre Integrität und Authentizität überprüft wurde.	ja	tw	n

Notizen:

IND.2.2 Speicherprogrammierbare Steuerung (SPS)

A1 Erweiterte Systemdokumentation für speicherprogrammierbare Steuerungen *Standard*

Verantwortliche Rolle: ICS-Administrator

S	Steuerungsprogramme und Konfigurationen SOLLTEN immer archiviert werden, wenn an ihnen etwas verändert wird.	ja	tw	n
S	Änderungen an der Konfiguration oder der Tausch von Komponenten SOLLTEN vollständig dokumentiert werden.	ja	tw	n

Notizen:

A2 Benutzerkontenkontrolle und restriktive Rechtevergabe *Standard*

Verantwortliche Rolle: ICS-Administrator

S	Zugriffsrechte auf Funktionen und Schnittstellen einer SPS SOLLTEN restriktiv vergeben werden.	ja	tw	n
S	Bestehende Benutzerkonten SOLLTEN regelmäßig daraufhin überprüft werden, ob sie noch erforderlich sind, die zugewiesenen Berechtigungen noch stimmen.	ja	tw	n
S	Wenn sich an den Zuständigkeiten der Mitarbeiter etwas ändert, SOLLTEN die Berechtigungen umgehend angepasst werden.	ja	tw	n

Notizen:

IND Industrielle IT

A3 Zeitsynchronisation *Standard*

Verantwortliche Rolle: ICS-Administrator

S   Für die Systemzeit SOLLTE eine zentrale automatisierte Zeitsynchronisation eingerichtet werden.   ja   tw   n

Notizen:

IND.2.3 Sensoren und Aktoren

A1 Installation von Sensoren *Basis*

Verantwortliche Rolle: ICS-Administrator, Wartungspersonal

M   Sensoren MÜSSEN in geeigneter Weise installiert werden.   ja   tw   n
M   Die Sensoren MÜSSEN ausreichend robust und zuverlässig unter den vorgesehenen Umgebungsbedingungen (Klima, Staub, Vibration, Korrosion etc.) messen können.   ja   tw   n

Notizen:

A2 Kalibrierung von Sensoren *Standard*

Verantwortliche Rolle: Wartungspersonal

S   Wenn notwendig, SOLLTEN Sensoren regelmäßig kalibriert werden.   ja   tw   n
S   Die Kalibrierungen SOLLTEN geeignet dokumentiert werden.   ja   tw   n
M   Der Zugang zur Kalibrierung MUSS geschützt sein, da eine bewusste Fehl-Kalibrierung eines Sensors zu einem Angriffsvektor werden kann.   ja   tw   n

Notizen:

A3 Drahtlose Kommunikation *Hoch*

Verantwortliche Rolle: ICS-Informationssicherheitsbeauftragter   **C**

S   Bei erhöhtem Schutzbedarf SOLLTEN drahtlose Verwaltungsschnittstellen wie Bluetooth, WLAN oder NFC NICHT benutzt werden.   ja   tw   n
M   Alle nicht benutzten Kommunikationsschnittstellen MÜSSEN deaktiviert werden.   ja   tw   n

Notizen:

IND.2.4 Maschine

A1 Fernwartung durch Maschinen- und Anlagenbauer *Basis*

Verantwortliche Rolle: ICS-Administrator

S	Für die Fernwartung einer Maschine SOLLTE es eine zentrale Richtlinie geben.	ja	tw	n
S	Darin SOLLTE geregelt werden, wie die jeweiligen Fernwartungslösungen einzusetzen sind und wie Kommunikationsverbindungen geschützt werden.	ja	tw	n
S	Sie SOLLTE auch beschreiben, welche Aktivitäten während der Fernwartung überwacht werden sollen.	ja	tw	n
S	Außerdem SOLLTE NICHT möglich sein, dass über die Fernwartung einer Maschine auf andere Systeme oder Maschinen der Institution zugegriffen werden kann.	ja	tw	n
S	Mit einem Dienstleister SOLLTE vereinbart werden, wie er die in der Maschine gespeicherten Informationen verwerten darf.	ja	tw	n

Notizen:

A2 Betrieb nach Ende der Gewährleistung *Basis*

Verantwortliche Rolle: ICS-Administrator

S	Es SOLLTE ein Prozess etabliert werden, der gewährleistet, dass die Maschine auch über den Gewährleistungszeitraum hinaus sicher weiterbetrieben werden kann.	ja	tw	n
S	Hierzu SOLLTEN mit dem Lieferanten weitere Unterstützungsleistungen vertraglich vereinbart werden.	ja	tw	n

Notizen:

NET Netze und Kommunikation

NET.1 Netze

NET.1.1 Netzarchitektur und -design

	A1	Sicherheitsrichtlinie für das Netz		*Basis*		
		Verantwortliche Rolle: Leiter IT, Informationssicherheitsbeauftragter (ISB)		I		
M		Ausgehend von der allgemeinen Sicherheitsrichtlinie der Institution MUSS eine spezifische Sicherheitsrichtlinie für das Netz erstellt werden, in der nachvollziehbar Anforderungen und Vorgaben beschrieben sind, wie Netze sicher konzipiert und aufgebaut werden.		ja	tw	n
M		In der Richtlinie MUSS unter anderem festgelegt werden: • in welchen Fällen die Sicherheitszonen zu segmentieren sind und in welchen Fällen Benutzergruppen bzw. Mandanten logisch oder sogar physisch zu trennen sind,.		ja	tw	n
M		• welche Kommunikationsbeziehungen und welche Netz- und Anwendungsprotokolle jeweils zugelassen werden, • wie der Datenverkehr für Administration und Überwachung netztechnisch zu trennen ist, • welche institutionsinterne, standortübergreifende Kommunikation (WAN, Funknetze) erlaubt und welche Verschlüsselung im WAN, LAN oder auf Funkstrecken erforderlich ist, • welche institutionsübergreifende Kommunikation zugelassen ist. Die Richtlinie MUSS allen im Bereich Netzdesign verantwortlichen Mitarbeitern bekannt und grundlegend für ihre Arbeit sein.		ja	tw	n
M		Wird die Richtlinie verändert oder wird von den Anforderungen abgewichen, MUSS dies dokumentiert und mit dem verantwortlichen ISB abgestimmt werden.		ja	tw	n
M		Es MUSS regelmäßig überprüft werden, ob die Richtlinie noch korrekt umgesetzt ist.		ja	tw	n
M		Die Ergebnisse MÜSSEN sinnvoll dokumentiert werden.		ja	tw	n

Notizen:

	A2	Dokumentation des Netzes		*Basis*		
		Verantwortliche Rolle: IT-Betrieb				
M		Es MUSS eine vollständige Dokumentation des Netzes (inklusive Netzplan) erstellt und nachhaltig gepflegt werden.		ja	tw	n
M		Darin MÜSSEN die initiale Ist-Aufnahme (einschließlich der Netzperformance) sowie alle durchgeführten Änderungen im Netz enthalten sein.		ja	tw	n
M		Auch MUSS die logische Struktur des Netzes dokumentiert werden, insbesondere wie die Subnetze zugeordnet und wie das Netz zoniert und segmentiert wird.		ja	tw	n

Notizen:

	A3	Anforderungsspezifikation für das Netz		*Basis*		
		Verantwortliche Rolle: Leiter Netze				
M		Ausgehend von der Sicherheitsrichtlinie (siehe NET.1.1.A1 Sicherheitsrichtlinie für das Netz) MUSS eine Anforderungsspezifikation für das Netz erstellt und nachhaltig gepflegt werden.		ja	tw	n
M		Aus den Anforderungen MÜSSEN sich alle wesentlichen Elemente für Netzarchitektur und -design ableiten lassen.		ja	tw	n

Notizen:

A4 Netztrennung in Sicherheitszonen *Basis*

Verantwortliche Rolle: Leiter Netze

M	Das Gesamtnetz MUSS in mindestens folgende drei Sicherheitszonen physisch separiert sein: internes Netz, demilitarisierte Zone (DMZ) und Außenanbindungen (inklusive Internetanbindung sowie Anbindung an andere nicht vertrauenswürdige Netze).	ja	tw	n
M	Zonenübergänge MÜSSEN durch eine Firewall abgesichert werden.	ja	tw	n
M	Diese Kontrolle MUSS dem Prinzip der lokalen Kommunikation folgen, sodass von Firewalls ausschließlich erlaubte Kommunikation weitergeleitet wird (Whitelisting).	ja	tw	n
M	Nicht vertrauenswürdige Netze (z.B. Internet) und vertrauenswürdige Netze (z.B. Intranet) MÜSSEN durch eine zweistufige Firewall-Struktur, bestehend aus zustandsbehafteten Paketfiltern (Firewall), getrennt werden.	ja	tw	n
M	Um Internet und externe DMZ netztechnisch zu trennen, MUSS mindestens ein zustandsbehafteter Paketfilter (Firewall) eingesetzt werden.	ja	tw	n
M	In der zweistufigen Firewall-Architektur MUSS jeder ein- und ausgehende Datenverkehr durch den äußeren Paketfilter (Firewall) bzw. den internen Paketfilter (Firewall) kontrolliert und gefiltert werden.	ja	tw	n
M	Eine P-A-P-Struktur, die aus Paketfilter, Application-Layer-Gateway bzw. Sicherheits-Proxies und Paketfilter besteht, MUSS immer realisiert werden, wenn die Sicherheitsrichtlinie oder die Anforderungsspezifikation dies fordern.	ja	tw	n

Notizen:

A5 Client-Server-Segmentierung *Basis*

Verantwortliche Rolle: Leiter Netze

M	Clients und Server MÜSSEN in unterschiedlichen Sicherheitssegmenten platziert werden.	ja	tw	n
M	Die Kommunikation zwischen diesen Segmenten MUSS mindestens durch einen zustandsbehafteten Paketfilter (Firewall) kontrolliert werden.	ja	tw	n
S	Es SOLLTE beachtet werden, dass etwaige Ausnahmen, die es erlauben, Clients und Server in einem gemeinsamen Sicherheitssegment zu positionieren in den entsprechenden anwendungs- und systemspezifischen Bausteinen geregelt werden.	ja	tw	n
M	Für Gastzugänge und für Netzbereiche, in denen keine ausreichende interne Kontrolle über die Endgeräte gegeben ist, MÜSSEN dedizierte Sicherheitssegmente eingerichtet werden.	ja	tw	n

Notizen:

A6 Endgeräte-Segmentierung im internen Netz *Basis*

Verantwortliche Rolle: Leiter Netze

M	Es DÜRFEN NUR Endgeräte in einem Sicherheitssegment positioniert werden, die einem ähnlichen Sicherheitsniveau entsprechen.	ja	tw	n

Notizen:

NET Netze und Kommunikation

A7 Absicherung von schützenswerten Informationen *Basis*
Verantwortliche Rolle: Leiter Netze

M	Schützenswerte Informationen MÜSSEN über nach dem derzeitigen Stand der Technik sichere Protokolle übertragen werden, falls nicht über vertrauenswürdige dedizierte Netzsegmente (z.B. innerhalb des Managementnetzes) kommuniziert wird.	ja	tw	n
M	Können solche Protokolle nicht genutzt werden, MUSS nach Stand der Technik angemessen verschlüsselt und authentisiert werden (siehe NET.3.3 VPN).	ja	tw	n

Notizen:

A8 Grundlegende Absicherung des Internetzugangs *Basis*
Verantwortliche Rolle: Leiter Netze

M	Der Internetzugang MUSS entsprechend NET.1.1.A4 Netztrennung in Sicherheitszonen gestaltet werden.	ja	tw	n
M	Der Internetverkehr MUSS über die Firewall-Struktur geführt werden.	ja	tw	n
M	Die Datenflüsse MÜSSEN durch die Firewall-Struktur auf die benötigten Protokolle und Kommunikationsbeziehungen eingeschränkt werden.	ja	tw	n

Notizen:

A9 Grundlegende Absicherung der Kommunikation mit nicht vertrauenswürdigen Netzen *Basis*
Verantwortliche Rolle: Leiter Netze

M	Für jedes Netz MUSS festgelegt werden, inwieweit es als vertrauenswürdig einzustufen ist.	ja	tw	n
M	Netze, die überhaupt nicht vertrauenswürdig sind, MÜSSEN wie das Internet behandelt und entsprechend abgesichert werden.	ja	tw	n

Notizen:

A10 DMZ-Segmentierung für Zugriffe aus dem Internet *Basis*
Verantwortliche Rolle: Leiter Netze

M	Die Firewall-Strukur MUSS für alle Dienste bzw. Anwendungen, die aus dem Internet erreichbar sind, um eine sogenannte externe DMZ ergänzt werden.	ja	tw	n
S	Es SOLLTE ein Konzept zur DMZ-Segmentierung erstellt werden, das die Sicherheitsrichtlinie und die Anforderungsspezifikation nachvollziehbar umsetzt.	ja	tw	n
M	Abhängig vom Sicherheitsniveau der IT-Systeme MÜSSEN die DMZ-Segmente weitergehend unterteilt werden.	ja	tw	n
M	Eine externe DMZ MUSS am äußeren Paketfilter angeschlossen werden.	ja	tw	n

Notizen:

A11 Absicherung eingehender Kommunikation vom Internet in das interne Netz *Basis*

Verantwortliche Rolle: Leiter Netze

M	Ein IP-basierter Zugriff auf das interne Netz MUSS über einen sicheren Kommunikationskanal erfolgen und auf vertrauenswürdige IT-Systeme und Benutzer beschränkt werden (siehe NET.3.3 VPN).	ja	tw	n
S	Derartige VPN-Gateways SOLLTEN in einer externen DMZ realisiert werden.	ja	tw	n
S	Es SOLLTE beachtet werden, dass hinreichend gehärtete VPN-Gateways direkt aus dem Internet erreichbar sein können.	ja	tw	n
M	Die über das VPN-Gateway authentisierten Netzzugriffe ins interne Netz MÜSSEN mindestens die interne Firewall (zur Absicherung des internen Netzes) durchlaufen.	ja	tw	n
M	IT-Systeme DÜRFEN via Internet oder externer DMZ NICHT auf das interne Netz zugreifen.	ja	tw	n
S	Es SOLLTE beachtet werden, dass etwaige Ausnahmen zu dieser Anforderung in den entsprechenden anwendungs- und systemspezifischen Bausteinen (z.B. APP.5.1 E Mail/Groupware, NET.4.2 VoIP) geregelt werden.	ja	tw	n

Notizen:

A12 Absicherung ausgehender interner Kommunikation zum Internet *Basis*

Verantwortliche Rolle: Leiter Netze

M	Ausgehende Kommunikation aus dem internen Netz zum Internet MUSS an einem Sicherheits-Proxy entkoppelt werden.	ja	tw	n
M	Die Entkoppelung MUSS außerhalb des internen Netzes erfolgen.	ja	tw	n
S	Wird eine P-A-P-Struktur eingesetzt, SOLLTE die ausgehende Kommunikation immer durch die Sicherheits-Proxies der P-A-P Struktur entkoppelt werden.	ja	tw	n

Notizen:

A13 Netzplanung *Basis*

Verantwortliche Rolle: Leiter Netze

M	Jede Netzimplementierung MUSS geeignet, vollständig und nachvollziehbar geplant werden.	ja	tw	n
M	Dabei MÜSSEN die Sicherheitsrichtlinie sowie die Anforderungsspezifikation beachtet werden.	ja	tw	n
M	Darüber hinaus MÜSSEN in der Planung mindestens die folgenden Punkte bedarfsgerecht berücksichtigt werden: • Anbindung von Internet und, sofern vorhanden, Standortnetz und Extranet, • Topologie des Gesamtnetzes und der Netzbereiche, d.h. Sicherheitszonen und -segmente, • Dimensionierung und Redundanz der Netz- und Sicherheitskomponenten, Übertragungsstrecken und Außenanbindungen, • zu nutzende Protokolle und deren grundsätzliche Konfiguration und Adressierung, insbesondere IPv4/IPv6-Subnetze von Endgerätegruppen, • Administration und Überwachung (siehe NET.1.2 Netzmanagement).	ja	tw	n
M	Die Netzplanung MUSS regelmäßig überprüft werden.	ja	tw	n

Notizen:

NET Netze und Kommunikation

A14 Umsetzung der Netzplanung *Basis*

Verantwortliche Rolle: Leiter Netze

M	Das geplante Netz MUSS fachgerecht umgesetzt werden.	ja	tw	n
M	Dies MUSS während der Abnahme geprüft werden.	ja	tw	n

Notizen:

A15 Regelmäßiger Soll-Ist-Vergleich *Basis*

Verantwortliche Rolle: Informationssicherheitsbeauftragter (ISB) I

M	Es MUSS regelmäßig geprüft werden, ob das bestehende Netz dem Soll-Zustand entspricht.	ja	tw	n
M	Dabei MUSS mindestens geprüft werden, inwieweit es die Sicherheitsrichtlinie und Anforderungsspezifikation erfüllt und inwiefern die umgesetzte Netzstruktur dem aktuellen Stand der Netzplanung entspricht.	ja	tw	n
M	Dafür MÜSSEN zuständige Personen sowie Prüfkriterien bzw. Vorgaben festgelegt werden.	ja	tw	n

Notizen:

A16 Spezifikation der Netzarchitektur *Standard*

Verantwortliche Rolle: Leiter Netze

S	Auf Basis der Sicherheitsrichtlinie und der Anforderungsspezifikation SOLLTE eine Architektur für die Sicherheitszonen inklusive internem Netz, DMZ-Bereich und Außenanbindungen entwickelt und nachhaltig gepflegt werden.	ja	tw	n
S	Dabei SOLLTEN je nach spezifischer Situation der Institution alle relevanten Architekturelemente betrachtet werden, mindestens jedoch:	ja	tw	n

- Netzarchitektur des internen Netzes mit Festlegungen dazu, wie Netzvirtualisierungstechniken, Layer-2- und Layer-3-Kommunikation sowie Redundanzverfahren einzusetzen sind,
- Netzarchitektur für Außenanbindungen, inklusive Firewall-Architekturen, sowie DMZ- und Extranet-Design und Vorgaben an die Standortkopplung,
- Festlegung, an welchen Stellen des Netzes welche Sicherheitskomponenten wie Firewalls oder IDS/IPS zu platzieren sind und welche Sicherheitsfunktionen diese realisieren müssen,
- Vorgaben für die Netzanbindung der verschiedenen IT-Systeme,
- Netzarchitektur in Virtualisierungs-Hosts, wobei insbesondere Network Virtualization Overlay (NVO) und die Architektur in Vertikal integrierten Systemen (ViS) zu berücksichtigen sind,
- Festlegungen der grundsätzlichen Architektur-Elemente für eine Private Cloud sowie Absicherung der Anbindungen zu Virtual Private Cloud, Hybrid Cloud und Public Cloud (siehe OPS.3.2 Cloud-Anbieter und OPS.3.2 Managed Security Services),
- Architektur zur sicheren Administration und Überwachung der IT-Infrastruktur.

Notizen:

A17 Spezifikation des Netzdesigns *Standard*

Verantwortliche Rolle: Leiter Netze

S	Basierend auf der Netzarchitektur SOLLTE das Netzdesign für die Sicherheitszonen inklusive internem Netz, DMZ-Bereich und Außenanbindungen entwickelt und nachhaltig gepflegt werden.	ja	tw	n
S	Dafür SOLLTEN die relevanten Architekturelemente detailliert werden, mindestens jedoch: • zulässige Formen von Netzkomponenten inklusive virtualisierter Netzkomponenten, • Festlegungen darüber, wie WAN- und Funkverbindungen abzusichern sind, • Anbindung von Endgeräten an Switching-Komponenten, Verbindungen zwischen Netzelementen sowie Verwendung von Kommunikationsprotokollen, • Redundanzmechanismen für alle Netzelemente, • Adresskonzept für IPv4 und IPv6 sowie zugehörige Routing- und Switching-Konzepte, • virtualisierte Netze in Virtualisierungs-Hosts inklusive NVO, • Aufbau, Anbindung und Absicherung von Private Clouds sowie sichere Anbindung von Virtual Private Clouds, Hybrid Clouds und Public Clouds, • Festlegungen zum Netzdesign für die sichere Administration und Überwachung der IT-Infrastruktur.	ja	tw	n

Notizen:

A18 P-A-P-Struktur für die Internet-Anbindung *Standard*

Verantwortliche Rolle: Leiter Netze

M	Zwischen den beiden Firewall-Stufen (siehe NET.1.1.A4 Netztrennung in Sicherheitszonen) MUSS ein proxy-basiertes Application-Layer-Gateways (ALG) bzw. MÜSSEN entsprechende Sicherheits-Proxies realisiert werden.	ja	tw	n
M	Diese MÜSSEN jeweils über ein Transfernetz (dual-homed) zur äußeren Firewall und zur internen Firewall angebunden werden.	ja	tw	n
M	In diesen Transfernetzen DARF NUR das proxy-basierte ALG bzw. DÜRFEN NUR entsprechende Sicherheits-Proxies integriert werden.	ja	tw	n
M	Jeglicher Datenverkehr MUSS über das ALG bzw. entsprechende Sicherheits-Proxies entkoppelt werden.	ja	tw	n
M	Ein Transportnetz, das beide Firewall-Stufen direkt miteinander verbindet, DARF NICHT konfiguriert werden.	ja	tw	n
M	Die interne Firewall MUSS zudem die Angriffsfläche des ALGs bzw. der Sicherheits-Proxies gegenüber Innentätern oder IT-Systemen im internen Netz reduzieren.	ja	tw	n
S	Authentisierte und vertrauenswürdige Netzzugriffe, ausgehend von dem VPN-Gateway ins interne Netz, SOLLTEN NICHT das ALG bzw. die Sicherheits-Proxies der P-A-P-Struktur durchlaufen.	ja	tw	n

Notizen:

A19 Separierung der Infrastrukturdienste *Standard*

Verantwortliche Rolle: Leiter Netze

S	Server, die grundlegende Dienste für die IT-Infrastruktur bereitstellen, SOLLTEN in einem dedizierten Sicherheitssegment positioniert werden.	ja	tw	n
S	Die Kommunikation mit ihnen SOLLTE durch einen zustandsbehafteten Paketfilter (Firewall) kontrolliert werden.	ja	tw	n

Notizen:

NET Netze und Kommunikation

A20 Zuweisung dedizierter Subnetze für IPv4/IPv6-Endgerätegruppen *Standard*
Verantwortliche Rolle: Leiter Netze

S	Unterschiedliche IPv4-/IPv6- Endgeräte SOLLTEN je nach verwendeten Protokoll (IPv4-/IPv6- oder IPv4/IPv6-DualStack) dedizierten Subnetzen zugeordnet werden.	ja	tw	n

Notizen:

A21 Separierung des Management-Bereichs *Standard*
Verantwortliche Rolle: Leiter Netze

S	Es SOLLTE durchgängig ein Out-of-Band-Management genutzt werden, um die Infrastruktur zu managen.	ja	tw	n
S	Dabei SOLLTEN alle Endgeräte, die für das Management der IT-Infrastruktur benötigt werden, in dedizierten Segmenten positioniert werden.	ja	tw	n
S	Die Kommunikation mit diesen Endgeräten SOLLTE durch einen zustandsbehafteten Paketfilter (Firewall) kontrolliert werden.	ja	tw	n
S	Die Kommunikation von und zu diesen Management-Segmenten SOLLTE auf die notwendigen Management-Protokolle mit definierten Kommunikations-Endpunkten beschränkt werden.	ja	tw	n
S	Der Management-Bereich SOLLTE mindestens die folgenden Sicherheitssegmente umfassen, die abhängig von der Sicherheitsrichtlinie und der Anforderungsspezifikation weiter unterteilt werden SOLLTEN: • Segment(e) für IT-Systeme, die für die Authentisierung und Autorisierung der administrativen Kommunikation zuständig sind, • Segment(e) für die Administration der IT-Systeme, • Segment(e) für die Überwachung und das Monitoring, • Segment(e), die die zentrale Protokollierung inklusive Syslog-Server und SIEM-Server enthalten, • Segment(e) für IT-Systeme, die für grundlegende Dienste des Management-Bereichs benötigt werden, • Segment(e) für die Management-Interface der zu administrierenden IT-Systeme.	ja	tw	n
M	Die verschiedenen Management-Interface der IT-Systeme MÜSSEN nach ihrem Einsatzzweck und ihrer Netzplatzierung über einen zustandsbehafteten Paketfilter (Firewall) getrennt werden.	ja	tw	n
S	Dabei SOLLTEN die IT-Systeme (Management-Interface) zusätzlich folgender Zugehörigkeit über dedizierte Firewalls getrennt werden: • IT-Systeme, die aus dem Internet erreichbar sind, • IT-Systeme im internen Netz, • Sicherheitskomponenten, die sich zwischen den aus dem Internet erreichbaren IT-Systemen und dem internen Netz befinden.	ja	tw	n
M	Es MUSS sichergestellt werden, dass die Segmentierung nicht durch die Management-Kommunikation unterlaufen werden kann, d.h. eine Überbrückung von Segmenten MUSS ausgeschlossen werden.	ja	tw	n

Notizen:

A22 Spezifikation des Segmentierungskonzepts *Standard*

Verantwortliche Rolle: Leiter Netze

S	Auf Basis der Spezifikationen von Netzarchitektur und Netzdesign SOLLTE ein umfassendes Segmentierungskonzept für das interne Netz, inklusive eventuell vorhandener virtualisierter Netze in Virtualisierungs-Hosts, geplant, umgesetzt, betrieben und nachhaltig gepflegt werden.	ja	tw	n
S	Das Konzept SOLLTE mindestens die folgenden Punkte umfassen, soweit diese in der Zielumgebung vorgesehen sind: • Initial anzulegende Sicherheitssegmente und Vorgaben dazu, wie neue Sicherheitssegmente zu schaffen sind und wie Endgeräte in den Sicherheitssegmenten zu positionieren sind • Festlegung für die Segmentierung von Entwicklungs- und Testsystemen (Staging) • Netzzugangskontrolle für Sicherheitssegmente mit Clients • Anbindung von Netzbereichen, die über Funktechniken oder Standleitung an die Sicherheitssegmente angebunden sind • Anbindung der Virtualisierungs-Hosts und von virtuellen Maschinen auf den Hosts an die Sicherheitssegmente • Rechenzentrumsautomatisierung • Festlegungen dazu, wie Endgeräte einzubinden sind, die mehrere Sicherheitssegmente versorgen, z.B. Load Balancer, und Speicher- sowie Datensicherungslösungen.	ja	tw	n
S	Abhängig von der Sicherheitsrichtlinie und der Anforderungsspezifikation SOLLTE für jedes Sicherheitssegment konzipiert werden, wie es netztechnisch realisiert werden soll.	ja	tw	n
S	Darüber hinaus SOLLTE festgelegt werden, welche Sicherheitsfunktionen die Koppelelemente zwischen den Sicherheitssegmenten bereitstellen müssen (z.B. Firewall als zustandsbehafteter Paketfilter oder IDS/IPS).	ja	tw	n

Notizen:

A23 Trennung von Sicherheitssegmenten *Standard*

Verantwortliche Rolle: Leiter Netze

S	IT-Systeme mit unterschiedlichem Schutzbedarf SOLLTEN in verschiedenen Sicherheitssegmenten platziert werden.	ja	tw	n
S	Ist dies nicht möglich, richtet sich der Schutzbedarf nach dem höchsten vorkommenden Schutzbedarf im Sicherheitssegment. Darüber hinaus SOLLTEN die Sicherheitssegmente abhängig von ihrer Größe und den Anforderungen des Segmentierungskonzepts weiter unterteilt werden.	ja	tw	n
M	Es MUSS sichergestellt werden, dass keine Überbrückung von Segmenten oder gar Zonen möglich ist.	ja	tw	n
S	Gehören die VLANs an einem Switch unterschiedlichen Institutionen an, SOLLTE die Trennung entweder physisch erfolgen oder es SOLLTE Verschlüsselung eingesetzt werden, um die übertragenen Informationen vor unbefugtem Zugriff zu schützen.	ja	tw	n

Notizen:

NET Netze und Kommunikation

A24 Sichere logische Trennung mittels VLAN *Standard*
Verantwortliche Rolle: Leiter Netze

M	Durch ein Virtual LAN (VLAN) DARF KEINE Verbindung zwischen einer Zone vor dem ALG bzw. den Sicherheits-Proxies einer P-A-P-Struktur und dem dahinter liegenden internen Netz geschaffen werden.	ja	tw	n
M	Generell MUSS sichergestellt werden, dass keine Überbrückung von Zonen möglich ist, wenn VLANs eingesetzt werden.	ja	tw	n

Notizen:

A25 Fein- und Umsetzungsplanung von Netzarchitektur und -design *Standard*
Verantwortliche Rolle: Leiter Netze

S	Eine Fein- und Umsetzungsplanung für die Netzarchitektur und das Netzdesign SOLLTE durchgeführt, dokumentiert, geprüft und nachhaltig gepflegt werden.	ja	tw	n

Notizen:

A26 Spezifikation von Betriebsprozessen für das Netz *Standard*
Verantwortliche Rolle: Leiter Netze

S	Für einen sicheren und effektiven Netzbetrieb SOLLTEN Betriebsprozesse bedarfsgerecht erzeugt oder angepasst und dokumentiert werden (siehe Bausteingruppe Kern-IT-Betrieb, insbesondere OPS.1.1.3 Patch- und Änderungsmanagement).	ja	tw	n
S	Dabei SOLLTE insbesondere berücksichtigt werden, wie sich die Zonierung sowie das Segmentierungskonzept auf den IT-Betrieb auswirken.	ja	tw	n

Notizen:

A27 Einbindung der Netzarchitektur in die Notfallplanung *Standard*
Verantwortliche Rolle: Leiter IT

S	Initial und in regelmäßigen Abständen SOLLTE nachvollziehbar analysiert werden, wie sich die Netzarchitektur und die abgeleiteten Konzepte auf die Notfallplanung auswirken.	ja	tw	n

Notizen:

A28 Hochverfügbare Netz- und Sicherheitskomponenten *Hoch*
Verantwortliche Rolle: Leiter Netze **A**

S	Zentrale Bereiche des internen Netzes sowie die Sicherheitskomponenten SOLLTEN hochverfügbar realisiert werden.	ja	tw	n
S	Hierzu SOLLTEN die Komponenten redundant ausgelegt und auch intern hochverfügbar realisiert werden.	ja	tw	n

Notizen:

NET.1.1 Netzarchitektur und -design

A29 Hochverfügbare Realisierung von Netzanbindungen *Hoch*
Verantwortliche Rolle: Leiter Netze **A**

S	Die Netzanbindungen (z.B. Internet-Anbindung und WAN-Verbindungen) SOLLTEN vollständig redundant gestaltet werden.	ja	tw	n
S	Je nach Verfügbarkeitsanforderung SOLLTEN redundante Anbindungen an einen oder verschiedene Anbieter, bedarfsabhängig mit unterschiedlicher Technik und Performance, bedarfsgerecht umgesetzt werden.	ja	tw	n
S	Auch SOLLTE Wegeredundanz innerhalb und außerhalb der eigenen Zuständigkeit bedarfsgerecht umgesetzt werden.	ja	tw	n
S	Hierbei SOLLTEN mögliche Single Points of Failures (SPoF) und störende Umgebungsbedingungen berücksichtigt werden.	ja	tw	n

Notizen:

A30 Schutz vor Distributed-Denial-of-Service *Hoch*
Verantwortliche Rolle: Leiter Netze **A**

S	Um DDoS-Angriffe abzuwehren, SOLLTE per Bandbreitenmanagement die verfügbare Bandbreite gezielt zwischen verschiedenen Kommunikationspartnern und Protokollen aufgeteilt werden.	ja	tw	n
S	Um DDoS-Angriffe mit sehr hohen Datenraten abwehren zu können, SOLLTEN Mitigation-Dienste über größere Internet Service Provider (ISPs) eingekauft und deren Nutzung SOLLTE in Verträgen geregelt werden.	ja	tw	n

Notizen:

A31 Physische Trennung von Sicherheitssegmenten *Hoch*
Verantwortliche Rolle: Leiter Netze **C I A**

S	Abhängig von Sicherheitsrichtlinie und Anforderungsspezifikation SOLLTEN Sicherheitssegmente physisch durch separate Switches getrennt werden.	ja	tw	n

Notizen:

A32 Physische Trennung von Management-Segmenten *Hoch*
Verantwortliche Rolle: Leiter Netze **C I A**

S	Abhängig von Sicherheitsrichtlinie und Anforderungsspezifikation SOLLTEN Sicherheitssegmente des Management-Bereichs physisch voneinander getrennt werden.	ja	tw	n

Notizen:

NET Netze und Kommunikation

A33 Mikrosegmentierung des Netzes *Hoch*
Verantwortliche Rolle: Leiter Netze **C I A**

S	Um potenzielle Angriffe auf eine geringe Zahl von Endgeräten zu beschränken, SOLLTE das Netz in kleine Segmente mit sehr ähnlichem Anforderungsprofil und selbem Schutzbedarf unterteilt werden.	ja	tw	n
S	Insbesondere SOLLTE dies für die DMZ-Segmente berücksichtigt werden.	ja	tw	n

Notizen:

A34 Einsatz kryptografischer Verfahren auf Netzebene *Hoch*
Verantwortliche Rolle: Leiter Netze **C I**

S	Die Sicherheitssegmente SOLLTEN im internen Netz, im Extranet und im DMZ-Bereich mittels kryptografischer Techniken bereits auf Netzebene realisiert werden.	ja	tw	n
S	Dafür SOLLTEN VPN-Techniken oder IEEE 802.1AE eingesetzt werden.	ja	tw	n
S	Wenn innerhalb von internem Netz, Extranet oder DMZ über Verbindungsstrecken kommuniziert wird, die für einen erhöhten Schutzbedarf nicht ausreichend sicher sind, SOLLTE die Kommunikation angemessen auf Netzebene verschlüsselt werden.	ja	tw	n

Notizen:

A35 Einsatz von netzbasiertem DLP *Hoch*
Verantwortliche Rolle: Informationssicherheitsbeauftragter (ISB) **C I**

S	Auf Netzebene SOLLTEN Systeme zur Data Loss Prevention (DLP) eingesetzt werden, um das Risiko von Datenabflüssen zu verringern.	ja	tw	n

Notizen:

A36 Trennung mittels VLAN bei sehr hohem Schutzbedarf *Hoch*
Verantwortliche Rolle: Leiter Netze **C I A**

S	Bei sehr hohem Schutzbedarf SOLLTEN KEINE VLANs eingesetzt werden.	ja	tw	n

Notizen:

NET.1.2 Netzmanagement

A1 Planung des Netzmanagements *Basis*
Verantwortliche Rolle: IT-Betrieb

M	Die Netzmanagement-Infrastruktur MUSS geeignet geplant werden.	ja	tw	n
S	Hierbei SOLLTEN alle in der Sicherheitsrichtlinie und Anforderungsspezifikation adressierten Punkte sowie das Rollen- und Berechtigungskonzept berücksichtigt werden.	ja	tw	n
M	Mindestens MÜSSEN folgende Themen berücksichtigt werden: • zu trennende Managementbereiche, • Zugriffsmöglichkeiten auf die Managementberver, • Kommunikation für den Managementzugriff, • benutzte Protokolle, z.B. IPv4 und IPv6,.	ja	tw	n

Notizen:

A2 Anforderungsspezifikation für das Netzmanagement *Basis*
Verantwortliche Rolle: Leiter IT

M	Ausgehend von NET.1.2A1 Planung des NetzmanagementsMÜSSEN Anforderungen an die Netzmanagement-Infrastruktur und -Prozesse spezifiziert werden.	ja	tw	n
M	Dabei MÜSSEN alle wesentlichen Elemente für das Netzmanagement berücksichtigt werden.	ja	tw	n
S	Auch SOLLTE die Richtlinie für das Netzmanagement beachtet werden.	ja	tw	n

Notizen:

A3 Rollen- und Berechtigungskonzept für das Netzmanagement *Basis*
Verantwortliche Rolle: IT-Betrieb

M	Es MUSS ein Rollen- und Berechtigungskonzept für das Netzmanagement erstellt, umgesetzt und gepflegt werden.	ja	tw	n
M	Das Konzept MUSS die speziellen Tätigkeiten und den zugehörigen Zugriff auf Informationen im Netzmanagement abbilden.	ja	tw	n

Notizen:

A4 Grundlegende Authentisierung für den Netzmanagement-Zugriff *Basis*
Verantwortliche Rolle: Leiter IT, Informationssicherheitsbeauftragter (ISB)

M	Für den Managementzugriff auf Netzkomponenten und auf Managementinformationen MUSS eine geeignete Authentisierung verwendet werden.	ja	tw	n
M	Dafür MÜSSEN die Vorgaben der Institution für die Authentisierungsgüte und den Umgang mit den Authentisierungsinformationen umgesetzt werden.	ja	tw	n
M	Auch MÜSSEN alle Default-Passwörter auf den Netzkomponenten geändert werden.	ja	tw	n
M	Die neuen Passwörter MÜSSEN ausreichend stark sein und regelmäßig geändert werden.	ja	tw	n

Notizen:

A5 Einspielen von Updates und Patches
Verantwortliche Rolle: IT-Betrieb

Basis

M	Die verantwortlichen Mitarbeiter MÜSSEN sich regelmäßig über bekannt gewordene Schwachstellen der eingesetzten Netzmanagement Lösungen informieren und sicherheitsrelevante Updates und Patches so schnell wie möglich einspielen.	ja	tw	n
M	Nicht sicherheitsrelevante Updates DÜRFEN NICHT die Sicherheit und Stabilität der Netzmanagement Lösung beeinträchtigen.	ja	tw	n

Notizen:

A6 Regelmäßige Datensicherung
Verantwortliche Rolle: IT-Betrieb

Basis

M	Alle eingesetzten Netzmanagement Lösungen MÜSSEN ins Datensicherungskonzept der Institution eingebunden werden (siehe CON.3Datensicherungskonzept).	ja	tw	n
M	Hierbei MÜSSEN alle spezifischen Daten für das Netzmanagement berücksichtigt werden.	ja	tw	n
M	Es MÜSSEN mindestens die Systemdaten für die Einbindung der zu verwaltenden Komponenten bzw. Objekte, Ereignismeldungen, Statistikdaten sowie vorgehaltene Daten für das Konfigurationsmanagement gesichert werden.	ja	tw	n

Notizen:

A7 Grundlegende Protokollierung von Ereignissen
Verantwortliche Rolle: IT-Betrieb

Basis

M	Die Netzmanagement Lösung MUSS in das Protokollierungskonzept der Institution eingebunden werden (siehe OPS.1.1.5 Protokollierung).	ja	tw	n
M	Darüber hinaus MÜSSEN mindestens folgende Ereignisse protokolliert werden: unautorisierte Zugriffe bzw. Zugriffsversuche, Leistungs- oder Verfügbarkeitsschwankungen des Netzes, Fehler in automatischen Prozessen (z.B. bei der Konfigurationsverteilung) sowie eingeschränkte Erreichbarkeit von Netzkomponenten.	ja	tw	n

Notizen:

A8 Zeit-Synchronisation
Verantwortliche Rolle: IT-Betrieb

Basis

M	Alle Komponenten des Netzmanagements, inklusive der eingebundenen Netzkomponenten, MÜSSEN eine synchrone Uhrzeit nutzen.	ja	tw	n
M	Die Uhrzeit MUSS an jedem Standort innerhalb des lokalen Netzes mittels NTP-Service synchronisiert werden.	ja	tw	n
M	Ist ein separates Managementnetz eingerichtet, MUSS eine NTP-Instanz in diesem Managementnetz positioniert werden.	ja	tw	n

Notizen:

A9 Absicherung der Netzmanagement-Kommunikation *Basis*
Verantwortliche Rolle: IT-Betrieb

M	Erfolgt die Netzmanagement-Kommunikation über die produktive Infrastruktur, MÜSSEN hierfür nach dem Stand der Technik sichere Protokolle verwendet werden.	ja	tw	n
M	Ist dies nicht möglich, MUSS ein eigens dafür vorgesehenes Administrationsnetz (Out-of-Band-Management) verwendet werden (siehe NET.1.1 Netzarchitektur und -design).	ja	tw	n

Notizen:

A10 Beschränkung der SNMP-Kommunikation *Basis*
Verantwortliche Rolle: IT-Betrieb

M	Im Netzmanagement DÜRFEN keine unsicheren Versionen des Simple Network Management Protocol (SNMP) eingesetzt werden.	ja	tw	n
M	Ist dies jedoch nicht möglich, MUSS die SNMP-Kommunikation entweder über ein separates Management-Netz erfolgen oder es MUSS SNMPv3 mit Authentisierung und Verschlüsselung benutzt werden.	ja	tw	n
S	Grundsätzlich SOLLTE über SNMP nur mit den minimal erforderlichen Zugriffsrechten zugegriffen werden.	ja	tw	n
S	Die Zugangsberechtigung SOLLTE auf dedizierte Management-Server eingeschränkt werden.	ja	tw	n

Notizen:

A11 Festlegung einer Sicherheitsrichtlinie für das Netzmanagement *Standard*
Verantwortliche Rolle: Informationssicherheitsbeauftragter (ISB)

S	Für das Netzmanagement SOLLTE eine Sicherheitsrichtlinie erstellt und nachhaltig gepflegt werden.	ja	tw	n
S	Die Richtlinie SOLLTE allen Personen, die am Netzmanagement beteiligt sind, bekannt und grundlegend für deren Arbeit sein.	ja	tw	n
S	Es SOLLTE regelmäßig und nachvollziehbar überprüft werden, dass die in der Richtlinie geforderten Inhalte umgesetzt werden.	ja	tw	n
M	Die Ergebnisse MÜSSEN sinnvoll dokumentiert werden.	ja	tw	n
S	Die Sicherheitsrichtlinie SOLLTE festlegen, welche Bereiche des Netzmanagements über zentrale Management-Werkzeuge und -Dienste realisiert werden.	ja	tw	n
S	Auch SOLLTE sie definieren, inwieweit Aufgaben im Netzmanagement der Institution automatisiert realisiert werden sollen.	ja	tw	n
S	Darüber hinaus SOLLTEN Rahmenbedingungen und Vorgaben für die Netztrennung, Zugriffskontrolle, Protokollierung sowie den Schutz der Kommunikation, das eingesetzte Netzmanagement-Werkzeug und die operativen Grundregeln für das Netzmanagement spezifiziert werden.	ja	tw	n

Notizen:

NET Netze und Kommunikation

	A12	**Ist-Aufnahme und Dokumentation des Netzmanagements**	*Standard*		
		Verantwortliche Rolle: IT-Betrieb			
S		Es SOLLTE eine Dokumentation erstellt werden, die beschreibt, wie die Management-Infrastruktur des Netzes aufgebaut ist.	ja	tw	n
S		Darin SOLLTEN die initiale Ist-Aufnahme sowie alle durchgeführten Änderungen im Netzmanagement enthalten sein.	ja	tw	n
S		Insbesondere SOLLTE dokumentiert werden, welche Netzkomponenten mit welchen Managementwerkzeugen verwaltet werden.	ja	tw	n
S		Außerdem SOLLTEN alle für das Netzmanagement benutzten IT-Arbeitsplätze und -Endgeräte sowie alle Informationsbestände, Management-Daten und Informationen über den Betrieb des Netzmanagements erfasst werden.	ja	tw	n
S		Letztlich SOLLTEN sämtliche Schnittstellen zu Anwendungen und Diensten außerhalb des Netzmanagements dokumentiert werden.	ja	tw	n
S		Der so dokumentierte Ist-Zustand der Management-Infrastruktur SOLLTE mit der Dokumentation der Netz-Infrastruktur abgeglichen werden (siehe Baustein NET.1.1 Netz-Architektur- und Design).	ja	tw	n
S		Die Dokumentation SOLLTE vollständig und immer aktuell sein.	ja	tw	n

Notizen:

	A13	**Erstellung eines Netzmanagement-Konzepts**	*Standard*		
		Verantwortliche Rolle: Leiter IT			
S		Ausgehend von der Sicherheitsrichtlinie (siehe NET.1.2.A11 Festlegung einer Sicherheitsrichtlinie für das Netzmanagement) SOLLTE ein Netzmanagement-Konzept erstellt und nachhaltig gepflegt werden.	ja	tw	n
S		Dabei SOLLTEN mindestens folgende Aspekte bedarfsgerecht berücksichtigt werden: • Methoden, Techniken und Werkzeuge für das Netzmanagement, • Absicherung des Zugangs und der Kommunikation, • Netztrennung, insbesondere Zuordnung von Netzmanagement-Komponenten zu Sicherheitszonen, • Umfang des Monitorings und der Alarmierung je Netzkomponente, • Protokollierung, • Automatisierung, insbesondere zentrale Verteilung von Konfigurationsdateien auf Switches, • Meldeketten bei Störungen und Sicherheitsvorfällen, • Bereitstellung von Netzmanagement-Informationen für andere Betriebsbereiche und • Einbindung des Netzmanagements in die Notfallplanung.	ja	tw	n

Notizen:

	A14	**Fein- und Umsetzungsplanung**	*Standard*		
		Verantwortliche Rolle: IT-Betrieb			
S		Es SOLLTE eine Fein- und Umsetzungsplanung für die Netzmanagement-Infrastruktur erstellt werden.	ja	tw	n
S		Hierbei SOLLTEN alle in der Sicherheitsrichtlinie und im Netzmanagement-Konzept adressierten Punkte berücksichtigt werden.	ja	tw	n

Notizen:

A15 Konzept für den sicheren Betrieb der Netzmanagement-Infrastruktur *Standard*
Verantwortliche Rolle: IT-Betrieb

S	Ausgehend von den Sicherheitsrichtlinien und dem Netzmanagement-Konzept SOLLTE ein Konzept für den sicheren Betrieb der Netzmanagement-Infrastruktur erstellt werden.	ja	tw	n
S	Darin SOLLTE der Anwendungs- und Systembetrieb für die Netzmanagement-Werkzeuge berücksichtigt werden.	ja	tw	n
S	Auch SOLLTE geprüft werden, wie sich die Leistungen anderer operativer Einheiten einbinden und steuern lassen.	ja	tw	n

Notizen:

A16 Einrichtung und Konfiguration von Netzmanagement-Lösungen *Standard*
Verantwortliche Rolle: IT-Betrieb

S	Lösungen für das Netzmanagement SOLLTEN anhand der Sicherheitsrichtlinie (siehe NET.1.2.A11 Festlegung einer Sicherheitsrichtlinie für das Netzmanagement), der spezifizierten Anforderungen (siehe NET1.2.A2 Anforderungsspezifikation für das Netzmanagement) und der Fein- und Umsetzungsplanung aufgebaut, sicher konfiguriert und in Betrieb genommen werden.	ja	tw	n
S	Danach SOLLTEN die spezifischen Prozesse für das Netzmanagement eingerichtet werden.	ja	tw	n

Notizen:

A17 Regelmäßiger Soll-Ist-Vergleich *Standard*
Verantwortliche Rolle: IT-Betrieb

S	Es SOLLTE regelmäßig und nachvollziehbar geprüft werden, inwieweit die Netzmanagement-Lösung dem Sollzustand entspricht.	ja	tw	n
S	Dabei SOLLTE geprüft werden, ob die bestehende Lösung noch die Sicherheitsrichtlinie und Anforderungsspezifikation erfüllt.	ja	tw	n
S	Auch SOLLTE geprüft werden, inwieweit die umgesetzte Management-Struktur und die genutzten Prozesse dem aktuellen Stand entsprechen.	ja	tw	n
S	Weiter SOLLTE verglichen werden, ob die Management-Infrastruktur auf dem aktuellen Stand der Technik ist.	ja	tw	n

Notizen:

A18 Schulungen für Management-Lösungen *Standard*
Verantwortliche Rolle: Leiter IT, Vorgesetzte

S	Für die eingesetzten Netzmanagement Lösungen SOLLTEN Schulungs- und Trainingsmaßnahmen konzipiert und durchgeführt werden.	ja	tw	n
S	Die Maßnahmen SOLLTEN die individuellen Gegebenheiten im Configuration-, Availability- und Capacity-Management sowie typische Situationen im Fehlermanagement abdecken.	ja	tw	n
S	Die Schulungen und Trainings SOLLTEN regelmäßig wiederholt werden, mindestens jedoch, wenn sich größere technische oder organisatorische Änderungen innerhalb der Netzmanagement-Lösung ergeben.	ja	tw	n

Notizen:

NET Netze und Kommunikation

A19 Starke Authentisierung des Management-Zugriffs *Standard*
Verantwortliche Rolle: IT-Betrieb

S Für den administrativen Zugriff auf Netzkomponenten SOLLTE eine dem Stand der Technik entsprechende Authentisierungsmethode verwendet werden. — ja tw n

S Die administrativen Zugänge SOLLTEN über einen zentralen Authentisierungsserver mittels personalisierter Konten über entsprechend sichere Protokolle authentisiert werden. — ja tw n

Notizen:

A20 Absicherung des Zugangs zu Netzmanagement-Lösungen *Standard*
Verantwortliche Rolle: IT-Betrieb

S Der Zugriff auf zentrale Netzmanagement Lösungen und Managementinformationen SOLLTE durch eine dem Stand der Technik entsprechende Authentisierungsmethode geschützt werden. — ja tw n

S Die Zugänge SOLLTEN über einen zentralen Authentisierungsserver mittels personalisierter Konten authentisiert werden. — ja tw n

M Es MÜSSEN dem Stand der Technik entsprechende Authentisierungs- und Verschlüsselungsmethoden realisiert werden, falls auf Netzmanagement-Werkzeuge von einem Netz außerhalb der Managementnetze, insbesondere aus einem produktiven Netz oder einem unzureichend sicheren Netz, zugegriffen wird. — ja tw n

Notizen:

A21 Entkopplung der Netzmanagement-Kommunikation *Standard*
Verantwortliche Rolle: IT-Betrieb

S Direkte Managementzugriffe eines Administrators von einem IT-System außerhalb der Managementnetze auf eine Netzkomponente SOLLTEN vermieden werden. — ja tw n

S Ist ein solcher Zugriff ohne zentrales Management-Werkzeug notwendig, SOLLTE die Kommunikation entkoppelt werden. — ja tw n

S Solche Sprungserver SOLLTEN im Management-Netz integriert und in einem getrennten Zugangssegment positioniert sein. — ja tw n

Notizen:

A22 Beschränkung der Managementfunktionen *Standard*
Verantwortliche Rolle: IT-Betrieb

S Es SOLLTEN nur die benötigten Managementfunktionen aktiviert werden. — ja tw n

Notizen:

A23 Protokollierung der administrativen Zugriffe *Standard*

Verantwortliche Rolle: IT-Betrieb

S	Im Rahmen des Netzmanagements SOLLTEN die Sitzungsdaten aller administrativen Zugriffe protokolliert und gespeichert werden.	ja	tw	n
S	Hierbei SOLLTEN die datenschutzrechtlichen Bestimmungen eingehalten werden.	ja	tw	n
S	Die Protokollierungsdaten SOLLTEN in der Datensicherung ausreichend und gesetzeskonform geschützt werden.	ja	tw	n
S	Darüber hinaus SOLLTE festgelegt werden, ob und in welchem Umfang Sitzungsdaten für forensische Analysen zu archivieren sind.	ja	tw	n
S	Wenn Daten archiviert werden, SOLLTE darauf geachtet werden, dass dies gesetzeskonform und revisionssicher durchgeführt wird.	ja	tw	n

Notizen:

A24 Zentrale Konfigurationsverwaltung für Netzkomponenten *Standard*

Verantwortliche Rolle: IT-Betrieb

S	Software bzw. Firmware und Konfigurationsdaten für Netzkomponenten SOLLTEN automatisch über das Netz verteilt und ohne Betriebsunterbrechung installiert und aktiviert werden können.	ja	tw	n
S	Die hierfür benötigten Informationen SOLLTEN an zentraler Stelle sicher verfügbar sein sowie in die Versionsverwaltung und die Datensicherung eingebunden werden.	ja	tw	n
S	Die zentrale Konfigurationsverwaltung SOLLTE nachhaltig gepflegt und regelmäßig auditiert werden.	ja	tw	n

Notizen:

A25 Statusüberwachung der Netzkomponenten *Standard*

Verantwortliche Rolle: IT-Betrieb

S	Die grundlegenden Performance- und Verfügbarkeitsparameter der zentralen Netzkomponenten SOLLTEN kontinuierlich überwacht werden.	ja	tw	n
S	Hierfür SOLLTEN vorab die jeweiligen Schwellwerte ermittelt werden (Baselining).	ja	tw	n

Notizen:

NET Netze und Kommunikation

A26 Umfassende Protokollierung, Alarmierung und Logging von Ereignissen *Standard*
Verantwortliche Rolle: IT-Betrieb

S	Wichtige Ereignisse oder Fehlerzustände SOLLTEN automatisch an ein zentrales Managementsystem übermittelt und dort protokolliert werden.	ja	tw	n
S	Dies gilt sowohl für Ereignisse auf Netzkomponenten als auch für Ereignisse auf den Netzmanagementwerkzeugen. Das zuständige IT-Personal SOLLTE zusätzlich automatisch benachrichtigt werden.	ja	tw	n
S	Das Alarming und Logging SOLLTE mindestens folgende Punkte beinhalten: • Ausfall bzw. Nichterreichbarkeit von Netz- oder Managementkomponenten, • Hardware-Fehlfunktionen, • fehlerhafte Anmeldeversuche, • kritische Zustände oder Überlastung von IT-Systemen.	ja	tw	n
S	Ereignismeldungen bzw. Logging-Daten SOLLTEN kontinuierlich oder kumuliert einem zentralen Managementsystem übermittelt werden.	ja	tw	n
S	Alarmmeldungen SOLLTEN direkt bei Auftreten übermittelt werden.	ja	tw	n

Notizen:

A27 Einbindung des Netzmanagements in die Notfallplanung *Standard*
Verantwortliche Rolle: IT-Betrieb

S	Die Netzmanagement Lösungen SOLLTEN in die Notfallplanung der Institution eingebunden werden.	ja	tw	n
S	Dazu SOLLTEN die Netzmanagement-Werkzeuge und die Konfigurationen der Netzkomponenten gesichert und in die Wiederanlaufpläne integriert sein.	ja	tw	n

Notizen:

A28 Platzierung der Management-Clients für das In-Band-Management *Standard*
Verantwortliche Rolle: IT-Betrieb

S	Für die Administration sowohl der internen als auch externen IT-Systeme SOLLTEN dedizierte Management-Clients eingesetzt werden.	ja	tw	n
S	Dafür SOLLTE mindestens ein Management-Client am äußeren Netzbereich (für die Administration am Internet anliegender IT-Systeme) und ein weiterer im internen Bereich (für die Administration interner IT-Systeme) platziert werden.	ja	tw	n

Notizen:

A29 Einsatz von VLANs in der Management-Zone *Standard*
Verantwortliche Rolle: IT-Betrieb

S	Werden Managementnetze durch VLANs getrennt, SOLLTE darauf geachtet werden, dass der äußere Paketfilter sowie die daran angeschlossenen Geräte in einem eigenen Teilnetz stehen.	ja	tw	n
S	Zudem SOLLTE sichergestellt werden, dass das ALG dabei nicht umgangen wird.	ja	tw	n

Notizen:

A30 Hochverfügbare Realisierung der Management Lösung   *Hoch*
Verantwortliche Rolle: IT-Betrieb   **A**

S	Zentrale Management Lösungen SOLLTEN hochverfügbar betrieben werden.	ja	tw	n
S	Hierzu SOLLTEN die Server bzw. Werkzeuge inklusive der Netzanbindungen redundant ausgelegt sein.	ja	tw	n
S	Auch die einzelnen Komponenten SOLLTEN hochverfügbar bereitgestellt werden.	ja	tw	n

Notizen:

A31 Grundsätzliche Nutzung von sicheren Protokollen   *Hoch*
Verantwortliche Rolle: IT-Betrieb   **C I A**

S	Für das Netzmanagement SOLLTEN ausschließlich sichere Protokolle benutzt werden.	ja	tw	n
S	Es SOLLTEN alle Sicherheitsfunktionen dieser Protokolle verwendet werden.	ja	tw	n

Notizen:

A32 Physische Trennung des Managementnetzes   *Hoch*
Verantwortliche Rolle: IT-Betrieb   **C I A**

S	Das Managementnetz SOLLTE physisch getrennt werden.	ja	tw	n

Notizen:

A33 Physische Trennung von Management-Segmenten   *Hoch*
Verantwortliche Rolle: Leiter Netze   **C I A**

S	Das Managementnetz SOLLTE in physisch getrennte Sicherheitszonen unterteilt werden.	ja	tw	n
S	Dabei SOLLTEN physisch getrennte Sicherheitszonen mindestens für das Management von LAN-Komponenten, Sicherheitskomponenten und Komponenten zur Außenanbindung eingerichtet werden.	ja	tw	n

Notizen:

A34 Protokollierung von Inhalten administrativer Sitzungen   *Hoch*
Verantwortliche Rolle: IT-Betrieb   **C I**

S	Ergänzend zur Protokollierung von Sitzungsdaten (siehe NET.1.2.A22 Protokollierung der administrativen Zugriffe) SOLLTEN auch die Inhalte von administrativen Zugriffen protokolliert werden.	ja	tw	n
S	Alternativ SOLLTE nach dem Vier-Augen-Prinzip vorgegangen werden.	ja	tw	n
S	Auch die protokollierten Inhalte der administrativen Sitzungen SOLLTEN in der Datensicherung ausreichend und gesetzeskonform geschützt werden.	ja	tw	n

Notizen:

NET Netze und Kommunikation

A35 Festlegungen zur Beweissicherung *Hoch*
Verantwortliche Rolle: IT-Betrieb   **C I A**

- S   Es SOLLTEN Vorgehensweisen zur Beweissicherung und zu forensischen Untersuchungen im Rahmen des Netzmanagements festgelegt und dokumentiert werden.   ja   tw   n
- S   Die erhobenen Protokollierungsdaten SOLLTEN für forensische Analysen gesetzeskonform und revisionssicher archiviert werden.   ja   tw   n

Notizen:

A36 Einbindung der Protokollierung des Netzmanagements in eine SIEM-Lösung *Hoch*
Verantwortliche Rolle: IT-Betrieb   **C I A**

- S   Die Protokollierung des Netzmanagements SOLLTE in eine Security-Information-and-Event-Management (SIEM)-Lösung eingebunden werden.   ja   tw   n
- S   Hierzu SOLLTEN die Anforderungskataloge (siehe NET.1.2.A2) zur Auswahl von Netzmanagement Lösungen hinsichtlich der erforderlichen Unterstützung von Schnittstellen und Übergabeformaten angepasst werden.   ja   tw   n

Notizen:

A37 Standort übergreifende Zeitsynchronisation *Hoch*
Verantwortliche Rolle: IT-Betrieb   **C I**

- S   Die Zeitsynchronisation SOLLTE über alle Standorte der Institution sichergestellt werden.   ja   tw   n
- S   Hierfür SOLLTE eine gemeinsame Referenzzeit benutzt werden, z.B. über einen übergeordneten NTP-Server.   ja   tw   n

Notizen:

A38 Festlegung von Notbetriebsformen für die Netzmanagement-Infrastruktur *Hoch*
Verantwortliche Rolle: IT-Betrieb   **A**

- S   Für eine schnelle Wiederherstellung der Sollzustände von Software bzw. Firmware sowie der Konfiguration der Komponenten in der Netzmanagement-Infrastruktur SOLLTEN hinreichend gute Ersatzlösungen festgelegt werden, mit denen die administrativen Tätigkeiten im Notfall durchgeführt werden können.   ja   tw   n

Notizen:

NET.2 Funknetze

NET.2.1 WLAN-Betrieb

	A1	Festlegung einer Strategie für den Einsatz von WLANs				Basis
		Verantwortliche Rolle: Leiter IT				
M		Bevor in einer Institution WLANs eingesetzt werden, MUSS festgelegt sein, welche generelle Strategie die Institution im Hinblick auf die WLAN-Nutzung einnimmt.	ja	tw	n	
M		Insbesondere MUSS geklärt und festgelegt werden, in welchen Organisationseinheiten, für welche Anwendungen und zu welchem Zweck WLANs eingesetzt und welche Informationen hierüber übertragen werden dürfen.	ja	tw	n	
M		Ebenso MUSS festgelegt werden, in welchen räumlichen Bereichen WLANs aufgebaut werden sollen.	ja	tw	n	
M		Außerdem MUSS schon in der Planungsphase festgelegt sein, wer für die Administration der unterschiedlichen WLAN-Komponenten zuständig ist, welche Schnittstellen es zwischen den am Betrieb beteiligten Verantwortlichen gibt, und wann welche Informationen zwischen den Zuständigen ausgetauscht werden müssen.	ja	tw	n	

Notizen:

	A2	Auswahl eines geeigneten WLAN-Standards				Basis
		Verantwortliche Rolle: Planer				
M		Um eine Eigenstörung des WLANs zu vermeiden, MUSS im Rahmen der WLAN-Planung zuerst ermittelt werden, welche der von der Institution betriebenen Systeme (z.B. Mikrowellengeräte, Bluetooth) in das ISM-Band bei 2,4 GHz sowie in das 5 GHz-Band abstrahlen.	ja	tw	n	
M		Außerdem MÜSSEN die vorhandenen Sicherheitsmechanismen der einzelnen WLAN-Standards gegeneinander abgewogen werden.	ja	tw	n	
M		Generell MUSS es sichergestellt sein, dass nur als allgemein sicher anerkannte Verfahren zur Authentisierung und Verschlüsselung eingesetzt werden.	ja	tw	n	
M		Erst nachdem die einzelnen Standards ausführlich bewertet worden sind, kann ein bestimmter WLAN-Standard festgelegt werden. Die Entscheidungsgründe MÜSSEN dokumentiert werden.	ja	tw	n	
M		Geräte, die von anerkannt sicheren Verfahren auf unsichere zurückgreifen müssen, DÜRFEN in der Planung NICHT mehr berücksichtigt werden.	ja	tw	n	

Notizen:

	A3	Auswahl geeigneter Kryptoverfahren für WLAN				Basis
		Verantwortliche Rolle: Planer				
M		Um ein WLAN sicher zu betreiben, MUSS die Kommunikation über die Luftschnittstelle komplett kryptographisch abgesichert werden.	ja	tw	n	
M		Kryptographische Verfahren unsicherer als WPA2 DÜRFEN NICHT mehr eingesetzt werden.	ja	tw	n	
M		Wird WPA2 mit Pre-Shared Keys (WPA2-PSK) verwendet, dann MUSS ein komplexer Schlüssel mit einer Mindestlänge von 20 Zeichen verwendet werden.	ja	tw	n	
M		Außerdem MUSS dieser regelmäßig gewechselt werden.	ja	tw	n	

Notizen:

NET Netze und Kommunikation

A4 Geeignete Aufstellung von Access Points *Basis*
Verantwortliche Rolle: Haustechnik

M	Access Points MÜSSEN zugriffssicher montiert werden.	ja	tw	n
M	Darüber hinaus MUSS darauf geachtet werden, dass die Ausbreitung der Funkwellen in Bereichen, die nicht durch das WLAN versorgt werden sollen, möglichst stark reduziert ist.	ja	tw	n
M	Außeninstallationen MÜSSEN vor Witterungseinflüssen und elektrischen Entladungen wie z.B. Blitzschlag geeignet geschützt werden.	ja	tw	n

Notizen:

A5 Sichere Basis-Konfiguration der Access Points *Basis*
Verantwortliche Rolle: IT-Betrieb

M	Access Points DÜRFEN NICHT in der Konfiguration des Auslieferungszustandes verwendet werden.	ja	tw	n
M	Voreingestellte SSIDs (Service Set Identifiers), Zugangskennwörter oder kryptographische Schlüssel MÜSSEN direkt nach Inbetriebnahme geändert werden.	ja	tw	n
M	Außerdem MÜSSEN unsichere Administrationszugänge (z.B. Telnet oder HTTP) abgeschaltet werden.	ja	tw	n
M	Access Points MÜSSEN verschlüsselt administriert werden.	ja	tw	n

Notizen:

A6 Sichere Konfiguration der WLAN-Clients *Basis*
Verantwortliche Rolle: IT-Betrieb

S	Um eine interne WLAN-Infrastruktur sicher betreiben zu können, SOLLTEN auch alle damit gekoppelten WLAN-Clients sicher konfiguriert sein.	ja	tw	n
M	Geeignete Anforderungen für eine sichere Konfiguration von Clients sind im Baustein SYS.2.1 Allgemeiner Client und NET.2.2 WLAN-Nutzung zu finden. Zusätzlich MÜSSEN folgende WLAN-spezifischen Anforderungen erfüllt werden: • Wird die WLAN-Schnittstelle über einen längeren Zeitraum nicht genutzt, MUSS diese deaktiviert werden • Es MUSS sichergestellt sein, dass mittels der WLAN-Kommunikation keine Sicherheitszonen gekoppelt werden und hierdurch etablierte Schutzmaßnahmen umgangen werden.	ja	tw	n

Notizen:

A7 Aufbau eines Distribution Systems *Basis*
Verantwortliche Rolle: Planer

M	Wird ein Distribution System aufgebaut, MUSS prinzipiell entschieden werden, ob physisch oder logisch durch VLANs auf den Access Switches des kabelbasierten LANs getrennt wird.	ja	tw	n

Notizen:

A8 Verhaltensregeln bei WLAN-Sicherheitsvorfällen *Basis*

Verantwortliche Rolle: IT-Betrieb

M	Bei einem Sicherheitsvorfall MUSS der IT-Betrieb passende Gegenmaßnahmen einleiten (siehe auch DER.2.1 Incident Management): • Am Übergabepunkt der WLAN-Kommunikation ins interne LAN SOLLTE bei einem Angriff auf das WLAN die Kommunikation selektiv pro SSID, Access Point oder sogar für die komplette WLAN-Infrastruktur gesperrt werden • Wurden Access Points gestohlen, MÜSSEN festgelegte Sicherheitsmaßnahmen umgesetzt werden, damit der Access Point nicht missbräuchlich verwendet wird • Sind WLAN-Clients entwendet worden und wird eine zertifikatsbasierte Authentisierung verwendet, MÜSSEN die Client-Zertifikate gesperrt werden.	ja	tw	n
M	Die möglichen Konsequenzen sicherheitskritischer Ereignisse MÜSSEN untersucht werden.	ja	tw	n
M	Letztlich MUSS ausgeschlossen werden, dass entwendete Geräte unberechtigt verwendet werden, um auf das Netz der Institution zuzugreifen.	ja	tw	n

Notizen:

A9 Sichere Anbindung von WLANs an ein LAN *Standard*

Verantwortliche Rolle: Planer

S	Werden WLANs an ein LAN angebunden, SOLLTE der Übergang zwischen WLANs und LAN abgesichert werden, beispielsweise durch einen Paketfilter.	ja	tw	n
S	Der Access Point SOLLTE unter Berücksichtigung der Anforderung NET.2.1.A7 Aufbau eines Distribution Systems eingebunden sein.	ja	tw	n

Notizen:

A10 Erstellung einer Sicherheitsrichtlinie für den Betrieb von WLANs *Standard*

Verantwortliche Rolle: IT-Betrieb

S	Ausgehend von der allgemeinen Sicherheitsrichtlinie der Institution SOLLTEN die wesentlichen Kernaspekte für einen sicheren Einsatz von WLANs konkretisiert werden.	ja	tw	n
S	Die Richtlinie SOLLTE allen Verantwortlichen, die an Aufbau und Betrieb von WLANs beteiligt sind, bekannt sein und Grundlage für deren Arbeit sein.	ja	tw	n
S	Die Umsetzung der in der Richtlinie geforderten Inhalte SOLLTE regelmäßig überprüft werden.	ja	tw	n
S	Die Ergebnisse SOLLTEN sinnvoll dokumentiert werden.	ja	tw	n

Notizen:

A11 Geeignete Auswahl von WLAN-Komponenten *Standard*

Verantwortliche Rolle: IT-Betrieb

S	Ist beschlossen worden, eine WLAN-Infrastruktur aufzubauen, SOLLTE anhand der Ergebnisse der Planungsphase eine Anforderungsliste erstellt werden, anhand derer die am Markt erhältlichen Produkte bewertet werden können.	ja	tw	n
S	Werden WLAN-Komponenten beschafft, SOLLTE neben Sicherheit auch auf Datenschutz und Kompatibilität der WLAN-Komponenten untereinander geachtet werden.	ja	tw	n

Notizen:

NET Netze und Kommunikation

	A12	**Einsatz einer geeigneten WLAN-Management-Lösung**		*Standard*	
		Verantwortliche Rolle: IT-Betrieb			
S		Um aus Sicherheitssicht eine optimale Konfiguration der WLAN-Komponenten gewährleisten zu können, SOLLTE eine zentrale Managementlösung eingesetzt werden.	ja	tw	n
S		Der Leistungsumfang der eingesetzten Lösung SOLLTE im Einklang mit den Anforderungen der WLAN-Strategie sein.	ja	tw	n

Notizen:

	A13	**Regelmäßige Sicherheitschecks in WLANs**		*Standard*	
		Verantwortliche Rolle: IT-Betrieb			
S		WLANs SOLLTEN regelmäßig überprüft werden, ob eventuell Sicherheitslücken existieren.	ja	tw	n
S		Zusätzlich SOLLTE nach unbefugt installierten Access Points innerhalb der bereitgestellten WLANs gesucht werden.	ja	tw	n
S		Weiterhin SOLLTE die Performance gemessen werden.	ja	tw	n
S		Die Ergebnisse von Sicherheitschecks SOLLTEN nachvollziehbar dokumentiert und mit dem Soll-Zustand abgeglichen werden.	ja	tw	n
S		Abweichungen SOLLTE nachgegangen werden.	ja	tw	n

Notizen:

	A14	**Regelmäßige Audits der WLAN-Komponenten**		*Standard*	
		Verantwortliche Rolle: IT-Betrieb			
S		Bei allen Komponenten der WLAN-Infrastruktur (Access Points, Distribution System, WLAN-Management-Lösung etc.) SOLLTE regelmäßig überprüft werden, ob alle festgelegten Sicherheitsmaßnahmen umgesetzt und diese korrekt konfiguriert sind.	ja	tw	n
S		Öffentlich aufgestellte Access Points SOLLTEN regelmäßig stichprobenartig darauf geprüft werden, ob es gewaltsame Öffnungs- oder Manipulationsversuche gab.	ja	tw	n
S		Die Auditergebnisse SOLLTEN nachvollziehbar dokumentiert und mit dem Soll-Zustand abgeglichen werden.	ja	tw	n
S		Abweichungen SOLLTE nachgegangen werden.	ja	tw	n

Notizen:

	A15	**Verwendung eines VPN zur Absicherung von WLANs**		*Hoch*	
		Verantwortliche Rolle: IT-Betrieb		**C I**	
S		Bei erhöhtem Schutzbedarf SOLLTE ein VPN eingesetzt werden, um die Kommunikation über die WLAN-Infrastruktur zusätzlich abzusichern.	ja	tw	n

Notizen:

	A16	Zusätzliche Absicherung bei der Anbindung von WLANs an ein LAN			*Hoch*		
		Verantwortliche Rolle: IT-Betrieb			**C I A**		
	S	Wird eine WLAN-Infrastruktur an ein LAN angebunden, SOLLTE der Übergang zwischen WLANs und LAN entsprechend des höheren Schutzbedarfs zusätzlich abgesichert werden.			ja	tw	n

Notizen:

	A17	Absicherung der Kommunikation zwischen Access Points			*Hoch*		
		Verantwortliche Rolle: IT-Betrieb			**C**		
	S	Die Kommunikation zwischen den Access Points über die Funkschnittstelle und das LAN SOLLTE verschlüsselt erfolgen, um die Vertraulichkeit der übermittelten Daten, zum Beispiel Roaming-Informationen oder Zugangsdaten von Benutzern, zu gewährleisten.			ja	tw	n

Notizen:

	A18	Einsatz von Wireless Intrusion Detection / Wireless Intrusion Prevention Systemen			*Hoch*		
		Verantwortliche Rolle: IT-Betrieb			**C I A**		
	S	Um Sicherheitsvorfälle und Schwachstellen zeitnah zu entdecken und entsprechende Gegenmaßnahmen direkt einleiten zu können, SOLLTEN Wireless Intrusion Detection Systeme bzw. Wireless Intrusion Prevention Systeme eingesetzt werden.			ja	tw	n

Notizen:

NET.2.2 WLAN-Nutzung

	A1	Erstellung einer Benutzerrichtlinie für WLAN			*Basis*		
		Verantwortliche Rolle: Leiter IT					
	M	Ausgehend von der allgemeinen Sicherheitsrichtlinie der Institution MÜSSEN die wesentlichen Kernaspekte für eine sichere WLAN-Nutzung in einer WLAN-Benutzerrichtlinie konkretisiert werden.			ja	tw	n
	M	In einer solchen Benutzerrichtlinie MÜSSEN die Besonderheiten bei der WLAN-Nutzung beschrieben sein, z.B., ob und wie Hotspots genutzt werden dürfen.			ja	tw	n
	M	Des Weiteren MUSS die Richtlinie, insbesondere im Hinblick auf die Nutzung von eingestuften Informationen, Angaben dazu enthalten, welche Daten im WLAN genutzt und übertragen werden dürfen und welche nicht.			ja	tw	n
	M	Es MUSS beschrieben sein, wie mit clientseitigen Sicherheitslösungen umzugehen ist.			ja	tw	n
	M	Die Benutzerrichtlinie MUSS ein klares Verbot enthalten, ungenehmigte Access Points an das LAN der Institution anzuschließen.			ja	tw	n
	M	Außerdem MUSS in der Richtlinie darauf hingewiesen werden, dass die WLAN-Schnittstelle deaktiviert werden MUSS, wenn sie über einen längeren Zeitraum nicht genutzt wird.			ja	tw	n
	M	Es MUSS regelmäßig überprüft werden, ob die in der Richtlinie geforderten Inhalte richtig umgesetzt worden sind.			ja	tw	n
	S	Die Ergebnisse SOLLTEN sinnvoll dokumentiert werden.			ja	tw	n

Notizen:

A2 Sensibilisierung und Schulung der WLAN-Benutzer *Basis*

Verantwortliche Rolle: Vorgesetzte, Leiter IT

M	Die Benutzer von WLAN-Komponenten, vornehmlich von WLAN-Clients, MÜSSEN sensibilisiert und zu den in der Benutzerrichtlinie aufgeführten Maßnahmen geschult werden.	ja	tw	n
M	Den Benutzern MUSS genau erläutert werden, was die WLAN-spezifischen Sicherheitseinstellungen bedeuten und warum sie wichtig sind.	ja	tw	n
M	Außerdem MÜSSEN sie auf die Gefahren hingewiesen werden, wenn diese Sicherheitseinstellungen umgangen oder deaktiviert werden.	ja	tw	n
M	Die Schulungsinhalte MÜSSEN immer entsprechend den jeweiligen Einsatzszenarien angepasst werden.	ja	tw	n
M	Neben der reinen Schulung zu WLAN-Sicherheitsmechanismen MÜSSEN die Benutzer jedoch auch die WLAN-Sicherheitsrichtlinie ihrer Institution vorgestellt bekommen.	ja	tw	n
M	Ebenso MÜSSEN sie über die Gefahren sensibilisiert werden, wenn fremde WLANs verwendet werden sollen.	ja	tw	n

Notizen:

A3 Absicherung der WLAN-Nutzung in unsicheren Umgebungen *Basis*

Verantwortliche Rolle: IT-Betrieb

M	DÜRFEN externe Hotspots genutzt werden, MUSS Folgendes umgesetzt werden: • Jeder Benutzer eines Hotspots MUSS seine Sicherheitsanforderungen kennen (siehe NET22A2 Sensibilisierung und Schulungder WLAN-Benutzer) und danach entscheiden, ob bzw. unter welchen Bedingungen ihm die Nutzung des Hotspots erlaubt ist • WLANs, die nur sporadisch genutzt werden, SOLLTEN durch die Benutzer aus der Historie gelöscht werden • Wenn möglich, SOLLTEN separate Benutzerkonten mit einer sicheren Grundkonfiguration und restriktiven Berechtigungen verwendet werden • Es SOLLTE sichergestellt sein, dass sich kein Benutzer mit Administratorrechten von seinem Client aus an externen WLANs anmelden kann • Sensible Daten DÜRFEN NUR übertragen werden, wenn entsprechende Sicherheitsmaßnahmen umgesetzt und sichere Protokolle verwendet werden • Über öffentlich zugängliche WLANs DÜRFEN die Benutzer NUR über ein Virtual Private Network (VPN) auf interne Ressourcen der Institution zugreifen • Weitere Informationen hierzu sind im Baustein NET.3.3 VPN zu finden.	ja	tw	n

Notizen:

A4 Verhaltensregeln bei WLAN-Sicherheitsvorfällen *Standard*

Verantwortliche Rolle: Benutzer

S	Bei WLAN-Sicherheitsvorfällen SOLLTEN die Benutzer Folgendes umsetzen: • Sie SOLLTEN ihre Arbeitsergebnisse sichern, den WLAN-Zugriff beenden und die WLAN-Schnittstelle ihres Clients deaktivieren • Fehlermeldungen und Abnormalitäten SOLLTEN durch die Benutzer genau dokumentiert werden • Ebenso SOLLTEN die Benutzer dokumentieren, was sie getan haben, bevor bzw. während der Sicherheitsvorfall eingetreten ist • Die Benutzer SOLLTEN über eine geeignete Eskalationsstufe (z.B. User Help Desk) den IT-Betrieb benachrichtigen.	ja	tw	n

Notizen:

NET.3 Netzkomponenten

NET.3.1 Router und Switches

	A1	**Sichere Grundkonfiguration eines Routers oder Switches**			*Basis*
		Verantwortliche Rolle: IT-Betrieb			
	M	Bevor ein Router oder Switch eingesetzt wird, MUSS er sicher konfiguriert werden.	ja	tw	n
	M	Die Geräte DÜRFEN NUR von dafür autorisierten Personen installiert und konfiguriert werden.	ja	tw	n
	S	Alle Konfigurationsänderungen SOLLTEN nachvollziehbar dokumentiert sein (siehe NET.3.1.A9 Betriebsdokumentationen).	ja	tw	n
	M	Die Integrität der Konfigurationsdateien MUSS in geeigneter Weise geschützt werden.	ja	tw	n
	M	Zugangspasswörter MÜSSEN verschlüsselt gespeichert werden.	ja	tw	n
	M	Router und Switches MÜSSEN so konfiguriert sein, dass nur zwingend erforderliche Dienste, Protokolle und funktionale Erweiterungen genutzt werden.	ja	tw	n
	M	Nicht benötigte Dienste, Protokolle und funktionale Erweiterungen MÜSSEN deaktiviert oder ganz deinstalliert werden.	ja	tw	n
	M	Ebenfalls MÜSSEN nicht benutzte Schnittstellen auf Routern und Switches deaktiviert werden.	ja	tw	n
	M	Unbenutzte Netzwerkports MÜSSEN nach Möglichkeit deaktiviert oder zumindest einem dafür eingerichteten Unassigned-VLAN zugeordnet werden.	ja	tw	n
	M	Wenn funktionale Erweiterungen benutzt werden, MÜSSEN die Sicherheitsrichtlinien der Institution weiterhin erfüllt sein.	ja	tw	n
	S	Auch SOLLTE begründet und dokumentiert werden, warum solche Erweiterungen eingesetzt werden.	ja	tw	n
	M	Informationen über den internen Konfigurations- und Betriebszustand MÜSSEN nach außen verborgen werden.	ja	tw	n
	M	Unnötige Auskunftsdienste MÜSSEN deaktiviert werden.	ja	tw	n
	M	Bevor Router und Switches in Betrieb genommen werden, MÜSSEN die Standard-Benutzerkonten geändert werden.	ja	tw	n
	M	Passwörter dieser Konten MÜSSEN geändert werden.	ja	tw	n
	M	Nicht benutzte Benutzerkonten MÜSSEN deaktiviert werden.	ja	tw	n
	M	Entsprechend dem Rechte- und Rollenkonzept MÜSSEN anschließend die vorgesehenen Benutzerkonten und -rollen eingerichtet werden.	ja	tw	n

Notizen:

	A2	**Einspielen von Updates und Patches**			*Basis*
		Verantwortliche Rolle: IT-Betrieb			
	M	Die Verantwortlichen MÜSSEN sich über bekannt gewordene Schwachstellen informieren.	ja	tw	n
	M	Updates und Patches MÜSSEN so schnell wie möglich eingespielt werden.	ja	tw	n
	S	Vorab SOLLTE auf einem Testsystem überprüft werden, ob die Sicherheitsupdates kompatibel sind und keine Fehler verursachen.	ja	tw	n
	M	Solange keine Patches für bekannte Schwachstellen verfügbar sind, MÜSSEN andere geeignete Maßnahmen getroffen werden, um Router und Switches zu schützen.	ja	tw	n
	M	Es MUSS darauf geachtet werden, dass Patches und Updates nur aus vertrauenswürdigen Quellen bezogen werden.	ja	tw	n
	S	Sofern vom Hersteller angeboten, SOLLTEN die Update-Prüfsummen verglichen bzw. die digitalen Signaturen überprüft werden.	ja	tw	n

Notizen:

NET Netze und Kommunikation

A3 Restriktive Rechtevergabe *Basis*

Verantwortliche Rolle: IT-Betrieb

M	Es MUSS geregelt werden, wer auf einen Router oder Switch zugreifen darf.	ja	tw	n
M	Dabei DÜRFEN immer NUR so viele Zugriffsrechte vergeben werden, wie sie für die jeweiligen Aufgaben erforderlich sind (Minimalprinzip).	ja	tw	n
M	Nicht mehr benötigte Benutzerkonten MÜSSEN entfernt werden.	ja	tw	n
M	Es MUSS sichergestellt werden, dass mit Administrator-Rechten (bzw. Root-Rechten) nur gearbeitet wird, wenn es notwendig ist.	ja	tw	n

Notizen:

A4 Schutz der Administrationsschnittstellen *Basis*

Verantwortliche Rolle: IT-Betrieb

M	Alle Administrations- und Managementzugänge der Router und Switches MÜSSEN auf einzelne Quell-IP-Adressen bzw. -Adressbereiche eingeschränkt werden.	ja	tw	n
M	Es MUSS sichergestellt sein, dass aus nicht vertrauenswürdigen Netzen heraus nicht direkt auf die Administrationsschnittstellen zugegriffen werden kann.	ja	tw	n
S	Um Router und Switches zu administrieren bzw. zu überwachen, SOLLTEN ausreichend verschlüsselte Protokolle eingesetzt werden.	ja	tw	n
M	Sollte dennoch auf unverschlüsselte und damit unsichere Protokolle zurückgegriffen werden, MUSS für die Administration ein eigenes Administrationsnetz (Out-of-Band-Management) genutzt werden.	ja	tw	n
M	Die Managementschnittstellen und die Administrationsverbindungen MÜSSEN durch eine separate Firewall geschützt werden.	ja	tw	n
M	Für die Schnittstellen MÜSSEN geeignete Zeitbeschränkungen vorgegeben werden.	ja	tw	n
M	Alle für das Management-Interface nicht benötigten Dienste MÜSSEN deaktiviert werden.	ja	tw	n
M	Verfügt eine Netzkomponente über eine dedizierte Hardwareschnittstelle, MUSS der unberechtigte Zugriff auf diese in geeigneter Weiseb unterbunden werden.	ja	tw	n

Notizen:

A5 Schutz vor Fragmentierungsangriffen *Basis*

Verantwortliche Rolle: IT-Betrieb

M	Am Router und Layer-3-Switch MÜSSEN Schutzmechanismen aktiviert sein, um IPv4- sowie IPv6-Fragmentierungsangriffe abzuwehren.	ja	tw	n

Notizen:

A6 Notfallzugriff auf Router und Switches *Basis*

Verantwortliche Rolle: IT-Betrieb

M	Es MUSS für die Administratoren immer möglich sein, direkt auf Router und Switches zuzugreifen, sodass diese weiterhin lokal administriert werden können, auch wenn das gesamte Netz ausfällt.	ja	tw	n

Notizen:

A7	**Protokollierung bei Routern und Switches**			*Basis*	
	Verantwortliche Rolle: IT-Betrieb				
M	Ein Router oder Switch MUSS so konfiguriert werden, dass er unter anderem folgende Ereignisse protokolliert: • Konfigurationsänderungen (möglichst automatisch) • Reboot • Systemfehler • Statusänderungen pro Interface, System und Netzsegment • Login-Fehler (zumindest dann, wenn sie wiederholt auftreten).	ja	tw	n
M	Die Verantwortlichen MÜSSEN darauf achten, dass bei der Protokollierung alle rechtlichen Rahmenbedingungen eingehalten werden.	ja	tw	n
S	Änderungen an der Konfiguration SOLLTEN zudem automatisch protokolliert werden.	ja	tw	n

Notizen:

A8	**Regelmäßige Datensicherung**			*Basis*	
	Verantwortliche Rolle: IT-Betrieb				
M	Die Konfigurationsdateien von Routern und Switches MÜSSEN regelmäßig gesichert werden.	ja	tw	n
M	Die Sicherungskopien MÜSSEN so abgelegt werden, dass im Notfall darauf zugegriffen werden kann.	ja	tw	n

Notizen:

A9	**Betriebsdokumentationen**			*Basis*	
	Verantwortliche Rolle: IT-Betrieb				
M	Die wichtigsten betrieblichen Aufgaben eines Routers oder Switches MÜSSEN geeignet dokumentiert werden.	ja	tw	n
S	Es SOLLTEN alle Konfigurationsänderungen sowie sicherheitsrelevante Aufgaben dokumentiert werden.	ja	tw	n
S	Die Dokumentation SOLLTEN vor unbefugten Zugriffen geschützt werden.	ja	tw	n

Notizen:

A10	**Erstellung einer Sicherheitsrichtlinie**			*Standard*	
	Verantwortliche Rolle: Informationssicherheitsbeauftragter (ISB)				
S	Ausgehend von der allgemeinen Sicherheitsrichtlinie der Institution SOLLTE eine spezifische Sicherheitsrichtlinie erstellt werden, in der nachvollziehbar Anforderungen und Vorgaben beschrieben sind, wie Router und Switches sicher betrieben werden können.	ja	tw	n
S	Die Richtlinie SOLLTE allen Administratoren bekannt und grundlegend für ihre Arbeit sein.	ja	tw	n
S	Wird die Richtlinie verändert oder wird von den Anforderungen abgewichen, SOLLTE das mit dem ISB abgestimmt und dokumentiert werden.	ja	tw	n
S	Es SOLLTE regelmäßig überprüft werden, ob die Richtlinie noch korrekt umgesetzt ist.	ja	tw	n
S	Die Ergebnisse SOLLTEN geeignet dokumentiert werden.	ja	tw	n

Notizen:

NET Netze und Kommunikation

A11 Beschaffung eines Routers oder Switches *Standard*
Verantwortliche Rolle: IT-Betrieb

S	Bevor Router oder Switches beschafft werden, SOLLTE eine Anforderungsliste erstellt werden, anhand derer die am Markt erhältlichen Produkte bewertet werden.	ja	tw	n
S	Es SOLLTE darauf geachtet werden, dass das von der Institution angestrebte Sicherheitsniveau mit den zu beschaffenden Geräten erreicht werden kann.	ja	tw	n
S	Grundlage für die Beschaffung SOLLTEN daher die Anforderungen aus der Sicherheitsrichtlinie sein.	ja	tw	n

Notizen:

A12 Erstellung einer Konfigurations-Checkliste für Router und Switches *Standard*
Verantwortliche Rolle: IT-Betrieb

S	ES SOLLTE eine Konfigurations-Checkliste erstellt werden, anhand derer die wichtigsten sicherheitsrelevanten Einstellungen auf Routern und Switches geprüft werden können.	ja	tw	n
S	Da die sichere Konfiguration stark vom Einsatzzweck abhängt, SOLLTEN die unterschiedlichen Anforderungen der Geräte in der Konfigurations-Checkliste berücksichtigt werden.	ja	tw	n

Notizen:

A13 Administration über ein gesondertes Managementnetz *Standard*
Verantwortliche Rolle: IT-Betrieb

S	Router und Switches SOLLTEN ausschließlich über ein separates Managementnetz (Out-of-Band-Management) administriert werden.	ja	tw	n
S	Eine eventuell vorhandene Administrationsschnittstelle über das eigentliche Datennetz (In-Band) SOLLTE deaktiviert werden.	ja	tw	n
S	Die verfügbaren Sicherheitsmechanismen der eingesetzten Managementprotokolle zur Authentisierung, Integritätssicherung und Verschlüsselung SOLLTEN aktiviert und alle unsicheren Managementprotokolle deaktiviert werden (siehe NET.1.2 Netz-Management).	ja	tw	n

Notizen:

A14 Schutz vor Missbrauch von ICMP-Nachrichten *Standard*
Verantwortliche Rolle: IT-Betrieb

S	ES SOLLTE sichergestellt sein, dass die Protokolle ICMP und ICMPv6 restriktiv gefiltert werden.	ja	tw	n

Notizen:

NET.3.1 Router und Switches

A15 Bogon- und Spoofing-Filterung *Standard*

Verantwortliche Rolle: IT-Betrieb

S Es SOLLTE verhindert werden, dass Angreifer mithilfe gefälschter, reservierter oder noch nicht zugewiesener IP-Adressen in die Router und Switches eindringen können.   ja tw n

Notizen:

A16 Schutz vor „IPv6 Routing Header Type-0"-Angriffen *Standard*

Verantwortliche Rolle: IT-Betrieb

S Beim Einsatz von IPv6 SOLLTEN Mechanismen eingesetzt werden, die Angriffe auf den Routing-Header des Type-0 erkennen und verhindern.   ja tw n

Notizen:

A17 Schutz vor DoS- und DDoS-Angriffen *Standard*

Verantwortliche Rolle: IT-Betrieb

S Es SOLLTEN Mechanismen eingesetzt werden, die hochvolumige Angriffe sowie TCP-State-Exhaustion-Angriffe erkennen und abwehren.   ja tw n

Notizen:

A18 Einrichtung von Access Control Lists *Standard*

Verantwortliche Rolle: IT-Betrieb

S Der Zugriff auf Router und Switches SOLLTE mithilfe von Access Control Lists (ACL) definiert werden.   ja tw n

S In der ACL SOLLTE anhand der Sicherheitsrichtlinie der Institution festgelegt werden, über welche IT-Systeme oder Netze mit welcher Methode auf einen Router oder Switch zugegriffen werden darf.   ja tw n

S Für den Fall, dass keine spezifischen Regeln existieren, SOLLTE generell der restriktivere Whitelist-Ansatz bevorzugt werden.   ja tw n

Notizen:

A19 Sicherung von Switch-Ports *Standard*

Verantwortliche Rolle: IT-Betrieb

S Die Ports eines Switches SOLLTEN vor unberechtigten Zugriffen geschützt werden.   ja tw n

Notizen:

A20 Sicherheitsaspekte von Routing-Protokollen *Standard*

Verantwortliche Rolle: IT-Betrieb

S	Router SOLLTEN sich authentisieren, wenn sie Routing-Informationen austauschen oder Updates für Routing-Tabellen verschicken.	ja	tw	n
S	Es SOLLTEN ausschließlich Routing-Protokolle eingesetzt werden, die das unterstützen.	ja	tw	n
S	Dynamische Routing-Protokolle SOLLTEN ausschließlich in sicheren Netzen verwendet werden.	ja	tw	n
M	Sie DÜRFEN NICHT in demilitarisierten Zonen (DMZ) eingesetzt werden.	ja	tw	n
S	In DMZs SOLLTEN stattdessen statische Routen eingetragen werden.	ja	tw	n

Notizen:

A21 Identitäts- und Berechtigungsmanagement in der Netzinfrastruktur *Standard*

Verantwortliche Rolle: IT-Betrieb

S	Router und Switches SOLLTEN an ein zentrales Identitäts- und Berechtigungsmanagement angebunden werden (siehe ORP.4 Identitäts- und Berechtigungsmanagement).	ja	tw	n

Notizen:

A22 Notfallvorsorge bei Routern und Switches *Standard*

Verantwortliche Rolle: IT-Betrieb

S	Um in Störungssituationen effektiv und schnell reagieren zu können, SOLLTEN Diagnose und Fehlerbehebungen im Vorfeld geplant und vorbereitet werden.	ja	tw	n
S	Für typische Ausfallszenarien SOLLTEN entsprechende Handlungsanweisungen definiert werden.	ja	tw	n
S	Die Notfallplanungen für Router und Switches SOLLTEN mit der übergreifenden Störungs- und Notfallvorsorge abgestimmt sein und sich am allgemeinen Notfallvorsorgekonzept (siehe DER.4 Notfallmanagement) orientieren.	ja	tw	n
S	Es SOLLTE sichergestellt sein, dass die Dokumentationen zur Notfallvorsorge und die darin enthaltenen Handlungsanweisungen in Papierform existieren.	ja	tw	n
S	Die in der Notfallvorsorge notwendigen Vorgehensbeschreibungen SOLLTEN regelmäßig geprobt werden.	ja	tw	n

Notizen:

A23 Revision und Penetrationstests *Standard*

Verantwortliche Rolle: IT-Betrieb

S	Router und Switches SOLLTEN regelmäßig auf bekannte Sicherheitsprobleme hin überprüft werden.	ja	tw	n
S	Auch SOLLTEN regelmäßig Revisionen durchgeführt werden.	ja	tw	n
S	Dabei SOLLTE z.B. geprüft werden, ob der Ist-Zustand der festgelegten sicheren Grundkonfiguration entspricht.	ja	tw	n
S	Die Ergebnisse SOLLTEN nachvollziehbar dokumentiert und mit dem Soll-Zustand abgeglichen werden.	ja	tw	n
S	Abweichungen SOLLTE nachgegangen werden.	ja	tw	n

Notizen:

A24	**Einsatz von Netzzugangskontrollen**	*Hoch*		
	Verantwortliche Rolle: IT-Betrieb	**I A**		
S	Es SOLLTE eine Port-based Access Control nach IEEE 802.1x auf Basis von EAP-TLS implementiert werden.	ja	tw	n
S	Es SOLLTE NICHT eine Implementierung nach den Standards IEEE 802.1x-2001 und IEEE 802.1x-2004 erfolgen.	ja	tw	n

Notizen:

A25	**Erweiterter Integritätsschutz für die Konfigurationsdateien**	*Hoch*		
	Verantwortliche Rolle: IT-Betrieb	**I**		
S	Stürzt ein Router oder Switch ab, SOLLTE sichergestellt werden, dass bei der Wiederherstellung bzw. beim Neustart keine alten oder fehlerhaften Konfigurationen (unter anderem ACLs) benutzt werden.	ja	tw	n

Notizen:

A26	**Hochverfügbarkeit**	*Hoch*		
	Verantwortliche Rolle: IT-Betrieb	**A**		
M	Die Realisierung einer Hochverfügbarkeitslösung DARF NICHT den Betrieb der Router und Switches bzw. deren Sicherheitsfunktionen behindern oder das Sicherheitsniveau senken.	ja	tw	n
S	Router und Switches SOLLTEN redundant ausgelegt werden.	ja	tw	n
S	Dabei SOLLTE darauf geachtet werden, dass die Sicherheitsrichtlinie der Institution eingehalten wird.	ja	tw	n

Notizen:

A27	**Bandbreitenmanagement für kritische Anwendungen und Dienste**	*Hoch*		
	Verantwortliche Rolle: IT-Betrieb	**A**		
S	Um Bandbreitenmanagement für kritische Anwendungen und Dienste zu gewährleisten, SOLLTEN Router und Switches Funktionen enthalten und einsetzen, mit denen sich die Applikationen erkennen und Bandbreiten priorisieren lassen.	ja	tw	n

Notizen:

A28	**Einsatz von zertifizierten Produkten**	*Hoch*		
	Verantwortliche Rolle: IT-Betrieb	**C I**		
S	Es SOLLTEN Router und Switches mit einer Sicherheits-evaluierung nach Common Criteria eingesetzt werden, mindestens mit der Stufe EAL4.	ja	tw	n

Notizen:

NET.3.2 Firewall

A1 Erstellung einer Sicherheitsrichtlinie   *Basis*
Verantwortliche Rolle: Informationssicherheitsbeauftragter (ISB)

M	Ausgehend von der allgemeinen Sicherheitsrichtlinie der Institution MUSS eine spezifische Sicherheitsrichtlinie erstellt werden, in der nachvollziehbar Anforderungen und Vorgaben beschrieben sind, wie Firewalls sicher betrieben werden können.	ja	tw	n
M	Die Richtlinie MUSS allen im Bereich Firewalls verantwortlichen Mitarbeitern bekannt und grundlegend für ihre Arbeit sein.	ja	tw	n
M	Wird die Richtlinie verändert oder wird von den Anforderungen abgewichen, MUSS dies mit dem ISB abgestimmt und dokumentiert werden.	ja	tw	n
M	Es MUSS regelmäßig überprüft werden, ob die Richtlinie noch korrekt umgesetzt ist.	ja	tw	n
M	Die Ergebnisse MÜSSEN sinnvoll dokumentiert werden.	ja	tw	n

Notizen:

A2 Festlegen der Firewall-Regeln   *Basis*
Verantwortliche Rolle: IT-Betrieb

M	Die gesamte Kommunikation zwischen den beteiligten Netzen MUSS über die Firewall geleitet werden.	ja	tw	n
M	Es MUSS sichergestellt sein, dass von außen keine unbefugten Verbindungen in das geschützte Netz aufgebaut werden können.	ja	tw	n
M	Ebenso DÜRFEN KEINE unbefugten Verbindungen aus dem geschützten Netz heraus aufgebaut werden.	ja	tw	n
M	Für die Firewall MÜSSEN eindeutige Regeln definiert werden, die festlegen, welche Kommunikationsverbindungen und Datenströme zugelassen werden.	ja	tw	n
M	Alle anderen Verbindungen MÜSSEN durch die Firewall unterbunden werden (Whitelist-Ansatz).	ja	tw	n
M	Die Kommunikationsbeziehungen mit angeschlossenen Dienst-Servern (z.B. E-Mail-Servern, Web-Servern), die über die Firewall geführt werden, MÜSSEN in den Regeln berücksichtigt sein.	ja	tw	n
M	Es DÜRFEN KEINE IT-Systeme von außen über die Firewall auf das interne Netz zugreifen (siehe Vorgaben aus dem Baustein NET.1.1 Netz-Architektur und -design).	ja	tw	n
M	Etwaige Ausnahmen zu dieser Anforderung werden in den entsprechenden anwendungs- und systemspezifischen Bausteinen geregelt. Es MÜSSEN Verantwortliche benannt werden, die Filterregeln entwerfen, umsetzen und testen.	ja	tw	n
M	Zudem MUSS geklärt werden, wer Filterregeln verändern darf.	ja	tw	n
M	Die getroffenen Entscheidungen sowie die relevanten Informationen und Entscheidungsgründe MÜSSEN dokumentiert werden.	ja	tw	n

Notizen:

A3 Einrichten geeigneter Filterregeln am Paketfilter *Basis*

Verantwortliche Rolle: IT-Betrieb

M	Basierend auf den Firewall-Regeln aus NET.3.2.A2 Festlegen der Firewall-Regeln MÜSSEN geeignete Filterregeln für den Paketfilter definiert und eingerichtet werden.	ja	tw	n
M	Ein Paketfilter MUSS so eingestellt sein, dass er alle ungültigen TCP-Flag-Kombinationen verwirft.	ja	tw	n
M	Grundsätzlich MUSS immer zustandsbehaftet gefiltert werden.	ja	tw	n
S	Auch für die verbindungslosen Protokolle UDP und ICMP SOLLTEN zustandsbehaftete Filterregeln konfiguriert werden.	ja	tw	n
M	Die Firewall MUSS die Protokolle ICMP und ICMPv6 restriktiv filtern.	ja	tw	n

Notizen:

A4 Sichere Konfiguration der Firewall *Basis*

Verantwortliche Rolle: IT-Betrieb

M	Bevor eine Firewall eingesetzt wird, MUSS sie sicher konfiguriert werden.	ja	tw	n
M	Eine Firewall DARF ausschließlich NUR von dafür autorisierten Personen installiert und konfiguriert werden, z.B. von Verantwortlichen aus dem eigenen IT-Betrieb oder vertraglich gebundenen Dienstleistern.	ja	tw	n
M	Alle Konfigurationsänderungen MÜSSEN nachvollziehbar dokumentiert sein (siehe NET.3.2.A14 Betriebsdokumentationen).	ja	tw	n
S	Die Integrität der Konfigurationsdateien SOLLTE geeignet geschützt werden.	ja	tw	n
M	Zugangspasswörter MÜSSEN verschlüsselt gespeichert werden.	ja	tw	n
M	Eine Firewall MUSS so konfiguriert sein, dass ausschließlich zwingend erforderliche Dienste verfügbar sind.	ja	tw	n
M	Wenn funktionale Erweiterungen benutzt werden, MÜSSEN die Sicherheitsrichtlinien der Institution weiterhin erfüllt sein.	ja	tw	n
M	Auch MUSS begründet und dokumentiert werden, warum solche Erweiterungen eingesetzt werden.	ja	tw	n
M	Nicht benötigte (Auskunfts-) dienste sowie nicht benötigte funktionale Erweiterungen MÜSSEN deaktiviert oder ganz deinstalliert werden.	ja	tw	n
M	Informationen über den internen Konfigurations- und Betriebszustand MÜSSEN nach außen bestmöglich verborgen werden.	ja	tw	n

Notizen:

A5 Restriktive Rechtevergabe *Basis*

Verantwortliche Rolle: IT-Betrieb

M	Es MUSS geregelt werden, wer auf die Firewall zugreifen darf, z.B. um sie zu konfigurieren oder zu überwachen.	ja	tw	n
M	Dabei DÜRFEN immer NUR so viele Zugriffsrechte vergeben werden, wie für die jeweiligen Aufgaben erforderlich sind (Need-to-know-Prinzip).	ja	tw	n
M	Unautorisierte Benutzerkonten MÜSSEN entfernt werden.	ja	tw	n
M	Es MUSS sichergestellt werden, dass mit Administrator-Rechten (bzw. Root-Rechten) nur gearbeitet wird, wenn es notwendig ist.	ja	tw	n

Notizen:

NET Netze und Kommunikation

	A6	**Schutz der Administrationsschnittstellen**			*Basis*
		Verantwortliche Rolle: IT-Betrieb			
M		Alle Administrations- und Managementzugänge der Firewall MÜSSEN auf einzelne Quell-IP-Adressen bzw. -Adressbereiche eingeschränkt werden.	ja	tw	n
M		Es MUSS sichergestellt sein, dass aus nicht-vertrauenswürdigen Netzen heraus nicht auf die Administrationsschnittstellen zugegriffen werden kann.	ja	tw	n
M		Um die Firewall zu administrieren bzw. zu überwachen, DÜRFEN NUR sichere Protokolle eingesetzt werden oder es MUSS ein eigens dafür vorgesehenes Administrationsnetz (Out-of-Band-Management) verwendet werden (siehe Vorgaben aus dem Baustein NET.1.1 Netz-Architektur und -design und NET.1.2 Netz-Management).	ja	tw	n
M		Für die Benutzerschnittstellen MÜSSEN geeignete Zeitbeschränkungen vorgegeben werden.	ja	tw	n

Notizen:

	A7	**Notfallzugriff auf die Firewall**			*Basis*
		Verantwortliche Rolle: IT-Betrieb			
M		Es MUSS immer möglich sein, direkt auf die Firewall zugreifen zu können, sodass weiterhin lokal gearbeitet werden kann, auch wenn das gesamte Netz ausfällt.	ja	tw	n

Notizen:

	A8	**Unterbindung von dynamischem Routing**			*Basis*
		Verantwortliche Rolle: IT-Betrieb			
M		In den Einstellungen der Firewall MUSS das dynamische Routing deaktiviert sein, es sei denn, der Paketfilter wird entsprechend dem Baustein NET.3.1 Router und Switches als Perimeter-Router eingesetzt.	ja	tw	n

Notizen:

A9	**Protokollierung**			*Basis*
	Verantwortliche Rolle: IT-Betrieb			
M	Die Firewall MUSS so konfiguriert werden, dass sie mindestens folgende Ereignisse protokolliert:	ja	tw	n
	• abgewiesene Netzverbindungen (Quell- und Ziel-IP-Adressen, Quell- und Zielport oder ICMP/ICMPv6-Typ, Datum, Uhrzeit),			
	• fehlgeschlagene Zugriffe auf System-Ressourcen aufgrund fehlerhafter Authentisierungen, mangelnder Berechtigung oder nicht vorhandener Ressourcen,			
	• Fehlermeldungen der Firewall-Dienste und			
	• allgemeine Systemfehlermeldungen.			
M	Werden Sicherheitsproxies eingesetzt, MÜSSEN Sicherheitsverletzungen und Verstöße gegen Access-Control-Listen (ACLs oder auch kurz Access-Listen) in geeigneter Weise protokolliert werden: mindestens Art der Protokollverletzung bzw. des ACL-Verstoßes, Quell- und Ziel-IP-Adresse, Quell- und Zielport, Dienst, Datum und Zeit sowie die Verbindungsdauer (falls erforderlich).	ja	tw	n
M	Wenn sich ein Benutzer am Sicherheitsproxy authentisiert, MÜSSEN auch Authentisierungsdaten oder ausschließlich die Information über eine fehlgeschlagene Authentisierung protokolliert werden.	ja	tw	n
M	Die Verantwortlichen MÜSSEN darauf achten, dass bei der Protokollierung alle rechtlichen Rahmenbedingung eingehalten werden.	ja	tw	n

Notizen:

A10	**Abwehr von Fragmentierungsangriffen am Paketfilter**			*Basis*
	Verantwortliche Rolle: IT-Betrieb			
M	Am Paketfilter MÜSSEN Schutzmechanismen aktiviert sein, um IPv4- sowie IPv6-Fragmentierungsangriffe abzuwehren.	ja	tw	n

Notizen:

A11	**Einspielen von Updates und Patches**			*Basis*
	Verantwortliche Rolle: IT-Betrieb			
M	Die Verantwortlichen MÜSSEN sich über bekannt gewordene Schwachstellen informieren.	ja	tw	n
M	Updates und Patches MÜSSEN so schnell wie möglich eingespielt werden.	ja	tw	n
S	Vorab SOLLTE auf einem Testsystem überprüft werden, ob die Sicherheitsupdates kompatibel sind und keine Fehler verursachen.	ja	tw	n
M	Solange keine Patches bei bekannten Schwachstellen verfügbar sind, MÜSSEN andere geeignete Maßnahmen getroffen werden, um die Firewall zu schützen.	ja	tw	n
M	Es MUSS darauf geachtet werden, dass Patches und Updates nur aus vertrauenswürdigen Quellen bezogen werden.	ja	tw	n
M	Darauf MUSS auch bei zugehörigen Diensten innerhalb des Firewall-Systems geachtet werden.	ja	tw	n

Notizen:

NET Netze und Kommunikation

A12 Vorgehen bei Sicherheitsvorfällen *Basis*
Verantwortliche Rolle: IT-Betrieb

M	Es MUSS festgelegt werden, wie bei einem festgestellten Angriff reagiert werden soll.	ja	tw	n
M	Die Aufgaben und Kompetenzen für die betroffenen Mitarbeiter MÜSSEN eindeutig festgelegt werden.	ja	tw	n

Notizen:

A13 Regelmäßige Datensicherung *Basis*
Verantwortliche Rolle: IT-Betrieb

M	Es MÜSSEN in regelmäßigen Abständen Systemsicherungen der Firewall erstellt werden.	ja	tw	n
M	Auch bevor eine Firewall neu installiert oder anders konfiguriert wird, MUSS das System gesichert werden.	ja	tw	n
M	Wenn gesicherte Datenbestände wieder eingespielt werden, MÜSSEN sich die sicherheitsrelevanten Dateien wie Access-Listen, Passwortdateien und Filterregeln auf dem sicherheitstechnisch erforderlichen Konfigurationsstand befinden.	ja	tw	n

Notizen:

A14 Betriebsdokumentationen *Basis*
Verantwortliche Rolle: IT-Betrieb

M	Die betrieblichen Aufgaben einer Firewall MÜSSEN nachvollziehbar dokumentiert werden.	ja	tw	n
M	Es MÜSSEN alle Konfigurationsänderungen sowie sicherheitsrelevante Aufgaben dokumentiert werden, insbesondere Änderungen an den Systemdiensten und dem Regelwerk der Firewall.	ja	tw	n
M	Die Dokumentation MUSS vor unbefugten Zugriffen geschützt werden.	ja	tw	n
M	Änderungen an der Konfiguration MÜSSEN zudem möglichst automatisch protokolliert werden.	ja	tw	n

Notizen:

A15 Beschaffung einer Firewall *Basis*
Verantwortliche Rolle: IT-Betrieb

M	Bevor eine Firewall beschafft wird, MUSS eine Anforderungsliste erstellt werden, anhand derer die am Markt erhältlichen Produkte bewertet werden.	ja	tw	n
M	Es MUSS darauf geachtet werden, dass das von der Institution angestrebte Sicherheitsniveau mit der Firewall erreichbar ist.	ja	tw	n
M	Grundlage für die Beschaffung MÜSSEN daher die Anforderungen aus der Sicherheitsrichtlinie sein.	ja	tw	n
M	Wird IPv6 eingesetzt, MUSS der Paketfilter die IPv6-Erweiterungsheader (Extension Header) überprüfen.	ja	tw	n
M	Zudem MUSS sich IPv6 adäquat zu IPv4 konfigurieren lassen.	ja	tw	n

Notizen:

A16 Aufbau einer „P-A-P"-Struktur *Standard*
Verantwortliche Rolle: IT-Betrieb

S	Der Aufbau einer Paketfilter – Application-Level-Gateway – Paketfilter -(P-A-P)-Struktur SOLLTE aus mehreren Komponenten mit jeweils zugeeigneter Hard- und Software bestehen.	ja	tw	n
S	Für die wichtigsten verwendeten Protokolle SOLLTEN Sicherheitsproxies auf Anwendungsschicht vorhanden sein und für andere Dienste zumindest generische Sicherheitsproxies für TCP und UDP.	ja	tw	n
S	Die Sicherheitsproxies SOLLTEN zudem innerhalb einer abgesicherten Laufzeitumgebung des Betriebssystems ablaufen.	ja	tw	n

Notizen:

A17 Deaktivierung von IPv4 oder IPv6 *Standard*
Verantwortliche Rolle: IT-Betrieb

S	Wenn das IPv4- oder IPv6-Protokoll in einem Netzsegment nicht benötigt wird, SOLLTE es am jeweiligen Firewall-Netzzugangspunkt (z.B. am entsprechenden Firewall-Interface) deaktiviert werden.	ja	tw	n
S	Wenn das IPv4- oder IPv6-Protokoll gar nicht benötigt bzw. eingesetzt wird, SOLLTE es auf der Firewall komplett deaktiviert werden.	ja	tw	n

Notizen:

A18 Administration über ein gesondertes Managementnetz *Standard*
Verantwortliche Rolle: IT-Betrieb

S	Firewalls SOLLTEN ausschließlich über ein separates Managementnetz (Out-of-Band-Management) administriert werden.	ja	tw	n
M	Eine eventuell vorhandene Administrationsschnittstelle über das eigentliche Datennetz (In-Band) MUSS deaktiviert werden.	ja	tw	n
S	Die Kommunikation im Managementnetz SOLLTE über Management-Firewalls (siehe NET.1.1 Netz-Architektur und -design) auf wenige Managementprotokolle mit genau festgelegten Ursprüngen und Zielen beschränkt werden.	ja	tw	n
S	Die verfügbaren Sicherheitsmechanismen der eingesetzten Managementprotokolle zur Authentisierung, Integritätssicherung und Verschlüsselung SOLLTEN aktiviert und alle unsicheren Managementprotokolle deaktiviert werden (siehe NET.1.2 Netz-Management).	ja	tw	n

Notizen:

NET Netze und Kommunikation

	A19	**Schutz vor TCP SYN Flooding, UDP Paket Storm und Sequence Number Guessing am Paketfilter**	*Standard*		
		Verantwortliche Rolle: IT-Betrieb			
S		Am Paketfilter, der Server-Dienste schützt, die aus nicht vertrauenswürdigen Netzen erreichbar sind, SOLLTE ein Limit für halboffene und offene Verbindungen gesetzt werden.	ja	tw	n
S		Am Paketfilter, der Server-Dienste schützt, die aus weniger oder nicht-vertrauenswürdigen Netzen erreichbar sind, SOLLTEN die sogenannten Rate Limits für UDP-Datenströme gesetzt werden.	ja	tw	n
S		Am äußeren Paketfilter SOLLTE bei ausgehenden Verbindungen für TCP eine zufällige Generierung von Initial Sequence Numbers (ISN) aktiviert werden, sofern dieses nicht bereits durch Sicherheits-Proxys realisiert wird.	ja	tw	n

Notizen:

	A20	**Absicherung von grundlegenden Internetprotokollen**	*Standard*		
		Verantwortliche Rolle: IT-Betrieb			
S		Um ins Internet zu kommunizieren, SOLLTEN die Protokolle HTTP, SMTP und DNS inklusive ihrer verschlüsselten Versionen über protokollspezifische Sicherheitsproxies geleitet werden.	ja	tw	n

Notizen:

	A21	**Temporäre Entschlüsselung des Datenverkehrs**	*Standard*		
		Verantwortliche Rolle: IT-Betrieb			
S		Verschlüsselte Verbindungen in nicht vertrauenswürdige Netze SOLLTEN temporär entschlüsselt werden, um das Protokoll zu verifizieren und die Daten auf Schadsoftware zu prüfen.	ja	tw	n
M		Hierbei MÜSSEN die rechtlichen Rahmenbedingungen beachtet werden.	ja	tw	n
S		Die Komponente, die den Datenverkehr temporär entschlüsselt, SOLLTE unterbinden, dass veraltete Verschlüsselungsoptionen (z.B. SSL) und kryptografische Algorithmen (z.B. DES, MD5, SHA1) benutzt werden.	ja	tw	n
S		Auch SOLLTE das eingesetzte TLS-Proxy prüfen können, ob Zertifikate vertrauenswürdig sind.	ja	tw	n
S		Ist ein Zertifikat nicht vertrauenswürdig, SOLLTE es möglich sein, die Verbindung abzuweisen.	ja	tw	n
S		Eigene Zertifikate SOLLTEN nachrüstbar sein, um auch interne Root-Zertifikate konfigurieren und prüfen zu können.	ja	tw	n
S		Vorkonfigurierte Zertifikate SOLLTEN überprüft und entfernt werden, wenn sie nicht benötigt werden.	ja	tw	n

Notizen:

A22	**Sichere Zeitsynchronisation**			*Standard*
	Verantwortliche Rolle: IT-Betrieb			
S	Es SOLLTE eine sichere Zeitsynchronisation mit einem Network-Time-Protocol (NTP)-Server erfolgen.	ja	tw	n
S	Die Firewall SOLLTE keine externe Zeitsynchronisation zulassen.	ja	tw	n

Notizen:

A23	**Systemüberwachung und -Auswertung**			*Standard*
	Verantwortliche Rolle: IT-Betrieb			
S	Firewalls SOLLTEN in ein geeignetes Systemüberwachungs- bzw. Monitoringkonzept eingebunden werden.	ja	tw	n
S	Weiterhin SOLLTE ein Prozess definiert werden, der regelt, wie Protokolldaten ausgewertet werden sollen und welche Protokolle regelmäßig, sporadisch oder nur anlassbezogen auszuwerten sind.	ja	tw	n
S	Es SOLLTE ständig überwacht werden, ob die Firewall selbst und die darauf betriebenen Dienste korrekt funktionieren.	ja	tw	n
S	Bei Fehlern oder wenn Grenzwerte überschritten werden, SOLLTE das Betriebspersonal alarmiert werden.	ja	tw	n
S	Zudem SOLLTEN automatisch Alarmmeldungen generiert werden, die bei festgelegten Ereignissen ausgelöst werden.	ja	tw	n
S	Protokolldaten oder Statusmeldungen SOLLTEN nur über sichere Kommunikationswege übertragen werden.	ja	tw	n

Notizen:

A24	**Revision und Penetrationstests**			*Standard*
	Verantwortliche Rolle: IT-Betrieb			
S	Die Firewall-Struktur SOLLTE regelmäßig auf bekannte Sicherheitsprobleme hin überprüft werden.	ja	tw	n
S	Es SOLLTEN regelmäßige Penetrationstests und Revisionen durchgeführt werden.	ja	tw	n

Notizen:

A25	**Erweiterter Integritätsschutz für die Konfigurationsdateien**			*Hoch*
	Verantwortliche Rolle: IT-Betrieb			C I
S	Stürzt ein System ab, SOLLTE sichergestellt werden, dass keine alten oder fehlerhaften Konfigurationen (unter anderem Access-Listen) benutzt werden.	ja	tw	n
S	Dies SOLLTE auch gelten, wenn es einem Angreifer gelingt, die Firewall neu zu starten.	ja	tw	n

Notizen:

NET Netze und Kommunikation

A26 Auslagerung von funktionalen Erweiterungen auf dedizierte Hardware — *Hoch*
Verantwortliche Rolle: IT-Betrieb — **C I A**

S	Um das Angriffspotenzial weiter zu minimieren, SOLLTE eine Institution funktionale Erweiterungen der Firewall auf dedizierte Hard- und Software auslagern.	ja	tw	n

Notizen:

A27 Einsatz verschiedener Firewall-Betriebssysteme und -Produkte in einer mehrstufigen Firewall-Architektur — *Hoch*
Verantwortliche Rolle: IT-Betrieb — **C I**

S	In einer mehrstufigen Firewall-Architektur SOLLTEN unterschiedliche Betriebssysteme und -Produkte für die äußeren und inneren Firewalls eingesetzt werden, damit sich eine potenzielle Schwachstelle eines Betriebssystems oder eines Produkts weniger weitreichend auswirkt.	ja	tw	n

Notizen:

A28 Zentrale Filterung von aktiven Inhalten — *Hoch*
Verantwortliche Rolle: IT-Betrieb — **C I**

S	Aktive Inhalte SOLLTEN gemäß den Sicherheitszielen der Institution zentral gefiltert werden.	ja	tw	n
S	Dafür SOLLTE auch der verschlüsselte Datenverkehr entschlüsselt werden.	ja	tw	n
S	Die erforderlichen Sicherheitsproxies SOLLTEN es unterstützen, aktive Inhalte zu filtern.	ja	tw	n

Notizen:

A29 Einsatz von Hochverfügbarkeitslösungen — *Hoch*
Verantwortliche Rolle: IT-Betrieb — **A**

S	Paketfilter und Application-Level-Gateway SOLLTEN hochverfügbar ausgelegt werden.	ja	tw	n
S	Zudem SOLLTEN zwei voneinander unabhängige Zugangsmöglichkeiten zum externen Netz bestehen, z.B. zwei Internetzugänge von unterschiedlichen Providern.	ja	tw	n
S	Interne und externe Router sowie alle weiteren beteiligten aktiven Komponenten (z.B. Switches), die zum Verlust der Verfügbarkeit führen können, SOLLTEN ebenfalls hochverfügbar ausgelegt sein.	ja	tw	n
S	Auch nach einem automatischen Failover SOLLTE die Firewall-Struktur die Sicherheitsanforderungen der Sicherheitsrichtlinie erfüllen (Fail safe bzw. Fail secure).	ja	tw	n
S	Die Funktionsüberwachung SOLLTE anhand von zahlreichen Parametern erfolgen und sich nicht auf ein einzelnes Kriterium verlassen.	ja	tw	n
S	Protokolldateien und Warnmeldungen der Hochverfügbarkeitslösung SOLLTEN regelmäßig kontrolliert werden.	ja	tw	n

Notizen:

A30	**Bandbreitenmanagement für kritische Anwendungen und Dienste**		*Hoch*		
	Verantwortliche Rolle: IT-Betrieb		**A**		
S	Um Bandbreitenmanagement für kritische Anwendungen und Dienste zu gewährleisten, SOLLTEN Paketfilter mit entsprechender Bandbreitenmanagementfunktion an Netzübergängen und am Übergang zwischen verschiedenen Sicherheitszonen eingesetzt werden.	ja	tw	n

Notizen:

A31	**Einsatz von zertifizierten Produkten**		*Hoch*		
	Verantwortliche Rolle: IT-Betrieb		**C I**		
S	Es SOLLTEN Firewalls mit einer Sicherheitsevaluierung nach Common Criteria eingesetzt werden, mindestens mit der Stufe EAL4.	ja	tw	n

Notizen:

NET.3.3 VPN

A1	**Planung des VPN-Einsatzes**		*Basis*		
	Verantwortliche Rolle: IT-Betrieb				
M	Vor der Einführung eines VPN MUSS eine sorgfältige Planung erfolgen.	ja	tw	n
M	Dabei MÜSSEN die Verantwortlichkeiten für den VPN-Betrieb festgelegt werden.	ja	tw	n
M	Es MÜSSEN zudem für das VPN Benutzergruppen und deren Berechtigungen geplant werden.	ja	tw	n
M	Ebenso MUSS definiert werden, wie erteilte, geänderte oder entzogene Zugriffsberechtigungen zu dokumentieren sind.	ja	tw	n

Notizen:

A2	**Auswahl eines VPN-Dienstleisters**		*Basis*		
	Verantwortliche Rolle: Informationssicherheitsbeauftragter (ISB)		**I**		
M	Mit einem VPN-Dienstleister MÜSSEN Service Level Agreements (SLAs) ausgehandelt und schriftlich dokumentiert werden.	ja	tw	n
M	Es MUSS regelmäßig kontrolliert werden, ob der VPN-Dienstleister die vereinbaren SLAs einhält.	ja	tw	n

Notizen:

NET Netze und Kommunikation

A3 Sichere Installation von VPN-Endgeräten — *Basis*
Verantwortliche Rolle: IT-Betrieb

M	Das zugrundeliegende Betriebssystem der VPN-Plattform MUSS sicher konfiguriert werden.	ja	tw	n
M	Wird eine Appliance benutzt, MUSS es dafür einen gültigen Wartungsvertrag geben.	ja	tw	n
M	Es MUSS sichergestellt werden, dass nur qualifiziertes Personal VPN-Komponenten installiert.	ja	tw	n
S	Die Installation der VPN-Komponenten sowie eventuelle Abweichungen von den Planungsvorgaben SOLLTEN dokumentiert werden.	ja	tw	n
M	Die Funktionalität und die gewählten Sicherheitsmechanismen des VPN MÜSSEN vor Inbetriebnahme geprüft werden.	ja	tw	n

Notizen:

A4 Sichere Konfiguration eines VPN — *Basis*
Verantwortliche Rolle: IT-Betrieb

M	Für VPN-Clients, VPN-Server und VPN-Verbindungen MUSS eine sichere Konfiguration festgelegt werden.	ja	tw	n
S	Diese SOLLTE geeignet dokumentiert werden.	ja	tw	n
M	Auch MUSS der zuständige Administrator regelmäßig kontrollieren, ob die Konfiguration noch sicher ist und sie eventuell für alle IT-Systeme anpassen.	ja	tw	n

Notizen:

A5 Sperrung nicht mehr benötigter VPN-Zugänge — *Basis*
Verantwortliche Rolle: IT-Betrieb

M	Es MUSS regelmäßig geprüft werden, ob ausschließlich berechtigte IT-Systeme und Benutzer auf das VPN zugreifen können.	ja	tw	n
M	Nicht mehr benötigte VPN-Zugänge MÜSSEN zeitnah deaktiviert werden.	ja	tw	n
M	Der VPN-Zugriff MUSS auf die benötigten Benutzungszeiten beschränkt werden.	ja	tw	n

Notizen:

A6 Durchführung einer VPN-Anforderungsanalyse — *Standard*
Verantwortliche Rolle: IT-Betrieb

S	Es SOLLTE eine Anforderungsanalyse durchgeführt werden, um für das jeweilige VPN die Einsatzszenarien zu bestimmen und daraus Anforderungen an die benötigte Hard- und Software-Komponenten ableiten zu können.	ja	tw	n
S	In der Anforderungsanalyse SOLLTEN folgende Punkte betrachtet werden: • Geschäftsprozesse, • Zugriffswege, • Identifikations- und Authentisierungsverfahren, • Benutzer und Benutzerberechtigungen, • Zuständigkeiten und • Meldewege.	ja	tw	n

Notizen:

A7 Planung der technischen VPN-Realisierung   *Standard*
Verantwortliche Rolle: IT-Betrieb

S	Neben der allgemeinen Planung (siehe NET.3.3.A1 Planung des VPN-Einsatzes) SOLLTEN die technischen Aspekte eines VPN sorgfältig geplant werden.	ja	tw	n
S	So SOLLTEN für das VPN die Verschlüsselungsverfahren, VPN-Endpunkte, erlaubten Zugangsprotokolle, Dienste und Ressourcen festgelegt werden.	ja	tw	n
S	Zudem SOLLTEN die Teilnetze (siehe NET.1.1 Netzarchitektur und -design) definiert werden, die über das VPN erreichbar sind.	ja	tw	n

Notizen:

A8 Erstellung einer Sicherheitsrichtlinie zur VPN-Nutzung   *Standard*
Verantwortliche Rolle: IT-Betrieb

S	Es SOLLTE eine Sicherheitsrichtlinie zur VPN-Nutzung erstellt und den Mitarbeitern bekannt gegeben werden.	ja	tw	n
S	Die Sicherheitsmaßnahmen SOLLTEN im Rahmen von Schulungen erläutert werden.	ja	tw	n
S	Wird einem Mitarbeiter ein VPN-Zugang eingerichtet, SOLLTE ihm ein Merkblatt mit den wichtigsten VPN-Sicherheitsmechanismen ausgehändigt werden.	ja	tw	n
S	Alle VPN-Benutzer SOLLTEN verpflichtet werden, die Sicherheitsrichtlinien einzuhalten.	ja	tw	n

Notizen:

A9 Geeignete Auswahl von VPN-Produkten   *Standard*
Verantwortliche Rolle: IT-Betrieb

S	Bei der Auswahl von VPN-Produkten SOLLTEN die Anforderungen der Institutionen an die Vernetzung unterschiedlicher Standorte und die Anbindung mobiler Mitarbeiter oder Telearbeiter berücksichtigt werden.	ja	tw	n

Notizen:

A10 Sicherer Betrieb eines VPN   *Standard*
Verantwortliche Rolle: IT-Betrieb

S	Für VPNs SOLLTE ein Betriebskonzept erstellt werden.	ja	tw	n
S	Darin SOLLTEN die Aspekte Qualitätsmanagement, Überwachung, Wartung, Schulung und Autorisierung beachtet werden.	ja	tw	n

Notizen:

NET Netze und Kommunikation

	A11	**Sichere Anbindung eines externen Netzes**				*Standard*
		Verantwortliche Rolle: IT-Betrieb				
S		Wird ein VPN benutzt, um ein externes Netz anzubinden, SOLLTEN dabei nach dem derzeitigen Stand der Technik sicherere Authentisierungs- und Verschlüsselungsverfahren mit ausreichender Schlüssellänge verwendet werden.		ja	tw	n
S		Auch das gewählte Verfahren zum Schlüsselaustausch SOLLTE dem Stand der Technik entsprechen.		ja	tw	n
S		Es SOLLTE sichergestellt werden, dass VPN-Verbindungen nur zwischen den hierfür vorgesehenen IT-Systemen und Diensten aufgebaut werden.		ja	tw	n
S		Die dabei eingesetzten Tunnel-Protokolle SOLLTEN für den Einsatz geeignet sein.		ja	tw	n

Notizen:

	A12	**Benutzer- und Zugriffsverwaltung bei Fernzugriff-VPNs**				*Standard*
		Verantwortliche Rolle: IT-Betrieb				
S		Für Fernzugriff-VPNs SOLLTE eine zentrale und konsistente Benutzer- und Zugriffsverwaltung gewährleistet werden.		ja	tw	n
S		Die genutzten Authentisierungsverfahren SOLLTEN die Anforderungen des Bausteins ORP.4 Identitäts- und Berechtigungsmanagementerfüllen.		ja	tw	n
S		Werden eigenständige Server für die Benutzer- und Zugriffsverwaltung genutzt, SOLLTE sichergestellt sein, dass diese sicher und konsistent zu den Anforderungen des Bausteins ORP.4 Identitäts- und Berechtigungsmanagementeingerichtet und betrieben werden.		ja	tw	n
S		Weiterhin SOLLTEN die eingesetzten Server vor unbefugten Zugriffen geschützt sein.		ja	tw	n

Notizen:

	A13	**Integration von VPN-Komponenten in eine Firewall**				*Standard*
		Verantwortliche Rolle: IT-Betrieb				
S		Die VPN-Komponenten SOLLTEN in die Firewall integriert werden, damit der Datenverkehr wirksam kontrolliert und gefiltert werden kann.		ja	tw	n
S		Es SOLLTE dokumentiert werden, wie die VPN-Komponenten in die Firewall integriert sind.		ja	tw	n

Notizen:

INF Infrastruktur

INF.1 Allgemeines Gebäude

A1 Planung der Gebäudeabsicherung *Basis*
Verantwortliche Rolle: Planer, Informationssicherheitsbeauftragter (ISB)

M	Ausgehend von der geplanten oder vorhandenen Nutzung eines Gebäudes und dem Schutzbedarf der dort betriebenen Geschäftsprozesse MUSS festgelegt werden, wie das Gebäude abzusichern ist.	ja	tw	n
M	Bei einem Gebäude MÜSSEN viele verschiedene Sicherheitsaspekte zum Schutz von Personen im Gebäude, dem Schutz der Wirtschaftsgüter und der IT beachtet werden, von Brandschutz über Elektrik bis hin zur Zutrittskontrolle.	ja	tw	n
M	Die Sicherheitsanforderungen aus den verschiedenen Bereichen MÜSSEN miteinander abgestimmt werden.	ja	tw	n

Notizen:

A2 Angepasste Aufteilung der Stromkreise *Basis*
Verantwortliche Rolle: Haustechnik

M	Es MUSS regelmäßig überprüft werden, ob die Absicherung und Auslegung der Stromkreise noch den tatsächlichen Bedürfnissen genügen.	ja	tw	n

Notizen:

A3 Einhaltung von Brandschutzvorschriften *Basis*
Verantwortliche Rolle: Haustechnik

M	Die bestehenden Brandschutzvorschriften sowie die Auflagen der Bauaufsicht MÜSSEN eingehalten werden.	ja	tw	n
M	Die Fluchtwege MÜSSEN vorschriftsmäßig ausgeschildert und offen gehalten werden.	ja	tw	n
S	Die örtliche Feuerwehr SOLLTE bei der Brandschutzplanung hinzugezogen werden.	ja	tw	n
M	Die aus der Bauordnung erwachsenden Vorschriften zum Brandschutz sind für die Anforderungen des Brandschutzes der IT nicht ausreichend. Daher MUSS ein IT-bezogenes Brandschutzkonzept erstellt und umgesetzt werden.	ja	tw	n
M	Unnötige Brandlasten MÜSSEN vermieden werden.	ja	tw	n
M	Dazu gehört die regelmäßige Entsorgung von Altpapier und Verpackungsabfällen. Es MUSS einen Brandschutzbeauftragten oder eine mit dem Aufgabengebiet betraute Person geben, die auch entsprechend geschult ist.	ja	tw	n

Notizen:

INF Infrastruktur

A4 Branderkennung in Gebäuden *Basis*

Verantwortliche Rolle: Planer

M	Gebäude MÜSSEN mit einer ausreichenden Anzahl von Rauchmeldern ausgestattet sein.	ja	tw	n
S	Bei größeren Gebäuden SOLLTE eine Brandmeldezentrale (BMZ) eingesetzt werden, auf die alle Melder aufgeschaltet sind.	ja	tw	n
M	Bei Rauchdetektion MUSS eine Alarmierung im Gebäude ausgelöst werden, bei der sichergestellt ist, dass alle im Gebäude anwesenden Personen diese wahrnehmen können.	ja	tw	n
M	Die Funktionsfähigkeit aller Rauchmelder bzw. aller Komponenten einer Brandmeldeanlage MUSS regelmäßig überprüft werden.	ja	tw	n
M	Es MUSS regelmäßig kontrolliert werden, dass die Fluchtwege benutzbar und frei von Hindernissen sind, damit das Gebäude in einer Gefahrensituation schnell geräumt werden kann.	ja	tw	n

Notizen:

A5 Handfeuerlöscher *Basis*

Verantwortliche Rolle: Haustechnik

M	Zur Sofortbekämpfung von Bränden MÜSSEN Handfeuerlöscher in der jeweils geeigneten Brandklasse (DIN EN 3 Tragbare Feuerlöscher) in ausreichender Zahl und Größe im Gebäude zur Verfügung stehen.	ja	tw	n
M	Die Handfeuerlöscher MÜSSEN regelmäßig geprüft und gewartet werden.	ja	tw	n
S	Die Mitarbeiter SOLLTEN in die Benutzung der Handfeuerlöscher eingewiesen worden sein.	ja	tw	n

Notizen:

A6 Geschlossene Fenster und Türen *Basis*

Verantwortliche Rolle: Mitarbeiter

M	Fenster und nach außen gehende Türen (Balkone, Terrassen) MÜSSEN in Zeiten, in denen ein Raum nicht besetzt ist, geschlossen werden.	ja	tw	n
M	Hierfür MUSS es eine entsprechende Anweisung geben.	ja	tw	n
M	Es MUSS regelmäßig überprüft werden, ob die Fenster und Türen nach Verlassen der Räume verschlossen sind.	ja	tw	n
M	Brand- und Rauchschutztüren DÜRFEN NICHT dauerhaft offen gehalten werden.	ja	tw	n

Notizen:

A7 Zutrittsregelung und -kontrolle *Basis*
Verantwortliche Rolle: Leiter Organisation

M	Der Zutritt zu schutzbedürftigen Gebäudeteilen und Räumen MUSS geregelt und kontrolliert werden.	ja	tw	n
S	Es SOLLTE ein Konzept für die Zutrittskontrolle existieren.	ja	tw	n
S	Die Zahl der zutrittsberechtigten Personen SOLLTE für jeden Bereich auf ein Mindestmaß reduziert werden.	ja	tw	n
M	Weitere Personen DÜRFEN erst nach vorheriger Prüfung der Notwendigkeit Zutritt erhalten.	ja	tw	n
S	Alle erteilten Zutrittsberechtigungen SOLLTEN dokumentiert werden.	ja	tw	n
M	Die Zutrittskontrollmaßnahmen MÜSSEN regelmäßig auf ihre Wirksamkeit überprüft werden.	ja	tw	n

Notizen:

A8 Rauchverbot *Basis*
Verantwortliche Rolle: Mitarbeiter

M	Für Räume mit IT oder Datenträgern (Serverraum, Datenträgerarchiv, aber auch Belegarchiv), in denen Brände oder Verschmutzungen zu hohen Schäden führen können, MUSS ein Rauchverbot erlassen werden.	ja	tw	n
M	Es MUSS regelmäßig kontrolliert werden, dass bei Einrichtung oder Duldung von Raucherzonen der Zutrittsschutz nicht ausgehebelt wird.	ja	tw	n

Notizen:

A9 Sicherheitskonzept für die Gebäudenutzung *Standard*
Verantwortliche Rolle: Planer, Informationssicherheitsbeauftragter (ISB)

S	Es SOLLTE ein Sicherheitskonzept für die Gebäudenutzung geben.	ja	tw	n
S	Das Sicherheitskonzept für das Gebäude SOLLTE mit dem Gesamt-Sicherheitskonzept der Institution abgestimmt sein.	ja	tw	n
S	Es SOLLTE regelmäßig aktualisiert werden.	ja	tw	n
S	Schützenswerte Räume oder Gebäudeteile SOLLTEN nicht in exponierten oder besonders gefährdeten Bereichen untergebracht sein.	ja	tw	n

Notizen:

A10 Einhaltung einschlägiger Normen und Vorschriften *Standard*
Verantwortliche Rolle: Errichterfirma, Bauleiter

S	Bei Planung, Errichtung und Umbau von Gebäuden sowie beim Einbau von technischen Einrichtungen SOLLTEN alle relevanten Normen und Vorschriften berücksichtigt werden.	ja	tw	n

Notizen:

INF Infrastruktur

A11 Abgeschlossene Türen *Standard*
Verantwortliche Rolle: Mitarbeiter

S	Mitarbeiter SOLLTEN angewiesen werden, bei Abwesenheit ihr Büro zu verschließen oder ihre Arbeitsunterlagen wegzuschließen.	ja	tw	n
S	Es SOLLTE sporadisch überprüft werden, ob dies umgesetzt wird.	ja	tw	n

Notizen:

A12 Schlüsselverwaltung *Standard*
Verantwortliche Rolle: Haustechnik

S	Für alle Schlüssel des Gebäudes (von Etagen, Fluren und Räumen) SOLLTE ein Schließplan vorliegen.	ja	tw	n
S	Die Herstellung, Aufbewahrung, Verwaltung und Ausgabe von Schlüsseln SOLLTE zentral geregelt sein.	ja	tw	n
S	Reserveschlüssel SOLLTEN vorgehalten und gesichert, aber für Notfälle griffbereit aufbewahrt werden.	ja	tw	n
S	Nicht ausgegebene Schlüssel SOLLTEN sicher aufbewahrt werden.	ja	tw	n
S	Jede Schlüsselausgabe SOLLTE dokumentiert werden.	ja	tw	n

Notizen:

A13 Regelungen für Zutritt zu Verteilern *Standard*
Verantwortliche Rolle: Haustechnik

S	Der Zutritt zu den Verteilern aller Versorgungseinrichtungen in einem Gebäude SOLLTE im Bedarfsfall schnell möglich sein.	ja	tw	n
S	Der Zutritt zu Verteilern SOLLTE auf einen engen Kreis von Berechtigten beschränkt sein.	ja	tw	n

Notizen:

A14 Blitzschutzeinrichtungen *Standard*
Verantwortliche Rolle: Haustechnik

S	Es SOLLTE eine Blitzschutzanlage nach geltender Norm installiert sein.	ja	tw	n
S	Es SOLLTE ein umfassendes Blitz- und Überspannungsschutzkonzept vorhanden sein.	ja	tw	n
S	Die Fangeinrichtungen bei Gebäuden mit umfangreicher IT-Ausstattung SOLLTEN mindestens der Schutzklasse II gemäß DIN EN 62305 Blitzschutz entsprechen.	ja	tw	n
S	Die Blitzschutzanlage SOLLTE regelmäßig geprüft und gewartet werden.	ja	tw	n

Notizen:

A15 Lagepläne der Versorgungsleitungen *Standard*

Verantwortliche Rolle: Haustechnik

S	Es SOLLTEN aktuelle Lagepläne aller Versorgungsleitungen existieren.	ja tw n
S	Es SOLLTE geregelt sein, wer die Lagepläne aller Versorgungsleitungen führt und aktualisiert.	ja tw n
S	Die Pläne SOLLTEN so aufbewahrt werden, dass ausschließlich berechtigte Personen darauf zugreifen können, sie aber im Bedarfsfall schnell verfügbar sind.	ja tw n

Notizen:

A16 Vermeidung von Lagehinweisen auf schützenswerte Gebäudeteile *Standard*

Verantwortliche Rolle: Haustechnik

S	Lagehinweise auf schutzwürdige Bereiche SOLLTEN vermieden werden.	ja tw n
S	Schutzwürdige Gebäudebereiche SOLLTEN von außen nicht leicht einsehbar sein.	ja tw n

Notizen:

A17 Baulicher Rauchschutz *Standard*

Verantwortliche Rolle: Planer

S	Der bauliche Rauchschutz SOLLTE nach Installations- und Umbauarbeiten überprüft werden.	ja tw n
S	Die Funktionsfähigkeit der Rauchschutz-Komponenten SOLLTE regelmäßig überprüft werden.	ja tw n

Notizen:

A18 Brandschutzbegehungen *Standard*

Verantwortliche Rolle: Haustechnik

S	Brandschutzbegehungen SOLLTEN regelmäßig - mindestens ein - bis zweimal im Jahr - stattfinden.	ja tw n
S	Bei Brandschutzbegehungen festgestellte Mängel SOLLTEN unverzüglich behoben werden.	ja tw n

Notizen:

A19 Frühzeitige Information des Brandschutzbeauftragten *Standard*

Verantwortliche Rolle: Haustechnik

S	Der Brandschutzbeauftragte SOLLTE über Arbeiten an Leitungstrassen, Fluren, Flucht- und Rettungswegen informiert werden.	ja tw n
S	Er SOLLTE die ordnungsgemäße Ausführung von Brandschutzmaßnahmen kontrollieren.	ja tw n

Notizen:

INF Infrastruktur

A20 Alarmierungsplan und Brandschutzübungen *Standard*
Verantwortliche Rolle: Haustechnik

S	Es SOLLTE ein Alarmierungsplan für die im Brandfall zu ergreifenden Maßnahmen erstellt werden.	ja	tw	n
S	Er SOLLTE periodisch aktualisiert werden.	ja	tw	n
S	Brandschutzübungen SOLLTEN regelmäßig durchgeführt werden.	ja	tw	n
S	Der Alarmierungsplan SOLLTE in regelmäßigen Abständen überprüft und aktualisiert werden.	ja	tw	n

Notizen:

A21 Unabhängige elektrische Versorgungsstränge *Hoch*
Verantwortliche Rolle: Haustechnik   **A**

S	Die IT SOLLTE über zwei voneinander unabhängige Versorgungsstränge gespeist werden.	ja	tw	n

Notizen:

A22 Sichere Türen und Fenster *Hoch*
Verantwortliche Rolle: Haustechnik   **C I A**

S	Türen und Fenster SOLLTEN anhand der Schutzziele des zu sichernden Bereichs und dem Schutzbedarf der Institution sowie der passenden Klassifizierung in den einschlägigen Normen ausgewählt werden.	ja	tw	n
S	Alle raumumschließenden Sicherungsmaßnahmen durch Fenster, Türen und Wände SOLLTEN in Bezug auf Einbruch, Brand und Rauch gleichwertig und angemessen sein.	ja	tw	n
S	Es SOLLTE regelmäßig überprüft werden, dass die Sicherheitstüren und -fenster funktionstüchtig sind.	ja	tw	n

Notizen:

A23 Bildung von Sicherheitszonen *Hoch*
Verantwortliche Rolle: Planer   **C**

S	Räume ähnlichen Schutzbedarfs SOLLTEN in Zonen zusammengefasst werden, um vergleichbare Risiken einheitlich behandeln und Kosten für erforderliche Sicherheitsmaßnahmen reduzieren zu können.	ja	tw	n
S	Es SOLLTE ein Sicherheitszonenkonzept für Gebäude und Grundstück entwickelt und dokumentiert werden.	ja	tw	n

Notizen:

A24 Selbsttätige Entwässerung

Verantwortliche Rolle: Haustechnik

Hoch
A

S	Alle wassergefährdeten Bereiche SOLLTEN mit einer selbsttätigen Entwässerung ausgestattet sein.	ja	tw	n
S	Die Funktionstüchtigkeit aktiver und passiver Entwässerungseinrichtungen SOLLTE regelmäßig geprüft werden.	ja	tw	n

Notizen:

A25 Geeignete Standortauswahl

Verantwortliche Rolle: Institutionsleitung

Hoch
A

S	Bei Auswahl oder Planung eines Gebäudestandortes SOLLTE geprüft werden, welche Umfeldbedingungen Einfluss auf die Informationssicherheit haben könnten.	ja	tw	n
S	Es SOLLTE eine Übersicht über standortbedingte Gefährdungen geben.	ja	tw	n
S	Diesen Gefährdungen SOLLTE mit zusätzlichen kompensierenden Maßnahmen begegnet werden.	ja	tw	n

Notizen:

A26 Pförtner- oder Sicherheitsdienst

Verantwortliche Rolle: Haustechnik

Hoch
C I A

S	Die Aufgaben des Pförtner- bzw. Sicherheitsdienstes SOLLTEN klar dokumentiert sein.	ja	tw	n
S	Die Pförtner SOLLTEN alle Personenbewegungen an der Pforte und an allen anderen Eingängen beobachten bzw. kontrollieren.	ja	tw	n
S	Alle Mitarbeiter und Besucher SOLLTEN sich bei den Pförtnern legitimieren.	ja	tw	n
S	Besucher SOLLTEN zu den Besuchten begleitet bzw. an der Pforte abgeholt werden.	ja	tw	n
S	Die Pförtner SOLLTEN rechtzeitig darüber informiert werden, wenn sich Zutrittsberechtigungen ändern.	ja	tw	n

Notizen:

A27 Einbruchsschutz

Verantwortliche Rolle: Haustechnik

Hoch
C I A

S	Es SOLLTEN ausreichende und den örtlichen Gegebenheiten angepasste Maßnahmen zum Einbruchsschutz umgesetzt werden.	ja	tw	n
S	Gleichwertigkeit und Durchgängigkeit des Einbruchsschutzes bei der Planung, der Umsetzung und im Betrieb SOLLTEN regelmäßig durch eine fachkundige Person begutachtet werden.	ja	tw	n
S	Die Regelungen zum Einbruchsschutz SOLLTEN den Mitarbeitern bekannt sein.	ja	tw	n

Notizen:

INF Infrastruktur

A28 Klimatisierung für Menschen
Verantwortliche Rolle: Haustechnik

Hoch
I A

S	In größeren Gebäuden SOLLTE die Luftversorgung durch raumlufttechnische (RLT-)Anlagen geleistet werden.	ja	tw	n
S	Die RLT-Anlagen SOLLTEN auf die tatsächliche Nutzung des Gebäudes ausgelegt sein.	ja	tw	n
S	RLT-Anlagen SOLLTEN regelmäßig gewartet werden.	ja	tw	n

Notizen:

A29 Organisatorische Vorgaben für die Gebäudereinigung
Verantwortliche Rolle: Haustechnik

Hoch
C I A

S	Es SOLLTE kontrolliert werden, ob die Mitarbeiter der beauftragten Reinigungsfirma die ausgegebenen Schlüssel bzw. Ausweise vertragsgemäß verwenden.	ja	tw	n
S	Die Reinigungskräfte SOLLTEN über den Umgang mit der IT ausreichend informiert sein.	ja	tw	n
S	Reinigungskräfte SOLLTEN in besonders sensitiven Bereichen bei der Arbeit beaufsichtigt werden.	ja	tw	n

Notizen:

A30 Auswahl eines geeigneten Gebäudes
Verantwortliche Rolle: Haustechnik

Hoch
C I A

S	Bei der Auswahl eines geeigneten Gebäudes SOLLTE geprüft werden, ob alle für die spätere Nutzung relevanten Sicherheitsanforderungen auch umgesetzt werden können.	ja	tw	n
S	Für jedes Gebäude SOLLTEN im Vorfeld die vorhandenen Gefährdungen und die erforderlichen schadensvorbeugenden oder -reduzierenden Maßnahmen dokumentiert werden.	ja	tw	n

Notizen:

A31 Auszug aus Gebäuden
Verantwortliche Rolle: Innerer Dienst

Hoch
C

S	Im Vorfeld des Auszugs SOLLTE ein Bestandsverzeichnis aller für die Informationssicherheit relevanten Dinge (Hardware, Software, Datenträger, Ordner, Schriftstücke etc.) erstellt werden.	ja	tw	n
S	Nach dem Auszug SOLLTEN alle Räume nach zurückgelassenen Dingen durchsucht werden.	ja	tw	n

Notizen:

A32 Brandschott-Kataster *Hoch*
Verantwortliche Rolle: Haustechnik **A**

S	Es SOLLTE ein Brandschott-Kataster geführt werden.	ja	tw	n
S	In diesem SOLLTEN alle Arten von Schotten individuell aufgenommen werden.	ja	tw	n
S	Nach Arbeiten an Brandschotten SOLLTEN die Änderungen im Kataster spätestens nach vier Wochen eingetragen werden.	ja	tw	n

Notizen:

A33 Anordnung schützenswerter Gebäudeteile *Hoch*
Verantwortliche Rolle: Haustechnik **C I A**

S	Schützenswerte Räume oder Gebäudeteile SOLLTEN NICHT in exponierten oder besonders gefährdeten Bereichen untergebracht sein.	ja	tw	n
S	Falls sich schützenswerte Räume in exponierter Lage befinden, SOLLTEN ausreichende Maßnahmen ergriffen werden, sie zu sichern.	ja	tw	n
S	Dies SOLLTE dokumentiert werden.	ja	tw	n

Notizen:

A34 Gefahrenmeldeanlage *Hoch*
Verantwortliche Rolle: Haustechnik **A**

S	Es SOLLTE eine den Räumlichkeiten und den Risiken angemessene Gefahrenmeldeanlage geben.	ja	tw	n
S	Die Gefahrenmeldeanlage SOLLTE regelmäßig gewartet bzw. geprüft werden.	ja	tw	n
S	Es SOLLTE geprüft werden, ob die Empfänger von Gefahrenmeldungen in der Lage sind, technisch und personell angemessen auf den Alarm zu reagieren.	ja	tw	n

Notizen:

INF.2 Rechenzentrum sowie Serverraum

	A1 Festlegung von Anforderungen				*Basis*
	Verantwortliche Rolle: Informationssicherheitsbeauftragter (ISB), Planer, IT-Betrieb, Haustechnik				
M	Für ein Rechenzentrum MÜSSEN angemessene technische und organisatorische Vorgaben definiert und umgesetzt werden.	ja	tw	n	
M	Wenn ein Rechenzentrum geplant wird oder geeignete Räumlichkeiten ausgewählt werden, MÜSSEN auch geeignete Sicherheitsmaßnahmen unter Berücksichtigung des Schutzbedarfs der IT-Komponenten (insbesondere Verfügbarkeit) mit geplant werden.	ja	tw	n	
M	Ein Rechenzentrum MUSS insgesamt als geschlossener Sicherheitsbereich konzipiert werden.	ja	tw	n	
M	Es MUSS zudem unterschiedliche Sicherheitszonen aufweisen.	ja	tw	n	
M	Hierfür MÜSSEN Verwaltungs-, Logistik-, Technik- und IT-Flächen klar voneinander getrennt werden.	ja	tw	n	
S	Im Falle eines Serverraums SOLLTE geprüft werden, ob unterschiedliche Sicherheitszonen eingerichtet werden können.	ja	tw	n	

Notizen:

	A2 Bildung von Brandabschnitten				*Basis*
	Verantwortliche Rolle: Planer				
M	Es MÜSSEN geeignete Brand- und Rauchabschnitte für die Räumlichkeiten eines Rechenzentrums festgelegt werden.	ja	tw	n	
M	Die Brand- und Rauchabschnitte MÜSSEN über den baurechtlich vorgeschriebenen Rahmen hinaus auch Schutz für die darin befindlichen technischen Einrichtungen und deren Verfügbarkeit bieten.	ja	tw	n	
M	Es MUSS verhindert werden, dass sich Brand und Rauch ausbreiten.	ja	tw	n	
S	Im Falle eines Serverraums SOLLTE geprüft werden, ob geeignete Brand- und Rauchabschnitte für die Räumlichkeiten umsetzbar sind.	ja	tw	n	

Notizen:

A3 Einsatz einer unterbrechungsfreien Stromversorgung *Basis*
Verantwortliche Rolle: Haustechnik

M	Für alle betriebsrelevanten Komponenten des Rechenzentrums MUSS eine unterbrechungsfreie Stromversorgung (USV) installiert werden.	ja	tw	n
M	Da der Leistungsbedarf von Klimaanlagen oft zu hoch für eine USV ist, MUSS aber mindestens die Steuerung der Anlagen an die unterbrechungsfreie Stromversorgung angeschlossen werden.	ja	tw	n
S	Im Falle eines Serverraums SOLLTE je nach Verfügbarkeitsanforderungen der IT-Systeme geprüft werden, ob der Betrieb einer USV notwendig ist.	ja	tw	n
M	Die USV MUSS ausreichend dimensioniert sein, sodass alle Komponenten bei einem Stromausfall so lange mit Energie versorgt werden, dass kein Datenverlust entsteht.	ja	tw	n
M	Bei relevanten Änderungen an den Verbrauchern MUSS überprüft werden, ob die vorhandenen USV-Systeme noch ausreichend dimensioniert sind.	ja	tw	n
M	Die Batterie der USV MUSS im erforderlichen Temperaturbereich gehalten werden und SOLLTE dazu vorzugsweise räumlich getrennt von der Leistungselektronik der USV platziert werden.	ja	tw	n
M	Die USV MUSS regelmäßig gewartet und auf Funktionsfähigkeit getestet werden.	ja	tw	n
M	Dafür MÜSSEN die vom Hersteller vorgesehenen Wartungsintervalle eingehalten werden (siehe INF.2.A10Inspektion und Wartung der Infrastruktur).	ja	tw	n

Notizen:

A4 Notabschaltung der Stromversorgung *Basis*
Verantwortliche Rolle: Haustechnik

M	Es MUSS geeignete Möglichkeiten geben, elektrische Verbraucher im Rechenzentrum spannungsfrei zu schalten.	ja	tw	n
M	Dabei MUSS darauf geachtet werden, ob und wie eine eventuell vorhandene USV räumlich und funktional in die Stromversorgung eingebunden ist.	ja	tw	n
M	Werden klassische Not-Aus-Schalter eingesetzt, MUSS darauf geachtet werden, dass darüber nicht das komplette Rechenzentrum abgeschaltet wird, sondern dass die Notabschaltung sinnvoll parzelliert und zielgerichtet erfolgt.	ja	tw	n
M	Alle Not-Aus-Schalter MÜSSEN so geschützt sein, dass sie nicht unbeabsichtigt oder unbefugt betätigt werden können.	ja	tw	n

Notizen:

A5 Einhaltung der Lufttemperatur und -feuchtigkeit *Basis*
Verantwortliche Rolle: Haustechnik

M	Es MUSS sichergestellt werden, dass die Lufttemperatur und Luftfeuchtigkeit im IT-Betriebsbereich innerhalb der vorgeschriebenen Grenzen liegen.	ja	tw	n
M	Die tatsächliche Wärmelast in den gekühlten Bereichen MUSS in regelmäßigen Abständen und nach größeren Umbauten überprüft werden.	ja	tw	n
M	Auch MUSS eine eventuell vorhandene Klimaeinrichtung regelmäßig gewartet werden.	ja	tw	n
M	Die Parameter Temperaturund FeuchtigkeitMÜSSEN mindestens so aufgezeichnet werden, dass sich rückwirkend erkennen lässt, ob Grenzwerte überschritten wurden, und die Ursache dafür behoben werden kann.	ja	tw	n

Notizen:

A6 Zutrittskontrolle *Basis*

Verantwortliche Rolle: Informationssicherheitsbeauftragter (ISB), IT-Betrieb, Haustechnik

M	Es MUSS eine Zutrittskontrolle geben.	ja	tw	n
M	Es MUSS geregelt werden, welche internen und externen Personen für welchen Zeitraum, für welche Bereiche und zu welchem Zweck Zutritt erhalten.	ja	tw	n
M	Dabei MUSS sichergestellt sein, dass keine unnötigen oder zu weitreichenden Zutrittsrechte vergeben werden.	ja	tw	n
M	Durch eine auf die jeweiligen Erfordernisse abgestimmte Zutrittsregelung MUSS für im RZ tätige Personen sichergestellt werden, dass diese keinen Zutritt zu IT-Systemen außerhalb ihres Tätigkeitsbereiches erhalten.	ja	tw	n
M	Alle Zutritte zum Rechenzentrum MÜSSEN von der Zutrittskontrolle individuell erfasst werden.	ja	tw	n
M	Über die mit Zutrittskontrolleinrichtungen ausgestatteten Zugänge hinaus DARF es KEINE weiteren Zutrittsmöglichkeiten zum RZ geben.	ja	tw	n
S	Im Falle eines Serverraums SOLLTE geprüft werden, ob eine Überwachung aller Zutrittsmöglichkeiten sinnvoll ist.	ja	tw	n
M	Es MUSS regelmäßig kontrolliert werden, ob die Regelungen zum Einsatz einer Zutrittskontrolle eingehalten werden.	ja	tw	n
M	Die Anforderungen der Institution an ein Zutrittskontrollsystem MÜSSEN in einem Konzept ausreichend detailliert dokumentiert werden.	ja	tw	n

Notizen:

A7 Verschließen und Sichern *Basis*

Verantwortliche Rolle: Mitarbeiter, Haustechnik

M	Alle Türen des Rechenzentrums MÜSSEN stets verschlossen gehalten werden.	ja	tw	n
M	Fenster MÜSSEN möglichst schon bei der Planung vermieden werden.	ja	tw	n
M	Falls sie doch vorhanden sind, MÜSSEN sie ebenso wie die Türen stets verschlossen gehalten werden.	ja	tw	n
M	Türen und Fenster MÜSSEN einen dem Sicherheitsniveau angemessenen Schutz gegen Angriffe, Umgebungseinflüsse (z.B. Feuer und Rauch) bieten und mit einem Sichtschutz versehen sein.	ja	tw	n
M	Hierbei MUSS beachtet werden, dass die bauliche Ausführung aller raumbildenden Elemente in Bezug auf Schutzwirkung gleichwertig sein muss.	ja	tw	n

Notizen:

A8 Einsatz einer Brandmeldeanlage *Basis*

Verantwortliche Rolle: Planer

M	In einem Rechenzentrum MUSS eine Brandmeldeanlage installiert werden.	ja	tw	n
M	Diese MUSS alle Flächen überwachen.	ja	tw	n
M	Alle Meldungen der Brandmeldeanlage MÜSSEN geeignet weitergeleitet werden (siehe dazu auch INF.2.A13 Planung und Installation vonGefahrenmeldeanlagen).	ja	tw	n
M	Die Brandmeldeanlage MUSS regelmäßig gewartet werden.	ja	tw	n
M	Es MUSS sichergestellt werden, dass in Räumen, die im Brandabschnitt des Rechenzentrums liegen, keine besonderen Brandlasten vorhanden sind.	ja	tw	n

Notizen:

A9 Einsatz einer Lösch- oder Brandvermeidungsanlage *Basis*

Verantwortliche Rolle: Haustechnik

M	In einem Rechenzentrum MUSS entweder eine Lösch- oder Brandvermeidungsanlage nach aktuellem Stand der Technik installiert sein oder durch technische (insbesondere durch eine flächendeckende Brandfrüherkennung, siehe INF.2.A17 Brandfrüherkennung) und organisatorische Maßnahmen (geschultes Personal und fallbezogene Reaktionspläne für Meldungen der Brandfrüherkennung) sichergestellt sein, dass unmittelbar (innerhalb von maximal 5 Minuten) auf Meldungen der Brandfrüherkennung reagiert wird.	ja	tw	n
M	In Serverräumen und in einem Rechenzentrum ohne Lösch- oder Brandvermeidungsanlage MÜSSEN Handfeuerlöscher mit geeigneten Löschmitteln in ausreichender Zahl und Größe vorhanden sein.	ja	tw	n
M	Es MUSS beachtet werden, dass darüber hinausgehende baurechtliche Anforderungen hinsichtlich der Ausstattung mit Handfeuerlöschern hiervon unberührt bleiben.	ja	tw	n
M	Die Feuerlöscher MÜSSEN so angebracht werden, dass sie im Brandfall leicht zu erreichen sind.	ja	tw	n
M	Jeder Löscher MUSS regelmäßig inspiziert und gewartet werden.	ja	tw	n
M	Alle Mitarbeiter, die ein RZ oder einen SR betreten dürfen, MÜSSEN in die Benutzung der Handfeuerlöscher eingewiesen werden.	ja	tw	n

Notizen:

A10 Inspektion und Wartung der Infrastruktur *Basis*

Verantwortliche Rolle: Wartungspersonal, IT-Betrieb, Haustechnik

M	Für alle Komponenten der baulich-technischen Infrastruktur MÜSSEN mindestens die empfohlenen oder durch Normen festgelegten Intervalle und Vorschriften für Inspektion und Wartung eingehalten werden.	ja	tw	n
M	Inspektionen und Wartungsarbeiten MÜSSEN protokolliert werden.	ja	tw	n
M	Kabel- und Rohrdurchführungen durch brand- und rauchabschnittbegrenzende Wände MÜSSEN daraufhin geprüft werden, ob die Schotte unversehrt sind.	ja	tw	n
M	Die Ergebnisse MÜSSEN dokumentiert werden.	ja	tw	n

Notizen:

A11 Automatische Überwachung der Infrastruktur *Basis*

Verantwortliche Rolle: IT-Betrieb, Haustechnik

M	Alle Störungsmeldungen der Infrastruktur, z.B. Leckageüberwachung, Klima-, Strom- und USV-Anlagen, MÜSSEN automatisch überwacht und schnellstmöglich in geeigneter Weise weitergeleitet werden, z.B. über ein Monitoringsystem.	ja	tw	n
S	Im Falle eines Serverraums SOLLTEN IT- und Supportgeräte, die nicht oder nur selten von einer Person bedient werden müssen, mit einer Fernanzeige für Störungen ausgestattet werden.	ja	tw	n
M	Die verantwortlichen Mitarbeiter MÜSSEN zeitnah alarmiert werden.	ja	tw	n

Notizen:

INF Infrastruktur

A17 Brandfrüherkennung *Basis*

Verantwortliche Rolle: Planer, Haustechnik

M	Durch eine Brandfrüherkennung MUSS sichergestellt werden, dass Brandrauch frühestmöglich detektiert wird.	ja	tw	n
M	Die Meldungen der Brandfrüherkennung MÜSSEN entweder an eine ständig besetzte Stelle geleitet werden, die eine Kontrolle und Schutzreaktion innerhalb weniger Minuten veranlassen kann.	ja	tw	n
M	Alternativ MUSS eine automatische Schutzreaktion erfolgen.	ja	tw	n
M	Um ein ausgewogenes Verhältnis zwischen Brandschutz und Verfügbarkeit zu erreichen, MUSS sichergestellt werden, dass sich einander Redundanz gebende Einrichtungen nicht gemeinsam im Wirkungsbereich der gleichen Spannungsfreischaltung befinden.	ja	tw	n

Notizen:

A29 Vermeidung und Überwachung nicht erforderlicher Leitungen *Basis*

Verantwortliche Rolle: Haustechnik, Planer

M	In einem Rechenzentrum DÜRFEN NUR solche Leitungen (Strom, Frisch- und Abwasser, Kältemittel, Gas etc.) verlegt werden, die der unmittelbaren Versorgung der im Rechenzentrum aufgebauten Technik (in der Regel IT- und gegebenenfalls Kühltechnik) dienen.	ja	tw	n
M	Ist es aus baulichen Gründen unabwendbar, Leitungen durch das Rechenzentrum zu führen, um andere Bereiche als die des Rechenzentrums zu versorgen, MUSS dies einschließlich Begründung dokumentiert werden.	ja	tw	n
M	Solche Leitungen MÜSSEN geeignet eingehaust und überwacht werden.	ja	tw	n
S	Es SOLLTE beachtet werden, dass durch Serverräume vorgenannte Leitungen geführt werden dürfen, ohne zu begründen, warum dies unabwendbar ist.	ja	tw	n
M	Diese MÜSSEN aber genauso wie im Rechenzentrum behandelt werden.	ja	tw	n
M	Meldungen aus der Überwachung der Leitungen MÜSSEN unverzüglich hinsichtlich der Gefährdungsrelevanz geprüft und bewertet werden.	ja	tw	n
M	Gegenmaßnahmen MÜSSEN entsprechend der erkannten Gefährdungsrelevanz zeitgerecht umgesetzt werden (siehe auch INF.2.A13 Planung und Installation von Gefahrenmeldeanlagen).	ja	tw	n

Notizen:

A12 Perimeterschutz für das Rechenzentrum *Standard*

Verantwortliche Rolle: Planer, Haustechnik

S	Die Sicherheitsmaßnahmen zum Perimeterschutz SOLLTEN gleichwertig mit denen des Sicherheitskonzeptes für das Gebäude und seines Umfelds sein.	ja	tw	n
S	Je nach dem festgelegten Schutzbedarf für das Rechenzentrum und abhängig vom Gelände SOLLTE der Perimeterschutz aus folgenden Komponenten bestehen: • äußere Umschließung oder Umfriedung, • Sicherungsmaßnahmen gegen unbeabsichtigtes Überschreiten einer Grundstücksgrenze, • Sicherungsmaßnahmen gegen beabsichtigtes gewaltloses Überwinden der Grundstücksgrenze, • Sicherungsmaßnahmen gegen beabsichtigtes gewaltsames Überwinden der Grundstücksgrenze, • Freiland-Sicherungsmaßnahmen sowie • äußere Personen- und Fahrzeugdetektion.	ja	tw	n

Notizen:

INF.2 Rechenzentrum sowie Serverraum

A13 Planung und Installation von Gefahrenmeldeanlagen *Standard*
Verantwortliche Rolle: Haustechnik

S	Es SOLLTE ein konsistentes Schutzkonzept für das betrachtete Gebäude erarbeitet werden.	ja	tw	n
S	Erst danach SOLLTE geplant werden, welche Gefahrenmeldeanlagen für welche Gebäudebereiche des Rechenzentrums benötigt und installiert werden und wie mit Alarmmeldungen umzugehen ist.	ja	tw	n
S	Das Konzept SOLLTE immer angepasst werden, wenn sich die Nutzung der Gebäudebereiche verändert.	ja	tw	n
S	Es SOLLTE eine für das jeweilige Einsatzgebiet angemessene Gefahrenmeldeanlage (GMA) installiert werden.	ja	tw	n
S	Die Meldungen der GMA SOLLTEN unter Beachtung der dafür geltenden Technischen Anschlussbedingungen (TAB) auf eine Alarmempfangsstelle aufgeschaltet werden.	ja	tw	n
M	Die ausgewählte Alarmempfangsstelle MUSS jederzeit erreichbar und technisch sowie personell in der Lage sein, in geeigneter Weise auf die gemeldete Gefährdung zu reagieren.	ja	tw	n
S	Der Übertragungsweg zwischen eingesetzter GMA und hilfeleistender Stelle SOLLTE redundant ausgelegt werden.	ja	tw	n
M	Alle vorhandenen Übertragungswege MÜSSEN regelmäßig getestet werden.	ja	tw	n

Notizen:

A14 Einsatz einer Netzersatzanlage *Standard*
Verantwortliche Rolle: Planer, Haustechnik

S	Die Energieversorgung eines Rechenzentrums aus dem Netz eines Energieversorgungs-Unternehmens SOLLTE um eine Netzersatzanlage (NEA) ergänzt werden.	ja	tw	n
S	Um die Schutzwirkung einer NEA aufrechtzuerhalten, SOLLTE sie regelmäßig gewartet werden (siehe INF.2.A10 Inspektion und Wartung der Infrastruktur).	ja	tw	n
S	Bei diesen Wartungen SOLLTEN auch Belastungs- und Funktionstests sowie Testläufe unter Last durchgeführt werden.	ja	tw	n
S	Der Betriebsmittelvorrat einer NEA SOLLTE regelmäßig hinsichtlich Auskömmlichkeit und Verwendbarkeit (Vermeidung der sogenannten Dieselpest) kontrolliert werden.	ja	tw	n
S	Nach Möglichkeit SOLLTE statt Diesel-Kraftstoff schwefelarmes Heizöl verwendet werden.	ja	tw	n
M	Die Tankvorgänge von Brennstoffen MÜSSEN protokolliert werden.	ja	tw	n
M	Daraus MÜSSEN die Art des Brennstoffs, genutzte Additive, Datum und die getankte Menge hervorgehen.	ja	tw	n
S	Im Falle eines Serverraums SOLLTE alternativ zur NEA eine USV mit einer dem Schutzbedarf angemessenen Autonomiezeit realisiert werden.	ja	tw	n
M	Die in INF.2.A3 Einsatz einer unterbrechungsfreien Stromversorgung enthaltenen Vorgaben MÜSSEN dann beachtet werden.	ja	tw	n

Notizen:

A15 Überspannungsschutzeinrichtung *Standard*
Verantwortliche Rolle: Planer, Haustechnik

S	Es SOLLTE auf Basis der aktuell gültigen Norm ein Blitz- und Überspannungsschutzkonzept unter Beachtung der energetischen Koordination (Anhang C der DIN EN 62305-4) erstellt und umgesetzt werden.	ja	tw	n
S	Die energetische Koordination der Überspannungsschutzeinrichtungen SOLLTE in einem Konzept dokumentiert und abgenommen werden.	ja	tw	n

Notizen:

INF Infrastruktur

A16 Klimatisierung im Rechenzentrum *Standard*
Verantwortliche Rolle: Planer

S	Es SOLLTE sichergestellt werden, dass im Rechenzentrum geeignete klimatische Bedingungen, was Lufttemperatur und Luftfeuchtigkeit (siehe INF.2.A5 Einhaltung der Lufttemperatur und -feuchtigkeit) sowie Frischluftanteil und Schwebstoffbelastung betrifft, geschaffen und aufrechterhalten werden.	ja	tw	n
S	Die Klimatisierung SOLLTE für das Rechenzentrum ausreichend dimensioniert sein.	ja	tw	n
S	Alle relevanten Werte SOLLTEN ständig überwacht werden.	ja	tw	n
S	Weicht ein Wert von der Norm ab, SOLLTE automatisch alarmiert werden.	ja	tw	n
S	Die Klimaanlagen SOLLTEN in Rechnerraumbereichen möglichst ausfallsicher sein, z.B. durch redundant ausgelegte Komponenten.	ja	tw	n

Notizen:

A19 Durchführung von Funktionstests der technischen Infrastruktur *Standard*
Verantwortliche Rolle: Haustechnik

S	Die technische Infrastruktur eines Rechenzentrums SOLLTE regelmäßig (zumindest ein- bis zweimal jährlich) sowie nach Systemumbauten und umfangreichen Reparaturen getestet werden.	ja	tw	n
S	Die Ergebnisse SOLLTEN dokumentiert werden.	ja	tw	n
S	Es SOLLTEN besonders ganze Reaktionsketten einem echten Funktionstest unterzogen werden.	ja	tw	n

Notizen:

A20 Regelmäßige Aktualisierungen der Dokumentation *Standard*
Verantwortliche Rolle: Haustechnik

S	Die Dokumentation (z.B. Baupläne, Trassenpläne, Strangschemata, Fluchtwegpläne, Feuerwehrlaufkarten) SOLLTE immer auf dem aktuellen Stand gehalten werden.	ja	tw	n
S	Außerdem SOLLTEN die Mitarbeiter entsprechend informiert werden.	ja	tw	n
S	Es SOLLTE mindestens einmal innerhalb von drei Jahren überprüft werden, ob alle relevanten Pläne noch aktuell und korrekt sind.	ja	tw	n

Notizen:

A30 Anlagen zur Erkennung, Löschung oder Vermeidung von Bränden *Standard*
Verantwortliche Rolle: Haustechnik, Planer

S	Ein Rechenzentrum SOLLTE über die Basis-Anforderung der Brandfrüherkennung mit den dort genannten Schutzreaktionen hinaus (siehe INF.2.A17 Brandfrüherkennung) mit einer automatischen Lösch- oder Brandvermeidungsanlage ausgestattet werden.	ja	tw	n
S	Ein Serverraum SOLLTE mit einer Brandfrüherkennungsanlage (siehe INF.2.A17 Brandfrüherkennung) mit den dort genannten Schutzreaktionen ausgestattet werden.	ja	tw	n

Notizen:

A21 Ausweichrechenzentrum

Verantwortliche Rolle: Leiter IT

Hoch
A

S	Es SOLLTE ein geografisch separiertes Ausweichrechenzentrum aufgebaut und eingesetzt werden.	ja	tw	n
S	Das Ausweichrechenzentrum SOLLTE so dimensioniert sein, dass alle Prozesse der Institution aufrechterhalten werden können.	ja	tw	n
S	Auch SOLLTE es ständig einsatzbereit sein.	ja	tw	n
S	Alle Daten der Institution SOLLTEN regelmäßig ins Ausweichrechenzentrum gespiegelt werden.	ja	tw	n

Notizen:

A22 Durchführung von Staubschutzmaßnahmen

Verantwortliche Rolle: Haustechnik

Hoch
I A

S	Wenn ein bestehendes Rechenzentrum erweitert wird, SOLLTEN geeignete Staubschutzmaßnahmen definiert, geplant und umgesetzt werden.	ja	tw	n
S	Personen, die selbst nicht an den Baumaßnahmen beteiligt sind, SOLLTEN in ausreichend engen Zeitabständen kontrollieren, ob die Staubschutzmaßnahmen ordnungsgemäß funktionieren und die Regelungen zum Staubschutz eingehalten werden.	ja	tw	n

Notizen:

A23 Sicher strukturierte Verkabelung im Rechenzentrum

Verantwortliche Rolle: Haustechnik

Hoch
A

S	Kabeltrassen SOLLTEN sorgfältig geplant und ausgeführt werden.	ja	tw	n
S	Alle Kabel SOLLTEN vor ungewollten mechanischen Beanspruchungen, Manipulationen, Abhörversuchen oder Bränden geschützt sein.	ja	tw	n
S	Tragsysteme SOLLTEN hinsichtlich Brandbeanspruchung in einem dem Schutzbedarf genügenden Funktionserhalt ausgeführt werden.	ja	tw	n
S	Einander Redundanz gebende Leitungen SOLLTEN über getrennte Trassen verlegt werden.	ja	tw	n

Notizen:

INF Infrastruktur

A24	**Einsatz von Videoüberwachungsanlagen**		*Hoch*		
	Verantwortliche Rolle: Datenschutzbeauftragter, Planer, Haustechnik		**I A**		
S	Die Zutrittskontrolle und die Einbruchmeldung SOLLTEN durch Videoüberwachungsanlagen ergänzt werden.	ja	tw	n
S	Dazu SOLLTEN die für Videoüberwachungsanlagen sinnvollen Flächen identifiziert werden.	ja	tw	n
S	Eine geplante Videoüberwachung SOLLTE konsistent in das gesamte Sicherheitskonzept eingebettet werden.	ja	tw	n
S	Auch SOLLTE bei der Planung, Konzeption und eventuellen Auswertung von Videoaufzeichnungen immer der Datenschutzbeauftragte mit einbezogen werden.	ja	tw	n
S	Die für eine Videoüberwachung benötigten zentralen Technikkomponenten SOLLTEN in einer geeigneten Umgebung aufgestellt und geschützt werden.	ja	tw	n
S	Es SOLLTE regelmäßig überprüft werden, ob die Videoüberwachungsanlage korrekt funktioniert.	ja	tw	n

Notizen:

A25	**Redundante Auslegung von unterbrechungsfreien Stromversorgungen**		*Hoch*		
	Verantwortliche Rolle: Planer		**A**		
S	Die USV-Anlagen eines Rechenzentrums SOLLTEN redundant ausgelegt sein.	ja	tw	n
S	Nach einem Stromausfall SOLLTEN alle für den ordnungsgemäßen Betrieb des Rechenzentrums erforderlichen Komponenten so lange mit Strom versorgt werden können, bis eine alternative Stromquelle angeschlossen werden kann.	ja	tw	n

Notizen:

A26	**Redundante Auslegung von Netzersatzanlagen**		*Hoch*		
	Verantwortliche Rolle: Planer		**A**		
S	Netzersatzanlagen SOLLTEN redundant ausgelegt werden.	ja	tw	n
S	Es SOLLTE sichergestellt werden, dass diese Anlagen regelmäßig gewartet werden (siehe INF.2.A10 Inspektion und Wartung der Infrastruktur).	ja	tw	n

Notizen:

A27	**Durchführung von Alarmierungs- und Brandschutzübungen**		*Hoch*		
	Verantwortliche Rolle: Leiter IT		**C A**		
S	Mit dem Personal des Rechenzentrums sowie Serverraums SOLLTEN regelmäßige Alarmierungs- und Brandschutzübungen durchgeführt werden.	ja	tw	n
S	Diese SOLLTEN auf einem Alarmierungsplan basieren, in dem die zu ergreifenden Maßnahmen dokumentiert sind.	ja	tw	n
S	Es SOLLTE regelmäßig geprüft werden, ob die Maßnahmen noch korrekt, aktuell und praktikabel sind.	ja	tw	n

Notizen:

A28	Einsatz von höherwertigen Gefahrenmeldeanlagen			*Hoch*	
	Verantwortliche Rolle: Planer			**I A**	
S	Für Rechenzentrumsbereiche mit erhöhtem Schutzbedarf SOLLTEN ausschließlich Gefahrenmeldeanlagen der VdS-Klasse C (gemäß VDS-Richtlinie 2311) benutzt werden.	ja	tw	n	

Notizen:

INF.3 Elektrotechnische Verkabelung

A1	Auswahl geeigneter Kabeltypen			*Basis*	
	Verantwortliche Rolle: Leiter Haustechnik				
M	Bei der Auswahl von Kabeln MÜSSEN die übertragungstechnischen Notwendigkeiten und die Umgebungsbedingungen bei der Verlegung sowie im Betrieb zu berücksichtigt werden.	ja	tw	n	
M	Bei der Auswahl von Elektrokabeln MÜSSEN die einschlägigen Normen und Vorschriften beachtet werden.	ja	tw	n	
M	In Bezug auf die Umgebungsbedingungen MÜSSEN Faktoren wie z.B. die Temperaturen, Kabelwege, Zugkräfte bei der Verlegung, die Verlegeart und etwaige Störquellen beachtet werden.	ja	tw	n	

Notizen:

A2	Planung der Kabelführung			*Basis*	
	Verantwortliche Rolle: Leiter IT				
M	Kabel, Kabelwege und Kabeltrassen MÜSSEN vor ihrer Verlegung sowohl aus funktionaler wie auch aus physikalischer Sicht ausreichend dimensioniert werden.	ja	tw	n	
M	Dabei MÜSSEN zukünftige elektrotechnische Notwendigkeiten ebenso mit einkalkuliert werden wie genügend Platz für mögliche technische Erweiterungen in Kabelkanälen und -trassen.	ja	tw	n	
M	Bei der gemeinsamen Führung von IT- und Stromverkabelung in einer Trasse MUSS außerdem darauf geachtet werden, das Übersprechen zwischen den einzelnen Kabeln zu vermeiden.	ja	tw	n	
S	Es SOLLTE generell darauf geachtet werden, dass IT-Kabel getrennt von der elektrotechnischen Verkabelung geführt werden.	ja	tw	n	
M	Es MUSS darauf geachtet werden, erkennbare Gefahrenquellen zu umgehen.	ja	tw	n	

Notizen:

A3 Fachgerechte Installation *Basis*

Verantwortliche Rolle: Leiter Haustechnik

M	Die Installationsarbeiten der elektrotechnischen Verkabelung MÜSSEN sorgfältig und fachkundig erfolgen.	ja	tw	n
M	Gleichzeitig MÜSSEN alle relevanten Normen beachtet werden.	ja	tw	n
M	Die entscheidenden Kriterien für eine fachgerechte Ausführung der elektrotechnischen Verkabelung MÜSSEN daher vom Auftraggeber in allen Phasen überprüft werden.	ja	tw	n
M	Bei Anlieferung des Materials MUSS geprüft werden, ob die richtigen Kabel und Anschlusskomponenten geliefert wurden.	ja	tw	n
M	Bei der Verlegung von Stromkabeln MUSS besondere Sorgfalt darauf gelegt werden, dass die Montage keine Beschädigungen hervorruft und dass die Kabelwege so gewählt sind, dass Beschädigungen der verlegten Kabel durch die normale Nutzung des Gebäudes ausgeschlossen sind.	ja	tw	n

Notizen:

A4 Anforderungsanalyse für die elektrotechnische Verkabelung *Standard*

Verantwortliche Rolle: Leiter Haustechnik

S	Grundsätzlich SOLLTE eine Analyse der Anforderungen, die Einfluss auf eine zukunftssichere, bedarfsgerechte und wirtschaftliche Ausführung der elektrotechnischen Verkabelung haben, durchgeführt werden.	ja	tw	n
S	In ihr SOLLTEN zunächst die kurzfristig geplante Nutzung durch die Anwender in der Institution und darauf aufbauend die längerfristige Entwicklung der Nutzung abgeschätzt werden.	ja	tw	n

Notizen:

A5 Abnahme der elektrotechnischen Verkabelung *Standard*

Verantwortliche Rolle: Leiter Haustechnik

S	Die elektrotechnische Verkabelung SOLLTE einem Abnahmeprozess unterzogen werden.	ja	tw	n
S	Eine Abnahme SOLLTE erst dann erfolgen, wenn alle durchzuführenden Aufgaben abgeschlossen sind, der Ausführende die Maßnahme zur Abnahme gemeldet hat und sich bei den Kontrollen durch den Auftraggeber keine inakzeptablen Mängel gezeigt haben.	ja	tw	n
S	Der Abnahmetermin SOLLTE zeitlich so gewählt werden, dass die Kontrollen zur Abnahme in ausreichender Zeit vorbereitet werden können.	ja	tw	n
M	Neben der korrekten Abrechnung und dem tatsächlichen Umfang der Leistungen MUSS bei der Abnahme die Einhaltung der unterschiedlichen Normen für elektrotechnische Verkabelungen kontrolliert werden.	ja	tw	n
S	Für das Abnahmeprotokoll SOLLTE eine Checkliste vorbereitet werden.	ja	tw	n
S	Die Checkliste SOLLTE auch Punkte zu allgemeinen Anforderungen an die Betriebsräume enthalten.	ja	tw	n
M	Das Abnahmeprotokoll MUSS von den Teilnehmern und Verantwortlichen rechtsverbindlich unterzeichnet werden.	ja	tw	n
S	Das Protokoll SOLLTE Bestandteil der internen Dokumentation der Verkabelung sein.	ja	tw	n

Notizen:

A6 Überspannungsschutz *Standard*

Verantwortliche Rolle: Leiter Haustechnik

S	Jedes elektrisch leitende Netz SOLLTE gegen Überspannungen geschützt werden.	ja	tw	n
M	Hierfür MUSS ein den gültigen Normen entsprechendes Überspannungsschutzkonzept erstellt werden.	ja	tw	n
S	Netzersatzanlagen und unterbrechungsfreie Stromversorgungen SOLLTEN in das Konzept mit aufgenommen werden.	ja	tw	n

Notizen:

A7 Entfernen und Deaktivieren nicht mehr benötigter Leitungen *Standard*

Verantwortliche Rolle: Leiter Haustechnik

S	Wenn Stromkabel nicht mehr benötigt werden, SOLLTEN sie fachgerecht und vollständig entfernt werden.	ja	tw	n
M	Anschließend MÜSSEN die Brandschottungen fachgerecht verschlossen werden.	ja	tw	n
S	Verkabelung, die mit der vorhandenen Technik sinnvoll als Reserve weiter genutzt werden kann, SOLLTE in einem betriebsfähigen Zustand erhalten bleiben.	ja	tw	n
M	Solche Kabel MÜSSEN mindestens an den Endpunkten entsprechend gekennzeichnet werden.	ja	tw	n
S	Grundsätzlich SOLLTE eine Übersicht über nicht mehr benötigte Kabel aufgestellt und anhand dieser Dokumentation die Deaktivierung oder der Abbau/Ausbau der Kabel belegt werden.	ja	tw	n
M	Anschließend MUSS die entsprechende Dokumentation aktualisiert werden.	ja	tw	n

Notizen:

A8 Brandschutz in Trassen *Standard*

Verantwortliche Rolle: Leiter Haustechnik

S	Zur Vermeidung von Kabelbränden SOLLTEN Trassen ausreichend dimensioniert werden.	ja	tw	n
S	Darüber hinaus SOLLTE nach Abschluss der Installationsarbeiten die Belegungsdichte der Trassen in vernünftigen Abständen überprüft werden.	ja	tw	n

Notizen:

A9 Dokumentation und Kennzeichnung der elektrotechnischen Verkabelung *Standard*

Verantwortliche Rolle: Leiter Haustechnik

S	Eine Institution SOLLTE sicherstellen, dass sie für ihre elektrotechnische Verkabelung eine interne und eine externe Dokumentation besitzt.	ja	tw	n
M	Die interne Dokumentation MUSS alle Aufzeichnungen, die die Installation und den Betrieb der Verkabelung betreffen, enthalten.	ja	tw	n
S	Die interne Dokumentation SOLLTE so umfangreich angefertigt und gepflegt werden, dass der Betrieb und die zukünftige Weiterentwicklung bestmöglich unterstützt werden.	ja	tw	n
S	Die externe Dokumentation der Verkabelung SOLLTE so möglichst neutral gehalten werden.	ja	tw	n

Notizen:

INF Infrastruktur

A10 Neutrale Dokumentation in den Verteilern *Standard*

Verantwortliche Rolle: Leiter Haustechnik

S	In jedem Verteiler SOLLTE sich eine Dokumentation befinden, die den derzeitigen Stand von Rangierungen und Leitungsbelegungen wiedergibt.	ja	tw	n
S	Diese Dokumentation SOLLTE möglichst neutral gehalten werden und MUSS ein sicheres Schalten ermöglichen.	ja	tw	n
S	Nur bestehende und genutzte Verbindungen sowie auflaufende Reserveleitungen SOLLTEN darin aufgeführt sein.	ja	tw	n
S	Es SOLLTEN, soweit nicht ausdrücklich vorgeschrieben, keine Hinweise auf die Nutzungsart der Leitungen gegeben werden.	ja	tw	n
S	Alle weitergehenden Informationen SOLLTEN in einer Revisionsdokumentation aufgeführt werden.	ja	tw	n

Notizen:

A11 Kontrolle elektrotechnischer Anlagen und Verbindungen *Standard*

Verantwortliche Rolle: Leiter Haustechnik

S	Alle elektrotechnischen Anlagen, Verteiler und Zugdosen der Verkabelung SOLLTEN regelmäßig einer (zumindest stichprobenartigen) Sichtprüfung unterzogen werden.	ja	tw	n
S	Neben der reinen Sichtkontrolle SOLLTE zusätzlich eine funktionale Kontrolle durchgeführt werden, sofern im Rahmen der DGUV-V3-Prüfung eine solche Kontrolle nicht bereits erfolgt ist.	ja	tw	n
M	Alle Unregelmäßigkeiten, die bei Sichtkontrollen oder funktionalen Kontrollen festgestellt werden, MÜSSEN unverzüglich dokumentiert und den zuständigen Organisationseinheiten gemeldet werden.	ja	tw	n
M	Die zuständigen Organisationseinheiten MÜSSEN im Anschluss die festgestellten Unregelmäßigkeiten überprüfen und beheben.	ja	tw	n

Notizen:

A12 Vermeidung elektrischer Zündquellen *Standard*

Verantwortliche Rolle: Leiter Haustechnik

S	Die Nutzung privater Elektrogeräte innerhalb einer Institution SOLLTE klar geregelt werden.	ja	tw	n
S	Alle Elektrogeräte SOLLTEN vor ihrer Verwendung durch eine Elektrofachkraft geprüft und für sicher befunden werden.	ja	tw	n
S	Die Verwendung von Steckdosenleisten SOLLTE soweit wie möglich vermieden werden.	ja	tw	n
S	Fehlende Steckdosen SOLLTEN durch eine Elektrofachkraft in vorhandene Kanalsysteme nachgerüstet oder fachgerecht auf Putz montiert werden.	ja	tw	n

Notizen:

A13 Sekundär-Energieversorgung   Hoch
Verantwortliche Rolle: Leiter Haustechnik   A

S	Die primäre Energieversorgung aus dem Netz eines Energieversorgungsunternehmens SOLLTE bei erhöhten Anforderungen an die Verfügbarkeit um Maßnahmen zur Notfallversorgung ergänzt werden.	ja	tw	n
S	Dafür SOLLTEN für die abzusichernden Bereiche eine ausreichend dimensionierte zentrale USV und eine Netzersatzanlage (NEA) eingerichtet werden.	ja	tw	n
S	Es SOLLTE geprüft werden, ob die Anschlüsse an den Netzbetreiber redundant ausgelegt werden sollen.	ja	tw	n
M	NEA und USV MÜSSEN regelmäßig gewartet werden.	ja	tw	n

Notizen:

A14 A-B-Versorgung   Hoch
Verantwortliche Rolle: Leiter Haustechnik   A

S	Es SOLLTE geprüft werden, ob über die normale einzügige Stromversorgung wichtiger IT-Komponenten hinaus eine zweizügige - sogenannte A-B-Versorgung - geschaffen werden soll.	ja	tw	n
S	Dabei SOLLTE sichergestellt werden, dass deren Funktionsfähigkeit permanent durch geeignete technische Einrichtungen, z.B. durch die Gebäudeleittechnik (GLT), überwacht wird.	ja	tw	n

Notizen:

A15 Materielle Sicherung der elektrotechnischen Verkabelung   Hoch
Verantwortliche Rolle: Leiter Haustechnik   A

S	In Räumen mit Publikumsverkehr oder in unübersichtlichen Bereichen eines Gebäudes SOLLTE überlegt werden, Leitungen und Verteiler -gegen unbefugte Zugriffe zu sichern.	ja	tw	n
S	In jedem Fall SOLLTEN die Zahl und der Umfang der Stellen, an denen Einrichtungen der Energieversorgung für Unbefugte zugänglich sind, auf ein Mindestmaß reduziert werden.	ja	tw	n

Notizen:

A16 Nutzung von Schranksystemen   Hoch
Verantwortliche Rolle: Leiter Haustechnik   A

S	Zur Verbesserung der Betriebssicherheit von elektrotechnischen Anschlüssen und -verteilern SOLLTEN diese Geräte in Schranksystemen eingebaut oder aufgestellt werden.	ja	tw	n
S	Die IT-Hardware SOLLTE, soweit es möglich ist, in Schranksystemen untergebracht werden.	ja	tw	n
S	Diese SOLLTEN in Tiefe und Breite dem zunehmenden Platzbedarf der Einbaugeräte genügen und mit entsprechenden Zusatzeinrichtungen ausgerüstet oder jederzeit nachrüstbar sein.	ja	tw	n

Notizen:

INF Infrastruktur

A17	**Brandschott-Kataster**			*Hoch*	
	Verantwortliche Rolle: Leiter Haustechnik			**A**	
S	Es SOLLTE ein Brandschott-Kataster geführt werden.		ja	tw	n
S	In diesem SOLLTEN alle Arten von Schotten individuell aufgenommen werden.		ja	tw	n
S	Nach Arbeiten an Brandschotten SOLLTEN die Änderungen im Kataster spätestens nach vier Wochen eingetragen werden.		ja	tw	n

Notizen:

INF.4 IT-Verkabelung

A1	**Auswahl geeigneter Kabeltypen**			*Basis*	
	Verantwortliche Rolle: Leiter Haustechnik			**I**	
M	Bei der Auswahl von Kabeln MÜSSEN die übertragungstechnischen Notwendigkeiten und die Umgebungsbedingungen bei der Verlegung sowie im Betrieb berücksichtigt werden.		ja	tw	n
M	Die Auswahl der Kabel aus kommunikationstechnischer Sicht MUSS durch die erforderliche Übertragungsrate und die Entfernung zwischen den Übertragungseinrichtungen bestimmt werden.		ja	tw	n
M	Im Bezug auf die Umgebungsbedingungen MÜSSEN Faktoren wie z.B. die Temperaturen, Kabelwege, Zugkräfte bei der Verlegung, die Verlegeart und etwaige Störquellen beachtet werden.		ja	tw	n
M	Des Weiteren MÜSSEN die anzuwendenden Normen und Vorschriften bei der Auswahl der Kabel berücksichtigt werden.		ja	tw	n

Notizen:

A2	**Planung der Kabelführung**			*Basis*	
	Verantwortliche Rolle: Leiter Haustechnik				
M	Kabel, Kabelwege und Kabeltrassen MÜSSEN vor ihrer Verlegung sowohl aus technischer wie auch aus physischer Sicht ausreichend dimensioniert werden.		ja	tw	n
M	Dabei MÜSSEN zukünftige übertragungstechnische Notwendigkeiten ebenso mit einkalkuliert werden wie genügend Platz für mögliche technische Erweiterungen in Kabelkanälen und -trassen.		ja	tw	n
M	Bei der gemeinsamen Führung von IT- und Stromverkabelung in einer Trasse MUSS außerdem darauf geachtet werden, das Übersprechen zwischen den einzelnen Kabeln zu vermeiden.		ja	tw	n
M	Es MUSS darauf geachtet werden, erkennbare Gefahrenquellen zu umgehen.		ja	tw	n

Notizen:

A3 Fachgerechte Installation *Basis*
Verantwortliche Rolle: Leiter Haustechnik

M	Installationsarbeiten an der IT-Verkabelung MÜSSEN sorgfältig und fachkundig erfolgen.	ja	tw	n
M	Gleichzeitig MÜSSEN alle relevanten Normen beachtet werden.	ja	tw	n
M	Die entscheidenden Kriterien für eine fachgerechte Ausführung der IT-Verkabelung MÜSSEN vom Auftraggeber in allen Phasen überprüft werden.	ja	tw	n
M	Bei Anlieferung des Materials MUSS geprüft werden, ob die richtigen Kabel und Anschlusskomponenten geliefert wurden.	ja	tw	n
M	Bei der Verlegung von IT-Kabeln MUSS besondere Sorgfalt darauf gelegt werden, dass die Montage keine Beschädigungen hervorruft und dass die Kabelwege so gewählt sind, dass Beschädigungen der verlegten Kabel durch die normale Nutzung des Gebäudes ausgeschlossen sind.	ja	tw	n
M	Zudem MUSS generell darauf geachtet werden, dass IT-Kabel getrennt von der elektrotechnischen Verkabelung geführt werden.	ja	tw	n

Notizen:

A4 Anforderungsanalyse für die IT-Verkabelung *Standard*
Verantwortliche Rolle: Leiter IT

S	Grundsätzlich SOLLTE eine Analyse der Anforderungen, die Einfluss auf eine zukunftssichere, bedarfsgerechte und wirtschaftliche Ausführung der IT-Verkabelung haben, durchgeführt werden.	ja	tw	n
S	In ihr SOLLTE zunächst die kurzfristig geplante Nutzung durch die Anwender in der Institution und darauf aufbauend die längerfristige Entwicklung der IT-Nutzung abgeschätzt werden.	ja	tw	n
M	Darüber hinaus MÜSSEN die Schutzziele der Verfügbarkeit, Integrität und Vertraulichkeit bei der Anforderungsanalyse für die IT-Verkabelung mit betrachtet werden.	ja	tw	n

Notizen:

A5 Abnahme der IT-Verkabelung *Standard*
Verantwortliche Rolle: Leiter Haustechnik

S	Die IT-Verkabelung SOLLTE einem Abnahmeprozess unterzogen werden.	ja	tw	n
S	Diese SOLLTE erst dann erfolgen, wenn alle durchzuführenden Aufgaben abgeschlossen sind, der Ausführende die Maßnahme zur Abnahme gemeldet hat und sich bei den Kontrollen durch den Auftraggeber keine inakzeptablen Mängel gezeigt haben.	ja	tw	n
S	Der Abnahmetermin SOLLTE zeitlich so gewählt werden, dass die Kontrollen zur Abnahme in ausreichender Zeit vorbereitet werden können.	ja	tw	n
M	Bei der Abnahme MÜSSEN die Aspekte der Informationssicherheit kontrolliert werden.	ja	tw	n
S	Für das Abnahmeprotokoll SOLLTE eine Checkliste vorbereitet werden.	ja	tw	n
S	Die Checkliste SOLLTE auch Punkte zu allgemeinen Anforderungen an die Betriebsräume enthalten.	ja	tw	n
M	Das Abnahmeprotokoll MUSS von den Teilnehmern und Verantwortlichen unterzeichnet werden.	ja	tw	n

Notizen:

INF Infrastruktur

A6 Laufende Fortschreibung und Revision der Netzdokumentation *Standard*

Verantwortliche Rolle: Leiter IT

S	Die Dokumentation der IT-Verkabelung SOLLTE als ein elementarer Bestandteil einer jeden Veränderung im Netz betrachtet und behandelt werden.	ja	tw	n
S	Hierbei SOLLTEN alle von der Änderung betroffenen Dokumentationsbereiche leicht erfasst und angepasst werden können.	ja	tw	n
S	Außerdem SOLLTE geprüft werden, ob der Einsatz eines Dokumentenmanagements für die Netzdokumentation zweckmäßig ist.	ja	tw	n

Notizen:

A7 Entfernen und Deaktivieren nicht mehr benötigter IT-Verkabelung *Standard*

Verantwortliche Rolle: Leiter Haustechnik

S	Wenn IT-Verkabelung nicht mehr benötigt wird, SOLLTE sie fachgerecht und vollständig entfernt werden.	ja	tw	n
S	IT-Verkabelung, die mit der vorhandenen Technik sinnvoll als Reserve weiter genutzt werden kann, SOLLTE in einem betriebsfähigen Zustand erhalten bleiben.	ja	tw	n
S	Grundsätzlich SOLLTE eine Übersicht über nicht mehr benötigte Kabel aufgestellt werden und anhand dieser Dokumentation die Deaktivierung oder der Abbau/Ausbau der Kabel belegt werden.	ja	tw	n
M	Anschließend MUSS die Dokumentation, in der der Bestand der IT-Verkabelung aufgeführt ist, aktualisiert werden.	ja	tw	n

Notizen:

A8 Brandabschottung von Trassen *Standard*

Verantwortliche Rolle: Leiter Haustechnik

S	Zur Vermeidung von Kabelbränden SOLLTEN Trassen über eine ausreichende Be- und Entlüftung verfügen.	ja	tw	n
M	Die brandschutztechnischen Auflagen MÜSSEN eingehalten werden.	ja	tw	n
S	Darüber hinaus SOLLTE nach Abschluss der Installationsarbeiten die Brandabschottung in regelmäßigen Abständen kontrolliert werden.	ja	tw	n

Notizen:

A9 Dokumentation und Kennzeichnung der IT-Verkabelung *Standard*

Verantwortliche Rolle: Leiter IT

S	Eine Institution SOLLTE sicherstellen, dass sie für ihre IT-Verkabelung eine interne und eine externe Dokumentation besitzt.	ja	tw	n
M	Die interne Dokumentation MUSS alle Aufzeichnungen, die die Errichtung und den Betrieb der IT-Verkabelung betreffen, enthalten.	ja	tw	n
S	Die interne Dokumentation SOLLTE so umfangreich angefertigt und gepflegt werden, dass der Betrieb und die zukünftige Weiterentwicklung der IT-Netze bestmöglich unterstützt werden.	ja	tw	n
S	Die externe Dokumentation der Verkabelung SOLLTE so sparsam wie möglich ausfallen.	ja	tw	n

Notizen:

A10 Neutrale Dokumentation in den Verteilern *Standard*
Verantwortliche Rolle: Leiter IT

S	In jedem Verteiler SOLLTE sich eine Dokumentation befinden, die den derzeitigen Stand von Rangierungen und Leitungsbelegungen wiedergibt.	ja	tw	n
S	Diese Dokumentation SOLLTE möglichst neutral gehalten werden.	ja	tw	n
S	Nur bestehende und genutzte Verbindungen SOLLTEN darin aufgeführt sein.	ja	tw	n
S	Es SOLLTEN, soweit nicht ausdrücklich vorgeschrieben, keine Hinweise auf die Nutzungsart der Leitungen gegeben werden.	ja	tw	n
M	Alle weitergehenden Informationen MÜSSEN in einer Revisionsdokumentation aufgeführt werden.	ja	tw	n

Notizen:

A11 Kontrolle bestehender Verbindungen *Standard*
Verantwortliche Rolle: Leiter IT

S	Alle Verteiler und Zugdosen der Verkabelung SOLLTEN regelmäßig einer (zumindest stichprobenartigen) Sichtprüfung unterzogen werden.	ja	tw	n
S	Neben der reinen Sichtkontrolle SOLLTE zusätzlich eine funktionale Kontrolle durchgeführt werden.	ja	tw	n
M	Alle Unregelmäßigkeiten, die bei Sichtkontrollen oder funktionalen Kontrollen festgestellt werden, MÜSSEN unverzüglich dokumentiert und den zuständigen Organisationseinheiten gemeldet werden.	ja	tw	n

Notizen:

A12 Redundanzen für die Verkabelung *Hoch*
Verantwortliche Rolle: Leiter IT **A**

S	Es SOLLTE geprüft werden, ob zumindest für wichtige Gebäude eine redundante, über unabhängige Trassen geführte primäre IT-Verkabelung geschaffen werden soll.	ja	tw	n
S	Ebenso SOLLTE geprüft werden, ob die Anschlüsse an IT- oder TK-Provider redundant ausgelegt werden sollen.	ja	tw	n
S	Bei hohen oder sehr hohen Verfügbarkeitsanforderungen SOLLTE überlegt werden, in den relevanten Gebäuden die Sekundär- und Tertiärverkabelung redundant auszulegen.	ja	tw	n
S	Dabei SOLLTE die Sekundärverkabelung über mindestens zwei Steigeschächte geführt werden, die sich in verschiedenen Brandabschnitten des Gebäudes befinden.	ja	tw	n
S	Wird eine redundante Verkabelung verwendet, SOLLTE deren Funktionsfähigkeit regelmäßig geprüft werden.	ja	tw	n

Notizen:

INF Infrastruktur

A13 Materielle Sicherung der IT-Verkabelung — *Hoch*
Verantwortliche Rolle: Leiter IT — **I A**

S	In Räumen mit Publikumsverkehr oder in unübersichtlichen Bereichen eines Gebäudes SOLLTEN Leitungen und Verteiler zusätzlich gegen unbefugte Zugriffe gesichert werden.	ja	tw	n
S	In jedem Fall SOLLTE die Zahl der Stellen, an denen das verlegte Kabel zugänglich ist, auf ein Mindestmaß reduziert und die Länge der vor unberechtigtem Zugriff zu schützenden Verbindungen möglichst klein gehalten werden.	ja	tw	n

Notizen:

A14 Verhinderung von Ausgleichsströmen auf Schirmungen — *Hoch*
Verantwortliche Rolle: Leiter IT — **A**

S	Die Stromversorgung der IT-Komponenten SOLLTE so gewählt sein, dass Störungen durch Ausgleichsströme auf den Schirmungen von Datenleitungen verhindert werden.	ja	tw	n
S	Je nach Netzform SOLLTEN außerdem Vorkehrungen gegen Einstrahlungen von außen, Abstrahlung durch die Leitung sowie zur Erkennung von Ausgleichsströmen getroffen werden.	ja	tw	n

Notizen:

A15 Nutzung von Schranksystemen — *Hoch*
Verantwortliche Rolle: Leiter IT — **I A**

S	Zur Verbesserung der Betriebssicherheit von aktiven und passiven Netzkomponenten SOLLTEN diese Geräte in Schranksystemen eingebaut oder aufgestellt werden.	ja	tw	n

Notizen:

INF.7 Büroarbeitsplatz

A1 Geeignete Auswahl und Nutzung eines Büroraumes — *Basis*
Verantwortliche Rolle: Mitarbeiter, Vorgesetzte

M	Es DÜRFEN NUR geeignete Räume als Büroräume genutzt werden.	ja	tw	n
M	Auch MÜSSEN die Büroräume für den Schutzbedarf bzw. das Schutzniveau der dort verarbeiteten Informationen angemessen ausgewählt und ausgestattet sein.	ja	tw	n
M	So MÜSSEN Büroräume mit Publikumsverkehr in nicht sicherheitsrelevanten Bereichen liegen.	ja	tw	n
M	Für den Arbeitsplatz und für die Einrichtung eines Büroraumes MUSS die Arbeitsstättenverordnung umgesetzt werden.	ja	tw	n

Notizen:

A2 Geschlossene Fenster und abgeschlossene Türen *Basis*
Verantwortliche Rolle: Mitarbeiter

M	Wenn Mitarbeiter ihre Büroräume verlassen, MÜSSEN alle Fenster geschlossen werden.	ja	tw	n
S	Befinden sich vertrauliche Informationen in dem Büroraum, SOLLTEN beim Verlassen die Türen abgeschlossen werden.	ja	tw	n
S	Dies SOLLTE insbesondere in Bereichen mit Publikumsverkehr beachtet werden.	ja	tw	n
S	Die entsprechenden Vorgaben SOLLTEN in einer geeigneten Anweisung festgehalten werden.	ja	tw	n
S	Alle Mitarbeiter SOLLTEN dazu verpflichtet werden, die Anweisung umzusetzen.	ja	tw	n
M	Zusätzlich MUSS regelmäßig geprüft werden, ob beim Verlassen die Fenster geschlossen und, wenn notwendig, die Türen abgeschlossen werden.	ja	tw	n
M	Ebenso MUSS darauf geachtet werden, dass Brand- und Rauchschutztüren tatsächlich geschlossen werden.	ja	tw	n

Notizen:

A3 Fliegende Verkabelung *Standard*
Verantwortliche Rolle: Informationssicherheitsbeauftragter (ISB)

S	Die Stromanschlüsse und Zugänge zum Datennetz im Büroraum SOLLTEN sich in der Nähe des Ortes befinden, wo die IT-Geräte aufgestellt sind.	ja	tw	n
S	Verkabelungen, die über den Boden verlaufen, SOLLTEN mit einem Kabelschacht abgedeckt werden.	ja	tw	n

Notizen:

A4 Zutrittsregelungen und -kontrolle *Standard*
Verantwortliche Rolle: Informationssicherheitsbeauftragter (ISB)

S	Es SOLLTE gewährleistet werden, dass Unberechtigte die Büroräume nicht betreten können.	ja	tw	n
S	Dafür SOLLTE ein Sicherheitskonzept erstellt und umgesetzt werden.	ja	tw	n
S	Zudem SOLLTE regelmäßig überprüft werden, ob die ergriffenen Maßnahmen wirksam sind.	ja	tw	n

Notizen:

A5 Ergonomischer Arbeitsplatz *Standard*
Verantwortliche Rolle: Leiter Haustechnik

S	Die Arbeitsplätze aller Mitarbeiter SOLLTEN ergonomisch eingerichtet sein.	ja	tw	n
S	Vor allem die Bildschirme SOLLTEN so aufgestellt werden, dass ein ergonomisches und ungestörtes Arbeiten möglich ist.	ja	tw	n
S	Dabei SOLLTE beachtet werden, dass Bildschirme nicht durch Unbefugte eingesehen werden können.	ja	tw	n
S	Die Bildschirmarbeitsschutzverordnung (BildscharbV) SOLLTE umgesetzt werden.	ja	tw	n
S	Alle Arbeitsplätze SOLLTEN für eine möglichst fehlerfreie Bedienung der IT individuell verstellbar sein.	ja	tw	n

Notizen:

INF Infrastruktur

A6 Aufgeräumter Arbeitsplatz *Standard*
Verantwortliche Rolle: Mitarbeiter

S	Jeder Mitarbeiter SOLLTE dazu angehalten werden, seinen Arbeitsplatz aufgeräumt zu hinterlassen.	ja	tw	n
S	Benutzer SOLLTEN dafür sorgen, dass Unbefugte keinen Zugang zu IT-Anwendungen erhalten oder vertrauliche Informationen einsehen können.	ja	tw	n
S	Alle Mitarbeiter SOLLTEN sorgfältig ihre Arbeitsplätze überprüfen und sicherstellen, dass keine vertraulichen Informationen frei zugänglich sind.	ja	tw	n
S	Vorgesetzte SOLLTEN sporadisch Arbeitsplätze daraufhin überprüfen, ob dort schutzbedürftige Informationen offen zugreifbar sind.	ja	tw	n

Notizen:

A7 Geeignete Aufbewahrung dienstlicher Unterlagen und Datenträger *Standard*
Verantwortliche Rolle: Mitarbeiter, Leiter Haustechnik

S	Die Mitarbeiter SOLLTEN angewiesen werden, vertrauliche Dokumente und Datenträger verschlossen aufzubewahren, wenn sie nicht verwendet werden.	ja	tw	n
S	Dafür SOLLTEN geeignete Behältnisse in den Büroräumen oder in deren Umfeld aufgestellt werden.	ja	tw	n

Notizen:

A8 Einsatz von Diebstahlsicherungen *Hoch*
Verantwortliche Rolle: Mitarbeiter, Leiter IT   **C I A**

S	Wenn der Zutritt zu den Räumen nicht geeignet beschränkt werden kann, SOLLTEN für alle IT-Systeme Diebstahlsicherungen eingesetzt werden.	ja	tw	n
S	In Bereichen mit Publikumsverkehr SOLLTEN generell Diebstahlsicherungen benutzt werden.	ja	tw	n

Notizen:

INF.8 Häuslicher Arbeitsplatz

A1 Sichern von dienstlichen Unterlagen am häuslichen Arbeitsplatz *Basis*
Verantwortliche Rolle: Mitarbeiter

M	Dienstliche Unterlagen und Datenträger MÜSSEN am häuslichen Arbeitsplatz so aufbewahrt werden, dass kein Unbefugter darauf zugreifen kann.	ja	tw	n
M	Daher MÜSSEN ausreichende verschließbare Behältnisse (Schreibtisch, Rollcontainer, Schrank etc.) vorhanden sein.	ja	tw	n
M	Jeder Mitarbeiter MUSS seinen häuslichen Arbeitsplatz aufgeräumt hinterlassen und sicherstellen, dass keine sensitiven Informationen frei zugänglich sind.	ja	tw	n

Notizen:

INF.8 Häuslicher Arbeitsplatz

A2 Transport von Arbeitsmaterial zum häuslichen Arbeitsplatz *Basis*
Verantwortliche Rolle: Haustechnik

M	Es MUSS geregelt werden, welche Datenträger und Unterlagen am häuslichen Arbeitsplatz bearbeitet und zwischen der Institution und dem häuslichen Arbeitsplatz hin und her transportiert werden dürfen.	ja	tw	n
M	Generell MÜSSEN Datenträger und andere Unterlagen sicher transportiert werden.	ja	tw	n
M	Die Regelungen MÜSSEN den Mitarbeitern in geeigneter Weise bekanntgegeben werden.	ja	tw	n

Notizen:

A3 Schutz vor unbefugtem Zutritt am häuslichen Arbeitsplatz *Basis*
Verantwortliche Rolle: Haustechnik

M	Den Mitarbeitern MUSS bekanntgegeben werden, welche Regelungen und Maßnahmen zum Einbruchs- und Zutrittsschutz zu beachtet sind.	ja	tw	n
M	So MUSS darauf hingewiesen werden, Fenster zu schließen und Türen abzuschließen, wenn der häusliche Arbeitsplatz nicht besetzt ist.	ja	tw	n
M	Es MUSS sichergestellt werden, dass Unbefugte zu keiner Zeit den häuslichen Arbeitsplatz betreten und auf dienstliche IT und Unterlagen zugreifen können.	ja	tw	n
M	Diese Maßnahmen MÜSSEN in sinnvollen zeitlichen Abständen, mindestens aber bei einer Änderung der häuslichen Verhältnisse überprüft werden.	ja	tw	n

Notizen:

A4 Geeignete Einrichtung des häuslichen Arbeitsplatzes *Standard*
Verantwortliche Rolle: Haustechnik

S	Der häusliche Arbeitsplatz SOLLTE durch eine geeignete Raumaufteilung von den privaten Bereichen der Wohnung getrennt sein.	ja	tw	n
S	Der häusliche Arbeitsplatz SOLLTE über eine geeignete Einrichtung verfügen, die den ergonomischen Anforderungen entspricht.	ja	tw	n
S	Ebenso SOLLTE der häusliche Arbeitsplatz durch geeignete technische Sicherungsmaßnahmen vor Einbrüchen geschützt werden.	ja	tw	n
S	Die Schutzmaßnahmen SOLLTEN an die örtlichen Gegebenheiten und den vorliegenden Schutzbedarf angepasst sein.	ja	tw	n

Notizen:

A5 Entsorgung von vertraulichen Informationen am häuslichen Arbeitsplatz *Standard*
Verantwortliche Rolle: Haustechnik

S	Vertrauliche Informationen SOLLTEN sicher entsorgt werden, also nicht einfach in den Hausmüll.	ja	tw	n
S	In einer speziellen Sicherheitsrichtlinie SOLLTE daher geregelt werden, wie schutzbedürftiges Material zu beseitigen ist.	ja	tw	n
S	Es SOLLTEN die dafür benötigten Entsorgungseinrichtungen verfügbar sein.	ja	tw	n

Notizen:

INF Infrastruktur

	A6	**Umgang mit dienstlichen Unterlagen bei erhöhtem Schutzbedarf am häuslichen Arbeitsplatz**	*Hoch*		
		Verantwortliche Rolle: Informationssicherheitsbeauftragter (ISB)	**C I A**		
S		Wenn Mitarbeiter dienstliche Unterlagen oder Informationen mit erhöhtem Schutzbedarf bearbeiten müssen, SOLLTE überlegt werden, von einem häuslichen Arbeitsplatz ganz abzusehen.	ja	tw	n
S		Anderenfalls SOLLTE der häusliche Arbeitsplatz durch erweiterte, hochwertige technische Sicherungsmaßnahmen geschützt werden.	ja	tw	n

Notizen:

INF.9 Mobiler Arbeitsplatz

	A1	**Geeignete Auswahl und Nutzung eines mobilen Arbeitsplatzes**	*Basis*		
		Verantwortliche Rolle: Vorgesetzte, Benutzer			
M		Die Institution MUSS ihren Mitarbeitern vorschreiben, wie mobile Arbeitsplätze in geeigneter Weise ausgewählt und benutzt werden sollen.	ja	tw	n
M		Es MÜSSEN Eigenschaften definiert werden, die für einen mobilen Arbeitsplatz wünschenswert sind, aber auch Ausschlusskriterien, die gegen einen mobilen Arbeitsplatz sprechen.	ja	tw	n
M		Mindestens MUSS geregelt werden: • unter welchen Arbeitsplatzbedingungen schützenswerte Informationen bearbeitet werden dürfen, • wie sich Mitarbeiter am mobilen Arbeitsplatz vor ungewollten Einsichtnahmen von Dritten schützen, • ob eine permanente Netz- und Stromversorgung gegeben sein muss und • welche Arbeitsplatzumgebungen komplett verboten sind.	ja	tw	n

Notizen:

A2 Regelungen für mobile Arbeitsplätze *Basis*

Verantwortliche Rolle: Benutzer, Leiter IT

M	Für alle Arbeiten unterwegs MUSS geregelt werden, welche Informationen außerhalb des Unternehmens bzw. der Behörde transportiert und bearbeitet werden dürfen und welche Schutzvorkehrungen dabei zu treffen sind.	ja	tw	n
M	Dabei MUSS auch geklärt werden, unter welchen Rahmenbedingungen Mitarbeiter mit mobilen IT-Systemen auf interne Informationen ihrer Institution zugreifen dürfen.	ja	tw	n
M	Darüber hinaus MUSS die Mitnahme von IT-Komponenten und Datenträgern klar geregelt werden.	ja	tw	n
M	So MUSS festgelegt werden, welche IT-Systeme und Datenträger mitgenommen werden dürfen, wer diese mitnehmen darf und welche grundlegenden Sicherheitsanforderungen beachtet werden müssen.	ja	tw	n
M	Es MUSS zudem protokolliert werden, wann und von wem welche mobile Endgeräte außer Haus eingesetzt wurden.	ja	tw	n
M	Die Benutzer von mobilen Endgeräten MÜSSEN für den Wert mobiler IT-Systeme und den Wert der darauf gespeicherten Informationen sensibilisiert werden.	ja	tw	n
M	Sie MÜSSEN über die spezifischen Gefährdungen und Maßnahmen der von ihnen benutzten Geräte aufgeklärt werden.	ja	tw	n
M	Außerdem MÜSSEN sie darüber informiert werden, welche Art von Informationen auf mobilen IT-Systemen verarbeitet werden dürfen.	ja	tw	n
M	Alle Benutzer MÜSSEN auf die geltenden Regelungen hingewiesen werden, die von ihnen einzuhalten sind, und entsprechend geschult werden.	ja	tw	n

Notizen:

A3 Zutritts- und Zugriffsschutz *Basis*

Verantwortliche Rolle: Mitarbeiter

M	Den Mitarbeitern MUSS bekannt gegeben werden, welche Regelungen und Maßnahmen zum Einbruchs- und Zutrittsschutz am mobilen Arbeitsplatz zu beachten sind.	ja	tw	n
M	So MUSS darauf hingewiesen werden, Fenster zu schließen und Türen abzuschließen, wenn der mobile Arbeitsplatz nicht besetzt ist (dies ist z.B. bei Hotelzimmern möglich).	ja	tw	n
M	Ist dies nicht möglich (z.B. im Zug), MÜSSEN die Mitarbeiter alle Unterlagen und IT-Systeme an sicherer Stelle verwahren, wenn sie abwesend sind.	ja	tw	n
M	Es MUSS sichergestellt werden, dass Unbefugte zu keiner Zeit auf dienstliche IT und Unterlagen zugreifen können.	ja	tw	n
M	Werden Räume nur kurz verlassen, MÜSSEN die eingesetzten Clients gesperrt oder heruntergefahren werden, sodass sie nur nach erfolgreicher Authentisierung wieder benutzt werden können.	ja	tw	n

Notizen:

A4 Arbeiten mit fremden IT-Systemen *Basis*

Verantwortliche Rolle: Vorgesetzte, Benutzer

M	Die Institution MUSS regeln, wie Mitarbeiter mit fremden IT-Systemen arbeiten sollen.	ja	tw	n
M	Da sich das Schutzniveau solcher IT-Systeme von dem der eigenen Institution stark unterscheiden kann, MUSS jeder mobile Mitarbeiter über die Gefahren unterrichtet sein, die bestehen, wenn fremde IT-Systeme genutzt werden.	ja	tw	n
M	Die Regelungen MÜSSEN vorgeben, ob und wie schützenswerte Informationen an fremden IT-Systemen bearbeitet werden dürfen und wie verhindert wird, dass nicht autorisierte Personen die Informationen einsehen können.	ja	tw	n
M	Wenn Mitarbeiter mit fremden IT-Systemen arbeiten, MUSS grundsätzlich sichergestellt sein, dass alle währenddessen entstandenen temporären Daten gelöscht werden.	ja	tw	n

Notizen:

A5 Zeitnahe Verlustmeldung *Standard*

Verantwortliche Rolle: Mitarbeiter

S	Mitarbeiter SOLLTEN ihrer Institution umgehend melden, wenn Informationen, IT-Systeme oder Datenträger verloren oder gestohlen wurden.	ja	tw	n
S	Hierfür SOLLTE es klare Meldewege und Ansprechpartner innerhalb der Institution geben.	ja	tw	n

Notizen:

A6 Entsorgung von vertraulichen Informationen *Standard*

Verantwortliche Rolle: Mitarbeiter, Haustechnik

S	Vertrauliche Informationen SOLLTEN sicher entsorgt werden, also nicht einfach in den Hausmüll.	ja	tw	n
M	Bevor ausgediente oder defekte Datenträger und Dokumente entsorgt werden, MUSS überprüft werden, ob diese sensible Informationen enthalten.	ja	tw	n
M	Ist dies der Fall, MÜSSEN die Datenträger und Dokumente wieder mit zurücktransportiert werden und auf institutseigenem Wege entsorgt bzw. vernichtet werden.	ja	tw	n

Notizen:

A7 Rechtliche Rahmenbedingungen für das mobile Arbeiten *Standard*

Verantwortliche Rolle: Leiter Personal, Personalabteilung

S	Für das mobile Arbeiten SOLLTEN arbeitsrechtliche und arbeitsschutzrechtliche Rahmenbedingungen beachtet und geregelt werden.	ja	tw	n
S	Alle relevanten Punkte SOLLTEN entweder durch Betriebsvereinbarungen oder durch zusätzlich zum Arbeitsvertrag getroffene individuelle Vereinbarungen zwischen dem mobilen Mitarbeiter und Arbeitgeber geregelt werden.	ja	tw	n

Notizen:

A8 Sicherheitsrichtlinie für mobile Arbeitsplätze *Standard*
Verantwortliche Rolle: Leiter IT

S	Alle relevanten Sicherheitsanforderungen für mobile Arbeitsplätze SOLLTEN in einer für die mobilen Mitarbeiter verpflichtenden Sicherheitsrichtlinie dokumentiert werden.	ja	tw	n
S	Sie SOLLTE zudem mit den bereits vorhandenen Sicherheitsrichtlinien der Institution sowie mit allen relevanten Fachabteilungen abgestimmt werden.	ja	tw	n
S	Auch SOLLTE die Sicherheitsrichtlinie für mobile Arbeitsplätze regelmäßig aktualisiert werden.	ja	tw	n
S	Ebenso SOLLTE sie festlegen, dass für jeden mobilen Mitarbeiter ein Vertreter benannt und der Vertretungsprozess regelmäßig geprobt wird.	ja	tw	n
S	Die Mitarbeiter der Institution SOLLTEN hinsichtlich der aktuellen Sicherheitsrichtlinie sensibilisiert und geschult sein.	ja	tw	n

Notizen:

A9 Verschlüsselung tragbarer IT-Systeme und Datenträger *Standard*
Verantwortliche Rolle: Benutzer

S	Damit schützenswerte Informationen nicht durch unberechtigte Dritte eingesehen werden können, SOLLTE sichergestellt werden, dass diese entsprechend den internen Richtlinien abgesichert sind.	ja	tw	n
S	Mobile Datenträger und Clients SOLLTEN dabei verschlüsselt werden.	ja	tw	n
S	Die kryptografischen Schlüssel SOLLTEN getrennt vom verschlüsselten Gerät aufbewahrt werden.	ja	tw	n

Notizen:

A10 Einsatz von Diebstahlsicherungen *Hoch*
Verantwortliche Rolle: Informationssicherheitsbeauftragter (ISB) **C I A**

S	Bietet das verwendete IT-System eine Diebstahlsicherung an, SOLLTE sie benutzt werden.	ja	tw	n
S	Die Diebstahlsicherungen SOLLTEN stets dort eingesetzt werden, wo ein erhöhter Publikumsverkehr herrscht oder die Fluktuation von Benutzern sehr hoch ist.	ja	tw	n
S	Dabei SOLLTEN die Mitarbeiter immer beachten, dass der Schutz der auf den IT-Systemen gespeicherten Informationen meist einen höheren Wert besitzt, als die Wiederanschaffungskosten des IT-Systems betragen.	ja	tw	n
S	Die Beschaffungs- und Einsatzkriterien für Diebstahlsicherungen SOLLTEN an die Prozesse der Institution angepasst und dokumentiert werden.	ja	tw	n

Notizen:

A11 Verbot der Nutzung unsicherer Umgebungen *Hoch*
Verantwortliche Rolle: Informationssicherheitsbeauftragter (ISB) **C I A**

S	Es SOLLTEN Kriterien für die Arbeitsumgebung festgelegt werden, die mindestens erfüllt sein müssen, damit Informationen mit erhöhtem Schutzbedarf mobil bearbeitet werden dürfen.	ja	tw	n

Notizen:

INF.10 Besprechungs-, Veranstaltungs- und Schulungsräume

A1 Sichere Nutzung von Besprechungs-, Veranstaltungs- und Schulungsräumen *Basis*

Verantwortliche Rolle: Haustechnik, Leiter IT

M	In den Räumen vorhandene Gerätschaften MÜSSEN angemessen gegen Diebstahl gesichert werden.	ja	tw	n
M	Zudem MUSS festgelegt werden, wer die in den Räumen dauerhaft vorhandenen IT- und sonstigen Systeme administriert.	ja	tw	n
M	Es MUSS auch festgelegt werden, ob und unter welchen Bedingungen Besucher mitgebrachte IT-Systeme verwenden dürfen.	ja	tw	n
M	Weiterhin MUSS festgelegt werden, ob und auf welche Netzzugänge und TK-Schnittstellen Besucher zugreifen dürfen.	ja	tw	n

Notizen:

A2 Beaufsichtigung von Besuchern *Basis*

Verantwortliche Rolle: Mitarbeiter

M	Besucher MÜSSEN außerhalb von Räumen, die ausdrücklich für den Zugang durch Besucher vorgesehen sind, beaufsichtigt werden.	ja	tw	n
M	Mitarbeiter MÜSSEN dazu angehalten werden, institutionsfremde Personen nicht unbeaufsichtigt zu lassen.	ja	tw	n

Notizen:

A3 Geschlossene Fenster und Türen *Basis*

Verantwortliche Rolle: Mitarbeiter

M	Die Fenster der Besprechungs-, Veranstaltungs- und Schulungsräume MÜSSEN beim Verlassen verschlossen werden.	ja	tw	n
M	Bei Räumlichkeiten, in denen sich IT-Systeme oder schützenswerte Informationen befinden, MÜSSEN die Türen beim Verlassen abgeschlossen werden.	ja	tw	n
M	Zusätzlich MUSS regelmäßig geprüft werden, ob die Fenster und Türen nach Verlassen der Räume verschlossen wurden.	ja	tw	n
M	Ebenso MUSS darauf geachtet werden, dass Brand- und Rauchschutztüren tatsächlich geschlossen werden.	ja	tw	n

Notizen:

A4 Planung von Besprechungs-, Veranstaltungs- und Schulungsräumen *Standard*

Verantwortliche Rolle: Leiter Organisation

S	Bei der Planung von Besprechungs-, Veranstaltungs- und Schulungsräumen SOLLTE besonders die Lage der Räume berücksichtigt werden.	ja	tw	n
S	Insbesondere Räumlichkeiten, die oft mit Besuchern genutzt werden, SOLLTEN NICHT in Gebäudeteilen liegen, in deren Nähe regelmäßig vertrauliche Informationen bearbeitet werden.	ja	tw	n
S	Es SOLLTE für jeden Raum festgelegt werden, wie vertraulich die Informationen sein dürfen, die in den Räumlichkeiten besprochen oder verarbeitet werden dürfen.	ja	tw	n

Notizen:

A5 Fliegende Verkabelungen *Standard*

Verantwortliche Rolle: Leiter Organisation

S	Um fliegende Verkabelung zu vermeiden, SOLLTEN sich die Stromanschlüsse dort befinden, wo Beamer, Laptops oder andere Verbraucher aufgestellt werden.	ja	tw	n
S	Zudem SOLLTEN Verkabelungen, die über den Boden verlaufen, mit einem Kabelschacht abgedeckt werden.	ja	tw	n

Notizen:

A6 Einrichtung sicherer Netzzugänge *Standard*

Verantwortliche Rolle: Leiter IT

S	Es SOLLTE sichergestellt werden, dass mitgebrachte IT-Systeme nicht über das Datennetz mit internen IT-Systeme verbunden werden können.	ja	tw	n
S	Ausschließlich dafür vorgesehene IT-Systeme SOLLTEN auf das LAN der Institution zugreifen können.	ja	tw	n
S	Ein Datennetz für Besucher SOLLTE vom LAN der Institution getrennt werden.	ja	tw	n
S	Netzzugänge SOLLTEN so eingerichtet sein, dass verhindert wird, dass Dritte den internen Datenaustausch mitlesen können.	ja	tw	n
S	Netzanschlüsse in Besprechungs-, Veranstaltungs- oder Schulungsräumen SOLLTEN abgesichert werden.	ja	tw	n
S	Es SOLLTE verhindert werden, dass IT-Systeme in Besprechungs-, Veranstaltungs- und Schulungsräumen gleichzeitig eine Verbindung zum Intranet und zum Internet aufbauen können.	ja	tw	n
S	Außerdem SOLLTE die Stromversorgung aus einer Unterverteilung heraus getrennt von anderen Räumen aufgebaut werden.	ja	tw	n

Notizen:

INF Infrastruktur

	A7	Sichere Konfiguration von Schulungs- und Präsentationsrechnern			*Standard*		
		Verantwortliche Rolle: Leiter IT					
S		Dedizierte Schulungs- und Präsentationsrechner SOLLTEN mit einer Minimalkonfiguration versehen werden.			ja	tw	n
S		Es SOLLTE festgelegt sein, welche Anwendungen auf Schulungs- und Präsentationsrechnern in der jeweiligen Veranstaltung genutzt werden können.			ja	tw	n
S		Die Schulungs- und Präsentationsrechner SOLLTEN nur an ein separates, vom LAN der Institution getrenntes Netz angeschlossen werden.			ja	tw	n
S		Auf andere Netze SOLLTE nur restriktiv zugegriffen werden können.			ja	tw	n

Notizen:

	A8	Erstellung eines Nutzungsnachweises für Räume			*Standard*		
		Verantwortliche Rolle: Leiter Organisation					
S		Je nach Nutzungsart der Besprechungs-, Veranstaltungs- und Schulungsräume SOLLTE ersichtlich sein, wer die Räume zu welchem Zeitpunkt genutzt hat.			ja	tw	n
S		Für Räumlichkeiten, in denen Schulungen an IT-Systemen oder besonders vertrauliche Besprechungen durchgeführt werden, SOLLTEN ebenfalls Nutzungsnachweise erbracht werden.			ja	tw	n
S		Es SOLLTE überlegt werden, für Räumlichkeiten, die für jeden Mitarbeiter zugänglich sind, ebenfalls entsprechende Nutzungsnachweis einzuführen.			ja	tw	n

Notizen:

	A9	Zurücksetzen von Schulungs- und Präsentationsrechnern			*Hoch*		
		Verantwortliche Rolle: IT-Betrieb			**C A**		
S		Es SOLLTE ein Verfahren festgelegt werden, um Schulungs- und Präsentationsrechner nach der Nutzung auf einen vorher definierten Zustand zurückzusetzen.			ja	tw	n
S		Durch Benutzer vorgenommene Änderungen SOLLTEN dabei vollständig entfernt werden.			ja	tw	n

Notizen:

	A10	Mitführungsverbot von Mobiltelefonen			*Hoch*		
		Verantwortliche Rolle: Leiter Organisation			**C**		
S		Mobiltelefone SOLLTEN NICHT zu vertraulichen Besprechungen und Gesprächen mitgeführt werden.			ja	tw	n
S		Falls erforderlich, SOLLTE dies durch Detektoren überprüft werden.			ja	tw	n

Notizen: